好望角

在这里，看见新世界

THE REDISCOVERY

Native Peoples and th

OF AMERICA

Unmaking of U.S. History
Ned Blackhawk

重新发现美国
原住民与美国历史的解构

[美]内德·黑鹰 著
魏微 译

（上）

浙江人民出版社

© 2023 by Ned Blackhawk
Originally published by Yale University Press

浙江省版权局
著作权合同登记章
图字:11-2024-025号

图书在版编目（CIP）数据

重新发现美国：原住民与美国历史的解构 /（美）内德·黑鹰（Ned Blackhawk）著；魏微译. -- 杭州：浙江人民出版社，2025.4. -- ISBN 978-7-213-11744-2

Ⅰ．K712.07

中国国家版本馆CIP数据核字第2025GJ3375号

出版者言

当今的世界与中国正在经历巨大的转型与变迁，她们过去经历了什么、正在面对什么、将会走向哪里，是每一个活在当下的思考者都需要追问的问题，也是我们作为出版者应该努力回应、解答的问题。出版者应该成为文明的瞭望者和传播者，面对生活，应该永远在场，永远开放，永远创新。出版"好望角"书系，正是我们回应时代之问、历史之问，解答读者灵魂之惑、精神之惑、道路之惑的尝试和努力。

本书系所选书目经专家团队和出版者反复商讨、比较后确定。作者来自不同的文化背景，拥有不同的思维方式，我们希望通过"好望角"，让读者看见一个新的世界，打开新的视野，突破一隅之见。当然，书中的局限和偏见在所难免，相信读者自有判断。

非洲南部"好望角"本名"风暴角"，海浪汹涌，风暴不断。1488年2月，当葡萄牙航海家迪亚士的船队抵达这片海域时，恰风和日丽，船员们惊异地凝望着这个隐藏了许多个世纪的壮美岬角，随船历史学家巴若斯记录了这一时刻：

"我们看见的不仅是一个海角，而且是一个新的世界！"

浙江人民出版社

佳评推荐

本书对关键人物及事件展开了全景式的清晰描述,是对美国历史的重新理解,具有非同寻常的重大意义。

——《出版商周刊》(*Publishers Weekly*,星级评论)

本书高瞻远瞩且具有启迪性……内容翔实,值得一读。

——《费城问询报》(*Philadelphia Inquirer*)

本书研究深入,叙述引人入胜,是一项巨大的成就。

——《琼斯母亲》(*Mother Jones*)杂志

本书研究涉猎广泛,将美国原住民从边缘移到了美国历史框架中的核心位置。

——《柯克斯书评》(*Kirkus Reviews*)

这是一部深思熟虑、富于创新且发人深省的著作……人们对传统的美国建国和发展史耳熟能详,我们需要的正是像黑鹰一样的作家，对美国历史进行重新解读。与其他重新阐述美国历史的著作相比，这本书是对美国历史的一次颠覆。

——《波士顿环球报》（*Boston Globe*）

《重新发现美国》扣人心弦且细致入微，是对历史记录一次必要的矫正。

——《绅士》（*Esquire*）杂志

内德·黑鹰打开了在整个美国开展相关讨论的大门……他成功证明，更深入地了解美国原住民的历史，并非意在取代民众对美国历史的集体理解，而是一种有益的补充……这是一场意义重大、早该提上日程的对话。

——《华盛顿月刊》（*Washington Monthly*）

若谁不了解美国原住民的历史，或者了解的只是充斥着种族主义，以白人和殖民者为中心的历史知识，请举手。如今抹黑美国原住民的历史叙述仍然极其常见，这种现象着实令人愤怒。在这部全面叙述美国原住民历史的著作中，内德·黑鹰发出了自己的声音，就像越来越多的原住民学者和历史学家一样，勇于与那些抹去原住民历史痕迹的行为做斗争。

——**Book Riot 书评**

黑鹰认为，若要了解美国的过去，就必须了解原住民和殖民者互相往来的这段历史。"

——《图书馆杂志》（*Library Journal*）

《重新发现美国》不仅是本历史著作，更是一本试图改变历史书写与教学方法的著作。内德·黑鹰通过令人难忘、技艺高超的叙事手法，重新塑造了美国与原住民之间的整体关系。

——《耶鲁校友杂志》（*Yale Alumni Magazine*）

本书是一本极具开创性的著作，纠正了以往对美国原住民今昔身份的错误理解，并纠正了对这种错误观念的过分关注，为读者打开了一扇新思想的窗户……

——《兰辛城市脉搏》（*Lansing City Pulse*）周报

本书将成为一代研究者、教育工作者和学者开展研究不可或缺的参考文献。

——卡罗琳·多兹·彭诺克（Caroline Dodds Pennock），
《BBC *历史杂志*》（*BBC History Magazine*）

内德·黑鹰不仅恢复了美国原住民在美国历史框架中的核心地位，而且开展了一项跨越时代和广阔地域的持续分析。

——安德烈斯·雷森德斯（Andrés Reséndez），
《征服太平洋》（Conquering the Pacific）作者

在重新发现美国的过程中，黑鹰对美国历史进行了精彩的叙述，证明了美国印第安人是美国历史不可或缺的一部分。这是我们一直翘首以盼的历史著作。

——罗克珊·邓巴奥蒂兹（Roxanne Dunbarortiz），《美国原住民历史》（An Indigenous Peoples' History of the United States）作者

《重新发现美国》叙事生动，探讨深入，展现了美国原住民在美国历史中的核心地位。黑鹰证明，原住民与新来者的持续关系塑造了美利坚合众国的发展进程。

——克劳迪奥·桑特（Claudio Saunt），美国国家图书奖提名作品《不值得的共和国》（Unworthy Republic）作者

内德·黑鹰的叙事巧妙地跨越了地理和时空，将美国历史与美国原住民的历史交织在一起，有力地证明了二者之间的关系不能割裂看待。

——科林·G. 卡洛威（Colin G. Calloway），
达特茅斯学院（Dartmouth College）

内德·黑鹰并没有简单地讲述压迫或抵抗的故事,而是讲述了在抛开原住民历史的情况下,人们将无法理解美国的政治、法律、外交、经济和流行文化。

——**理查德·怀特**(Richard White),
斯坦福大学(Stanford University)

亨利·罗伊·克劳德（Henry Roe Cloud）美国原住民及现代性系列丛书
THE HENRY ROE CLOUD SERIES ON AMERICAN AND MODERNITY

丛书编辑
Series Editors

内德·黑鹰，耶鲁大学
Ned Blackhawk, Yale University

乔舒亚·L. 里德，华盛顿大学
Joshua L. Reid, University of Washington

蕾嘉·K. 拉米雷斯，加州大学圣克鲁兹分校
Renya K. Ramirez, University of California, Santa Cruz

《国内主体：美国原住民文学中的性别、公民身份与法律》
（2013年），贝丝·H. 皮亚托特（著）
Domestic Subjects: Gender, Citizenship, and Law in Native American Literature（2013），by Beth H. Piatote

《虚假的正义：美国原住民索赔史》
（2013年），大卫·E. 威尔金斯（著）
Hollow Justice: A History of Indigenous Claims in the United States
（2013），by David E. Wilkins

《献给族人的爱：霍勒斯·普劳摄影作品》
（2014年），南希·玛丽·米特罗（编著）
For a Love of His People:The Photography of Horace Poolaw（2014），edited by Nancy Marie Mithlo

《大海是我的国：玛卡人的海洋世界》
（2015年），乔舒亚·L.里德（著）
The Sea Is My Country: The Maritime World of the Makahs（2015），by Joshua L. Reid

《伦敦土著：帝国之心的原住民旅行者》
（2016年），科尔·思拉什（著）
Indigenous London: Native Travelers at the Heart of Empire（2016），by Coll Thrush

《记忆的国度：菲利普国王战争与北美东北部的暴力之地》
（2018年），克里斯汀·M.德卢西亚（著）
Memory Lands: King Philip's War and the Place of Violence in the Northeast（2018），by Christine M. DeLucia

《我们的至亲：菲利普国王战争新史》
（2018年），丽莎·布鲁克斯（著）
Our Beloved Kin: A New History of King Philip's War（2018），by Lisa Brooks

《土著视野：重新发现弗朗兹·博厄斯的世界》
（2018年），内德·黑鹰、以赛亚·洛拉多·威尔纳（编著）
Indigenous Visions: Rediscovering the World of Franz Boas （2018），edited by Ned Blackhawk and Isaiah Lorado Wilner

《自由之旅：理查德·奥克斯、恶魔岛与红人权力运动》
（2018年），肯特·布兰塞特（著）
A Journey to Freedom: Richard Oakes, Alcatraz, and the Red Power Movement （2018），by Kent Blansett

《土著史料：美国早期原住民文学档案的编纂》
（2021年），凯莉·怀斯卡普（著）
Assembled for Use: Indigenous Compilation and the Archives of Early Native American Literatures （2021），by Kelly Wisecup

《全球巡演的"印第安杂耍人"：19世纪80年代—20世纪30年代》
（2022年），克里斯汀·博尔德（著）
"Vaudeville Indians"on Global Circuits, 1880s—1930s （2022），by Christine Bold

《美国人身份的形成与解构：1879—1924年美国文学与文化中的印第安人与移民》
（2022年），克里斯蒂娜·斯坦丘（著）
The Makings and Unmakings of Americans: Indians and Immigrants in American Literature and Culture, 1879—1924 （2022），by

Cristina Stanciu

《重新发现美国：原住民与美国历史的解构》
（2023年），内德·黑鹰（著）
The Rediscovery of America: Native Peoples and the Unmaking of U.S. History（2023）, by Ned Blackhawk

心怀爱意,将此书献给玛吉
心怀感激,将此书献给美国原住民文化中心社区

目 录

序　言　对美国历史的重新解读　/　001

第一部分 | 印第安人与殖民帝国　/　021

 1　美国的创世纪：印第安人与西班牙边疆　/　025

 2　印第安东北部与英属北美的崛起　/　077

 3　暴力的不可预测性：1701年以前的易洛魁与新法兰西　/　123

 4　印第安人的内陆海：争夺大陆之心的斗争，1701—1755年　/　177

 5　定居者起义：美国独立战争的土著起源　/　229

 6　殖民主义宪法：联邦印第安政策的起源　/　291

第二部分 | 主权的斗争 / 345

7　定居者殖民主义的洪水：美国早期的民主与剥夺 / 349

8　外交政策的形成：加利福尼亚、太平洋与门罗主义的边疆起源 / 415

9　崩溃与全面战争：西部原住民与美国内战 / 485

10　夺取儿童和条约土地：保留地时代的法律与联邦权力 / 557

11　20世纪初的土著黄昏：原住民活动家与印第安人消失的神话 / 619

12　从终止到自决：冷战时期美国原住民的主权 / 697

注　释 / 767

致　谢 / 952

原文索引 / 957

INTRODUCTION
TOWARD A NEW AMERICAN HISTORY

序 言
对美国历史的重新解读

一个靠剥夺原住民家园和土地建立起来的国家，何以成为世界上最具典范的民主国家？这个问题困扰着美国，也困扰着其他殖民国家。[1] 历史学家对此常常沉默不语，而非有所作为。受美国扩张影响最大的是原住民，但历史学家一直不愿意从原住民的视角来审视美国的多样性。[2]

这一点其实并不意外。美国像大多数国家一样，也以自己的历史为荣。在其革命领袖看来，美国既是一个国家，也是一种理念。1783年6月，乔治·华盛顿写道：

美国公民享受着最令人羡慕的地理条件，他们是这片广袤大陆唯一的主人和所有者。这片土地拥有各种各样的土壤和气候，物产丰富，生活便利，且如今通过令人称道的方式实现了和平，成为绝对自由和独立的国度。这片土地似乎是上帝的天选之地，从现在起，美国公民将登上这座最耀眼的舞台，演出人类的伟大和幸福。[3]

历史学家基本上如法炮制，大多专注讲述欧洲人及其后代的故事：清教徒在荒野中治理国家；开拓者在西部边疆艰苦度日；欧洲移民在大西洋沿岸抱团取暖。[4]诸多学者一直将美国历史与欧洲人捆绑在一起，将美国视为英国殖民地演变的产物。[5]

在更复杂的叙事中，拥有多元文化的美国正在努力践行国家承诺，按照人人生而平等的建国宣言，造福每一位公民。不过，相反的观点认为，美国的民主实际是建立在剥夺美国印第安人的基础之上。（P1）如果说，历史为国家的成长提供了基本的养分，为其未来的发展打开了窗口，那么现在是时候摒弃那些排斥和误解原住民的旧有观念，重构美国历史了。要想应对时代的挑战，化解种族冲突，应对气候危机，解决全球不平等问题，需要新的概念、方法和承诺。人们是该放下20世纪的叙事工具，重新解读美国历史了。[6]

◆

实际上，连"美洲"（America）这个词本身也得名于欧洲人及其探索。1507年，地图测绘师马蒂亚斯·林曼（Matthias Ringmann）和马丁·瓦尔德泽米勒（Martin Waldseemüller）使用这块新大陆发现者的名字，即阿美利哥·韦斯普奇（Americus

Vesputius），重新命名了最近发现的世界"第四大板块"。[7] 与 15 世纪 90 年代的哥伦布不同，韦斯普奇于 1503 年宣称，自己发现的并非通往亚洲的通道，而是其他事物——"一个新世界"。[8]

几个世纪以来，"美洲"和"新世界"这两个概念一直传递着"发现"二字所暗示的奇迹和可能性。发现是一种历史活动，而探险家是主角，是这场演出的演员和主体。他们思考和命名，征服和定居，治理和拥有。正如华盛顿所言，这些探险家登上了"最耀眼的舞台"中心，而美国印第安人要么在这场演出中缺席，要么以敌对或被动的形象出现，等待着被发现、被统治。[9]

将原住民排斥在外，是美国历史研究一贯以来的传统。为此，本书以近年来的原住民历史研究为基础，与正在创造不同研究视角的诸多学者一道，调整了美国历史的叙事方向。[10] 这是因为，要想完整讲述美国历史，就必须正视美国原住民生存、斗争与复兴的历史变迁；要想对美国历史开展研究，就必须对美国原住民的历史投去关注的视线。如果现有研究范式做不到这一点，那么这些范式便算不上完整。我们需要构建更具包容性的叙述，而不仅仅是将新的人物塞进那段历史，敷衍了事。研究美国历史，必须认清这样的事实——原住民、非裔美国人，还有数百万非白人公民，并没有从《独立宣言》所宣扬的不证自明的真理受益，即所谓人人生而平等，享有生存权、自由权和追求幸福的权利。许多人一直被美国排斥在外，连公民身份都无从谈起。

（P2）直到1924年，美国原住民才获得公民身份，但那时，联邦政府已经通过300多项条约，从原住民手中夺走了数亿英亩的土地。[11]美国内战时期，成千上万原住民被定居者组成的民兵队以及美国武装部队杀害。截至1928年，由美国政府赞助，夺取保留地社区儿童的运动导致40%的印第安儿童被送往寄宿学校，与家人分离。[12]

在美国的历史故事中，普遍存在的暴力和剥夺绝非微不足道的补充。相反，它们唤起了人们对这段历史核心主题的强有力质疑。对原住民的排斥被明确写入美国宪法，并贯穿整个美国内战时期。到20世纪，这种排斥又在立法层面加以重申。这种现象绝非偶然，相反，它促进了美国的发展。然而，美国对原住民在这段历史中的核心地位，从未作出表态。

最近，一些学者开始将非裔美国人奴隶制视为美国建国的中心，但很少有人从类似的角度看待美国原住民。在过去的研究中，占主导地位的是二元种族观念，而非多元种族观念，奴隶制代表的是美国思想的对立面。前沿学术研究认为，奴隶制既是美国的原罪，也是其基本制度。[13]最近的一本美国历史畅销书写道："在美国的创世纪当中"，"自由与奴隶制的关系就像亚伯与该隐的关系一样"。[14]然而，人们能想象一个没有原住民耕种的美国伊甸园是什么样子吗？过去，原住民被排斥在美国的起源之外。如今，他们在等着历史的正视。毕竟，正是他们的美丽家园孕育了美国。

提出新的历史理论并非易事。这件事需要数年时间,需要几代人的努力,因为新的理论需要确定新的主题,开展新的地理研究,制定新的大事年表,提出新的观点,以及更好地阐释美国历史的进程。这项事业既是挑战,也是机遇,对那些面向非原住民讲述印第安人种种经历、历史和政策的部落成员来说,他们肩上的担子显得尤其沉重。

美国的起源是一种遭遇,而不是发现。500多年来,各种各样的移民来到北美,来到原住民的故土。印第安人后来的转变和艰难求生为理解美国历史提供了指引。原住民群体讲数百种语言,生活在复杂的社会组织中,这个社会既包括小型家族部落,也包括拥有皇帝和附庸国的庞大帝国。他们与外来移民的接触始于15世纪90年代的西班牙探险家,并且有明确的史料记载。(P3)

如要理解早期北美殖民地的形成,需要从动态而非静态的角度出发,审视原住民的社会组织。就像新来者漂洋过海、经历颠簸一样,建立在原住民故土上的北美早期殖民地也经历了一波又一波的动荡。殖民进食的物品,赖以生存的经济,无一不依赖原住民的存在。抛开原住民的参与、生存和发展来理解美国历史,是误入歧途。原住民与各殖民帝国的关系解释了欧洲在美洲各殖民地之间的差异(包括殖民时期的新墨西哥),其中一些殖民地接受欧洲统治的时间比它们划入美国版图的时间还要长。

正如下文所述，欧洲人的到来，在原住民的家园引发了巨大的冲击波，其余波体现为多种形式，其中一些甚至没有载入史册。众多学者用50余年的时间，希望评估欧洲人介入美洲的影响。他们认为，在美国历史上最具破坏性的发展进程中，原住民的世界遭到无情破坏，永远无法复原。欧洲疾病的传入导致原住民人口大幅下降，瘟疫摧毁了很多社区，导致大规模迁徙和变化。1492—1776年，北美总人口几乎减半：从700万—800万人降至400万人。[15]

令人震惊的死亡人数和人口骤减，对美国建国的光辉形象提出了质疑，也解释了美国印第安贸易、外交和战争的动机，这些因素全部影响了欧洲殖民地的演变。从1609年新法兰西的崛起，到1769年对加利福尼亚的殖民，美国印第安人的经济、外交和军事影响从来都是帝国决策制定的关键因素。在美国建国百年内做出的外交承诺中，经美国参议院批准、与美国原住民部落签订的条约占比最大。这些事实表明，要理解美国，就必须了解美国原住民的历史。

✦

对历史叙事的修订是历史研究的固有组成部分，每一代人对历史的重新解释，都是对新环境、新思想和新条件的回应。

（P4）在旧有的历史框架中，英语国家在全球范围内的扩张被视为自然而然的过程，21世纪初，一些英联邦学者对这种历史框架感到不满，开始推广新的范式，即"定居者殖民主义"。[16]这些学者将殖民主义视为持续存在的过程，并通过新的方式、概念和历史研究方法，将焦点放在原住民身上。他们质疑民族国家建国的基本叙事，批判清教徒"开拓荒野"的神话或"边疆"定居点的民主性，因为这种做法不仅将原住民从历史中抹去，而且将历史本身变成自然现象，剔除了殖民主义带来的暴力。[17]此外，随着澳大利亚和加拿大等英联邦国家相继发表道歉声明，成立真相与和解委员会，评估原住民被强制同化的历史，许多人开始要求历史界从更广泛的角度审视原住民的种族灭绝问题。[18]根据《联合国防止及惩治灭绝种族罪公约》（1948年）的定义，历史学家在美国原住民的历史中找到了种族灭绝的迹象。[19]

如果承认美国历史上发生了种族灭绝事件，这段历史的基本前提将变得复杂化。事实上，美国原住民的历史与美国理想形成了最鲜明的对比。美国原住民研究学者经常认为，美洲被征服的过程就是各原住部落接连遭受大规模暴力的过程。[20]

本书参考了大量最新的学术研究，目的是汇集各种新见解，探索解读美国历史的新方法，调和人们对这个国家的争议性理解。

尽管定居者殖民主义研究揭示了全球殖民主义的持续遗产和

原住民的抵抗活动，但这种研究仍具有局限性。[21]原因在于，它通常将"种族灭绝"作为美国原住民历史的决定性因素，并将原住民的权力和能动性最小化。[22]这种研究难以评估原住民权力在不同历史时期的动态变化，也不利于承认原住民长期以来对广阔领土的主权。[23]要建立新的美国历史理论，需要承认原住民对殖民地经济、定居点和政治的决定权，同时承认这些因素对原住民的塑造作用。（P5）

面对原住民被学科领域抹去的事实，美国原住民和土著研究学者做出了回应，他们强调的是该群体的生存，而非灭绝。[24]2008年成立的美国原住民与土著研究协会（The Native American and Indigenous Studies Association，简称NAISA）扩大了全球原住民研究学者发挥专业才干的机会。[25]过去，原住民研究学者只能在已有的学科领域中争取人们的关注，如今，他们开始与部落社区合作，并在1993年由奥吉布瓦族文学评论家杰拉德·维兹诺（Gerald Vizenor）首次提出的"生存"概念的基础上做出了更多探索。[26]

本书深受这些学术发展成果的启发，承认美国原住民非同一般的多样性以及能动性，这对美国历史的重新发现之旅至关重要。如果美国历史的现有范式建立在排斥原住民的基础之上，则原住民能动性的历史化将成为重塑这些范式的重要途径。像所有民族一样，美国原住民的斗争、历史传承与传统也延续了数百年，最终形成了多样化的族群。要理解这些族群的多样性和能动性，历史化途径必不可少。[27]

本书探讨的是一种特殊的原住民能动性，即印第安人与新来者之间的辩证关系，这些关系是二者在数个世纪的交往过程中形成的，并通过不可分割和延绵不断的方式，将新诞生的社区连接在一起。本书的时间跨度从西班牙殖民时代直至冷战时期，审视了美国历史的几种范式，揭示了原住民在这一历史进程中扮演的核心角色。各章节对二者关系的转型展开了辩证研究，讲述美国原住民遭遇欧洲殖民者之后的故事，并将二者关系的相互影响作为叙述主线，探讨是否有可能抛开欧洲人对美洲的"发现"，以及欧洲"伟大"的固定框架，在新的角度下叙述非传统意义上的美国历史。

一直以来，美国的历史范式并没有体现这个国家真正的多样化程度。因此，讲述原住民与欧洲新来者几个世纪以来的辩证关系，将面临令人生畏的重大挑战。实际上，美国的历史研究削弱了自身的多样化程度，加深了重新审视该领域基本原则与方法论的必要性，尤其是最近很多综合研究淡化了"殖民时代"，暗示称美国宪法的起草才是重中之重。[28]

美国的建国神话没有给原住民多少容身之处。美国《独立宣言》称原住民为"无情的印第安野蛮人"，哪怕他们对内陆殖民定居点的影响一直延续到今天。[29]与托马斯·杰斐逊不同的是，乔治·华盛顿等更为老练的领导人主张采用外交而非暴力手段，并利用现有的印第安条约来扩大联邦权威。（P6）正如本书前半部分所述，深入研究美国独立战争时期完整而复杂的原住民历史，有助于更深入地理解美国社会乃至国家的权力。

✦

美国的历史故事从何时何地开始？谁是这部历史剧的主要角色？这场演出的主题或内容是什么？英属北美殖民地是不是美国历史的起源？那些自称"美利坚合众国人民"的人，是否真的愿意分享手中的独家权力？19世纪美国扩张对原住民家园造成的历史影响是什么？原住民部落如何应对联邦权力在日常生活中的压倒性存在？

几代学者一直在努力回答这些问题，从20世纪末开始，学术界以及部落项目开始将这段纷繁复杂、曾经被忽视的历史展示在人们面前。从华盛顿州尼亚湾的玛卡文化与研究中心（Makah Cultural and Research Center），到康涅狄格州马萨图格佩科特博物馆与研究中心（Mashantucket Pequot Museum and Research Center），近200个部落博物馆和文化中心，如今正在讲述各个原住民社区的历史。[30] 新的资料来源，如口头叙事、人种志、土著语言以及各个帝国的档案记录，也有助于开展新的历史和文学研究。[31]

如今，美国原住民已经从历史的忽视中苏醒，展现出全方位的复杂性。他们生活在多样化的社会中，讲着有数百年历史的土著语言，而且往往统治着广阔的领土。今时今日，许多原住民仍然生活在祖先的家园，照看着欧洲人到来之前就已经存在的花园，比如亚利桑那州和新墨西哥州的21个普韦布洛（Pueblo）①印第安部落，这里的原住民便维系着北美最古老的、薪火世代相传的社区。

这种对美国历史的重新发现正在不断发展壮大。每年都有新的课程推出，新的出版物问世，部落社区与非部落机构也在达成新的合作关系，不断塑造着研究人员、教师、部落成员和广大学者的实践与工作，他们渴望的是，了解更准确、更多元的美国历史。部落政府的规模和能力也在不断壮大，这是部落社区在美国政治框架之下享受固有主权的最佳证明。纳瓦霍（Navajo）等部落管理着数十万公民以及数百万英亩的土地。（P7）其他部落则雇用了数千名原住民和非原住民工人，参与当地的工业与经济建设。[32] 这些部落位于美国的版图之内，与联邦政府共同享有自治权、主权与权力。[33]

如果美国各阶段的学校教育要保持活力，有关这个国家起

---

① "Pueblo"是西班牙语词汇，既表示"城镇"或"村庄"，也表示"人"。这个词来源于拉丁语词根"populus"，意为"人民"。西班牙殖民者将这个词用于他们自己的城镇，但仅限于那些有固定地点和永久建筑的美洲原住民定居点。——译者注

源、扩张与现状的叙述就必须更加丰富、更加真实。学习和教授有关美国原住民的真相，将重新揭示美国多元化的意义。

◆

本书旨在重新定位美国历史，纠正美国印第安人在这段历史中的缺席。全书跨度500余年，借鉴和参考了许多其他学者的工作成果。由于篇幅所限，本书的研究并未涵盖所有的原住民部落、研究主题和地理位置。印第安人与欧洲帝国史诗般的交锋，与美国政府的主权斗争，推动了美国历史的发展。可以说，在这个国家的每一个历史阶段，原住民都扮演了核心角色。

本书结合了不同流派关于美国与美国原住民历史的观点，其本意并非将二者割裂，而是将其视为相互关联的因素，同时强调二者之间自始至终相辅相成、相互交织的关系。

目前，有关美国原住民历史的综述或单一出版物较少。该主题的时空跨度之大，人种志的多样性之广，仅靠一两册出版物将难以尽述，但学者、教师和教育工作者已经发展出新的解释范式，重塑了特定地区的历史，为大规模发掘新的历史时期、地理位置与主题做出了贡献。曾经被人忽视的美国原住民历史，如今已成为蓬勃发展的领域。正如下文所述，由此得出的见解甚至动摇了美国历史的现有假设。

虽然有关美国原住民的历史研究不断发展，但仍然面临诸多挑战。过去的几代人仍然因循守旧、思想僵化,大学校园、教科书和公共纪念馆也仍然排斥原住民部落。正如波尼族(Pawnee)学者沃尔特·埃科 – 霍克(Walter Echo-Hawk)所言:"有关原住民的种种问题,我们普遍缺乏可靠的信息和资料,这是当前美国原住民面临的最紧迫的挑战。"34

美国原住民的历史文化需要投入更多研究,评估原住民的能动性与权力如何塑造部落和非部落社区。(P8)本书将对人们熟悉的主题进行去自然化研究,揭露美国社会形成过程中不确定的偶然时刻,从不同的时间线对美国历史展开叙述。本书将美国原住民置于更广阔的全球背景中,并将原住民社区经久不衰的主权视为美国政治格局中的核心要素。

本书第一部分"印第安人与殖民帝国"强调了暴力对美国早期形成的重要性,分析了16世纪和17世纪西班牙、英国、荷兰和法国等帝国在北美的殖民基础,探讨了英法两大殖民帝国的碰撞,阐述了美国印第安人在美国独立战争起源中的地位,尤其是他们在决定性时刻的影响力,即英法七年战争之后,宾夕法尼亚定居者与英帝国陷入冲突之时。当时北美爆发庞蒂亚克战争(Pontiac's War),1764—1765年英帝国企图夺取五大湖印第安家园的控制权未果,自称"黑脸男孩帮"(Black Boys)的定居者民兵卷入其中。正如这几章节的注释所示,对俄亥俄河谷印第安人 – 定居者冲突的研究,仍然是美国印第安历史中最受关注的领域之一，每年均有重要作品出版。此外，本书的前半部分还揭露了美国宪法史及早期美国史研究人员对该领域大量学术研究的忽视。

作为后半部分"主权斗争"的过渡，本书第一部分以"殖民主义宪法"结尾，讲述的是在抛开原住民历史的情况下，人们将无法理解美国宪法的诞生与制定。作者分析了美国《邦联条例》以及后来美国宪法中的国家治理结构，重点阐述了美国如何通过纳入内陆土地，利用《邦联条例》继承的"缔约权"开展土地割让谈判，确定联邦政府对印第安事务的至高地位，并建立联邦制度。在许多建国者的心目中，美国原住民在宪法中的地位类似于外国公民，正如美国宪法商业条款所述："国会有权……监管与外国、各州以及与印第安部落之间的商业往来。"这种建国理念体现了原住民的哲学观。几个世纪以来，原住民一直主张与联邦政府共享自治权。美国和原住民部落的历史仍然受到宪法区别对待不可磨灭的影响。[35]

本书第二部分聚焦的是美国与原住民部落的主权斗争。（P9）作者从比较与关联的视角评估了美国的民主、种族形成和印第安人迁徙，强调了印第安事务为何始终在美国早期的治国方略中处于核心地位。美国最早的两项外交决策，即《杰伊条约》（Jay's Treaty）和《路易斯安那购地案》（The Louisiana Purchase），均起源于与印第安人的条约签订。这些发现表明，人们有必要重新定位 19 世纪的美国历史，改变以前聚焦北美东部的做法，突出整个北美大陆在美国扩张过程中发生的变革。因此，本书的后半部分将这种扩张置于西班牙、墨西哥、俄罗斯、英国和法国帝国主义的框架之下，在讲述加利福尼亚和科罗拉多的历史时，更为关注的是印第安社区在快速殖民和淘金热时代经历的转变。

本书后半部分重点讲述的是南北战争后，美国原住民对国家权力扩张的回应。美国内战之后的重建时期，联邦政府在西部地区建立了庞大的官僚机构，其中包括军队、条约签订者和印第安事务官等。要塞、保留地管理机构和寄宿学校的出现，标志着保留地时代（19 世纪 70 年代至 20 世纪 20 年代）的开始。这一时期，美国陆军上尉理查德·亨利·普拉特（Richard Henry Pratt）等联邦领导人启用军事化教育体系，试图将儿童从原住民家庭中带走，动摇部落政府和原住民的根基。

正如这些章节所述，在长达半个世纪的时间里，强迫儿童离开家园和剥夺保留地的土地一直是美国的主要政策。超过 7.5 万名儿童被送往联邦政府赞助的寄宿学校，近 1 亿英亩保留地被剥夺。截至 1912 年，根据《公共法案 219 号》[①]，国会已将印第安社区置于"绝对管辖和控制"之下。[36]

---

① 又称《印第安拨款法案》。——译者注

美国国会对印第安事务行使权力的原则,被称为"全权主义"。19世纪末和20世纪初,新一代美国原住民活动家对联邦政府的干预做出了回应。本书最后几章,作者阐述了此类行动主义如何勾勒出美国联邦政策的轮廓,尤其是在印第安新政以及冷战时期。书中的分析借鉴了对保留地活动主义、美国印第安人协会(The Society of American Indians,简称 SAI)及其领导人出版物的研究,其中包括劳拉·科尼柳斯·凯洛格(Laura Cornelius Kellogg,奥内达族)、齐特卡拉-沙(Zitkála-Šá,达科他族)、亨利·罗伊·克劳德(圣语族)和伊丽莎白·本德·克劳德(Elizabeth Bender Cloud,奥吉布瓦族)等人。(P10)

新一代活动家敢于直面美国政府的干预和虚假承诺,挑战"美国无辜"的神话,并寻求对历史作出新的解释。凯洛格的倡议深深植根于恢复原住民治理的历史实践,特别是易洛魁(即 Haudenosaunee,住在长屋里的人)社区内的性别权威。罗伊·克劳德、本德·克劳德和美国印第安人协会的其他成员建立了跨部落的联盟机构,这些机构在冷战期间起到了至关重要的作用。本德·克劳德本人是两家主要印第安权利组织的共同创始人,即 1911 年成立的美国印第安人协会,以及 1944 年成立的美国印第安人全国大会(The National Congress of American Indians,简称 NCAI)。

本书结尾对 20 世纪原住民复兴过程中令人惊讶的矛盾之处

作出了评估。除了突出原住民的能动性之外，这种审视还呼吁学者将原住民视为复杂和矛盾社会结构的主体。联邦政府与印第安人的关系导致原住民部落面临法律和政策原则的挑战，特别是终止政策时期（1953年至20世纪70年代）和自决时期（1975年至今）。[1]

在这两个时期，部落主权的行使面临着巨大挑战。当时的参议院和联邦领导人，例如印第安人事务局专员狄龙·迈尔（Dillon Myer），利用新政时期的改革，将原住民部落土地索赔与接受旨在"终止"部落主权的政策捆绑，实现打击原住民部落的目的。虽然终止政策削弱了原住民部落，但催生了一代原住民活动家，其中包括埃达·迪尔（Ada Deer，梅诺米尼族）等保留地领导人，也包括城市和非保留地成员，如美国印第安人运动（The American Indian Movement，简称AIM）的成员。20世纪60年代末，原住民活动家不仅占领了旧金山湾的恶魔岛（Alcatraz Island），还成功吸引了整个美国的目光，原住民的斗争和行动一时成为新闻头条。在迪尔等原住民领导人的立法倡议之下，这些活动对国家政策的转变起到了至关重要的作用。

20世纪最后几十年，印第安改革运动展现出巨大潜力。这

---

[1] 1953年，美国国会通过《众议院第108号共同决议》，又称"终止政策"，宣布停止联邦政府对部落的特殊优惠政策，解散部落，使印第安人完全成为美国公民。——译者注

是因为，要在美国的统治之下乘风破浪，就必须进入立法机构，特别是国会和联邦法院。长期以来，原住民一直通过正式和非正式途径寻求补偿——倡议与行动主义往往代表着原住民政治的两面。20世纪末，在与欧洲人接触500年后，新一代原住民领导人挺过冷战时代的动荡局面，迎来新世纪的曙光，原住民社区从此再也不会面临危及生存的根本威胁。（P11）

Part I | Indians And Empires

第一部分 | 印第安人与殖民帝国

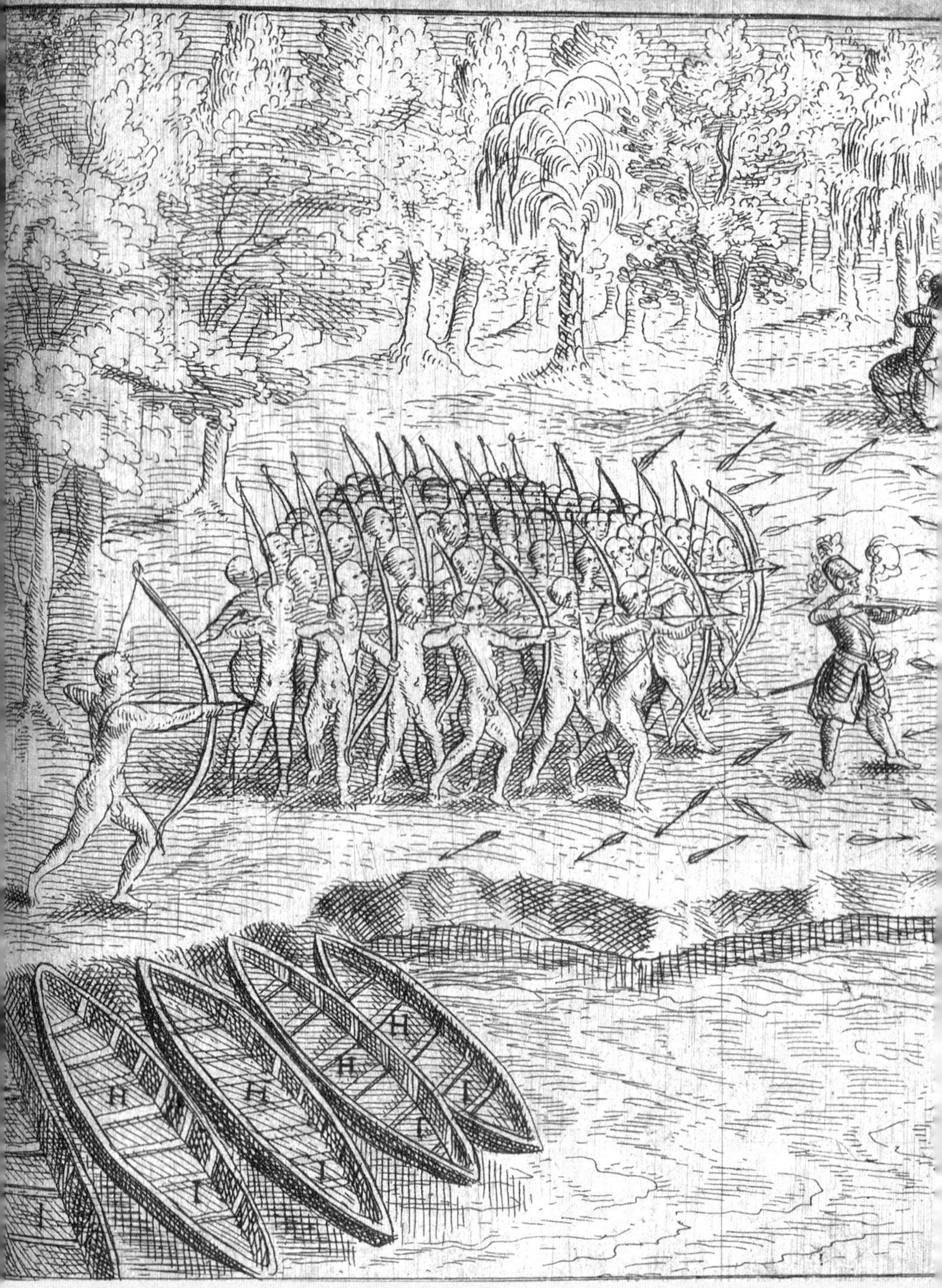
H
H
H
H
I
I
I
I

这是一幅 1613 年的版画,描绘了 1609 年 7 月萨缪尔·德·尚普兰(Samuel de Champlain)以及他的军队、原住民盟友与莫霍克(Mohawk)士兵的交战场面(耶鲁大学拜内克古籍善本图书馆)

1
American Genesis
Indians and the Spanish Borderlands

It would be an endless story to attempt to describe in detail each one of the many things that are found there.
—*Juan de Oñate*（1599）

美国的创世纪：
印第安人与西班牙边疆

要不厌其详地讲述人们在此地发现的万事万物，将是一则永无止境的故事。
——*胡安·德·奥纳特*（*Juan de Oñate*，*1599年*）

12名骑手离开殖民地已有两个多月。此时是1776年秋天，这支队伍已经在北美最险恶的一些地区跋涉了数百英里[①]。夜晚凛冽，白天漫长，有时还没有水喝。突然间，天空下起了雪。起初，落雪点缀着西边地平线上的山峰，随后漫天的白雪将山峦覆盖，有时"雪一整天都在下……不停地下"[1]。他们没有木柴生火取暖，无情的北风呼啸，一队人马"因为天寒地冻而苦不堪言"。[2]

这支队伍的领头人是两名西班牙修道士——弗朗西斯科·阿达纳修·多明戈（Francisco Atanasio Domínguez）和西尔韦斯特·贝莱·德·埃斯卡兰特（Silvestre Vélez de Escalante）。整队人马于当年7月离开新墨西哥，之后再未遇见其他欧洲人。夏末秋初，他们花了几个月的时间，穿过科罗拉多和犹他的尤特族（Ute）和派尤特族（Paiute）家园，其间偶尔与原住民向导结为朋友，让这些向导带路。这些殖民者遇到的印第安人当中，只有

[①] 一英里约等于1.6公里。——译者注

少数人会说西班牙语。尽管大多数原住民从未见过欧洲人,但他们之前听说过,这些骑马的旅行者会带来暴力和痛苦,因此许多人都避之不及。[3]

这是西班牙王室首次派出远征队,尝试将西班牙最古老的北美殖民地新墨西哥(1598年建立)与最新的加利福尼亚殖民地(1769年建立)联系起来。这支队伍一路上盼着能找到可以坐船走的河流,或者发现几条小路,让当地人把他们领到蒙特雷要塞,结果期望落空,他们没有到达太平洋沿岸附近的任何地方。两位领头人又冷又饿,刚走到犹他西部,便放弃原本的计划,打算用一个月的时间,沿原路返回新墨西哥,那里有熟悉的烤辣椒和松子火炉在等着自己。(P17)

要是他们继续往前走,不仅很难穿过西部肖肖尼族(Western Shoshone)的家园,而且几乎不可能在冬季穿过内华达山脉。往南走,折回新墨西哥,回到有数百年历史的传教点和定居点,是最明智的选择。事实证明,这个决定救了整队人马的命,他们在旅途中绘制的地图,写下的日记,也成了帝国档案的一部分。后来的一众探险家,包括美国探险家梅里韦瑟·刘易斯(Meriwether Lewis)和威廉·克拉克(William Clark),都从这些文件中受益。其他人研究了这支队伍对科罗拉多河(后来称为大峡谷)的穿越之旅,首次记录了对这片区域的探索。[4]

11月14日,队伍到达熟悉的地区——亚利桑那米肖诺维

（Mishongnovi）附近的霍皮（Hopi）村。这是该地区塞康德梅萨（Second Mesa，即第二大平顶山）[①]的主要村庄，与西班牙王室有着长久的关系，以郁郁葱葱的果蔬种植园而闻名，盛产玉米、南瓜、甜瓜和豆类。[5]

一想到能回殖民定居点，享受平日熟悉又优越的生活，整支队伍都松了一口气，但在他们面前还有漫长的路要走。要从圣菲回到格兰德河沿岸的定居点，还要走一个星期的路。寒冬凛冽，食物越来越少，让这支队伍痛苦不堪。他们骑马走了两天，中途停下来过夜。[6]领头的两位修道士饥肠辘辘，命手下又宰了一匹马，但是他们非常谨慎，下令"不准靠近"周围霍皮村的牛群，哪怕这些牛看上去"走丢了，或是无主财产"。[7]

手下的人对此心有怨言，因为马是他们的私人财产，而且一路上已经宰了好几匹马。十天前，队伍打算沿着河流北岸往南走，连马肉也吃完了。"我们今天什么东西都没吃，"其中一位修道士这样记录当天的情形，早餐全靠几片"烤匍地仙人掌"充饥。[8]反正他们已经回到西班牙帝国的领地，在这个偏远的普韦布洛社区抓一头小牛，杀了果腹，又有何妨？再说这个村庄本来

---

① "Mesa"是西班牙语词汇，意思是"山丘"或"高原"，在地质学上指的是顶部平坦、四周陡峭的山丘或山脉。塞康德梅萨是位于美国亚利桑那州东北部霍皮保留地的三大平顶山之一。霍皮保留地由几个位于平顶山顶部的村庄组成，塞康德梅萨是其中之一，以容纳数个霍皮村庄而闻名，包括此处提到的米肖诺维。对霍皮人而言，平顶山是重要的文化和历史区域。——译者注

就因对抗西班牙当局而臭名昭著。⁹ 谁又会在意呢？

在西班牙殖民主义史册中，殖民者给数千万印第安人带来了死亡、疾病和毁灭，让大批原住民失去了家园，相比之下，眼前的这一幕似乎微不足道。但殖民主义不仅仅是历史，也是一幕幕活生生的现实。自1492年以来，日常殖民行为及影响便塑造了现代世界。与促成美国独立战争的重大事件一样，1776年这些殖民者与原住民的相遇，同样勾勒出庞大殖民帝国的日常活动景象。这个帝国的殖民时间早于英国，殖民规模也远远超过英国。（P18）

西属美洲帝国横跨整个半球，从阿根廷一直延伸到新墨西哥。16世纪，当地有近100个普韦布洛社区与西班牙人对抗。¹⁰ 从东部的陶斯（Taos）①普韦布洛到西部的霍皮普韦布洛，整个新墨西哥形成了新西班牙最北部的边界。多明戈和埃斯卡兰特踏上这片大陆时，他们担任的是西班牙帝国的代理人，通过日常谈判，维护着全球规模最大的殖民统治。经过十几代人的努力，西班牙在美洲的领土不断扩大，而这片领土的周围环绕着广袤无垠的原住民土地。¹¹

对西班牙而言，帝国与印第安人的关系受到无数协议和行为准则的约束，其中包括正式和非正式的准则，而且这些准则得

---

① 陶斯是今天美国新墨西哥州中北部陶斯县的一个城镇。——译者注

到了教会与国家机构的双重支持和强化。[12] 1492 年，美洲大陆上居住着约 7500 万原住民，西班牙殖民者并没有发现美洲，而是通过接下来几代西班牙人与印第安人的关系创造了美洲。[13] 尽管西班牙带来的暴力、疾病和屠杀横扫了整个美洲，但几个世纪以来，这个帝国一直依赖原住民与新来者之间的权力关系，而且这种关系建立在双方协商的基础上。

西属美洲殖民地的原住民生活在被强加的殖民秩序之下。在这种不公平的环境中，他们每天都在为了生存而斗争。[14] 原住民与西班牙殖民者最初的相遇充斥着致命、混乱和复杂的场景，但最终演变为二者在共同的社会秩序下相处。[15] 西班牙帝国范围内的原住民虽然处于从属地位，地位不及殖民地官员、定居者、牧师和士兵，但他们遵守帝国法律，并在殖民者的法制文化中处于附庸地位，享有这种地位带来的权利，同时履行相应的责任。[16] 在西班牙帝国的广大领土范围内，印第安人享有并行使法律权利，他们不仅具有能动性，还拥有真正的权力。

在西班牙帝国最北部，即西属北美边境地区，原住民部落的力量往往与欧洲人分庭抗礼。18 世纪和 19 世纪，科罗拉多的尤特族，还有北美大平原南部的科曼切人（Comanche），始终主宰着西属新墨西哥和得克萨斯。[17] 得克萨斯要塞的一名指挥官报告说，科曼切人在"火器和数量上都如此优越"，"我们搞不好会遭受灭顶之灾"。[18] 殖民时代和 19 世纪，每一块西属殖民地内部，几十个普韦布洛城镇、阿帕奇族（Apache），还有讲科阿维尔特科语的村民，都保持了文化、宗教和经济方面的自治。[19]这些原住民部落经历了欧洲人最初带来的动荡，在殖民社会内部和日益扩大的腹地中开辟出了自治空间。（P19）

在远离西班牙帝国城市中心，远离殖民当局安营扎寨的地方，原住民的权力在边境地区流动着。西班牙帝国的控制在其广阔的领土上并不均匀，其权利主张只在狭长的地理走廊行之有效。[20]在整个西属北美边境地区，原住民部落是多极世界的一员。在这个世界中，各种主权相互重叠，并时有冲突发生。尽管西班牙在美洲已经扎根多时，但在格兰德河流域以外，他们的统治并不轻松，甚至没有专属统治权。西班牙人也好，原住民也好，很多人都在争夺统治权。自16世纪起的200年里，原住民和西班牙定居者开展过交易，发生过抢劫和交战，也有过和平共处的时光。他们在村子里，在季节性市场上做生意，甚至还结成盟友，对抗共同的敌人，抵抗来自其他殖民帝国和原住民部落的威胁。原住民和新来者世代共存，最终模糊了二者之间的界限，形成了多样化的种族和社区，就像天空中的星座一样。

西属北美边境延绵3000英里。从加利福尼亚的各个传教点开始，穿过亚利桑那和墨西哥，经得克萨斯中部到密西西比湾海岸，再到佛罗里达海岸。在大西洋沿岸的圣奥古斯丁，圣马科斯城堡（El Castillo de San Marcos）是北美最古老的堡垒，守卫着西班牙在北美的首个定居点。圣奥古斯丁前哨建于1565年，保护西班牙船只从古巴出发向北航行。它的炮塔面向大海，防范其他殖民帝国的力量进入加勒比地区，这是西属美洲帝国最初的核心所在。

新墨西哥位于西属北美边境的中心。整个17世纪，新墨西哥的原住民人口一直超过其他美洲殖民地。欧洲人最初与原住民接触时期，该地有近八万名普韦布洛社区成员。[21]普韦布洛人分散居住在几十个村庄，讲几种不同的语言，坚持着几个世纪以来的宗教信仰，即使他们名义上接受天主教之后仍是如此。[22]

1540年，多达75—100个普韦布洛村庄迎接了西班牙征服者弗朗西斯科·德·科罗纳多（Francisco de Coronado）。[23]有的普韦布洛村庄规模较大，如阿科马（Acoma）、陶斯和佩科斯（Pecos），人口在大约2000—3000人，可以追溯到公元1000年初。有的村庄规模较小，只有几百居民。（P20）所有村庄都有自己的宗教和政治领袖，并种植玉米、豆类和南瓜，这是北美原住民的主要经济作物。[24]

多明戈和埃斯卡兰特对原住民的家园非常了解。早些时候，两人曾从墨西哥出发，前往当地对普韦布洛人传教。[25]1776年11月，他们下令严禁手下人在当地偷猎，显示出对原住民通过谈判行使权力的尊重，而这种权力行使方式是当地社会的核心。他们理解霍皮族财产的价值以及保护该部落的必要性，也尊重霍皮族的法律，因为对一个靠法律、传统和风俗习惯维持统治的帝国而言，原住民的法律是不可或缺的一部分。虽说天高皇帝远，殖民者对原住民的暴力胁迫从未中断，但偷走霍皮人的牛，不符合他们的政治和宗教逻辑，是犯罪行为。[26]

社会规则往往被视为理所当然的事情，它似乎源自人们对事物的普遍理解，再通过重复和实践变成一种规范。[27]然而，修道士对正义的理解与手下的人并不相同，后者好几次擅自行动，与内陆的尤特族进行非法交易，违反了修道士和西班牙总督意在限制非法交易的禁令（即西班牙语中的bando）。[28]这些宗教领袖认为，每个人都是同一种社会秩序的成员，遵守规范是每个人的道德和政治责任。作为宗教和王室的代表，修道士们坚决将法治带入日常生活。[29]

西属美洲帝国的原住民生活在殖民社会中，这是一个日益多样化，等级分明且地域广阔的世界。他们在市场上、在军事行动中、在从事教会事务时，都会碰到西班牙士兵和传教士，还有一代又一代的定居者。换言之，西属美洲帝国围绕着原住民转动，这个帝国与原住民的关系与欧洲其他帝国大相径庭。

与英国和法国不同的是，原住民是西属北美殖民地最庞大的劳动阶层。这些原住民在16世纪早期就开始信奉天主教，并学会西班牙语。此外，西班牙法律将印第安人视为特定的种族群体，1542年西班牙王室颁布的《新法律》（New Laws）规定，不能奴役西班牙领土上的原住民。[30]1549年，时年20岁的"印第安"女仆卡塔利娜·德·贝拉斯科（Catalina de Velasco）来到卡斯蒂利亚的圣保罗修道院，拜访了传教士巴托洛梅·德·拉斯·卡萨斯（Bartolomé de Las Casas）。她向卡萨斯求情，让对方帮自己从西班牙殖民领导人那里讨个公道。她说自己"在孩提时被偷走，带到了西班牙领地"，接着被非法关押。[31]西属美洲的原住民都像卡塔利娜一样，会利用法律来对抗1492年之后肆虐的殖民暴力。（P21）

要读懂美国及其历史，需要了解几个世纪以来西班牙对原住民的不公正待遇以及原住民的谈判。最近的研究重新界定了美国早期历史的时空范围，原住民对西班牙殖民帝国的适应，以及西班牙进口物品在原住民世界中的融入，是这些研究中反复出现的主题。一方面，从西班牙引入的技术、宗教惯例、服装和货币改变了整个美洲的日常生活。另一方面，原住民劳动力、食物、知识和矿产塑造了西班牙的政治经济。如前所述，马匹和牛群引发了修道士和手下之间的争执，而这些动物并非美洲原产。此外，霍皮人的桃园也好，16世纪20年代首次在该地区传播开来的西班牙通用语也好，都是如此。

西班牙早期对美洲的征服活动

1519年墨西哥被征服之前,西班牙在美洲的殖民定居点仅限于加勒比海岛屿。在哥伦布最后的几次航行之后,波多黎各、牙买加、古巴和海地相继被西班牙占领,比如1513年胡安·庞塞·德莱昂(Juan Ponce de León)对佛罗里达的探索,便将这些地方作为起点。[32]西班牙王室宣示主权的这些土地正式成为西班牙王国的一部分,而不是殖民地。[33]

最初半个世纪,西班牙的帝国主义贯穿着对原住民的残忍和暴力行为。哥伦布在第二次航行中,奴役了"550人……其中约200人死亡",在抵达西班牙之前,他将死者"扔进了海里"。[34]奴役、过度劳累、饥荒和欧洲病原体在加勒比海地区导致大批原住民死亡,成为美洲原住民史上最可怕的一幕。[35]当地的原住民社区希望赶走侵略者,但徒劳无功,泰诺人(Taino)、阿拉瓦克人(Arawak)、加勒比人(Carib),还有其他许多部族,都遭到了殖民者的屠杀。[36]

从一定程度上而言,1542年西班牙王室颁布《新法律》,是对征服过程中残暴行为的回应。1502年,巴托洛梅·德·拉斯·卡萨斯首次以土地所有者的身份来到海地，参与了对当地泰诺人的袭击。他与来美洲寻找财富和权力的"贵族子弟"（即西班牙语的 hidalgo）一起生活，目睹了自己口中"恐怖和令人生畏的"征服惨状。[37] 西班牙人还把他们对名誉和财富的渴望，以及随之而来的暴力，传给了下一代人。[38]

1510 年，拉斯·卡萨斯在海地被任命为牧师，在目睹了无数的苦难和死亡之后，于 16 世纪 30 年代离开美洲。后来，他在西班牙修道院孤独度日，致力于改变西班牙帝国对待原住民的方式。（P22）他对美洲正在发生的事情一清二楚，因为他见过像卡塔利娜·德·贝拉斯科这样的孩子被贩卖、被非法拘禁，被士兵、船长、船员和西班牙财产所有者殴打、烙印、铐上铁链，甚至被强奸。虽然拉斯·卡萨斯曾经认同寻求财富的做法，但面对殖民主义的种种残酷，他改变了主意。在目睹西班牙殖民者导致原住民生灵涂炭、人口减少之后，他问道："未来出生的几代人，有谁会相信今天这一幕？"[39]

相比之下，胡安·庞塞·德莱昂则毫不羞愧地追求财富。他出生于西班牙的一个贫困贵族家庭，1493 年随哥伦布来到加勒比海，此后参与了许多征服行动。整个 15 世纪 90 年代，他都在伊斯帕尼奥拉岛（Hispaniola，即海地岛）作战。1495 年，泰诺人与西班牙人发生第一次有组织的军事对抗，德莱昂协助击败了泰诺人。[40] 1509 年，他领导麾下士兵征服附近的波多黎各，并担任该岛的首任总督，并将印第安奴隶分配给手下。此外，他还率领军队对剩余的泰诺村庄发起一系列进攻。

德莱昂实施的是恐怖统治。他用起猎犬来毫不留情，以至于"比起100个没带狗的西班牙人，印第安人更害怕10个带狗的西班牙人"[41]。德莱昂在海地用猎犬追捕印第安人，他的这种恐怖手段用得如此得心应手，以至于一个新词"aperrear"被创造出来，专门用来表示把受害者投给狗撕咬的行为。[42]

收复失地运动期间①，伊比利亚半岛上的王权巩固延续了几个世纪，西班牙殖民主义的贪婪便源起于此。[43]在这场运动中，独特的男性暴力文化教导了像德莱昂这样的几代伊比利亚男性，他们也因此成为暴力技术专家。1492年后，这些人越来越多地转向海外寻找财富。

这些寻求海外财富和荣耀的人大多来自贫困家庭。[44]西班牙王室的职业军人和海军军官则留在欧洲，因为他们需要在欧洲无穷无尽的战争中担任指挥。最初来到美洲的人是没有受过正规军事或纪律训练的士兵。他们来美洲，不是为了领军饷，[45]也不是被迫服役，而是纯粹为了寻求财富，并且为了获取财富不惜动用暴力。

---

① The Reconquista，收复失地运动，又称再征服运动，是公元718至1492年间，西班牙人反对阿拉伯人占领、收复失地的运动。该运动从718年的科法敦加战役开始，至1492年格拉纳达战役结束，跨越了8个世纪。——译者注

殖民征服者在加勒比海没有找到丰富的矿产资源，又继续前往西部水域和周围面积较大的盆地探索。他们当中的许多人参与殖民地的各种活动，向西班牙王室换取好处，在不断扩张的殖民地群岛上被授予土地。[46]许多征服者，包括哥伦布在内，都是虔诚的信徒，将传播基督教视为己任。因此，对那些愿意冒着生命危险对抗原住民的殖民者来说，新大陆带来的机遇不仅体现在物质层面，也体现在精神层面。（P23）

然而，西班牙征服者的残暴行为远远超过人们的想象。殖民者的军事战役、无差别暴力、利用动物袭击、奴役和强迫劳动，还有欧洲病原体，导致大批原住民死亡。哥伦布抵达伊斯帕尼奥拉岛时，当地有300万居民，然而50年后，仅余500人。[47]西班牙殖民者带来的既是一场征服，也是一场大屠杀。

会面：西班牙人与墨西哥的纳瓦帝国

西班牙在加勒比海建立定居点之后，将势力扩张到墨西哥，该地后来很快成为西属美洲帝国的中心。墨西哥是数百万原住民的家园，由阿兹特克或纳瓦帝国统治。[48] 之前几个世纪，蒙特祖马（Montezuma）皇帝曾率领纳瓦人通过贸易、战争和贡物将周围数百万人纳入统治之下，皇权得到极大的巩固。[49] 纳瓦语对纳瓦帝国的统一起到尤其重要的作用。[50] 该帝国的政治中心位于特诺奇蒂特兰（Tenochtitlan），这是一座比西班牙的塞维利亚（Seville）大 10 倍的城市，西班牙船只正是从塞维利亚启航，开启穿越大西洋的航程。[51]

纳瓦人身处地球上最伟大的城市之一，统治着数百万人，影响力一直延伸至墨西哥中部、南部，甚至北部。尽管格兰德普韦布洛只能通过有限的贸易活动与距离南方 1000 多英里的巨大帝国连接，但西班牙征服者对北部城市的情况有所了解之后，很快就产生了兴趣。

就像格兰德沿岸的村庄一样，纳瓦世界的园艺村庄也蓬勃发展。半自治的原住民村庄构成规模巨大、相互联系的民族国家网络，这些族群可根据政治特征来区别，在纳瓦语中被称为"阿尔特佩特尔"（altepetl，即"城邦"）。[52] 从名义上来看，这些自治社区受到遥远的特诺奇蒂特兰当局管辖，实际上，它们由世袭统治者"特拉托阿尼"（tlatoani）[①]掌管。这些社区政治结构的产生往往有两种方式，一种是通过早期社区的融合产生，另一种是由最近迁往墨西哥中部的移民形成，其中包括北部的奇奇梅克人（Chichimeca），他们在好几代之前迁到墨西哥中部。[53] 就像被远方城市领主占领的欧洲村庄一样，这些城邦也有自己的宗教结构和市场。[54] 但与泰诺人、阿拉瓦克人和其他加勒比社会不同的是，定居此处的园艺种植者生活在制度与种族多样化的世界里，并发展出与遥远的纳瓦帝国长期交往的模式。（P24）

西班牙利用纳瓦帝国的种族多样化，征服了它。1519 年 11 月 8 日，蒙特祖马与埃尔南·科尔特斯（Hernán Cortés）会面，两个分别统治着数百万人口的庞大帝国首次正面交锋。[55] 自那以后，欧洲与美洲帝国有了碰撞，两片大陆的文明跨越两个半球，彼此产生联系，真正互联的全球社会开始形成。

讲纳瓦语的城邦有过很多剑拔弩张的时刻。有的部落，比如特拉斯卡兰人（Tlaxcalan），在蒙特祖马的帝国之下保持

---

① "特拉托阿尼"（tlatoani）的意思是城邦统治者。——译者注

自治，但对皇帝的统治感到不满。西班牙 – 阿兹特克战争期间（1519—1521 年），他们与科尔特斯结盟，并在此后参加了西班牙人发起的战役。[56] 特拉斯卡兰的领导者为自己与科尔特斯的合作感到十分自豪，甚至还前往西班牙，向王室赠送礼物，辩称与西班牙人交好的印第安人应该得到承认。[57] 原住民盟友是西班牙 – 中美洲战争（1517—1550 年）不可或缺的辅助力量，而西班牙 – 阿兹特克战争又是其中的重头戏。[58]

在 16 世纪的新西班牙，即西班牙的墨西哥总督辖地，原住民与西班牙人的结盟非常普遍。当时西班牙的种族和法律分类体系，即后来被称为"castas"的种姓制度——尚不存在，并且在征服美洲之后花了几代人的时间才完全演变出来。[59] 西班牙领导人以及日渐庞大的原住民盟友利用各种机会合作，或利用部落之间的敌意来巩固自己的权力。1524 年，佩德罗·德·阿尔瓦拉多（Pedro de Alvarado）领导的西班牙军队就是一例，这支队伍利用墨西哥南部的基切人（Quiché）和喀克其奎玛雅人（Cakchiquel Maya）的长期敌对关系，达成瓦解印第安势力的目的。德·阿尔瓦拉多出征的队伍中不仅有西班牙新兵，还有从墨西哥城征召的数百名霍奇米尔科纳瓦（Xochimilco Nahua）辅军，以及最近被强行带到美洲的非洲人。15 世纪 90 年代，这些非洲人与泰诺人以及其他原住民一起，在加勒比海遭到殖民者的奴役。[60]

阿尔瓦拉多巧妙地挑起了两个玛雅部族的对立。之前，特拉斯卡兰士兵参加了科尔特斯对特诺奇蒂特兰的最后一次进攻。这一次，阿尔瓦拉多又一次利用纳瓦人部队。短短 2 个月内，他将西班牙的影响力扩张到南部的玛雅高地，并宣称危地马拉归西班牙王室所有。[61] 但自此以后，连绵不绝的战斗，还有多年的冲突接踵而至。

从北美的角度来看，欧洲殖民者和原住民的会面，还有随后为征服而发动的战争，将美洲人口最密集的地区卷入了欧洲帝国的致命洪流之中。这种巨大影响的威力横跨大西洋，日复一日，年复一年，让欧洲帝国得以不断巩固和加强自身的影响力。就像欧洲人在加勒比地区，还有不久之后的安第斯地区采取的行动一样，这些殖民者消耗着原住民的资源、生命和劳动力。（P25）托里比奥·德·贝纳文特（Toribio de Benavente）神父写道，西班牙人征服美洲时，原住民俘虏"像羊一样成群结队地被带到墨西哥城，这样就能轻松给他们打上烙印"。[62] 16 世纪 30 年代和 40 年代，随着征服者的到来，动荡的局面进一步向北蔓延，西属美洲殖民地的边境线就此形成，为其他殖民地的建立奠定了基础。

横跨西班牙边境的德索托和科罗纳多：1539—1542 年

1539 年和 1540 年，西班牙发动了两次互不相关的入侵行动，横跨了整个北美。[63] 这两次入侵的目的都是掠夺原住民社区，寻找更多可以征服的土地。其中一支队伍从加勒比海登陆，进入佛罗里达和今天美国的东南部；另一支队伍则从墨西哥向北，沿格兰德河行进，再进入北美大平原地区。这两支队伍分别由埃尔南多·德索托（Hernando de Soto）和弗朗西斯科·巴斯克斯·德·科罗纳多（Francisco Vázquez de Coronado）领导。

在这两次远征的过程中，两人虽然没找到财富，但成功宣示了对佛罗里达和格兰德的主权。这两块领土成为欧洲人在北美建立的首批殖民地，并最终成为西班牙在北美西南部和东南部的殖民中心。两位领导人的远征都摧毁了无数印第安村庄，绘制了大陆地图，但他们离开时并没有征服任何人。1542 年，德索托在密西西比河边死于疾病，科罗纳多则在回到墨西哥城的 12 年后去世。科罗纳多的首席副官加西亚·洛佩兹·德·卡迪纳斯（García López de Cárdenas）因违抗王室命令，无故攻击印第安村庄而被判刑，死在了西班牙监狱。[64]

西班牙殖民者在北美的早期战役有许多共同之处，比如远征队的领头人不顾证据贸然行动，而北方实际上并没有繁荣的原住民王国在等着他们：科罗纳多去过的许多普韦布洛村庄根本找不到任何矿产，而德索托偷来的物品当中，最贵重的不过是一箱沿海珍珠。他们都没有听手下人的劝告：回到西班牙船只或殖民定居点，以免与当地印第安人长时间对峙。

德索托于1539年登陆佛罗里达海岸，并在附近过冬，带着近700人的队伍缓慢穿越了佐治亚和南卡罗来纳。春夏又秋冬，日子一天天过去，德索托对卡罗来纳的海岸和丘陵地带社区展开了搜查，但都无果而终。他又命令手下向西行进，穿越阿巴拉契亚山脉，而一个多世纪之后，英国商人才敢穿越这条山脉。[65] 德索托知道，既然安第斯和墨西哥中部高原发现了原住民王国，阿巴拉契亚山脉肯定还有其他王国的存在。（P26）

德索托最后到达密西西比河，虽然他知道沿着这条河向加勒比海的方向前进，有可能回到西班牙帝国的领地，但他没有这么做。自庞塞·德莱昂时代以来，西班牙探险家便知道，这条航道可以通往北边的土地。[66] 于是德索托继续前进，带领队伍淌过缓慢流淌的河水，前往未知的西部地区。

1541年，德索托进行了一次漫无目的的旅行。这次旅途中，他遭受了种种挫折和指责，甚至在当地社区发生了战斗。他不止一次询问当地的原住民领袖，是否知道附近的金矿在哪里，以及如何前往太平洋，因为他知道太平洋就在西边某处。当地人告诉他，这些踪迹难觅的矿藏只有几天的路程，这话激怒了德索托，点燃了他的战斗欲望，让他把恐怖行动当成了首选的外交手段。1542年3月，为了报复当地人害得他的人马前往偏远的阿肯色村庄，他命令手下屠杀了这个名叫尼尔科（Nilco）的村庄。[67]西班牙步兵和骑兵的到来把这个毫无戒备的村庄吓坏了：

> 女人和小孩哭声震天，追赶他们的人被震聋了耳朵。当地约100名印第安人被杀，许多人被长矛刺伤，（但）被留了活口，这样就能对不在现场的人起到震慑作用。有的西班牙人就像屠夫一样残忍，他们杀死老人和年轻人，遇谁杀谁，没有遭到丝毫抵抗……有的当地人被刺伤后，就这样被放走；要是他们看到孩子或女人，便会抓活口，把对方当成（奴隶）……尼尔科村有80名印第安妇女和儿童被掳掠。[68]

受伤的幸存者四散奔逃，又重新聚在一起，屠杀的消息就这样传开。死去的人、幸存者受的伤，还有尼尔科妇女和儿童受到的奴役，让人们长了记性，与欧洲殖民者相遇会带来多么惨烈的教训。

1542年5月，伤病与失望交加的德索托——这位本来想成为征服者的人，与半数随行人员一同死去了。几个月来，这支队伍的大多数马匹都没有上马掌，马儿疲惫不堪，再也载不动自己的主人。1543年9月，远征队归来，标志着这段没人愿意想起的探险以失败告终。1513年至16世纪60年代之间，前往佛罗里达的类似远征至少有6次，这次是其中之一。[69]

北美历史正是起源于这样的混乱与失败中。在整个美洲大陆，西班牙（以及后来的法国、荷兰和英国）的探索常常以失败为特征。（P27）历史学家往往从欧洲国家历史的角度来看待这些事件，将探险家的到来、离开和命运作为重点分析的对象。[70]有关失败的历史记载，在本质上并没有民族主义色彩。对许多人来说，德索托和科罗纳多是美国知名汽车制造商的名字，而不是屠杀印第安人的罪魁祸首。北美边境的历史呼吁人们深入研究过去的失败，因为失败揭示的是颠覆民族历史的故事。

这些失败还讲述了原住民遭遇殖民者之后的生存故事。[71]西班牙早期远征最具毁灭性的后果并非来自西班牙的兵器、殖民者或传教士，德索托的弓弩、长矛和铸剑夺走了几百条生命，但他的马匹和家猪带来的是看不见摸不着的微生物，摧毁了那些从未遇到这支远征队的印第安人。[72]德索托到访东南部的酋邦之后，当地数千名原住民死去，因为天花、麻疹、黄热病、斑疹伤寒、百日咳、流感和瘟疫等急性传染病也被他带到了这些地区。[73]下一批欧洲人入侵时，德索托曾到访的这些中央集权王国已经所剩无几。1567年，胡安·帕尔多（Juan Pardo）重走德索托曾经的路，前往卡罗来纳的皮埃蒙特（The Carolina Piedmont）[①]远征，这个地方已经大不如前，德索托曾遇到的中央集权酋邦的力量也变得越来越弱。[74]

结果，原住民社区在整个17世纪被重塑。德索托到访之后，当地的土著社区经历了几代人的迁徙和人口崩溃，而且这些遭遇大部分没有记录在册。同时，印第安人俘虏贸易导致外部压力不断增长，也给这些社区带来了挑战。[75]旧社会迅速重组，形成新的社会，这个过程被当今学者称为"种族进化"（ethnogenesis），即在旧社会残留的基础上，产生新的种族社区和社会身份。[76]了解与这些事件相关的历史，有助于我们认识1492年之后的北美原住民社区，改变过去以欧洲为中心的叙述视角，更准确地讲述美国的起源。

科罗纳多和后来的西班牙征服者在格兰德河沿岸遇到了近百个普韦布洛村庄，这些村庄构成了北美西南地区的原住民世界。正如多明戈和埃斯卡兰特了解的那样，其中霍皮族等古老的原住民社区，还有像科曼切人这样的新兴土著力量，不仅在殖民主义的灾难中活下来，而且将殖民主义为己所用。他们在殖民主义背景下建立的权力削弱了西班牙帝国，其存续甚至比西班牙帝国更持久。（P28）

[①] 是指美国东部沿海至阿巴拉契亚山脉之间的一片丘陵地区，皮埃蒙特的意思是"山麓地带"。——译者注

银矿区的殖民化：1540—1541 年米斯通战争及后续

16 世纪，埃尔南·科尔特斯曾与纳瓦领袖开展多次谈判，西班牙征服者也曾向墨西哥中北部发起多次远征。自那以后，殖民者通过暴力建立一个新的世界——新西班牙。正如在加勒比海一样，西班牙的殖民统治不仅需要暴力，而且需要垄断对暴力的使用。[77]

征服当地部落之后，科尔特斯将总部设在科约阿坎，该村庄位于特诺奇蒂特兰郊外。经过 1521 年的战役①，特诺奇蒂特兰中部成为一片废墟，因此科尔特斯选择在科约阿坎接待原住民领袖代表团。他要让这些原住民认识到，纳瓦帝国已经覆灭，西班牙帝国才是如今的统治者。（P29）那些不识时务、不顾权力更迭、拒绝屈服的人将见识到科尔特斯的怒火。[78]有个代表团拒不屈服，科尔特斯放出一群猎犬，其中几位原住民贵族就这样被这群饿到发狂的畜生活活咬死。[79]一册纳瓦语古抄本的注释重现了这场屠杀，展现了丧失斗志的幸存者被科尔特斯一位副手训斥的

---

① 此处是指 1521 年西班牙人攻陷阿兹特克帝国（即纳瓦帝国）首都特诺奇蒂特兰的战役。——译者注

场景。[80]

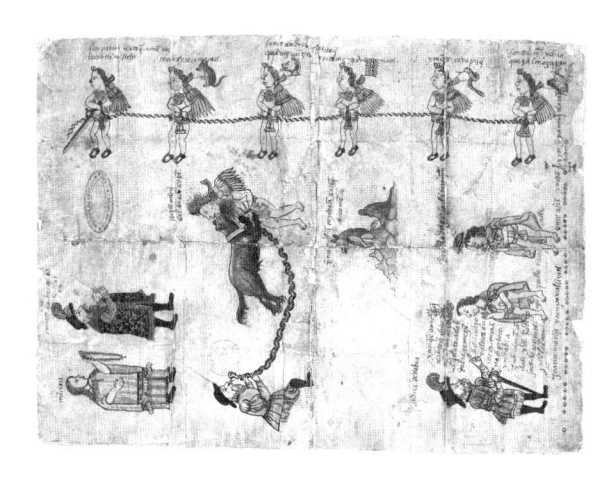

征服特诺奇蒂特兰之后,埃尔南·科尔特斯召集原住民贵族到科约阿坎(Coyoacán)[①],要求对方屈服于西班牙的统治,并向国王查理五世纳贡。面对几位贵族的拒绝,科尔特斯延续了15世纪90年代在加勒比海用过的西班牙恐怖手段,放出猎犬攻击对方。根据这本手稿上的纳瓦语注释,7位原住民贵族在这次袭击中丧生。该作品由一位身份不明的纳瓦艺术家创作于1560年(法国国家图书馆)

西班牙人不仅利用恐怖来征服印第安人的身体,还传播心理上的恐惧。谋杀和大屠杀不仅释放了摧毁原住民的信号,同时也宣扬了殖民者的权力,让那些在战斗中活下来的人明白,谁才是当地的新主人。西班牙的武器、马匹、猎狗、金属和枪支即使暂时没有派上用场,但也在时刻提醒着原住民社区,这场征服永远

---

① "科约阿坎"来自纳瓦特尔语,很可能意为"有郊狼的地方"。——译者注

不会结束。[81]

整个 16 世纪，格兰德河和特诺奇蒂特兰之间的广袤地带上演了一出又一出原住民抵抗西班牙侵略的故事。其中的米斯通战争是墨西哥北部最具决定性的军事行动之一，也是 1810 年墨西哥独立起义前，这块殖民地上爆发的最具威胁性的起义。[82]1540年，由于很多定居者士兵加入科罗纳多北上的远征探险队，西班牙人对定居点的防守变得薄弱，战争爆发了。

奇奇梅克战争是为了征服墨西哥北部社区，作为这项军事行动的一环，米斯通战争需要动员数万名西班牙士兵、原住民盟友和战马。其目标是被称作"大奇奇梅克"联盟的成员：卡克斯坎人（Caxcanes）。10 年来，卡克斯坎人一直在阻止西班牙帝国从孔波斯特拉（Compostela）和瓜达拉哈拉（Guadalajara）向前推进。[83]最初，一支由 1.5 万名奇奇梅克人组成的部队轻松击败了 400 名西班牙人及原住民盟友，因为当时西班牙的援军还没到，队伍就贸然投入战斗。奇奇梅克人乘胜逐北，袭击瓜达拉哈拉，围攻了数十名躲在篱笆墙后的西班牙骑兵。[84]

但卡克斯坎人没有意识到的是，西班牙人 20 年的统治不仅给帝国带来了无穷的财富，也带来了数百万属民。这帮征服者早在加勒比海就摸清了统治的门路，要剥夺美洲的财富，就需要征服这块土地上的人民。原住民的效力、劳动和忠诚，全被西班牙帝国派上了用场。与西班牙人一起战斗的原住民，即北上与卡克斯坎人对抗的辅军,被称为"印第安朋友"(indios amigo)。[85]

墨西哥首任总督安东尼奥·德·门多萨(Antonio de Mendoza)的军队包括3万名特拉斯卡兰和纳瓦士兵。[86]在耗时两年的米斯通战争中,他们击败卡克斯坎人,起到决定性的作用。这些士兵的效力,不仅加强西班牙帝国在新西班牙的权威,同时向王室表明,帝国的权威在一定程度上取决于原住民的忠诚。[87]

米斯通战争利用了原住民部落间的敌意,即参战双方的士兵来自互有深仇大恨的村庄。(P30)墨西哥中部的许多原住民社区,比如纳瓦、奥托米(Otomís)和塔拉斯卡人(Tarascan),曾试图征服北方的原住民,因为这些北方原住民的家园位于墨西哥北部的两大主要山脉之间,即东马德雷山脉和西马德雷山脉,这是前往北美北部贸易和旅行的交通要道。[88]

击败奇奇梅克人后,西班牙人开始从新加利西亚(New Galicia)获取稳定的利润。当地的各种经济活动均在克里斯托瓦尔·德·奥纳特(Cristóbal de Oñate)的率领下进行,奥纳特也因此成为当地最成功的定居者。作为臭名昭著的征服者鲁诺·贝尔特兰·德·古斯曼(Nuño Beltrán de Guzmán)曾经的下属,奥纳特于1531年带领众人建立了瓜达拉哈拉。[89]他担任副总督至1545年,之后帮助财政部门发展了该地区的采矿业,直至1567年去世。后来,这些矿山很快成为地球上最赚钱的地方之一。[90]

墨西哥的白银业,连同安第斯山脉的波托西银矿,改变了欧洲的货币体系。自1492年以来的几个世纪里，白银源源不断地流入西班牙，仅来自墨西哥的便有4.8万吨。[91] 截至1585年，进口的银条占西班牙王室总收入的25%，打破了西班牙与亚洲贸易不平衡的局面。[92]

尽管西班牙征服者曾痴迷于寻找黄金，但白银的影响更巨大。美洲劳动力开采的白银是黄金的近100倍。与秘鲁一样，墨西哥几乎所有的开采工作均由人工完成。[93] 工人穿过洞穴般的隧道，用篮子运送矿石，再用梯子爬上陡峭的矿井。[94] 矿石一旦从地下开采出来，就会用汞将银子分离出来，而西班牙王室垄断了汞。[95] 到1700年，作为美洲最大的银矿之一，地处秘鲁、海拔1.3万英尺（约3962米）的波托西，成为世界上最大的城市之一，居民达10多万人，其中既有原住民，也有西班牙人。[96]

一旦穿越加勒比海，装上驶往塞维利亚的大型帆船，这些白银就会被制成西班牙比索、法国便士和英国便士。[97] 美洲的白银为欧洲提供了通用货币，让欧洲经济从以物换物转向了贸易，促进了两次商业革命的发生①，其原因在于，原住民挖掘的银矿扩大了欧洲在全球的商业规模。[98]

银矿区成为新西班牙北部的权力中心，随后，旅行、贸易和交流的外围据点也相继建立。与此同时，整个16世纪的原住

---

① 欧洲封建地租的形式由原来的实物地租改为货币地租。——编者注

民冲突从未间断。（P31）西班牙王室下了更多功夫，对当地的原住民社区进行宣教和安抚。西班牙领导人鼓励来自墨西哥中部的原住民盟友，即塔拉斯卡人、奥托米人和特拉斯卡兰人在北部地区定居。对这些原住民定居者来说，农业自治和游牧业很有吸引力，而且这是某种形式上的原住民殖民主义，即西班牙的原住民盟友参与对其他原住民部落的剥夺，获得土地所有权，从中受益。[99] 原住民殖民主义的概念可能会挑战人们对全球历史的理解，但殖民主义热潮在16世纪的新西班牙朝着不同的方向流动，奠定了西班牙帝国在北美边境攫取更多北方土地的基础。

克里斯托瓦尔·德·奥纳特与新墨西哥的征服

像其他西班牙低级贵族（hidalgo）一样，克里斯托瓦尔·德·奥纳特将财富和野心传给了自己的后代。儿子胡安继承了父亲的传统，并这样写道，自己一到"能够扛起武器"的年纪，就开始与墨西哥北部的印第安人作战，包括"奇奇梅克人和瓜奇奇莱斯人 [Gua（chi）chiles]"。[100] 和父亲一样，胡安希望在北方获取新的财富，扩大西班牙的统治范围。他出生于16世纪墨西哥边境银矿区的暴力环境中，后来将西班牙帝国扩张到了格兰德河谷，并成为最北部定居点新墨西哥的首任总督。[101]

胡安·德·奥纳特的主要目标是新墨西哥的普韦布洛印第安人，他计划将北部的这些社区纳入教会和王室的统治之下。1540年科罗纳多踏上这片土地之后，西班牙的殖民政策发生了变化。1542年《新法律》颁布后，西班牙王室开展改革，试图将原住民纳入西班牙的政治和宗教权威范围内，让他们成为西班牙的臣民。整个16世纪40年代，强制劳动要求（servicio personal）逐渐停止，物质支付成了新西班牙课税的主要形式。[102] 此外，一些大权在握、思想激进的天主教神父，如墨西哥的首位主教胡安·德·苏马拉加（Juan de Zumárraga），希望限制对原住民的残害和奴役。苏马拉加监督当地的教育、文化和精神改革，其目的是将基督教和启蒙机构纳入殖民事业。[103]

传教士有时光脚走路，身上也没有武装，与殖民地官员形成鲜明对比。（P32）从16世纪70年代开始，没有士兵相随的耶稣会传教士在新西班牙各地开展传教工作，而方济各会的传教士则在米斯通战争后建立的许多银矿殖民定居点密切合作。[104]在西班牙殖民世界中，教会与国家之间不断增长的行政二元性特征越来越突出，而且这种分立在格兰德河沿岸尤为明显。[105]

与之前西班牙远征者不同的是，奥纳特准备北上定居。他花了三年时间，说服300名殖民者加入自己的队伍，带着1000头牛、80辆马车和100名骑兵，还有一小批印第安辅军以及两名非洲劳工路易斯（Luis）和曼努埃尔（Manuel）一起上路。这两名劳工在途中想逃脱西班牙殖民者的控制，结果付出了生命的代价。[106]奥纳特的目标是在墨西哥北部定居，征服当地的原住民社区，寻找新矿区。阿隆索·马丁内斯神父带领着几位方济各会修士，与奥纳特同行。[107]

最初，奥纳特的进展很顺利。1598年4月30日，他宣布占领埃尔帕索（El Paso），然后沿着格兰德河缓慢向北前进，途中遇到的普韦布洛社区没有组织军事抵抗。然而，奥纳特发现很多普韦布洛人都已离开，于是派侦察兵到周围村庄劝降。

最终，在新墨西哥阿尔伯克基（Albuquerque）附近的圣多明戈普韦布洛举行的一次大型集会上，普韦布洛领导人——帕莫（Pamo）、波奇亚（Poquia）、佩斯塔卡（Pestaca）、阿特奇塔（Atequita）、帕奎亚（Paquia）和波洛科（Poloco），出面迎接了奥纳特、各位修士及随行士兵。几位原住民领导人表示，自己的社区自愿服从西班牙的领导。奥纳特的秘书记录道："对方接受我们的国王菲利普殿下作为他们的国王，自愿而非被迫臣服，并向我们的国王效忠。"[108] 不管普韦布洛领袖的臣服是否真正自愿，他们都跪下亲吻了奥纳特和马丁内斯的手。[109] 奥纳特估计，该地区有6万原住民，比起1583年宣称当地有18.3万印第安人居住的安东尼奥·德·埃斯佩霍（Antonio de Espejo），这个数字要保守得多。[110]

这次集会在中心广场举行，周围环绕的是圣多明各几层高的土坯房。从结果看，集会巩固了西班牙对新墨西哥的主权。西班牙帝国之前的4次远征给普韦布洛社区带来了暴力和混乱，与欧洲人遭遇的惨烈记忆在当地持续了几十年。如今，原住民领导人欢迎西班牙殖民者的到来，因为他们很清楚，西班牙帝国的大权已经降临此地。100名骑着欧洲马匹的士兵传达了西班牙殖民者此行的严肃目的。数百名定居者沿着格兰德河向北移动，为了实现治理目的，奥纳特也抵达了该地区。到了晚夏时节，他继续向北移动，在尤恩克（Yugewinge）的普韦布洛村庄舒舒服服地定居下来。（P33）就像科尔特斯在科约阿坎一样，奥纳特和手下征用了普韦布洛人的房屋，据为己有。他们将这个村庄改名为圣加布里埃尔（San Gabriel），这是西班牙在新墨西哥的第一座殖民首府。同年夏末，远征队的主要成员到达，9月8日，殖民者在新建成的教堂举行了第一次布道。[111] 就这样，西班牙人又建立了一个新家园，宣告这段旅程的结束。

普韦布洛社区对自己家园被殖民心存怨恨。他们曾遭到西班牙人的多次入侵，但从未正式向西班牙的政治和宗教领袖屈服。如今，西班牙殖民者要求他们"既要服从上帝，又要服从国王"，而且殖民者本身由两类截然不同的人组成，一类是神职人员，一类是士兵。[112] 普韦布洛拥有自己的政治、仪式和精神权威，宗教和政治制度不分家，而西班牙的世俗与宗教权力界限分明，二者形成鲜明对比。[113] 这种区别将影响普韦布洛社区与西班牙统治者的日常谈判。传教士希望普韦布洛人能出力修建教堂，建造住房，供宗教领袖居住。他们打压普韦布洛的各种仪式和宗教生活，贬低普韦布洛人用来举办仪式的建筑（当地人称之为"基瓦"，kiva）、祈祷棍、舞蹈和玉米面祭品。[114]

并非所有普韦布洛人都心甘情愿臣服，接受西班牙的统治。正如西班牙殖民者在墨西哥中部的做法一样，奥纳特7月在圣多明各与普韦布洛领导人会面时，也利用暴力威胁来实现统治。总督向当地人解释："他们应该意识到，归顺和效忠我们的国王，就必须遵守国王的意志、命令和法律，如若不然，将会受到严厉惩罚。"[115]

1598年12月发生的一次冲突塑造了西班牙殖民者和普韦布洛的关系。当时，西班牙人沿着普韦布洛的小径行进，来到格兰德河以西50英里的阿科马普韦布洛，奥纳特的副指挥官胡安·德·萨尔迪瓦（Juan de Zaldívar）和手下30名士兵在当地停下来。一名士兵回忆说，这个普韦布洛村庄位于一块高耸的岩石上，山下只有几条小路通往山顶，因此村庄的防御非常强大。[116]

萨尔迪瓦留下一半人马，带着另一半人马攀上山丘。一行人到了村庄，要求村民交出面粉、水和食物。这时，村里响起一声呼喊，事先隐蔽而且全副武装的阿科马士兵一拥而上，与村里的老人和妇女一起袭击士兵，并杀死了这支队伍的大部分人，包括萨尔迪瓦。（P34）"箭、石头和其他投掷物"朝殖民者的队伍飞落下来，只有几名士兵跳下悬崖才保住性命。[117]

几周后，萨尔迪瓦的兄弟维森特（Vicente）到达阿科马，经过数天的搏斗，他放火烧了这个普韦布洛，把这里变成荒地。[118]80名阿科马男子，还有500名妇女儿童被俘；数百人丧生或逃命。卡斯蒂利亚王国（Castile）的胡安·布拉兹奎兹·德·卡巴尼拉斯（Juan Blázquez de Cabanillas）认为，这个普韦布洛村庄应该永远被抹去。他告诉奥纳特，阿科马"不应再有人居住"。[119]

萨尔迪瓦的袭击绝非报复性行动，而是奥纳特精心策划的一环,目的是彰显西班牙权威。总督命令参与此次行动的西班牙殖民者作证,要求方济各会传教士提交报告,并让自己的秘书编制了一份详细的事件记录。他们确实动用了暴力,但并非漫无目的。奥纳特认识到,不加区别地使用暴力,难以带来稳定的治理,也难以实现人人共享的"正义"。殖民者需要掌握新的惩罚形式。

这场战斗也激发了殖民者对新身份的认同,增强了他们对使命神圣性的信念,为其提供了必不可少的生存经验和故事。他们通过悼念、葬礼和弥撒纪念西班牙遭受的损失,对英雄主义进行了宣扬。此外,西班牙士兵还参与了随后对原住民的惩罚,并从中获益。

数百名阿科马俘虏的生活将永远无法复原。西班牙殖民者的征服摧毁了他们的村庄,杀死了他们的家人。6名普韦布洛证人的证词表明,关于是否攻击西班牙人,村庄内部存在分歧。几位普韦布洛人表示,村里有些人没有参加袭击,或者不支持袭击,但在另外几位村民的口中,这次袭击是团结一致的结果:老人和其他几位领头的印第安人不想要和平,阿科马妇女"参与示威和战斗……(因为)她们跟自己的男人保持团结"。[120]

1599年2月12日,在收集了几个星期的证词后,奥纳特在"一次公开会议"现场作出判决。他和自己的副指挥官再次聚集在圣多明各,而且带上了俘虏。奥纳特一开口便说道:"我在

此判决,该村庄的所有印第安男女被拘留。"判决正文如下:(P35)

所有25岁以上的男子砍掉一只脚,判处20年的人身劳役(奴役)。

12—25岁的男性,同样判处20年的人身劳役。

12岁以上的女性,也同样判处20年的人身劳役。

莫基(霍皮)部落的两名印第安人在阿科马普韦布洛参加战斗并被捕,判处砍掉他们的右手并就此释放,以便将这次惩罚的消息传播到他们的土地上。

我宣布,所有不满12岁的儿童都是自由和无辜的……女孩交给我们管理教会事务的神父阿隆索·马丁内斯发落,他……可以在这个王国和其他地方进行安置……

所有不满12岁的男孩托交给维森特·德·萨尔迪瓦发落……

战争中受伤的老人和妇女,我命令将其释放,交给克雷乔（Querechos）的印第安人照看,但不得允许这些人离开他们的普韦布洛。

我宣布,所有被判处人身劳役的印第安男女,将按照我规定的方式分配给本人的上尉和士兵,他们有权将该等印第安男女作为奴隶,但期限不得超过20年。[121]

奥纳特的判决在不同地点执行。先是圣多明各，接着是附近村庄，普韦布洛的俘虏被砍掉了手脚。[122] 整个社区目睹了行刑的过程，也见证了巨大的痛苦、羞辱和恐惧。2月15日，圣胡安普韦布洛接受惩罚，事情告一段落。"在国王陛下军队驻扎的地方……其他被判为奴的印第安男女"，被分配给了奥纳特的士兵。[123] 这500名原住民从此成为士兵的私人财产。西班牙人在征服北美的第一年没有发现矿藏，但是数百名被奴役的普韦布洛人为殖民者带来了各种利润和享受，这些正是西班牙这一个多世纪殖民主义的特征所在。[124]

17 世纪：普韦布洛的斗争与生存

新墨西哥建立之后的最初几年，普韦布洛的奴隶、劳动力和资源构成了殖民地经济的组成部分。（P36）就像在墨西哥中部和银矿区一样，原住民在整个新墨西哥的辛勤劳作，促进了当地的贸易、商业、宗教和治理制度的发展。普韦布洛社区建造了教堂，原住民将部分收成上交给西班牙人担任的地方长官（即西班牙语中的"encomendero"），并学会了放羊、牧马和放牛，他们还在西班牙神职人员和普通人的家中劳动，负责打扫卫生和烹饪。[125]

每个普韦布洛家庭每年都必须上交一次贡品———一法内格（fanega）①的玉米（约两个半蒲式耳，约 63.5 公斤），还要上交一大片织好的布、水牛皮或鹿皮。[126] 阿科马大屠杀的导火索是殖民者对普韦布洛食物的篡夺，这次屠杀之后，普韦布洛人却世世代代都要忍受奴役和缴纳贡品，当地社区的土地被侵占，资源也遭到剥夺。

---

① 西班牙及西班牙语系国家的度量单位。——译者注

普韦布洛社区维系的是自给自足的季节性经济。经过数百年的发展演变，这种季节性周期跟各种仪式联系在一起，比如全天隐修、祈祷仪式和各种舞蹈等，没有这些活动，庄稼就不能收获。[127]

西班牙殖民者逐渐了解到，对原住民农耕生活的暴力入侵，对普韦布洛资源的夺取，不仅威胁了普韦布洛的生计，也破坏了当地的仪式和传统。普韦布洛人害怕殖民者的入侵和征收，就像害怕自然灾害一样。

奥纳特入侵时，普韦布洛社区稳定、繁荣，而且多样化。当地的原住民居住在墨西哥北部人口最密集的地区，讲四到五种语言，包括数十种方言。他们开展贸易，互相通婚，有着庆祝春天归来和收获雨水的习俗。

被殖民者征服之后，他们生存了下来，但从17世纪中叶开始，原住民人口急剧下降。从一定程度上而言，正是西班牙统治带来的暴力，还有如影随形的恐怖，导致数百人逃离该地区，迁往更远的霍皮族和祖尼族（Zuni）村庄。其他原住民开始长期分散定居—重新联合的模式。1598年，当地共有81个村庄，后来总数不断减少。[128] 普韦布洛社区经历了死亡、疾病和流离失所，这些苦难夺走了新西班牙许多原住民的生命。圣菲市（1610年成立）南部的很多村庄都空无人住。到17世纪30年代末，14个皮罗－汤皮奥洛（Piro-Tompioro）社区，有11个荒无人烟，而在格兰德河中部地区，18个蒂瓦（Tiwa）普韦布洛，只有5个幸免于难。[129] 到1643年，总督阿隆索·帕切科·德·埃雷迪亚（Alonso Pacheco de Herédia）报告称，自己管辖的普韦布洛只剩下38个。（P37）

普韦布洛人的分散是多种原因造成的。西班牙殖民当局对劳动、资源和宗教的要求对较小的村庄产生了非常大的压力。越来越多西班牙定居者、士兵和神父的到来，对单个社区的劳动力提出更加集中的要求。此外，靠近西班牙定居点、大路和小路的村庄，会面临反复挑战。西班牙殖民者对普韦布洛妇女的抢夺，导致当地社区要么加强集体防御，要么搬离有西班牙人侵扰的定居点。干旱时期，西班牙的牲畜会消耗庄稼所需的水。此外，殖民地领导人还强迫普韦布洛农民种植紫花苜蓿和谷物，而这些作物经常被牲畜吃掉。

此外，欧洲的病原体也破坏了原住民的社会生活结构，导致村落的分散。与加勒比、今天美国东南部和墨西哥中部的情况一样，疾病促进了殖民主义的扩张。根据17世纪30年代和40年代的报告，"天花，还有墨西哥人称为科科利兹利（cocolitzli）的流行病非常普遍"。[130] 这些新疾病从墨西哥传入，通过人和动物宿主传播。仅1640年，该地区便有多达10%的普韦布洛人死于这些流行病的侵害。[131]

殖民暴力造成的破坏也影响了其他印第安人。这些原住民被西班牙人称为"野蛮印第安人"（indios bárbaros），是住在殖民领地之外的游牧民族，专门掠夺殖民地内部没有西班牙士兵把守的普韦布洛人。

这些印第安部落既塑造了新墨西哥的演变，也受到这种演变的影响。他们从西班牙定居点和普韦布洛社区获得了新的技术和物资，包括金属、欧洲布料、牲畜、新的食物和马匹。一开始，这些印第安部落参加的是夏季交易会，但后来，他们常年带着盟友一起来，建立起庞大的贸易和劫掠经济体系。这种贸易、旅行和劫掠贯穿了随后的几个世纪。在周围原住民势力和西班牙殖民者占主导的新格局面前，普韦布洛人开始巩固自己的力量，对抗人数众多的新敌人，无论这些敌人来自本土还是海外。（P38）

1680年普韦布洛起义

17世纪，北美西南部的世界围绕着3个独特且混杂的社会群体展开：西班牙定居者、士兵和修士；普韦布洛村民；外部原住民部落，即后来人们口中的阿帕奇人、纳瓦霍人和尤特人。1680年，即西班牙征服美洲之后，过了四代人的时间，这片大陆发生了一次史无前例的重构，其后果之深远不亚于征服本身。在这次重构过程中，北美北部的普韦布洛人展现出惊人的团结、组织和军事战略，抵御了新西班牙的统治。这些原住民之所以起义，是为了反抗几代西班牙殖民者的统治，还有罄竹难书的侵略、恐吓和暴力行为。而且，他们成功了。

1680年8月起，普韦布洛村民烧毁了祖辈建造的大部分教堂，杀死了管理教堂的神父，将西班牙定居者赶到了圣菲。8月13日，总督安东尼奥·德·奥特明（Antonio de Otermín）命令其他神父、来自北部的定居者，还有派得上用场的士兵前往首府，因为当地的所有原住民部落准备团结起来，直捣黄龙。总督奥特明决定，西班牙人在主要的政府办公室（即西班牙语中的

casas reale）集结，准备"迎接敌人的进攻"。[132]

普韦布洛起义或许称得上第一次美洲革命，它重新塑造了西班牙与普韦布洛的关系，对整个美洲大陆产生了深远的影响。这次起义的根本原因在于，西班牙殖民者对普韦布洛领导人，还有坚持普韦布洛传统仪式和精神实践的人，持续镇压了数十年。尽管西班牙殖民者对当地的普韦布洛实施了无休止的惩罚（比如绞刑、殴打、奴役和监禁），还是没能破坏当地原住民社区的文化传统。[133] 五花八门的惩罚，尤其是繁重的奴役，加剧了原住民对西班牙人的憎恨和绝望。[134] 霍皮族领袖埃德蒙·尼克特瓦（Edmund Nequatewa）讲述了西班牙人为了建造教堂而强迫当地人劳动的情形。他的祖先被迫从附近的圣弗朗西斯科峰运回松木和云杉："这些横梁粗略地切割成型，留待下一年干燥。一开始，他们想把木材背在背上，但是这么大的横梁很难搬运……如果有人在路上累得走不动了，会被丢在原地等死。劳工们苦不堪言，没有饭吃，没有水喝，有人就这样死去，还有人身上长了疮，肉都烂了。"[135] 于是，普韦布洛和西班牙殖民者在经历了几代人的共存之后，在圣菲市开展了为期一周的战斗。（P39）

战斗刚打响的时候，西班牙人感到震惊，他们吃了败仗，士气变得低落，不过他们仍然拥有军事和战术优势。当时，约500名普韦布洛人聚集在城外，西班牙一方只有100名士兵，两门小型火炮，一些枪支和铸剑，还有周围的防御工事。他们在等着其他西班牙定居者的支援，这些援兵正在陆续涌入圣菲，但他们也很担心，远处一些村庄的普韦布洛士兵正在赶来，而且这种担心不是没有道理。其间，双方开展了一系列巷战，西班牙人组织了一次意外进攻，约300名普韦布洛士兵阵亡。打了一个星期之后，总督决定彻底放弃圣菲，向南撤退。这座城市的建筑被烧毁，团团烟雾在天空中弥漫，附近的佩科斯普韦布洛也浓烟滚滚，而这座村庄40英尺（约12米）高的宏伟教堂曾是新西班牙北部最高的建筑。[136]

这场战争在接下来的岁月产生了令人震惊、旷日持久的影响。在奥凯奥温盖（Ohkay Owingeh）普韦布洛宗教领袖波佩（Popé）的领导下（起义时约50岁），普韦布洛士兵团结起来反抗西班牙人，几乎完全摆脱了殖民者的控制。他们焚毁了教堂和天主教的标志——十字架、圣徒像和祭坛。他们还瞄准殖民政府大楼，破坏楼里存放的档案，争取摆脱西班牙殖民者对自己的影响。原住民厌恶的、按照天主教圣礼缔结的婚姻关系被解除，马鞍等西班牙技术产物也被焚毁。

普韦布洛领袖通过抵制西班牙的风俗惯例、信仰和制度，重申并振兴了自己的传统，他们还跳起传统舞蹈来庆祝胜利，纪念逝者。[137]当地原住民终于获得了长期以来渴望的宗教、文化和政治自治。但是，大多数社区都抵制集中领导，因此治理起来并不容易。[138]随着西班牙统治的威胁逐渐消失，起义的团结开始瓦解，普韦布洛村庄重回地方领导的统治之下，波佩建立的革命领导结构因此遭到削弱。[139]

当时并非所有普韦布洛社区都揭竿而起，即使那些参战的社区，好战程度也各不相同。阿科马的差会教堂尚在，这座建筑是该村庄遭受奥纳特的入侵之后，由那些在屠杀中失去家人的人修建的。当地社区遭受如此多的破坏，以至于教堂本身成为劫后余生的象征。（P40）数百名普韦布洛居民跟随奥特明的队伍，向南移动。许多人与西班牙殖民者一起定居在格兰德河南岸的德帕索大道附近。这些难民在该地重新建造了村庄，并逐渐合并为规模较小的传教点。1684年，由于阿帕奇人的袭击，这些村庄又经历了一次合并。[140]

一方面，普韦布洛起义扑灭了当地的西班牙主权，夺回了原住民村庄的独立，也摆脱了殖民者监督、税收或劳役的束缚。但另一方面，虽然西班牙的统治是侵入性的，伴随着致命的后果与暴力的威胁，但它也起到了保护作用。没有了西班牙士兵、马匹和技术，普韦布洛变得更容易遭受外部攻击，而且这些攻击变得越发频繁。西班牙人被赶走之后的数年里，印第安掠夺者袭击了普韦布洛的田地，尤其是当地的马厩，因为从西班牙人那里夺来的马匹就关在这些马厩里。

1681年，奥纳特打算重新征服当地的普韦布洛，结果吓了一跳，只见以前的教堂已经成了马厩。大多数教堂的屋顶已经烧毁倒塌，只剩下厚厚的泥砖筑成的墙壁，教堂里空荡荡的。尽管奥纳特和后来的西班牙领导人听到普韦布洛抱怨，说受到邻近部落的攻击，但没人意识到，这片大陆上发生了何等深远的变革。以前，周围的原住民部落出门只能靠步行。如今，他们用上了逃跑的、偷来的，还有买来的马匹。1680年之前，这种转变是缓慢和渐进式的，但起义之后，骑术革命迅速席卷了整个地区。[141] 没人预料到，这些原住民的袭击最终会带来多么深远的影响，因为不同部落的原住民力量逐渐横跨了整个北美大陆。

2005年，克利夫·弗拉瓜（Cliff Fragua，杰梅兹普韦布洛人）完成了波佩的这座大理石雕像，代表新墨西哥州在美国国会大厦参展。波佩手持一根打结的绳索，象征的是1680年普韦布洛起义前几天，送往各个普韦布洛村庄的绳索。每个结代表一天，方便普韦布洛的领导人倒计时，发起一致行动，对付西班牙殖民者。波佩的背上刻有伤疤，这是他因参加文化仪式而受到西班牙人的鞭打（克利夫·弗拉加和帕梅拉·阿戈洋提供。美国国会大厦建筑师事务所）

18 世纪：新墨西哥发展的不均衡性与多样性

多明戈和埃斯卡兰特描述的世界是在普韦布洛叛乱的余波中创造的。新墨西哥如今受到周围原住民势力的影响，尤特族印第安部落已成为新西班牙的重要盟友，他们欢迎并引导修道士穿越自己的家园，甚至邀请西班牙总督派出队伍前来探险。尤特人在大山谷中牧马，跟随季节变化，来到平原地区和新墨西哥开展贸易、外交和娱乐活动。18 世纪，当地有数十个类似的骑马民族势力，其规模和地位均有所增长。[142]

正如多明戈和埃斯卡兰特所知，1776 年的普韦布洛世界处于自治状态，而不是臣服于西班牙殖民者的统治，当时西班牙的领导人和定居者承认，也支持普韦布洛的权威。（P42）有的霍皮社区将西班牙牛引入自己的经济体系，这些社区虽然一直抵制在当地重建传教点，但他们明确认定，这些牛归自己所有。[143]

在接受传教的普韦布洛社区内，村民公开敬奉天主教的神，包括圣人，但同时，他们也有自己的仪式和精神信仰。为纪念这些圣人而举行的庆祝活动是普韦布洛各地仪式活动的一部分，且与普韦布洛的宗教周期和舞蹈同步。即使殖民者重新征服新墨西哥之后，宗教共存和多元主义仍然存在。1692 年，西班牙军队再次北上，重新夺回格兰德北岸的主权，不过这一次与当年奥纳特的征服方式迥异。原因在于，在遭受 10 年的骑兵袭扰之后，许多普韦布洛愿意接受西班牙的保护，不过前提是对方用更大的文化自治权和宗教自由来交换。

这种适应使 18 世纪的新墨西哥与 17 世纪大不相同。现在，普韦布洛士兵跟随西班牙历任总督，前往北美大平原寻找其他原住民和法国人。他们一起打过胜仗，也一起吃过败仗，其中包括 1720 年在北美大平原上，被称为"维拉苏尔大屠杀"（The Villasur Massacre）的毁灭性失败，当时以新法兰西为首的法国-波尼族联盟击溃了新墨西哥副总督佩德罗·德·维拉苏尔（Pedro de Villasur）指挥的新墨西哥主要军事单位。[144]

新的忠诚关系与新的社会形式互相呼应。自 1754 年开始，一些脱离部落的印第安人（即"杰尼萨罗"，genízaro）[①]族群向西班牙总督申请了土地。在殖民经济体系中，这些人的主要身份是仆人或佣人。他们既非得到正式承认的普韦布洛社区成员，也非每年夏天以数千计的规模来到该地区的周围骑马部落的成员。他们诞生在殖民主义环境之下，是边境地区的特殊阶层。[145]

---

① "杰尼萨罗"指的是混血的美洲印第安人和西班牙人后裔，17—19 世纪居住在西属新墨西哥和北美西南部邻近地区，是去部落化的美洲原住民。这些人通常是战争中被西班牙人俘虏的妇女和儿童，有的在被印安部落俘获后成为奴隶。——译者注

1776年，4个村落定居点共有149户人家，650多名杰尼萨罗，之后其人数还在增长[146]。他们拥有的自治权凸显了该地区不断增长的多样性。本质上，这些杰尼萨罗是流散的原住民。他们有着共同的背景、经历和社会联系，因此在种族与经历日益多样化的世界中创造了共同的身份。（P43）

经过两个世纪的发展，新墨西哥已成为西属北美边境最大、最密集、最古老的连续统治部分。格兰德河沿岸的西班牙定居点与普韦布洛古老的治理、宗教和文化机构共存，而且这种模式贯穿整个西班牙殖民统治时代，直至现代世界。普韦布洛的语言、文化、经济和政治自治延续至今，使该地区与北美其他地区不同。

尽管西南部的殖民主义本质上充斥着暴力和征服，但西班牙人从来没有实现彻底的殖民统治。普韦布洛起义爆发后，以及此后的一个世纪里，西南部没有任何群体拥有至高无上的地位。权力的行使，依靠的是各社区内部以及相互之间不断的协商和调解。

定居者社区对权力的谈判与交涉，是根据西班牙社会对男女地位和阶级的解读，因此，像杰尼萨罗这样被贴上种族标签的群体被排除在外。此外，这些社区一直相信种族纯洁性的观念，而这种观念常常具有神话色彩。[147]正式和非正式的西班牙权威塑造了殖民地的内部结构，而在殖民地的外部，骑马部落势力占主导地位，重塑了北美的格局。

西班牙帝国在得克萨斯、路易斯安那和佛罗里达的传教点受到大型原住民势力的控制，其发展不像新墨西哥那样成熟。像圣奥古斯丁这样的沿海定居点，主要扮演的是加勒比海到西班牙帝国战略前哨的角色。这些地区人口稀少，传教程度较低，越发受到其他势力的觊觎，特别是英国、法国和后来的美国，这些国家最终通过条约、征服或购买等方式，将这些地区收入囊中。

对这些地区的原住民来说，西班牙帝国的权力受到限制，既带来了自治，也带来了挑战。在北美东南部，病原体摧毁了无数原住民的世界。在疾病面前，新兴的原住民社区联盟凝聚起来，但他们同时面临着周围邻居的施压，其中有的来自邻近原住民部落，有的则来自殖民帝国。在西班牙帝国第一个世纪的殖民主义进程中，东南部变得支离破碎，这片土地上的原住民经历了一波又一波的重大苦难，有的苦难甚至没有载入史册。[148]

西班牙帝国一直把精力放在帝国的北部边境，主要是因为墨西哥已经是繁荣的矿业经济体。多明戈和埃斯卡兰特前往圣菲，是因为西班牙想把新墨西哥和加利福尼亚连接起来。当时，西班牙对后者的殖民才刚刚起步。新西班牙与西属太平洋帝国的最西边接壤（该帝国以菲律宾为中心），在广泛的全球秩序中起到重要作用。（P44）但到了18世纪中叶，西班牙帝国开始陷入行政和财政衰退。为了维护现有的治理机构，防范英格兰、法国甚至俄国的进一步入侵，这个庞大的帝国尝试了多次改革。正如下文所述，整个 18 世纪的最后几十年，新一批传教士、海军远征队和探险家穿越新西班牙北部，进一步扰乱了亚利桑那、加利福尼亚乃至更遥远的太平洋西北地区的原住民世界。[149]（P45）

2

The Native Northeast and the Rise of British North America

>We weighed anchor, and sailed eastward…eighty leagues…(and) discovered a triangular- shaped island, ten leagues from the mainland….It was full of hills, covered in trees,and highly populated (judging) by the fi res we saw burning continually along the shore.
>
>——Giovanni da Verrazzano, description of Block Island（1524）

印第安东北部与英属北美的崛起

>我们起锚,向东航行了……八十里格①……(然后)发现了一个三角形的岛屿,距离大陆十里格……岛上有很多山丘,树木茂密,(根据)岸边不断燃烧的火焰来判断,这里人口稠密。
>
>——乔万尼·达·维拉扎诺（*Giovanni da Verrazzano*）对布洛克岛的描述（*1524 年*）

---

① 里格（League），是一种古老的测量陆地及海洋的长度单位,相当于3.18海里,即5.556公里。

远远望去，岛上的篝火照亮了晚霞。火星在水面上闪烁，飘向正在靠岸的船只。家家户户都把孩子哄睡了，悠闲地聊着家常，准备迎接明天的到来。屋外挂着晾干的渔网，色彩斑斓的圆蛤壳堆满海岸和附近的贝丘。柴火的味道，熏制的海鲜还有鞣制的兽皮气味，交织在一起。夜色渐深，数百村民也安然睡去。他们知道，自己在这个岛上过着安居乐业的日子，这里树木环绕，海洋资源丰富，而且长岛海峡的暖流也流经此处。这片广阔的海湾，还怀抱着沿岸的其他几座村庄。

维拉扎诺没有找到满意的港口，继续向北前进，沿着后来被称为"新英格兰"的崎岖海岸线航行。那时，布洛克岛的纳拉甘西特（Narragansett）居民已经听说过欧洲人，而且从对方那里换来了神奇的金属制品和商品，为当地的渔业和农业经济所用，虽然这些商品常常带来危险。他们经历过欧洲疾病的蹂躏，但最持久的伤害仍是殖民者的军事入侵。（P48）不过，当地居民是否知晓维拉扎诺1524年的到访，是否看到了黑暗海面上"多芬"号（The Dauphine）的桅杆，并无史料记载。[1]

印第安人居住的东北部一直从缅因南部到长岛海峡，从科德角到哈得孙河，约有 15 万村民生活在这个共同世界中。大批原住民的定居是该地区的特色，与北美其他地区的荒凉和空旷形成鲜明对比。[2]

这里的数十个原住民部落不仅拥有共同的经济、宗教传统、建筑，而且讲同一种语言——阿尔冈昆语（Algonquian）。[3]维拉扎诺发现，缅因沿海由阿布纳基（Wabanaki）①联盟主导，并表示，"这里的人们非常与众不同"。[4]这些地处北部的原住民社区，并不像东北部的印第安人那样，将捕鱼、狩猎与园艺结合。维拉扎诺还认为，南部的原住民"身段和外貌非常曼妙，我几乎无法形容……他们比我们高……态度温和亲切，像极了古人的态度"。[5]如果这些人"像我们一样拥有技术熟练的工匠"，维拉扎诺思忖道，他们在其他领域的成就将能与古人媲美："他们将建造伟大的建筑，因为整个海岸线都是各种各样的蓝色岩石、水晶和条纹大理岩，而且这里有大量的港口和船只避风港，能为建筑工程提供有利条件。"[6]

维拉扎诺描述了一个奇妙的、几乎神话般的阿尔冈昆世界。然而，在他发现这片土地，并做出这般丰富想象之后的一个世纪，殖民定居者来了。作为清教徒，他们的正统信仰不容许美好

---

① 阿布纳基（Wabanaki）是讲阿尔冈昆语的印第安部落联盟，居住在北美东北部。他们建立联盟是为了自保，抵抗易洛魁联盟，特别是莫霍克人。——译者注

想象，他们带来的疾病和暴力更是把这个世界搅得天翻地覆。[7]

在清教徒的叙事中，当地的原住民历史没有什么了不起的地方，当然更不能与古典欧洲媲美。美国的大量历史学著作或叙事基本上都是类似的做法，因为人们熟悉的印第安东北部历史，似乎就是这般简单易懂。自17世纪20年代清教徒在这片土地上定居以来，欧洲人的优越性便一直得到赞扬，成为另一种古老"大厦"的基石。这些"大厦"并非由条纹大理岩建成，而是由不可动摇的差异观念构成。人们对今天美国东北部原住民历史的研究正是建立在这样的意识形态基础之上。这种观念是如此普遍，以至于第一个踏上这片土地的欧洲人明明对眼前的景观"惊叹不已"，但他的理念却完全被忽视了。[8]

近年来，各位学者和各个原住民部落做了许多工作，希望改变旧有观念。但是，在美国历史的构想中，新英格兰的历史仍然与北美殖民历史画等号。英属北美以及英国在大西洋的13块殖民地，仍然被视为美国早期的历史画卷，而这幅画卷最初以马萨诸塞的经济和人口增长为特色。[9]但是，要了解美国早期历史，就必须了解英属北美殖民地，了解新英格兰。（P49）

英属北美的暴力起源

像维拉扎诺这样的航海者横跨大西洋,是为了探索北美大陆,但有的航海者为的是寻找财富和传教。英国金融家建立了像弗吉尼亚公司这样的土地公司,打算不惜一切来追求利润。新教改革之后,英国人逐渐开始构想新的生活。改革者渴望按照特定的神学形式生活,并构想新的社会,他们希望原住民要么消失,要么接受同化,成为上帝的子民。[10]

与其他北美殖民地不同,前往今天美国东北部一带的定居者是为了宗教目的。新英格兰的定居者来自英国的富裕阶层,他们建立的是与众不同的殖民社会。在整个美洲大陆,只有这里的欧洲殖民者性别比例相对均衡。这里是北美第一批学术性学院、第一批印刷机和第一个自治立法机关的所在地,也是北美最多样化的经济体系的诞生地。英国殖民者希望住在东北部,虽然这里比切萨皮克(Chesapeake)地区或加勒比地区更寒冷,但对健康更有好处。[11]

与其他殖民地一样,新来者对土地的适应必然意味着对原住民的暴力征服,而且是精神和军事层面的双重征服。17世纪 20 年代，马萨诸塞湾的第一批定居者带来了《圣经》、蜡烛，还有 90 条用于火枪的弹药带，每条都配了子弹袋。10 个牛角壶，用来携带……长枪火药，他们的船上还装了 100 把磨尖的"剑"。[12] 然而，第一代清教徒定居者可不是为了"铸剑为犁"①，而是为了占领了阿尔冈昆的土地，尤其是在长岛海峡战斗中，即所谓的佩科特战争（1636—1637 年），在那里用来对付佩科特村庄。[13]

这场战争始于布洛克岛，但它对英属北美帝国崛起的促进作用常常被历史学家忽视。[14] 不到 20 年的时间里，清教徒沿着长岛海峡扩张，途中形成"联合"殖民地——罗得岛和康涅狄格。（P50）这种扩张为他们与切萨皮克和加勒比的贸易带来了稳定，还帮助他们打败了长期占据这片避风港的佩科特人。后者战败之后，几乎被迫迁移，进一步加速了清教徒社会的发展。[15] 此外，争夺长岛海峡的战斗扩大了建立其他英国殖民地的机会，还促进了其他定居点的崛起，包括那些围绕非裔美洲奴隶制度建立的定居点。整个 17 世纪末，这项制度进一步发展。英国横跨大西洋的奴隶制度起源于早期英国航海者，以及西班牙奴隶贩子贩卖原住民的交易。尽管这些记录被历史抹去，但成千上万的印第安原住民成为大西洋世界各地的俘虏，是不争的事实。事实上，17 世

---

① "铸剑为犁"来自《旧约圣经》对未来太平世界的描述，上帝的子民把刀剑铸成犁头，将矛枪制成镰刀，从此天下相安无事。——译者注

纪的"阿尔冈昆人流散"现象尤为突出。从五大湖到伦敦，从魁北克到北非，全球的奴隶网络都能见到印第安原住民俘虏的流动。[16]

1600年，在今天美国东北部一带有15万原住民，一个世纪后，仅剩下不到10%。其中90%因欧洲疾病、殖民压力、战争和奴役而死亡。幸存的人受尽剥夺，很快沦为殖民社会的非自由劳动者。与西属美洲帝国一样，印第安人也成为英属北美第一支种族化劳动力大军。[17]

对印第安东北部原住民的征服，改变了英国最古老的美洲殖民地。弗吉尼亚始建于1607年，前20年与马萨诸塞完全不同。新英格兰的村庄蓬勃发展，切萨皮克的第一代定居者却陷入停滞。前往弗吉尼亚的6000名殖民者，到1620年仅剩1200名。英国的契约制劳工受尽各种疾病的"磨炼"，在适应种植园劳动的过程中，一波又一波地死去。总督约翰·温斯罗普（John Winthrop）将马萨诸塞形容为"天堂"，但弗吉尼亚定居者在寄回英国的信中，却将弗吉尼亚描述为死亡之地。[18]

17世纪，弗吉尼亚和马萨诸塞的经济发生了不同的变化。切萨皮克地区摆脱了契约劳工制度，阿尔冈昆的土地则变成清教徒的牧场。很快，种植园和家庭农场主导了英属北美的经济。[19]两个地区互相支持，相辅相成。清教徒生产银器、家用亚麻织品和食物，支持种植园的运作，无论是在切萨皮克还是加勒比，情况都是如此。此外，清教徒还建造船只，运送种植园的出口商品。这种区域间的贸易促进了大西洋两岸的移民和贸易发展。

尽管不同殖民地之间存在差异，但每块殖民地的形成，都伴随着对印第安人土地的掠夺行为，且在17世纪70年代达到巅峰。（P51）对弗吉尼亚来说，殖民地面临的"考验"主要在于，如何制定替代性的劳工制度，防止英国劳工引发政治动荡。培根起义期间（1676—1677年）[①]，英国劳工的起义一度推翻了当地的种植园主阶级，改变了他们的种族策略。[20]

与此类似的是，"第二次清教徒征服"，即菲利普国王战争（1675—1676年），重塑了今天美国东北部一带的原住民人口，最终使清教徒定居者成为该地区的主导者。1670年，原住民约占该地区人口的30%，但在人口灾难的影响下，清教徒的人数很快就超过了原住民人口的10倍。1660年的布洛克岛，原住民总数为1500人，一个世纪后只剩下51人。[21]

对这两个地区的原住民来说，这些灾难预示着英国霸权的崛起。自1620年开始，清教徒与阿尔冈昆人的冲突便对人口、经济和种族遗产造成了影响，铸就了北美17世纪大部分的历史内容。欧洲人带来的疾病、奴役、军事行动和意识形态层面的正当

[①] 培根起义是指1676年8月发生在英属北美殖民地的一次武装叛乱，由弗吉尼亚定居者纳撒尼尔·培根领导，起因是当地定居者购买的土地常受原住民袭扰。，但总督拒绝了培根呼吁将原住民赶出弗吉尼亚的请求。——译者注

化，统统促进了北美的殖民进程。与西班牙对新墨西哥的征服一样，清教徒的征服并非不可避免，也非命中注定。它们取决于个人的决定和偶然事件，而且没人能完全预见其后果。

此外，这种剥夺预示了后续的殖民主义形式。奴隶劳动制度和种族排斥政治制度建立之后，英属北美内部逐渐形成特定种族从事特定工作的局面。特别是非裔美洲人的集体劳动，最终帮助殖民者取得了独立。[22] 在这场邪恶的交易中，被剥夺的印第安土地沦为牺牲品。然而，历史学家并未认识到这个基本事实。殖民者对原住民的剥夺，不仅促进了英属北美的崛起，而且推动了其核心制度——奴隶制的发展。换言之，英国人对北美原住民土地的剥夺，奠定了美国非裔奴隶制的基础，而这种奴隶制的前身是印第安俘虏贸易。在英属北美殖民地出现之前很多年，定居者便已经通过印第安奴隶制，尤其是对俘虏和翻译人员的利用，来促进清教徒早期定居点的发展，提斯坎特姆（Tisquantum，又称"史广多"）就是一例。

16世纪和17世纪，整个美洲有近百万印第安原住民被奴役。[23] 这些奴隶要么被安置在殖民者家中，要么从波士顿以及后来的查尔斯顿运出去，送往大西洋彼岸。（P52）原住民经海上流散到各地遭受奴役的现象，最早便起源于英国在北美的早期殖民地，并与整个北美阿尔冈昆人的流离失所相呼应。[24] 到17世纪末，尤其是东南部的印第安奴隶贸易，已经超过非洲奴隶贸易的规模。1715年之前,从查尔斯顿输出的印第安人超过了从西非引进的非洲人。[25]

这些奴隶遭受了各种各样的囚禁。与之前的哥伦布一样,英国水手横渡大西洋,把俘虏带回欧洲,既象征着神奇财富的到手,也促进了殖民化的进程。[26] 俘虏成为北美早期第一批被贩卖的对象,他们学会了应对全球奴隶网络中的各种挑战,也学会了如何帮助英国探险家和殖民者。不管是在英国、在船上,还是在北美,这些俘虏通过自己的语言技能、对气候和地理的了解以及其他形式的文化知识,影响了殖民化的进程。当时几乎没有人意识到,最初对印第安人土地的剥夺,会在随后的一个世纪中,促进奴隶制共和国的崛起。

意识形态差异：清教主义

清教徒相信，《圣经》预言了即将到来的改革，而且一众学者长期强调宗教对促进英国殖民化的核心作用。要理解"新英国人"，需要审视他们对基督教文本的看法。[27] 正如使徒保罗（Apostle Paul）在马其顿的腓立比城所做的那样，清教徒也希望在未皈依的族群中建立新的社会。与保罗一样，他们希望在殖民地建立宗教组织，让教会与国家紧密相连。[28]

根据《新约全书》，腓立比是"马其顿东部的主要城市"，后来成为在该地停留了"一段时间"的信徒的"殖民地"。[29] 清教徒定居点也用类似的方式看待自己。他们认为自己受到上帝的指引，而非国王的授权，而且个人政治权力的集中会产生暴力的英国文化。17世纪的改革者之所以与英国当局斗争，或者迁往北美，是出于宗教目的，而非政治或经济原因。[30]

面对延绵不断的冲突，一些清教徒团体渴望建立新的社会，致力于基督教的纯洁。他们希望生活在"一座山上的城市"，总督温思罗普（Winthrop）于1630年派出11艘搭乘了清教徒的船只前往今天美国东北部一带，他在其中的"阿贝拉"号（Arbella）

上布道时，就说过类似的话说。[31]

温思罗普自己曾听过有关这个地方的布道。"在《使徒行传》第 16 章第 12 节，我们读到了这样一块殖民地。"约翰·科顿（John Cotton）在《上帝赠予应许之地》（God's Promise to His Plantation）中这样布道说。(P53) 这本小册子以各种例子作为开篇，解释了某些人之所以会选择在某些地方定居，是因为"上帝对所有土地及其居民的无上统治"。[32] 科顿强调称，腓立比是欧洲第一个传播福音的地方。[33] 后来，科顿被认为是该著名隐喻，即"山上之城"的创始人，但这个隐喻指的并非某一处定居点，而是指大西洋彼岸的教会团体不断壮大，参与殖民活动。[34]

清教徒曾就从欧洲"移居"北美的合理性展开辩论，并做出新的解释。[35] 随着清教徒信仰的传播，他们对原住民产生了兴趣，而且理由很充分。就像在腓立比一样，印第安人将成为新秩序的信徒。对清教徒来说，对原住民的救赎，既是一种期待又是一种诱惑。

1629 年，马萨诸塞湾公司获得特许状，官方印章刻制完成。其图案是马萨诸塞印第安人的形象，并附有这样几个字："来帮助我们（COME OVER AND HELP US）。"这句引文引用的是《使徒行传》第 16 章第 9 节，保罗被"马其顿人"召唤"来……帮助我们"的典故。[36] 这种意象和引文与科顿的听众产生了共鸣。"当上帝让他人产生呼唤我们的意愿，"他吟咏道，"上帝便为我们创造了机会……（因为）地和其中所充满的，都属耶和华。"[37] 马萨诸塞以及后来的新英格兰，成为清教徒用来改革和传教的土地，这两种理由并驾齐驱，指导了殖民地早期的发展。毕竟，对这个众人期待的"山上之城"来说，没有什么事情比宗教纯洁和改革更重要。[38]

人们用这种隐喻来理解早期美国，其长期假设是精神殖民的神圣性。这是一种固有的殖民意识形态，没人能摆脱它对预定论的强调。事实上，对清教徒来说，北美就像一座重要的舞台，一出宏大宗教戏剧的最后几幕将在这里上演。正如罗马人曾将基督教带到英国一样，在西方文明的下一个发展阶段中，清教徒希望向美洲大陆的居民传教。[39]

清教徒极力宣扬自己的世界观，并通过暴力强加给印第安东北部的原住民，冲突因此产生。阿尔冈昆人拒绝改宗，奋起抵抗传教以及其他形式的殖民入侵。尽管当地原住民在这个世纪的激烈变革中幸存下来，最终学会了利用基督教原则来对抗清教徒定居者，但他们面对的，不仅仅是英国定居者。[40] 定居者带来的牲畜、微生物和物质产品，也改变了原住民的世界。[41] 此外，该地区的重塑还受到其他因素的影响。1620 年，"五月花"号在普利茅斯登陆时，该地区已经开始了殖民化的进程。（P54）

殖民化前夕的印第安东北部

17世纪的前10年，欧洲帝国扰乱了印第安东北部的原住民社区。微生物病菌在这片海岸肆虐，疾病通过贸易网络入侵了这片土地。1524年之前，这种贸易网络便已发展起来，当时维拉扎诺记录了原住民社区在首次遇到欧洲船只时采用的各种规程，包括使用小船在海上而非陆地上与欧洲人会面，此外还有其他旨在限制欧洲人探索的策略。由于每年都有船只回来捕鱼、贸易和探索，这些贸易活动在16世纪逐渐制度化。[42] 正如后文所述，法国的皮毛捕猎将今天美国东北部一带纳入了北美新兴的皮毛贸易。1605年和1606年，萨缪尔·德·尚普兰两次到访马萨诸塞湾，寻找皮毛，但他跟阿本拿基（Abenaki）商人的生意更成功，这些人在缅因地区的很多水域捕猎，获取皮毛。10年内，每年有2.5万张皮毛装上法国的船只。与新法兰西一样，贸易围绕着原住民村庄的性别经济展开，加工、鞣制和捆绑动物产品的工作均由妇女完成。[43]

皮毛贸易不仅带来了贸易品，还带来了细菌。早在1610年，原住民领袖就向欧洲殖民领导人报告了这些疾病。米克马克族

（Mi'kmaq）的门伯图（Membertou）酋长告诉法国官员，他的人民曾经"像他的头发一样密密麻麻"，但跟欧洲人接触之后，他们的人口减少了。17 世纪的疾病对欧洲的扩张至关重要。疾病导致了人口和生态变化，学者们花了几个世纪的时间，才理解这些变化。[44]

皮毛贸易对阿本拿基妇女产生了新的需求，导致殖民者更加依赖新英格兰南部的园艺。在北美东部，玉米、豆类、南瓜属植物和南瓜提供了维持原住民经济所需的许多营养物质。这些作物的收成也由原住民妇女负责管理，她们决定何时、何地以及如何种植和采摘这些丰盛的作物。罗杰·威廉姆斯（Roger Williams）说，妇女"播种、除草、培土、收获和储存所有的庄稼和果实"。[45] 随着皮毛贸易对阿本拿基劳动力产生影响，新英格兰原住民的种植园吸引了更多来自北方的印第安贸易商。[46]

长岛海峡的避风港，还有科德角的平静水域带来了几乎无穷无尽的海上财富。当地的园艺村庄和季节性狩猎，再加上海上渔获，使新英格兰成为北大西洋经济的中心。该地区多样化的食物获取方式和一体化经济，使得当地成为世界上物产最丰富的地区之一。[47]

不过，欧洲人到来之后，疾病也随着这些地区贸易路线传播开来。就在清教徒定居之前的几年，1616—1619 年的大流行病使该地区分崩离析。（P55）这场灾难源自北美北部与法国殖民者的接触区，还有北美南部的荷兰定居点。瘟疫期间，马萨诸塞湾沿岸地区2/3的人口丧生。他们的死亡促进了英国的殖民化进程。1620年，当"五月花"号停泊在普利茅斯时，科德角的2万居民只剩下不到2000人。[48]根据当时目击者的描述，清教徒移民这样评论那些未被埋葬的死者，他们的"骨头和头骨"，就像"一处新发现的各各他①"。[49]

只有遭受这样的创伤之后，英国殖民者的持久定居才能实现。在印第安东北部曾经安居乐业的这片土地上，普利茅斯（1620年）、塞勒姆（1626年）和波士顿（1630年）的英国村庄建立起来。幸存的原住民明白，这种生态剥夺意味着什么。普罗维登斯（Providence）建立之后，罗得岛的纳拉甘西特酋长梅安特努莫（Miantonomo）解释道："这些英国人占了我们的土地，他们用镰刀割草，用斧头砍树。他们的牛和马吃草，他们的猪糟蹋了我们的蛤蜊……我们的父辈（曾经）拥有数不清的鹿和兽皮，我们的平原和森林到处都是鹿儿奔跑的身影。"[50]

在疾病与殖民者施加的双重压力面前，历史学家弗朗西斯·詹宁斯（Francis Jennings）曾发表著名言论，"这是一片守寡的土地"，它的灰烬为帝国提供了养分。他写道："欧洲人无

---

① 各各他是希伯来语，直译为"髑髅地"，是耶路撒冷西北郊的一座小山，根据《圣经·新约全书》四福音书的记载，耶稣基督曾被钉在各各他山的十字架上。——译者注

法征服真正的荒野，但他们在征服其他民族方面很有本事……他们并没有在处女地定居，而是侵略并驱逐了当地的居民。"[51]

英国对原住民的奴役：提斯坎特姆的一生

疾病是主要的破坏因素，但并非唯一的破坏因素。原住民俘虏被带走，也改变了印第安东北部的格局，加剧了原住民社区对欧洲新来者的恐惧，也加剧了二者之间的冲突。17 世纪的欧洲水手经常俘虏美洲原住民，以至于他们邀请原住民领导人登上自己的船时，对方要么拒绝，要么匆忙离开。（P56）例如，早在 1602 年，来自马萨葡萄园岛（Martha's Vineyard）①的一队万帕诺亚格人看到欧洲船只示意登船时，立即表示"拒绝并离开了"。[52]

自英国人最早的探险岁月开始，印第安奴隶贸易便塑造了北美的殖民定居点，英国金融家、制图师和官员对北美的了解，尤其离不开俘虏的帮助。[53]当时有的船长希望深入探索这片大陆，有的希望在当地寻找更多的财富，最初混乱无序的奴隶贸易活动因此在整个 17 世纪发展壮大。比如，爱德华·哈洛（Edward Harlow）和约翰·亨特（John Hunt），这两位船长便从印第安俘

---

① 马萨葡萄园岛，又译玛莎葡萄园岛，是位于美国东北部新英格兰地区的马萨诸塞州的一个海岛，位于科德角以南，属马萨诸塞州杜克斯县管辖，常简称为"葡萄园岛"，是美国第 58 大的岛屿。——译者注

房的劳动和知识受益。两人分别于1611年和1614年返回欧洲，带回一整船的印第安奴隶。[54] 据约翰·史密斯（John Smith）说，亨特曾经"虐待……并背叛了波塔克西特（Pawtuxet）和瑙赛特（Nauset）部落27个可怜又无辜的人"，在西班牙"卖掉了"他们。[55] 亨特的背叛在部落成员几代人的记忆中留下了阴影，而在马拉加，他手中俘虏的奴隶售价为每人8个雷亚尔（Real）①，[56] 其中便包括马萨诸塞湾出身的提斯坎特姆（Pawtuxet，波塔克西特人），即后来人们口中的"史广多"。

提斯坎特姆于1614年被俘，是新英格兰最著名的俘虏，他的一生凸显了殖民者在该地定居之前便已经存在的奴役形式，也凸显了欧洲疾病的毁灭性影响，还有原住民幸存者重回受创社区的不屈决心。

"五月花"号抵达之前，今天美国东北部一带有数百名俘虏被抓或被杀，但在英国殖民者的记录册中，只有少数人留下了名字。而在有名字的俘虏中，只有提斯坎特姆和少数人回到了曾经的家园。印第安人经常大量被俘，以至于在伦敦，甚至整个英国范围内，形成了能够辨认的社区。[57] 例如，印第安俘虏被定期运往百慕大，流散的印第安人开始在当地建立社区，其历史遗产一直延续到今天。[58] 在17世纪初期的俘虏贸易中，有7名

---

① 雷亚尔是西班牙和拉丁美洲某些国家用的货币单位。——译者注

阿本拿基奴隶被带到伦敦。[59] 其中 5 人留下了名字：塔哈尼多（Tahanedo）、阿莫雷特（Amoret）、曼德多（Mandeddo）、萨萨科莫伊特（Sassacomoit）和斯基科瓦雷斯（Skicowares），他们都被詹姆斯·罗齐尔（James Rosier）掳获，交给了普利茅斯堡的指挥官费迪南多·戈尔吉斯（Ferdinando Gorges）。作为主要资助者，戈尔吉斯支持了许多定居点的建设工作。在戈尔吉斯发起的、绘制东北部地图的项目中，这 5 名阿本拿基人提供了帮助。此外，他们为在伦敦建立小规模的阿尔冈昆语社区也贡献了力量。[60]

在奴隶贸易的其他前沿地区，船长要费尽力气才能让俘虏登船。根据罗齐尔的描述，5—6 名船员才能制服一名俘虏。他回忆说：“最好的办法是揪住他们的长发。”[61] 一到英格兰，戈尔吉斯便安排了其他奴隶贸易活动，让俘虏参与各种勘探工作。[62]1606 年，他命令曼德多和萨萨科莫伊特协助亨利·查伦斯（Henry Challons）船长绘制该地区的海岸线，亨利认识到作为最了解该地区的人，这些俘虏能带来多大的好处。不过，查伦斯的梦想很快破灭了。他和手下的人，连同他们的印第安向导遭到西班牙船只的袭击，全部被杀或被俘。（P57）

被西班牙人打伤之后，萨萨科莫伊特再次被俘，像提斯坎特姆一样，被带到西班牙。这位原住民被俘之后前往英国的旅程，还有 1614 年与尼古拉斯·霍布森（Nicholas Hobson）一起返回北美的经历，是从未被讲述的。史诗般的篇章，代表了早期北美历史进程中，无数原住民的遭遇，这些故事要么被抹去，要么在历史的洪流中消失殆尽。[63] 这么多原住民的生命，在欧洲人的探索、奴隶制度、帝国竞争和欧洲移民面前，统统被历史学家忽视了。[64] 萨萨科莫伊特这段漫长而惊险的旅程，预示了提斯坎特姆的命运。[65] 与数千名俘虏一样，他们被卖到了连接伦敦、今天美国东北部一带和伊比利亚的三角贸易网络中。[66] 奴隶贸易对新英格兰的形成至关重要，因为俘虏和其他原住民帮助英国官员掌握了地理知识，激发了他们对北美的想象。[67]

萨萨科莫伊特在1614年后的生平无据可考，但与之不同的是，提斯坎特姆的一生更为人所知。1621年3月22日，总督威廉·布拉德福德（William Bradford）这样描述提斯坎特姆，"他又叫史广多"，是"波塔克西特部落的唯一（幸存者），这是我们如今居住的地方"。布拉德福德知道提斯坎特姆曾在英国待过，他谈起此事时不以为意。"亨特带走了20名俘虏，史广多是其中之一，且在英国待过一段时间。"[68]

提斯坎特姆之所以引人注目，是因为他与普利茅斯殖民地的关系。"他是上帝安排的特殊工具。"布拉德福德后来这样描述提斯坎特姆。1621年，这名俘虏帮助清教徒度过了在北美的第一个冬天。他与殖民者的关系非常密切，双方凡事有商有量，还共进晚餐，甚至可能住在同一间屋子里。最引人注目的是，根据布拉德福德的描述："提斯坎特姆……指导他们怎样种植玉米，去哪里捕鱼，如何获得其他商品。"[69] 他"为早期殖民地提供的帮助"，布拉德福德总结说，"值得让殖民者回忆时心怀感激"。[70] 对清教徒来说，这种回忆是因为提斯坎特姆提供的帮助，而不是他曾经在英国生活。

提斯坎特姆被卖身为奴时 20 多岁，其间学会了英语。他被迫离开的这段时间里，他的家园遭到大流行病的袭击，社区成员流离失所，他的家人也去世了。根据布拉德福德的描述，提斯坎特姆不仅被抛弃，而且被遗忘了，他没有家可以回，也没有族人可以依靠。但提斯坎特姆的一生没有受到这些悲剧的影响，他一直与英国人保持着密切联系，直到生命的最后时刻。根据布拉德福德的记录，提斯坎特姆"希望……能够去英国人的天堂，把自己的一些东西留给……英国朋友，作为友情的留念"。[71] 他在自己长大的村庄去世，死的时候，身边全是欧洲新来者。（P58）

在世人眼中，提斯坎特姆是漂泊的浪子，但他回到故土一事，体现了今美国东北部正在发生的关键斗争。在这些斗争中，原住民和欧洲新来者偶尔会相互帮助。[72]

提斯坎特姆与伦敦的金融家生活了一段时间，于 1619 年初回到了今天美国东北部一带。这时距离他离开家园已经过去了 5 年。1618 年，提斯坎特姆曾和一群英国探险家一起到达纽芬兰，差点就回了家。他在纽芬兰遇到了托马斯·德尔梅（Thomas

Dermer），德尔梅曾与约翰·史密斯船长一起旅行，如今在戈尔吉斯手下工作。根据布拉德福德的描述，德尔梅"带着提斯坎特姆一起去了英国"，以便与戈尔吉斯协调人员安排，当时后者正在组织其他探险活动。[73]

尽管人们经常把美国历史描述成欧洲人单向迁移的故事，但事实上并非如此。提斯坎特姆至少横跨大西洋3次，甚至4次。[74]他在欧洲的5年里，学习了俘虏者的社交规范，至少掌握了其中一种语言，并从西班牙到英格兰的欧洲贸易网络中乘风破浪。到伊比利亚的奴隶市场之后，他见到了地中海、非洲和其他原住民语言构成的巴别塔①，还遇到了各种新式服装，吃到了新的食物，闻到了新的气味，见到了从未见过的面部烙印。[75]

对德尔梅来说，提斯坎特姆不仅仅是"异教徒"，更是一条通往财富的途径。尽管没有二者的谈话记录，但能看得出来，德尔梅对提斯坎特姆的往事很感兴趣，并根据这些往事组织了一次重返北美的远征。而提斯坎特姆踏上故土之后看到的只有毁灭的景象。10年疾病的袭扰，还有对俘虏的抓捕，让他曾经住过的村庄成为荒地。田地杂草丛生，害虫肆虐，进出村庄的道路也杳无人迹。

---

① 巴别塔：在人类早期，人们使用相同的语言，联合起来在示拿地建造一座通天高塔，希望借此彰显自己的力量。上帝看到后，为了阻止人类骄傲，便让他们的语言变得不同，建造通天塔的工程被迫停止。巴别塔通常被看作"语言障碍""文化误解"的象征。——译者注

提斯坎特姆对眼前的景象感到震惊。1619年整个夏天，他都与德尔梅的队伍待在一起，继续协助对方的勘探，开展外交工作。德尔梅被邻近村民俘虏后，他甚至出面进行了调解。不过，提斯坎特姆仍然为失去家人而悲痛，不知该怎样寻找那些失散的亲人。在变革的时代背景下，他那漫长而充满风险的旅程还在继续。[76]

提斯坎特姆与德尔梅一行人待了一年。1620年夏天，他们前往马萨葡萄园岛，在岛上遇到了曾在英国被关押的其他原住民，包括万帕诺亚格酋长埃佩诺（Epenow）。（P59）1611年，戈尔吉斯从哈洛那里"买下"这位酋长，将他留在了普利茅斯堡，与萨萨科莫伊特等其他俘虏待在一起。[77]

不过，与提斯坎特姆不同的是，埃佩诺回到家园时，他的村庄仍然完好无损，而且守护这个家园是他的责任。不过，当他望向另一艘英国船的船首时，他心中的疑虑更深了。埃佩诺曾在英国被公开展示和羞辱，他注意到英国人的行为，知道殖民者对自己家园的传说有着贪婪的兴趣。那些领头的英国殖民者专门向他打听过黄金的事情，这种矿物质跟北美东北部五大湖令人垂涎的铜矿相似。埃佩诺可能利用了殖民者的贪婪，像提斯坎特姆一样，借着家乡的传说回到了家乡。

哈洛的船快要靠岸时，埃佩诺从船上跳下去。万帕诺亚格社区的人射来一阵箭雨，埃佩诺趁机逃走了。目前尚不清楚，万帕诺亚格人为何知道他要回来。也许就像埃佩诺自己盼着能回到家乡一样,族人们也一直盼着自己的酋长能回来,便一直扫视着地平线,寻找可能载着酋长回来的英国船只。

提斯坎特姆不像埃佩诺那样抵触英国人。他在英国度过的是与金融家共进晚餐的时光,而不是被人围观。在今天美国东北部一带的复杂世界中,在大流行病中幸存下来的原住民不仅寻求互相帮助,也希望与强大的新来者合作。提斯坎特姆像之前那样,为德尔梅及一行人提供帮助,但他没有完成任务,因为德尔梅的队伍遭到袭击。德尔梅受了14处伤,之后逃往弗吉尼亚,想找英国医生救自己一命,但最后还是死在了弗吉尼亚。提斯坎特姆再次被俘,但至少现在他能听懂俘虏者的话了。[78]

守寡之地的清教徒定居点

没人知道提斯坎特姆1621年3月是如何到达普利茅斯的。他可能在万帕诺亚格联盟内部的村庄被交换了，或者接受了万帕诺亚格联盟领导人的指定，作为使者与新来的清教徒谈判，[79] 因为万帕诺亚格的领导人心里清楚，提斯坎特姆能派上用场——跟新来的清教徒交涉。

跟英国人在一起的时候，提斯坎特姆为定居点的生存效力，并以此闻名。殖民者对他提供的帮助纷纷赞不绝口。[80] 在印第安东北部，掌握不同的语言，就像通晓海洋知识一样重要，而被俘的经历让提斯坎特姆学会了两种语言。（P60）他可能曾召集波塔克西特社区的幸存者，重建自己的家园。即使家园被毁，但他用上自己的双语能力，并改变自己的宗教信仰，甚至与英国人结交朋友，努力挣到了活命的机会。[81]

提斯坎特姆在不断扩大的定居点自由行动，促进了定居点的发展。他赢得布拉德福德和其他清教徒领袖的信任，并就农业、捕鱼和外交向对方提供建议。提斯坎特姆还促成了普利茅斯定居点与邻近的万帕诺亚格联盟之间最早的协议，该联盟由波卡诺基特（Pokanoket）部落领袖马萨索伊特（Massasoit）领导，而这份协议便是感恩节的由来。

清教徒在北美定居的第一年，日子过得非常艰难，几乎一半人死于疾病或冻绥。在这样的压力下，除了对上帝的坚定信仰之外，调解和贸易成为清教徒生存的关键。[82] 英国定居者之所以互相帮助，是被该地区的混乱形势所逼，特别是疾病的周期性暴发，还有对方劫掠俘虏的行为，让定居者学会了抱团取暖。死亡就像影子，追随着普利茅斯和原住民家庭，促成了意想不到的妥协，感恩节就是一例。这是一个充满了奇特想象的节日，神化了清教徒在北美定居第一年的经历，抹去了欧洲人数十年来的殖民探险，也抹去了最近死去的人，也许最重要的是，抹去了原住民长期赖以生存的海洋经济，把家禽当成了该地区的主要食品。即使有人提起，似乎也只会把万帕诺亚格当成该地区唯一的印第安人，把清教徒当成唯一的欧洲人。自始至终，"史广多"都是中间人，即使他促成了这次协议，但他永远被困在两个民族之间，无法完全融入。[83]

聚集在一起的原住民心里清楚，普利茅斯只是大西洋沿岸的欧洲殖民前哨之一。12个月前，"五月花"号没有按照预期在弗吉尼亚登陆，最终靠近的是哈得孙河沿岸的荷兰人，还有更北的法国人。[84] 其他英国殖民地也正在建立起来。1624—1632年，殖民者在西印度群岛的加勒比地区落了脚，包括圣克里斯托弗（St.

Christopher)、巴巴多斯(Barbados)、尼维斯(Nevis)、蒙特塞拉特(Montserrat)和安提瓜(Antigua)。[85] 巴巴多斯和后来的牙买加成为英国帝国最赚钱的殖民地，也成为与新英格兰经济的关键连接点。

位于马萨诸塞湾、科德角和纳拉甘西特湾之间的原住民势力受到万帕诺亚格联盟的管辖。他们称这些祖传的土地为"万帕诺安克"(Wôpanâank)，就像所有原住民土地一样，有地名、熟悉的道路、纪念地点和宗教遗址。[86] 这里曾经资源丰富，如今却饱受疾病的余波折磨。

清教徒定居点的南边是罗得岛和康涅狄格，即纳拉甘塞特族和佩科特族的地盘，这些敌对的联盟威胁了清教徒和万帕诺亚格的权威。[87] 在大流行病的肆虐面前，这些联盟幸存的人口比马萨诸塞的万帕诺亚格人要多。(P61)正如荷兰商人约翰内斯·德·莱特(Johannes de Laet)1625年的报告所言，"(康涅狄格)河口附近的居民很少"，但上游"居民众多"。[88]

死亡和疾病造成了万帕诺安克的深远动荡，以致当地社区的政治和社会网络开始瓦解。流离失所的村民经常联合起来，建立新的联盟或加入其他联盟，这种行为又进一步导致疾病的传播，不稳定和冲突也因此产生。如今，原住民社区集中在更偏远、设有防御工事的村庄。欧洲人到来之后，村庄的定居模式发生变化，偏离了数个世纪以来几乎完全围绕海岸线或流域居住的习惯。[89]

万帕诺亚格人口骤减,整个部族变得更加脆弱,因此愿意跟清教徒新来者结盟。[90]在冲突日益加剧的时代,万帕诺亚格的领导人希望保住自己的权威。贸易、外交,甚至与欧洲人结盟,都是生存的途径。[91]

当然,暴力和战争在整个印第安东北部都是司空见惯的事情。仪式性质的战斗,可以化解冲突,立下战功,获得物质好处。社区内部的暴力行为基本上得到了精英阶层的允许,这些精英既包括男"酋长",也包括女"酋长",其领导权根据血统代代相传。[92]欧洲人到来之后,这种权力结构依然存在,但殖民化取代了其他形式的土著自治。正如后文讲述的易洛魁联盟一样,殖民化催生了新的战争动机,引入了新的暴力技术。与之前几代人相比,17世纪的战争更加残酷,进一步激化了该地区与各社区之间的冲突。[93]

清教徒来到这片土地时,怀抱着对文化、宗教和种族差异的坚定信念,对自己的印第安邻居持怀疑态度。他们认为,必须纠正原住民违背神意的宗教,因为这种宗教与清教徒的教义完全相悖。[94]总督约翰·温思罗普领导了1630—1642年的大迁徙(The Great Migration),他之所以选择马萨诸塞湾,一部分是因为他相信"上帝以奇迹般的瘟疫消灭了"印第安人。[95]正如他给人在英国的妻子写信时所言,上帝的恩典保护和供养着他的定居点:

"我亲爱的妻子，我们这里就像天堂。虽然我们没有牛肉和羊肉……但是（感谢上帝）我们不吃也罢，有印第安人的玉米便已足够。"[96]

定居 10 年后，清教徒仍然只占当地人口很小的比例。（P62）这次大迁移中，1.4 万名英国人迁往切萨皮克湾和加勒比地区，整个 17 世纪更是达到 10 万人。到 1650 年，更多殖民者在西印度群岛定居（4.4 万人），超过弗吉尼亚（1.2 万人）和新英格兰（2.3 万人）定居者的总和。[97]

从人口统计上看，清教徒殖民地与 17 世纪的其他原住民联盟类似，比如安大略的温达特人（Wendat）、易洛魁地区的易洛魁人和弗吉尼亚的波瓦坦人（Powhatan）。每一支势力都有数万人，而且控制着广阔的领土。总体而言，它们都塑造了北美东部新兴的经济和外交格局。[98] 尽管清教徒建立的新英格兰很强大，但到 1634 年，这块定居点仍然局限在海岸沿线地区。

17 世纪 30 年代中期的殖民活动发生转变，最终演变为对原住民土地的剥夺。定居十几年后，殖民者的内部分裂引发了一场宗教危机，并蔓延到殖民地边界之外。在罗杰·威廉姆斯的领导下，一些分裂主义者从马萨诸塞分裂出去，1636 年在南部建立了其他"联合殖民地"。[99] 同时，英国和荷兰贸易商在长岛海峡沿岸的竞争加剧。这些分裂和冲突很快导致了更加永久的殖民形式，同时也引发了针对原住民社区的地区战争。

清教徒的殖民活动是为了改变北美的格局，与利用或采掘资源的殖民体系有所不同（无论是法国皮毛贸易，还是西班牙白银帝国都是这样的体系）。圈地以及引进家畜和入侵作物，改变了今天美国东北部一带的生态系统。[100] 此外，与其他殖民地不同的是，清教徒定居点围绕家庭劳动运转，其劳动支柱并非仆人、公司雇员或奴隶，这类人员必须通过合同、进口或奴役等方式才能获得。虽然村庄经济与英帝国密切相关，但家庭经营的农场滋养了清教徒的身心。[101]

清教徒认为自己是上帝的选民，他们将自己的"善行"解释为命中注定的救赎。大丰收、新的会众和不断增长的定居点，都证明其价值观的正义性，以及他们得到了上帝恩典。像威廉姆斯这样的清教徒分离主义者，可能就实现救赎所需的精神实践形式展开了辩论，但没人质疑建立这个王国所需的劳动形式。宗教意识形态推动了经济增长，也为剥夺原住民土地提供了理由。（P63）

长岛海峡的避风港成为该地区未来斗争的主要场所。与威廉姆斯在罗得岛定居一样，清教徒希望向南扩张。他们盯上了长岛海峡、附近岛屿和内陆水道，尤其是康涅狄格河，因为这条河才是印第安东北部的主要水道。清教徒向南移动，沿着海岸扩张，进入内陆地区。与其他殖民地一样，扩张是出于经济原因，同时带来了暴力。

长岛海峡的贝壳串珠与英荷竞争

17世纪30年代,长岛海峡仍然是原住民的经济、政治和文化力量中心。它为北大西洋的佩科特村庄提供了庇护,也吸引了欧洲贸易商,其中包括17世纪初的荷兰探险家阿德里安·布洛克(Adrian Block)等人。布洛克来新荷兰是为了做生意,结果1613年,他那艘装满皮毛的船在纽约起了火。他决定建造一艘小一点的船,命名为"冒险"号(Unrest),穿过长岛海峡,返回荷兰。1614年,他在布洛克岛登陆。与同一年俘虏了埃佩诺酋长的约翰·亨特一样,布洛克也俘虏了印第安人,把他们带回荷兰,协助自己的殖民活动。[102]

尽管长岛海峡受到种种干扰,但这里好歹远离了殖民地的侵扰,尤其是疾病的袭击。佩科特人和纳拉甘西特人都逃过了大流行病的疯狂肆虐。那些来到此地,开展季节性皮毛交易的荷兰商人对佩科特人的村庄产生了兴趣,他们还垄断了北美早期最具利润的资源之一,即贝壳串珠(wampumpeag)长达几十年,引发了今天美国东北部一带的经济革命。荷兰人和佩科特人在贝壳串珠贸易中展现的经济实力很快引发了清教徒的报复。[103]

贝壳串珠或贝壳织带以美丽的样式而闻名，其社会政治力量象征也广为人知。这些织带由小颗的紫色和白色珠子对称编织而成，珠子则由长岛海峡沿岸盛产的圆蛤和螺壳制成。[104] 在易洛魁联盟的史诗故事和外交协定中，贝壳串珠的使用留下了记录。然而，它在整个印第安东北部的养殖和制作却没有得到广泛的关注。[105]

贝壳串珠的制作过程很复杂，需要极其庞杂的手工劳动，而且严格按照性别和年龄分工。整个17世纪，原住民妇女和儿童负责从海底、蛤壳堆和深水中收集贝壳，男人则负责钻孔和组装。（P64）贝壳串珠的制作工艺十分烦琐，意味着跟欧洲人接触之前，这种物品从未大规模生产，不过皮毛贸易市场加速了其生产过程。欧洲金属工具的到来也带来了改进，使串珠的编织形式越来越多样化。[106]

一旦编织完成，贝壳串珠便成为社会和政治权力的象征。部落的领导人会大量积攒、展示这些串珠，并分发给其他人，作为自身权威的象征。贝壳串珠还能传递精神力量，在整个北美东部的部落中用于各种仪式。有的部落，比如易洛魁联盟，尤其重视贝壳串珠的使用。在该联盟史诗的年度吟诵和仪式性吟诵过程中，贝壳串珠有助于人们的诵读和记录。[107]

17世纪20年代，贝壳串珠贸易蓬勃发展。一位荷兰官员写道，印第安商人来到他们的许多贸易据点，"除了得到贝壳串珠

（sewan）之外，别无他意"。[108] 荷兰商人促进了贝壳串珠的生产和流通，并将其与皮毛贸易挂钩。在这宗贸易中，荷兰人及其易洛魁盟友占据了主导地位。荷兰人迅速行动，用贝壳串珠换来更多皮毛。[109]

最初，佩科特生产者及其荷兰伙伴都从这桩买卖受益。荷兰贸易商北上来到佩科特社区，带来了最受美洲原住民欢迎的商品：金属、布料、器皿和上好的枪支。荷兰商人数量不多，他们在奥伦治堡（即今天的奥尔巴尼）、纽约和长岛海峡之间艰难旅行，带着一沓沓皮毛回到欧洲。

贝壳串珠贸易促进了荷兰的垄断，产生了更复杂的交易关系。[110] 最初，荷兰贸易商将成品运到佩科特人和莫霍克人的村庄，这里的村民则将金属、器皿和布料纳入村庄的经济体系。佩科特村庄主要以贝壳串珠换取荷兰商品，而莫霍克则用皮毛来交易。欧洲商人发现，贝壳在许多原住民生意伙伴当中大受欢迎，有利于大大降低运输成本。荷兰人不再将成品运往莫霍克，而是将贝壳串珠加入自己的货物清单。很快，除了枪支以外，贝壳串珠成为最受欢迎的荷兰贸易商品。它的重量远远轻于其他商品，而且不需要横跨大西洋运输。实际上，荷兰人为曾经的陆路贸易开辟了更有利的路线，扩大了贝壳串珠的生产和分销。荷兰人作为欧洲中间商而闻名，他们在今天美国东北部一带也扮演了类似的角色，在佩科特人和易洛魁人之间运输原住民的资源——贝壳串珠和皮毛。[111]

就像从地球中提取的其他矿物质一样,贝壳之所以有价值,是因为被人们赋予了价值。(P65)它们的经济和象征力量是由文化和社会决定的。[112]贝壳织带具有数百年的社会文化价值,长度可达几十英尺,甚至数百英尺。总体而言,一条织带包含数百万个圆蛤和螺壳。它们的流通相当普遍,以至于1637年全年,清教徒领导人从布洛克岛的原住民那里收取了"100英寻①串珠"的贡品。[113]接下来几十年,原住民每年都上交类似的贡品。1657年的一次贡品包括100万个贝壳,价值700英镑。[114]贝壳串珠为殖民时期的美洲提供了最早的等价物或货币,这种等价物被用于各种交易,无论是纳贡还是一般贸易,无论是债务减免还是战争赏金,都有贝壳串珠的影子。[115]

然而,随着贝壳串珠的价值不断增长,殖民者和原住民盟友之间开始产生冲突。1626年,荷兰关于普利茅斯的早期报告中提到,英国新来者"跑到我们的地方来抢贝壳串珠"。[116]清教徒跟荷兰人不同,他们最初与地区性原住民势力的交易有限,且主要交易物品是玉米。但玉米运输困难,其价值还随着每年收成的好坏波动。[117]英国人需要寻找其他商品来跟荷兰贸易商竞争。

贝壳串珠就是这样一种替代品。它的受欢迎程度高,英国

---

① 英寻为长度单位,一英寻等于6英尺,约1.8米。——译者注

殖民地领导人乐意鼓励其流通；此外，它还有助于刺激债务的产生，加深原住民对英国贸易的依赖。清教徒越是要求用贝壳串珠支付，很多小型部落的负债就越重，而负债又会促成土地的割让。跟欧洲人接触之前，贝壳串珠的流通有限，但之后在整个东北部流通。清教徒的领导人悟出了这种交换体系的玄机，便开始加以利用。[118]

17世纪30年代，在大迁徙的最初几年，清教徒定居点仍然相对孤立。从塞勒姆（Salem）到普利茅斯的十几个教会社区既没有威胁到新荷兰，也没有威胁到佩科特联盟。然而，1633—1636年期间，人口变化改变了力量平衡：天花暴发，促使清教徒扩张到罗得岛纳拉甘西特部落的土地上。与早期的大流行病一样，疾病预示着英国的扩张，又一次促进了英属北美的崛起。[119]

在原住民村庄遭受苦难的同时，英国的野心膨胀了。荷兰是强大的贸易对手，但他们对清教徒定居者及其原住民盟友，包括后来的纳拉甘西特人、莫希干人（Mohegan）和马萨诸塞的其他盟友，几乎没有威胁。长岛海峡的贝壳床由佩科特人掌控，但许多原住民社区都在争夺进入这片海域的权利，并希望从荷兰在康涅狄格河沿岸的皮毛贸易中分一杯羹。（P66）皮毛和贝壳串珠仍然是该地区的主要贸易商品，但内陆的清教徒定居点不仅有可能取代佩科特人的霸权，而且还有可能将英国的影响力延伸到皮毛贸易领域。

这条贝壳串珠织带由一位易洛魁艺术家制作于1775—1800年，属于迈阿密酋长谢波科纳（Shepoconah，又称"聋人"）。在与欧洲人接触前后的几个世纪里，贝壳串珠在北美东部广泛流通，是社会和政治权威的象征，巩固了北美东部众多部落（包括原住民和非原住民部落）之间的多边承诺（克瑞布鲁克科学研究所，摄影：迈克尔·纳洛克）

与17世纪初大流行病不同的是，1634年的流行病袭击了与殖民者发生冲突的原住民村庄。（P67）这次疫情引发了各种疾病，估计导致长岛海峡两岸3000—4000名士兵死亡。如此巨大的人口损失，再加上几千名定居者的到来，进一步削弱了佩科特的势力范围。特别是大迁徙时期，随着更多英国移民的涌入，整个地区原住民的政治权威都有所削弱。[120]

然而，自1620年以后几乎一代人的时间里，清教徒和原住民之间的争端更偏向于民事冲突，而非暴力冲突。有关土地所有权、家畜破坏庄稼、物品失窃以及交换条件等小打小闹，构成了这些冲突的日常特征。尽管这些争端下面潜藏着暴力的威胁，但当时裁决机制，尤其是补偿机制，已经应运而生。[121] 不过，如果发生谋杀等极端行为，且赔偿机制不奏效，暴力升级的可能性就会增加。

荷兰人、清教徒和原住民领袖明白，奴役就像谋杀一样，会引发冲突。调解、赔偿和救济都是解决问题的方式。然而，贝壳串珠贸易加深了原住民部落之间的敌对关系，也加剧了殖民帝国之间的竞争。一系列在海上发生的英国人被谋杀事件激化了陆地上的冲突。

1634 年，一位名叫约翰·斯通（John Stone）的弗吉尼亚商人被与萨诸塞有关部门放逐，来到长岛海峡，此前他因袭击已婚妇女被定罪，罚款 150 英镑，并被终身禁止"进入此地，否则处以死刑"。[122] 斯通像其他弗吉尼亚人一样，比起神的指引，对利润更感兴趣，也听说了买卖皮毛和贝壳串珠能赚大钱。到了康涅狄格，他抓住两名佩科特人，命对方带着他沿着康涅狄格河上游方向前进。[123] 当晚，斯通的船靠岸时，佩科特人和他们的尼安蒂克（Niantic）盟友登上了船。在随后的混战中，斯通被杀，他的船被毁。

尽管斯通被放逐，但马萨诸塞的官员还是对这起谋杀做出了回应，并提出了越来越高的赔偿要求。按照习俗，佩科特人打算用贝壳串珠来赔偿这条人命。[124] 但英国人想利用斯通的死借题发挥，对这个遭到天花摧残的原住民部落提出更多要求，总督温斯罗普拒绝了对方的赔偿，提出了更苛刻的要求。

1636年7月，一位名叫约翰·奥尔德姆（John Oldham）的英国商人在驶向布洛克岛时被杀，虽然奥尔德姆的死已经引发了一次报复性袭击，在这次袭击中，10名原住民士兵被杀，奥尔德姆的其余船员也被营救出来，但温斯罗普还是动员了一支100人的民兵队，打算再狠狠教训对方一次。这支民兵队从波士顿启航，温斯罗普给队长约翰·恩迪科特（John Endicott）颁发了"委任状"，委托其执行以下任务：（P68）

> 杀死布洛克岛上的男人，留岛上妇孺活口，将其带走，占领该岛，并前往佩科特人的村庄，对斯通船长和其他英国人的谋杀提出索赔，赔偿金为1000英寻的贝壳串珠……带走一些当地人的孩子作为人质。如果对方拒绝，就用武力征服。[125]

在北美历史上，很少有殖民者像温斯罗普这般直截了当，赤裸裸地命下属屠杀和奴役这片土地上的原住民，夺取对方的财富。正如温斯罗普所说："没有人被强迫执行这项任务，所有人都是自愿的。"[126] 贝壳串珠、奴役妇孺与英国野心这几条历史线互相交织,长岛海峡的战斗就这样打响了。

争夺长岛海峡的战斗：佩科特战争（1636—1637 年）

恩迪科特没能奴役布洛克岛的纳拉甘西特妇孺，也没能杀死这个岛上的男人。1636 年 8 月，他用两天"搜索这个岛，但找不到印第安人"。[127] 他接到命令，不管这些原住民去了哪里，都要追上去，此外要赶紧重新集结民兵队，迎接即将到来的对抗。离开布洛克岛之前，恩迪科特报告了岛屿的地理位置，指出岛上已经"全部长满了灌木"。[128] 疾病、不断加剧的冲突和清教徒引入的外来物种，已经重塑了岛上的生态系统，但恩迪科特变本加厉，放火烧毁了 60 顶"他们的小屋、所有的垫子和一些玉米，还破坏了七条独木舟"[129]。其军官约翰·昂德希尔（John Underhill）报告称，"我们烧毁了大量的房屋和玉米"。[130]

这座岛屿遭到入侵几周后，来自长岛海峡的纳拉甘西特领袖前往波士顿谈判。"纳拉甘西特地区的酋长"梅安特努莫于 10 月会见了温斯罗普，承诺全力支持清教徒的行动。[131] 双方领导人除了确认纳拉甘西特人"将我们的敌人交给我们，或者将其杀死"，还起草了一份写有九条协议的条约，前三条为战争做好了准备。[132] 双方明确了"彼此之间……及其盟友之间坚定的和平"；确保"任何一方均不在没有对方同意的情况下与佩科特人和解"；并规定"双方不得收容佩科特人"。[133] 第三条的内容让人感到不安，因为改变了早期的外交和赔偿形式。（P69）一场大屠杀就这样开始了。这场战争不仅重新塑造了原住民的政治世界，也为英国当局未来的扩张奠定了基础。[134]

恩迪科特和昂德希尔抵达康涅狄格河的佩科特村庄时，两人受到了欢迎。奥尔德姆被杀害，已经是很久以前的事了，斯通的事甚至更加久远。温斯罗普后来提议说，被判有罪的斯通"是这场战争的导火索……（他并不是）我们的人民"。[135] 当然，贸易和外交活动不会受冲突的影响，只不过斯通的死给了英国人借题发挥的理由。佩科特领导人原本寻求调解，结果英国人发出了最后通牒，事态的严重让佩科特人措手不及。根据昂德希尔的说法，"他们（这是）没有预料到我们打算发动战争"。[136] 接着，恩迪科特提出了唯一让清教徒满意的办法：交出那些杀死斯通的人的头颅。

无论是在英格兰，还是新英格兰，肢体的分解都是权力的象征。当权者用这种惩罚来巩固对穷人、原住民、殖民地和奴隶的统治，并起到杀鸡儆猴的作用，警告公众不要挑战帝国的权力。[137] 对清教徒来说，头骨还彰显了上帝的权威，其复仇能力深深地印刻在他们的神学信仰当中。[138] 佩科特领袖问道："你们为何而来？"英国人回答，为了人头而来。昂德希尔警告说，否则

"我们将开战"。[139]

这帮清教徒确实打响了战斗,但他们没有得到佩科特人的头颅。面对拒不屈服的佩科特人,英国人发起了攻击,掠夺了对方的城镇,毁坏了他们的庄稼,洗劫了他们的房屋,还一把火将其烧毁。[140]"纳拉甘西特人告诉我们,有13名佩科特人被杀,40人受伤。"[141]1636年8月的这次袭击,还有佩科特人在塞布鲁克堡(Fort Saybrook)的反击,成了佩科特战争的开端。

一年之内,佩科特联盟被摧毁。大多数男人要么被杀害,要么被奴役,许多妇女和儿童也被俘虏。数百人撤退到内陆,希望在那些不太依赖长岛海峡的社区寻求庇护。[142]根据温斯罗普的说法,1637年5月25日,"佩科特人在米斯蒂克(Mistick)的全面失败"成了该地区历史上单次伤亡最惨重的冲突。[143]在米斯蒂克河沿岸第二大的佩科特堡垒周围,昂德希尔,100名清教徒民兵和几百名纳拉甘西特盟友消灭了这个拥有400人的村庄。向东回营途中,他们"袭击了一群被称为纳扬蒂克人(Nayantick)的原住民,他们属于佩科特部落,为寻求庇护逃到了一块沼泽地"。[144]许多人在冲突中丧生。根据温斯罗普的说法,米斯蒂克大屠杀是神圣荣耀的又一次彰显。(P70)"我们在全体禁食日的次日取得了这场胜利,"他写道,"所有教堂都为打败佩科特人举行了为期一天的感恩庆祝活动。"[145]这场大屠杀成为清教徒在北美殖民地最受纪念的时刻。

战争结束后，佩科特联盟的中心要塞已经荒废，当地民众向长岛海峡的南部和内陆逃去。杀戮还在继续，因为没有人庇护他们。英国人继续要求其他印第安部落提供佩科特人的人头，还威胁说，任何提供庇护的部落会遭受同样的命运。米斯蒂克大屠杀几天后，来自长岛的蒙托克（Montauk）酋长怀丹奇（Wyandanch）乘独木舟到塞布鲁克堡，询问清教徒是否与所有印第安人开战。塞布鲁克堡的指挥官回答说不，但又警告说："如果你们身边有佩科特人……我们可能会杀死你们所有人……如果你们将前来投靠的佩科特人杀掉，把他们的头颅交上来，那么……你们便可以继续开展贸易。"[146] 清教徒的报复在长岛海峡引起了恐惧。佩科特人的"头颅和手"既是战利品，又是向殖民者效忠的标志。[147] 一位英国官员得意地说："佩科特人现在成了所有印第安人的猎物。"[148]

1637年8月，温斯罗普回顾了佩科特人最后的抵抗，详细描述了对他们的追捕行动：

> 他们有80名壮汉，还有200多名妇孺，就在离荷兰人20—30英里的地方，我们的人向那里进发，在神的引领下，找到了他们。那里有20座棚屋……周围是一片可怕的沼泽，深不见底……人们几乎无法进入。他们都躲进了这片沼泽……然后，我们的人包围了沼

泽……从下午3点开始与印第安人交火，直到对方请求停战，表示投降……于是，他们开始陆续出来，一会儿出来几个，一会儿又出来几个，最后大约200名妇女和儿童都走了出来……然后，男人表示要战斗到底，他们战斗了一整夜……我们的人没有受伤……那些幸存下来的人……逃走了。[149]

英国人向被俘的佩科特妇女询问情况，得知一半的佩科特人被杀了。幸存者当中，15个男孩和两名妇女被当成奴隶带到了百慕大，另外有许多人被分配到清教徒家中当奴隶。（P71）温斯罗普总结说，自战争开始，"我们现在已经杀死并俘虏了大约700人"，夺走了大部分佩科特人留下的"水壶、盘子和贝壳串珠"。[150]

战争结束后不久，清教徒部队抵达布洛克岛，继续发动袭击，杀死他们能找到的任何人，烧毁对方的财产。和平谈判开始后，原住民领袖意识到了该地区权力格局的新变化。自从两年前的奥尔德姆冲突以来，很多事情都变了。现在，他们"自愿臣服（并上交）100英寻的贝壳串珠"。[151]几个星期后，梅安特努莫在波士顿会见了定居点的总督、副总督和财务主管。他认清了战争带来的现实，承认"所有佩科特人的土地和布洛克岛都是（清教徒的），并承诺除非经允许，他不会横加干涉"。[152]如今，清教徒控制着布洛克岛、长岛海峡北部及其中心流域——康涅狄格河。

1637年后,长岛海峡的战斗还在继续。北边清教徒的军事行动,南边荷兰人的推进,导致佩科特人的主权不断被削弱。两大殖民帝国挤压了长岛海峡地区的原住民部落,欧洲定居点的实力得到增强。

◆

清教徒霸权的扩张为英国殖民者的定居、贸易和传教提供了更多机会。尤其是随着清教徒人口的增长,许多人将英国的胜利解释为神的干预。截至1640年,1.4万人前往新英格兰,只有不到5%的人死于疾病,近200艘英国船只,只有一艘在海上失事。[153] 在当时的英国,奥利弗·克伦威尔(Oliver Cromwell)对今美国东北部一带持轻蔑态度,称其"贫穷、寒冷和无用",自称"新英格兰人"的人们正在不断扩大的联合王国中巩固自己的权力。[154] 截至1700年,波士顿拥有15家造船厂,生产的船只比所有其他英国殖民地加起来的还要多;在航海世界中,这座城市的地位仅次于伦敦。[155] 此外,清教徒多样化的农业、捕鱼和买卖活动主导了英国在北美海岸线上的跨地区贸易,让整个17世纪的英属北美得以保持稳定。(P72)

3

The Unpredictability of Violence Iroquoia and New France to 1701

They...asked me as a token of great friendship and rejoicing to have muskets and arquebuses fired off…I did so and they uttered loud shouts of astonishment, especially those who had never heard or seen the like.

—Samuel de Champlain (June 18, 1609)

暴力的不可预测性:
1701年以前的易洛魁与新法兰西

他们……请我鸣枪庆祝伟大的友谊和喜悦……我照做了,对方发出一片惊叹声,尤其是那些从未听过枪声或见过这番景象的人。

——萨缪尔·德·尚普兰（1609年6月18日）

自从萨缪尔·德·尚普兰来到魁北克附近，向阿尔冈昆族领袖讲述自己神乎其神的军事才能以来，已经过去了一代人的时间。到17世纪30年代，那些在随后的屠杀中幸存下来的原住民领袖，几乎已经记不起自己第一次听到枪声之前那些温暖的夏日。从哈得孙河到密歇根湖岸，从切萨皮克湾到圣劳伦斯湾，原住民部落用各种金属制品，还有新获得的枪支相互厮杀。这种暴力破坏了印第安社区，震惊了欧洲人，因为它与欧洲疾病的蹂躏结合，造成了毁灭性的后果。疾病和战争的致命组合改变了北美的人文地理，定义了整整一个世纪的北美历史。到1776年，这片大陆上的生命将比1492年少得多。[1]

与英属北美一样，法国第一代殖民工作经历了挫折与成功。1635年圣诞节，萨缪尔·德·尚普兰去世时，法国已经扩张了新法兰西的版图，在圣劳伦斯河岸建立了一连串定居点。在魁北克和三河城（Trois-Rivières），海岸沿线点缀着一座座教堂、一块块田地，还有一堵又一堵石墙。（P73）1642年，蒙特利尔成立，成为殖民地经济中心。像新荷兰的荷兰同行一样，这些定居点从内陆获取皮毛,再运往大西洋。[2]

内陆的原住民面临着许多挑战。在圣劳伦斯河航道和五大湖地区,一个新世界出现了,这个世界与以往的世界不同,是由暴力、疾病和混乱塑造的。[3]在疾病和战争致命组合的摧残下,许多原住民部落都被摧毁。尤其是各种疾病的肆虐,打乱了村庄长久以来的生活节奏,原本在暴力面前起慰藉作用的宗教体系也面临着巨大压力。加之战争和奴役带来的威胁,印第安社区进一步遭到毁灭,与此同时,创伤从欧洲定居区向外扩散。

原住民历史为北美历史提供了新的解释。相比中部航道上美洲印第安人和非洲人的死亡率,切萨皮克湾英国劳工的人口损失要小得多。法国人或清教徒社区曾经为了忍受海上旅行和寒冬而苦苦挣扎,但与17世纪北美最困苦的家庭,特别是印第安部落的斗争相比,他们的苦难显得微不足道。

尽管死亡和疾病的洪流汹涌而至,但仍有成千上万的人幸存下来,特别是在易洛魁联盟不断扩大的领域内。要理解这些社区之后的发展,还有美国早期的演变,这种生存至关重要。与美洲其他地区的原住民部落一样,易洛魁人对殖民主义周期做出了回应,塑造了这片大陆的历史进程。在17世纪和18世纪的大部分时间里,他们控制了北美东部的经济、社会和政治事务。[4]

与很多敌对部落不同的是,如温达特(Wendat,也称Huron,即休伦族)联盟,易洛魁人虽然经历了转变,但在家园面临的一波又一波战争和疾病面前,他们幸存了下来。17世纪,易洛魁联盟与新法兰西的冲突体现了北美原住民更广泛的斗争模式。他们往往比周围的荷兰人、法国人,还有后来的英国殖民者更加强大。此外,他们在18世纪的革命斗争中起到了重要作用。(P74)

最初的相遇：尚普兰与易洛魁联盟

易洛魁人是北美早期最令人畏惧的战士之一，他们居住在纽约中部和加拿大东部，以其精湛的演讲和政治组织而闻名。考古学、文献记录和口头历史表明，与欧洲人接触前的易洛魁人建立了和平联盟，由当时 5 个不同的部落，即莫霍克、奥内达（Oneida）、奥农达加（Onondaga）、卡尤加（Cayuga）和塞内卡（Seneca），围绕一套教义、仪式和惯例团结在一起。[5] 当时，这种团结平息了意见不合的村庄之间的纷争，与其他原住民部落相比，易洛魁人能够更好地利用与欧洲人接触带来的暴力优势。他们共享同一套氏族和酋长制度、代表性议会以及治理实践，每年都会诵读贝壳串珠上的易洛魁史诗和哲学。通过共享和平价值观和仪式，到 1600 年，易洛魁人已经发展成为强大的联盟，能够抵御欧洲人带来的动荡。[6]

1534—1609 年，法国人绘制了大西洋和圣劳伦斯河的地图，这是通往五大湖的重要高速航道。[7] 很快，他们宣示了对该地区及其居民的主权，但法国人与阿尔冈昆语部落的关系才是新法兰西的基础。印第安事务，尤其是与其他事务相比，极大地影响了法属北美的扩张、组织结构和命运。[8]

法国人朝着圣劳伦斯河上游进发，与易洛魁人发生了冲突，特别是象征易洛魁联盟东大门的莫霍克族。在雅克·卡蒂埃（Jacques Cartier，1534年）和萨缪尔·德·尚普兰（1608年）最初的几次探险之间，莫霍克社区曾极力阻止讲阿尔冈昆语的敌对部落获得法国商品和武器，不让他们跟法国人结盟。

正如在早期北美的许多地方一样，原住民的缺席导致人们对这些早期相遇的理解模糊不清。卡蒂埃在大西洋沿岸遇到了一些身份不明的原住民部落，这些部落此前与欧洲人开展过贸易。他们举起皮毛，表达了贸易的愿望。卡蒂埃遇到这些原住民之后，继续驶向圣劳伦斯河，又遇到了蒙塔格奈（Montagnais）村民，他们讨好法国人，并与新来者结盟，共同对付莫霍克人，因为他们不想让莫霍克人获得法国的金属和武器。[9]

法国人到来之前，部落间的敌对关系就已存在，而且塑造了法国在随后一个世纪的帝国主义。法国早期的航海探险引发了流行病和生态灾难。（P75）1534年，卡蒂埃写道，圣劳伦斯河沿岸有庄稼和果园，但尚普兰到来时，村庄已被遗弃，花园也是杂草丛生。[10]

正如整个美洲大陆的情况一样，16世纪只是奏响了欧洲疾病、贸易品和暴力肆虐的序曲。这首序曲的大部分细节，仍然不为人知。为了躲避不断蔓延的病原体，印第安家庭只好迁徙，要么缩小园艺规模和狩猎范围,要么完全放弃。为了补充经济来源,替代失去的家庭成员,易洛魁等其他部落掠夺和劫持俘虏的行为也越发猖獗。[11]

此外,定居点也成为暴力的源头。尚普兰于1608年建立魁北克,其政府的印第安政策产生了许多动态影响,开启了17世纪北美历史的发展进程。尚普兰扩大皮毛贸易规模,绘制五大湖地图,通过各种活动奠定了法兰西殖民帝国的基础,其北美领土迅速扩张。接下来的30年里,法国传教士、商人和官员穿越了整个北美大陆。

尚普兰的船上虽然没有神职人员,但耶稣会传教士随后就会到来,成为法兰西帝国最知晓当地情况、最活跃、最显眼的代理人之一。17世纪末,他们在五大湖地区建立近30个传教点。[12] 到1700年,法国宣称拥有北美2/3的土地,版图一直从加拿大东部延伸到密西西比河和新奥尔良。[13]

新法兰西成为早期北美最大的殖民地,这片大陆的很多主要河流,包括密苏里河、密西西比河和俄亥俄河,都有法国商人、探险家和传教士坐船航行的身影,其活动比英国竞争对手早了几代人,并于1673年宣示密西西比河上游的主权,1682年宣示路易斯安那的主权。[14] 尽管很少有书面记载,但他们在旅行途中会依赖原住民向导、翻译和劳工,还有那些为新来的法国殖民者提供住所的数百位印第安村民。正如后文所述,这些村民构成了法属北美帝国的中心。[15]

然而，这片领土虽然被乐观地称为"新法兰西"，但法国的统治只是名义上的。法国官员并没有真正了解这片领土及人民：几乎没有人穿越整块殖民地，其北部和西部边界也从未正式确定。

对许多法国新来者来说，其中包括尚普兰本人，新法兰西只是通往更大帝国荣耀的垫脚石。1624年，在长达"16年""对新法兰西……热情而艰难的探索"之后，尚普兰仍然相信五大湖是到达"中国王朝"的"一条通道"，这是一种地理幻觉，令几代法国探险家为之着迷。[16] 对他自己和王室来说，这个发现将成为一项了不起的成就，为皇家金库增加无法估量的税收。（P76）尚普兰花了10年的时间环游五大湖，相信这趟旅程"毫不费力"便能完成。[17]

发现新大陆的幻觉掩盖了对历史的重要见解，欧洲人的观点往往主导了历史叙事。这样的叙事不仅抹去了原住民的存在，还抹去了殖民定居点引发的变革，而这些变革带来了致命的后果。1609年7月，在尚普兰担任总督的第一个完整年度期间，他本人及手下，还有数百名蒙塔格奈和阿尔冈昆盟友聚在一起，与莫霍克部队作战（本书第22页、第23页跨页图）。莫霍克人身穿芦苇编织的盔甲，在如今以尚普兰命名的湖岸边集结。与北美早期的其他时刻一样，这次交战揭示了在接下来的一个世纪内，战争将发生何等程度的变化。这场战斗改变了战争的性质,其后果波及整个北美大陆。[18]

尚普兰遇到了扎营人数两倍于己的莫霍克人,报告说:

> 他们(莫霍克人)宣战,太阳一升起,就会发起进攻:我们的印第安(盟友)同意了……他们唱歌、跳舞,互相叫喊了一阵,天亮了,我和同伴们仍然保持隐蔽,以免敌人发现,同时尽力准备好轻武器……待一切准备就绪,我们每人带着一支火绳枪上岸了。[19]

随后的战斗,还有与之相关的图画,标志着这次事件在北美殖民地历史上的重要性:尽管尚普兰的探险持续了30年,他本人曾多次横渡大西洋,并经常前往皇家法院,但他幸存于世的肖像只有1613年的一幅图画。[20]

对莫霍克人和易洛魁联盟成员来说,这场战斗体现了欧洲殖民主义暴力带来的教训。尚普兰写道:(P77)

> 我们的印第安(盟友)告诉我,那些头戴三根大羽毛的人是酋长……我要想尽办法杀死他们……我向前走,直到离敌人约30码(约27米)远,他们一看到我就停了下来,对方望着我,我也望着对方……我用火铳

瞄准了其中一位酋长，一枪打倒了 2 个人……我把四颗子弹（原文为 balles）装进火绳枪……易洛魁人虽然手持棉线编织的护盾，可眼看着两个人迅速倒地身亡，他们惊呆了。

尚普兰的手下开火之后，莫霍克人撤退了，但尚普兰和手下"继续追击，打倒了更多敌人"。[21]

事件的背后引人深思。易洛魁士兵何以成为令人畏惧的战士？在欧式战争面前，看似毫无准备的社区，何以成为如此可怕的对手？在与欧洲人第一次有史料记载的战斗中，莫霍克人被打败了。他们的酋长被火绳枪瞄准，正在撤退的士兵也被敌人追击并杀死。从尚普兰的角度来看，胜利轻而易举。

事实上，到 17 世纪末，易洛魁士兵离开自己的村庄，更多是为了谈判，而不是战斗。他们很快开始了全球范围内的原住民穿梭外交，并受到殖民地首府和欧洲各大首都的欢迎。一个世纪后，第一批描绘美洲印第安人的肖像将制作出来。当时英国委托画匠，为 4 位"莫霍克国王"制作了肖像画，他们是 1701 年蒙特利尔"大和解"谈判之后，前往英格兰的易洛魁领导人。易洛魁事务引起了欧洲领导人如此大的关注，以至于被制成画像的是易洛魁领袖，而不是新法兰西的奠基人。[22]

整个 17 世纪，易洛魁村庄的日常生活随着外交、贸易和战争的变化而变化。村庄解散又重组,新的村民加入,新的政权也随之出现。随着社区的移动或扩张,更多的田地被清理出来,为易洛魁人赖以生存的三种食物——玉米、豆类和南瓜"三姐妹"让路。此外,到处都有动物被猎杀,尤其是皮毛有交易价值的动物。易洛魁的地理布局发生了变化。[23] 联盟的影响很快扩展到新的地区,吸收了新的附属部落。成为易洛魁部落的男人,意味着从此过上季节性的生活:无论是在不断扩张的殖民世界中战斗、抢劫和贸易,还是与荷兰、法国和其他欧美定居点沟通、协商和交往,都在不同的季节进行。(P78)

《特约尼霍卡拉瓦》(受洗之后的名字为亨德里克),约翰·弗雷尔斯特(John Verelst)绘。"提伊尼霍嘎罗"(Tee Yee Neen Ho Ga Row),即亨德里克·特约尼霍卡拉瓦,1710年被任命为易洛魁六族的皇帝,据称是1710年作为外交使团成员前往伦敦的4位莫霍克族领导人之一。画中的特约尼霍卡拉瓦手持一条贝壳串珠织带,作为外交的象征。他的斗篷后方蹲着一只狼,表明了他的氏族归属(加拿大国家图书档案馆/约翰·彼得藏品/e011179910_s1)

易洛魁妇女的生活也发生了变化。几个世纪以来，易洛魁妇女一直在自己的村庄和整个联盟拥有权力。易洛魁族是母系氏族，生下来的孩子也是母系氏族成员。在易洛魁族历史上，耕种、任命和罢免政治领袖、人命赔偿以及其他公共权力，均由妇女掌握。

易洛魁大联盟建立期间，资格较老、被称为族母的妇女拥有最高形式的公共权力。她们负责选择继承联盟首席（或联合）酋长职位的人选，并且有权在这些酋长身故之后，选择继任者。尚普兰发动袭击后，莫霍克妇女便启动了这项权力。[24] 易洛魁受到战争和疾病的双重致命打击，妇女进一步主宰了村庄的日常政治和经济生活。（P79）1634年冬天，荷兰商人哈门·迈因德尔茨·范登·博加特（Harmen Meyndertsz van den Bogaert）游历莫霍克村庄时报告说："这里除了女人，没有其他人。"[25] 村庄选址、社区农场的运营、子女的喂养和教育都归妇女管辖。欧洲人到来之后，越来越多的易洛魁族男子外出远征，妇女手中的权力变得越来越大。

新的战争形式、生存战略和村庄生活结构定义了17世纪的易洛魁。尚普兰的第一声枪响引发了深远的变革，当时没人知道，其他欧洲帝国正在尚普兰湖以南开辟新的道路，为早期北美的暴力火上浇油。

大西洋世界的暴力中心

易洛魁联盟的成员正在商讨如何应对法国的侵略。法国士兵拥有可怕的武器，并且跟部落蒙塔格奈结盟，这个敌对部落给欧洲人出谋划策，怎样更好地对付易洛魁人。这帮新来的殖民者是通过海上来的，而且扬言还有更多像他们一样的人来到这片土地。

尚普兰当权的第一年过去了，法国对莫霍克人发动了另一次攻击。1610年6月，尚普兰与500名蒙塔格奈盟友一起，连同其他盟友沿着黎塞留河（Richelieu River，通常指易洛魁河）向下游进军。莫霍克部落的守卫者建立了一处临时栅栏，士兵从栅栏后发射绑了石头的箭，辱骂敌人，一名弓箭手射中了总督尚普兰的耳垂附近。尚普兰和火枪手发动了好几次攻击，削弱了莫霍克的防御，部落近百人被杀，十几人被俘。由于莫霍克族的人口在5000—8000之间，因此这次战损占了部落军队很高的比例。[26]

显然，对莫霍克人来说，无论是田野战还是防御战，他们都不是欧洲新来者的对手，因为对方的武器更优良，盟友也更多。法国人的优势是如此巨大，以至于在尚普兰近30年的任期内，莫霍克人不得不减少对法国定居点的袭击，其中包括沿圣劳伦斯河和渥太华河发动的袭击，这一决定促进了内陆原住民部落和法国贸易商之间的交流日益增长。最初几十年，法国的军事优势削弱了易洛魁的权力，促使新法兰西向整个北美大陆扩张。（P80）

与其他殖民地领导人一样，尚普兰不仅利用暴力来征服原住民，也利用暴力来巩固自己的权威。在整个大西洋世界，人人都明白，暴力和军事技术的使用——船只、枪支、马匹、金属和大炮，统统促进了殖民化的发展。对法国的扩张来说，暴力就像浇灌葡萄园的雨水一样必不可少。

还没登上这片大陆之前，尚普兰的船只就已经与备有武装的巴斯克（Basque）捕鲸人交过手，因为对方的阻挠，"只能通过武力"克服。尚普兰当时没有立即动用武力，因为此举会危及自己的定居计划。他只是口头威胁，并跟那些捕鲸人说，他此行得到了法国国王亨利四世的支持，他的身后是法国当局。就像西班牙人曾通过一纸《降伏劝告状》（Requerimiento），宣示了对未闻之地的所有权一样，尚普兰也在近期占领的土地上宣示了王权，在不断扩张但未确定边界的领土上，强迫人们顺从法国公认的君主权威。[27]

这种王权的宣示，本身辐射不了太远的范围，因此需要人为主张和加强。尚普兰明白暴力的重要性，也展现了自己的暴力技术，这种技术不仅用于杀戮，也用来彰显法国的实力。无论是鸣枪欢迎结盟的印第安领导人，还是放炮庆祝节日，枪炮声都日渐成为 17 世纪生活的突出特征。印第安人的交流方式也出现新的听觉特征。他们参加贸易集市和外交集会，甚至到达沿海地区，都会鸣枪示意，枪声已经成为定居点的一种习惯。[28] 实际上，尚普兰垂死时，1635 年圣诞节早晨魁北克的炮声是他最后听到的声音之一。[29]

尽管暴力是殖民主义的重要制度，但从来不足以实现殖民帝国的永久目标。政治理论家一直认为，暴力无法创造稳定。它破坏个人、社区和国家之间的关系，而且其影响无法预测。[30] 暴力一旦开始，没人能预测它的最终走向。虽然暴力威胁能让某个群体顺从，但若要实现更持久的稳定，需要对权力以及暴力的合法使用达成共识。当巴斯克捕鲸人认识到，顺从一位远在天边的君主和他统治之下的船只，对自己最有利，就已经明白了这样的道理。[31]

暴力也永远无法彻底垄断。与新西班牙一样，北美原住民很快就利用了欧洲人带来的优势。（P81）抢劫者把武器当成战利品，洗劫与欧洲人结盟或开展贸易的印第安人。他们偷走对方的金属和布料，如果对方有枪支，也一并偷走。他们还带走越来越多的俘虏，拿去殖民地的奴隶市场交易。

殖民地领导者认识到暴力带来的固有破坏，想规范枪支贸易。然而，在整个北美殖民地，无论是农民、工匠，还是帮佣，这桩交易人人有份。[32] 讽刺的是，枪支交易虽然赚钱，却削弱了卷入这桩交易的殖民定居点的稳定性。保护性的联盟、互惠的贸易关系，甚至改宗和通婚，都逐渐为印第安人和欧洲人带来保护。印第安人和定居者之间的持续冲突完全无法预测，以至于暴力难以为继。

不过，法国人一开始盘算的是，他们可以逼迫易洛魁人臣服。在殖民地最初两个夏天，莫霍克人每次都吃败仗，而且易洛魁人与尚普兰的盟友结有世仇，即蒙塔格奈、温达特（休伦人）和阿尔冈昆部落。自从卡蒂埃踏上这片土地以来，易洛魁人便一直与这些部落处于敌对状态，这种部落间的分裂促进了殖民者的定居和扩张，也促进了传教工作的开展。原住民盟友请求法国人支援，摆脱易洛魁联盟的势力。[33]

尚普兰应允了。1615年初秋，他发动了对易洛魁联盟的第三次战役，袭击奥农达加，宣告了对易洛魁大本营的入侵。

作为联盟中央议事会所在地，奥农达加的长屋是易洛魁的核心。数百年来，这里一直是接待易洛魁五族代表的地方。奥农达加的领导人是联盟的"火焰守护者"，负责召集会议、保管记录和发布决议。作为联盟内部的中央机构，奥农达加的地位是如此之高，以至于18世纪70年代《邦联条例》的代表将该部落新成立的机构称为"议事会之火"。就像1609年袭击莫霍克领袖一样，尚普兰现在又将矛头指向了易洛魁联盟的立法领导人。[34]

尚普兰无法命手下士兵直接冲锋,只能对凯尼达(Kaneenda)村展开围攻。他报告说,到达"敌人堡垒"时,奥农达加人在欧洲人面前撤退了:"他们一看到我们,听到火绳枪的声音……就迅速撤离,进了他们的堡垒。"(P82)这个大型村落由20多座长屋组成,因此顶住了尚普兰的第一波攻势。奥农达加的弓箭手从厚厚的围墙内向外发射箭雨,逼退了法国士兵及盟友。连续数日,奥农达加人都击退了尚普兰的进攻。[35]

尽管尚普兰的原住民盟友习惯了与法国人并肩作战,但他们根本不听指挥。他们凡事讲究商量,而不是唯命是从。[36]尚普兰希望得到500名土著盟友的支持,只能硬着头皮接受对方的意见,但进攻受挫之后,尚普兰又对这些土著盟友的尖锐言辞感到愤怒。奥农达加的城墙有重兵把守,坚如磐石,这帮土著盟友自知希望渺茫。在这场耗时数天的大规模围攻当中,几乎没人愿意继续战斗。对奥农达加的进攻也成为新法兰西短暂历史上耗时最长、最艰难的战斗,而且法国人一直处于劣势。[37]与莫霍克战役不同的是,这场战斗中无论男女老少,草木皆兵。[38]

为了避免战败,尚普兰提出了一项非同寻常的建议。他命令部下建立了一座高高的"战争机器",这是一种在中世纪欧洲很常见的木制骑士台。建成后,这座平台"离村庄的城墙只有一杆之遥",尚普兰命士兵"登上骑士台,不停向敌人开火"。接着进一步指示说,"我们应该……派出四五名火绳枪手,朝着他们的栅栏上方开火"。[39]

尽管这座木质骑士台有致命的杀伤力,但没有攻破村庄的防御。凯尼达村准备了成千上万的箭和投掷用的石头,还有用来扑灭敌人火焰的水,坚守住了阵地。像莫霍克族兄弟一样,奥农达加的弓箭手再次瞄准了尚普兰,射伤了他的腿。17世纪的历史学家克里斯蒂安·勒克莱克(Christian Le Clercq)写道:"从来没见过如此惊慌失措的场面。"[40]尽管尚普兰反对盟友撤退的决定,但他不得不忍受对方的愤怒和侮辱,还有他们对欧洲盟友的失望。

尚普兰担任总督期间,这次失败一直在他心头挥之不去。这次战役,是他6年来的第3次,也是规模最大的一次进攻,更是欧洲人试图征服易洛魁人的第一次尝试。后来,这一雄心直到美国独立战争时期才实现。这次围攻发生在易洛魁联盟的中心地带,持续了近一个星期,当时正值收获季节,绿玉米月快要结束的时候,而且攻击目标瞄准了非战斗人员。[41]这也是北美历史上首次动用军事建筑,方便持枪者攻城。(P83)

尚普兰有生之年,易洛魁人再也没有与法国人交战。他们认识到,法国人及其盟友太难对付了,因此学会了避免交战。易洛魁人、法国人,还有被卷入殖民地季节性经济、政治和宗教生活的"北方联盟"迎来了缓和局面。新法兰西建立后的前几十年(1608—1638年)与17世纪的剩余几十年形成了鲜明对比,易洛魁人的战争很快将殖民地逼入绝境，基本上摧毁了北方联盟，驱散了五大湖地区的原住民部落。[42] 尚普兰去世时以为自己挫败了易洛魁联盟的威胁，但易洛魁人的行动和重新调整很快就证明了，这位殖民领导人不过是自欺欺人罢了。

荷兰-易洛魁联盟的崛起

几十年来，易洛魁一直处于劣势。他们受到法国殖民领导人的攻击，被排斥在圣劳伦斯河沿岸的贸易之外，与法国的盟友也时有冲突。此外，切萨皮克湾的英国定居者和哈得孙河的荷兰贸易商建立了殖民地，将这些地区卷入了同样具有破坏性的动荡局势中。1607—1609 年，3 个欧洲帝国几乎同时向易洛魁的北部、东部和南部扩张，引起了易洛魁联盟的震动。[43]

作为首个与欧洲人作战的易洛魁联盟成员，莫霍克人制定了纠正联盟劣势的解决方案。他们的战略很快成为整个联盟外交政策的特征，而且与周围的欧洲人一样，他们也使用暴力。

新法兰西的建立给莫霍克村庄带来压力，削弱了他们的军事能力，疾病的传播更是让他们雪上加霜。[44] 莫霍克人面前，是从魁北克不断向外扩张的法兰西帝国，而哈得孙沿岸的荷兰贸易网络又离他们太远。在他们北方，敌对的原住民部落同样使用欧洲金属，而且与法国士兵并肩作战。在他们南方，莫希干人、特拉华人（即 Lenape，莱纳佩人）和蒙西人（Munsee）等敌对部落像他们一样，也跟荷兰人开展贸易。莫霍克族领导者意识到，跟荷兰人做生意既带来了危险，也带来了转机，当务之急是控制这种贸易关系。[45]

受西班牙通过殖民积累财富的启发，荷兰人管理着一个从圭亚那到印度尼西亚的帝国。整个17世纪，荷兰商人一直在寻找新的贸易机会，他们站上了大西洋贸易网络的顶端，并努力避免建立劳动密集型、以农业为基础的殖民地。（P84）作为欧洲领先的贸易商，荷兰商人很快就扼住了大西洋贸易的大动脉。[46]

与法国和西班牙相比，荷兰是小国，人口约150万，不到法国的1/10。由于缺乏激励措施，该国的移民人口很少。荷兰人成了与众多竞争对手截然不同的帝国主义者，他们的目标就是开展贸易。[47]

在北美，荷兰的贸易活动主要是用制造品换取当地资源，因此原住民对荷兰的财富至关重要。自1609年起，荷兰贸易商便开始用金属、布料和商品进行交易。作为交换，原住民采集皮毛，提供食物和款待，甚至参加军事行动。这种关系持续了整整一代人，直到17世纪20年代中期，永久定居者和荷兰家庭来到北美，建立新的定居点——新阿姆斯特丹。[48]

莫霍克人满载着皮毛前往荷兰人的贸易集市。尽管屡经失败，但莫霍克人的影响力仍然巨大，特别是在南部地区。除了新法兰西及其北方联盟，只有易洛魁人能构成真正的威胁。正如尚普兰在1615年了解到的那样，莫霍克人仍能继续施加军事和政治权威,并在第一代荷兰殖民者的贸易活动期间开始扩张。[49]

易洛魁的扩张始于莫霍克人,而且延续了半个世纪,原因是他们拥有自己的政治联盟、共同语言和宗教,同时面临着殖民主义的持续压力。正是易洛魁人,而不是法国人、荷兰人或英国人,扩张到了俄亥俄河的源头,该河汇入密西西比河,为跨阿巴拉契亚山脉的西部地区提供了战略优势。[50]

最初几年,荷兰贸易商想缓解莫希干人和莫霍克人的紧张关系。他们想在二者之间寻求和平,保护贸易。1613年4月,荷兰殖民地的领导人甚至尝试了一项三方协议,这是北美原住民与欧洲人的第一项条约。根据条约,莫希干人从前来交易的莫霍克人那里收取贡品。[51] 不过,冲突也随之而来,导致一些贸易点被放弃,包括1617年的拿骚堡(Fort Nassau)。尽管如此,莫希干人和荷兰人的贸易仍然不受干扰,随着1621年西印度公司的建立,荷兰的定居点和贸易规模都有所增加,包括1624年在今天的奥尔巴尼附近建立的奥伦治堡。总而言之,北美的皮毛筑起了大西洋经济的新动脉。[52]

莫霍克人想方设法打击并摧毁莫希干人的优势。(P85)1624年,当莫希干领导人向前来交易的易洛魁人征收贡品时,他们还邀请了来自魁北克的北方联盟贸易商来到哈得孙河,因为这些人最有可能袭击易洛魁村庄。加拿大冬天捕获的皮毛比东北部的皮毛更厚、更有利可图,因此这些北方的原住民希望从荷兰人那里获得更丰厚的回报。[53]

作为回应，莫霍克人袭击了莫希干人，并殃及几位与之并肩作战的荷兰领导人。他们在奥伦治堡附近摧毁了一支莫希干人的队伍，杀死了荷兰指挥官丹尼尔·范·克里肯贝克（Daniel van Kriekenbeeck）。莫霍克人为克里肯贝克的死感到遗憾，并"希望"对方原谅自己的行为。[54]他们报告说，自己不想杀死荷兰人，也不打算攻击欧洲人，他们只是想打击敌对部落。

奥伦治堡的领导者努力平息部落间的冲突，体现了西印度公司的整体理念。冲突发生后，他们与莫霍克领导人交涉，争取缓和紧张的氛围。他们甚至批评了克里肯贝克的决定，称其与莫希干人结盟是一次"鲁莽的冒险"。荷兰领导人表示，他们希望所有与自己开展贸易的部落都"不会感到不满"。[55]他们还希望在众多合作伙伴当中保持中立，争取避免卷入敌对部落的历史性冲突。

莫霍克 – 莫希干战争（Mohawk-Mahican War）于1628年结束。莫霍克士兵将莫希干人赶到哈得孙河以东，远离奥伦治堡的地方，并通过战斗来捍卫自己的领土。他们垄断了跟荷兰人的贸易，赶走了非易洛魁联盟贸易商。在短短时间内，他们弄到了荷兰商品，接着是荷兰枪支。到1634年，莫霍克村庄获得了各种各样的金属——"链条、螺栓……铁箍、铁钉"，有些是从敌对部落那里偷来的，有些是通过贸易得来的。[56]他们还欢迎荷兰领导人来到自己的村庄,促进双方的互惠关系。相比之下,被驱散的莫希干人不得不重整旗鼓。在战争和疾病面前,他们与荷兰人本来有利可图的关系被削弱了。[57]莫希干人成了第一支流离失所的阿尔冈昆语族群,被笼罩在更广泛的易洛魁势力之下。(P86)

疫病年代的易洛魁和温达特联盟

局势变化对莫霍克人非常有利。与西班牙人、英国人或法国人不同的是，荷兰人不仅交易布料、金属和用品，还长期公开交易枪支。自17世纪30年代起，他们便将枪支和弹药带到了奥伦治堡。荷兰军械工人非常欢迎印第安贸易商的到来，也乐于分享关于如何装填、瞄准、射击和修理枪支的知识。当然，弹药的供应不能中断，而且要存放在干燥环境中，为此，原住民设计了一系列存储设备。

最终，荷兰-莫霍克人的枪支交易改变了17世纪北美的政治演变，因为这些不是普通枪支，而是质量上乘的好货。其他欧洲国家的武器在荷兰军火面前，只能是相形见绌。[58] 莫霍克和易洛魁士兵现在也掌握了暴力技术，这是在与尚普兰的战斗中令他们望而生畏的技术。易洛魁主攻南方贸易的战略开始见效了。

尚普兰和部下使用的是法国的轮式点火器，通常称为火绳枪。这种枪支尽管有其优点，但缺点是不耐用，容易堵塞，且维修成本高昂。[59] 正如新西班牙一样，这些是专为殖民领导人而非原住民盟友设计的武器。尽管这些枪支确保了早期对易洛魁人的军事成功，但整个17世纪，法国人对16世纪技术的使用仍然有增无减。因此，与西班牙人不同的是，新法兰西对暴力的垄断十分短暂。

荷兰人交易的是明火枪，或称燧发枪。它比火绳枪更轻、更紧凑，更适合在森林中使用。自17世纪30年代起，渴望用皮毛换燧发枪的易洛魁猎人调整了经济活动，猎光了自己家园中皮毛厚实的动物种群。1634—1635年冬春之交，哈门·迈因德尔茨·范登·博加特成为第一个在易洛魁地区记录和平旅行见闻的欧洲人，他"反复"目睹了当地原住民对荷兰人及其枪支的兴奋之情。[60] 为了确认最近传闻的真假，人人都想让博加特拔枪，打上几发子弹。他写道，荷兰人的出现"引起了男女老少极大的好奇心"，以至于他们"几乎无法通行"。[61]

至于当时的皮毛交易是多么司空见惯，他的肚子就是最好的证据。在某个村子，他"天天都在吃河狸肉"。（P87）最后，在元旦前夜，几个荷兰人被奥内达人围在中间，同意鸣枪通知奥内尤特哈格（Onneyuttehage）村庄的一位领导人，今晚确实有庆祝活动："我告诉对方，今晚我会开三枪，他们说太好了，太高兴了……今晚我们开了三枪，纪念我们的主和救世主耶稣基督。"[62]

与尚普兰在易洛魁开的第一枪相比，范登·博加特的枪声代表了与当地人的结盟。到1642年，莫霍克人弄到了足够多的枪支（大约 300 支），并能熟练使用最近广泛流通的这种贸易物品。[63] 不久，他们又用几千张皮毛换来了几百支枪。[64]

尽管配备了当时最精良的枪支，易洛魁领导者的周围仍然充满了挑战。各种疾病暴发导致该地区不断受到创伤，因为随着欧洲人进入印第安人的家园，疾病也随之而来。1634 年，整个易洛魁联盟全境暴发天花。不到 6 年的时间里，一共暴发了 3 次。这些疾病暴发也摧毁了新法兰西的印第安盟友。[65] 与其他力量一样，瘟疫塑造了印第安人的生存策略，决定了他们的外交形态。

与枪支不同，免疫力无法购买、偷窃或获取，更别说垄断了。疾病面前，人人平等。原住民社区对旧世界①的许多传染性疾病都缺乏免疫力，他们对麻疹、天花和流感等疾病的抵抗力极差。虽然整个美洲有许多疾病的影子，包括结核病、肺炎和伤寒，但许多欧洲疾病此前从未有过。[66]

在非洲和亚洲贸易网络的交汇处，欧洲人几个世纪以来都饱受疾病的折磨，尤其是欧洲北部和东部。这种对疾病的暴露，再加上家畜的饲养，让欧洲人口获得了更强的免疫力。尽管疾病的阴影萦绕在欧洲人的记忆和民间传说中，但他们已经从黑暗时代中走了出来，为接触全球各地的人们做好了准备。历史因素而非生物学特征，给他们带来了实实在在的优势，哪怕这种优势肉眼

---

① 旧世界（Old World）是指欧洲、亚洲和非洲。——译者注

不可见。

美洲原住民的情况刚好相反。疫情如洪流，席卷了北美东部，带来了史无前例的破坏。随着殖民地的扩张，疫情暴发变得更加频繁。入侵物种、殖民地的农业实践以及渔业和狩猎资源的枯竭，成为导致大流行病进一步加剧的社会条件。[67]在莫霍克社区游历的范登·博加特也注意到了当年天花暴发的影响。[68]

不过，有关这些大流行病最清晰的证据是传教士留下的。17世纪上半叶，易洛魁人拒绝了传教活动，因此人们对他们的日常生活知之甚少，因为这类记录常常是传教士写的。相比之下，新法兰西的印第安村庄逐渐接受传教士作为法国盟友的代表。（P88）早在1637年，耶稣会传教士便在魁北克外的锡耶里（Sillery）建立了保留地，方便当地原住民改信基督教。[69]虽然接受传教不等于改宗，但耶稣会传教士仍然会观察、记录，并试图解决印第安盟友遇到的问题。他们在新法兰西的西部地区，特别是在五大湖地区，尤其遵循这样的行事方式。最详细的传教士记录来自新法兰西北部联盟的西部村庄，包括温达特联盟。这个联盟生活在乔治亚湾附近，即休伦湖以东的休伦尼亚（Huronia）或温达克（Wendake）。[70]

温达特联盟，也称休伦人，保持着类似易洛魁的政治、经济和家族结构。他们由四个主要部落组成，有八个氏族，讲易洛魁方言——纳多韦基安语（Na dowekian）。该联盟大约有20—30

个带栅栏的村庄，人口在 3 万人左右。[71] 易洛魁和温达特联盟彼此相似，其命运也在接下来一代人的时间里交织。17 世纪 30 年代早期，疾病和苦难使二者的联系更加紧密。

天花大流行期间，许多温达特人死去，他们的死会被耶稣会神父记录下来。根据保罗·勒·杰恩（Paul Le Jeune）神父的记录，当地有一个名叫阿拉基（Arakhie）的温达特男孩，大约"11—12 岁"，前途无可估量。其名字的意思是"结束的日子"，但他"就像小太阳一般在眼前升起"。阿拉基聪明强壮，对耶稣会传教士非常友善，"乐于助人，谈吐得体"。当这个男孩死于天花时，耶稣会神父悲痛得无法记录他的死亡，一直等到"做好心理准备"，才能忍住泪水，记下这个男孩的逝去。[72]

就像阿拉基一样，许多温达特领导人也得了天花死去，其中包括反法国派和亲法国派的两位酋长，塔雷坦德（Taretande）和埃农（Aenon）。两人皆于 1637 年去世，经过一个夏天的穿梭外交之后，埃农被埋葬在三河城的一块法国墓地。由于人口渐减，埃农曾希望将温达特村庄集中到一个重要的中心位置，通过与法国人结盟和贸易来加强防御。他还缓和了塔雷坦德对耶稣会的诸多谴责，其中一些是在耶稣会的宗教仪式上发表的。埃农这样做是出于务实的考虑。"温达特人需要枪支，"他告诉自己的人民，"就像法国需要健壮的男子一样。"（P89）他设想着，有像自己一样的温达特领导人共同努力维护这个联盟。[73] 然而，他的希望和许多其他人一样,在这个饱受疾病摧残的年代破灭了。"瘟疫肆虐……他召集翻译官,向总督阁下献上礼物,请求他帮助休伦人。"[74]

大约500名温达特人在1636年的流行病中死去,包括奥索桑(Ossossane)村20%的人口。死亡从这个村子蔓延开来,8天内有10人死去。一位领袖表示,温达特人的"国家""正在走向毁灭……情况一天比一天糟。这种可怕的疾病现在已经蔓延到我们村庄的所有小屋"。[75]温达克陷入一片混乱。

整个17世纪30年代,疾病造成的破坏显而易见。观察者常常能看到人们出现脱皮、发热、持续腹泻和失明等症状。[76]疾病阴魂不散,加重了殖民主义的负担。人们担心灾难的起因,许多"部落认为我们下了毒,用魔法诅咒了他们,"神父勒·杰恩写道,"他们说我们污染了水源。"[77]

一位年长的温达特人安妮在瘟疫中失去了两个女儿和一个侄女,她不得不抚养孤苦伶仃的孙辈。安妮当时年近古稀,虽然挺过了疫情,但她的双眼瞎了,身体也很虚弱。像许多人一样,她接受了基督教信仰。她相信,就像很多原住民都相信一样,洗礼能帮他们逃过瘟疫,可这个圣礼没能让她的女儿活下来。几乎没人帮助安妮,耶稣会传教士认为,她的改宗受到了排斥(人们信仰的隔阂是如此之深,以至于基督徒和非基督徒士兵经常拒绝一起战斗)。[78]安妮因失明而无法照料他人,饥饿很快夺去了她两个孙儿的生命。他们挺过了瘟疫，却在瘟疫的余波中丧生。[79]

17世纪，整个易洛魁和五大湖地区受到巨大冲击，其影响既需要深思，也需要设身处地地分析。人们往往只看到病菌造成的死亡，却忽略了疾病带来的诸多社会压力。在殖民主义的动态发展之下，疾病只是致命的因素之一，原住民还面临着欧洲扩张的更广泛挑战。

这一点非常重要，因为在巨大的毁灭面前，温达特联盟发起了政治和军事行动，进一步卷入毁灭的恶性循环。与暴力技术的使用一样，疾病迫使原住民部落作出共同决策，以始料未及的方式加速了武力的使用。17世纪30年代，温达特和易洛魁的村庄都经历了病原体的袭击。在瘟疫的余波中，他们希望修复已经千疮百孔的家园。（P90）

易洛魁扩张的起源

1637年8月,埃农前往三河城。一行人从乔治亚湾出发,沿渥太华河顺流而下,朝圣劳伦斯河驶去。他们的行进速度很快,负责划独木舟是几位士兵。埃农"在途中病倒",8月6日被埋葬,与帮助建立定居点的法国人葬在一起。[80]

埃农葬礼的第二天发生了另一场灾难。一只独木舟代表团启程前往温达克,其中一艘回来报告说,"他们遇到了易洛魁人",其他人"被俘虏了"。[81]

最初,法国领导人"不相信"盟友的担忧。"这些野蛮人经常无端惊慌。"勒·杰恩报告说。但是第二天,一只易洛魁独木舟"出现在大河中央……我们一看便知道他们的大部队来了"。一艘小型法国船冒险出航,回来报告说:"有大约500名全副武装的人。"这艘船用"黄铜大炮"射击,杀死了一些非常娴熟地爬进芦苇丛中的人。[82]

耶稣会传教士松了一口气,总督查理·雅克·霍尤特·蒙马格尼(Charles-Jacques Hualt de Montmagny)已经到了定居点。他"把一切都安排得妥妥当当",安抚了自己的同胞及盟友。就像之前的尚普兰一样，他统领着数百人，并派出了一只独木舟请求增援，定居点尚且安全。但是，双方都没有控制这条河的水域，易洛魁人还在继续发动袭击。尽管有一艘配备了武器的法国船在场，对方还是摧毁了一支由 10 只温达特独木舟组成的船队。蒙马格尼对新一轮的袭击"极为沮丧"。他绝望地发现"自己人手太少，无法将这些流浪者赶走"。[83]

与其他历史时刻一样，1637 年 8 月 6 日也凸显了疾病和战争带来的致命威胁。几个小时内，疾病带走了一位受人尊敬的温达特领袖，战争夺去了他手下士兵的生命。温达特盟友虽然沿着圣劳伦斯河航行了一段距离，却没有活着回来。接下来的几天里，更多的温达特人被杀或被俘虏，而且法国人第一次听到了莫霍克人的枪声。[84]

"两只做好战斗准备的小船"抵达后，蒙马格尼展开了反击，"我们尽快启航。夜晚的风向非常有利……我们沿河上行，希望找到这些野蛮人。等我们靠近时，天已大亮。我们发现了一大片浓烟……可等我们来到冒烟的地方，发现……（他们）已经不知所终。再早一天，我们就能干一仗了"。法国人的追击失败了，他们惊讶地发现，"去年立的……一根十字架"的"横梁"被亵渎，易洛魁人还在上面留了一条信息。（P91）总督和耶稣会传教士"仔细研究了一番"，发现易洛魁人"在这块木板上画了 30 个休伦人的头，这些人被俘虏了……不同的线条代表的是俘虏的品质和年龄……（其中）两颗头比其他人的大，代表的是他们抓住的两名领头人"。[85]

俘虏很快改变了易洛魁和温达克联盟的人口结构。据估计，近3000名温达特人，约占温达特总人数的15%，成了易洛魁人的俘虏。[86]在这个引发诸多争议的历史进程中，易洛魁通过新的暴力行为，与邻近部落联系在一起。在这个动荡不安的世界中，俘虏成了另一种转变的途径，这种转变既可能造成致命打击，也可能带来重生。

自17世纪20年代起，易洛魁人对莫希干人的袭击范围不断扩大。他们将矛头指向北方，袭击了法国定居点及盟友，还有与这些人一同生活的原住民。[87]他们还向南和向东推进，跨过哈得孙河，袭击了康涅狄格河谷。命运的转盘发生逆转，莫希干人现在不得不向莫霍克领袖纳贡。易洛魁人的袭击范围甚至扩大到了缅因地区。1647年，经过数月的战斗之后，袭击者带回了20名阿本拿基俘虏，原因是对方的社区跟莫希干人结盟了。[88]这些东部社区弄到了自己的枪支之后，易洛魁人才善罢甘休，而这些枪支通常来自专门从事武器交易的英国商人。

易洛魁人对温达克地区的入侵是致命的。自17世纪30年代末开始，到此后的15年里，温达特人和易洛魁联盟发生了旷日持久的冲突。这场冲突大约从1637年持续到1652年，以温达特人被驱散而告终。冲突还对周边地区造成了类似影响，尤其是伊利湖（Lake Erie）周围社区。[89] 到 1650 年，安大略南部被易洛魁士兵占领，他们利用该地区获取皮毛，建立进一步向西进攻五大湖基地的计划。根据《加拿大历史地图集》（*The Historical Atlas of Canada*），温达克如今只是"某些季节有人居住"。[90]

对大西洋地区的许多观察者来说，这场冲突似乎不合逻辑。因为欧洲编年史学家见惯了更加制度化的酷刑和战争形式，对他们来说，这场冲突涉及的暴力、痛苦和残忍几乎毫无意义。法国领导人希望置身事外，不想卷入他们眼中这场"疯狂"的部落冲突。[91] 因俘虏文化而臭名昭著的易洛魁人不仅是战术高超的敌人，也是令人恐惧的对手。（P92）1722 年，经过一个世纪的战争之后，巴克维尔·德·拉波特里（Bacqueville de la Potherie）出版了多卷本的《北美历史》（*Histoire de l'Amérique septentrionale*）。他在第三卷开篇写道，法国人谈及易洛魁人时，经常说"世界上再也没有比易洛魁战争更残忍的东西了"。[92]

像所有历史学家一样，巴克维尔·德·拉波特里属于事后写作。但与大多数人不同的是，他试图阐述一个世纪前的易洛魁战争为何变得如此残酷。[93] 在 20 年的法国殖民进程中，莫霍克人驱散了莫希干人，获得进入荷兰贸易中心的机会。17 世纪 30 年代，瘟疫席卷而来。在接下来的半个世纪里，莫霍克人及联盟部落发动了广泛袭击，因为他们手中的枪支比敌对部落的更精良。

从经济层面来看，易洛魁猎人的捕猎活动远远少于以前。比起捕猎，窃取皮毛更容易。到 1656 年，易洛魁贸易商每年给奥兰治城带来近 5 万张皮毛，是 17 世纪 30 年代的 9 倍。这些皮毛从五大湖地区收集而来，由其他部落狩猎、加工和运输，他们的劳动力如今被窃取，支撑着易洛魁人和荷兰人的财富。[94]

俘虏的数量也呈爆炸式增长。就像海盗行为一样，疾病肆虐过后，对俘虏的劫掠也增加了。范登·博加特注意到 1634 年疾病对莫霍克人的侵袭，但他的记录没有体现出瘟疫的严重程度。在他描述的 8 个村庄中，几乎一半被莫霍克人遗弃。17 世纪 20 年代，莫霍克部落约 8000 人，到 1634 年，减少到不足 3000 人。虽然很难确定其他 5 个部落的人口变化，但就像疾病摧毁了温达克一样，易洛魁联盟也因此瓦解。[95]

对易洛魁人来说，瘟疫导致俘虏制度变得至关重要。1637 年被俘的 30 名温达特人被带走可能是"为了领养"，取代易洛魁人逝去的家庭成员，这些成员的责任太过重大，不能置之不理。家庭成员之间的情感联系，还有部落内部的职责分工，构成了易洛魁村庄的生活结构，而俘虏让这些联系得以延续。人口大幅下降之后，易洛魁五族开始领养温达特人，"重振"联盟。[96] 例如，易洛魁人给总督蒙马格尼留下的绘画不仅有形象，还有颜色："所有人头涂的都是红色，只有一个是黑色。"[97] 红色表示的是计划用来领养或重振联盟的人。（P93）1651 年，莫霍克人在三河城外俘获了少年皮埃尔－埃斯普利特·拉迪森（Pierre-

Esprit Radisson），其脸上涂的也是红色。正如一位传记作家所言，"红色"意味着被选定为领养候选人，尽管这位少年当时并不自知。[98]

与 17 世纪北美的其他奴隶不同，印第安人带走俘虏是为了融合，而不是交易。印第安奴隶制没有像大西洋奴隶制那样发展演变，因为这种交易并非完全出于经济目的。在新法兰西，印第安奴隶制的产生不是因为对奴隶的需求，而是受到人口和文化必要性的驱动。[99]

为了应对人口损失，易洛魁劫掠者试图俘虏敌人，将其融入自己的村庄结构。俘虏会成为族人，不过，这种身份转变必须经受种种折磨才能实现。易洛魁劫掠者使用暴力来捆绑、运输俘虏，强迫对方融入。他们对俘虏进行仪式性折磨，目的是摧毁对方的身份认知。[100] 若想加入联盟，俘虏必须抛弃以前的部落身份，在被暴力对待的过程中接受新的身份。

这种暴力是可预见的。在俘虏脱离原来部落的过程中，家庭和部落领袖决定哪些俘虏在易洛魁社会中担任相对应的职责。他们将逝者的姓名、氏族和家庭地位告诉俘虏，让对方继承下来。遭受多次虐待之后，拉迪森回忆道："在一阵喧嚣中，我看到了我的父母，还有他们的两个女儿。母亲朝我……走来，不断地叫我的名字。"就像其他母系氏族文化一样，拉迪森的莫霍克母亲用逝去孩子的名字来呼唤他。接着，她让拉迪森脱离了原来的身份,"把我从队伍中拉出来",把"我交到她丈夫手中,她告诉我要勇敢"。[101] 就这样,拉迪森的新母亲认可了这个新儿子在家庭中的地位。

俘虏们知道,痛苦是实现身份转换的必经过程。无法忍受痛苦或拒不妥协的人根本没有活命的机会。易洛魁人对俘虏进行各种折磨,包括长达数日的捆绑和夹道鞭打等,目的是摧毁俘虏以前的自我认知。令人惊讶的是,这种"仪式性重振"联盟的举措相当成功。17 世纪 30 年代瘟疫暴发之后的半个世纪里,可能多达 1 万人被纳入易洛魁人的家庭。[102]

尽管俘虏被迫融入易洛魁社会,但他们带来了原先部落的元素,如狩猎路线、村庄位置和战略信息,这些元素促进了易洛魁的扩张。(P94)欧洲俘虏和来自远方的原住民俘虏为易洛魁部落联盟带来了新的文化,让他们的语言变得更加灵活。俘虏领养过程也造就了新的士兵。尼古拉斯·佩罗特(Nicolas Perrot)观察到,易洛魁人"饶了孩子们的命,他们长大后,很多人成了士兵"。[103] 皮毛贸易经济、疾病对人口的影响和俘虏的文化使命,皆是易洛魁人发动战争的原因。

易洛魁袭击对温达克的影响：1648—1653 年

易洛魁战争，通常被称为"海狸战争"或"哀悼战争"[①]，重塑了五大湖地区，引发了大西洋对岸的报复。长期以来，各位学者一直在争辩，每年在易洛魁地区爆发的森林战争，方式如此残暴，战斗如此激烈，其原因和影响是什么。[104]

这段残酷的历史掩盖了这场战争的起源。若从时空维度观察这些冲突，人们将收获良多。1615 年，尚普兰入侵易洛魁地区时，他面对的是使用石尖箭的弓箭手。而 1648 年 7 月 3 日星期日早上，1000 名易洛魁士兵消灭了栅栏环绕的温达特村庄泰安奥斯塔亚（Teanaostaiaé），他们携带的是当时北美最先进的武器，对方的村民被袭击时，不仅有传教士在场，而且正在参加教堂礼拜。[105] 一前一后两场战斗没有任何相似之处。此外，作为这个时代暴力升级的证据，超过 700 人被俘或被杀，其中包括一位正在做弥撒的耶稣会传教士，他在给受伤者施洗时被杀。遭到毁灭性

[①] 易洛魁人发动哀悼战争是为了在失去亲人后进行心理和精神上的疗愈，这些战争是易洛魁悼念实践的重要组成部分，其主要目的是让失去亲人的家庭收养战俘，重振联盟。——译者注

打击之后，1000 多名温达特人逃走了。[106]

屠杀才刚刚开始。易洛魁袭击者的目标不仅是打击法国人的盟友，而是完全驱逐对方，俘虏他们的人民，夺取他们的土地。[107] 温达克人口约 2 万，1/10 的人在这天早上被杀、被俘或被流放，而这次行动只是当时易洛魁人发动的 73 次袭击中的一次。[108] 数百个悲痛、饥饿的家庭在整个五大湖地区流离失所。[109]

随着难民四散逃离，危机也波及其他部落。温达特人把自己家园的动荡带到了周围世界。最初，五大湖地区周围的印第安社区，即中立原住民部落（Attawandaron，阿塔万达隆）和伊利族，收容了温达特难民。可他们没想到，难民逃到哪里，易洛魁士兵便追到哪里。一位传教士在 1651 年写道：（P95）

> 被俘者众多……损失非常大，中立部落完全毁灭，变成荒芜之地；离敌人距离较远的村庄也惶惶不安，村民抛弃了自己的房屋、财产和部落，自我流放……饥荒如影随形，这些可怜的逃亡者只能穿过树林，穿过更偏远的湖泊和河流，四处流散。[110]

新社区建立之后，温达特人的处境十分艰难。他们几乎找不到吃的，有的人不得不靠吃苔藓、树皮和菌类为生，但这些食物根本养不活数量众多的家庭。[111] 饥荒笼罩着温达特人，其悲惨程度唯有之前 10 年的疫情可比。冬天更加让人绝望，尤其是那些在秋收前便分散了的社区，日子更不好过。[112]

到 1650 年，北美大陆原住民的格局正在重新形成，而且势不可挡。易洛魁人驱逐了温达特人、佩丘族（Petun）、尼皮辛族（Nipissing）、中立原住民部落、伊利族以及邻近的阿尔冈昆语部族，而且他们的袭击进一步向邻近地区扩散。[113] 难民向西逃离，遇到了其他原住民势力，如讲苏族语（Siouan）的圣语人（Ho-Chunk）、达科他人（Dakota）和拉科塔人（Lakota）。为了避免与这些部落发生冲突，流散的原住民退到各个半岛上、湖岸边和防御性位置。他们既面临着东边易洛魁人的袭击，又面临着西边敌对部落的对抗。[114]

随后几年里，人口迁移重塑了法国的帝国主义。被驱散的温达特人和新法兰西的其他盟友被迫与五大湖地区的部落对抗（如威斯康星的圣语人和梅诺米尼族），这时向法国人求助便成为他们唯一的出路。在这种看似颠倒的殖民主义下，原住民认识到互相帮助和保护的必要性，他们与法国官员合作，重建了自己的社区，为族人带来安全。法国人在广阔的地区内斡旋调停，赠送礼品，治理社区，维系这个支离破碎的世界。在整个五大湖地区，一群讲阿尔冈昆语的原住民，特别是北部的阿尼什那贝族（Anishinaabe）村民，纷纷彼此合作，寻求稳定。（P96）新法兰西乃至整个北美大陆的命运，都取决于印第安部落议事会与法国领导人日益紧密的联系,而这些联系贯穿了整个北美内陆。[115]

法国人称这个内陆世界为"高地"(pays d'en haut),因为该地区有许多分水岭的源头。[116]这片分散的地理区域一直从确夸美光(Chequamegon)半岛上的苏必利尔湖延伸到伊利诺伊地区,格林湾(Green Bay)位于该地区的中心。耶稣会传教士跟随信徒的脚步,很快就到了这里,接着又吸引了更多信徒到来。[117]在这片重建的区域内,来自俄亥俄河谷和安大略南部的印第安人,与密歇根湖周围的阿尼什那贝、波塔瓦托米(Potawatomi)和怀安多特(Wyandot)村民开始了新生活。由于易洛魁人的袭击,温达特人的东部家园已经荒废,这些新的定居点将法国人引向内陆,扩大了欧洲人的势力范围。换言之,在密西西比河上游开始讲英语之前的一个世纪,印第安人的军事和村庄重组便将法国人引入了这片大陆的中心。

这些历史事件凸显了殖民暴力的广泛影响,尤其是对远离殖民地的人口而言。它们推翻了长期以来印第安人未受欧洲影响的假设,展现了印第安人对北美大陆历史演变和欧洲殖民扩张的重要性。

易洛魁战争也引发了五大湖地区之外的帝国重组。[118]在不到5年的时间里,易洛魁士兵袭击了从缅因到密歇根的众多社区。1647—1651年,他们的袭击摧毁了法国最亲密的盟友,遏制了殖民地的西部贸易,而且袭击范围跨越1000英里。自公元1000

年玉米引入以来,如此广泛的变化,在整个北美大陆尚属首次。[119]

尽管易洛魁人在西部取得成功,驱散了温达特人,但联盟成员仍然为了稳定而挣扎。塞内卡领导人优先考虑的是持续向西推进,在俄亥俄河流域取得进一步优势。长期以来,他们与北美西部许多部落互相抱有敌意,其中一些部落曾对他们发动过类似袭击。[120] 相反,莫霍克人优先考虑的是哈得孙河沿岸的贸易关系,因此有时会响应荷兰人的武装号召。(P97)正如莫霍克人所了解的,荷兰人的财富受到了新英格兰和1638年之后新瑞典的挑战,后者在新荷兰以南地区的发展导致双方发生多次冲突。[121]

易洛魁想利用温达克的力量,他们驱逐了对方的宿敌,攫取了对方的许多资源。温达特人在安大略南部的富饶土壤上拥有肥沃的田地,而且乔治亚湾天寒地冻,盛产皮毛,条件比易洛魁地区优越。温达特人的玉米产量过剩,为北方邻居的经济提供了补充,后者的许多族人生活在不适合耕种的地区。[122] 这些邻居成了身手了得的捕猎者,最终推动了英国在哈得孙湾最北端定居点的发展(温达特人被驱散后,哈得孙湾公司于1670年获得特许状)。

易洛魁战争颠覆了整个北美大陆的贸易关系。他们不仅将征服的土地为己所用,还将其从新法兰西中割裂出来。自1647年起,温达特人不再前往法国人的贸易中心。17世纪50年代既是难民社区贫困度日的年代,也是新法兰西全境物资匮乏的年代。[123]

随着贸易中断，盟友纷纷逃离，易洛魁人对边远定居点、贸易队伍和传教点发动了袭击，而法国官员想努力恢复殖民地的稳定。他们与易洛魁领导人尝试了各种和平倡议，包括1653—1657年期间一项短暂的条约。根据该条约，法国领导人放弃了对温达特盟友的所有保护。[124] 这是自尚普兰踏上这片土地以来，法国总督首次尝试在该地区的暴力冲突中保持中立。他们打算在自己挑起的内讧中置身事外，孤立长期以来的印第安盟友。1656年5月，莫霍克人袭击魁北克外奥尔良岛最东边的温达特人定居点，法国的大炮、枪支和军官全部保持了沉默。

奥尔良岛坐落在圣劳伦斯河入河口，距离城墙仅几百英尺。莫霍克人杀死并俘虏了70名温达特人，沿着河流下游折返，途中经过了法国定居点，但定居点的领导人没有干预。愤怒的宗教领袖表达了自己的不满，但于事无补。（P98）乌尔苏拉会（Ursuline）领袖降世玛丽（Marie de l'Incarnation）写信给儿子，痛斥了"不信基督耶稣的异教民族"发起的行动。[125]

对易洛魁人来说，战争的好处胜过和平。长期以来，易洛魁联盟的成员都保持着一套冲突解决模式，但联盟内部有关战争与和平的分歧很快变得越来越明显，到了无法弥合的地步，亲法国派和反法国派也因此出现。[126] 1656年，耶稣会传教士终于在奥农达加建立了教会。他们不仅在顽固不化的易洛魁人中传教，也为归化的温达特人提供服务。[127]

尽管派系主义分裂了联盟成员，但在欧洲殖民进程的前半个世纪，易洛魁人经受住考验，在整个 17 世纪抵制了荷兰、法国、瑞典和英国的影响。易洛魁人的势力撼动了法国殖民地，以至于他们肆无忌惮，洗劫西部的皮毛贸易队伍，跟荷兰人开展贸易。遭到削弱的法国殖民地现在成了一块磁铁，吸引着脆弱的贸易商进入易洛魁人的袭击范围。（P99）

《易洛魁创世故事Ⅱ》，G. 彼得·杰米森（G.Peter Jemison）绘，2015年。这幅绘画作品的创作灵感来自 1899 年塞内卡族酋长约翰·阿瑟·吉布森（John Arthur Gibson）讲述的易洛魁创世故事。画的左边，天空女神从天界降落到龟背上，乌龟变成地球。画的右边，天空女神的后代在龟岛上创造了世界，包括植物和动物。通过"水即生命"（Water Is Life）的表达，杰米森将易洛魁的创世故事与当代保护原住民土地和主权的运动联系起来，其中包括抗议在立岩（Standing Rock）保留地建设达科他输油管道的示威活动（G. 彼得·杰米森提供）

最终，为了稳定自己在美洲的殖民帝国，法国君主出面干预。路易十四下令增派军队到加拿大，包括由1000人组成的精英部队：卡里尼昂-萨利埃军团。当时新法兰西的平民约3000人，军队很快就占到殖民地欧洲人口的1/3。[128] 当时要是有谁在当地看到一个欧洲人，这人很可能穿着制服。太阳王①任命了军衔第二高的军官——特雷西（de Tracy）侯爵来指挥这些部队，其任务是"彻底消灭（易洛魁人）"。[129]

---

① 即路易十四。——译者注

易洛魁人与新法兰西的重组

大西洋两岸的法国领导者都认识到了印第安人战争引发的混乱。（P100）新法兰西的领导人定期横渡大西洋请求增援，就像三河城的皮埃尔·布歇（Pierre Boucher）在1661年所做的那样。[130]然而，王室官员将殖民地交给私人管理，这些私人管理者经营着百人合伙公司（Compagnie des cent-associés）。[131]就像切萨皮克湾一样，这家代表"一百名合伙人"的公司负责雇用劳工，打理殖民地经济。然而，易洛魁战争摧毁了这家公司。

路易十四和手下顾问开始了新改革。他们需要更大的权力来建立一块繁荣的殖民地，将其融入法国的商业网络，而战争与繁荣相悖。于是，官员们制定了限制冲突的战略。[132]

新的卫戍部队建立起来，并获得物资供给。他们发动了针对易洛魁的战役和入侵，数百名士兵参战。与百人合伙公司大多数雇佣兵不同的是，这些士兵服役结束之后通常会留下来定居。[133]1701年，新法兰西、印第安盟友和易洛魁迎来持久和平，并在路易十四统治时期定义了法国与易洛魁联盟之间的关系。[134]新法兰西重组，与凡尔赛宫建设、欧洲战役和霸权主义的增长一样，都标志着路易十四时期的统治特点。[135]

1663 年，路易十四废除百人合伙公司的特许经营权，任命特雷西侯爵为法国海外殖民地总督。特雷西于 1665 年 8 月抵达魁北克，指挥着两艘近 400 吨的船，还有船上 8 个连队的士兵。他立即着手重建殖民地的防御工事，在黎塞留河入口处建造了一座堡垒。[136] 特雷西跟莫霍克人交手几次之后，100 名易洛魁人抵达魁北克，"缔结'和平条约'"。[137]

这个代表团的到来，回应了一代殖民者的呼吁。[138] 降世玛丽写道：

> 我从来不敢奢望……在加拿大看到如此壮丽的景象，我初到这里时，什么也没看到……根据部队的行军计划，战斗将在第一个（莫霍克）村庄打响……这些野蛮人有坚固的堡垒和大炮，而且勇猛无比。毫无疑问，征服他们不是易事。但我们的法国士兵是如此激昂，无所畏惧……他们不怕困难，背着大炮渡过了湍急的河流和渡口，甚至还搬来了小船（船只），这是前所未有的壮举。[139]

法国人热切观望着，想知道易洛魁战争的走向以及法国军事领导人如何解决问题。（P101）

持久和平花了一代人的时间才实现。尽管法国加强了对新法兰西的支持,但易洛魁联盟还是继续向西部和南部扩张,并经常与英国官员结盟,后者在1664年占领了新荷兰。法英互为主要竞争对手,因此在北美殖民地爆发了一系列战争。自17世纪60年代开始,新法兰西和英属北美的改革浮出水面。

最引人注目的是,尽管易洛魁人对五大湖地区的袭击产生了更多俘虏,获得了更多皮毛,但也引发了更大规模的报复。法国领导人努力为其西部盟友提供支援,到1665年,易洛魁人转为防御姿态。[140] 英国商人日益增长的影响也促使法国向内陆输送资源。虽然易洛魁袭击者主导了17世纪的战争,但他们的霸权正在消失。

暴力蔓延到广阔的地理区域,这片区域自五大湖向外延伸,穿过俄亥俄河谷上游,直达魁北克,而易洛魁就在这片区域的中心。1200名法国士兵成功遏制了易洛魁人在东部的势力,但他们无法征服整个联盟,也无法阻止易洛魁人在五大湖地区的进攻。[141] 1684年,塞内卡和卡尤加人的袭击一直延伸到了圣路易斯(St. Louis),但这些袭击也招来了报复。1687年和1693年,几位总督带领部下入侵易洛魁,袭击和焚烧了易洛魁人的村庄。与早期入侵一样,这些行动得到了法国君主的授权,并吸引了五大湖地区的印第安盟友。[142]

法国对易洛魁的最后一次入侵发生在1696年夏天。2000多名士兵和印第安盟友参战，表明新法兰西通过暴力征服易洛魁核心地区的能力越来越强。与之前一样，这次战役未能带来持久的胜利，尤其是奥农达加村民撤退时，法国人还没前进，他们就烧毁了自己的长屋。法国人离开后，莫霍克人跟踪对方，袭击了法国定居点，进一步暴露出法国军队的弱点。不管凡尔赛方面下达了何种指令，法国人依然无法征服易洛魁。[143]

虽然法国人及其盟友瓦解了易洛魁的霸权，但双方都无法宣称拥有至高无上的地位。易洛魁联盟仍然在广阔区域内，还在许多部落当中发挥着影响力，但其代价非常高昂。（P102）法国士兵如今驻扎在内陆要塞，而且首次为印第安盟友配备了武器。这些装备更加精良的盟友改写了法国帝国主义的命运，扭转了易洛魁人的攻势。[144] 自尚普兰踏上这片土地以来，法国殖民总督从未刻意让印第安人用上火枪，但1665年之后，这种武装成为殖民政策。[145]

一个世纪的恐怖暴力过去，这片土地迎来长久的和平。经过一代人的失败尝试，2000名来自北美各地的印第安代表于1701年7月抵达蒙特利尔。在易洛魁联盟的长屋内，在五大湖的村庄和议事会堂旁，在密西西比的草原上，印第安酋长、女族长和社区成员讨论着过去的损失，恳求他们的领袖公正行事，期盼未来不再发生流血冲突。

1701 年大和解

1701 年 7 月初，经过一年的临时协议，五大湖地区的大批印第安人启程前往蒙特利尔，这支队伍包括阿尼什那贝族和其他阿尔冈昆语村庄的代表，还包括讲易洛魁语的温达特人（自温达克流放而来）。讲苏族语的达科他人、圣语人、拉科塔人以及来自北美内陆的其他原住民，此外还有阿本拿基人和新法兰西的东部印第安盟友，以及易洛魁五族的领导人。[146]

最终，40 多个原住民部落的代表齐聚一堂。[147] 接下来的日子里充满了欢乐，整个地区的和平将得以恢复，囚犯将被释放，自治领域将得到尊重。法国总督德·卡利埃（de Callières）爵士同意，他将与其他官员努力解决分歧，调解各部落间的纠纷。卡利埃用典型的外交隐喻表达了自己心情，称很"高兴看到所有子民都团结起来"，并向每个代表团分发了贝壳串珠。[148] 代表团在条约上签字或留下自己部落的标记，承诺自己以及村庄亲属将一同参与和平进程。[149]

法国人对这些命运攸关时刻的描述，用的是家长式的口气，夸大了欧洲的权威，忽视了参与者的文化多样性和相互依存性。

（P103）事实上，他们都是这个新世界的子民，是在欧洲和原住民的战争交汇中诞生的。与尚普兰时代或易洛魁进攻温达克时期不同，如今没人能独揽大权。共存、相互承认和外交，对人们的集体生存至关重要。这次大和解表明，这片土地的命运取决于欧洲人和原住民的共同点，而不是差异化。战争与和平，是生死攸关的问题，需要整个北美大陆人民的出席和参与。

◆

1701 年后，新的贸易、外交和联盟形式筑起这个世界，并保持其凝聚力。尚普兰曾乐观称为"新法兰西"的陌生冰冻土地，现在已成为 1 万名定居者的家园。这片土地上设有传教点、堡垒和前哨，一路沿着密西西比河延伸出去，横跨五大湖，直到大西洋。"印第安"家庭欢迎贸易商、传教士和殖民领导人进入自己的村庄，模糊了彼此的界限，产生了新的后代，如"混血儿"（Métis）。

易洛魁人的影响和五大湖地区印第安人的回应塑造了法兰西帝国的演变。战争、贸易以及如今的和平，就像三角关系，涵盖了这片土地上的所有人。这段多样化的历史被记录在一系列原住民传统中，如易洛魁的贝壳串珠，还有阿尼什那贝的象形"图腾"，后者为"阿尼什那贝的读者提供了视觉隐喻"，表达了更广泛的政治、文化和寓言联想。[150]

18 世纪初，路易十四声称拥有北美的大部分土地，路易斯安那的未知领土和圣路易斯的定居点甚至均以他的名字命名。1701 年大和解使这些主张不再只是想象和虚构。为了获得俄亥俄对岸原住民村庄的管辖权，易洛魁人同意限制自己对五大湖地区的袭击。虽然经历了一个世纪的战争，但他们保持了身份和主权的完整。易洛魁联盟因疾病和战争失去了数万人，但为了生存，他们吸纳了许多其他部落的原住民。他们很快接纳了第 6 个部落——来自今天美国东南部的塔斯卡洛拉人（Tuscarora），此举促进了他们与新法兰西和英属北美交往策略的演变，实现了让两大殖民帝国相互牵制的目的。

与之类似，自 1701 年起，新法兰西和内陆"高地"也出现了新的关系。17 世纪欧洲人－阿尔冈昆族构建的共同世界依然存在，但这个世界发生了变化。[151] 底特律等新定居点在大和解之后建立起来，吸引定居者、军事领袖和贸易商进入北美内陆。（P104）其中包括雄心勃勃的人物，比如安托万·劳梅·德·拉莫特（Antoine Laumet de Lamothe），即凯迪拉克先生（Sieur de Cadillac），他向该地区的印第安人作出了重大承诺。[152]

就像当时的帝国官员一样，历史学家也试图在这片土地上找到差异，让人们产生这样一种印象，即欧洲人了解他们占领的土地，并掌控这片土地上的人民。要理解新法兰西的组成，就需要了解法国、英国、荷兰、易洛魁、阿尔冈昆和苏族语社区在其中扮演的角色，需要摈弃过时的人种志和空间的划分，因为这些划分禁锢了人类对历史的诸多见解。正如下文所述，18世纪最伟大的帝国斗争将在北美内陆上演，也将在这片土地上结束。如果不关注其历史渊源，便无法全面了解美国早期的全貌。（P105）

4
The Native Inland Sea
The Struggle for the Heart of the Continent, 1701-55

The true point of view in the history of this nation is not the Atlantic coast; it is the Mississippi Valley.
—*Frederick Jackson Turner*（1892）

印第安人的内陆海： 争夺大陆之心的斗争，1701—1755 年

这个国家的真正历史视角不是大西洋沿岸，而是密西西比河流域。
——*弗雷德里克·杰克逊·特纳（1892 年）*

和其他城市一样，人们还没到曼丹（Mandan）城，就能感受到他的独特。密苏里河静静地向前流淌，每到春天，山雪融化之际，这条蜿蜒的河流便开始涌动。密苏里河起源于蒙大拿，流经达科他、内布拉斯加（Nebraska）和艾奥瓦，横穿密苏里，流域覆盖广阔。密苏里河是北美最长的河流，汇集了数十条向东的支流，最终汇入密西西比河，注入墨西哥湾。数千年来，这条河流一直滋养着今美国中部地区的生命。

烤玉米、晾肉和早餐的烟雾，表明了曼丹社区的聚居性。到了春夏两季，来客会看到这里的繁忙景象，尤其是篱笆墙外的农耕工作，曼丹妇女在附近的园子里至少种了9个品种的玉米。与东部许多地区一样，这个世界的政治经济体系按照性别来划分。当地人以玉米为主食，男人开展季节性贸易，外出捕猎，带回野牛、鱼类和其他野味作为补充。[1]

不过，曼丹城的气候不算温暖。当地作物的生长季节短暂，农耕活动必须赶在漫长的冬季来临之前结束。（P106）据估计，曼丹的生长季节不超过120天。每年7月，曼丹妇女都会忙着播

种，希望赶在初霜降临之前，抢收一茬绿玉米。霜降之后，一年的农活——播种、栽培和收获便全部结束。²

冬雪融化后，常常有数千名贸易商冒险来到这些城镇。1739年春，皮埃尔·戈蒂埃·德·瓦伦·德·拉维尔德雷（Pierre Gaultier de Varennes de La Vérendrye）报告说，"有 200 个小屋①的人来了，有时来的人甚至更多"。³ 就像新墨西哥的贸易集会一样，这些客人来到曼丹的"堡垒"，用皮毛、肉类，还有在漫长冬季加工出来的许多商品，"换取对方供应充足的粮食和豆类"。⁴

来客们常常逗留数月，村庄周围因此出现临时族裔聚居区。根据拉维尔德雷的说法，这些人"并非全部来自同一部落"，而是来自西部各地。有的来客甚至在新墨西哥做过生意，跟那些"像他们一样皮肤白皙……留着胡须……用书本向伟大的生命之主祈祷"的人共度时光。⁵ 这些原住民城镇坐落在大陆中心，吸引了来自偏远地区的旅行者，比如拉维尔德雷。

学者估计，这些来客的帐篷容纳有 8—12 口人的大家庭，200—300 顶帐篷能容纳数千人，而曼丹河边社区的居民共 1.5 到 2 万人。季节性贸易使曼丹的 6 个主要村庄成为北美人口密度最大的地区之一。⁶1690 年，波士顿、纽约和费城总共只有 1.3 万人。⁷ 曼丹的人口规模与密西西比时代的城市中心类似（如卡霍

---

① 一顶帐篷大约容纳以家庭为单位的 8—12 个人。——译者注

基亚，Cahokia），在美国独立战争时代到来之前，这里一直维系着北美最大的城市网络，直到纽约最终超过这些早期的原住民城市。[8]

后来的欧美旅行者，如梅里韦瑟·刘易斯和威廉·克拉克也曾到访曼丹。1804年，这两位美国探险家进入总统托马斯·杰斐逊最近购买的路易斯安那领地。像拉维尔德雷一样，他们希望追踪密苏里河的源头，找到通往太平洋的路线。然而，他们到了曼丹之后，发现当地已经多次遭受天花肆虐和殖民活动的破坏。这里的村庄如今被骑马部落包围，尤其是拉科塔人（苏族）。克拉克记录说，曼丹领导人告诉"我们，（如今）在密苏里河上游定居的苏族威胁要在这个冬天发动袭击，而且他们对……（曼丹使者）非常粗鲁"。[9]

学者们研究了导致曼丹世界定居点衰落的部落冲突，并经常将曼丹与拉科塔邻居的紧张关系作为背景，描述美国西部的历史进程。[10]（P107）但这个依河而建的世界中，不仅有冲突，也有联系和交流。[11]在刘易斯和克拉克到访此地的近一个世纪前，拉维尔德雷从原住民内陆海的最东边来到这里，而这片内陆海是一个互相联系的世界。

拉维尔德雷于1685年出生在三河城，其父是该镇总督，地位仅次于蒙特利尔总督。[12]拉维尔德雷在印第安人与新法兰西的斗争中长大，经历了易洛魁最后的战役和1701年大和解。[13]他在欧洲接受军事训练,在那里被俘,之后回到北美,领导了东北部、高地和平原的战役,并绘制了这些地区的地图。拉维尔德雷的生活与曼丹的经济活动交织在一起,他曾向曼丹领导人示好,并记录了对方的历史。他生活在一个由原住民和非原住民共同定义的世界中。[14]

18—19世纪,内陆海的居民经常穿越近2000英里的距离,从三河城来到双沟村(Double Ditch),这是曼丹最大的村庄。他们在北美大陆心脏地带建立社会关系,缔结外交协议,建立经济中心,决定了这片大陆的未来。

这个内陆世界的西部延伸到密苏里河,东部动脉横跨圣劳伦斯河,主要由五大湖的河流和通道连接,其中包括无数的小道和大道、森林和开阔的狩猎场、草原花园、湖泊和沙丘,还有构成通信和运输网络的原住民村庄。推动北美最大变革的货物、人民和信息,就在这些网络中传递着。从皮毛贸易的兴起,再到后来的英法七年战争,这片内陆一直是整个北美大陆的中枢。七年战争从这里蔓延到整个大陆,到欧洲,再到公海。1763年,在底特律的前法国堡垒,英法七年战争的最后一战打响,激起的冲突最终推翻了英属北美的统治。[15]

这个内陆世界的核心是原住民部落,尤其是阿尼什那贝人(奥吉布瓦人)。几个世纪以来,他们与其他讲阿尔冈昆语的部落在这里生活,经济体系呈季节性和半迁徙性,并以淡水资源为主，如鱼类、野生稻米和皮毛等。（P108）今天的美国和加拿大有100多个奥吉布瓦社区，分布在西部的伍兹湖（Lake of the Woods）到东部的安大略湖之间，其中20多个部落在密歇根州、威斯康星州和明尼苏达州获得了联邦或州政府的认可。[16]他们讲奥吉布瓦语的相关方言，这些方言也是奥吉布瓦的通用语言。

16世纪，奥吉布瓦社区在五大湖北部定居，与其他讲阿尔冈昆语的原住民，如波塔瓦托米人和渥太华人彼此分离。他们的家园被称为阿尼什那贝瓦基，或"奥吉布瓦领土"。美国独立战争结束后，其领土跨越了美加国际边境的两侧。[17]整个殖民时期，奥吉布瓦一直是内陆海社区最大的组成部分，自19世纪早期开始，便遇上了定居者殖民主义的大潮。

与其他讲阿尔冈昆语的社区一样，奥吉布瓦人将捕鱼、狩猎与采集结合，其经济活动围绕着各种食物和药物展开。此外，与曼丹人一样，奥吉布瓦的经济活动遵循季节规律，劳动讲究性别分工。各家各户在村庄与河流沿岸的营地之间季节性迁移，而这些河流与内陆湖泊、池塘和水道相连。野生稻田、浆果采摘和春季枫糖制品等家庭经济由妇女主导，男性主要从事狩猎、捕鱼和捕猎，较少从事村庄农活。皮毛贸易的发展进一步加剧性别分工，最终带来劳动和财产的新分配。[18]

18世纪，商业、外交和战争纽带将内陆的阿尔冈昆语社区与法兰西帝国联结。此外，家族、宗教和社会纽带也将当地村庄与法兰西帝国的权威紧密联系在一起。从密苏里大弯到圣劳伦斯河口，从密西西比河口到北部的五大湖，原住民控制着这片区域的大动脉，进而控制了进入北美大陆的通道。作为强大的盟友、贸易伙伴和对手，当地村庄的原住民塑造了 18 世纪战争的轮廓。[19]几乎所有人都受到了这些全球性冲突的影响。（P109）

1701年之后：18世纪易洛魁权力的重塑

拉维尔德雷4岁时，他的父亲、三河城总督去世。拉维尔德雷12岁开始军旅生涯，青年时又回到魁北克。[20] 如果他的父亲还活着，拉维尔德雷的童年可能会在圣劳伦斯河畔度过，春天冰雪融化，预示着新法兰西一年一度的贸易活动拉开帷幕。他可能会参加1701年的大和解谈判，父子俩会在傍晚时分与总督路易斯·赫克托·德·卡利埃（Louis Hector de Callières）一起，庆祝法国与40个原住民部落结束易洛魁战争，结束几十年的纷争，迎来了"伟大和平"。

在这些充满希望和乐观的日子里，他的父亲会站在总督身边，欢迎奥达瓦酋长奥特塔根（Outoutagan），这是第一位受到接待的原住民领导人。[21] 他们会听到海岸边的欢呼声，那里已经搭起了一片片营地。3天前，700名西部领袖把他们的独木舟停靠在渥太华河和圣劳伦斯河交汇处附近的岸边。[22] 不久后，数百名易洛魁代表以及阿本拿基、米克马克、莫希干和东北部的其他领导人也靠了岸。[23]

对许多人来说，1701年大和解是他们一生中最盛大的聚会。7月，蒙特利尔迎来2000名原住民客人，当地人口几乎翻了两倍。[24]这些来客包括达科他和奥吉布瓦社区的领导人，后来拉维尔德雷在1739年的旅行途中访问了这些部落。那时的他已为人父，让几个儿子也加入了探险活动，寻找通往太平洋的陆路通道。[25]

蒙特利尔大和解恰逢英国人与易洛魁人的会议在奥尔巴尼（Albany）举行。征服新荷兰之后，奥尔巴尼成为英国13块殖民地最北部的首府。1701年，易洛魁领袖说服英国官员，让对方承认自己在新法兰西和英属北美之间的自治地位，同时承认自己对俄亥俄河上游一系列从属村庄的宗主权。[26]这次和解为未来半个世纪英国、法国和易洛魁的外交政策奠定了基础，而保持英法关系的稳定对易洛魁的政治事业非常重要。纽约的印第安人事务秘书彼得·拉克索尔（Peter Wraxall）回忆说："维持我们与法国之间关系的平衡……是他们的重要统治原则。"[27]

直到18世纪40年代，易洛魁联盟与内陆社区的关系在很大程度上仍然不受欧洲控制。1701年的协议承认了易洛魁人对跨阿巴拉契亚世界，特别是俄亥俄河流域的自治。（P110）换言之，易洛魁联盟依然能在这些区域行使权力，保持自治。易洛魁人不仅像拉克索尔所言，影响着英法之间的权力平衡，而且还能将其他部落纳入联盟，甚至是那些与英国交战的部落。1715年，在南卡罗来纳殖民化，以及当地原住民与卡罗来纳定居者爆发战争之后，易洛魁领导人接受了塔斯卡洛拉部落的加入。作为英国人在南方的敌人，塔斯卡洛拉人现在成为易洛魁联盟的第6个部落。他们学习联盟的教义和契约，同时通过加入联盟扩大自己的规模。[28]

除了在英法两国的冲突中保持中立外，易洛魁还承认法国与内陆原住民部落的结盟。他们控制了自己的西进，支持法国在整个北美大陆的扩张。1701年末，底特律的建立凸显了大和解的深远影响，也体现了易洛魁联盟的外交变化，因为联盟的西部边界止步于此地。不久之后，底特律河岸建起庞恰特雷恩堡（Fort Pontchartrain），成为法国–阿尔冈昆世界的大门，并很快吸引了各种各样讲法语和阿尔冈昆语的人到来，甚至包括对易洛魁不满的居民。[29]

易洛魁人的势力基本上决定了俄亥俄河流域随后的发展。18世纪，英法冲突不断升级，两国的领导人都担心对方利用易洛魁联盟的力量。易洛魁保持中立，对两个帝国的稳定至关重要，而远离欧洲冲突则使易洛魁及附属村庄免受战争的影响。[30] 在这个三边形世界中，易洛魁联盟及其盟友起到了关键的支柱作用。

然而，中立和战争并非连接不同社区的唯一外交实践。贸易才是连接一切、维系命脉的纽带。易洛魁领袖得到保证，他们的货物在奥尔巴尼会有持续销路。确保易洛魁人的皮毛有市场，并将贸易商品和弹药作为他们的回报，缓和了长期以来的紧张局势。17 世纪 60 年代，自英国征服新荷兰之后，当地的局势便一直处于紧张状态。1701 年之后，易洛魁人与英国定居者的贸易变得更加方便，而且他们还利用殖民地港口和堡垒来满足自己的需求。与英国人开展贸易，能确保他们永远不会像 17 世纪大部分时间那样，被排除在欧洲市场之外。

易洛魁人希望保持三方势力的平衡，即法国人及其众多的阿尔冈昆语盟友，易洛魁人及其从属村庄，以及英属北美各具特色又相互联系的 13 块殖民地。（P111）整个 18 世纪上半叶，这种三角政治关系持续存在，1701 年大和解也因此成为最具外交影响力的时刻之一，直至 1763 年的《巴黎条约》正式为英法七年战争画上句号。正如下文所述，七年战争摧毁了三方外交，彻底结束了法国在北美的殖民统治。[31] 北美的命运越来越多地围绕着这个内陆世界展开，而这个世界中，法国与印第安人的关系具有决定性作用。

贸易、调解、司法与宗教：法国在北美内陆建立的联系

作为军官学员，拉维尔德雷与参加了对易洛魁最后一战的人一起接受训练。他听到其他人抱怨说没法驱逐易洛魁联盟村庄，还有时任总督路易斯·德·包德·芳堤娜（Louis de Buade de Frontenac）改变了战略云云。然而，他当时太年轻，无法理解时代的另一次巨变。西部原住民盟友的到来，就像尚普兰时代一样，原住民代表每年都来，只不过现在来自更远的地方。1695年，一位未透露姓名的达科他大使代表密西西比河的 22 个村庄前来。这位大使担心法国与奥吉布瓦社区的盟友关系日益紧密，因此要求与总督芳堤娜会晤，得到与奥吉布瓦盟友相同的"铁器和弹药"。[32]这位领袖传达说，他的社区不愿与法国人结盟，但如果能获得法国武器，他们可能会回心转意。

法国殖民官员的西边是复杂的原住民世界。[33]蒙特利尔总督、三河城的定居者和凡尔赛宫的君主，都理解这片内陆的重要性，但他们对内陆的理解，与塑造这片土地的人民相比，并不相同。他们读到的或听到的，是哲学圈子流传的"高贵野蛮人"的虚构故事，这种帝国神话与帝国的实际运作方式并不相符。法国

领导人知道，17世纪的北美内陆承受了易洛魁战争的巨大冲击。不过，蒙特利尔大和解之后，这段经历既带来新的机遇，也带来新的挑战，只是这些领导人可能没有意识到，新法兰西的命运将取决于原住民的内陆海。[34]

这是魁北克的一位德国移民在大约1780年绘制的画作，展现的是北美内陆地区的法国人和印第安居民。图中人物穿戴着同样的服装和配饰，使用同样的烹饪工具，体现了欧洲和原住民文化的融合（经皇家安大略博物馆许可 © ROM）

法国人与原住民在日常生活中产生了各种各样的联系，塑造了18世纪北美内陆的人文景观。（P112）这些联系涉及方方面面，比如贸易与商业、政治斡旋与争端解决、宗教皈依与融合、通婚与血缘融合、军事与结盟等。各种活动相互关联，将原住民和非原住民卷入互相依赖、互担义务和彼此忠诚的网络中。在从新奥尔良到圣劳伦斯河的区域内，这些经济、政治、社会、宗教和军事关系构成了新法兰西的基础。原住民和法国贸易商、神职人员、定居者和官员互动,缔结了维系殖民帝国和内陆村庄的纽带。

总督芳堤娜发现,贸易品对内陆地区的人民至关重要。欧洲枪支、布料和"铁器"尤其令人垂涎,而且每一样都融入了原住民的军事、家庭和工业网络。例如,欧洲制造的金属刮刀促进了皮毛和兽皮的加工,水壶用来煮水,枪支、斧头和刀具则用于生存狩猎和社区防御。

像从新西班牙传入的马匹一样,法国商品也遍布整个北美大陆。不过,这些商品的传播方式是涓涓细流式的,而非波涛汹涌式的。(P113)例如,17 世纪 80 年代末,仅 70 艘法国独木舟抵达五大湖地区的村庄。虽然运送的货物包括超过 500 支枪和 2000 把铁斧,但它们进入的是一个拥有至少 10 万人口的原住民世界。[35]

事实上,许多内陆社区的规模与密苏里河岸的大型曼丹村庄相当。1670 年,约 2 万名奥吉布瓦人居住在格林湾周围的定居点。再往南,还有 2 万名伊利诺伊、迈阿密和肖尼人联合起来,居住在整个伊利诺伊的一座座村庄中。1695 年,密歇根上半岛的密歇连麦肯涅克堡(Fort Michilimackinac)居住着 7000 人。大和解时期,内陆地区的人口超过了周围所有相邻地区,相当于易洛魁、魁北克和新英格兰人口的总和。法国商品的数量还不足以取代原住民的各种技术,而且在日常生活中的许多方面,欧洲物品与原住民的物品是共存的。[36]

虽然北美内陆土著人口的实际数字很难确定,但远远超过了法国殖民者、传教士和士兵的人数。此外,由于易洛魁的暴力威胁持续存在,原住民迁徙和重新定居,还有传教点被遗弃,成了司空见惯的事情,更加让法国官员感到无所适从。1696年,查尔斯·阿尔巴内尔(Charles Albanel)神父去世后,苏圣玛丽传教点荒废。第二年,密歇连麦肯涅克和圣伊尼亚斯(St. Ignace)的据点也关闭了。[37]与几个世纪以来一样,土著村民的定居点呈季节性变化,其流动性使殖民帝国对内陆的分类变得复杂。[38]

毋庸置疑,商品贸易巩固了人与人之间的关系。法国人将这些商品作为"礼物"赠给盟友社区,他们这样做有很多原因,包括为了获得对方的保护,如1680年,易洛魁酋长奥玛霍哈(Oumahouha)"收养"了一位耶稣会牧师,据称,"他把我当成儿子……拉萨勒先生(Monsieur de la Salle)给他送了礼物,以便他好好照顾我"。[39]这些礼物既满足了原住民社区的需求,也有助于实现法兰西帝国的目标。实际上,贸易并非单纯的经济行为,它还将社区、文化和贸易商联系起来,形成了社会、政治和军事关系。就像前一个世纪的易洛魁战争一样,贸易是日常生活的重要组成部分,或者说,贸易是为了生存。[40]

然而,商业活动也会引发冲突。对公平交易条件的追求,对枪支、斧头和刀具的争夺,引发了无休止的紧张局势。[41]此外,酒精也随皮毛贸易而来。与金属和枪支技术一样，酒精的到来也引发了暴力冲突。（P114）大和解谈判期间，奥特塔根恳求卡利埃"不要向他的任何盟友出售酒精"，表达了自己和其他社区的担忧。[42] 村庄内部、相邻部落之间以及印第安人和法国人之间的冲突困扰着原住民和法国领导人。像往常一样，社会秩序仍然面临着暴力的威胁。

这些冲突需要解决机制。在原住民和帝国主权的碰撞面前，新的司法实践应运而生。在新法兰西各地，调解成为原住民与殖民帝国政治关系的另一个关键领域。当时的领导人常常连日在各地区间穿梭，寻求调解。与北美其他地区或"枪支前沿地区"不同的是，内陆的原住民和帝国领导人希望缓解紧张局势。[43] 原住民领袖要求与法国总督会面，并得到接见。与此同时，殖民总督希望原住民用忠诚来换取商业、军事和其他保护，上诉、调解和协商逐渐成为日常政治事务的重要组成部分。

芳堤娜和其他总督接待印第安客人，倾听对方的关切，提供各种解决方案，包括用商品补偿和释放囚犯等。此外，殖民总督在堡垒、定居点和教堂也安排了官员任职。根据巴克维尔·德·拉波泰利（Bacqueville de la Potherie）的说法，官员的驻留让土著村民感到安心，许多人"认为，如果（自己）身边有法国人，就能免受邻近部落的侮辱"。拉波泰利还表示，这些官员成了"各类纷争的调解人"。[44]

然而，调节并非总能解决问题，尤其是盗窃和谋杀等刑事案件。跨文化谋杀挑战了法国人与原住民的关系，在密西西比河下游，法国领导人最初要求对杀害法国人的人判处死刑。例如，1716年，3名纳奇兹（Natchez）士兵杀害了4名船运工。纳奇兹人只带来了两名罪犯，并用另一名社区成员掉了包，总督处死了他们的几位领袖，引发暴力升级。战争持续多年，纳奇兹士兵于1731年摧毁了一个有200名殖民者的定居点，还俘虏了100多名妇女、儿童和非洲奴隶。[45]

新的调解惯例取代了欧洲正式的司法体系。例如，1723年4月25日，在密苏里河和密西西比河交汇处附近的沙特尔堡（Fort de Chartres），一名法国商人在争吵中杀死了堡里的一名士兵。（P115）这位士兵的同僚希望通过新成立的省级法院获得赔偿，对商人判处死刑。但是，这名商人与附近易洛魁联盟的卡斯卡斯基亚（Kaskaskia）村庄联系密切，而且对这些村庄的经济有重要作用。谋杀案发生后的4天内，3名卡斯卡斯基亚酋长前来为这名商人求情，请求将其释放。[46] 他们此行不为别的，就是为了救他的命。

一开始，法院的审判人员不支持几位酋长的诉求。"对此人宽大处理是件严重的事情，"审判人员坚持说，"他犯了杀人罪，你们应该明白，如今……法国的大首领，也就是国王殿下，我们在座每一位的父亲，希望每个杀人犯都受到死刑的惩罚。对

我们来说，这种罪行必须受到惩罚。"⁴⁷

几位酋长回答说，他们理解自己诉求的严重性，并耐心地听取了法国审判员的要求。一位酋长说："你看，这是我第一次向你求情……我以全族的名义，请求你饶恕你们自己子民的性命。"几位酋长提醒法国人，他们的族人曾为捍卫法国社区付出了生命的代价。就在不久前，敌对部落杀害了几名传教士。"我们曾为一个白色领子①而哭泣。"一位酋长作证说。法国人要求他们报复时，他"参加了战争……（并）目睹手下几位战士血溅沙场"。⁴⁸ 几位酋长担心，敌对部落的奇克索人（Chickasaw）和福克斯人（Fox）会将处死同胞视为软弱的象征，再者，执行死刑会引发更多的暴力。

几位酋长公开为自己的盟友求情，是一种低姿态的表现，表明了他们对法国殖民权威的仰仗。搬出"权力共享"的说辞，并非每次都奏效，但酋长们相信，这种权力共享超越了"国王"的权力，尽管他们承认后者的统治，但奉令不尊的情况也时有发生。几位酋长的诉求不光具有象征性，因为在北美内陆，联盟需要双方共同维护，权力的执行不能用等级制度来压人，而是需要双方商议，达成共识。尽管法国和原住民盟友对权力有不同的理解，但双方都致力于维护彼此的稳定与和平，因为谈判关系着这

---

① 白色领子是指传教士和牧师等神职人员。——译者注

个内陆世界的命运。卡斯卡斯基亚的几位领袖提出正式请求，还提到了自己遭受的损失。他们希望自己的诉求得到认可，曾经的损失得到补偿。"我请求你，"一位酋长说，"不要让我难堪。"[49]

如果这些酋长得到法国人的接待，其诉求却被驳回，将与内陆世界的政治发展不符。（P116）单方面行使权力非常危险，就像纳奇兹事件一样，会损害双方的和平与稳定。5月底，法国领导人结束商讨。他们告诉卡斯卡斯基亚人："没有其他部落，能得到你们这样的宽大处理。"[50] 由于原住民的求情，这位商人被免除死刑，重获自由。这便是法国在伊利诺伊第一场正式刑事审判的结局。

没有哪个法国领导团队比耶稣会"白色领子"更了解内陆原住民的力量。耶稣会传教士从17世纪开始传教，致力于跟"与我们共度余生的人"交往。[51] 他们也被称为"黑袍"，对权力的理解与殖民总督和商人不同。他们诉诸更高的权威，宗教就像商业往来、调停斡旋和司法程序一样，成为连接原住民和殖民世界的第4种方式。

在新法兰西的英文史料中，耶稣会的传教活动占有很大比重。传教点是欧洲影响力最早开始传播的节点之一，而教堂通常是该地区最具永久性的欧洲建筑。传教点的建立往往先于堡垒、定居点和城镇。[52]

历史记录并非总是对传教士歌功颂德。19 世纪的历史学家弗朗西斯·帕克曼（Francis Parkman）认为，天主教的影响力有限，因为耶稣会信奉的是落后"迷信"的"中世纪基督教"。[53] 他认为，这种教导与这片大陆注定的个人主义精神相悖。

帕克曼出生于清教徒家庭，穷数十年之功编纂了一套七卷本书系，专门讲述英法两国在北美的历史，其中包括《17 世纪的北美耶稣会传教士》（*The Jesuits in North America in the Seventeenth Century*，1867）。[54] 他对印第安人的敌意甚浓，甚至超过了他反天主教的情绪："印第安人毫不思变，无可救药……（而且）像风一样变幻无常。"[55] 帕克曼用不变和多变来形容印第安人，抨击他们的绝对主义。

原住民对耶稣会的皈依远不如帕克曼和其他人强调的那样成功。尽管大量报告突出了传教士的坚持不懈，但他们在阿尼什那贝人的改宗方面几乎没有进展。奥吉布瓦人的文化惯例、亲属关系和宇宙观超越了耶稣会的教义。（P117）例如，在密歇根上半岛的密歇连麦肯涅克堡，耶稣会神父花几十年的时间，希望争取几千名村民的皈依，却很少能吸纳全职信徒。[56]

耶稣会传教点成为原住民世界的飞地。春夏之际，万物启新，奥吉布瓦的大人和孩子望向初夏的天空，他们看到的并非传教士口中宁静神圣的天堂，而是充满希望和机遇的景象，这种景象随着季节变化而变化。这是奥吉布瓦人的"草莓月"

（Ode'imini-giizi）。[57] 野生稻米、枫糖和药草的收获，还有各种仪式和庆祝活动遵循的不是基督教教历，而是天地的变化。拉科塔村庄始终坚持自己的神学信仰，以至于耶稣会传教士不得不请国王拿出私藏的望远镜，用来说服持怀疑态度的拉科塔人，他们头顶的天空遵循的是西方的时间和节奏。这些传教士请求提供"一套数学仪器，一个通用的天文仪盘……和一支 6—7 英尺长的望远镜"。[58]

传教士的工具和书籍对印第安文化几乎没有产生影响。原住民的知识解释了宇宙的构成，也包含了在这片天地中生存的经验。这种知识将意义赋予日常生活，通过歌谣、家族关系和故事传承将精神与世俗世界联系起来。[59]

如果人们仅仅关注传教士的成功或失败，往往会忽略日常生活中的诸多翻译、咨询和交流活动。由于其他欧洲人很少持续在北美内陆定居，那个年代的耶稣会传教士则成为殖民帝国最突出的代表，从洗礼到埋葬等活动，均由他们主持。在 1723 年沙特尔堡的审判中，卡斯卡斯基亚酋长向法院提出要求，让一名传教士将他们的诉求转告那位被囚禁的商人："如果我们的白色领子翻译将你们的承诺转告囚犯，会有什么危害吗？"传教士可谓殖民帝国最多产的记录员。[60]

通婚、家族关系与性别

随着传教士、士兵和官员穿越内陆,他们写的信件也在大西洋两岸流传开来。(P118)自 17 世纪 30 年代的第一批耶稣会传教士开始,北美内陆的编年史就吸引了法国社会的注意。如 1725 年,密苏里部落前哨的指挥官埃蒂安·德·韦尼亚德·德·布尔格蒙特(Étienne de Véniard de Bourgmont)与路易斯安那的伊利诺伊、密苏里和欧塞奇(Osage)部落代表团抵达巴黎时,他们受到了文官和王室领导人的接待,包括路易十五及家眷。[61]

相比之下,大多数法国商人在历史记录中只是偶尔露面,比如被囚禁在沙特尔堡的那位商人。他们四处旅行、捕猎、学习原住民语言,获得原住民社区的接纳,维护帝国的利益,但他们的活动并非始终记录在册。

不过,许多商人与印第安家庭通婚,在原住民村庄有了一席之地,维护了帝国的利益。法国船运工和贸易商娶印第安妇女为妻,生下混血后代,成为原住民复杂血缘关系的一部分。[62] 他们的社会和家族关系塑造了北美的经济和政治关系,建立了联盟,巩固了贸易伙伴关系。[63]

像拉维尔德雷一样，许多人离开了圣劳伦斯河沿岸的家园，迁往内陆。其中许多人留了下来，与原住民通婚，生下子嗣。[64] 这些社会、亲属和家庭关系塑造了原住民的内陆海，成为法属北美殖民活动最显著的遗产之一。[65]

随着法国人与原住民的主权发生碰撞，当地的性别体系也发生变化。蒙特利尔大和解之前，几乎没有法国女性冒险前往内陆。直到 18 世纪 30 年代，法国妇女的身影才在内陆地区变得常见。早些时候，法国妇女的出现是如此罕见，以至于 17 世纪 90 年代勒苏尔（Le Sueur）夫人抵达圣路易斯堡时引起了巨大轰动。她不得不同意公开露面，以便当地原住民能够一睹她的容貌。[66]

并非所有法国男人都希望与原住民女性建立关系，有的甚至不与任何女性为伴。例如，大多数传教士都宣誓一辈子独身，但 18 世纪几乎没有印第安人会许下或遵守这样的誓言。在印第安社区中，人们对"异性装扮者"（berdach，即同时拥有男性和女性社会属性的个体）以及对同性恋和同性关系的认同引起了法国人的关注和鄙视。[67]

1680 年，伊利诺伊最大的村庄有 "7000—8000 人"，神父泽诺比乌斯·门布雷（Zenobius Membré）说，这个村"雌雄同体者众多"。（P119）他还表示，这个社区有"高大、强壮的男人和女人"，还有许多"穿着女性服装的男孩，这些男孩只从事女性的工作，不狩猎，也不参加战争"。[68] 在法国人看来，像狩猎和战争这样的经济和军事领域仅属于男性,因此不参与特定性别活动的年轻男性会做其他事情,比如"妇女的工作"。

奥吉布瓦语"hemaneh"指的是"半男半女"的人。在北美内陆社区,这样的双性别个体具有公认的社会权威。他们对村庄经济做出贡献,并致力于维护宗教和文化惯例。(P120)对这些个体的研究,经常被当代学者用作"探索原始同性恋的案例",而不是承认印第安人"非同寻常的性别传统"。[69]这种性别传统构成了伊利诺伊社会的基础,许多欧洲评论家认为,该传统对当地的耕作产生了有利影响。门布雷说,这里的土地"富饶而肥沃","到处都是田地"。[70]

殖民时期,北美内陆包括数百个独特的社区,其中许多社区的经济富有,有大量健康又能干的儿童。许多阿尔冈昆语社区,包括奥吉布瓦社区在内,与法国贸易商、官员、神父,甚至家庭成员结盟。这种联合在 17 世纪的艰难环境下诞生,并贯穿 18 世纪。人与人之间的纽带吸引欧洲的资源、领导人和定居者进一步深入北美内陆。最终,法兰西帝国在北美内陆的土地上扎了根。

最初,原住民不愿接受法国人的种种影响,但随着时间的推移,他们将新的商品、人员和思想纳入了自己的社会。到 1750 年,这种联系变得非常牢固,只有战争才能打破,在随后发生的革命冲突中,北美内陆成为大西洋世界的关键战场。在法国盟友的支持下,原住民捍卫了自己的家园,抵御了越来越多的侵略者，整个北美大陆的命运将由这片内陆的斗争决定。

Habit of a Woman of the interior parts of North America

画中是原住民内陆海一位身份不明的土著女性，可以看出法国商品与风格对18世纪五大湖地区印第安人着装的影响（麦基诺州立历史公园收藏）

原住民战争与帝国暴力边缘的俘虏交易

战争在原住民的内陆海非常普遍。17世纪的战争奠定了法兰西帝国的形式，18世纪的冲突则扩大了其规模。从新奥尔良到东部五大湖，印第安人和法国盟友相互支援，卷入看似永无止境、循环往复的冲突中。有些战争针对的是大型联盟，比如威斯康星的福克斯族，他们拒绝与法国结盟。[71] 有些战役针对的是入侵法国势力范围的西班牙和英国部队。（P121）1720年，波尼族－法国联合远征队在内布拉斯加的卢普河伏击了新墨西哥佩德罗·德·维拉苏尔中将的部队，杀死对方和新墨西哥1/3的守军。[72] 还有一种冲突，是部落为了从法国官员那里获得更多"礼物"而发起的，比如密西西比的乔克托（Choctaw）士兵，他们希望自己的效劳得到王室的补偿，当法国国库空虚时，他们便发起了报复行动。[73]

尽管原住民和殖民领导人一直努力减轻暴力的影响，但它日渐渗透到日常生活中，变得司空见惯。

在新西班牙，随着好战主义情绪的增长，新的俘虏劫掠形式出现了。奴隶贸易将一大批奴隶带到定居点和法国的殖民种植园，甚至带到法国本土。[74] 这些人是战俘，与新西班牙的情况一样，被俘的绝大多数是妇女和儿童。[75]1742年，达科他族领袖回到蒙特利尔，继续数十年来对法国军火贸易的遏制行动，他们惊讶地发现附近的住户家里有"两个我们的孩子"，两人"一看到我们就开始哭泣"。[76] 这些孩子是在密西西比河源头附近被抓的，被卖到了1000多英里外的蒙特利尔干体力活，那里15%的家庭都有印第安奴隶。[77] 愤怒的达科他领袖回到西部，中断谈判，并带回了孩子被贩卖的消息。

五大湖西部地区是达科他、拉科塔、阿尼什那贝和圣语人的家园，该地区被俘的印第安奴隶人数最多。1741年，达科他族的孩子与其他200名孩子一起被敌对部落——克里族（Cree）和阿西尼博因族（Assiniboine）抓走。部落间的长期敌意导致了袭击频发，与欧洲人接触之后，袭击进一步加剧。这种局面也是先前冲突的延伸，尤其是在福克斯战争中达到顶点的区域性冲突，带来了延绵不绝的后患。蒙特利尔大和解之后，福克斯人、圣语人和梅诺米尼印第安人在威斯康星结盟。这些部落位于福克斯河和威斯康星河的大动脉上，控制着重要的通道和贸易路线，但他们从未彻底与法国人结盟。加入该联盟的社区，有的对奥吉布瓦等法国盟友抱有长期敌意，而且这种敌意可能演变成无法控制的暴力。（P122）

1733年，为防止遭到进一步侵略，福克斯族的战争领袖基亚拉（Kiala）向法国人提出，愿意用自己来换取和平。当年4月，他与其他3名领导人自愿成为人质，换取社区的安全。多年来，当地的冲突持续不断，福克斯村庄前一年甚至遭到屠杀。当福克斯人和附近的索克人（Sauk）可能结盟的消息传到法国，路易十五的顾问认为"索克人与福克斯族幸存者结盟"抵消了基亚拉的努力。[78] 法国领导人表示，福克斯人不可信任。

基亚拉在魁北克的监狱里接到命令，总督命他登上"圣弗朗西斯"号（St. François），前往马提尼克岛，他被卖到了那里的种植园当奴隶。在新法兰西西部长大的这位领袖，余生将在这片殖民地最东边的小岛上度过，在加勒比海被奴役，居无定所。[79]

与17世纪一片混乱的暴力冲突相比，18世纪的战争让结盟者更加团结，更能应对未来的冲突。法国和阿尔冈昆领袖如今共同确定暴力冲突的目标，双方的行动变得更加协调，武器更加先进，战斗人员也更加多样化。战斗之前，一方可能会遇到各个部落的士兵，还有船运工和他们的混血儿子，法国官员聚在一起，神父则念着拉丁语祷文。战斗中，法国人与阿尔冈昆酋长共同指挥，不同语言混杂的粗话脏话不绝于耳，而且大多数人使用的是现代枪支、火药和金属武器。

这种合作让法国人感到矛盾。村庄领袖拿着法国人颁发的青铜或铸铁奖章，同时代表着部落社区和法国王室。这些"奖章酋长"与法国官员一起制定政策，尤其是军事政策。[80]

法国领导人希望扭转这种力量平衡,将印第安盟友变为臣民,但他们没有这个权力。在远离殖民堡垒的地方,帝国权力变得越发薄弱,有时甚至消失殆尽。尽管拉维尔德雷发起了远征,但新法兰西的西部地区仍然没有被勘测过。[81] 在底特律、密歇连麦肯涅克或万塞讷(Vincennes)的定居点,印第安人甚至占了大多数。在原住民的劝说下,法国官员经常参加部落间的战争,因为殖民帝国的利益与原住民盟友的利益息息相关。

联盟与紧张局面：英法七年战争的起源

对英国殖民者的共同敌意塑造了法国-阿尔冈昆同盟。如果印第安盟友没有类似的敌意，对法国人来说，事情就会变得棘手。（P123）虽然18世纪上半叶的英法冲突主导了欧洲的政治格局，但法国的印第安盟友对法国在北美以外的命运几乎没有兴趣。

法国领导人想把印第安盟友的漠不关心转变为效忠。1725年，布尔格蒙特带领伊利诺伊、密苏里和欧塞奇族的领导代表团到达巴黎，一行人不仅见到了法国政要，还参观了一些地标建筑。[82] 布尔格蒙特的意图是拉拢印第安人，巩固他们的忠心，开展进一步外交努力。

可是，代表团回到路易斯安那后，几乎没人相信他们口中描述的奇观。人们想知道，那些艰难谋生，因为很少洗澡而臭不可闻的法国人，怎么会来自一个宫殿林立和绿树成荫的国度。"法国人收买了你们……好让我们相信这些美丽的谎言。"一位听众这样说道。[83]

北美内陆社区对欧洲冲突并不感兴趣，这种冲突不仅没有激发他们的忠诚，反而带来了"空虚"。法国人的承诺落空，资源也变得稀缺。奥地利王位继承战，即乔治王之战期间（1740—1748年），英法冲突蔓延到大西洋，英国的封锁导致货物运输受限，港口关闭，北美的制造品进口和皮毛出口遭到打击。尤其是1745年，英国军队夺取了圣劳伦斯河口规模庞大的路易斯堡，截断了法国船只前往魁北克、蒙特利尔和内陆定居点的通道。[84]

路易斯堡控制着圣劳伦斯河的入口，还保护着大浅滩[①]的渔船，这里是世界上最深的渔场之一。所有欧洲领导人都明白这座堡垒对新法兰西的重要性，战争结束时，《艾克斯拉沙佩勒条约》（*The Treaty of Aix-la-Chapelle*）[②]将其归还法国。但到那时，冲突已经削弱了法国对北美内陆的控制。

冲突期间，边远地区的英国贸易商开始填补北美内陆的需求，这是当时最重要的经济演变之一。英国人穿越俄亥俄河谷开展贸易，17世纪末的易洛魁战争之后，这片河谷仅部分地区有人定居。原住民明白，英国贸易商威胁了法国人的野心，因为这些所谓的"边远贸易商"带来的商品数量远远超过法国，而且价

---

① 大浅滩是纽芬兰东南方北美大陆架上的一个倒三角浅滩区，是世界上鱼类资源最丰富的海洋渔场之一。——译者注
② 该条约于1748年签订，结束了奥地利王位继承战，并以互相归还所占土地为特征，其中包括路易斯堡的归还。——译者注

格更低。（P124）18 世纪 40 年代，英国贸易商从费城和弗吉尼亚出发，经陆路而来，在北美内陆建立贸易站，满足原住民的需求，将英国封锁带来的相对优势派上了用场。[85]

这些贸易站提供殖民地生产的金属、酒精和布匹，吸引了来自俄亥俄河流域的迈阿密、肖尼族和阿尔冈昆贸易商，虽然这些人在名义上仍然从属法国指挥官。然而，没有哪个欧洲帝国能控制俄亥俄河的源头地，那里是塞内卡和易洛魁联盟其他成员部落及其附庸盟友的主要狩猎地。事实上，源头地还包括一些脱离联盟的"俄亥俄易洛魁"社区，通常被称为"明戈人"（Mingos，意思是"叛徒"）。[86]

塞内卡的"半王"塔纳赫里森（Tanaghrisson）掌管着其中几个定居点。乔治王之战期间，他吸引英国贸易商前来，并从中获利。虽然他很谨慎，并提醒贸易商和当地居民，任何割让土地的行为都将受到易洛魁联盟奥农达加大议事会的约束。但实际上，这些定居点处于联盟集权的边缘地带。它们暴露了易洛魁的弱点，因为联盟不能始终控制从属盟友，也不能阻止他们吸引英国贸易商的到来。[87] 不久之后，这些定居点还吸引了从东部迁徙来的印第安人，这些人对英国贸易商非常熟悉，这进一步促进了英国贸易活动的开展。贸易商乔治·克罗根（George Croghan）就是其中一位，此人逃离英国当局控制，很快成为该地区最成功的企业家之一。[88]

1701 年大和解承认了易洛魁对俄亥俄河及源头地区的宗主权。然而，这种权威变得越来越弱，尤其是当法国的印第安盟友来到这里，与克罗根和其他贸易商开展贸易，还有塔纳赫里森等新上任的村庄领袖打算出手保护自己的财富时，这种削弱体现得更明显。[89]

如今，商品的流失，以及印第安盟友的离开，对法兰西帝国构成了威胁。虽然整个 18 世纪，新法兰西定居点的人口一直在增长，但远远不及英国殖民地。自 1701 年以来，弗吉尼亚的人口增长了一倍多，其中非洲奴隶人口从 1650 年的 300 人增加到一个世纪后的 15 万人。[90]

为了新法兰西的生存，法国必须保持内陆印第安盟友与法国贸易商、要塞和官员的联系。礼物和贸易催生了各种联盟，维系着北美内陆的团结。如果没有商品交换，法国的船运工基本上一无所获，而且除了空洞的承诺，他们也没有东西可以提供给印第安贸易伙伴。乔治王之战期间，形势尤为严峻，当时法国的仓库空无一物，北美却有成堆的皮毛在等着出口。（P125）1745 年，路易斯堡陷落，新法兰西总督想缓解这些担忧，于是提出允许免费使用内陆贸易据点，以便"稳住这些据点的野蛮人，直到形势发生变化"。[91]18 世纪的大部分时间里，皮毛一直是法国的主要贸易商品。18 世纪 40 年代，英国贸易商打破了法国人的垄断地位。[92]

英国贸易商继续在内陆一系列据点提供有形商品,对法国而言,一劳永逸的办法是驱逐英国贸易商,永远不让他们回来。准备离任的总督罗兰-米歇尔·巴兰[Roland-Michel Barrin,即拉·加利索尼埃侯爵(marquis de la Galissonnière)],告诉自己的继任者,千万要阻止"英国人每一次想在阿勒格尼山脉以西定居"的尝试。[93]

法国的远征行动始于1749年春。当时乔治王之战已结束,路易斯堡也归还原主。魁北克的领导人认为,是时候组织一系列远征,重新占领俄亥俄河流域了。他们计划建立一系列新要塞,阻止英国人入侵,留住现有要塞的印第安贸易商,同时确保五大湖地区的皮毛贸易通过蒙特利尔进行。

与拉维尔德雷的探险不同,这些远征是大规模军事行动,而不是小团体旅行。底特律指挥官皮埃尔约瑟夫-塞洛隆·德·布莱恩维尔(Pierre-Joseph Céloron de Blainville)率领200多名士兵和30多名印第安盟友,于当年6月离开蒙特利尔,跋涉3000英里。塞洛隆的这次远征是一次武力展示。在向印第安盟友赠送精选礼物的同时,他还携带了一种非同寻常的金属:铅板,用于埋设在该地区各处。7月29日埋设的第一块铅板上的铭文如下:

> 我们……于路易十五统治期间的1749年,特将这块铭牌埋在俄亥俄河与切达科因河(Tchadakoin,即

Conewengo，科涅温戈河）①的交汇处……作为我们重新占领俄亥俄河全段及其所有支流以及两岸所有土地的纪念碑。[94]

这块纪念碑没在地下埋多久，英国贸易商便把它挖了出来，送到了纽约。（P126）

塞洛隆于当年11月返回，并带来令人失望的消息。自6月离开蒙特利尔以来，他目睹了数十列装满皮毛的车队驶向英国殖民地。他谴责了车夫的非法行为，并让他们传话给英国人，这样做生意等于"违反了《艾克斯拉沙佩勒条约》的初步协议"。[95] 但塞洛隆通过这次远征明白了，光靠埋几块宣示主权的纪念碑是不够的，必须建立永久性要塞，才能阻止英国贸易商与内陆印第安人做生意。[96] 他没有得到上级授权，因此没有在这些争议之地袭击英国人，但他此行证明了一点，法国需要发动更大规模的远征，才能在该地驻扎，建立要塞。

新远征队的规模是塞洛隆之前队伍的两倍多，并建立了一系列前哨站，其中最大的是杜肯堡，以总督杜肯侯爵的名字命名。这处要塞位于3条河流的交汇处，即俄亥俄河、阿勒格尼河和莫农加希拉河（Monongahela），其规模超过绝大部分内陆堡垒，仅次于底特律和尼亚加拉要塞。

---

① 科涅温戈河是阿勒格尼河的一条支流，全长71英里。——译者注

第一次北美大战的开端

经过多年的艰苦生活，大多原住民社区对塞洛隆的到来感到麻木，有的社区则持敌对态度。有的人躲着他，有的人斥责他，在他下达禁止与英国人开展贸易的命令之后，所有人都持模棱两可的态度。虽然原住民领袖与塞洛隆举行了外交仪式——塞洛隆"原谅"对方把英国人放进来，并与肖尼领袖分享了"象征和平的烟斗"，但双方之间的信任正在消失。[97]

塞洛隆此行是欧洲帝国在北美内陆规模最大的一次远征，仅次于17世纪法国和阿尔冈昆入侵易洛魁联盟的行动。250名士兵已经算是重大威慑，尤其是当时驻留北美内陆的欧洲士兵寥寥无几。大多数部队都驻扎在海港，距离俄亥俄河数百英里，几乎没有英国士兵去过内陆地区。[98]乔治王之战期间，英国海军击败了法国军队。然而，英国殖民者希望获得北美内陆的地图时，经常无人回应。[99]英国军官对新法兰西及其内陆盟友的了解，全部来自外交聚会、法语出版物和流言蜚语。

英法七年战争，也被称为法国–印第安人战争，第一枪于1754年5月28日的日出时分在这片争议之地上打响。在距马里兰—宾夕法尼亚边境大草原约 6 英里处，一位来自弗吉尼亚的上校，时年 21 岁的乔治·华盛顿建立了一处临时堡垒，取名为必需堡（Fort Necessity）。（P127）当时弗吉尼亚总督罗伯特·丁威迪（Robert Dinwiddie）命华盛顿组建一支远征军，前往俄亥俄河的争议源头，那里的数百名法国士兵还在继续建造塞洛隆的要塞。

华盛顿的队伍约 160 人。他们不知道自己要去哪里，也不知道会遇到多少敌人。这支队伍受到的训练不足，补给跟不上，情报也有限。[100]一行人的士气非常低落，士兵和军官甚至公开抱怨自己的报酬。所有人都被承诺，服役可以换来内陆的土地，或有望获得内陆土地的购买权。每个人都知道，虽然内陆贸易商赚了钱，但他们代表的只是经济扩张的一个方面，而不是全部。英国殖民者渴望尽量多占领印第安土地，在内陆建设农场。[101]华盛顿希望阻止法国人建立要塞，不仅是为了履行职责，也是出于贪婪。他料想自己将从内陆的土地投机获利。[102]

大草原似乎是休息、侦察和等待增援的好地方。该区域地势开阔，有一条小溪可以喝水，而且草地茂盛，够寥寥可数的马匹吃个饱。前一天，华盛顿将队伍分成了两拨人，这是个小错误，后来引发了一系列蝴蝶效应。随着战斗的可能性增加，华盛顿的误判引发了致命后果，接下来的 6 个星期，他的指挥让许多弗吉尼亚人丧生，英军最终被赶出了俄亥俄地区。同年夏末，法国人首次掌控这片争议之地，战争开始了。

华盛顿之所以误判，是因为不了解当地原住民的政治情况。尤其是 5 月 28 日，他发现自己误解了塔纳赫里森的建议，也错判了对方的动机。不过两人都很幸运地活了下来。

作为英国贸易商的长期盟友，塔纳赫里森得知，由约瑟夫·库隆·德·维利尔斯（Joseph Coulon de Villiers，即朱蒙维尔少尉）领导的 35 名法国士兵正在靠近。这支队伍是为了完成外交性质的任务，确定英国士兵是否确实抵达法国宣示主权的领土，如果是，就向杜肯堡发回消息，并与英国领导人进行磋商。朱蒙维尔接到指示，让弗吉尼亚人撤退。这支侦察队没有打算与人数高己方 5 倍的弗吉尼亚人作战。1745 年的和平协议仍然有效，英国和法国当时并非交战状态。（P128）

兵分两路之后，华盛顿感到紧张。由于不确定法国人此行是何意图，华盛顿只好夜里贸然跟着塔纳赫里森和十几名士兵行进。天亮之际，没等朱蒙维尔的队伍结束露营继续行军，华盛顿一行人包围了对方。[103]

这场遭遇有 4 种不同的记录，其中包括华盛顿的报告和一名幸存法国士兵转述的证词。这次的两军相遇本来是一场伏击，结果变成屠杀。根据每一份记录，塔纳赫里森和手下士兵从占据的高地发动第一轮射击之后，便冲向法军，用一把斧头砍死了朱蒙维尔，因为塔纳赫里森心里盘算的是自己社区的利益，而不是英国人的利益。

华盛顿当时不知道,法国人的要塞威胁了塔纳赫里森和其他"俄亥俄易洛魁"村庄的自治权。这些社区与英国贸易商合作了10年之久,他们对塞洛隆的到来反应冷淡,对方宣布法兰西帝国扩张到此地时,他们也无甚兴趣。"我们生活在中间地带。" 塔纳赫里森1752年对法国领导人说。这位脱离了联盟的易洛魁领导人知道,法国人的权力范围扩大,自己原本有利可图的贸易便会枯萎。[104]俄亥俄河两岸原住民的忠诚正在受到考验,另外让塔纳赫里森担心的是,他的人民可能会受到易洛魁联盟领导人的报复,后者对他的自治表达了不满。他让暴力升级的行为断绝了外交和谈的可能性,特别是在他公然处死法国最高级别的军官之后。[105]

作为一位没有战场经验的年轻军官,华盛顿被这天早晨的暴力事件深深震撼。和殖民地世界的许多军官一样,他曾梦想立下赫赫战功,此时此刻,当他第一次面对战斗时,却不知所措。[106]他的报告掩盖了盟友的不服从,也掩盖了随后对受伤士兵的杀戮,这些士兵的武器、制服和物资最终都落到了塔纳赫里森手中。华盛顿在报告中认可了这次行动:"我们杀死了那支队伍的指挥官朱蒙维尔先生,还有其他9个人。"[107]他勉强得出结论,这次事件的责任在自己。

这天早晨,华盛顿接连判断失误,导致了一连串灾难。特别是他对印第安事务的持续误解，导致弗吉尼亚人的处境越来越危险。随后增援到来，华盛顿的部队人数翻了两倍，士兵们继续向杜肯堡前进。然而，他没有意识到前方地势险要，也不知道驻扎在那里的法军总数。以前大多数军队都是经水路进入内陆，但华盛顿选择了陆路。（P129）

华盛顿还低估了当地原住民的忠诚。尽管原住民社区从英国人的贸易受益，但那是在战争期间，他们无法与法国人开展贸易。法国人为了保住内陆原住民的忠诚，巩固该地区长期以来的联盟体系，重新发起了一系列行动，塞洛隆的远征就是头阵。[108]法国领导人明白，重申与当地印第安人的联系有多么重要，因此派出了1000多名士兵，还有随军的供给品和弹药，准备和原住民开展贸易。这支队伍的所有人都熟悉内陆事务，也都知道了朱蒙维尔少尉最近遭遇的不幸与耻辱。事实上，这支队伍的许多人是在朱蒙维尔的哥哥路易斯·库隆·德·维利尔斯（Louis Coulon de Villiers）的带领下抵达杜肯堡的。这位兄长一心想给弟弟报仇。[109]

华盛顿向西行进，对这些情况一无所知。他对法国-印第安人的外交模式，还有对方部队的构成也知之甚少。他以为塔纳赫里森会动员当地原住民，奋起反抗法国人新建的堡垒，但他错了。

6月底，华盛顿和塔纳赫里森到达内陆的吉斯特（Gist）定居点，与乔治·克罗根和当地的明戈人、肖尼族和特拉华领袖会面。接下来的3天里，两人都恳求原住民领袖加入对杜肯堡的进攻。然而，他们没有得到对方支持。[110] 虽然这些原住民社区与英国贸易商有合作关系，但他们知道，等待自己的法国军队是何等规模，也看到了不断增长的要塞规模和法国指挥官的决心。发起进攻毫无意义。

这些会谈虽然没有成功，却很可能救了华盛顿和他手下的性命。他们不仅兵马不足，而且连日赶路，已经筋疲力尽。再说，正面进攻杜肯堡是枉费功夫。但是，这种延误威胁了塔纳赫里森，因为英国人撤回到大草原。他们不仅放弃了对杜肯堡的进攻计划，而且还孤立了塔纳赫里森和他的盟友。尽管华盛顿认为必需堡可以经受"500名士兵的攻击"，但塔纳赫里森有不同的想法。[111]

塔纳赫里森明白，俄亥俄河同胞的决心非常坚定，这不仅意味着他们不愿加入英国人的阵营，而且他们的忠心正在转向法国人。换言之，法国正在将华盛顿原本的盟友转变为潜在战斗人员。对法国而言，俄亥俄河流域是保住内陆帝国的关键，其安全性是他们最要紧的事。[112] 毕竟法国人的商品都是从杜肯堡流出去的。（P130）

此外，华盛顿和手下经验不足，让当地原住民不以为然。[113] 尽管塔纳赫里森回到了必需堡，但他很快就离开此地，去了克罗根的其他据点。[114] 那天早上他想赌一把,但让英法暴力升级的举动失败了。他没法让弗吉尼亚人袭击法国堡垒,也没法迫使当地的俄亥俄印第安人远离法国人。自18世纪40年代开始对他十分有利的边缘权力空间已经消失。另外,他知道法国人即将发起报复。[115]10月初,塔纳赫里森因病去世,法国势力的扩大几乎已成定局。

7月1日,华盛顿的部队在酷暑中回到必需堡。他们的撤退成为一场灾难,很多牲畜都死了,士兵只能拖着装备和炮兵车回去。[116] 与此同时,库隆·德·维利尔斯带着600名士兵和100名原住民盟友离开了杜肯堡,就跟在弗吉尼亚人后面。

7月3日早上,维利尔斯发起了进攻。那晚一直在下雨,而必需堡与杜肯堡还有其他要塞不同,既没有围墙,也没有房间可以遮蔽。华盛顿原本以为会攻下杜肯堡,所以没有为手下士兵扎营。夜里下着雨,士兵打完仗已经疲惫不堪,一整晚都没有睡好。

在整个早晨的进攻中,法国人将弗吉尼亚人困在堡垒临时修建的墙壁之后和几条战壕里,如今这些战壕满是泥浆。天黑时,部队的纪律已荡然无存。华盛顿的一位指挥官写道,"天一黑,我们一半的人都喝醉了",士兵们打开了军需补给车最近运来的朗姆酒桶。[117] 此外,雨水让火药失效,而且整支队伍寡不敌众。700名武装人员,包括100名印第安盟友士兵,包围了他们。枪声、阿尔冈昆语和法语的呼喊声不绝于耳。

至于法国人带领的部队为何停止了进攻，历史学界尚有争议。据称，库隆·德·维利尔斯报复对方的心愿已了，便于次日早晨，即7月4日，派出使者跟英国人议和。当华盛顿的部队跟跟跄跄走出堡垒时，法国领导人开出了宽大的投降条件。法国及印第安盟友只损失了3名战士，而英国则损失了100人，这种战损模式在后来的战争中一再出现。英国人与其他盟友的关系也在这片大草原上消亡了。（P131）一位英国幸存者写道："对我们来说，最严重的问题是，与法国人结盟的士兵全是我们自己这边的印第安人、肖尼人、特拉华人和明戈人。"[118]

华盛顿几天前刚刚游说的社区，现在却与他兵戎相见。他对这些原住民动机的误解，现在被视为一种背叛。殖民者对法国人产生了普遍的敌意，他们对法国人的厌恶就像对印第安人的厌恶一样强烈，而且这种仇恨在下一代人中变得更加强烈。[119]

对法国人来说，这个夏天是胜利的时刻。几天之内，法国和印第安部队焚毁了必需堡和附近的贸易站。经过5年的努力，他们实现了塞洛隆曾承诺的权力，驱逐了殖民地贸易商，恢复了与当地社区的联系。他们击退了英国人，打击了对方首次进入北美内陆的士气。他们不费吹灰之力就把英国人赶了回去，而且受降条件是华盛顿承诺说服上级，再也不踏入这片土地。

但是1755年夏天，华盛顿又回来了，而且这次兵力是此前的10倍。虽然1754年夏天对法国人是天时地利,但接下来6年,令人难以置信且无法解释的是,战局发生了扭转。法国人不仅很快失去了他们在俄亥俄河岸的堡垒,还丢掉了圣劳伦斯河和密西西比河岸的堡垒。到1760年底,路易斯堡、魁北克和蒙特利尔全被英军占领,1.8万名士兵见证了这几处要塞最后的投降。[120] 几千名阿卡迪亚(Acadian)①定居者也被驱逐,根据1763年《巴黎条约》,路易十五割让了法国在北美的全部殖民地。这一年,北美的领土易主比北美历史上的任何时期都要多。[121]

1763年之后,新法兰西不复存在。杜肯堡最初负隅顽抗,最后也被英军攻陷,后者建造了一座规模超之前8倍的堡垒。战争早期,英国曾遭受挫折,但他们重整海军队伍,重新制定了外交和军事战略。他们在北美和全球发动了全面战争,其海军更是封锁了法国在北美、欧洲、加勒比海、印度、西非和菲律宾的军队。

时任英国首相威廉·皮特(William Pitt)是这波扩张的领头人,英国官员用其名字重新命名了他们在杜肯堡原址上修建的新堡垒,周围的城镇也取名为匹兹堡。皮特打击了法属北美最薄弱的据点,以前所未有的方式实现了霸权。(P132)法国水手曾在圣劳伦斯河上航行了两个多世纪。但现在,英国彻底将法国人赶出了北美。[122]

---

① 阿卡迪亚原为法国殖民地,范围覆盖北美东北部,包括今天的魁北克东部、加拿大海洋省份以及新英格兰,南部边界延伸至费城。——译者注

烽火不断的北美内陆

英法七年战争结束时,英国的命运似乎从未如此强大。自1760年开始,英国军官抵达并占领内陆要塞,任命自己为新的统治者。尽管五大湖地区的未来充满了不确定性,但英国赢得了北美历史上最伟大的战争,基本重构了1701年大和解,虽然这项协议维护了半个世纪的多边关系,也维持了俄亥俄河沿岸的地方自治。英国人赶走法国人,占领对方的殖民领土,宣示这些领土的主权,成为北美东部的主要政治军事力量。接下来,英国打算把前法国要塞与其大西洋殖民地连接起来。

英属北美的崛起有诸多迹象可循。战争期间,定居者建造了无数农场,而且出于安全考虑,通常建在要塞周围。他们建设新要塞,占领旧要塞,这些权力节点吸引了更多定居者前来,进一步开垦土地,赶走野生动物。在萨斯奎哈纳河(Susquehanna River)沿岸,奥古斯都要塞的英国士兵保护着附近的定居点和农场。战争结束时,一位中尉报告说:"这里的一切都生长良好。"[123] 他可能注意到了前几年收成的变化。1757年,农民种了萝卜和西瓜。1758年,卷心菜、土豆、万寿菊和各种果树出现在这片土地上。到 1760 年，人们收割燕麦和干草，满足要塞牲畜不断增长的需求。1756 年，部队带来了 41 头牛，很快绵羊、鸡和猪等家畜也来到了这里。

愤怒的易洛魁领袖向殖民地官员抗议，提醒他们一直以来对中立的承诺，以及英国对易洛魁土地的承认。"你们告诉我……会建一座堡垒来对付法国人，你们还说，不想要我们的土地。"1762 年，一位塞内卡领袖这样告诉殖民官员。[124] 一座座农场损害了该地区长期存在的印第安贸易网络，耗尽了野生动物资源，导致狩猎地的森林被砍伐，淡水被污染。根据奥内达领袖萨古古苏尼翁（Sagugusuniunt）的说法，贸易而非定居，仍然是"我们和平共处的唯一方式"。[125]

英法七年战争及余波扰乱了整个北美东部的经济关系。一方面，要塞保护了农场、移民和牲畜。另一方面，定居点改变了内陆关系，因为殖民者厌倦了跟印第安贸易商接触，视对方为敌人。（P133）"目前，你们的人敌友不分，以为每个印第安人都与自己为敌。" 塔纳赫里森的奥内达盟友斯卡鲁亚迪（Scarouyady）抱怨说。[126] 此外，定居者还说服英国领导人，禁止印第安人进入定居点和要塞，因为这些地方是权力重地，而且储藏了很多弹药。正如奥古斯都要塞的威廉·克拉法姆（William Clapham）上校所指示的，印第安人"无论多么友好，都不得进入此地"。[127] 他还说，只有在极少数特殊的外交情况下，印第安人才能获准进入，但"警卫必须在场"。[128]

英法七年战争之前，这样的禁令是不可想象的。英国为数不多的印第安盟友与定居美洲的欧洲人开展贸易、共同居住并互相交流。他们与英国人并肩战斗，在对方的营地旁边扎营居住。华盛顿曾恳求塔纳赫里森及其士兵留在必需堡，因为对方是他在北美内陆唯一的盟友。

定居者和许多士兵对这段经历知之甚少，他们对恐惧和差异的理解更为深刻。"你们让士兵留在当地，不是和平相处的方式，"萨古古苏尼翁指出，并恳求说，"把你们的士兵叫走……这些士兵必须离开。"[129] 英国领导人也曾认真对待易洛魁和印第安人的请求，但那样的年代已经一去不返。易洛魁人曾采取中立战略，利用英法的对立关系渔翁得利，但现在这种战略不再奏效。

英国领导人曾担心，易洛魁与新法兰西结盟会削弱英国在北美内陆的地位，但新法兰西已经不复存在。英国领导人曾与易洛魁六族开展有利可图的贸易，与他们的领导人互相磋商。七年战争期间，易洛魁人还参加了英方的战斗。如1760年，法军在蒙特利尔投降时，700名易洛魁士兵曾与英国士兵共同见证。不过，随着英国彻底打败法国，印第安人的威胁变得越来越弱，尤其是在英国不断扩张的殖民地内部，这种趋势更加明显。

此外，这场战争不仅消灭了英国殖民者的宿敌，还以新的方式将英国人团结在一起。华盛顿的军队在大草原陷入困境之际，殖民地领袖在奥尔巴尼举行了一次会议，与会者包括宾夕法尼亚的本杰明·富兰克林、纽约的威廉·约翰逊和马萨诸塞的托马斯·哈钦森。各殖民地代表聚在一起，起草了一项联邦计划（Plan of Union），并取名为奥尔巴尼计划（The Albany Plan），其雏形是富兰克林提出的"有关北方殖民地统一方案的简要说明"。[130]战争开始前，富兰克林和华盛顿同时面临着北美内陆的政治挑战。内陆的政治权谋，还有战争导致的危机，将殖民地团结在一起。（P136）

不过，殖民地立法机构否决了这项联邦计划，尤其是共担开支这一点，很容易造成意见不合。尽管如此，奥尔巴尼会议（The Albany Congress）设立了两位印第安事务督查官，分管北方和南方。[131]约翰逊担任的是北方的督查官，在接下来一代人的时间里，他将利用该职位来处理易洛魁外交事务。他还与莫霍克族联了姻，他的妻子莫莉·布兰特（Molly Brant）是莫霍克族领袖约瑟夫·布兰特（Joseph Brant）的姐姐。

接下来几十年，人们逐渐认识到，单块殖民地无法管理印第安事务，这项事务必须由中央集权或联邦政府出面，集中管理。换言之，以殖民地为单位对印第安事务进行管理，效果不佳，殖民地领导人之间需要协调，达成共识。在印第安冲突的背景下，华盛顿和富兰克林等殖民者共同参与新的政治论坛，最终建立起新的政治形式。这些政治形式在美国独立战争期间汇编成典，后来在制宪会议期间被写入宪法。与之类似的是，北美定居者对印第安土地的争夺将殖民地的人们团结在一起，让他们站到了拥有这些土地的印第安人的对立面，也站到了宣称拥有这些土地的英国君主的对立面。

1760年，对北美内陆的争夺不仅没有结束，反而进一步加剧，英国领导人很快就尝到了曾让法国总督苦恼不已的惨痛教训。在印第安人的内陆海，武力、权威乃至暴力的影响都是有限的，贸易、外交、赠礼和调解不仅能缓和社会冲突，而且是必不可少的政治形式。对英国人来说，这些经验是惨痛的教训，只有通过持续的战争和随后的革命才能领会。

◆

虽然曼丹人和五大湖西部地区的原住民部落没有卷入18世纪50年代的冲突，但在接下来的岁月里，战争又一次席卷了这片土地。事实上，争夺北美中心的斗争范围不断扩大，形式不断升级，几代人的冲突接踵而至。在半个多世纪的时间里，原住民在战场上和各种外交论坛上与英帝国对抗，并最终演变为与美国领导人对抗。（P137）

长达半个世纪的战争结束后，巴梅瓦瓦格日卡奎（Bamewawagezhikaquay）度过了命运多舛的几十年。她于1800年出生在苏圣玛丽，在讲奥吉布瓦语和英语的家庭长大，周围有许多曾经从事皮毛贸易的法国家庭。这座城市的所有家庭都经历了从法国到英国，最终到美国统治的过渡。

她的奥吉布瓦名字的寓意是"声音如同星星划过天空的女人"，但她更广为人知的名字是简·约翰斯顿·斯库克拉夫特（Jane Johnston Schoolcraft），这是她嫁给亨利·罗·斯库克拉夫特（Henry Rowe Schoolcraft）之后的名字。[132]1822 年，亨利作为联邦印第安事务官履职，两人于次年结婚。

巴梅瓦瓦格日卡奎被广泛认为是第一位美国印第安诗人，她在 1838 年一首未发表的诗歌《在苏必利尔湖城堡岛写的诗》（*Lines Writtenat Castle Island, Lake Superior*）中创造了"内陆海"一词。[133] 这首诗最初用奥吉布瓦语写成，后来翻译成英语。像她的其他作品一样，巴梅瓦瓦格日卡奎的诗歌赞美了阿尼什那贝瓦基（Anishinaabewaki）①"甜蜜的快乐"，尤其是这里由湖泊、河流和岛屿组成的航海世界。她写道："此地，唯有大自然统治万物。"她的诗歌批评了殖民主义势力对阿尼什那贝人自治的破坏。"这里远离人群的烦扰，"她继续说，"没有肮脏的恐惧，没有罪恶，没有悲伤，没有眼泪，没有财富带来的优越感。这里的人们心灵充实，没有法律对其不公。"[134]

---

① 即阿尼什那贝的领土。——译者注

两年后，来自该地区东部边缘的另一位作家，宣扬了对内陆海的不同看法。詹姆斯·费尼莫尔·库珀（James Fenimore Cooper）的《探路人》（The Pathfinder，1840年）是19世纪美国最著名和最畅销小说系列的倒数第二部，其副标题是"内陆海"。与巴梅瓦瓦格日卡奎的诗歌不同，该作品从外部，甚至俯瞰的视角下笔："人人都熟悉，此地广袤无垠又壮观的景象……向西而去……是一片树叶的海洋……这里生长着各种各样生机勃勃的植被，如此美丽，如此葱郁。"[135] 辽阔、美丽且看似无法言喻的北美内陆为库珀的小说以及"皮袜子"系列的其他故事提供了框架和内容，其中包括《最后的莫希干人》（The Last of the Mohicans，1826年）。库珀想象中的世界设定在18世纪远离大西洋的地方。他的"内陆海"与孕育了美利坚合众国的城市、领导人和历史进程相距甚远。这些故事发生在近在咫尺但又如此遥远的世界，这里的人民和景观如此美丽又如此危险。为了实现这片土地的命运，每个人都必须接受某种程度的屈服和顺从。

巴梅瓦瓦格日卡奎和库珀对美国内陆的不同观点出现在18世纪末和19世纪初的革命冲突之后。两人的故土都受到美国扩张进程的影响，他们对该地区历史及人民的不同理解至今仍存在分歧。（P138）

5

Settler Uprising
The Indigenous Origins of the American Revolution

This land where ye dwell I have made for you and not for others. Whence comes it that ye permit the Whites upon your lands? Can ye not live without them?
—— *Teaching attributed to Neolin, the "Delaware Prophet"*（1763）

定居者起义：
美国独立战争的土著起源

你们居住的土地是我为你们创造的，而不是为其他人。你们为什么允许白人进入你们的土地？难道没了他们，你们不能活命吗？
——"特拉华先知"尼奥林（*Neolin*）的教导（*1763年*）

"看啊！"马萨诸塞戴德姆的纳撒尼尔·埃姆斯（Nathaniel Ames）在他1763年的《农民年鉴》中宣称："农民可以无偿获得土地了。"[1]英国取得其历史上最伟大的军事胜利，将法国人从北美大陆赶出去，英帝国拥有了全球影响力。人们如今能从佛罗里达一路走到哈得孙湾，跨越整个英属北美了。后来成为奥福德伯爵的霍勒斯·沃波尔（Horace Walpole）夸张地问道："这难道不伟大吗？一个议会同时管理着东西两个世界？罗马人与我们相比，不过是小巫见大巫。"他总结说，英国现在"无疑成为欧洲的主宰"。[2]不管是英国男爵，还是马萨诸塞农民，对各阶层的人而言，英法七年战争都带来了地动山摇的影响。对埃姆斯来说，最重要的是能够获得土地。他又继续说，农民现在可以"为自己以及所有后代，不管后代有多少人，获得足够的土地了"。[3]

1760年之后，英国殖民地弥漫着乐观情绪。每块殖民地都经历了前面10年的战争，现在终于可以凝视着没有欧洲对手的北美内陆了。这里的土地似乎正等着这个胜利的帝国去占领。1760年，英国国王乔治三世加冕，恰逢法国殖民地蒙特利尔沦陷，激起了殖民地首府更大的热情,到处都能听到殖民者的欢呼。(P139)一位波士顿居民表示:"我在这里差不多16年了,不知道会有谁不愿意冒着生命和财产的危险效忠国王。"[4]另一位波士顿人在镇上的一次会议上附和道:"大不列颠及其(殖民地的)真正利益相辅相成,它们在上帝的恩典下团结在一起,任何人都不敢企图分裂。"他又带着狂喜继续说道:"我们热爱、尊敬和敬重我们的国家,崇拜我们的国王。"[5]

战争让殖民地产生了共同的经历。在某种程度上,由于对法国天主教徒共同的敌意,英国国王在大西洋两岸的基督教信徒有了一致的身份认同,法国天主教徒被驱逐,预示着持续的荣耀。[6]在整个英属大西洋地区,似乎所有人都明白,七年战争改变了这个世界。[7]

然而,北美内陆的战争并没有结束。法国人撤退之后,独立的印第安村庄仍然未被征服。许多村庄联合起来,结成了联盟。[8]在北美内陆南部,即整个易洛魁地区以及俄亥俄河流域,印第安人仍然是强大的对手。战争期间,一位卡罗来纳人写道,他们的力量"众所周知"。如果"他们是友,便是保护我们定居点最廉价和最强大的屏障。如果他们是敌,便会让……我们占领的土地几乎失去价值"。[9]内陆的印第安人仍然手握主权。他们是值得争取的盟友,也是令人畏惧的对手。

英法七年战争期间,大多数印第安人没有失去任何土地。

即使与法国人结盟的原住民被击败了,这些原住民也没有被征服。一位阿尼什那贝领袖对英国领导人坦白道:"虽然你们征服了法国人,但你们没有……征服我们。"[10] 法国上校布干维尔(Bougainville)目睹了 1760 年蒙特利尔的陷落,后来作为殖民盟友见证了英军在约克镇的投降,他理解印第安人势力的本质,不仅指出原住民对内陆定居点的袭击几乎无法防御,而且印第安人的主导地位迫使法国人永远依赖他们:"在这片土地上,法国人就是印第安人的奴隶。对法国人来说,印第安人是一种无法摆脱的邪恶。"[11] 法国人输掉了战争,但没有失去他们的印第安盟友。在英国国会决心投入的财政资源面前,新法兰西屈服了。英国的海上霸权使英属北美主要海港的经济蓬勃发展。[12] 此外,超过 4 万人在北美战区服役,如此强大的殖民地民兵确保了英国的海上霸权和人口优势。[13]

印第安人之前与欧洲人交过手。与殖民早期一样,战后局势与战争本身一样重要。(P140)1760 年 12 月,当法国最后一次降下底特律的旗帜时,1000 名印第安人聚在现场观看。[14] 他们没有为法国人的离去哭泣,而是欢迎新来的英国官员,并提醒对方:"这片土地是我们的,不是你们的。"[15] 未来虽然不确定,但他们希望保持自治权,与英国人开展贸易,获得弹药和物资,就像以前跟法国人做生意那样。他们希望七年战争后的世界仍按他们的设想发展。

法国人被驱逐后,暴力随之而来。英国官员试图统治未被征服的印第安村庄,引发了围绕贸易、弹药和外交的种种冲突,北美内陆重新陷入战争状态。在以奥达瓦领袖欧布王迪亚(Obwandiyag)命名,为期两年的"叛乱"中,英国官员发现北美内陆的和平可能与战争一样代价高昂(欧布王迪亚又名庞蒂亚克,即 Pontiac)。他们没有考虑到,法国人撤退后,印第安人的政治和经济现状将发生变化。庞蒂亚克及其追随者怀抱着越发愤怒的情绪,摧毁内陆堡垒,俘虏定居者,与英军展开了战斗。

虽然庞蒂亚克起义通常被视为五大湖印第安权力的悲剧性终结,但实际上,在历史学家口中的"中间地带",原住民的这次起义孕育了另一种复兴。[16] 这种复兴催生了新的世界,在这个世界中,印第安村庄接受英帝国法规的保护,这在 1760 年似乎是不可思议的事情。这种妥协,包括"1763 年公告线"(The Proclamation Line of 1763)①的执行,很快就变得具有革命性,因为它们破坏了北美殖民地的普遍共识,这种共识是在英国夺取全球胜利之后形成的。与殖民早期一样,北美内陆对英帝国的政治、经济和军事造成了意想不到的影响,导致了更大的冲突,很快就引发了革命。简而言之,北美内陆有助于殖民地与英国王权

---

① 1763 年公告线是英国政府在《1763 年皇家宣言》中大致沿阿巴拉契亚山脉划定的一条线,意在禁止殖民者跨越这条线,向西入侵原住民领地,因此引发了殖民者的巨大不满。——译者注

的分离，殖民者的很多反君主信仰便源自他们在内陆定居，并与印第安人作战的经历。[17]

《巴黎条约》重新划定边界线，新领土的纳入让英国的殖民地名单越来越长。但令人意外的是，满怀期待的英国征服者成为前新法兰西的调解人，英国领导人与印第安人日益增长的盟友关系，成为殖民者批判英国君主的有力武器。（P141）殖民者利用迅速扩张的通信网络，以殖民地对印第安人的恐惧为由，对王权提出指控。[18]正如托马斯·杰斐逊在《独立宣言》中写道，英国王室鼓励"无情的印第安野蛮人"袭击"我们的边疆居民"。[19]他表示，这些人只懂一种规则，那就是战争。19世纪初关于这场冲突的一本历史著作称，这些人"决心彻底消灭我们北方和西南边陲的居民"。[20]

印第安人被贴上"代理人"的标签，为远在天边的英国暴君办事，在这场更广泛的、让北美殖民者远离英国本土同胞的意识形态转变中，他们成了坏人。[21]英国当局继续保持与印第安人在北美内陆的贸易、外交和政治关系，引发了殖民地对印第安人的不满，激起了他们追求独立的雄心，引发了后来的革命斗争。

无论是在战场，还是在数不清的政治讨论中，印第安人都塑造了美国独立战争的起源。在宾夕法尼亚后方，对印第安人的贬低让殖民者团结起来，共同应对心中的恐惧，并最终汇聚成共同的目标。[22]事实上，殖民者反抗英国军官的第一枪于1765年3月5日打响,当时由詹姆斯·史密斯(James Smith)和"黑脸男孩帮"领导的内陆叛军正在呼吁起义。在这个性命攸关的春天,他们袭击补给车,围攻英国要塞,而且逃脱了起诉。他们还广发通知,沿路张贴。他们担心的,是英国恢复与内陆印第安部落的贸易和外交。

史密斯的起义发生在庞蒂亚克战争结束之际。这场战争第一年的冬天,即1763年12月爆发了一场殖民者起义,史密斯本人及手下,还有宾夕法尼亚的每一位官员,对这场起义都十分了解。[23] 当时的起义由"帕克斯顿男孩帮"(Paxton Boys)领导,目标是皈依了基督教的康内斯托加(Conestoga)印第安村民,这些村民已经在兰开斯特县附近"和平生活了(近)一个世纪"。[24] 该社区由不同的印第安部落组成,自1701年起便在当地扎根,并与宾夕法尼亚的殖民领导人结盟。然而,庞蒂亚克战争爆发后,殖民者担心该社区一直在与庞蒂亚克的部队开展贸易。自发组织的武装分子杀害了数十名手无寸铁的印第安男人、妇女和儿童。他们还向费城进发,"打算袭击兵营,杀害印第安人"。[25]

1763年、1764年以及1765年的宾夕法尼亚定居者起义瞄准的是原住民及周围的英国当局。英国领导人一边想办法在内陆实施既定政策,一边起诉违反政策的人。18世纪60年代,总督约翰·佩恩(John Penn)失去了做这两件事的权力。(P142)1768年,他收到弗吉尼亚总督的同情信,后者对西部殖民者有类似的担忧:"根据我的经验,要将藏在内陆印第安人中间的谋杀者绳之以法,是不可能的事情,因为这些人把暴力当成值得表彰的行为。"[26] 在 1765 年《印花税法案》出台前的一段时间内,内陆定居者与印第安社区的暴力冲突削弱了英帝国的权力,促进了内陆殖民者的团结。长期以来,历史学家关注的是美国独立战争形成过程中的其他时刻。在这个过程中,他们抹去了印第安人对革命本身,乃至对美国历史进程的作用。要理解美国独立战争的起源、进程和遗产,却不顾北美印第安人的存在,就像单手击掌,表面上激情满满,实际上没有任何声响。这样做只不过延续了长期以来的传统,只关注欧裔美国人的对抗及其最终取得的主导地位。然而,只关注殖民地"普通人",等于忽略原住民的力量,也忽略了他们对培育新政治身份的影响。[27] 正如许多人指出的,美国独立战争不仅是一场为了实现新政治秩序和独立的斗争,也是一场关系到北美东北部未来的斗争。[28]

这些影响渗透了随后几十年。到 18 世纪 80 年代,纳撒尼尔·埃姆斯曾预言的殖民者"后代"已经成为新合众国的后代。在这个国家中,土地依旧是新政治体系的基石,其核心也依旧是"生命和财产",但现在只能被具有欧洲血统的男性掌控。种族、性别和财产共同构成这个合众国的政治主体,颠覆了以前的规范,也颠覆了印第安人和欧洲人之间的外交传统。美国确实延续了与原住民领袖开展条约谈判的长期惯例,但其目的是寻求土地割让,并最终实现对原住民的统治。[29]

英法七年战争的意外成本

1760年底，魁北克、蒙特利尔和底特律接连投降。（P144）尽管整个殖民地世界都沉浸在普天同庆的喜悦中，但巩固新领土、遣送法国囚犯、战士还乡、照顾伤员、管理79个新要塞，还有内部冲突的裁决，产生了巨大的成本，让英国政策制定者倍感困扰。[30] 法国人的撤退虽然使英帝国壮大起来，但英国却在战争结束后陷入了债务困境，其殖民地也是如此。波士顿1/7的人口需要领贫困救济金，马萨诸塞的立法机构增税，导致该市16位最富有的商人扬言要转移业务阵地。[31]

经济和政治转型之际，英国战争大臣韦尔伯·埃利斯（Welbore Ellis）要求杰弗里·阿姆赫斯特（Jeffrey Amherst）元帅提交一份"北美未来防卫计划"。阿姆赫斯特给出了对方想要的答复，即该计划尽量"少用钱"。[32] 整个1760年，这位元帅都在想办法重新部署和解散代价高昂的英国军队。例如，他于10月25日下令，解雇"加拿大所有游骑兵"，以"尽快削减开支"。[33] 巡视新法兰西的旧要塞时，这位征战沙场的将军关心的不是军务，而是节俭问题。然而，当时没人意识到财政挑战的难度。

英国在全球雇用了16.7万名海员和士兵,是整个新法兰西法国定居者的两倍多。实际上,许多人并非来自英国,而是来自印度、德国、瑞士和南欧。[34] 这些战士既非自愿参加,也非应征入伍。他们为英帝国而战,但需要报酬。[35]

每年总军费超过1800万英镑,单就一场冲突来说,这是个天文数字。北美殖民地的民兵也需要支付报酬。马萨诸塞出动了1万多名民兵,几乎占该地符合兵役条件男性人口的25%,其债务很快超过35万英镑,此外还要付利息。[36] 正如1758年本杰明·富兰克林所设想的,"英国能否承受如此巨大的战争费用?"[37] 马萨诸塞有25万殖民者,英国最大的北美殖民地却濒临破产。胜利来之不易,且代价高昂,英国国债增至1.3亿英镑以上。[38]

虽然英国海军和陆军继续在加勒比地区和其他地方参战,但遣散部队削减了一些成本。不过,到1760年底,仍有1万名士兵留在北美,由阿默斯特指挥,每人每年仍需支付36英镑的报酬。除了夺取法属加拿大外,英国还夺取了美洲大陆上的其他殖民地,包括东佛罗里达和西佛罗里达(西属殖民地),此外还有所谓的法属割让岛屿多米尼加、格林纳达、圣文森特和多巴哥,甚至福克兰群岛,英帝国在全球范围内的规模和成本都在增长。[39]

新夺取的领土需要定居者,也需要军队和管理者,还需要对原住民和前非洲奴隶的敌对行动进行镇压，这些都需要资金支持。例如，原住民与圣文森特自由"黑加勒比人"（Black Caribs）的冲突一直持续到1773年，当时英国在双方之间调停，保留该岛1/4的领土供这些黑加勒比人专用。（P145）佛罗里达定居点的组织者似乎已经忘了，切萨皮克湾和佐治亚海岸种植园的开荒曾多么艰难，如今依然靠契约工和暴力来维持经营。潮湿的气候、茂盛的植被和各种蚊虫，使东佛罗里达的定居面临致命挑战。此外，弗朗西斯·奥吉尔维（Francis Ogilvie）等殖民地长官实施的是铁腕统治。这位长官抓住3名逃跑的佣人，下令处死他们。不过，他宽恕了其中一人，只要这人把另外两人杀死。[40]

奴隶暴动一直是殖民者和政策制定者持续关注的焦点。所有人都明白，奴隶制带来的财富只有通过暴力镇压才能实现。意外的战时物资短缺使种植园经济变得更加艰难，不仅引发了威胁，还激起了彻底的叛乱。在牙买加，许多奴隶最近刚通过中央航路①，他们保留下来的非洲领导结构和军事战术正好派上用场。[41]1760年4月，5000名奴隶组织了岛上规模最大的暴动，摧毁了种植园、定居点和工厂，并撤退到山坡上建立了根据地。英国的报复行动来得非常快，且召集了来自加拿大的士兵，这些人装备齐全，乘坐的是曾经用来封锁法国海岸线的军舰。残酷的冲

---

① 中央航路（Middle Passage），是指向美洲贩卖非洲奴隶时代横渡大西洋的一段航程。——译者注

突随之而来,英国领导人在这次战斗中远不如在魁北克或蒙特利尔那般仁慈。他们毫无节制地施以酷刑,处决战犯,甚至把100个刺穿的头颅摆在牙买加的各个十字路口,种植园主则请求增派更多士兵驻守其殖民地,实施恐怖统治。[42]

从很多方面来看,战后局势比战争本身更加危机重重。资源短缺、成本不断攀升、叛乱和远距离土地收购让英国领导人头疼不已。北美内陆爆发的这场战争孕育了一个庞大的帝国,其规模前所未见。要维护这个帝国,需要史无前例规模的海军和军事管理。[43]胜利带来的挑战,可能会让这个帝国沉没。

1760 年后的文化融合与原住民势力

在这场不断发展演变的危机中,北美内陆虽被法国人抛弃,但仍然受到原住民控制,且处于危机的中心位置。原住民的内陆海曾引发了 1753 年的战争,如今又引发了持续变革。(P146)自 1760 年起,底特律周围的奥达瓦族、波塔瓦托米族和温达特印第安人组织了反抗英国政策的起义。[44] 他们在战争中没有失去任何土地,如今他们奋起反抗,维护自己的主权。[45]

就像其他讲阿尔冈昆语的部落一样,他们曾是新法兰西的亲密盟友,与法国定居者一同生活、贸易和战斗。自 1701 年这座堡垒建立以来,他们一直享受着法国盟友提供的自治权。[46] 为了维护这种自治权,他们反抗了英国政策对该地区经济和外交传统的威胁。

然而,并非北美内陆的所有原住民都是法国盟友。正如上文所述,俄亥俄河流域的许多印第安人希望远离法国、英国和易洛魁的统治。他们也想要自治权,包括继续与中意的伙伴开展贸易的权力。法国投降后不久,这些原住民加入五大湖地区崛起的联盟,该联盟由前法国盟友以及最近从东部迁来的原住民组成,其中大部分来自宾夕法尼亚。

1760年后，法国人引入的大量习俗仍然存在。从日常着装到食品饮料，再到法国和印第安孩子玩的游戏，新法兰西在原住民社区留下了种种痕迹。例如，法国人和原住民发明了各种样式的软帮鹿皮鞋，包括单片和双片中缝样式。这种经久耐用的皮鞋通常饰有丝带、金属、珠子、豪猪刺和动物毛发，在北美内陆很常见。

1760年后，这些鹿皮鞋出口给内陆的英国殖民者。他们发现欧美样式的鞋子既不实用，也不舒适，鹿皮鞋更适合内陆地区的日常狩猎、划船、贸易和社交等活动。[47]不管英国殖民者是否意识到，他们都生活在历史悠久的文化生态系统中。

语言，尤其是外交语言，仍然是法国定居点最突出的听觉遗产。一种口语化且受阿尔冈昆语影响的方言在高地部落广泛使用，此外，用于贸易、跨文化交流和政治交往的本土语言延续了好几代人。[48]语言革命与该地区的政治演变相辅相成，特别是那些以法国地名命名或与法国地名相关的社区，如丰迪拉克（Fond du Lac）和拉克迪弗朗博（Lac du Flambeau）。[49]随着时间推移，法语名称在这个讲阿尔冈昆语的世界中有了政治含义，成为一种通用语，为随后的磋商、条约会议以及与联邦政府的关系提供了框架。[50]

英国指挥官要么会讲法语，要么有会讲法语的译员。（P147）

成千上万的法国定居者仍然广泛分布在整个北美内陆,英国人期望他们宣誓效忠新国王,成为英国臣民。底特律的"所有居民",1761年1月阿默斯特转达说,"都放下了武器,宣誓效忠。"[51]然而,忧患仍在。

战争给法国家庭带来了灾难。英军驱逐了加拿大东部的数千名阿卡迪亚人,而圣劳伦斯河的封锁造成了饥荒,削减了出口。阿默斯特指出:"底特律大约有1000人,他们有大约3000袋皮毛……(但)自尼亚加拉(堡)被占领以来,他们没机会出手。"[52]1760年春天,忧心忡忡的法国农民种下庄稼,不确定将来的收成是拿去供养英国士兵,还是喂饱自己的孩子。[53]

内陆社区通常由数十个大型法国家庭组成。在底特律,定居点的主建筑——庞恰特雷恩堡周围有近百幢房子。这座堡垒占据着城市的河滨区,它的四座炮台中有三座面向河流,以防遭袭。庞恰特雷恩堡在战争期间没有经历军事冲突,它仍是贸易、通信和外交中心。[54]不过,法国人的供给和弹药少得可怜,以至于法国指挥官指示印第安盟友前往英国堡垒进行贸易,讽刺的是,这场战争本就是为了禁止这种贸易而发动的。不过,匹兹堡的情况也好不到哪里去,战争导致供给受限,肉类、干货甚至火药从费城送来时,要么变质要么受潮。[55]虽然无人告知,但法国的印第安盟友知道,法国人已经输掉了战争。

1760年的底特律成了内陆多样性和挑战的缩影。[56]正如英国士兵迪特里希·布雷姆（Dietrich Brehm）报告的那样，这座城市的田地"非常肥沃，生产冬小麦、玉米、优质牧草和各种各样的菜园作物和水果，如苹果、梨和桃子"。这座城市有各种各样的居民，他们"试种了来自法国的葡萄树，这些葡萄树长得非常好"。[57] 原住民沿底特律河两岸建立了社区，其中包括说阿尔冈昆语的奥吉布瓦人、奥达瓦人和波塔瓦托米人，还有说易洛魁语的温达特人，各社区的共同点胜过彼此的差异。通婚、贸易、外交和血缘关系让这些社区互相融合，但它们仍保留了自己的特色。[58] 内陆贸易商兼印第安事务官乔治·克罗根说，他们仍然是"彼此的盟友"。[59]

1760 年 12 月，来自爱尔兰、德国、英国和英属北美的士兵来到这座城市。其中许多人来自皮特堡，见证了内陆定居点在战争期间遭受的多次袭击。（P148）近 2000 名俘虏的处置问题仍然是一场持续的外交危机，赎回英国俘虏需要动用庞大的皇家资源。俘虏行为也削弱了王权，暴露了英国王室无法保护臣民的弱点。对印第安人的恐惧在跨阿巴拉契亚山脉边境蔓延，再加上对英国治理的不信任，越来越多的定居者对当局保护自己的能力产生了怀疑。[60]

人们不会遗忘内陆的战争经历，印第安和非印第安社区都弥漫着对报复的渴望。一方面，原住民对殖民者的到来持怀疑态度，担心英国领导人是否维持现有政策。另一方面，当殖民官员继续开展原住民期望的贸易和外交活动时，定居者变得忧心忡忡。1763年后，这些愿望再也无法共存。内陆殖民者对印第安人和政府的态度正在改变。尽管宾夕法尼亚历史上以其对和平的承诺而著名，此时的它却面临着内陆冲突失控的危险。[61]

北美内陆的宗教多样性

底特律的英军由讲多种语言的士兵组成，与周围印第安人的多样化相呼应，然而英国官员不但没有缓解紧张局势，反而火上浇油。据肖尼族领袖报告，英国领导人"告诉我们，他们把我们当成狗，他们是所有土地的主人，而且他们已经推翻了我们的法国君主"。[62]与法兰西殖民时代不同，英国领导人拒绝了原住民对互利主义的呼吁——这是联盟的基础。他们还贬低印第安领袖，认为对方傲慢自大、自以为是，或两者兼有。[63]过去，法国人的调解、外交和治理方式是内陆政治文化的特点。现在，英国指挥官来到这片土地，对这些习俗及其悠久的历史嗤之以鼻。[64]

轻蔑的言辞很快引发了敌对行为。印第安人与法兰西帝国一贯以来的调解语言正在消失。1760年，阿默赫斯特言之凿凿地说："印第安人总是……制造麻烦。"[65]1763年，他对原住民的这种印象进一步加深，强调需要时刻警惕"在某种程度上始终被视作敌人的人，尽管没必要让对方知道这一点"。[66]外交语言在许多方面发生了变化。（P149）

与语言不同，法国的宗教影响并不明显。尽管五大湖地区在 17 世纪 30 年代就有传教士存在，但这里的印第安社区仍坚持代代相传的精神传统。这些传统与耶稣会神父拘泥教规的做法相悖，尽管前者确实在阿尼什那贝人的诸多传统中找到了相似之处。[67] 印第安和法国领导人强调节俭而非贪婪，呼吁人们坦诚表达对超自然的信仰，并重视普遍的诚实。然而，耶稣会谴责了原住民的许多习俗，如离婚或婚前性行为，这些观点对印第安人来说毫无意义。经过 100 多年的传教活动，印第安人和法国人的宗教差异与共同点依然不相上下。[68]

原住民还在努力适应新变化，他们当中很多人渴望法国人重返美洲。尽管法国士兵和修士已经离开，但他们传递的融合思想依然存在。许多印第安人接受了部分基督教教义，比如学习阅读《圣经》。有些人接受了新式服装，或者定居在有宗教信仰的村庄里。在宾夕法尼亚的兰开斯特县，康内斯托加印第安人建立了宗教化和半农业化的和平社区，与贵格会、摩拉维亚（Moravian）弟兄会和门诺会（Mennonite）有着紧密的社会和宗教伙伴关系。

整个 17 世纪 50 年代，北美各地出现文化复兴。[69] 在宾夕法尼亚东部和西部，莱纳佩（特拉华）领袖的教义和预言吸引了越来越多的信徒。在怀俄明（Wyoming）和萨斯奎哈纳河沿岸东部更远的地区，男性和女性先知宣扬的是结合了印第安和欧洲宗教教义的预言。[70] 这些人经历了周围英国定居点的压力，试图在殖民世界中找到安定。然而，他们和自己的社区经常遭到拒绝、剥夺和背叛。[71]

在土地、权力与保护问题方面，基督教传教士是首批与印第安人结盟的人。一位印第安领袖表示，与殖民者和其他帝国官员相比，传教士对印第安人更友善。他们"来这里不是为了买卖或谋利，而是出于爱和尊重……他们希望此生和来世都过得好"。[72]印第安社区也欢迎那些虔诚的定居者，包括说德语的和平主义者，据说他们"为人真诚……受到当地印第安人的尊敬"。[73]

在宾夕法尼亚，贵格会、摩拉维亚弟兄会和信仰新教的人成了莱纳佩人的盟友。18世纪40年代，摩拉维亚教徒成为英法七年战争爆发前外交协议的关键调解人。[74]他们在萨斯奎哈纳河的沙莫金（Shamokin），还有阿勒格尼山脉的格纳登胡腾（Gnadenhütten）建立了宗教居所和村庄，供皈依的印第安人居住。[75]他们还在殖民官员和莱纳佩人之间充当翻译。（P150）

然而，这种宗教联系无法阻止殖民者对印第安家园施加压力。许多莱纳佩人西逃，加入大西洋中部和东北部数千名讲阿尔冈昆语的原住民，成为"流散的阿尔冈昆族群"。该族群自英属北美向外流动，进行大陆性迁徙。为了生存，莱纳佩人不得不寻找他处栖息。

许多迁徙的社区发现，在俄亥俄河地区实现自治权，比居住在或靠近英国殖民地更可取。事实上，正如上文所述，俄亥俄河上游一直是印第安移民的机遇之地。[76]这里保留了狩猎场、肥沃的田野和便捷的水路。最重要的是，这里位于新法兰西、英属北美和易洛魁人的管辖之外，后两者被认为是该地区的主要殖民势力。[77]阿勒格尼山脉将该地区的内陆山谷分开，形成了易洛魁和新法兰西之间的半自治边界。[78]18世纪上半叶，该地区的战争相对较少，为原住民提供了远离山脉东部殖民中心的狩猎和贸易路线，并很快吸引了迁徙的印第安人和边远地区的贸易商。[79]

莱纳佩人带来了记忆和故事。像其他移民一样，这些难民知道英国人的虚伪本质，这是一种嘴上奉行基督教原则，实际上剥夺印第安土地的虚伪。[80]几乎很少有其他民族像莱纳佩人这样，同时经历精神层面的殖民主义和定居者殖民主义，尽管莱纳佩人为自治感到满足，但他们仍记得家园蒙受的损失。他们讲述了种种经历：家人逝去或被殖民者杀害；在殖民扩张的影响下，他们的墓地基本无人看管；新来者通过种种方式亵渎他们的家园。他们还指出，殖民领导人经常与易洛魁人为伍，而不是支持他们，就像1737年的量步购地（Walking Purchase）①一样，易洛魁领导人巧妙地让宾夕法尼亚承认了易洛魁人对莱纳佩土地的管辖权。[81]他们对殖民社会的认知充斥着痛苦与怨恨。

---

① 即1737年英属宾夕法尼亚最初的所有者佩恩家族与莱纳佩原住民之间达成的土地购买协议。佩恩家族声称1686年与莱纳佩人签订的条约割让了120万英亩的土地，这片土地位于今宾夕法尼亚州东部，其中包括西部的一条陆地边界，这条边界向西延伸的距离是一个人在一天半时间内行走的距离，量步购地由此而来。——译者注

当然，精神力量引导着印第安人的迁徙和重新安置。尽管"流散"一词暗示了与祖先、家园的分离，但也意味着文化、语言、历史和宗教的持续联系。随着莱纳佩人与内陆其他部落互动，共同发展宗教传统，他们与内陆的精神联系增强了。对英国人的共同敌意让这个内陆世界的联系变得越来越紧密。（P151）

莱纳佩人迁往内陆后，其领导人开始传递对北美大陆印第安人共同命运的愿景。英法七年战争侵蚀了俄亥俄河地区的自治领域，同时也预示着法国定居点范围内印第安人自治的结束。对许多人来说，这些结果互相关联。战争结束，英国取得胜利，难道没有对所有印第安人造成威胁吗？就像战争期间，印第安领导人向伊利诺伊的法国领导人传达的那样："特拉华人和肖尼人告诉我们的一切都成真了……英国人想成为统治者，把我们处死。"[82]这则消息还包括这样一条建议："特拉华人和肖尼人还说，我们的兄弟，让我们一同死去。"[83]

长期以来，莱纳佩人被阿尼什那贝人视为来自神圣的东方（即Waban，"瓦班"）的远房亲戚，这让他们在内陆印第安人中占有一席之地。庞蒂亚克和其他地区的领导人非常重视这种对文化净化的呼吁，并将其与政治和军事抱负结合，联合起来抵抗英国人。[84]尤其值得注意的是，常被称为"特拉华先知"的尼奥林通过团结表达了力量和重生的愿望，他的教义中出现了繁荣昌盛的千年愿景。在这个愿景当中，所有部落的印第安人将重振长久以来的传统,减少对欧洲技术的依赖,在远离欧洲人干扰的领域,彼此建立新的关系。这些教义吸引了广泛的追随者,并很快激起了当地人对新来的英国统治者的军事反应。

尼奥林与英法七年战争后的困境

庞蒂亚克战争的确切起因仍有争议。庞蒂亚克和尼奥林的愿景主要通过他人的回忆得以体现,尽管许多人将这些印第安领袖从历史中抹去,但他们的行动一同塑造了1763年后的北美世界。

庞蒂亚克于1720年左右出生在渥太华河畔,年轻时和家人迁到了密歇连麦肯涅克。[85]他何时迁往底特律南部尚不清楚。据报道,1746年他曾与法国人在此地并肩作战。据称,他还参加了1755年华盛顿和布拉多克(Braddock)将军对杜肯堡的进攻,不过这次进攻以失败告终。因此,庞蒂亚克多次穿越了原住民内陆海,非常熟悉这里的几十个印第安部落以及数百个村庄。[86]

他还知道五大湖地区有成千上万的法国商人和官员。(P152)与法国人相比,讲英语的官员、传教士和定居者言语粗鲁,也不尊重一贯讲究政治共识的印第安领袖。而且,他们说话常常前后矛盾,言行不一。例如,约翰·福布斯(John Forbes)将军于1762年告诉莱纳佩领袖:"英国人不打算在阿勒格尼山以西,也就是你们的狩猎地定居。"他说,莱纳佩人的主权仍然完整。他还说,定居者"应你们的需要,建造了一些仓库以便开展贸易"。[87] 亨利·班奎特（Henry Bouquet）上校也曾做出类似保证："我们不会……以敌对的方式占领你们的狩猎地。"[88] 贸易、和平和秩序仍然是英国领导者的公开目标。

尼奥林和其他莱纳佩成员的经历讲述了不同的故事。尼奥林居住在俄亥俄流域的塔斯卡罗瓦斯（Tuscarawas），在性命攸关的转变时期，一直密切关注着英国与莱纳佩人的谈判。杰出的莱纳佩酋长塔马夸（Tamaqua）就住在那里。自1758年起，塔马夸率领代表团前往匹兹堡、兰开斯特和费城，讨论该地区的未来。他与班奎特合作，确保英国领导人遵守他们的声明，尤其是关于内陆定居点的声明。塔马夸受到了极大的关注，以至于他1759年抵达匹兹堡时，对方鸣炮欢迎。在七年战争的最后几年，他表达和践行了莱纳佩人对和平的承诺，归还了冲突中被俘的100名英国人。[89]

作为匹兹堡的指挥官，班奎特打算实施自己眼中的英国战后政策。他让印第安人和定居者保持距离，要求归还俘虏，并为战争期间面临困境的许多印第安社区提供贸易品。他的后两项努力取得了成功，但第一项努力失败了。1761年秋，他命令擅自占地者返回阿巴拉契亚山以东。像其他英国指挥官一样，他用暴力来执行命令。次年春天，他派士兵烧毁了拒不返回者的小屋。[90] 和塔马夸一样，班奎特言出必行。虽然莱纳佩领袖对周围不断增长的定居点感到紧张，但他们对班奎特履行公开承诺感到满意。1762

年 8 月，在塔马夸的带领下，一行人"列队"抵达兰开斯特参加谈判。[91]

然而，其他地方的英国领导人和定居者表现出不同的行为。他们对双边谈判持怀疑态度，并对印第安人受到的所谓偏袒感到愤怒。他们动用英国王室的士兵驱赶移民，激怒了移民和更远地区的土地投机者，对这些投机者来说，动用军事权威带来了道德和经济上的担忧。（P153）

华盛顿就是其中一位。1759 年和 1760 年，他花了大部分时间，试图说服弗吉尼亚的殖民总督，用内陆土地来补偿他。1754 年，弗吉尼亚总督丁威迪曾承诺，加入华盛顿队伍的人可以获得 20 万英亩的俄亥俄土地，如今华盛顿在努力争取自己的那一份。像许多种植园主一样，他希望将内陆土地用来投机。华盛顿这一代人明白，要实现财产多样化，就要扩大自己的土地份额，对那些依赖季节性烟草生产的人来说，尤其如此。[92] 就像英法七年战争爆发前一样，华盛顿和俄亥俄公司的其他成员继续争夺内陆土地。他们游说弗吉尼亚和伦敦的领导人，希望乔治三世能听取他们的关切，回应他们的请愿。

人们尚不清楚，尼奥林和庞蒂亚克是何时对英国的承诺失去信心的。许多像塔马夸这样的内陆印第安领袖纷纷寻找调停方案，这可能说明了当时外交途径的无效。狩猎资源的减少，对印第安贸易商品的限制增加，导致莱纳佩和其他印第安部落面临日益严峻的挑战。英国对礼品赠送的限制尤其严格,此举剥夺了印第安猎人的火药,削弱了他们的男性权威,导致他们难以供养家人和村庄。[93]

1760 年后,印第安领袖在英国堡垒和殖民地首府之间来回穿梭,试图克服许多人眼中不可能克服的障碍。然而经过 10 年的战争,和平与外交几乎没有起到任何效果,他们的努力似乎注定付诸东流。到 1762 年,那些赞成调解的人,还有在杜肯堡陷落后迁就英国当局的人开始失去政治影响力。[94]许多印第安人认为,他们需要新的出路。

对尼奥林来说,欧洲人带来的问题具有普遍性和系统性。他认为所有殖民者都应该受到指责。殖民主义是根本问题,需要彻底改变才能为印第安家园带来解放和革新。殖民主义的破坏性影响——酒精、经济依赖、猎物减少、疾病,尤其是剥夺土地,必须加以遏制。激进的改革似乎是唯一的解决方案。对尼奥林及其追随者来说,只有一条前进的路,而且这条路始于人们的内心。

战争最后几年,尼奥林四处游历,传播一则预言。他宣扬了一些强大的教义,这些教义受到了"生命之主"的启示。他说自己在梦中遇到了一位神圣、全能的上帝,既仁慈又强大。这位神明"全身穿着白衣",语气坚定。尼奥林在梦中抛弃了自己的财产,登上山顶与这位神明见面。尼奥林坐下后,"主对他说":

(P154)

我是生命的主，我知道你想知道的事情，也知道你想与谁交谈，所以请仔细听我要对这些印第安人和所有印第安人说的话："我创造了天地、树木、湖泊、河流、所有的人，以及你们现在和过去在这片土地上看到的一切。"

因为我爱你们，你们必须按我说的做，做我喜欢的事情……我不喜欢你们饮酒……互相打斗……或追求别人的妻子。你们这样做是不对的……当你们想要开战时，你们施展魔法，跳着疗愈的舞蹈，以为这是在与我交流；但你们错了……

你们居住的土地是我为你们创造的，而不是为其他人。你们为什么允许白人进入你们的土地？难道没了他们，你们不能活命吗？你们过去不认识他们，也能生活……你们不需要枪支、权力或其他任何东西……

这是我给你的祷文，背诵下来，教给印第安人和他们的孩子。[95]

尼奥林有关团结与改革的呼吁不仅谴责了殖民者，也谴责了原住民，并指出了未来的路。他指出，节制、文化复兴、自给自足和信仰是克服挑战的关键。根据这些教义，原住民自己便拥有解决世俗问题的方法。他们有力量，而且神明鼓励他们驾驭这种力量。

　　尼奥林的教义迅速传播到原住民的内陆海。从易洛魁联盟"西大门"的塞内卡到伊利诺伊地区,印第安人聚在一起,聆听这位先知和他的信徒讲话。以上引文是底特律居民罗伯特·纳瓦尔(Robert Navarre)在1763年记录下来的。像许多法国人一样,纳瓦尔了解该地区的印第安人,目睹了他们遭受寒冷,物资短缺。当时在奥达瓦、波塔瓦托米和怀安多特族的一次议事会上,庞蒂亚克传达了这则预言,纳瓦尔记录了下来。庞蒂亚克自己听过这则预言,并鼓励其他人遵守这些新的原则,他还希望通过武力来践行。1763年5月,庞蒂亚克和尼奥林的愿景交汇在了一起。[96] 他们让这一年成为北美历史上与众不同的时刻。(P155)

庞蒂亚克起义与和平的革命代价

对英国来说，1763 年的开局一帆风顺。1 月 21 日，"皮特"号邮轮带来了"停战宣言"的喜讯。[97] 当天晚上，阿默斯特起草了给各地总督的信，通知对方帝国取得了集体胜利。3 天后，宣言刊登在殖民地报纸上，同年 2 月，《巴黎条约》正式签署。尽管有关条约的正式消息还没传到内陆，但东部已经开始大肆庆祝。海港、家庭农场和种植园，都沉浸在喜悦中。

然而，原本充满希望的一年却以灾难结束。战争卷土重来、殖民地大屠杀、日益加剧的军事管制和暴乱，令内陆的混乱向大西洋蔓延。庞蒂亚克和尼奥林利用内陆海对英国统治的不满，将矛头指向了英国领导人以及宾夕法尼亚西部不受欢迎的定居者。他们俘虏了士兵和定居者，包括威斯康星奥古斯都堡的整个兵团，并于 6 月将其运到蒙特利尔换赎金。尽管班奎特最初判断错误，认为这场冲突"最后会不了了之"，但内陆再次陷入战争旋涡。[98]

经历长达 10 年的冲突之后，疲惫不堪的宾夕法尼亚移民再次给这片动荡的土地火上浇油。英国在七年战争中取得的全球胜利引发了一场根本斗争，这是北美历史上的主要冲突，即"印第安人"和"白人"为了控制西部边疆而展开的斗争。[99] 接下来的半个世纪，随着白人定居者不断涌入内陆的原住民家园，俄亥俄河地区持续爆发冲突，因为过去的一个多世纪，这些土地一直是边陲贸易商、传教士和法国官员的活动场所。

庞蒂亚克拥有几十年的军事经验，他明白印第安联盟在人数上不敌英军，因为后者的军官可以征召不断涌入的定居者。庞蒂亚克还明白，随着时间的推移，他的部队将被英国的技术和无穷无尽的补给线压倒。法兰西帝国也是同样的命运，印第安人目睹了它的解体。堆积如山的皮毛没有市场，只能任之腐烂。枪支没有子弹，成了废铁。法国人和印第安人只能忍饥挨饿。

要发动起义，就需要协调和统一行动，最重要的是出其不意。先知尼奥林的预言提供了动力，他的愿景激励了人们，促进了交流。[100] 时间至关重要。冬天时节，只有印第安领导人才能读懂的"战争织带"传递着信号，春天便是行动的时刻。从密歇根北部到阿巴拉契亚山区，印第安联盟军队发起一系列袭击，14 个英国堡垒被摧毁了 9 个。（P156）印第安士兵封锁了道路，俘获了牲畜，洗劫了定居点。他们的目标是驱逐英国士兵和殖民者。[101]

这是一次壮志凌云的行动，目的是扭转该地区的新帝国秩序，而且在一段时间内取得了成功。但是，皮特堡太大了，无法攻破。另外，底特律堡虽然遭到 7 个月的围攻，但出人意料地坚守了下来。庞蒂亚克负责指挥城市周围的军队，同时努力招募居民加入。许多人就像罗伯特·纳瓦尔一样，跟庞恰特雷堡周围的印第安村民生活在一起，记录了这场日益激烈的冲突的重要情节。[102]

印第安联盟领导人还向西边求助，希望伊利诺伊剩下的法国盟友伸出援手。1763 年的大部分时间，沙特尔堡的指挥官皮埃尔 - 约瑟夫·尼永·德·维利耶（Pierre-Joseph Neyon de Villiers）一直在解释，法国不再与英国交战，他主张通过外交而不是暴力解决问题。然而，印第安人没有完全信这一套，而是希望剩下的法国盟友仍然怀抱着重建法国 - 阿尔冈昆联盟的愿景。他们还设想，法国国王肯定想为过去 10 年的损失复仇。

1764 年初，庞蒂亚克甚至冒险前往沙特尔堡。他与尼永讨论了法国与印第安人长期以来的关系，并提到了他最近的精神使命。据称，庞蒂亚克对尼永说："你违背了生命之主的意志，我请你不要再和英国人谈和平了。"庞蒂亚克还说，除了奥达瓦和密歇根社区，他还代表着东部的肖尼族、莱纳佩族、易洛魁和奥吉布瓦盟友："总之，我代表的是这片土地上的所有部落。"[103] 与之前几代人不同，庞蒂亚克此行并非要求法国授权，而是邀请对方参加这场席卷北美大陆的战斗。

庞蒂亚克最初取得了成功，但 4 个主要内陆要塞中的 3 个，即皮特堡、底特律堡和尼亚加拉堡，抵御了进攻。尽管密歇连麦肯涅克堡比底特律堡小得多，但它位于重要水域之间，战略地位与底特律堡不相上下。该堡垒最终在6月2日被印第安联盟军队夺取。他们在城墙外采用棍网球声东击西的打法，佯装攻打别处，但突袭了这个堡垒。奥吉布瓦妇女把武器藏在装货物的袋子里，为士兵提供军火。[104] 这是庞蒂亚克联盟取得的最大一次胜利。

3个幸存的堡垒有自己的补给系统，联盟成员想将其攻下，但无法攻破。虽然印第安军队能在陆路设置障碍，但英国船只可以在内陆海的水域畅行无阻。1763年的整个夏天和秋天，这些船只都在为底特律提供补给。例如，"休伦"号和其他船只搭载了好几门4磅炮①和回转炮，轰炸了伊利湖和圣克莱尔湖沿岸的村庄。[105]

有时，庞蒂亚克以谋略制胜，打败了企图包围他们的英军。（P157）1763年夏，他在底特律的军队规模增加一倍，几乎达到1000人，双方都相信自己拥有压倒性的力量。7月底的一天早上，底特律堡的250名英军发起了一次进攻，结果以失败告终，其中有60人阵亡或受伤。[106] 英国派出士兵和船只为这些被围困的营地提供补给，结果途中被印第安士兵俘虏。6月16日，阿默斯特记录道，一支由10艘平底小舟组成的队伍，搭载着90名士

---

① 4磅炮是指炮弹重量为4磅的大炮。旧法国磅（法语：livre）相当于1.079英国磅，因此炮弹重量约4.3英国磅（1英国磅约0.45千克）。——译者注

兵和"139桶物资"，在前往底特律的途中遭袭。大部分士兵、船只和物资都没抵达海峡沿岸，只有两艘船和40人返回了尼亚加拉。[107] 双方都无法制服或驱逐对方，是当时整个北美大陆军事战斗的关键特征。

虽然这些冲突与七年战争中的重大战斗相比显得微不足道，但他们引起了类似的警惕。英国驻留北美的士兵很少，对内陆的控制似乎有所放松，甚至完全放弃了。到10月，班奎特（当时已经成为将军）估计已有600名定居者被杀，成千上万人被赶出了他们的农场。[108]

此外，印第安人在冲突中取得胜利，让殖民者想起了以前的战斗经历。1763年的庞蒂亚克战争让他们想起了以前的战争岁月，那时候每个定居者和身边的人都经历了苦难，超过40%的内陆定居者生活在"战区"。在宾夕法尼亚，人人忧心忡忡，虽然英国人打败了法国人，但英国人管不好这片土地。事实上，这块殖民地的整体人均死亡率与宾夕法尼亚在美国内战中的死亡率相当。[109]

庞蒂亚克的联盟为心怀不满的印第安人提供了团结的保护伞，但殖民者也以同样坚决的力量与之对抗。这些力量的运用违背了英国领导人（如班奎特）和殖民地立法领导人（包括本杰明·富兰克林）的宣言。[110] 随着印第安人结成强大的联盟，与定居者社区争夺内陆海东部门户的控制权，一场近乎原始的战斗打响了。

尽管庞蒂亚克、尼奥林和其他印第安领袖对帝国政策和殖民地政治很熟悉,但谁都没有做好充分准备,应对殖民地内部日益加剧的分裂。这些分裂在所谓的庞蒂亚克"叛乱"之后进一步加剧。实际上,1763年底边远地区的定居者向殖民地首府进发,另一场叛乱爆发了。(P158)

宾夕法尼亚西部和英帝国主义危机

英法七年战争彻底颠覆了北美大陆，1763 年的庞蒂亚克起义爆发后，局势进一步动荡。1755 年，内陆定居者哪怕"夜间收到只言片语"都担心不已，但这一次，宾夕法尼亚人做好了心理准备。[111] 像庞蒂亚克、尼奥林及其追随者一样，殖民者也通过暴力来谋利。他们这样做不仅违背了，甚至反抗了英国的统治。

英帝国领导人面临着许多棘手的问题。总督约翰·佩恩每天都收到定居者的请愿，请求政府提供援助，对抗王室想要安抚的那些印第安人。就像前 10 年一样，佩恩政府对如何更好地资助西部防御出现分歧，陷入了政治泥潭，而且佩恩简单地称之为"旧争议"。[112]

然而，1763 年与 10 年前不同。在庞蒂亚克取得一连串胜利之后，殖民者轻松且快速地组成了志愿民兵，这说明军事文化在战争期间有所发展。[113] 与 1754 年定居者一股脑涌入要塞的情况不同，这一次内陆定居者跨越种族鸿沟，自发地组织起来了。他们还跨越语言和宗教分歧，发展出新的团结形式，也演变出了新的白人种族身份。[114]

英国官员最初对这种志愿精神持积极态度,因为团结和忠诚理应受到赞扬。托马斯·盖奇(Thomas Gage)将军在回顾该地区此前冲突时注意到,那些"自愿结盟开展共同防御"的人之间存在共同联系。[115] 与七年战争期间不同,这一次英国军官不再为了志愿兵的召集而发愁。[116] 然而,这种有组织的民兵集体行动很快引起了担忧。

从许多方面来看,庞蒂亚克起义激起了英国人的雄心壮志,他们有过共同目标,后来又分道扬镳。针对印第安人的暴力冲突巩固了定居者之间的社会联系,创造出跨越种族、阶级和宗教差异的经历,并将殖民者与英帝国的政策目标联系起来。英法七年战争孕育了这些共同点,如今,庞蒂亚克起义点燃了他们对印第安人共同的敌意,唤起了进一步报复的呼声。例如,班奎特和阿默斯特对印第安领袖所谓的背叛感到震惊,因为这些领袖曾经与他们交好。用班奎特的话来说,就像命中注定一样,两人都开始执行旨在"消灭那些害虫"的政策,殖民地对印第安人的普遍仇恨因此合法化。[117]

阿默斯特领导过征服新法兰西的血腥战争,这次毫不犹豫地响应了消灭印第安人的呼吁。最臭名昭著的是,他下令在北美内陆散播带有天花病毒的毛毯,这种行为是有史料记载以来的第一次。(P159)他写道:"我们必须采用一切计谋来打击他们。"[118] 所有囚犯都"必须处死,消灭他们是保证我们未来安全的唯一办法"。[119]

管理内陆事务 10 年后，阿默斯特厌倦了耗时的外交、赠礼和政治活动，而这些都是为了说服印第安领袖遵守英国的政策。10 月，他干脆选择不接见自己副手威廉·约翰逊（William Johnson）爵士负责的易洛魁代表团："我认为最好不予接见，因为他们会耗费我两天时间，尽管他们没什么可说的。"在阿默斯特看来，印第安人简直难以理喻。他们往往耗费大量时间用于集体商讨，而且还受到非自然力量的影响，比如梦境。阿默斯特告诉约翰逊，暴力才是正确的出路："我告诉他，我打算集结 3000 人前往尼亚加拉，惩罚那些犯下敌对行为的印第安人……他认为塞内卡人、特拉华人和肖尼人应该受到最严厉的惩罚，应该受到酷刑。"[120] 尽管他的命令只有内部人员知晓，但毫无疑问，内陆定居者肯定也会点头称是，因为其中很多人对印第安人抱有广泛的敌意。不过，他们同样憎恨殖民地官员不能稳定内陆关系，因此迅速自发组织了暴力行动。

这种暴力既是强势的象征，也是软弱的体现。英军自信满满地向前开进，以为绝对能战胜印第安人，这其实是一种幻想，体现了英国人的傲慢。就像华盛顿在大草原上的那次行军一样，班奎特和阿默斯特没有意识到，周围的冲突正在不断升级。就因为英国取得了巨大胜利，他们便认为自己拥有北美内陆的决策权。毕竟，英军取得了前所未有的军事成就，难道还管理不好战后的局势吗？他们可是为国王打下了一个横跨大陆，乃至全球的帝国！他们自然想着，弹药有限、吃了败仗的印第安人根本就是小菜一碟。[121]

在动荡不安的一年里，宾夕法尼亚将北美内陆面临的广泛挑战和最终影响体现得淋漓尽致。总督约翰·佩恩继承了其祖父威廉·佩恩（William Penn）的职位，而这块殖民地本身便得名于其祖父。[122] 曾几何时，威廉·佩恩的和平主义和宽容政策使得这块殖民地如此的与众不同。老佩恩还学会了莱纳佩语——"这样我在任何场合都不需要翻译"，并与许多部落领袖进行了无数次磋商。[123] 他负责监督殖民地的扩张，在复杂的部落间调停，在有多个帝国驻扎的地理环境中旅行。尽管这种做法经常被指理想化，却培养了印第安人和白人共存的模式。（P160）

1750年之前，宾夕法尼亚与萨皮克湾和新英格兰不同，并未出现由政府主导、驱逐原住民的做法，这里也很少发生印第安战争。这块殖民地在印第安事务方面的最大挑战在于，在敌对的印第安部落之间开展谈判，特别是易洛魁联盟，他们长期在阿勒格尼山以西享有公认的影响力，并一直持续到18世纪60年代。[124] 仅仅几年前，1758年10月《伊斯顿条约》（Treaty of Easton）签订时，即英国对杜肯堡发动进攻之前，易洛魁联盟、莱纳佩人和殖民地领导人就继续承认易洛魁联盟对阿勒格尼山以西土地的宗主权进行了谈判。[125] 此外，18世纪50年代一群"杰出的贵格会教徒",包括伊斯雷尔·彭伯顿(Israel Pemberton)在内,成立了"通过和平手段恢复和保持与印第安人和平的友好协会",谈判跨文化交流事务。[126] 因此,宾夕法尼亚的印第安政策与其他殖民地并不相同。

不过,有些事情发生了变化,改变了殖民地与印第安人的关系。许多人将其视为"革命性的变化",并评估了它们对随后几十年英国王室与殖民地冲突的影响。18世纪60年代的变化是理解美国独立战争的关键,而且这些变化主要体现在印第安事务方面。庞蒂亚克战争期间,这些变化通过暴力的形式表达出来。殖民地的一切都变了。

1763年康内斯托加大屠杀与种族暴力的蔓延

英国领导人制定了新政策，尝试改革。1763年，英法签署《巴黎条约》，同年5月，庞蒂亚克战争爆发，10月7日《1763年皇家宣言》颁布，这是英国王室首次尝试对北美内陆进行管理。从某种程度上而言，这份宣言是对庞蒂亚克战争的回应，尽管事后看来，它并没有实现既定目标。

讽刺的是，从英国的角度来看，庞蒂亚克战争不是为了将英国赶出北美，而是为了土地改革。如今，管理北美内陆土地成了"皇家"优先事项。《1763年皇家宣言》试图重新定义这片土地的使用和管理方式。有关这份宣言的详细规定以及最终失败，已有诸多论述。[127]据英国领导人称，为了稳定北美，需要在原法国领土上建立新的殖民地，并划定英国现有殖民地的西部边界。（P161）

北美内陆刚刚爆发了史无前例的大战，如今更边远的地区又爆发了与印第安人的战争。战争代价高昂，而且会滋生不稳定因素。将印第安人与殖民者隔离，同时对商业进行监管，成了"皇家"政策，而将土地所有权授予乔治·华盛顿等"最近在北美战斗中服役"的人，也是当时的"皇家"政策。[128]"其余土地"，从五大湖到佛罗里达，从密西西比河到阿巴拉契亚山脉，都保留给印第安人使用。[129] 对贸易征税、对土地改革进行管理以及对稳定的维护成为英国的战后政策。

随着税收、土地改革和法治成为现行政策，殖民地的民众开始变得焦躁和不满。1762 年，班奎特驱逐定居者的行为激怒了许多人。殖民地的种植园精英仍然需要想办法获得当局承诺的土地，因此感到十分沮丧。此外，殖民者认为伦敦方面没有认真聆听自己的诉求。

学者们一直关注殖民地对税收的不满。关于这一点的辩论，自《1764 年美洲税收法》①出台之后，便在北方的立法机关中传播开来。然而，与税收政策一样，内陆土地问题以及王室与印第安人的和解关系同样令定居者感到不满，其严重程度甚至超过前者。课税主要针对的是海港，而海港只占英属北美总人口的很小一部分。战争期间，无论是纽约还是费城，生活成本都翻了两倍，农民希望自己的农产品卖出更高的价格。[130]《巴黎条约》签署后，内陆农场稳定，定居者热情高涨，因此 1763 年定居者的恐惧主要来自对西部的担忧，而非东部。[131]

---

① 《1764 年美洲税收法》，又称《1764 年糖税法》，是英国议会于 1764 年通过的一项立法，该法案对输入北美的非英国食糖、糖浆、咖啡、棉布等课以重税，引起了北美殖民者的很大不满，间接导致了美国独立战争。——译者注

1763年底，恐惧情绪爆发，宾夕法尼亚陷入内战边缘。最受影响的是与殖民地结盟的印第安人。兰开斯特的爱德华·希彭（Edward Shippen）在当年6月给他儿子的信中写道，殖民者担心庞蒂亚克对西部的袭击代表着"一个消灭我们所有人的远大计划"。[132]

印第安人不值得信任，英国领导人也没有朝着外交方向努力。定居者谴责当局动用公共资金支持所谓的友好印第安人，却在保护白人方面无所作为。[133]许多人认为，阿默斯特对不断加剧的边境冲突负有责任，截至当年7月，1384名定居者被迫离开他们在宾夕法尼亚的农场。[134]正如希彭在信中写道，"阿默斯特应立即……派人前去。"希彭还提出建议："重金悬赏印第安人的头皮是镇压他们的最好办法。"（P162）他还说，兰开斯特的民兵也正在行动："尊敬的埃尔德（Elder）牧师写信给我……他希望我用这种方式激励同胞，雇一些人去守卫帕克斯顿的边境……（那里）下游的一个岛上有许多印第安人，他们的举止非常傲慢。"[135]庞蒂亚克战争带来的暴力，还有《1763年皇家宣言》颁布之后，当局政策对印第安人的所谓偏袒，引发了定居者的不满，一些边疆定居者自发组织起来，用暴力对付英国领导人想拉拢的印第安社区。换言之，他们现在不仅未经英国官员同意便动用暴力，而且还恐吓那些违抗命令的人。

12月14日，数十人前往阿勒格尼山脉东部的萨斯奎哈纳河沿岸，袭击了康内斯托加溪接受传教的印第安人。[136] 这些"印第安基督徒"与尼奥林基本没有任何关联，更没有参加庞蒂亚克在西边的队伍和洗劫英国堡垒。[137] 这次袭击中，6人被杀。希彭在给总督佩恩的信中说，其他人逃跑了，"比尔·索克（Bill Sawk）和其他一些印第安人去史密斯铁厂卖扫帚了""他们现在身在何处，我们也不知道。"[138]

民兵摧毁了房屋，杀害了手无寸铁的防御者。许多印第安人在这个已有3代人历史的镇上生活了几十年，莱纳佩人、易洛魁人和特定地区的原住民家庭都把这里当成避难所。每次有新的殖民地总督上任，这些原住民就会说："我们期待着您的支持和保护。"[139]

康内斯托加人以制作扫帚、篮子，以及做家仆和农场工为生，他们学会了写字和阅读英文，并参加周日礼拜。他们以为，那些合作的殖民地立法机关会保护自己，但是他们错了。那帮私刑者——以附近的苏格兰-爱尔兰定居点命名的"帕克斯顿男孩帮"，辩称自己发动袭击是为了自卫，理由是康内斯托加社区一直在援助内陆的原住民战队，危及了他们的定居点和家庭。[140] 对部落间贸易的担忧激起了殖民者的大屠杀。

12月底，这帮私刑者再次诉诸种族暴力，袭击兰开斯特监狱，屠杀了14名受到监狱长保护的康内斯托加人。有消息称，他们打算杀死宾夕法尼亚所有印第安人，帕克斯顿男孩帮因此声名大振,以至于他们认为自己能推翻殖民地首府的统治。

1764年2月,500名帕克斯顿男孩帮成员向费城进发,扬言将杀死在那里藏身的140名印第安人以及伊斯雷尔·彭伯顿,在他们看来,彭伯顿是同情印第安人的领头者。(P163)本杰明·富兰克林和其他殖民地领导人拦下了这帮暴民,听取了他们的怨言,并称只要他们打道回府,就可免罪。与此同时,市政府领导人也开始组织自己的民兵队伍。[141]这些人是生活在同一块殖民地的英国臣民,但他们来自不同的世界:内陆和海港。[142]

多年来,内陆定居者与东部领导人的紧张关系一直在酝酿。12月大屠杀之后的几周,这种紧张关系到达了顶点,当时内陆领导人发布了一份《边疆受伤居民宣言》,将怨恨都发泄到了立法领导人头上,另外,最近印第安人的袭击也难辞其咎。[143]

次年秋天,殖民地举行选举,这种分歧暴露无遗。富兰克林连任失败,部分原因是他支持与内陆部落开展外交,还出言谴责了帕克斯顿男孩帮。内陆社区的许多德国移民对费城人盘踞殖民地政治职位感到不满。根据路德教牧师海因里希·梅尔基奥尔·米伦伯格(Heinrich Melchior Mühlenberg)的说法,宾夕法尼亚历史上从来没有这么多人聚在一起参加选举。[144]自1764年起,内陆定居者要求获得更多的代表权和政治影响力,同时建立问责制。他们的政治文化逐渐改变了殖民地的治理方式,带来了新的政治语言。[145]

内陆叛乱分子违抗殖民当局的行为被免责。事实上,宾夕法尼亚的立法领导人,包括总督佩恩在内,一整年都在顺应这些人的要求。佩恩不仅承诺动员 1000 人支援内陆冲突,还于 7 月 7 日发布了一项声明,承诺"将给所有人……支付奖金和赏金,作为俘虏印第安人及剥去他们头皮的酬劳"。[146] 内陆的军事化政治文化如今已渗入殖民地的立法机关,将种族政治从外交转向了暴力。

在兰开斯特 14 名受害者的物品中,有一份"羊皮纸文件,据称是威廉·佩恩,即宾夕法尼亚的产权人,与萨斯奎哈纳河沿岸或周围的印第安人以及其他原住民之间的协议条款"。[147] 这份协议可追溯到 1701 年 4 月,当时殖民地领导人与原住民之间的协议尚能带来保障。但那些日子已经过去,很快,英国王室的统治也将成为过去。(P164)

分裂不决的殖民地与印第安人根深蒂固的暴力

殖民者对印第安人的仇恨是一种意识形态，他们认为印第安人比白人低下，因此理应受到无差别暴力对待。在这种意识形态被广泛接受的历史背景下，1763年和1764年12月的大屠杀成为世人公认的事实。更重要的是，它们加速了殖民社会的内部分裂。当时庞蒂亚克战争刚刚爆发，英国政府加重了对原住民的外交承诺，在不到14个月的时间里，帕克斯顿男孩帮发起的暴力事件引发了更大规模的暴动。

西部定居者与殖民地领导之间的鸿沟由来已久，只不过这道鸿沟如今变得更深，[148] 而且有可能带来前所未有的城市暴力。事实上，很少有殖民政府像费城在1764年冬天那样受到城内定居者的威胁。佩恩几乎每天都在发布公告，起草给英国官员的信函，并就不断蔓延的冲突的性质开展一系列调查。

在1月2日的公告中，佩恩提出悬赏200英镑，抓捕和起诉大屠杀的头目，但几乎没有任何效果。当局实力太弱，以至于佩恩决定将剩下的康内斯托加难民送往纽约寻求庇护。然而，总督卡德瓦拉德·科尔登（Cadwallader Colden）在奥尔巴尼拦住了这些难民，拒绝了他们的入境申请，因为他担心印第安难民入境会引发民兵的暴力行为。[149]1月20日，这批难民到达特伦顿（Trenton），接受英国士兵的保护。他们又冷又饿，身无分文，无家可归。事实上，死于饥饿和疾病的原住民比被帕克斯顿男孩帮杀害的还要多。他们很快又回到费城，住在兵营里，对这些一现身就会引发私下报复行为、让其他殖民地领导人感到厌恶的原住民来说，兵营不过是临时避难所。科尔登认为："他们是罪犯和贼子，是其他部落的逃犯，不可信任……对这个省的人来说，甚至对任何人来说，他们都是最令人讨厌的存在。"[150]

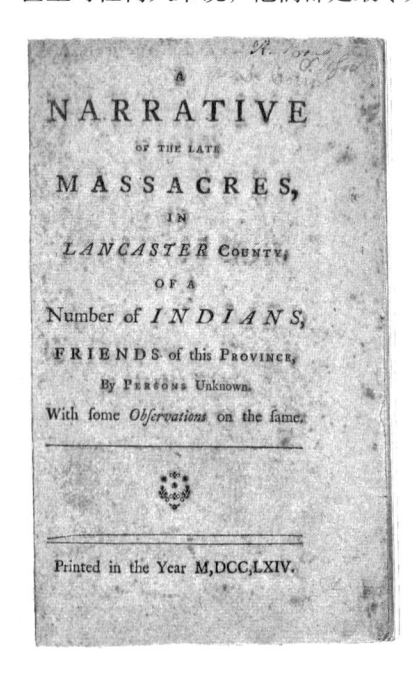

在这份于1764年出版，共30页的小册子中，本杰明·富兰克林谴责了1763年帕克斯顿男孩帮对康内斯托加印第安村民的大屠杀，认为该事件违反了威廉·佩恩与原住民部落建立的外交关系，是基督教信仰的耻辱，也是对英国王室的侮辱。然而，尽管公众强烈抗议，但没有任何肇事者受到审判。事实上，为了安抚进军费城追捕印第安村民的殖民地民兵，宾夕法尼亚的立法机构于1764年7月为实施追捕的人提供赏金，此举加剧了之后对印第安人的攻击行为，包括1765年黑脸男孩帮发动的多次袭击（经宾夕法尼亚州历史协会许可复制）

难民回到费城的消息传开，帕克斯顿男孩帮继续发出恐吓，称他们还有1000多名追随者即将进军费城，摧毁摩拉维亚印第安人。他们还威胁说，如有必要，他们会动员更多人。主张和平主义的贵格会教徒将被放过，除非他们横加干涉，但藏匿印第安人的家庭会被烧毁。[151]民间冲突和更大规模的暴力正在酝酿之中。

作为知名新闻从业者和选举领袖，富兰克林支持的是殖民地领导人及其背后的君主制。"富兰克林博士"是他在英国获得的荣誉学位，该头衔本身就体现了他的忠诚，对许多人来说，这也是他贵族倾向和精英意识的标志。[152]佩恩发布针对私刑者的公告时，富兰克林写了一篇文章，讲述"我对英国及当地朋友的爱"。他在一封信的结尾表达了"对陛下未来统治的信心，我预言这个未来必将充满幸福和荣耀"。[153]和总督佩恩一样，富兰克林憎恨暴徒的暴力行为，信奉法治。为了阻止私刑者，他还利用信任的报纸来宣扬自己的观点。（P166）

当康内斯托加印第安人穿越冬季的北美大地，富兰克林写了一本慷慨激昂的小册子。怀抱如此写作激情的并非他一人，当时关于康内斯托加印第安人大屠杀，还有帕克斯顿男孩帮进军费城的出版物多达63册，富兰克林的只是其中之一。[154]例如，《有关兰开斯特最近几起屠杀事件的叙述——本省部分印第安朋友被身份不明肇事者杀害》（*A Narrative of the Late Massacres, in*

Lancaster Country, of a Number of Indians, Friends of this Province, by Persons Unknown），是美洲殖民地少数几篇指控殖民者仇视印第安人的文章之一。[155] 该文指责了富兰克林的同胞——宾夕法尼亚人的道德沦丧，同时对"英国王室部队的公正和慷慨行为"赞不绝口。政府召集这些部队来保护剩下的140名康内斯托加人，"这些人正在为自己的生命瑟瑟发抖"。富兰克林总结说，英军提供的保护"使军队受到民权机构的爱戴"。[156]

富兰克林写道："康内斯托加人的唯一罪行似乎就在于，他们的皮肤是棕红色的，头发是黑色的。"他愤怒地要求出示这些印第安人涉嫌参与庞蒂亚克战争的证据："我公开呼吁这些指控的发起者和传播者提供证据……年幼的男孩女孩能做什么？嗷嗷待哺的婴儿能做什么？以至于要被开枪打死？被斧头劈死？"富兰克林总结说，这样的行为"不该出自任何文明国家之手……（尤其）不该针对它们的朋友"。[157] 这本小册子于1764年初印刷出版，之后广为传播，并收录在富兰克林的著作中。他阐释了北美内陆"基督教白皮肤的野蛮人"普遍的种族仇视，这些人的暴力行为跨越宗教界限，成为占主导地位的政治力量。[158]

庞蒂亚克战争与内陆定居点的政治文化

帕克斯顿男孩帮没到费城就散伙了。他们与富兰克林以及其他殖民地领导人在日耳曼敦（Germantown）召开了一次会议，之后便解散了。然而，他们没有消失。内陆的政治文化正在形成，这种文化鄙视印第安人，也鄙视东部支持他们的官员。佩恩写信给盖奇，要求增派军队平息动乱。但盖奇于11月接替阿默斯特，负责管理整个英属北美，因此他对除暴安良没什么兴趣。盖奇在1764年的主要任务就是对付庞蒂亚克，而不是处理内部事务。（P167）

盖奇在北美待了10年。这10年期间，他经历过战争与和平，如今又开始了备战工作。被召回国之前，阿默斯特曾敦促说，内陆的印第安人没有被施加"足够的惩罚"，并且他们的领导人被捕或被处决之前，不要与他们和解。[159]由于大多数内陆堡垒被摧毁，盖奇在1764年的战役中付出了高昂的代价。宾夕法尼亚不得不安抚当地定居者的不满情绪。

盖奇坚持优先通过外交手段来解决内陆事务，其态度体现了英国领导人的承诺。在他看来，民事权力应该由总督来行使，帝国事务的管理也需要内陆的稳定。讽刺的是，这位指挥官未来几年却因殖民地的分裂而苦恼不已。针对印第安事务的暴力升级，在整个社会引发了更多冲突。英帝国和原住民的关系很快出现矛盾。印第安联盟和英国指挥官将矛头指向了彼此，而不是北美大陆最具威胁性的群体——英国定居者。

庞蒂亚克战争激起了宾夕法尼亚定居者的集体行动，促进了他们日益增长的自我认同。1760年后，边境定居者认为自己与北美东部定居者不可同日而语，因为双方的经历和条件不同。他们嘲笑说，东部的人"虽然是同胞，可他们远离危险，坐享其成，不知道我们经历的痛苦"。[160]边境定居者对权力集中也持不同看法，并逐渐产生了怨恨。乔治·克罗根指出，"可以肯定……那些桀骜不驯的定居者不会尊重任何权力"。[161]

自1764年起，盖奇便低估了自发武装分子的力量，也低估了有组织的反叛力量。阿默斯特在庞蒂亚克战争中吃了败战，因此被召回，而10年后，盖奇也在莱克星顿战役和邦克山战役结束后被解职。短短10年的时间里，内陆政治和定居者叛乱让英国两员大将失意而归。

庞蒂亚克战争的危机不仅推翻了英国军官的统治，也摧毁了北美内陆的外交结构。《1763年皇家宣言》，还有内陆原住民部落曾公认的权威，全部在战争中遭到践踏。虽然盖奇、纽约的威廉·约翰逊爵士以及克罗根等内陆贸易商兼外交官以贸易和外交为重，但帕克斯顿男孩帮和其他叛乱者找到了新的办法。[162] 换言之，定居者抛弃了官员们制定的外交解决方案，自发组织起来，用暴力为自己开路。他们推翻不受欢迎的立法领袖，切断帝国供应品的流通，同时开始建立民兵队。（P168）

1763 年 12 月，定居者叛乱在康内斯托加爆发。1764 年，参与者在费城举行了多次示威活动，并一直持续到 1765 年。盖奇原本以为，英国终于在五大湖地区实现了和平。底特律的围困于 1763 年末结束，庞蒂亚克开始停火谈判。1765 年初，克罗根接到命令，前往皮特堡装载物资，准备与庞蒂亚克开展 5 次会谈，这些举措将标志着战争的结束。[163]

可是，和平前景引发了定居者的恐惧。与印第安人和平相处，让他们感到担忧，而不是欢喜。因为任何形式的外交都表明，印第安人将继续保持自治。1765 年 2 月，克罗根抵达皮特堡，抱着乐观态度，筹备召开该地区的印第安领袖会议。他希望恢复一度中断的贸易伙伴关系，巩固英国在内陆皮毛贸易领域的垄断地位。他和其他官员认为，和平、贸易和安全将带来稳定和持续的收入。然而，他们错了。定居者正在酝酿一场革命，最让他们不满的是英国承诺重新为印第安人提供物资。

新的叛乱者不再打着帕克斯顿男孩帮的旗号，而是号称黑脸男孩帮，因为他们"像印第安战士一样，把脸涂成了红色和黑色"，其领头人詹姆斯·史密斯后来回忆说，他们这样做是为了灌输"印第安纪律，因为当时别的办法都不起作用"。[164] 他们的核心信念是，印第安人在这片土地上没有立足之地，他们愿意为了这个信念去杀戮。就像帕克斯顿男孩帮曾狂暴地杀戮印第安人一样，黑脸男孩帮没把英国当局放在眼里，并诉诸了暴力手段。[165] 他们袭击了印第安人以及提供物资的英国官员。更重要的是，这些定居者担心卷入另一场旷日持久的战争。正如史密斯总结道："边远地区没有得到国家的任何援助。"[166] 这些地区的定居者担心冲突重新爆发，于是组织起来，奋起反抗，用暴力自谋出路。像两年前的尼奥林和庞蒂亚克一样，他们相信的是激进的改革，而非温和的改革。

与所有革命者一样，黑脸男孩帮通过暴力建立了新的政治形式。然而，这帮人的暴力表达方式并不寻常，他们不仅打扮得像印第安人，还使用游击战术，因为经过前 10 年的战争，许多人有了这方面的经验。对他们来说，七年战争从未结束。庞蒂亚克战争之后，他们担心所谓的"第三次印第安战争"。[167] 他们对印第安人的恐惧变成仇恨，并很快以革命浪潮的形式席卷而来。

（P169）

"为了服务人类的敌人"：美国独立战争的土著起源

在整个内陆地区，出版文化煽动了叛乱。从费城到皮特堡的福布斯路上张贴了许多公告，士兵临时搭建营舍，呼吁定居者团结起来，"不要向印第安人提供弹药等物品"。[168] 这条 300 英里长的道路穿越了苏格兰—爱尔兰定居者日益增多的定居点，吸引了数万名西部移民。[169] 沿途有很多酒馆，供旅行者歇脚，此外还有很多堡垒。整条道路蜿蜒通向皮特堡，乔治·克罗根正在那里等候，这时是 1765 年 3 月。

克罗根在内陆生活了 20 年。为了生存，他在工作过程中跨越了种族、语言和政治分歧。就像之前的几次任职一样，他在皮特堡外的新住所也出现在了殖民地的地图上。自战争爆发以来，克罗根的地位提升了。1764 年的大部分时间，他都在英国会见国家官员，讨论土地投机的前景，听取有关庞蒂亚克战争的看法。他听到很多失望的声音，纷纷指责军队应对不力。他写道："阿默斯特将军的行为受到了所有人的谴责，在报纸上也被猛烈抨击。"[170]

阿默斯特和庞蒂亚克对内陆局势失衡的看法代表着两个极

端。克罗根如今独担大任，负责恢复战前局面。回到北美之后，他打算召开一场会议，结束庞蒂亚克战争，为动荡的北美内陆带来稳定。为此，他在费城集结了一支运输队，安排了 80 多匹驮马运输贸易品。这是北美殖民地历史上规模最大的外交努力之一。[171]

这支运输队装载着布料、贝壳串珠、珠子、刀具、酒精和弹药，这些是用来保证帝国安全的物品。与过去一个世纪一样，贸易品是内陆人民的命脉。从某种程度上来看，英法七年战争和庞蒂亚克战争都是贸易纠纷引起的。在英帝国的授意下，克罗根回到北美内陆交付货物。所有人都知道，这些货物是实现和平的必需品。没有贸易，言辞是空洞的。没有交换，和平就是一种幻觉。

自 3 月 6 日起，一些武装叛军劫持了运输队，烧毁商品，强迫贸易商返回，甚至围攻了该地区的英国堡垒。（P170）这些人是叛乱分子，而不是窃贼或"强盗，他们就是这样称呼我们的"，史密斯写道。[172] 他们的目的不是掠夺，而是阻止印第安人获得贸易品，特别是弹药，以防"印第安人获得供给，对边境居民造成巨大危害"。[173] 就像帕克斯顿男孩帮一样，黑脸男孩帮试图摧毁一位领导人口中的"独立联合体"。在所有人当中，印第安人"是最危险的敌人"。[174]

整个 3 月，宾夕法尼亚西部爆发了多起袭击和小规模战斗，局面一片混乱。很少有官员理解定居者的不满情绪，或认真对待他们背后的力量。例如，6 名黑脸男孩帮的成员被捕后，在史密斯的领导下，几百名成员于 3 月 9 日包围了劳登堡（Fort Loudon）。[175] 堡垒指挥官查尔斯·格兰特（Charles Grant）中尉非常了解北美战争，他本人曾围攻魁北克和蒙特利尔，明白围攻会引发什么后果。格兰特没有多加考虑，与史密斯进行了谈判，问对方："带着这么一大群人来国王陛下的堡垒做什么？"得知对方来解救囚犯，格兰特感到惊讶，又问，如果囚犯"被送到卡莱尔，并由国王的军队护送"，史密斯又会采取什么行动。史密斯回答说："如果不交出囚犯……他们决心与军队开战，战斗到最后一人为止。"[176]

格兰特不确定自己在刑事方面的管辖权，于是释放了 6 名被羁押的人，还换回了史密斯扣押的几名侦察兵。这次无罪释放，还有随后的宽容，让黑脸男孩帮更加肆无忌惮，因为这似乎意味着他们公然藐视帝国权威的行为得到了默认。整个 3 月，史密斯继续袭击英国士兵和军官。格兰特"拒绝"交出"大量步枪……我们俘获并扣押了他，直到他交出武器为止。我们还破坏了贸易商储存（在堡垒里）的大量火药，以免这些军火被私自转移到印第安人那里……国王的军队和我们的队伍已经完全脱离了内战的轨道，双方都做了许多不可原谅的事情"。[177]

总督佩恩希望恢复当地的法治，他于 4 月抵达卡莱尔，召集大陪审团起诉那些拦截贸易物资的人，但他失败了。陪审团发现"没有足够的证据给任何人定罪"，甚至还提醒法庭，他们对印第安人也抱有敌意。[178]总督没有实现预期的正义，反而收到了内陆独立的确切消息。接下来的几个月里，黑脸男孩帮检查了所有西行的车辆，以查找弹药和其他"战争物资"。他们甚至颁发了自制的通行证。[179]

英国在北美内陆的权力基础开始瓦解，新兴的定居者主权开始形成。[180]定居者通过外交手段、法律论证和集体暴力来实现目标，确立自己的合法性。这种主权自庞蒂亚克战争的第一年开始萌芽，逐渐发展成为新的政治运动。（P171）它不仅非常独特，而且不断壮大，矛头更是直指英国士兵。当时佩恩的一位盟友对宾夕法尼亚政府的权力嗤之以鼻，称其"根本没有常备军来执行法律，支持政府"。[181]

禁止内陆贸易，削弱海港精英的权力，驱逐印第安人，构成了新兴政治文化的基础，一位学者将其称为"大众宪政主义"。[182]这是一种暴力政治文化，在这种文化中，最好的谈判是通过武装冲突开展的。

英帝国在北美的衰落始于宾夕法尼亚边境，即1765年3月5日，史密斯发动第一次袭击之际。[183]威廉·佩恩的"和平王国"已经终结，取而代之的是分裂和争议不断的政治景观。内陆地区的定居者创作诗歌来歌颂黑脸男孩帮，比如爱尔兰人乔治·坎贝尔（George Campbell）创作的一首颂歌这样写道：

> 边境居民对（英国贸易政策的）疯狂感到震惊，于是联合起来，与勇敢的人一起，阻止这些政策的进程……
>
> 1765年3月5日，送给印第安人的礼物到了，队伍浩浩荡荡……
>
> 一些爱国人士发动突袭，像闪电一般，迅速掀翻对方的货物，点燃了林中的营火，基本上烧毁了整个队伍。
>
> 劳登堡的人听到消息，几乎茫然无措……
>
> 最终他们派出一些士兵……抓捕了一些人……投入监狱。
>
> 但意志坚定的人认为，很多邻居被抓捕，就因为莫须有的罪名。
>
> 他们加入了一个战斗团体，迅速向劳登堡进发，不用任何欺骗或伪装手段，光明正大地将狱卒囚禁，直到我们的朋友被释放。
>
> 无论人们最终是指责，还是赞扬这种鲁莽行为，都言之有理。诚然，任何法律都不容许烧毁邻居财产的行为，可要是这种财产用来为人类的敌人服务，就成了严重的叛国罪。[184]

1765 年之后

有关美国独立战争起源的辩论，就像秋天的落叶一样，既丰富又多彩，而且随着时间变化而变化。在这场革命的起源中，波士顿仍然占据着重要地位。（P172）几代人以来，这座城市一直被视为1765 年8 月第一次有城市组织"暴动"的发生地，在这次暴动中，殖民者组织起来抗议糖税和印花税。[185]1770 年3 月的波士顿惨案①的爆发，是美国独立战争的标志性开端，也是革命的试金石。[186]

虽然这类历史叙述偶尔会提及印第安人和内陆叛乱，但它们没有动摇美国独立战争起源的主要观点。几乎在所有的叙述中，这场革命都起源于北美的海港城市，而启蒙思想中的自由、美德和自我代表仍被视为推动美国独立的主要力量。（P173）事实上，正如伯纳德·贝林（Bernard Bailyn）所言，"可以认为，启

---

① 波士顿惨案是指1770 年3 月英国殖民当局屠杀北美殖民地波士顿居民的流血事件，当时5 名居民被英军杀死，殖民地民众为此奋起反抗。该事件与印花税条例、唐森德条例、波士顿倾茶事件一起构成美国独立战争的一系列导火索。——译者注

蒙思想是美国独立战争爆发的根源,也塑造了其后果和结局……这场革命之所以爆发,既不是因为社会不满或殖民地经济动荡,也不是因为不断加剧的苦难。"[187]

这些历史记录有诸多讽刺之处,其后续影响导致美国印第安人在这段历史中的地位被持续误解。例如,1776 年 7 月 15 日,即《独立宣言》发表后的第 11 天,宾夕法尼亚人继续推进内陆自发武装组织开启的革命进程。他们起草了自己的第一部宪法。本杰明·富兰克林当选为领导人,毕竟他 10 多年来一直致力于弥合殖民地各港口和定居点之间的社会分歧,厥功至伟。

1776 年 9 月底,宾夕法尼亚宪法在费城制定,既体现了内陆的 10 年战乱,也体现了对中央集权和远距离统治的不信任。[188] 大街小巷纷纷对这部宪法的颁布表示庆祝,并在周日的礼拜仪式上进行颂扬。该宪法让费城作为道德高尚之地的国际声誉日益高涨,正如后来法国作家约瑟夫·切鲁蒂(Joseph Cérutti)所言,许多欧洲人认为费城理应"成为世界的首都"。[189]

西部居民选择黑脸男孩帮领袖詹姆斯·史密斯作为代表,参加制宪会议。其同伴约翰·穆尔(John Moore)也参加了会议,并被指派到一个委员会,负责起草宾夕法尼亚的"权利宣言"。新政府行使权威,"是为了保护人民、国家或社区的共同利益和安全。而不是为了任何个人、某个家庭或一群人的特殊利益或好处"。[190]

这部宪法体现了北美几代人对权力集中式家族、贵族和君主权威的担忧，颠覆了英国殖民政府的合法性。王权不再至高无上，因为根据"主权在民"原则，权力归宾夕法尼亚的人民所有。（P174）"人民"将选举自己的代表、治安法官和领导人。[191]

富兰克林在1764年1月写道，"疯狂的武装暴民"塑造了该地区的许多政治理念，他们的主要目标是"宾夕法尼亚议会及其朋友"。[192]10年后，这个有着百年历史的议会不复存在。[193]一众领导人成立了新政府，并采用一套经过改进的论点和政策，其目的是吸引所有白人男性的支持，无论其种族、语言和宗教分歧如何。[194]尽管存在各种分歧，但他们现在都是"人民"。宾夕法尼亚的政治权力结构已被颠覆，更准确地说，是经历了革命的洗礼。[195]

成立新州、在战争中保持团结、建立"更完美的联盟"，诸多难题仍然摆在史密斯、穆尔、富兰克林以及其他人面前，如托马斯·杰斐逊。1776年7月，杰斐逊也在费城，一同宣布了美国的独立。11年后，许多人再次回到这里，参加另一次制宪大会，持续讨论和确定印第安人在新联盟中的地位。（P175）

6

Colonialism's Constitution
The Origins of Federal Indian Policy

The white Americans...have the most rancorous antipathy to the whole race of Indians; and nothing is more common than to hear them talk of extirpating them totally from the face of the earth, men, women, and children.

—*J. F. D. Smith*（*1784*）

殖民主义宪法：
联邦印第安政策的起源

美国白人……对整个印第安种族都怀有深仇大恨。人们常常听到他们说，要彻底将印第安人从地球上消灭，男女老少都不放过。

——*J. F. D. 史密斯*（*1784 年*）

1783年2月《巴黎条约》承认了美国的独立。同年年底，最后一位美国将军完成服役。12月23日，经过8年的战斗之后，乔治·华盛顿放弃了对大陆军的指挥权，前往国会递交了辞呈。[1]12月初，他监督英军最终撤离纽约，然后解散了部队，让士兵回到了农场。他上一次去弗农山庄（Mount Vernon），已经是6年前。[2]

　　尽管1783年举行了许多庆祝活动，对这位将军来说却是艰难的一年，对他手下士兵来说更是如此，鞋子、火药和毛毯都是稀缺品。[3]一想到自己在七年战争期间为了获得内陆土地而经历的种种困难，华盛顿厌倦了为士兵争取补偿的努力，许多人已经两年多没有拿到报酬了。1783年的"危机"每天都在加深。[4]5月，华盛顿解释说，比起聚在一起愤愤不平，不如一分钱也不领，直接回家。[5]跟任何形式的权力集中一样，愤怒的退伍军人聚在一起，会对合众国的自由造成威胁。圣诞节临近，华盛顿最终解散了军队，最后一次以将军的身份骑马出行。（P176）

　　自从他在大草原第一次参加战斗以来，这片土地发生了许多令人困惑不已的变化。将近 30 年的时间里,华盛顿参加了无数场战斗,其中数千名法国士兵、英国士兵、殖民地民兵和原住民士兵丧生。在他的指挥下,4000 多名殖民地士兵在革命期间殒命。[6] 1781 年 10 月,7000 名英国士兵在约克镇投降。这是华盛顿第一次接受敌人的正式投降。之前,他一直生活在战败的阴影下,眼睁睁看着士兵和非战斗人员挨饿受冻,甚至死去。在经历了两次灾难性的战争和两个帝国的崩溃后,至少对殖民地定居者来说,和平终于到来。

虽然与英国的战斗已经结束,但其他类型的冲突还在继续。国会尤其遭人诟病,甚至在《巴黎条约》签订之前,新政府就不受人待见,而且不仅没有领到报酬的士兵这样认为,许多当选的国会议员也对其低效感到震惊。[7] 会议取得的进展微乎其微,辩论持续不断,尤其是对财务问题的担忧,影响了所有决策。曾经的英属殖民地如今获得了独立,但远远谈不上团结。

暴力和抗议也困扰着这个新的合众国。华盛顿退休时,费城的抗议活动不断加剧,国会只好迁往安纳波利斯①(Annapolis)。[8] 仅 7 个州派出代表团,迎接曾经浴血奋战、赢得国家独立的英雄,马里兰州的代表根本没有出席。托马斯·杰斐逊在 1784 年 1 月 1 日给詹姆斯·麦迪逊的信中写道:"马里兰州几乎从不出席

---

① 安纳波利斯是美国马里兰州的首府。——译者注

会议，我们现在也不指望他2月份会出席。"[9]华盛顿数十年的浴血奋战、约克镇的胜利以及撤离日的庆祝活动，都不足以吸引法定人数参加合众国的立法机构会议。

对许多人来说，新联盟不仅效率低下，而且似乎注定要失败。杰斐逊还说，出席国会的州不到9个，"我们什么都做不了"。[10]会议搞不好会产生世袭领袖或君主。正如波士顿商人本杰明·塔彭（Benjamin Tappen）写给未来国务卿亨利·诺克斯（Henry Knox）的信中所说，某种形式的专制主义是"绝对必要的，可避免国家陷入最悲惨的境地"。[11]不仅国会备受指责，而且对州领导层的普遍"厌恶"也进一步破坏了国民对政府的信心。[12]

尽管存在种种不确定性，但华盛顿理解，眼前这戏剧性的一幕是必要的。进入安纳波利斯时，他受到了一大群市民的热烈欢迎。在戎马生涯的最后时刻，围绕在他身边的是这些市民，而不是国会议员。他后来写道，为"伟大事件"（即独立战争）正式画上句号，是必要的。革命的结束需要仪式，需要主角退出"军事舞台"，正式谢幕。[13]他衣着整洁，仪式规范，递交了辞呈，然后回到弗农山庄过起了退休生活。美国如今实现了独立，未来将通过人民的讨论和决策来治理。（P177）

托马斯·潘恩（Thomas Paine）在《常识》（*Common Sense*）中将1776年的精神比作"新世界的诞辰"。[14]许多人已经忘了，这种精神的诞生是多么来之不易。英国承认美国独立后，这个国家遭遇了一连串意想不到的挫折。约克镇投降后，战斗仍在继续。1783 年，迁徙的人数超过了以往任何时候，不仅包括依然驻扎在东海岸各地的英国士兵，还包括他们成千上万的印第安盟友，比如驻扎在加拿大东部英国堡垒的易洛魁士兵。那些曾与英国人并肩作战的人现在要去何处寻求庇护？这些"忠诚分子"该去哪里寻找安全？

迁徙的人还包括近 6 万名殖民者，以及数以千计、随英国军队寻找自由的奴隶。[15] 其中包括从弗农山庄奴隶住所逃跑的哈里·华盛顿（Harry Washington）。令华盛顿将军感到沮丧的是，哈里于 5 月离开美国，前往新斯科舍（Nova Scotia）。他在哈利法克斯潮湿的郊外生活了 8 年，后来加入了 1000 名前往塞拉利昂（Sierra Leone）的非裔美洲难民队伍。[16] 这支队伍包括孩童时期就被从非洲掳走的前奴隶，其中有一名百岁老人。这位老妇曾在中部航道的奴隶贩卖中活了下来，希望"自己的尸骨"能葬在出生的土地上。[17] 对苍茫众生来说，战争确实颠覆了他们的世界。

在美国独立战争的影响下，弗吉尼亚、新斯科舍和塞拉利昂跟外界产生了新的联系。整个 18 世纪 80 年代，这种联系不断增强。对那些曾希望在广阔无比的英属殖民地寻求自由和机遇的人来说，这片土地变得更广阔了。如今，数不清的人涌入了美国内陆地区。

战争甚至还没结束，数千名移民便涌入了肯塔基（Kentucky）。在跨阿巴拉契亚山脉西部，他们将切罗基人（Cherokee）、肖尼人和其他原住民的狩猎地据为己有。[18] 正如之前的半个世纪一样，原住民的内陆海将基本决定这个新合众国的命运走向。从印第安人的抵抗，到新国家法律和政策的执行，再到内陆土地的争夺，这些塑造了美国政府的最初轮廓和最终结构。[19]

内陆地区的殖民化摧毁了原住民的日常生活，也促成了美国政治权力的集中。独立战争之后，美国政府开始剥夺原住民的土地，这些相互交织的过程促进了美国的形成。土地剥夺持续了几代人，奠定了美利坚合众国的早期基础。（P178）

尽管人们在1783年尚不明确，但美国宪法确认了联邦政府对原住民部落（以及整个美国）的无上权力和主权。从一定程度上来说，对内陆土地的争夺，还有与原住民部落不可调和的矛盾，让美国的开国元勋放弃了根据《邦联条例》设立政府的愿望，并于1787年采用了新的立宪政体。这种改变源于内陆权力集中的斗争以及此后殖民主义的扩展过程。

革命改变了每个人的生活，但对有些人来说，包括返乡的弗吉尼亚士兵，空间却变小了。服役多年之后，许多人回到了弗吉尼亚的小规模家庭农场和种植园。像华盛顿一样，他们安定下来，投入熟悉的农业生产环境中，周围要么是自己的奴隶，要么是别人的奴隶,对这些人来说,独立战争只吹来了一丝微弱的解放之风。[20]弗吉尼亚人集中居住在种植园为主的县及家庭农场,他们如今组成了美国最大的州——弗吉尼亚州。在华盛顿、詹姆斯·麦迪逊、托马斯·杰斐逊、詹姆斯·门罗和其他领袖的带领下,他们现在成为这片辽阔土地的主人,未来的岁月将决定这种主权意味着什么。

美国印第安人与独立革命时期的美国

对原住民来说，美国独立战争既非开始也非结束，因为这场革命的余波没有带来任何和平的迹象。在整个美国东部，革命又延续了一代人的时间，带来了破坏、死亡和疾病，让人们流离失所。对无数印第安村民来说，革命让食物和贸易品的获取更加困难，人们也更加居无定所。成千上万的原住民士兵在冲突中丧生，其中绝大多数是作为英国的盟友参战。实际上，殖民地领导人曾将矛头指向英国的原住民盟友社区。[21]

在整个易洛魁联盟以及内陆南部，美国独立进一步加剧了原住民在革命期间遭受的失败。数千名切罗基人、克里克人（Creek）和易洛魁士兵在保卫家园时丧生，其他人则逃往邻近地区，或者完全放弃了狩猎地。[22] 与英国的结盟失败，目睹英国权力被迅速削弱，原住民社区放弃了对很多土地的主权。留下来的人发现，自己已被定居者包围。在革命的10年里，内陆原住民社区遭受了无比深重的苦难。（P179）

大陆军①在1779—1780年对易洛魁的入侵具有决定性的影响。自尚普兰第一次尝试攻下易洛魁以来，已经过去了近8代人的时间，白人士兵终于占领了易洛魁联盟的中心村庄。尽管1615年尚普兰对易洛魁的最后一次入侵使他负伤，从此心灰意冷。但1780年，美国将军约翰·沙利文（John Sullivan）摧毁了数十座易洛魁城镇、数百座长屋，还有数千蒲式耳的玉米、豆子和南瓜。不仅如此，美军还连日焚烧易洛魁人的庄稼。[23]

这种焦土战术迫使数百户易洛魁人逃到英国人的堡垒寻求庇护。恶劣的居住条件，再加上忍饥挨饿，夺去了更多易洛魁人的生命。奥农达加的一位酋长报告说，美国士兵犯下了谋杀和强奸的罪行："他们杀死了所有妇女和儿童，但带走了一些年轻女子供士兵享乐。"[24]

切罗基人也遭受了类似的苦难。其领袖报告说，参与独立战争的军队"手上沾满了我们许多妇女和儿童的鲜血，他们烧毁了17座城镇，摧毁了我们所有的物资，我们和家人几乎被活活饿死"。[25]饥荒笼罩着这片土地，根据1785年《霍普韦尔条

---

① 大陆军是美国独立战争期间英属北美殖民地的军事力量，于1775年6月14日根据大陆议会的决议建立。整个战争期间，乔治·华盛顿任唯一总司令。——译者注

约》①，切罗基领袖被迫承认自己"受美利坚合众国保护，不受其他任何主权国家保护"。[26]

邻近的克里克印第安人也遭受了重大损失。他们与英国人的联盟同样以悲剧告终。战争结束时，佐治亚的行政长官评论了克里克人最近的惨状："他们的白骨遍地……他们的妇女成了寡妇，孩子成了孤儿。"[27]与易洛魁人和切罗基人一样，独立战争加深了美国对这些土地和社区日益增长的权力。很快，之后的条约进一步巩固了定居者的权威。

然而，这些失败并不意味着被剥夺。毕竟，原住民社区和联邦政府之间的条约仍然有效。1783年，国会在最初的一批法案中通过决议，规定"应该确定和建立合理和必要的……财产界限，以区分美国和印第安人的财产"。[28]1787年，这些条约成为美国宪法中的"最高法律"。此外，尽管流血事件时有发生，但除了最初的13块殖民地外，原住民仍然控制着北美的大部分地区。（P180）截至1783年，北美大片土地仍然是印第安部落的家园。[29]从五大湖到密苏里河，再到佐治亚的内陆地区，"独立的

---

① 《霍普韦尔条约》是指美国联邦政府于1785年和1786年与切罗基、乔克托和奇克索3个印第安部落谈判所签订的3项条约。霍普韦尔条约规定了印第安人不同部落之间、印第安人与白人之间的边界；明确这3个部落隶属联邦政府，其贸易由联邦政府管理等。这些条约表明上为这3个部落提供了保护，并承诺未来不会在部落土地上定居，但白人定居者对条约领土的侵占已经开始，未来的条约将进一步缩小这3个部落的土地。——译者注

印第安人"仍然拥有控制权。[30]

1776年,很少有定居者跨过俄亥俄河,更不用说在后来被称为"西北领地"的地区建立定居点了。事实上,许多人认为俄亥俄河为北美定居者与五大湖地区提供了必要的天然边界。许多人还认为,该地区在《巴黎条约》中的界定仍然不清楚,尤其是英国官员仍驻扎在五大湖地区的情况下。[31]正如印第安部落联盟的领导人在1786年的底特律对国会代表所言:"我们再次请求你们……命令你们的测量员和其他人停止越过俄亥俄河。"[32]在独立战争10年期间,俄亥俄河地区仍然充满了不断加剧的冲突。1782年3月,在格纳登胡腾大屠杀(Gnadenhutten Massacre)①中,内陆民兵杀害了当地皈依基督教的印第安人,凸显了该地区毫无约束的暴力倾向。[33]

在随后的10年里,许多人坚持认为俄亥俄河是一种地理和政治意义上的边界。1792年,被美军俘虏的印第安妇女坚持认为,俄亥俄河是她们北方土地与美国南方土地之间的边界。[34]尽管沙利文对易洛魁发起了一系列军事行动,许多北部领土被征服,但并没有纳入美利坚合众国。在美国建立一个半世纪之后,奥尔巴尼仍然是殖民地最北端的政治中心,长居在此的殖民官员

---

① 格纳登胡腾大屠杀是指1782年3月8日(美国独立战争期间),来自宾夕法尼亚州的美国民兵在大卫·威廉姆森的指挥下,杀害96名和平主义摩拉维亚印第安人(主要为莱纳佩人和莫西干人)的事件。——译者注

与易洛魁人保持着长期联系。因此，虽然殖民的阴影困扰着印第安社区，但几乎没有哪次征服真正将原住民的土地纳入美国版图。美国独立战争动摇并摧毁了原住民在北美内陆的大片家园，减少了这里的人口，但这场战争并没有征服他们。[35]

此外，独立战争之后，似乎一切都飘摇不定。正如国会频繁地更换地点一样，美国政府的形式和未来似乎也不明确。根据《邦联条例》，这个政府的结构是无效的，不仅没有足够的收入来维持常备军，也没有征税的权力来保证收入。在印第安事务方面，《邦联条例》赋予了联邦政府权力，对居住在任何州辖区之外的印第安人进行管辖，但其他方面并无明确规定。[36]《邦联条例》并没有给予联邦政府足够的支持，反而施加了更多的限制和束缚。（P181）亚历山大·汉密尔顿（Alexander Hamilton）在1782年写道，只有更强大的国家政府才能克服"各州的偏见"。然而，国会仍然深陷债务、争论和失望的泥潭。[37]政府无法召集足够的人数出席会议，更糟糕的是，1786年迁往纽约后，国会只有15%的情况下达到了法定出席人数。[38]

由于无法统治内陆土地，法兰西帝国和英帝国在北美东部崩溃了。这两个帝国都拥有海军、陆军、殖民地、城市、国库支持和多样化的经济，[39]他们还有优越的税收、交通和通信系统。[40]然而，当时的美利坚合众国没有这样的条件，甚至连想都不敢想。直到18世纪70年代，费城和纽约的规模才得以超过哥伦布时期的城邦卡霍基亚①，而且没有哪个美国海港能与巴黎或伦敦的规模以及影响力相提并论。在这些老牌帝国中，政府部门负责管理经济，统治农业人口，还拥有众多官僚机构，包括有数百年历史的监狱和司法机构、警察和巡警部门、土地管理和海关办事处。[41]

到了海上，这种差距更加明显。英国和法国控制着遍布全球的殖民地、港口和航海办事处，美国海军要经过一个多世纪才能与二者抗衡。此外，独立战争之后，美国的常备军缩减到了625名士兵，而且这些士兵薪水微薄，供给不足。[42]一个刚刚独立、以农业为主的国家，权力如何才能超过英国和法国？有关国家权力的种种问题困扰着这个年轻的合众国。

---

① 卡霍基亚位于北美洲，大约公元1100年，卡霍基亚的居民达到3万人。18世纪末，北美东北部人口开始大幅增长之前，伊利诺伊的卡霍基亚一直是北美最大的城市，有发达的商业和先进的建筑。——译者注

内陆印第安人的土地与美国联邦主义的起源

虽然相比其他帝国，当时的美国处于劣势，但印第安土地为美国的经济困境提供了解决方案，帮助其克服了这种劣势。1783年，内陆提供了一种无穷无尽的商品资源——皮毛，这种资源曾吸引欧洲人深入内陆地区。整个18世纪和19世纪，皮毛贸易繁荣发展，英国、法国和后来的美国贸易商，如约翰·雅各布·阿斯特（John Jacob Astor）积累了惊人的财富。阿斯特当时是美国最富有的人，印第安人收割的皮毛促进了纽约市的崛起，阿斯特顺势而为，将财富转移到了房地产上。[43]1784年，托马斯·杰斐逊建议，弗吉尼亚人不仅应该获得内陆土地的通行权，还应该获得"西部和印第安贸易的垄断权"。[44]

然而，内陆提供的远远不止皮毛和动物皮，还有鹿皮和野牛皮。（P182）最重要的是，内陆提供了发财致富的可能性，尤其是当土地所有权成为美国民主的代名词时。[45]在美国历史上，没有哪种资源像内陆土地一样，堪比国家"宝藏"。[46]

约克镇战役之后，勘探、购地和定居推动了美国西部的扩张。战争结束后，定居者涌入西弗吉尼亚和肯塔基，那里的皮毛贸易商兼勘探员丹尼尔·布恩（Daniel Boone），获得了数万英亩土地的所有权。起初，定居者前往西部是为了狩猎和贸易，后来便转向了土地投机，这桩买卖也成为该地区的主要经济活动。

1782—1786年，作为费耶特县的副测量员，布恩完成了150份土地的测量，总面积约1.5万英亩（合9.1万亩）。他几乎每天都在工作，在各个地区之间跋涉，勘察和绘制完成了数十万英亩土地的测量，其中2万英亩归他自己所有。[47]每醒着1小时（星期天除外），布恩就能完成1英亩土地的测量。

随着土地热潮席卷整个合众国，布恩被更富有的人超越。理查德·亨德森（Richard Henderson）和约翰·梅（John May），他们宣称拥有数十万英亩的土地。和华盛顿一样，这些弗吉尼亚人对内陆的财富虎视眈眈。他们明白资本积累的潜力，与其他人一同控制了该地区的土地所有权和政治活动。不久，弗吉尼亚人便在内陆地区的政府中占据了主导地位。[48]但他们并非个例。正如长老会牧师大卫·赖斯（David Rice）第一次去肯塔基时写的那样，土地投机"像洪水一样席卷而来，它将冲垮一切软弱的障碍"。[49]

土地的获取充实了美国国库，提供了用土地换取资本以及投机的机会，还削弱了原住民的自治权。从本质上而言，定居者殖民主义使定居者的受益大于原住民，此外，土地投机的洪水很快导致数百万英亩的土地从切罗基等部落手中流失，他们最近的军事失败便是权力被削弱的明证。在复杂的法律、政治和经济发展进程中，部落通过条约将其大片领土割让给美国，为这些土地后续的测量、购买和定居打开了大门。

在英帝国殖民统治晚期，各种条约的签订促进了美国对领土的获取，1768年的《斯坦威克堡条约》①便是一例。虽然一开始这种做法模棱两可，但1787年的宪法将其变成法律，并最终由美国最高法院在约翰逊诉麦金托什一案（Johnson v. McIntosh，1823年）中予以澄清，该案肯定了联邦政府对内陆土地获取的最高监管权力。不过，这些都是后来的事情了。1783年，最高法院就像美国宪法一样，尚不存在。（P183）

条约是一种双边协议，由公认具有主权的双方订立。在谈判过程中，原住民领袖并未割让最初的家园，而是放弃了尚未定居的狩猎场所，同时争取保留村庄、墓地和神圣场所。[50]在肯塔基，广阔的山林和蓝草平原世世代代都是南部切罗基人和北部阿尔冈昆人、肖尼人和迈阿密印第安人的狩猎地。[51]整个18世纪80年代，肯塔基的移民形成了一股汹涌的潮流。到1818年，正如一本指南吹嘘的那样，"在美国，没有哪个地方能以如此瞩目的方式，迅速从一片荒地变为文明高雅之地"。[52]

---

① 1768年，易洛魁联盟与美国人签订《斯坦威克斯堡条约》，易洛魁联盟被迫割让今天纽约的部分地区和今天宾夕法尼亚州的大部分地区，美国承诺保护部落土地免受白人殖民者的进一步定居。但美国在随后几年并未践行该条约，易洛魁联盟的土地不断缩小。——译者注

肯塔基的形成摧毁了该地区的狩猎经济，并将当地原住民逼至俄亥俄河以北，靠近英军的地方。整个五大湖地区的印第安人都知道，英军仍然驻扎在北美各地。底特律、密歇根湖、圣约瑟夫（休伦港）、尼亚加拉、蒙特利尔以及更远的路易斯堡，这些地方仍在英国的控制之下。1794年的《杰伊条约》澄清了一些持续存在的边界争议。[53] 此外，法国和西班牙领导人宣称拥有圣路易斯和新奥尔良的主权，并与地区性印第安势力合作。英国堡垒的指挥官表示自己正蓄势以待，因为他们笃定冲突会再次到来。到时候，印第安人会再次成为关键盟友，英国将再次掌控资源，获得他人的效忠并控制领土。因此，从内陆印第安社区的角度来看，美国的诞生几乎没有带来稳定。

不过，毋庸置疑的是，内陆的白人定居点引发了与原住民部落无休止的紧张关系，特别是土地所有权和各部落社区的管辖权问题。塞内卡领袖"红外套"（Red Jacket）向纽约领导人解释道："你告诉我们，我们部落的土地在美国的范围内……这让我们感到惊讶，我们原以为，这些土地是我们自己的。"[54] "红外套"并非唯一受害者。1783年，各地一片混乱。内陆的土地由谁控制？是州政府？还是国家政府？还是个人？[55] 刚刚获取的土地，到底归谁所有？还有边界不是特别清晰的州，其中包括弗吉尼亚州、纽约州和宾夕法尼亚州。另外，谁有权对内陆的土地购买及销售征税？是州政府？还是联邦政府？小州是否注定被大型的联邦州吞没?

独立战争之后,这些问题没有得到解决,而且似乎无法解决。这些问题引发了争议,滋生了不断加剧的冲突。要想找到明确答案,往往只能通过武力手段解决,比如肯塔基,当地白人定居者众多,似乎打算成立自己的国家。(P184)就像任何宝藏一样,内陆的大片土地既具有极大的吸引力,又带来了分裂。因为所有人都明白,有了土地就有了财富,更拥有了权力。

管理对内陆土地的权利主张,将其纳入联邦,成为新合众国的重要事项。[56]此外,税收问题与财产纠纷也有关系。1783年,还乡的士兵希望国家政府对他们的服役进行补偿,免除其纳税义务。战争期间,州立法机构通过了旨在保护民兵免受债务追索的措施,但可怕的经济衰退笼罩着这个新国家,税收减免只能作罢。[57]独立战争期间,士兵有权使用马匹等个人财产来偿还债务。战争结束后,他们逐渐失去了这些权利,被要求用金银来偿还。然而,这两种贵金属总是供不应求。

联邦政府苦于偿还战时贷款时,州政府通过印刷新钞票来应对公民膨胀的债务。问题在于,此举不仅没有产生国家收入,还加剧了通货膨胀,限制了国会偿还国家债务的能力。[58]事实上,许多人认为,州政府印钞票是对国家经济的最大威胁。当时,公民的忠心主要体现在地方层面,仅限于自己的家人,还有自己所在的城镇和州,在这种情况下,农民开始对联邦政府产生怀疑。

国会发不出军饷,还禁止州立法机构发军饷。面对国家的种种做法,很多人把目光转向了自己在革命期间用惯了的枪支。

华盛顿于1783年辞去大陆军总司令一职,1789年当选总统,其间美国经历了诸多问题。当时的核心挑战是建立新国家,这个过程既孕育了新的政府,又诞生了一部迄今解读最丰富、影响最广泛的宪法。

印第安人及其土地影响了美国宪法的制定,也影响了"开国元勋"的构想。人们设想着,内陆地区将实现繁荣,这种设想为宪法的制定提供了舞台。在这半个世纪里,印第安土地吸引了各类人士深入内陆。像詹姆斯·麦迪逊这样的投机者,拉法耶特(de Lafayette)侯爵这样的来访者,还有丹尼尔·布恩这样的定居者,纷纷踏上了北美内陆的土地。换言之,内陆印第安部落(和联盟)的势力让美国的政策制定者产生了压力。(P185)印第安土地有助于美国的扩张,因此美国领导人制定相关政策,通过对内陆土地的管理、监督和购买,稳定了联邦局势。

1783年后的土地投机困扰着内陆世界,白人定居者和占地者无视联邦制度,与内陆的原住民部落对抗。在美国领导人眼中,对内陆白人定居点和原住民部落的管理成了密切相关的问题。要将内陆的印第安家园转变为稳定的农场、种植园,最终变成美国的领地,并非易事,而且不可能通过和平手段实现。对许多人来说,印第安人纯粹是绊脚石。马萨诸塞州国会议员内森·戴恩（Nathan Dane）对州立法机构抱怨说："如果不是印第安人拒不合作，美国拥有的 700 万英亩土地早已完成测量，准备出售了。"[59] 新国家的财富来自其内陆，但他的主要对手也在这片土地上。新的冲突注定会爆发，而且双方都会动用暴力。正如美国条约委员会在内陆土地条约谈判中对印第安代表所言："美国的武器再次瞄准了你们……美国希望给你们和平……但是，如果你们蠢到选择战争，（我们的）战士已经做好准备，与你们兵戎相见。"[60]

美国宪法体现了权力的多极性。尤其值得注意的是，它赋予联邦政府专属权力，规范与印第安人的贸易和商业往来。正如其第一条所规定的，联邦政府拥有征税、裁决争端并管理"与外国、各州之间以及与印第安部落之间贸易"的权力。最后几个字表明，美国宪法将印第安部落与"各州"和"外国"相提并论。[61] 随着时间推移，根据法律解释的演变，该商业条款被视为承认印第安部落固有的主权，同时明确了联邦政府在维护印第安关系方面至高无上的权力。根据该宪法体系，部落对其土地、成员以及通过其领地的人拥有管辖权。他们根据自己的治理结构行使这些权力，接受联邦政府而非州政府的管辖。

这种承认起源于美国建国时期的多边世界。美国宪法的制定者明白，印第安部落确实十分强大，但他们不确定，对方与当时的美国相比，谁更强大。制宪会议上，起草者面临着平衡个人权利与州权利的紧迫性，而且这种平衡必须在国家权力有限的前提下完成。州政府向联邦政府让予的所有权都遵循这种基本的平衡原则。（P186）宪法规定，与印第安人开展外交、签订条约等集中权力，全部归"联邦"政府，并由此确立了新的法律和治理原则。不过，这些原则尚未经过实践的检验。

混乱的内陆地区以及美国对秩序的追求

美国独立战争之后,定居者涌入内陆的印第安土地,人数增长至原来的4倍,甚至8—16倍。1784年夏天,路易斯安那的西班牙领导人听说了这种入侵,因为原住民领袖谴责定居者,"就像蝗灾一样入侵了"俄亥俄河流域的领土。[62] 截至18世纪末,宾夕法尼亚州西部有9.5万名定居者,比战前的3.3万人增加了两倍。肯塔基的定居者增长得更快,从1783年的1.2万人增长到了1790年的7.3万人。[63] 如此规模的定居点确实成了一场灾难。华盛顿抱怨称,定居者带来了投机、侵占和掠夺,导致了"印第安人极大的不满"。[64]

定居者的入侵不仅侵蚀了印第安人的自治权,也破坏了国家的权威。这种扩张必须遵守正式的法律和治理程序。华盛顿认为,将印第安家园变为美国的领土,可以为公民提供住房,充实国库,保证国家的稳定和增长。[65]

扩张带来了混乱,而不是秩序。到处都是为钱苦恼的定居者,他们的领导人也同样一贫如洗。1784年,杰斐逊受到了催债人的蔑视和"羞辱":"因为缺钱,我们的马被牵出了马厩。"[66]

内陆定居者的经济更拮据。他们（当时）没有种植园、马群或个人财产，更难应对美国独立后爆发的经济危机，于是常常使用暴力来获取资源。肯塔基的男性定居者经常摇身一变，成为当地的武装分子。美国独立后的那些年，每年都有数百名定居者穿过俄亥俄河，袭击印第安村庄，抢劫俄亥俄南部和印第安纳的阿尔冈昆语村庄。

袭击者来这些地方物色各种物品，包括自17世纪以来便在该地区流通的印第安贸易的银制品。抢劫银制品加速了殖民进程，为定居者提供了稀缺硬通货，让他们能够用来购买种子、农业设备和家庭用品等。定居者通过劫掠化解了缺金少银的困境，同时也破坏了印第安人的主权。（P187）

自早期的法兰西帝国以来，印第安盟友便一直获赠各种法国银器、珠宝和装饰品。事实上，当时银器无处不在。自17世纪起，印第安工匠将银币、宗教珠串和银器重新制成其他物品。他们重新浇铸，改变其形状，甚至重新打造成装饰品。法国商人认识到，原住民对这些物品的需求日益增长，法国银匠逐渐制作出无数的贸易品，包括手镯、小十字架、女装小铃铛、男装配饰等。有时，一件印第安服装上可能挂着几十甚至数百件这样的装饰品，人们后来称之为"胸针"。[67]19世纪的印第安人，无论男女均穿戴这样的银饰，以至于无数印第安人的肖像画中都能看到它们的影子。[68]

对印第安人来说，用来贸易的银子不仅具有装饰作用，也是获取财富的手段。[69] 平日里，银制品可以用作装饰，物资匮乏时，印第安妇女则将胸针作为货币使用。[70] 这些宝贵的物品很容易从夹克或连衣裙上取下来，在印第安村庄之间和内部广泛交易，代代相传。

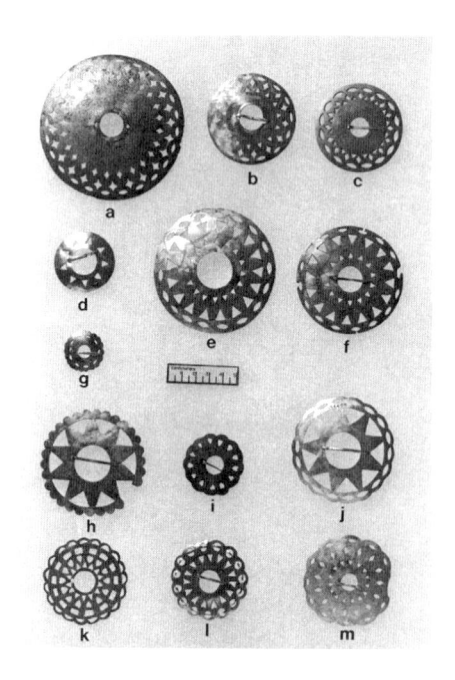

五大湖地区几代印第安家庭和个人在整个内陆海积攒的银盘胸针。这幅图展示的是18世纪末至19世纪初创作的各种胸针（© 菲尔德博物馆，图片编号A111317，罗恩·特斯塔拍摄）

此外，美国独立后，印第安银子逐渐为印第安村民提供了意想不到的金融资源。18世纪，银子在殖民地世界成为稀缺物品，五大湖地区的印第安村庄却保持了经济自治，支撑了自身的政治独立。一些村庄的繁荣程度甚至与他们附近讲法语的定居者和早期的殖民邻居相当。北美大陆资源普遍匮乏之际，五大湖地区的印第安人却拥有大量的银子。

这种繁荣可以通过该地区的银子贸易来衡量。1767年，皮特堡的商人乔治·摩根（George Morgan）通过与内陆原住民开展贸易，收到了201个银制胸针。他还收到了数百个较小的"银戒""心形小吊坠""银制莫里斯铃铛"①等物品。[71] 与布料、弹药或酒精不同，银子是非消耗品，可以重复使用和积累，从底特律到蒙特利尔的银匠纷纷扩大了自己的银制品生产规模，特别是在皮毛贸易向西扩张的情况下。1801年，蒙特利尔银匠罗伯特·克鲁克香克（Robert Cruikshank）制作了超过4.9万件私人银质品。[72]

美国定居者注意到这桩买卖的存在，袭击了"俄亥俄河对岸的印第安人"，原因是该地区的银子贸易十分出名。（P189）他们带回了大量战利品，迅速将其制成硬币和货币，数千件被盗的银器最终流入了肯塔基定居者的口袋。满载而归的袭击者在肯塔基边境出售自己的战利品，瓜分赃物，限时拍卖如雨后春笋般涌现出来。[73]

---

① 莫里斯铃铛是传统英国舞蹈——莫里斯舞使用的铃铛。该舞蹈据称是为了祈求来年丰收，舞者身上的铃铛是为了赶走邪灵。——译者注

阿尔弗雷德·M. 霍夫（Alfred M. Hoffy）于1837年绘制的图斯克（Tshusick）肖像画。图斯克是一位会讲法语和英语的奥吉布瓦族妇女，曾在原住民内陆海的各个村庄和堡垒社区生活。1826年，图斯克来到华盛顿特区，融入了这座城市的社交圈，甚至收到了她胸前佩戴的那枚珍贵银质胸针。与18世纪五大湖地区的印第安人肖像一样，图斯克的服装体现了欧洲和奥吉布瓦风格的融合（图片由国会图书馆版画与摄影部提供，LC-DIG-pga-07591）

盗窃行为推动了肯塔基的整体发展，也成了谋杀的前奏，因为对印第安人头皮的悬赏与盗窃的猖獗密切相关。在边远地区，各州领导人都对印第安人的身体部位提出了悬赏。宾夕法尼亚州州长约瑟夫·里德（Joseph Reed）开价100美元，悬赏印第安人的头皮，南卡罗来纳州的领导人也是如此。肯塔基的定居者为了赏金丧心病狂，甚至把肖尼人在墓地中的尸体都挖了出来。[74] 暴力、不稳定和冲突从肯塔基不断扩张的定居点蔓延开来，定居者瞄准了俄亥俄河对岸附近的印第安村庄。这类袭击加剧了地区冲突的升级，很快从1812年的美英战争蔓延至整个北美大陆。

美国独立之后的最初几年，俄亥俄沿岸的经历成为未来暴力的预言。无论是正在发生的暴力行为，还是预期发生的暴力行为，都推动了美国关于国家政府结构的辩论。从内陆土地政策的制定，到国家军队规模与目标的确定，内陆地区从各方面塑造了这个新生的合众国。[75] 在欧洲人看来，内陆地区代表着美国未来的样貌。1783年，西班牙的阿兰达伯爵（Count d'Aranda）向美国宣示，对密西西比河下游的主权再次提出抗议，并用急切的口吻向西班牙王室写道：

> 有一天，它（美国）将成为巨人，甚至是庞然大物……在这片广阔的土地上，新的人口增长，还有新政府的优势，将吸引所有国家的农民和工匠。要不了几年，我们将痛心地看着这个巨人变得专制而暴虐。[76]

美国各州对印第安土地的非法占领：
18 世纪 80 年代的纽约与易洛魁

纽约的定居者也迅速涌入内陆河谷，他们尤其垂涎莫霍克河谷的土地。与宾夕法尼亚州和弗吉尼亚州一样，纽约州的西部边界尚未确定，在《邦联条例》下，各州对内陆土地的争夺成了中心问题。早在 1777 年 10 月，国会便讨论过相关提案，是否授权联邦政府控制、管理和监督西部土地出售。[77] 然而，国会内部意见不合，一直无法出台相应的国家政策。[78] 许多小州，如罗得岛州和特拉华州，希望限制大州的增长，因为随着国家的扩张，治理问题也层出不穷。不仅美国公民对内陆土地虎视眈眈，州政府也在竞相夺取这些土地。（P191）

到底谁有权获取西部的土地？许多国会议员认为，只有中央政府，即联邦政府，才有权保障和管理内陆土地的转让，因此他们呼吁扩大联邦权力。其他州和内陆定居者认为，根据英国王室最初的特许状，各州拥有独立获取土地的权利。更令人担忧的是，个人往往认为自己的权利主张胜过其他人。[79] 1785 年，国会派乔西亚·哈马尔（Josiah Hamar）将军将定居者赶出有争议的土地,对方争辩说"国会没有权力禁止"内陆定居,并暗示称他们将建立自己的政府。[80]

与英属北美早期一样,这个年轻的合众国希望通过条约而不是昂贵的战争来实现土地收购。华盛顿建议,美国需要建立有序的机制,规范土地收购和定居。换言之,这个国家需要法律。随着土地投机热潮席卷全国,个人、州和国家政府为争夺土地清白产权[①]展开了竞争,而易洛魁土地是其中的重头戏。

与肯塔基的定居者一样,纽约官员希望获得尽量多的土地,而且他们的目标正是易洛魁联盟统治的广阔土地。在18世纪的大部分时间里,易洛魁挫败了各大帝国对俄亥俄流域领土(位于弗吉尼亚西部和五大湖之间)的争夺。该地区的大部分领土供其他部落居住,易洛魁联盟培育了他们的忠心。联盟领导人一直没有让帝国官员的计划得逞,直到1768年,英国官员才终于获得易洛魁割让的俄亥俄河流域的土地。[81]

美国独立后不久,联邦官员于1784年10月聚在斯坦威克斯堡(Fort Stanwix)[②]与印第安人签订条约,加快了土地剥夺的进程。这一次,他们瞄准的并非其他印第安人的土地,而是易洛魁

---

① 清白产权是指产权清晰、无争议,且符合法律法规要求的产权状态。——译者注
② 易洛魁联盟在不敌美国的情况下,被迫于1784年签订《斯坦威克斯堡条约》,割让纽约的部分地区和宾夕法尼亚大部分地区的土地,换取美国的"保护"。但后来美国撕毁了条约,进一步侵犯易洛魁人的领土。——译者注

人的土地，而且联邦官员并非唯一参与者。从一开始，纽约州的领导人便加入了会议行列。联邦和州政府的代表同时参与，一时之间弄不清楚到底谁有权进行此类谈判。纽约州州长乔治·克林顿（George Clinton）宣称："我不反对……美国谋求更多的利益，但我希望且明确声明，本人不会与居住在本州辖区内的印第安人达成长期协议，我只想与他们谈判。"[82] 乔治·克林顿称，纽约州拥有与居住在其边界内的印第安人进行谈判的专属权力。（P192）

易洛魁领袖，包括塞内卡领袖康普兰特（Cornplanter）和莫霍克领袖约瑟夫·布兰特（Joseph Brant），希望努力维护易洛魁对联盟土地的权利主张。在争论不休的州和联邦官员包围下，他们的努力显得越来越苍白。"你们是一个被征服的民族，"条约专员阿瑟·李（Arthur Lee）告诉易洛魁领袖，并重申了美国将军菲利普·斯凯勒（Philip Schuyler）的话，"我们现在是这个岛的主人，有权按照我们认为最适当或最方便的方式处理土地。"[83]

斯凯勒、李和另外两名"全权委员"代表的是联邦政府。[84] 他们在斯坦威克斯堡获得了易洛魁人割让的土地，即"易洛魁六族明确割让给美利坚合众国的土地"。[85] 不过，所有人都明白：只要印第安士兵继续为了保持独立而战斗，这样的条约就毫无意义。况且，包括布兰特在内的众多易洛魁领袖拒绝签署该协议。持续爆发战争的可能性仍然存在。

此外，纽约官员继续涌入易洛魁村庄。乔治·克林顿和其他州官员与联邦委员会之间的博弈成为美国早期印第安政策的显著特征。他们还与易洛魁单独签订条约，破坏了国家政策。[86]纽约基本上采用其他手段来剥夺印第安人的土地，将易洛魁的土地据为己有，或奖励给盟友。这种做法不仅不受联邦领导人的欢迎，而且是违法的，因为《邦联条例》规定："国会拥有……对印第安贸易的唯一和专属监管权力。"[87]阿瑟·李在当年10月的条约谈判期间派出武装警卫，阻止州政府的代表参加，州与联邦领导人之间的关系剑拔弩张。[88]然而，纽约官员在一系列剥夺土地的行动中采取了自己的策略，通过贿赂、礼物和空头承诺，从易洛魁领导人那里获得了土地。[89]

由于州政府自行夺取印第安人的土地，联邦政府的权威岌岌可危。这种紧张局势决定了美国独立后期的印第安政策，当时各州越来越不顾联邦协议的规定，既威胁了印第安村庄，也削弱了联邦的统一。

弗吉尼亚人眼中的印第安土地：1784年华盛顿的提议

不仅纽约和联邦当局争相抢夺易洛魁的土地，其他州的领导人也加入了该行列。许多人跑来评估莫霍克土地的价值，这里的黑色土地尤其令沿海地主垂涎。（P193）詹姆斯·麦迪逊和詹姆斯·门罗等领导人分别从弗吉尼亚出发，前往斯坦威克斯堡。[90] 作为人口不断增长的西部蓄奴州，弗吉尼亚州的政治经济体系与纽约州不同，但二者在印第安外交、土地开发和内陆定居者的治理方面有着类似的关注点。斯坦威克斯堡的会议吸引了附近地区的州领导人，他们也面临着类似的问题。

麦迪逊写信给当年夏天动身去了巴黎的托马斯·杰斐逊，谈到了自己的纽约之行。他说自己十分激动，并与美国第二著名的军事领袖——法国侯爵拉法耶特同行。"无论走到哪里，"麦迪逊告诉杰斐逊，"他都受到了最真挚的问候与赞美。"拉法耶特原打算留在弗农山庄，不过"华盛顿将军正准备去俄亥俄旅行"。于是拉法耶特改变主意，"立即动身去纽约……穿过奥尔巴尼前往斯坦威克斯堡，那里将举行与印第安人的条约会议"。[91]

9月30日，来自弗吉尼亚州的一行人抵达易洛魁，"拜访了奥内达族"。这些昔日的战时盟友,"怀抱着美国其他地方民众一样的热情,对侯爵表达了敬意"。[92]作为独立战争期间易洛魁联盟唯一与殖民者结盟的部落,奥内达人对这位法国领袖表示了欢迎。[93]

独立战争期间,麦迪逊曾担任国会代表,战后回到弗吉尼亚,手中没有土地,单身的他住在父亲家里。[94]那个时候,土地所有权和男性权威就是革命理想的同义词,不过与弗吉尼亚其他领导人不同,麦迪逊既没有土地,也不是一家之主。年长的弗吉尼亚领导人注意到他出色的领导才能,提拔了他。华盛顿鼓励麦迪逊前往纽约,去评估自己熟悉的那些土地,他还鼓励麦迪逊投资,因为莫霍克河"在自己心目中是美国最理想的土地"。[95]

14年前,华盛顿的戎马生涯换来了土地。英法七年战争后,他是第一批将自身土地扩展到内陆的切萨皮克领导人。华盛顿明白,内陆土地可以为自己的种植园经济提供补充。[96]在某种程度上,他与杰斐逊等其他弗吉尼亚人不同,后者在欧洲度过了大把的时间,宣称对"获取西部土地"不感兴趣。(P194)与麦迪逊和华盛顿相比,杰斐逊认为自己继承了足够的财富(尽管这些财富很快就会面临挑战):"我父亲有8个孩子,我是其中之一……我自始至终都对詹姆斯河流域之外的任何土地不感兴趣。"[97]

华盛顿回到弗农山庄后,面临着严重的战后经济问题。他的种植园一片混乱，陷入了他口中的"失调状态"。[98]他的秘书托比亚斯·利尔（Tobias Lear）估计，战争给庄园造成了1万英镑的损失，且永远无法弥补。麦迪逊重视华盛顿的建议，但同时也认识到，虽然弗农山庄面积广阔（占地40平方英里）①，但庄园的土壤已经失去生产力。[99]

回到弗吉尼亚的前几个月，华盛顿大部分时间都在进行农业研究。他对费城农业学会的成立表示赞赏，与英国博物学家阿瑟·杨（Arthur Young）通信，还开展了有关实验，通过挖掘波托马克（Potomac）河底的淤泥来提高土壤肥力。[100]华盛顿本人负责监督庄园5块主要农田的轮作，他的奴隶则在河底疏浚、种植、施肥、收获庄园的庄稼。

与莫霍克河沿岸或俄亥俄河对岸不同，波托马克河流域种了十几年的经济作物。奴隶主明白，靠近河流的内陆土地是最肥沃的。然而，这些土地引发了很大的争议，因为内陆河流跨越了州界和政治界限。许多领导人都在讨论，如何更好地利用内陆土地的潜力，以及运河、道路或内陆堡垒是不是进入内陆的最佳方式。

华盛顿对这些机遇的理解超过其他人。全国各地的投机者只看到"开发"印第安土地带来的利润，但华盛顿在内陆土地获

---

① 1平方英里约等于2.58平方公里。——译者注

取与管理,以及印第安事务方面的经验,塑造了他对西部的独特看法。与此同时,弗吉尼亚人开始在国家的政治格局中占主导地位。

与肯塔基的理查德·亨德森和约翰·梅一样,华盛顿获得了数万英亩的内陆土地。他不仅是这方面的带头人,而且还鼓励麦迪逊和门罗等人效仿自己。弗吉尼亚人明白,内陆土地不仅对国家的发展至关重要,而且对他们自己的财务安全也举足轻重。正如华盛顿在七年战争期间学到的那样,印第安土地正好可以用来弥补烟草经济的周期性波动。[101] 这个国家的繁荣来自内陆,因为这里的土壤肥沃,没有过度耕种。(P195)

战争结束时,与其他美国人一样,华盛顿手里几乎没有金子或银子。他虽然富有,但身上没钱。他拥有奴隶、种植园和弗农山庄,但庄园的开支超过了收入。[102] 他拒绝了很多人借钱的请求,并对家族财富的命运感到担忧。事实上,正如一位传记作家所述,华盛顿"能否舒舒服服退休,取决于从西部土地获得的收入"。[103]

华盛顿对内陆土地的权利主张非常广泛,可以追溯到他为英国王室效力时期。其中包括前总督邓莫尔(Dunmore)签署的特许状,总共3万英亩的土地,其中1万英亩位于俄亥俄河流域,这里曾经是易洛魁联盟主宰的地区。华盛顿希望盘活名下的地产,整个1784年春天,他都在想办法把这些土地租出去。然而,租赁远方的土地非常困难,且令人沮丧。华盛顿告诉拉法耶特,他决定亲自视察这些土地,澄清自己的所有权,找到称职的监工,收回租金。[104]

9月,华盛顿动身了。他此行没有打算勘测新的土地,只是希望"确保目前拥有的土地不出现问题"。[105] 队伍沿着波托马克河前进,随后进入宾夕法尼亚州,沿着1755年他与布雷多克(Braddock)一起走过的部分路线前进,后来这段路被称为"死亡阴影"。[106] 华盛顿之前的那次远征几乎无人提及,他在1754年大草原的首次战斗也没有被记录下来。他在9月12日的日记中记录道:"在大草原停留了片刻,查看了我在这里的一处房屋,这里依旧如初,没什么改良。"[107]

华盛顿回到最初的战场,没有发出沧海桑田的感叹,当地民众也没有表达满意之情,或举行纪念活动。这位将军的心思在其他事情上,他关心的是自己土地权利的"现状",还有"穿越山脉的民众和驮马数量"。[108] 这些才是他最关心的问题。在他看来,移民代表的是他口中的"土地投机狂潮",这个问题妨碍了现有土地的"改良"。[109]

华盛顿认为,投机已成为全国性问题,并且还在不断加剧。华盛顿写道,"这个时代的人,谈起50、100,甚至5000英亩的土地,张口就来,就像以前绅士谈论1000英亩的土地一样……他们在乡间漫游……划定、测量,甚至定居下来",根本不把当前土地的所有权人、印第安人或现行法律放在眼里。[110] 擅自占地者尤其让华盛顿愤怒。（P196）他们违反法律，占了土地，却不开垦。华盛顿在给亨利·诺克斯的信中说，他发现"皮特堡附近的那些人居然根据先占原则公然蔑视我"。[111]

考察俄亥俄河沿岸的土地之后，华盛顿认为，内陆地区需要更强大的国家权威，如若不然，不受监管的土地投机将导致与部落的冲突，损害建国以来的广泛实践。"西部地区的定居，与印第安人的和平相处，二者相辅相成"，华盛顿写道，"只实现其中一个方面，是不可能的事情。"[112]

为了预防冲突，阻止无法无天的行为，华盛顿提出了一项激进而深远的提议。这项提议承认了部落的主权，并认识到部落权力有助于遏制定居者的非法行为。他在给国会议员雅各布·里德（Jacob Read）的信中写道：

> 宣布迄今为止为获得俄亥俄河西北岸土地而采取的所有措施，均违反了国会禁令，视为无效。此后，任何人若在新州边界之外擅自标记、测量、定居、购买土地，不仅被视为不法之徒，而且理应受到印第安人的复仇。[113]

华盛顿的这项建议是11月提出的，受到他此前"西部之旅"的启发。他离开了 1 个月,行程 700 英里。一行人经过了他早年的战场,还有皮特堡附近以他名字命名的地点:华盛顿地产(Washington's Bottom)①、华盛顿土地和华盛顿镇。宾夕法尼亚刚刚以他的名字命名了周围的县。然而,华盛顿本人踏上自己的 2813 英亩的土地时,却没有受到欢迎。一些穷困潦倒的人擅自住在他的土地上,并且拒绝离开。愤怒的华盛顿联系了当地政府,将这些人告上了法庭,追讨过去的租金。他还希望将对方赶走,这一点倒是实现了,因为这些人很快就迁往别处,继续非法占地。不过,他没有追回来 1 分钱的租金。据一位传记作者称,该案持续了两年,是"美国最有权势的人物与一群顽固贫农的斗争"。[114]

视察名下其他土地时,华盛顿发现一座磨坊已经破损,田里杂草丛生,最糟的是,无人租用土地。[115] 在华盛顿看来,这些土地需要"改良"和监管,因为无人耕种,土地就没了价值。他写道,"西部地区的人民几乎没有干劲",他们"很少劳动"。[116]非法占地者赖着不走,不是为了开垦,而是想通过土地所有权来获利。(P197)正如华盛顿见到的,这些人遭到驱赶时,会继续向西移动,形成恶性循环,这让华盛顿感到愤怒和沮丧。非法占

---

① 华盛顿地产是指 1772 年 12 月 15 日乔治·华盛顿因参加法国-印第安战争而取得的一块 2314 英亩的土地,距离俄亥俄西部 3 英里。这片土地于 1771 年 6 月由威廉·克劳福德测量,与俄亥俄河接壤长达 5 英里。——译者注

地和违法行为不仅妨碍了他本人获利,也妨碍了国家发展。

因此,内陆土地不仅没有得到充分利用,反而还贬值了。随着更多西部领土开放用于定居,现有土地贬值了。在过剩的土地资源面前,很少有人愿意租赁他人的土地。此外,顾名思义,非法占地者基本不受任何权力的约束。正如华盛顿在担任总统期间所了解的那样,肯塔基的定居者尤其桀骜不驯。他们根本不关心谁是友好的印第安人,谁是敌对的印第安人。根据亨利·诺克斯的说法,他们对所有印第安人都"一样的厌恶"。[117] 华盛顿总统任期结束时,仇视印第安人已成为普遍的意识形态。如今,他希望自己的土地有人照看,于是聘请了退伍军人帮忙打理。离开宾夕法尼亚时,他表示对"名下土地的地理位置和优势感到总体满意"。[118] 华盛顿于10月回到弗吉尼亚,当时斯坦威克斯堡正在举行磋商,不过他之前没有关注此事。关于这些磋商的结果,他写信给里德说:"我不敢妄下结论。"[119]

美国联邦制度与美国印第安人

华盛顿再没有去过俄亥俄河，不过他关于冲突的预言成真了。在他的第一届总统任期中，内陆的印第安问题很快成为联邦政府最关切的议题之一，他们不得不想办法应对。[120]

与许多同时代领导人不同的是，华盛顿明白，内陆土地的监管需要中央的权力，而且需要与当地的印第安部落建立外交关系。这种"双重"认识最终得到其他领导人的共识，毕竟许多人的政治和经济思想都以这位将军为榜样。[121]

华盛顿曾表示，只有国家政府才能与印第安人建立外交和平，以及监管土地的获取。他写道，这两者"相辅相成"。扩张需要联邦针对内陆土地行使权力，并承认当地部落的权威。事实上，当时美国的管辖权无法延伸至部落的主权范围内。华盛顿写道，如果任何白人"擅自"在联邦范围之外定居，将成为"不法之徒"，"理应"受到印第安部落的审判。（P198）定居者向西移动，即表示离开美国的政治领域，进入他人的管辖范围，因为内陆地区仍然是多边世界，不受单一主权统治。弗吉尼亚立法机构对"我们西部居民的安宁"持有类似的司法理解和担忧。1784

年 11 月，弗吉尼亚作出决议，认为"凡是伤害该地区西班牙人或印第安人的，均应及时惩戒，以作警示"。[122] 简而言之，定居者的扩张具有极大的破坏性，以至于需要某种形式的政府监管。

各项条约划分了管辖范围，也影响了原住民和非原住民的命运。例如，虽然 1785 年在霍普韦尔签订的《切罗基条约》剥夺了切罗基人在南方大部分地区的狩猎地，但承认了他们对其余土地的权威，并概述了他们的管辖范围。其中第 5 条规定如下：

> 如果美利坚合众国任何公民或非印第安人试图在分配给切罗基人的土地上定居……或已定居者不愿搬走……该等人员将失去美利坚合众国的保护，印第安人可按自身意愿惩罚。[123]

尽管领土面积减少，但切罗基的主权仍在。这种主权是固有的，得到了十分广泛的认可，这种认可不仅影响了部落社区本身，也影响了美国对统治的理解。印第安条约规定了对美国公民的"保护"，有助于界定美国司法的性质与形式。正如华盛顿曾指出，印第安主权有助于澄清美国法律何时、何地、以何种方式以及对何人生效。美国和印第安部落的主权息息相关。[124]

此外，部落主权有助于美国的经济发展，外交活动有助于确定印第安部落和白人定居点的边界。华盛顿写道，"提升当前土地的价格",因为土地价值"像其他商品一样,会根据市场的供应量上涨或下跌"。[125]正如他在宾夕法尼亚所见,"如果定居点只想着争夺土地",就不可能实现稳定。[126]非法占地和投机只会带来更多的"混乱和流血事件",两者都会贬低现有土地的价值。[127]与印第安人和平相处带来了秩序,而条约确立了对和平与繁荣至关重要的边界。对华盛顿而言,扩张最好通过双方的外交与治理进行。(P199)

随着人们的意志延伸到内陆地区,国家机构也随之而来。与法兰西或英帝国不同,华盛顿主张的是"定居者共和主义",这是一种关于国家形成的公民意识形态。个人在国家既定的制度范围内活动,获取内陆土地。[128]这种扩张遵循的是外交原则和公认的形式,而且这些形式源自几代人的实践以及对主权的理解——原住民的主权存在于内陆各地,条约调节了印第安部落与这个新合众国的关系。

然而,《邦联条例》没能带来秩序。早在1780年,国家就尝试了一系列公共土地决议,旨在规范土地的使用,促进"美利坚合众国的共同利益"。[129]这些法律体现了有关"共同利益"的普遍主张,包括托马斯·潘恩在1780年的著作《公共利益》中提及对"空旷西部领土"的"主张"。他写道,这些领土是所有人的"共同权利"。[130]虽然在革命领袖看来,美国公民对内陆印第安土地的权利是固有的,但新政府无法有效开展监管。

与 1776 年从英国移民的潘恩不同，华盛顿在这片土地上生活了几十年。他之所以呼吁更强大的国家权力，是基于多年的旅行、战争、外交以及如今的土地管理经验。他在给里德的信中写道，新的国家权力需要集中在更强大的政府手中。只有联邦政府才能在整个内陆地区实现权力的调控。

华盛顿了解这个世界。相比之下，约翰·亚当斯和托马斯·杰斐逊从未参加过内陆战斗，1783 年之后的大部分时间，他们都在欧洲度过。华盛顿指挥了北美两次大规模战争的早期战役，手下数千名士兵在与印第安人及其盟友的冲突中丧生。他曾下令烧毁印第安村庄，占领他们的土地，囚禁他们的妇女儿童。实际上，他遭到易洛魁人的无比痛恨，以至于他本人，以及此后担任美国总统的所有人，都被易洛魁人称为"Conotocarious"，意为"城镇毁灭者"或"屠村者"。[131]亚当斯、杰斐逊、麦迪逊和门罗，更不用说潘恩了，都没有经历过这样的内陆世界。

虽然华盛顿曾鼓励破坏印第安社区，但他明白，部落的自治永远无法浇灭，只有联邦政府才能有效调节与他们的关系。他还明白，执行印第安政策能遏制美国公民无法无天的行为，提升土地的价值。（P200）条约划定了印第安人和白人定居点之间的界限，凸显了印第安主权在国家形成过程中的作用。这种主权还为美国法律的执行提供了机制。定居者需要认识到"新州的界线"，以及跨越这些界线的后果。否则，他们将被视为"不法之徒"和"印第安人的报复对象"。华盛顿明白，部落主权仍然是共和主义的决定因素，尊重这种主权是一种美德，与遵纪守法一样重要。在他看来，印第安人的治理方式与众不同，这种不同之处至关重要。正如他在1784年11月的提议中所述，这种差异有助于巩固新合众国的权力。

《邦联条例》的失败

1784年底,《邦联条例》失败了。11月,亨利·诺克斯写信给华盛顿说:"我们根本没有政治纲领。事实上,除了那些悄然蔓延,与我们本意背道而驰的自我或地方政治原则之外,我根本看不到任何有效的政治纲领"。[132]华盛顿想安抚这位亲信,他说,政府目前正在努力将"西部领土"与东部海港连接起来。华盛顿从内陆回来后便投身到一系列基础设施项目,以"激励我的同胞扩大波托马克和詹姆斯河的内陆航道。"[133]运河、道路扩建和各州的共同财政承诺成为他的写作主题。此外,麦迪逊在弗吉尼亚各港口的改革工作中也发挥了类似作用。[134]

华盛顿的倡议反映了当前的挑战,凸显了国家领导层的真空。当时没有哪个人或哪个部门能掌管整个国家,州立法机构拥有几乎无限的自治权,并且很少参与州际商业或基础设施项目合作,比如道路和运河等。

华盛顿卸任已经一年,这一年来的政治局面变得越发不稳定。"我们不太可能(从马里兰州)获得公共资金,"他写信给麦迪逊,并鼓励弗吉尼亚州的人民运用"两个议会的智慧"来资

助他的运河工程。[135]然而,国家有13个州,光靠两个州议会的联合资助是远远不够的。(P201)

华盛顿认为,联邦的命运悬而未决。既然西部定居点缺少州或国家政府的监管,他希望至少商业贸易能够弥补政策的不足。此外,他担心如果没有任何商业或政治联系,西部内陆定居点的发展规模"将超越以往任何时候",如此一来,"这里的定居者将成为截然不同的民族"。他们将拥有"不同的利益诉求,而不会想着巩固联邦的利益",可能会逐渐发展成为"强大而危险的邻居"。[136]内陆民族主义是一种不断增长的威胁。华盛顿认为,内陆定居点可能很快会成为外国势力。

其中涉及的问题与华盛顿11月向里德提出的建议相关。不管是内陆的印第安外交,还是西部定居点,都没有遵循既定的规范,且缺乏稳定性和确定性。印第安土地上的白人定居点带来的冲突往往通过暴力或条约解决,但定居者经常拒绝承认这些条约。比起规范有序,内陆常常一派混乱无序的景象,尤其是定居者领导人公然藐视条约缔结者的权威时,局面则更为混乱。他们认为,与印第安部落开展谈判是对和平的侮辱。民兵领袖詹姆斯·麦克法兰(James McFarlane)告诉印第安事务官理查德·巴特勒(Richard Butler),宾夕法尼亚西部定居者"决心与印第安人交战"。[137]

印第安条约只是内陆定居者和联邦政府之间的争议领域之

一。宾夕法尼亚州国会议员威廉·芬德利（William Findley）在威士忌起义①之后表示，"如果无序的精神占上风，个人品格和社会利益都难免受到影响"。[138] 局面不断恶化时，政府机构的缺席妨碍了秩序的建立。由于联邦政府权力有限，无论是印第安事务，还是威士忌征税的问题，国家都无法树立任何形式的权威。在这两个例子中，联邦权力的缺席引发了定居者的暴力行为，威胁了联邦的广泛合法性。

华盛顿不仅谴责内陆的非法占地者，还把愤怒指向了削弱国家权威的州领导人。他认为，州官员首先应该遵守国家法律，而不是州法律，他们不应该放任无法无天的行为。例如，得知州和国家领导人在斯坦威克斯堡关系紧张时，华盛顿回答：（P202）

> 据说谈判对国家非常有利，但让纽约州如坐针毡。有人补充说，整个谈判都徒劳无功。他们断言，印第安代表没有得到适当授权，无权开展谈判，此言正确与否，我不敢妄下定论。但依我看，我们所有的公共会议都似乎难逃厄运，遭到令人难以置信的延误，尤其是政

---

① 又称"威士忌反抗"，是1791—1794年美国宾夕法尼亚州西部爆发的抗税运动。当时联邦政府为了增加财政收入，还清独立战争欠下的债务，国会通过一项法案，规定对用小麦酿造的酒类征收消费税。西部农民原本将谷物酿成威士忌，解决谷物运输和储存问题，同时增加家庭收入，如今成为这项税法的最大受害者，因此发起抗税运动。——译者注

> 府将计划交到各州手里，一些州甚至采取反对行动……事实上，我们的联邦政府是名不副实的存在。每个州都不受法律的约束，除非这项法律刚好符合它们眼前的利益。

最终，华盛顿认为，美国的政治现状注定会让他们"自食其果"。[139] 联邦政府与那些地方利益至上的州仍然处于冲突状态。

为摆脱英国追求独立，殖民者奋斗了10年，但在《巴黎条约》签署后的两年内，他们刚刚建立的合众国已经摇摇欲坠。州政府官员和西部定居者对现有法律的遵守有限，而且不管是和平相处的印第安人，还是未结盟的印第安人，他们都兵戎相见。同时，最活跃的治理机构，即州立法部门，仍持不合作态度，因为他们的一切工作都只为了追求本州利益。此外，马里兰和罗得岛等几个州，很少派代表团出席国会，国家政府陷入了债务泥潭。凡此种种，都是华盛顿作为国家公民面临的问题。[140]《邦联条例》的固有问题变得显而易见，并且不断加剧。其中许多问题的产生，都是因为联邦政府无法对内陆行使司法管辖权。正如华盛顿根据自身经验所建议的，西部的这座大宝库既能促进国家扩张，也有可能让联邦崩溃。[141]

18世纪70年代至90年代，超过10万定居者进入内陆。《邦联条例》终于开始制定法律，将这些人纳入管辖范围。1787

年,制宪会议召开前,国会通过《西北土地法令》(*Northwest Ordinance*)[①],明确了新领土的接纳机制,并禁止在这些领土范围内进一步扩张奴隶制。国家出台《西北土地法令》时怀抱着雄心壮志,希望国家政府从此获得监管内陆土地和征税的权力,因此特别授予了联邦政府剥夺印第安部落土地的专属权力。[142]

然而,深刻的分歧阻碍了土地的有序转让。北方和南方各州仍然在关于国家新边界的辩论中争吵不休。《西北土地法令》为新土地的纳入描绘了路线图,但南方各州迫切希望内陆定居点与南方结盟。(P203)佐治亚和南卡罗来纳仍占领着后来被称为"美国南部诸州"(Deep South)[②]的大片地区。[143]这些地区以农业经济为主,与以波士顿、纽约和费城为中心的北方商业经济日渐形成鲜明对比。商人本杰明·拉什(Benjamin Rush)预言道:"只有一种东西会导致美利坚合众国的毁灭,那就是其领土范围。"[144]内陆地区既预示着美国的伟大,也埋下了毁灭的祸根。

除了地区分歧之外,定居者和印第安社区之间的暴力冲突也在内陆不断重演。每年数百名定居者丧生,而印第安社区也为失

---

① 《西北土地法令》亦称《1784、1785暨1787年法令》,是美国国会制定的数项法令的合称。这些法令为西北领地的垦殖和建州提供了依据。——译者注
② 美国南部诸州,尤指佐治亚、亚拉巴马、密西西比、路易斯安那和南卡罗来纳州。——译者注

去亲人而哀悼。条约谈判还在继续,其中一部分是为了防止印第安社区组成更大的联盟。然而,联邦政府分裂不决、濒临破产,部落割让土地之后,政府根本无力补偿。《邦联条例》也缺乏征服他们的能力。1787年,诺克斯直言不讳地告诉国会,这个国家"根本无法打赢一场印第安人战争"。[145] 尽管当时洋溢着乐观主义,但赤裸裸的现实同样令人警醒:内陆超出了国家法律的管辖范围。虽然从技术上讲,这些土地位于国界之内,但定居者、印第安部落,甚至西班牙和英国等竞争对手都在内陆穿行。在当时的结构下,这个新成立的国家无法控制刚获得的内陆土地,也不能约束其公民在这些土地上的行为。还有一个明显的事实:它缺乏与这块土地上的原住民对抗的实力。

印第安人与美国宪法

1787年起草的美国宪法纠正了《邦联条例》的许多缺陷，它既是制宪会议的产物，也是一次根本突破。这部宪法创造了强大的国家政府，能够更好地管理内陆土地、定居点和人民。它赋予国家政府集中权力，对土地、税收和印第安事务等进行管理，并授权国会建立常备军。它明确了州政府与联邦政府的管辖范围，建立了司法与法院系统，开启了三权分立的政治体系。

如今，新政府有了一套明确的权力授予和否决体系，并据此来治理国家。在制宪会议以及随后批准宪法的辩论中，这些权力经过讨论，成为一系列修正案，其中前十条以《权利法案》的形式巩固下来。权力以及对权力的制约，塑造了"权威"在《美国宪法》中的形式和含义。（P204）

然而，这种主权力量并不属于政府或其代表，而是在公民手中。[146] 例如，虽然各州在其边界内和经济体系中保留了广泛的主权，但像《西北土地法令》这样的联邦法律管理着各州之间的互动。不过，没有哪种权力结构能保证，根据宪法建立的代议制政府不受侵犯。"人民"统治着这个国家，而宪法根据最广泛的共和主义概念，确保个人自由不受权力集中的威胁。

然而，对印第安人而言，情况恰恰相反。宪法将他们排除在外，并导致他们被进一步剥夺。这部宪法对当时的殖民进程几乎没有保护，此外，它还预示着未来更大规模的土地侵占。这部法律是由一个在起义中诞生的国家制定的，这个国家经历了30年的内陆战争，使新政府能够通过军事和外交手段扩张，并让独立战争引发的殖民进程变得合法化。美国宪法起源于一代英裔美国人为争取政治、经济和社会自治而进行的斗争，其制定者的目的是确保英裔美国人在内陆土地、原住民和非裔奴隶制方面的主导地位。简而言之，它是一部殖民主义宪法。

在最初的美国宪法中，第一条提及了两次印第安人。[147] 一次是分配国会代表时，将"未纳税的印第安人"排除在外。另一次是国会"拥有监管与印第安部落商业往来"的权力。这两次提及均体现了联邦政府对印第安事务权力的集中化。此外，条约、财产、共同防御保障和军事等条款也适用于与印第安人的关系，只是没有明确提及。

这些授权扩大了美国政府将其权力投射到内陆的能力。事实上，在接下来的10年里，国会为了"提供共同防御"而征税的能力主要体现在印第安事务上。最终，宪法创造了一种既弱小又强大的联邦制度，能够通过正规军而非各州民兵来动用暴力。这种政府结构也是大型州和内陆定居者乐于见到的。[148] 制宪会议期间，与会者对印第安事务没有展开辩论，表明他们达成了罕见的共识。[149]

经历过多年无效的国家政策之后，新政府终于拥有更多权力，可以应对内陆的挑战。制宪会议的许多代表都认识到，国家将迎来加速扩张的机遇。（P205）宾夕法尼亚代表古弗纳·莫里斯（Gouverneur Morris）表示："整个北美都将被吸纳到我们的领土中。"[150] 南卡罗来纳代表查尔斯·平克尼（Charles Pinckney）同样表达了扩张对共和主义的重要性。他表示："美国将实现更平等的社会地位和财富分配……只要尚未开发的西部土地无人定居。"[151]

◆

杰斐逊后来提出，一个"自由的美利坚帝国"已经形成。长期以来，学者们一直在努力调和该观念所包含的明显矛盾，因为帝国与自由、解放与奴隶制，本身便代表着互相冲突的事物。正如北美内陆的斗争所示，这些观念看似对立，实则相辅相成。从本质上而言，"帝国"二字本身就代表着帝国主义和不平等，而国家就像帝国一样，其历史本来就是为了赞美自身的存在与扩张。

《西北土地法令》宣布，美国将追求对印第安部落公正的扩张政策。根据宪法，强大的联邦政府更有可能将"文明"带给印第安部落。在这种冠冕堂皇之词的掩饰下,殖民主义将继续削弱内陆印第安部落的主权,只不过是通过新的形式和新的做法。(P206)

PART II | STRUGGLES FOR SOVEREIGNTY

第二部分 | 主权的斗争

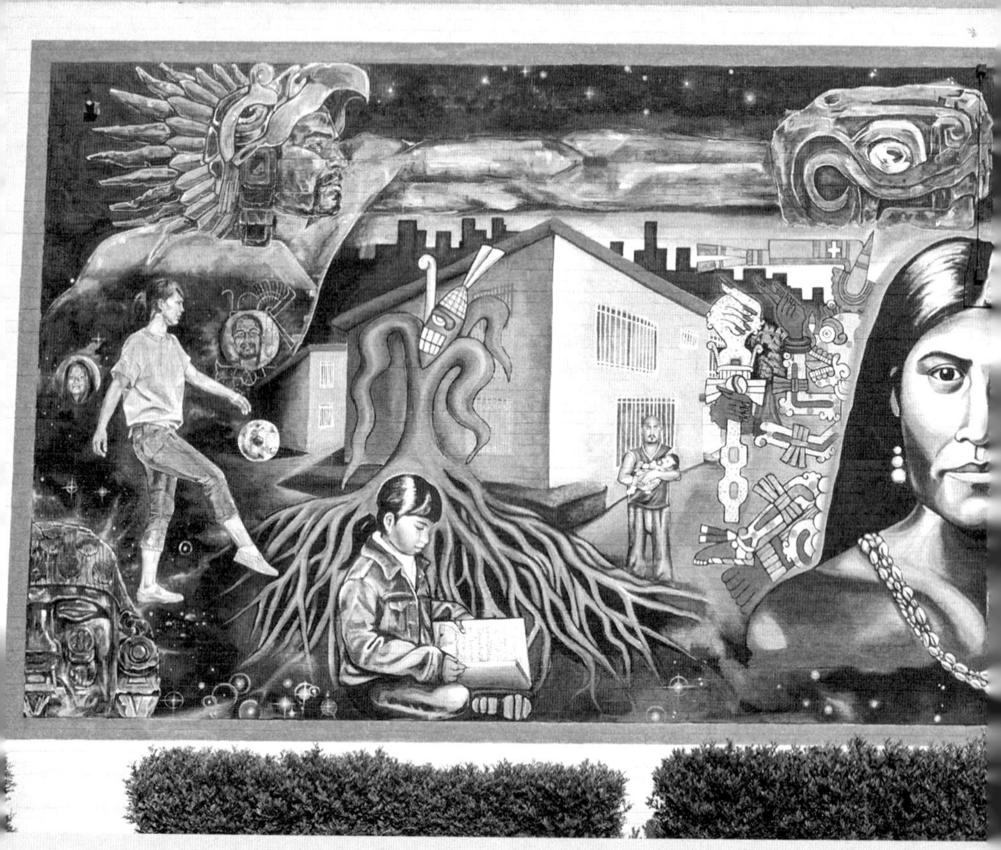

这幅描绘托普里娜（Toypurina）的壁画位于洛杉矶博伊尔高地（Boyle Heights），绘制于大型公共住房综合体拉蒙娜花园（Ramona Gardens）的一面主墙上。这是洛杉矶三幅致敬托普里娜的大型壁画之一，体现了她不朽的影响力（"艺术疗愈"主题作品，2008年，米克特兰壁画，由艺术家本人提供。领衔艺术家：劳尔·冈萨雷斯。助理：何塞夫·蒙塔尔沃，里卡多·埃斯特拉达。摄影：皮特·加林多）

7

The Deluge of Settler Colonialism
Democracy and Dispossession in the Early Republic

In their places a new generation will arise.
— *Andrew Jackson* (1814)

定居者殖民主义的洪水：
美国早期的民主与剥夺

他们的地方将出现新的一代。
——安德鲁·杰克逊（*Andrew Jackson，1814 年*）

利奥波德·波卡贡（Leopold Pokagon）和他的波塔瓦托米族人很幸运。他们在"迁徙时代"（The Removal Era）的最后一波浪潮中活了下来，守住了位于密歇根南部的家园。他们继续狩猎、贸易、设陷阱捕猎、捕鱼和收割庄稼。自古以来，这些季节性活动便一直滋养着波塔瓦托米社区。1838年秋天，社区周围秋色渐浓，天地万物一片宁静，接着秋意褪去，雪花飘落，冬天来临。

其实，这样的宁静并不常见。那一年早些时候，美国士兵将其他波塔瓦托米村庄的1200名村民赶往了西部。在南方，温菲尔德·斯科特（Winfield Scott）将军率领的7000名士兵整装待发，准备驱逐切罗基人。他警告切罗基领袖，士兵已经准备好"追捕你们"。[1]近1.6万名切罗基人向国会联名上书，以免遭到驱逐，但无济于事。

在密歇根州和印第安纳州，军队把浑身寒冷、茫然痛哭的波塔瓦托米人带过伊利诺伊州，跨过密西西比河。到了堪萨斯，他们被迫进入拥挤的定居点。沿途有上百名儿童和老年人死亡，而在此前的迁徙浪潮中，已有数千名波塔瓦托米人丧生。幸运的是，波卡贡的族人仍住在熟悉的土地上，迎接清晨的阳光。河边有钓鱼洞和淡水稻田，到处都是狩猎场，猎物在其中穿行。[2]

作为首席政治领袖（wkema），波卡贡自1826年起领导这个社区。[3]从17世纪以来，该地区从未见过如此大规模的人口迁徙与社会动荡。新来的美国人与波塔瓦托米和其他原住民领袖举行了多次外交会议，每次会议之后，这些新来者的信心都会增加几分，但他们对原住民的威胁也在加剧。（P211）1833年，《芝加哥条约》签订时，白人官员的语气颇为急切。条约专员表示："双方进一步约定，一旦印第安人做好准备，他们将迁往别处。"令人不安的是，该条约还就土地割让做出了规定："本条约所述的齐佩瓦、渥太华和波塔瓦托米印第安人部落联盟，将其……约500万英亩的土地割让给美利坚合众国。"[4]

美国参议院涌现了大量类似条约。[5]1830年9月，在《舞兔溪条约》（Dancing Rabbit Creek Treaty）①中，联邦官员强迫奇克索领导人割让了1000多万英亩的土地。两个月后，官员计划驱赶"该部落其他人，约1.8万或1.9万人"。确定对方的迁移路

---

① 1830年9月，乔克托部落代表与美国政府代表签订《舞兔溪条约》。这是1830年《印第安人迁移法》颁布后印第安人与美国政府签署的第一项条约，旨在将东部印第安人迁移到密西西比河以西的印第安领地。根据该条约，乔克托将他们在密西西比州中部和亚拉巴马州中西部共计超过1000万英亩的土地割让给美国政府。——译者注

线后,联邦官员还联系了当地农民。"请通知附近定居者,他们的玉米和牛可能很快就会有市场,"军需补向官员乔治·吉布森(George Gibson)指示说,"提供一切适当激励,以便他们的产量能满足预期需求。"[6]

对波塔瓦托米人来说,《芝加哥条约》是美国参议院最近批准的 9 项条约之一,这些条约都是在波卡贡成为部落首领后签署的。[7] 像其他领袖一样,他勉强同意开展谈判。他希望评估与会者的意图,特别是同意割地的原住民领袖的意图。[8] 波卡贡没有签署《芝加哥条约》,而是考虑怎样才能让社区人民守住现在的家园,并像其他村民一样祈祷着,被强制迁移的岁月总有一天会结束。

波卡贡回忆起早些年,这些新来者的力量还远远没有这么强大。他在各具特色、讲阿尔冈昆语的村庄长大,这些村庄是五大湖印第安社区的一种特征。这里的人们安居乐业,经济也相对繁荣。[9] 白人定居点位于俄亥俄河对岸,定居者在原住民内陆海的冬天过得十分艰难。

波卡贡的社区世世代代与新来者进行贸易,法国人、英国人和原住民贸易商带来了各种各样的产品,包括银器、兽皮,甚至丝绸。[10] 印第安村庄知道在何时何地,通过何种方式寻找丰富的资源,因为这是贸易的源泉。自 17 世纪以来,波塔瓦托米村庄一直将贸易和狩猎与园艺结合,支撑当地的经济发展。

然而，1812 年的英美战争大大改变了该地区的情况。[11] 最后一个由肖尼领袖特库姆塞（Tecumseh）领导的军事联盟失败了，浇灭了原住民与英国建立伟大联盟，以及对抗新来者的信心。对许多人来说，一大波定居者如潮水般涌入这个地区，所有人都被吞没了。（P212）

这片土地上，到处都是原住民挣扎求生的身影。与 17 世纪的殖民主义挑战不同，19 世纪的"定居者移民主义"动摇了原住民的日常生活基础。[12] 整个内陆海的印第安人都面临着被迫离开家园的压力。美国政府怂恿他们加入"迁移"的队伍，即使有人留下来，也会面临日益加剧的威胁，因为新来者几乎没有给他们留下经济、政治和社会生存空间。

从技术上而言，条约规定用土地来"交换"原住民的家园，政府应该保护这些土地免受定居者的侵害。然而，正如波卡贡所见，白纸黑字的规定并没有带来保障。1830 年，联邦政府通过《印第安人迁移法》（Indian Removal Act），导致此前的协议受到质疑。该法案赋予安德鲁·杰克逊总统更大的权力（很快被宣布违宪），以"扑灭东部各州印第安人的土地所有权"。[13] 在当年的国情咨文中，杰克逊称赞了这项法案的通过，他还注意到，官员们"现在打算获取南部和西部红种人占领的土地……将这些人转移到能让他们多活一些时日，甚至永久定居的土地上"。[14]

不到 3 年的时间里，联邦谈判代表逼迫波塔瓦托米人签署了4项条约。每一次都愈演愈烈,《芝加哥条约》更是登峰造极,迫使原住民割让了500万英亩的土地。其他印第安部落也承受着同样的压力,"迁移时代"带来的死亡、剥夺和国家制裁,席卷了整个东部地区。尽管宪法规定,这些条约是"国家的最高法律",但它们遭到肆意践踏。就像波卡贡见到的,先前的条约全部经历了重签,有时甚至每年重签一次,而且每次原住民都是被逼就范。条约提供的保障成为一纸空文,所谓的保护,也几乎毫无意义。

种族形态与市场革命

对当时的政治领袖波卡贡来说，19世纪20年代是一段艰苦卓绝的时期。1826年，即波卡贡上任第一年，不仅是"迁移条约"的开端之年，也是长363英里的伊利运河（Erie Canal）的开通之年。[15] 原住民内陆海原先的政治经济景观将一去不返，因为该地区如今与大西洋沿岸连通了。（P213）

这条蜿蜒曲折但具有革命性的运河穿过了纽约州。商品从伊利湖流向哈得孙河，取代了内陆海原先的大动脉——圣劳伦斯河和密西西比河。这条运河的开通，可与西北航道①的发现媲美，纽约从此代替新奥尔良和蒙特利尔，成为该地区贸易的终端，让五大湖地区的资源可以通过人工贸易路线流动。

随后的变化立竿见影，不可估量。白人农场的产量创下历史新高，定居者获得数百万英亩的土地。他们赶走野生动物，砍伐森林，将其焚毁，以便开垦农田。他们的农场生产出大量的谷物、猪肉和水果。他们的领导人强迫印第安人离开家园。

---

① 西北航道（Northwest Passage），是指由格陵兰岛经加拿大北部北极群岛到阿拉斯加北岸的航道，这是大西洋和太平洋之间最短的航道。——译者注

定居者给印第安村庄改了名，甚至干脆给整个地区换了名字：西北地区。新州陆续成立，延续了独立战争引发的人口变革。当肯塔基州最著名的人物亚伯拉罕·林肯还在孩童时期，该州已经有40万定居者，其中"有色自由人口"不到总人口的1%。[16]

这些决定性的岁月奠定了美国的经济和种族基础。一系列条约不仅剥夺了原住民的土地，而且给他们带来了新的含义。土地有了新名字，也就有了新价值，可以用来交换和转让。1787年的《西北土地法令》出台之后，在西北地区获取"私有财产"比在纽约、宾夕法尼亚或肯塔基更容易。[17] 正如乔治·华盛顿在独立战争后见到的，内陆地区的侵占者违法占地，却没有开垦种植。整个19世纪，每年都有数千名定居者跨越俄亥俄河，获取土地，其中便包括林肯的家人，他们也是印第安纳州殖民者当中的一员。不久之后，林肯一家加入肯塔基州的数千名移民队伍中，搬到伊利诺伊州。事实上，伊利诺伊州的前7位州长当中，有6位来自肯塔基州。[18]

从密歇根的波塔瓦托米社区向南望去，他们见到的是翻天覆地般的变化。伊利运河开通后，贸易、定居和商业加快了发展步伐。每一种变化，都加剧了对原住民土地的剥夺。同时，新的货币、贷款和债务出现，让苦苦守护家园的原住民遭受额外损失。新国家和新经济的代表来到这里，利用一切手段削弱印第安人的

权力。正如波卡贡所见，美军解决争端时，总是偏袒定居者，用暴力手段逼迫原住民领导人离开家园。（P214）

美国蓬勃发展的经济，还有不断扩张的城市和领土，汇聚成定居者殖民主义的洪流。与其母国英国一样，独立战争后的美国成为一座"大熔炉"。[19]但与英国不同的是，在市场革命中推动"美国转型"的是定居者殖民主义，而非"蒸汽动力"和棉纺厂。[20]

在美国早期，这股洪流促进了三种相关的种族演变，一是国家授权对原住民的驱逐，二是白人男性宪政民主的发展，三是美国非裔奴隶制的扩张。[21]尽管人们通常认为这三者互不相干，但它们实际上有着密切的联系。随着联邦政府获取内陆土地的权力增大，这些新的种族形态也获得了相应的支撑。

一系列条约将原住民与以前的帝国盟友隔绝，让他们彼此分离。条约不仅遏制了原住民与欧洲帝国结盟的能力，对部落内部希望与美国人开展贸易的人而言，其权力也合法化了。[22]克里克族领袖霍伯斯勒·米科（Hoboithle Mico）抱怨说，商业活动对印第安社区的影响如此之大，以至于传统猎人"现在一无所有"。[23]许多社区鼓励与白人贸易商通婚，甚至搬到定居点附近开展贸易。这种内部分裂成为那个时代的特点，也加速了原住民土地被剥夺的进程。

历史学家强调的是扩张带来了政治和宪法的挑战，但没有重点阐述，对原住民土地的剥夺为何促进了这个定居者殖民国家的崛起。虽然联邦政府在管理土地时面临官僚主义的挑战，但联邦测量员、军官和地区领导人都在原住民的土地上穿行。[24] 土地的丧失对后来的政治主权产生了永久影响，因为定居和剥夺代表的是同一枚硬币的两面。[25] 从许多方面来看，无论自己的土地是成为"蓄奴州"还是"自由州"，对失去土地的原住民来说，都几乎没有意义。

不过，这些种族的演变是相互关联的过程。独立战争后，对原住民土地的剥夺促进了白人男性占主导的民主制度和美国非裔奴隶制的扩张。上述三种演变都源自相同的扩张进程，同时也播下了美国分裂的种子。事实上，美国长期存在的许多种族不平等均起源于这半个世纪的种族形成，当时美国的立法者努力在"红色""白色""黑色"人种之间划分清晰的界限。后来，这场斗争演变为意识形态、社会和政治斗争，并最终演变成法律斗争。（P215）

有关未来的辩论在整个美国掀起了波澜。此外，随着内陆定居点和各州的权力增长，美国建立了新的社会秩序。到1830年，美国的种族等级制度似乎像季节本身一样自然。市场革命彻底改变了社会结构，以至于许多人认为，这个国家的经济发展是一种天意。[26] 印第安纳州的一名国会议员表示，制造业和商业已成为"自由的传教士"。[27] 印第安人的土地为维护"商业原则……乃至上帝的法则"奠定了基础。[28]

机遇的洪流

1812年美英战争爆发之前，英国船只在内陆海航行，印第安部落统治着内陆的土地。墨西哥湾各州仍然是奇克索、克里克和乔克托人的家园，而塞米诺人（Seminole）的部落主宰了佛罗里达。美英战争之后，美国及其种族构成的力量迅速增长。很快，这个国家的所有白人都获得了投票权，而北美东部的印第安人失去了超过1亿英亩的土地。从19世纪20年代开始，美国非裔奴隶制蔓延到得克萨斯，那里广阔的森林变成棉田。[29]

印第安人的家园变成农场和种植园，市场革命规模扩大，推动了国家经济发展。在"老西北"（Old Northwest）①，农场生产了大量的出口产品，同时吸引着数不清的进口商品。伊利运河仅开通10年，通过这条河流运输的商品价值便超过了1亿美元。[30] 到1860年，每年有3100万桶谷物流出布法罗（Buffalo）。[31] 出口商品被送到纽约，伊利运河竣工后，该市人口大幅增长。简

---

① 老西北即西北领地，是指美国在独立战争后西向扩张的过程中形成的地区，包括今天的俄亥俄州、印第安纳州、密歇根州、威斯康星州以及伊利诺伊州的一部分。——译者注

而言之，内陆农业既改变了印第安人的狩猎地，又扩大了国家的经济规模。

纽约市的历史体现了定居者殖民主义和美国资本主义的日渐交汇。1812年后，该市成为美国金融中心，也成为欧洲移民的主要入境口岸。（P216）1817年，纽约开放美国首个股票市场。1818年，其港口首次开通前往英国的定期船运服务，西半球的乘客终于可以搭乘班轮横跨大西洋。可以说，纽约和伊利运河是美国早期经济的主要组成部分。[32]

与辛辛那提、匹兹堡等城市一样，纽约人口在1812年后增长至原来的两倍，后来又增加了一倍。到1850年，其人口超过50万，比1790年增长了1300%。[33] 如此迅速的增长使它成为全球最具影响力的经济中心之一。例如，随着全球棉花市场的增长，纽约的工程师经常带头开发拉丁美洲、亚洲和中东的棉花产业。路易斯·亚历克西斯·朱梅尔（Louis Alexis Jumel）和约翰·马斯特森·伯克（John Masterson Burke）离开这座城市，分别帮助建立了埃及和墨西哥的棉花产业。两人年轻时来到这座城市，熟悉了棉花生产及融资。他们迅速跟随这座城市的资本主义发展脉络，带着些许纽约精神去了外国。[34]

当然，纽约的经济早于美国的诞生。作为荷兰皮毛贸易的中心，这座城市早已融入了印第安东北部和整个北美大陆的经济体系。印第安人猎取的皮毛促进了纽约的经济增长。（P217）例如，这座城市最著名的企业家约翰·雅各布·阿斯特便靠皮毛贸易发了大财。1808年，他成立美国皮毛公司（The American Fur Company），并在哥伦比亚河口的阿斯托里亚（Astoria）建立了主要前哨站。[35]

阿斯特建立了一张遍布全球的皮毛贸易网络，其事业有助于巩固美国对太平洋的权利主张，扩大与亚洲的商业往来。[36] 每年都有船只载着成千上万的皮毛和世界各地的人们抵达其西部终点——阿斯托里亚。1813年，有24名夏威夷原住民在阿斯托里亚工作，不仅促进了当地的经济发展，也改变了其社会构成。[37]

阿斯特出生在瑞士阿尔卑斯山区，1784年，时年20岁的他移民到了纽约。他的事业飞速发展，体现了纽约的蓬勃发展和国家政治经济的变化。

虽然白人男性民主的扩张看似抽象，但阿斯特等人代表的变革像一场社会地震，重塑了美国白人。在美国早期，经济机遇使欧洲移民和美国公民产生了联系，模糊了双方之间的界限。新的美国种族和性别关系正在形成，揭示了剥夺印第安土地引发的其他社会变化。

J.W. 希尔（J. W. Hill）在伊利运河开通仅 4 年后（即 1829 年）创作的水彩画，描绘了运河在西北领地引发的变革。该运河加速了定居者的迁移以及印第安原住民部落的迁徙。曾经的森林变成田野和牧场，一直延伸至运河后方，左侧有几匹马拉着一艘载有乘客和货物的驳船（纽约公共图书馆）

白人身份、性别与入籍

自詹姆斯敦①建立以来,北美的白人定居者之间虽然存在共同点,但他们的差异也同样显著。切萨皮克的契约工、新英格兰的学徒和卡罗来纳的佃农,都生活在由上流阶层白人男性统治的世界中。这些统治者拥有土地,而土地所有权是共和主义原则的基础,无法自谋生计的人缺乏参与政治的独立性。[38]如果谁持相反观点,那这人就是理想主义,是错的。法官詹姆斯·肯特(James Kent)解释说:"如果政府认为大多数人道德高尚、精明能干,并且愿意品行端正,这种理论明显是乌托邦,永远不会变为现实。"[39]

独立战争改变了这些差异,但这种改变并不普遍。[40]土地所有者仍然害怕身边的无地者,紧张局势贯穿了美国早期。(P218)在南方,人们对穷人的蔑视跟黑人差不多,就像地主看不起仆人一样。[41]

虽然独立战争和宪法建立了新的治理结构,但民众的主权仍

---

① 詹姆斯敦是英国在北美的第一个定居点。1607年5月24日,105名英国人来到美国弗吉尼亚,建立詹姆斯敦。——译者注

受到限制，阶级斗争也随之而来。美国独立之后的两代时间，各州宪法规定了政治参与和任职的"财产资格"。[42]直到1829年，最高法院大法官约翰·马歇尔（John Marshall）仍然支持这些限制，他"对财产权的尊重深入骨髓"。[43]因此，即使肤色相同，有财产和没有财产的白人享有的法律和政治权利依然不同。

白人妇女也同样面临限制，无论她们是否富有。跟殖民时代一样，性别等级制度奠定了美国早期的社会结构，哪怕人们当时对性别有了新的理解，也于事无补。[44]这种性别特征产生了独特的道德形式。妇女作为母亲、妻子和照看者的身份，成为她们受到社会约束的枷锁，因为这样才能守护国家的美德。独立战争后，新的性别体系主导美国的公共话语体系，催生了新兴的中产阶级，女性从此被安上"贤妻良母"的称号，家庭主义的兴起因此变得合法化。[45]在家庭领域，女性的道德权威至高无上，为美国共和主义的探索提供了道德支撑。[46]

领土扩张，还有对原住民土地的剥夺，让共和主义及其种族和性别假设变得复杂化。19世纪早期，西部移民，尤其是白人家庭，重塑了美国民主的基础。在内陆地区，性别角色与美国东部不同。由于白人男性更容易获得土地，权威不再局限于"中产阶级"家庭，而是转移到了农场。建立定居点不仅需要男性，也需要女性的参与。日常农业活动为西部的扩张提供了巨大动力，定居者的家庭甚至改变了美国的政治格局。例如，原本表示"农夫"的"husband"一词，后来变为"已婚男子"。[47]

在定居者殖民主义和定居点政治经济的影响下，西部的白人家庭与同时代美国东部的白人家庭产生了差异。这种影响还强化了婚姻和异性恋的法定形式，也巩固了父权制作为家庭基石的地位。[48]在内陆地区，土地所有权、农业主义和定居点不断扩张，挑战了共和主义对财产的限制，参与性民主实践随之而来。

根据托马斯·杰斐逊的建议以及《西北土地法令》的规定，内陆土地应"与原先各州享有同等地位"。[49]对男性来说，这种"平等"权利包括自由迁移、所有权和选举权。从1796年的田纳西州开始，内陆各州在联邦获得了平等的代表权。由于白人种族身份可以弥合日益加剧的地区、阶层和政治分歧，越来越多的美国公民开始共享同一种身份。（P219）

弗雷德里克·杰克逊·特纳（Frederick Jackson Turner）[①]分析美国一个世纪的扩张时，发现了美国身份的一个显著特征，即西部边疆地区存在着一种"对控制的反感"。特纳认为，这种反感"导致了对行政管理的不宽容，并倾向于更加平等、个人主义和自治的精神"。[50]从许多方面来看，西部边疆社会培育了一种

---

① 弗雷德里克·杰克逊·特纳（1861—1932年），19世纪末20世纪初的美国历史学家。1893年，特纳发表《边疆在美国历史上的重要性》一文，奠定了他在美国史学界的地位。其理论被称为"边疆理论"，对美国的史学研究具有重大影响，由此形成的"边疆学派"在美国史学界占据长达40年的统治地位。——译者注

特质，这种特质后来演变成为美国个人主义，而这一切都建立在印第安人最近被剥夺的家园之上。

在东部城镇和海港，土地所有权和政治权力依然集中，权利和自由更加难以触及。政府颁布了一系列旨在扩大和保护某些自由的法律。例如，《西北土地法令》确保了内陆领土的殖民化为新领土带来与现有各州"平等"的地位。1790年，国会通过《归化法案》（the Naturalization Act）。[51] 移民和新公民必须在美国居住一段时间才能入籍。他们必须表现"得体"，并避免犯罪行为。移民必须"宣誓在所有教会和民事事务上放弃对一切外国国王、王子……以及国家的效忠和服从"。[52]

国会利用宪法权力明确了获得公民身份的途径，并在立法中添加了一个关键词。与《美国宪法》不同，《归化法案》使用了明确的种族语言来确定公民身份。入籍权仅限于"白色"人种。这是"white"（即白色）这个词首次出现在国家法律中，且国会无人对该限制提出异议。[53] 随着种族语言的立法化和规范化，在1792年的《民兵法》（Militia Act）中，国会同样规定只有"白人"可以服役。[54]

白人身份，就像印第安身份一样，是一种社会建构，也是一种意识形态习惯。人们在这种习惯的驱使下，会想象不同社会群体的相似之处。这样的种族分类需要几十年，甚至几代人的时间才能形成。美国的新法律明确了对印第安土地的剥夺，并将新兴的社会类别转变为固化的政治身份。建国早期，美国成了一个只有白人男性拥有权利的国家。"白人"公民身份的合法化明确排除了黑人，无论对方是奴隶还是自由人，都被排除在法律的保护之外。[55]

这些法律对其他人也进行了区分。根据《美国宪法》和《归化法案》，印第安人不具有公民身份。（P220）"有色人种自由人"在美国也找不到多少空间，因为种族主义十分普遍。在美国西北部的定居点，定居者希望当地能完全摆脱黑人。[56] 自由黑人受到的歧视与独立战争前没有区别。[57] 最引人注目的是，奴隶制塑造了整个美国对人格的理解：要成为公民，必须先划分为"白人"。[58]

1812年美英战争后，种族化愈演愈烈。事实上，1815年后的一代人见证了国家的持续承诺——排斥所有非白人参与美国政治。[59] 南方各州已经开始实施此类限制，在州宪法中明确只有"自由人才平等"的原则。[60] 对非裔美国人、印第安人和其他有色人种来说，"人人生而平等"的口号则立即遭到了反驳。[61]

美国想象中的神话制造

长期以来,美国历史一直被认为是欧洲人和美国白人的历史。有关美国早期宗教、经济和政治意识形态的历史,分成了独立的研究领域,通常只研究定居者的经历。直到 20 世纪末,历史学家才开始以新的方式探讨这些问题。他们问道,"白人"的美国究竟从何时开始崛起?为何"白人意识"很快在美国早期出现?[62] 像阿斯特这样的欧洲移民,作为前殖民者,为何能如此迅速地融入美国?

阿历克西·德·托克维尔(Alexis de Tocqueville)在《论美国的民主》(*Democracy in America*,1832 年)中质问了这个新国家的含义。他在该书的开始说道,美国人的"社会状态显然是民主的",美国的定居点"似乎从一开始便注定要实现自由发展"。[63] 就像 J. 赫克托·圣约翰·克雷夫科尔(J. Hector St. John de Crèvecoeur)在《一个美国农民的来信》(*Letters from an American Farmer*,1782 年)中一样,德·托克维尔赞美了这位美国农民及其高尚的美德,并将其视为新国家政治主体的化身。土地的可获得性以及农民的小规模耕种,解释了主权在民的崛起和代议制政府的参与自由。德·托克维尔认为,从许多方面来看,土地本身便具有共和的美德。他写道,"美国的土地""绝对排斥领地贵族"。[64]

德·托克维尔的乐观未能认识到美国内部的巨大差异,也未能认识到白人之间的联系如何巩固了这些差异。美国东北部各州面临着大西洋的寒冷季节,内陆定居点的人们则在森林地带过冬。南卡罗来纳州的奴隶主负责管理美国非裔奴隶的稻米种植,边远地区的贸易商则将酒精和制造品运往西班牙和印第安村庄。(P221)这些多样化的政治社区,为何让许多欧洲人感受到了"伟大团结"?[65]原因在于,种族团结和神话制造推动了美国不断增长的自我认同。

尽管德·托克维尔对美国抱有信心,但19世纪初有关美国的历史记载很有限。那时候国家几乎没有图书馆,哪怕有图书馆,也不对公众开放。高等教育仍然局限于商人、牧师和地主的男性后代。[66]在阿巴拉契亚山脉以西,只有少数几家报纸,而且这些报纸继续煽动反印第安和反英情绪的火焰。1808年7月4日,肯塔基州的一家报纸全文转载了《独立宣言》,并用斜体字重点强调了对"无情野蛮人"的抱怨。[67]

此外,美国几乎所有的高等教育机构都位于大西洋附近。在农村地区建立学院的工作没有起色,而且只有少数学生毕业。达特茅斯学院(Dartmouth College)的创始人埃利埃泽·惠洛克

(Eleazar Wheelock)曾设想在新罕布什尔州(New Hampshire)的森林中教育印第安学生,但最后不得不屈从于他人的利益。莫希干族领袖萨姆森·奥科姆(Samson Occom)写道:"可怜的印第安人,他们永远得不到多大的好处。"[68]

当时没有介绍美国历史的书籍(也缺少来自印第安人的真实叙述),因此讲述美国历史的人将其神化了,而且他们是借助书信做到的。[69]信是当时的主要通信工具,跨越大西洋的信件更是多达几千封。[70]在这种交流中,写信人描述的是一种虚构的美国历史,一种简单且符合道德规范的美国历史。

这些写信人所做的事情实际上超越了政治评论本身,帮助构建了有关这个国家的想象。[71]在他们的观点中,构成美国扩张的暴力和剥夺被淡化,甚至被抹去了。对克雷夫科尔而言,南塔克特岛"幸福"的清教徒定居点并非建立在暴力的基础上,"一切都是现代的、和平的、仁慈的"。至于原住民,他们只是"加速走向了灭绝",实际上,他们自己也意识到这种毁灭。[72]

这种想象不仅成了不公正的借口,还解决了经典的哲学悖论。(P222)长期以来,让-雅克·卢梭等启蒙思想家一直质疑参与式民主演变过程中对暴力的使用。[73]上述那些写信人将美国历史视为一种自然而非暴力的过程,等于抹去了构建政治秩序所引发的冲突。[74]

对许多人来说,北美的定居并没有发生流血冲突。人们没有对土地展开争夺，甚至帝国之间的森林战争也不像欧洲战争那么重要。此外，印第安人不算外国人，他们对自己领土的管理也称不上"统治"。他们要么不算完全的人类，要么生活在有待开发的原始状态中，他们是卢梭所说的"高贵的野蛮人"。欧洲定居者成为土地的自然管理者，有权享受其无穷无尽的资源。就像杰斐逊在《弗吉尼亚笔记》（*Notes on the State of Virginia*，1791年）中表示，克雷夫科尔将美国农民等同于上帝的旨意。根据克雷夫科尔的说法，美国白人是一群"耕作者"。[75] 杰斐逊对自耕农的评价与之类似："耕种土地的人是上帝的选民。"[76]

驱逐与归化：印第安政策的模糊性

矛盾的倾向不仅体现在著书立说的人身上，也体现在这个国家的统治者身上。面对种种矛盾，美国领导人努力捍卫自己对国家美德的承诺，特别是当法国和海地爆发革命，成立与传统自由概念截然不同的政府时。[77]

随着革命在大西洋两岸蔓延，每年都会产生新的政治变革。托马斯·杰斐逊等美国思想家提出了互相竞争的意识形态，探讨如何管理新国家，理解不断变化的世界。他们参与的是一场更广泛的、关于人性起源的对话。[78]

他们还诉诸历史，将美国的历史想象成神话般的存在，认定这个年轻的合众国与众不同。换言之，美国政府代表着几个世纪以来欧洲政治乃至基督教世界改革的巅峰。正如一位牧师在杰斐逊的家乡宣称："自由的事业就是上帝的事业。"[79]

与欧洲同行不同，美国领导人对种族差异的关注更加敏锐。他们的种族信念影响了他们对公民身份、自由和通婚等问题的回答，并导致他们将这种黑暗的愿景制定为法律，确保种族纯洁。（P223）杰斐逊在其第二次就职演说中指出，印第安人缺乏"理性",不能"随周围情况的变化改变自己的追求"。[80] 此外,正如他在《弗吉尼亚笔记》中指出的那样,当"敌人位于我们内部,首要目标便是将其驱逐"。[81]

1776年,美国有 1/5 的人口是奴隶,而原住民部落主宰了南部和西北部的内陆地区,要将其驱逐是不可能的。杰斐逊一生致力于为许多人眼中的国家根本性矛盾作辩护,美国的自由伴随着奴隶制的存在,其中最具革命性的文本却是奴隶主撰写的。[82]

与其他作者相比,杰斐逊成为讲述印第安人和非裔美国人差异的权威。[83] 他希望借助科学知识和广泛阅读,解决美国的种族矛盾,但没有取得成功。杰斐逊甚至到了古稀之年还在策划将非裔美国儿童从南方彻底驱逐出去,同时支持驱逐印第安人的呼声。[84] 他无法解决这个国家不断加剧的矛盾。

对问题的不同理解催生了对立的政策。正如前文所述,宪法中"未征税的印第安人"是一种含糊不清的划分,原住民因此被排除在纳税系统之外,无权担任州代表。尽管处理印第安事务的专属权力被移交联邦政府,但宪法延续了《邦联条例》的模糊性,根据该条例,印第安人"并非任何州的成员"。[85] 这种做法引起了他人的愤怒,詹姆斯·麦迪逊在《联邦党人文集·第42篇》(*Federalist 42*)当中嘲笑了《邦联条例》的这种模糊性。麦迪逊表示,这种称谓"尚未最终确定,一直是频繁引起困惑和争议的问题"。[86]

矛盾的思想很快演变成对立的政策。最终，美国认为可以对杰斐逊口中所谓的"内部敌人"，即印第安人进行同化或驱逐。至于印第安人接受"文明"的能力如何，这个国家曾有诸多争论，但无论是同化还是驱逐，几乎没有为印第安人提供自治空间。实际上，这两种政策都成为暴力的根源。随着国家将广袤的土地收入囊中，关于驱逐和同化的辩论变成对立的意识形态。就像废奴主义者关于奴隶制的辩论一样，这些意识形态孕育了杰斐逊和安德鲁·杰克逊等国家发言人。

"印第安问题"很快成为美国早期的核心议题。1829年，杰克逊就任总统，当时的联邦政府保持了广泛的内陆外交和条约缔结惯例。这种做法与杰克逊的观念相悖，在他看来，这些待遇过于温和。其他人则认为，与印第安人签订条约是违宪的。对许多人来说，联邦唯一可以容忍的自治形式仅针对白人公民。（P224）

早期的联邦 - 印第安外交

1790年,杰斐逊成为国务卿,当时他的同僚拥有几十年与原住民部落打交道的经验。华盛顿在英法七年战争期间名声大噪,1789年上台担任总统,任命亨利·诺克斯为战争部长,后者在《邦联条例》时期也担任了同一职务。像其他军官一样,这些"联邦党人"了解内陆外交的性质,他们与印第安领袖建立了长期的关系。[87]

外交、贸易和国家建设日常事务,是美国第一代政策制定者的主要工作内容。当时联邦政府出台了各种各样的印第安政策,加上政策制定者的背景和动机各异,没有哪一种政策能够完全代表美国早期的实践。[88]第一届政府在国家权力问题上还没摸清方向,因此,指导印第安事务的与其说是领导人的共识,不如说是他们彼此间的矛盾。

诺克斯经常招待印第安领袖,不断用贸易商品拉拢他们,邀请他们与华盛顿会面。考虑到国家面临的财政负担,诺克斯主张采取外交和经济上的权宜之计。他明白,内陆的原住民部落是强大的对手,他们拥有土地和士兵,甚至一直与英国保持结盟。

诺克斯有时鼓吹印第安部落接受同化，开展变革，推动农业的普及。不过，他希望由传教士而不是士兵来促进这种同化。诺克斯鼓励说，"他们应该是如父如友一般的人物。"[89]美国领导人遵循的是基督教友谊与父权结合的双重家长式领导，表达了与印第安部落共存的愿景。"伟大的父亲"将指导他们所需的变革，但"种族"完全隔离并非当时的国策。[90]

除了这些工作之外，美国还建设了一种重要的基础设施，虽然这项设施常常被遗忘。在华盛顿的鼓励下，内陆贸易站取代堡垒，成为联邦权力的中心。[91]华盛顿在他的第5次年度咨文（Fifth Annual Message）①中表示，国会必须与内陆部落建立"利益关系"。

除了对和平破坏者实施严厉的司法措施外，与印第安部落建立贸易关系……最有可能让他们产生依附。（P225）但这种关系的建立应该在没有欺诈和勒索，供应品充足且持续的情况下

---

① 美国宪法规定，总统"应不时向国会报告国情，将其认为必要和适宜的方案提交国会审议"。国情咨文演说的传统可以追溯到1790年，当时美国第一任总统华盛顿在临时首都纽约向国会发表了"年度咨文"，其继任约翰·亚当斯沿袭了这一做法。但是，美国第三任总统托马斯·杰斐逊改变了这种做法，其私人秘书将咨文副本递交给了国会两院，由众议院和参议院的书记员朗读。杰斐逊之所以这样做，是因为他认为年度咨文演讲是对英国君主"王座演讲"的模仿，不适合新生的民主共和国。杰斐逊的这种做法影响深远，在其后100多年里，美国总统均以书面形式向国会发表年度咨文（即国情咨文）。——译者注

进行，为印第安人的商品提供现成市场，并对他们用来付款和交换的货物明码标价……如果该建议得到国会的认可，他们便会记得，印第安事务不能由行政部门通过任何手段来实现。[92]

联邦政府向内陆的印第安领袖授予"和平勋章"，表彰印第安部落与联邦政府之间的关系，并认可那些保持社区相对和谐的印第安领袖。这些奖章是会议发言和条约规定的"物质"体现，印第安领袖展示这些勋章，将其作为美国政府对部落社区公认主权的一种承认。此外，正如诺克斯倡导的，传教士也在内陆社区传播"福音"，而且更重要的是，他们展现了节制和克己的美德，而这些美德是美国意识形态的一种特征。[93]

这些做法逐渐演变为美国的"文明"计划。[94]像艾萨克·麦考伊（Isaac McCoy）这样的传教士也很快开始倡导为印第安人提供教育机会。他们认为，如果没有接受正规的欧美教育，没有读写能力，"印第安人就无法与我们的政府竞争"。[95]在美国早期历史上，一些印第安学生曾在新英格兰的神学院就读，包括新罕布什尔州的摩尔慈善学校（Moor's Charity School）和康涅狄格州的康沃尔教会学校（Cornwall Mission School），这些学生的数量虽少，但影响深远。[96]他们接受了必要的培训，后来很多人利用在学校学到的知识，保护自己的社区免受持续侵犯。未来几十年，许多批评驱逐政策的人正是因为受过学校教育，才有了口诛笔伐的本领。

然而，正如殖民地时代一样，内陆定居者的行为与其领导人的政治抱负背道而驰。内陆公民经常违反联邦政策，夺取原住民的土地或生命，有时甚至两者兼而有之。特别是肯塔基人，经常杀害原住民。根据诺克斯的说法，他们针对的是那些"以依附美国为傲的人"。美国最初的政策始终是为了遏制这种敌意，而非摧毁或驱逐内陆的原住民部落。此外，诺克斯总结说："血腥和不正义……将玷污国家的品格，（而且）其影响无法用金钱衡量。"[97]

诺克斯为了独立战争后的内陆外交忙得焦头烂额时，杰斐逊正在巴黎。他喜欢上了法国与意大利的边境一带，还在一封信中写道："如果我哪天死了……我恳求你们把我葬在这里。"[98] 作为驻法大使，杰斐逊为减轻美国的债务而奔走。他甚至参与起草了法国的《人权宣言》，这是他15年内起草的第二份独立宣言。（P226）杰斐逊分析了法国革命及其后果的不确定性，他还把自己没有出版的那本《弗吉尼亚笔记》带到了巴黎，该书于1785年首次在法国出版，1787年又在伦敦出版。[99] 杰斐逊的妻子玛莎（Martha）于1782年去世，之后他便来到巴黎。这座城市为这位中年种植园主提供了旅行、充实的人生和恋爱的机会，包括他与14岁的奴隶萨莉·海明斯（Sally Hemmings）的一段关系。[100]

在远离内陆外交挑战、土地政策和持续多年的宪法纷争后，杰斐逊于1790年回到美国，加入已经运行了一段时间的联邦政府。确实，杰斐逊起草了《独立宣言》，并与美国最重要的盟友合作，但他在国外待了很长一段时间。在华盛顿的内阁中，杰斐逊与美国首个政党——联邦党的理念不合。他坚信平均地权论和主权在民，这与联邦党对国家权力的看法截然不同。人们不禁想，杰斐逊对内陆事务的不熟悉是否影响了他的观点。与华盛顿和诺克斯不同，杰斐逊在18世纪80年代移居国外，这段经历让他的著作中弥漫着浪漫主义愿景。后来杰斐逊上台，任职期间继续密切关注法国、海地以及路易斯安那，这种关注对原住民产生了严重后果。[101]

1791—1800年：奴隶起义与内陆印第安战役

1791年9月，杰斐逊最担心的事情成为现实。不过，事情的发生地不在北美，也不在巴黎的断头台。他悲叹道，"可怕的共和国"在海地，即前法国殖民地圣多明各崛起了。这证实了他在《弗吉尼亚笔记》中提及的对奴隶起义的永恒恐惧。他写道："我为我的国家感到颤抖。"此处指的是弗吉尼亚州发生叛乱的可能性。[102] 海地革命不仅证实了杰斐逊的恐惧，也震惊了欧洲领导人，因为他们认为奴隶推翻白人统治，建立自己的政府是不可思议的事情。[103] "没有哪场悲剧给人们带来如此深刻的感受。"杰斐逊写道。[104]

与1812年美英战争之前的其他事件一样，海地革命（The Haitian Revolution）① 重塑了美国的种族关系。法国多次尝试夺回这块前殖民地，但无果而终，挫败了拿破仑·波拿巴（Napoleon

---

① 海地革命是指自1791年至1804年发生在海地的黑奴和黑白混血人种反对法国、西班牙殖民统治和奴隶制度的革命。——译者注

Bonaparte）①在美洲重建殖民帝国的希望。随着18世纪90年代向前发展，海地革命牵动了美国的外交事务，无意中导致联邦的印第安政策从同化转向强制驱逐。[105]

1791年后，美国的奴隶制度迅速发生变化。1793年，国家通过《逃奴法案》（*Fugitive Slave Act*）②。1794年，伊莱·惠特尼（Eli Whitney）申请轧棉机专利，1800年加布里埃尔暴动（Gabriel's Rebellion）威胁了弗吉尼亚州的奴隶制度。杰斐逊参与了每一次事件，他对帝国的愿景也因此受到影响。（P227）数百名海地难民，包括许多跨种族通婚的男女和家庭，纷纷在费城登陆，带来了起义的传闻。[106] 他们的社会惯例与美国形成鲜明对比，因为跨种族婚姻在美国是非法的，或至少会受到谴责。[107] 这些难民还带来了黄热病，杰斐逊为此逃离了费城，并传达了他对叛乱的担忧。[108]

作为国务卿，杰斐逊刚刚收到惠特尼的专利申请。他明白，这是一项具有科学和商业意义的新技术。作为150名奴隶的主人，杰斐逊亲眼见证了对美国棉花不断增长的需求，也知道靠手

---

① 拿破仑·波拿巴即拿破仑一世，出生于科西嘉岛，著名的军事家、政治家、革命家、战略家和征服者，法兰西第一帝国皇帝。——译者注
② 《逃奴法案》是美国国会于1850年9月18日通过的一项法案，是1850年妥协案的一部分。该法令规定，政府应制定法律，帮助奴隶主捉拿逃跑的奴隶，黑人奴隶即使从蓄奴州逃到自由州也不能成为自由公民；各地法院都应支持捕捉和送还奴隶。自由州的官员和公民发现逃跑的黑奴后应该将其送还给奴隶主。——译者注

工从棉荚中去除棉籽的困难。他告诉惠特尼,专利证书将"立即"颁发。[109]1800年,即加布里埃尔暴动之后,杰斐逊当选总统,阅读了弗吉尼亚州州长詹姆斯·门罗发来的秘密消息。门罗主张将获得自由的黑人驱逐出州,他认为这些"人"对社会和平造成了极大"危险",应该"被驱逐"。[110]杰斐逊此前也曾警告:"如果不采取措施……子孙后代的未来将毁于我们手中,眼下席卷全球的革命风暴将会降临到我们身上。"[111]

杰斐逊每天都面临着奴隶制带来的挑战。作为对门罗的回应,他询问了将非裔美国人送往塞拉利昂的有关事宜。然而,此举费用高昂,再加上获得自由的黑人对这种"殖民化"的抵制,杰斐逊的提议未能实现。此外,他还询问了将非裔美国人送往海地的做法。[112]从更广泛的角度来看,奴隶制和奴隶主对叛乱的恐惧显然正在威胁这个国家的命运。[113]

美国面临的威胁一方面来自国内的奴隶,一方面来自外部的印第安"敌人"。海地革命之后,这些威胁交织在一起。由于内陆原住民部落继续在西北地区抵抗美国的扩张,政策制定者开始跳出"文明"计划的局限,寻找新的解决方案。这时的美国不仅面临着原住民部落的沉重打击,还面临着日渐高涨的奴隶起义,政府领导人不得不加快另谋出路的步伐。

1791年后,俄亥俄河沿岸战役使美军遭受重创,诺克斯进一步加大了对"文明"计划的支持。在与阿尔冈昆语部落联盟的交战中(有学者称之为"印第安部落联盟"),1000多人丧生。[114]哈马尔将军(1790年)、圣克莱尔将军(1791年)和韦恩将军(1794年)率领的远征活动耗费巨大,凸显了联邦权威的局限性以及原住民部落的持续自治。美国独立后的第一个10年,也是内陆战争不断的10年,这些战争虽然惨烈,但不具有决定性。(P228)

1791年圣克莱尔的失败尤其如此。这位将军手下900名士兵丧生,印第安部落在西北领地的主权得到加强。[115]保护社区,对入侵者进行暴力反抗,一直是原住民力量的重要体现。尽管定居者人口超过原住民,但无论是在战场,还是在别的场合,印第安领导人都公然藐视美国的政策,并一直向州领导人表示,"对我们来说,钱没有价值。""无论如何,我们都不会出售自己的土地。我们靠这些土地获得资源,养活妇女和孩子。"[116]1793年,印第安部落联盟(United Indian Nations)聚集在底特律河畔,一同向美国政府保证,他们仍致力于和平共处。但是,这种保证只有在联邦政府"同意俄亥俄(河)作为边界线"的前提下才有效。[117]

1793年12月,杰斐逊正在担心奴隶起义,印第安人发起了游说,要让俄亥俄河成为他们与美国的永久边界。他们拒绝了之前的边界建议,抵制了美国剥夺他们家园的企图。[118]美国和外国领导人认识到,印第安人之所以拥有持续的权力,部分原因是英国士兵仍然与该地区的印第安人结盟。尽管英美签署了《巴黎条约》（1783 年），但底特律、尼亚加拉和迈阿密等地的英国堡垒依然对印第安部落表示支持。这些堡垒并没有被英国人放弃。[119]

1800 年，杰斐逊当选总统，这些担子落到他的肩上。他密切关注国会辩论，寻找针对内陆印第安事务的新解决方案。杰斐逊尤其关注美国签订的第一项和第二项国际条约，即《杰伊条约》（1794 年）和《圣洛伦索条约》（*Treaty of San Lorenzo*，1795 年）确立的法律先例。这两项条约都涉及内陆土地的边界问题，而且从一定程度上看，都起源于美国政府批准印第安条约的惯例。

杰斐逊时刻警惕奴隶起义，并从国会辩论中了解了有关宪法权威的新论点。他很快就另辟蹊径，打算从外国势力那里获取领土，继续美国的领土扩张进程。他尤其关注新奥尔良和密西西比河口，因为这两个地方有 1/3 的美国农产品出口到市场上。杰斐逊写道："地球上有一个地方，这个地方的拥有者是我们的天敌。那就是新奥尔良。"作为总统，他指示国务卿詹姆斯·麦迪逊采取任何手段保护这些领土，哪怕动用武力也在所不惜。正如麦迪逊指示当时身在巴黎的美国代表："你们可以将……'战争不可避免'作为讨论基础。"[120]

印第安条约的签订与联邦权力的运用

1801年,杰斐逊上任。在与内陆的原住民部落和其他帝国打交道的过程中,美国的行政和立法部门已经积累了十多年的经验。虽然新的实践,特别是条约缔结,扩大了联邦政府的权力,但许多问题仍然有待解决。(P229)根据宪法,通过战争征服和条约割让获取土地是合法的。问题是,宪法是否授权国家通过其他方式获取土地呢?联邦政府能否"购买"土地?如果可以,这些土地如何纳入联邦?这些土地上的印第安人和非美国人,又该如何安排?

这些问题暴露了深刻的政治内讧。麦迪逊所称"战争不可避免",既是威胁,也是正当理由。毕竟根据宪法,战争是征服领土的合法手段。但外交政策的成本更低,与印第安人签订条约已经让对方割让了数百万英亩的土地。事实上,正是这些条约的签订增强了联邦政府,尤其是参议院的能力,让他们能够制定条约,批准具有约束力的协议,哪怕当时存在深层次的党派分歧。

从许多方面来看,从条约的批准,到有关条款的辩论,从内陆堡垒的年度预算,再到向部落支付的年度款项,条约都是美国的首选政治工具。当时的联邦政府正在努力组建军队，偿还债务，条约正好成为上下一致、解决冲突的手段之一。比起"文明"计划的载体，即内陆堡垒、"工厂"或传教士，条约才是执行印第安政策的主要工具。美国内陆印第安部落的命运是由条约决定的，从独立战争到1871年印第安条约时代正式结束，参议院批准了近400项条约。

与印第安人的外交活动塑造了联邦党和共和党政府。杰斐逊执政期间，即1801—1809年，参议院批准了33项印第安条约，包括与"奇克索、乔克托、克里克、塞内卡、特拉华、切罗基、索克斯（Saux）、福克斯、怀安多特、渥太华、欧塞奇和齐佩瓦"等部落签署的协议。有些条约的签署者超过100人，比如1808年与欧塞奇签署的条约，有些条约涉及多个印第安部落。[121]1807年与渥太华人签署的条约包括"俄亥俄河西北部的数个印第安部落，此为其中一方，渥太华、齐佩瓦、怀安多特和波塔瓦托米印第安部落的酋长、首领和士兵，为另一方"。[122]

根据美国宪法，"条约是国家的最高法律"，为年轻的合众国提供了建立国家和平、贸易和司法管辖权的机制。（P230）条约结束了战争，割让了土地，逐渐明确了联邦政府的外交权力。很难想象，若是没有条约法，美国历史会走向何处。[123]

宪法明确规定了联邦政府签订条约和处理印第安事务的专属权力。如前所述，各州在制宪会议上放弃了这些权力，并认识到需要联邦权力来解决内陆土地冲突。[124] 美国建国之后的前几年，条约澄清了这种宪法权力。对印第安部落而言，他们割让土地，换来了资源、贸易商品和甚至宝贵的货币。[125]

至于联邦政府如何获取其他土地，尤其是外国土地，美国宪法的阐述并不明确。宪法的领土条款（第4条第3款）确定了联邦吸纳新领土的程序："国会有权处理和制定与美国领土或其他财产有关的一切必要规定与条例。"

这种权力源自1787年《西北土地法令》的规定，该法令是根据《邦联条例》通过的。但是，合众国根据哪项宪法权力可以将外国领土及其臣民纳入国家？这些问题一直困扰着美国，并且在与印第安部落展开多年外交后才得到解答。

印第安部落对美国联邦政府发展的影响被人们忽视了。1792年，一名国会议员抱怨说："只要英国仍与印第安人结盟，我们就永远别指望击败他们。"[126] 当时的政治讨论一片混乱。[127] 美国宪法经批准并生效之后，新的治理形式才逐渐出现，而且是分阶段出现的。为了应对印第安事务的挑战，联邦官员开展辩论，并试行了一系列政策和做法，自殖民时代传承下来的条约成为这些辩论的重要组成部分。换言之，美国政府在最终演变为行政国家之前，必须将印第安事务问题思考清楚。

随着内陆部落对美国政府各部门的影响逐渐增强，新的国家权力形式出现了。[128] 对印第安部落而言，讽刺的是，这种做法很快扩大了美国宪法的权力,因为到了后来,联邦政府不仅能从部落获取土地,还能从外国获取土地。(P231)印第安条约扩大了联邦政府的权力,为其他形式宪法权力所需的、"对相关概念的掌握"奠定了基础。[129] 联邦政府吸纳印第安土地的权力澄清了美国司法管辖权的其他重要问题。换言之,印第安外交为美国的外交政策奠定了基础,而且时间早于美国其他著名的外交事件。

例如,1789年5月25日,刚上任不久的副总统约翰·亚当斯收到了一个大大的包裹。作为参议院主席,亚当斯负责管理参议院的程序。该包裹是诺克斯寄来的,里面装着两份在哈马尔堡(Fort Hamar)签订的条约。这两份条约都是《邦联条例》时期起草的,美国宪法出台之后才批准,是提交参议院审议的首批条约。[130]

当时的美国面临着许多问题。罗得岛和北卡罗来纳拒绝宪法的通过,两个州都担心中央集权对州权和个人自由的侵犯。同年早些时候,美国举行了首次国会代表选举,投票率十分低迷。宾夕法尼亚州某县仅18人投票。[131] 华盛顿担心,国家可能很快会"在即将上岸的时候触礁"。[132] 8月,法国革命的消息传来。

几乎没人预料到国际关系会发生如此巨变。美国的第一批参议员明白,他们签订条约的权力很快就会派上用场。宪法还有很多需要明确的地方,它规定,行政部门"经参议院同意,将有权签订条约,但规定须有2/3以上出席会议的参议员同意"。

为了明确宪法的条约条款，亚当斯提议成立一个委员会，与行政部门商讨这两份条约。当年 8 月，他们发布了一份建议，内容是如何解释参议院为何具有履行其职责的权力。9 月 8 日，参议院决定建议华盛顿"签署并强制执行"第一份条约，即 1789 年 1 月 9 日签署的"与怀安多特人的条约"。[133] 就这样，参议院对美国的第一份条约进行了审议。

该建议支持了华盛顿有关缔约权的一般观点，但他需要进一步澄清。华盛顿认为，参议院的回应未能建立适当的条约批准程序。没有明确的程序，执行的过程将变得不可预测。华盛顿写道，"我认为应该认真考虑和解决这个问题，以便我们国家在这方面可以统一行动。"[134] 参议院的建议和审议过程太含糊了，他派诺克斯传达了有关条约签订重要性的以下思考：（P232）

> 据称，为了限制外交官员或特派员的错误和不慎行为，各国的普遍理解和做法是，在获得其供职的主权国或政府批准之前，拒绝承认该等官员谈判和签署的条约。美国已采纳这一做法……在我们与印第安人签订条约的过程中，遵循这种做法是明智之举。原因是，尽管这些条约的一方是印第安人的首长或统治者……另一方则由我们的下级官员代理，但他们的行为必须获得联邦政府的批准和承认，才对国家具有约束力，这样做似乎

既谨慎,又合理。

针对这些条约,华盛顿致信参议院,提出了两个问题供对方考虑:

> 我在 5 月 25 日致你处的信函中就与某些印第安部落签订条约提出了两个问题……首先,该等条约是否因完备而具有约束力,即使它们未经批准?如果不是,那我的第二个问题是,应批准两份条约,还是其中的一份?应批准哪一份?[135]

华盛顿要求将这些条约分开处理,并要求参议院对每一份条约进行投票。他强调,联邦政府有必要巩固对此类实践的权威。任何不具有这种"约束力"的印第安条约,都不应该签订。否则,华盛顿警告说:"部长或特派员的错误和不慎行为"可能会大大增加。

他认为,缔结条约限制了个人随意行动的能力,特别是获取土地的能力。他希望政府能采用"统一"的治理实践。如果个人或少数群体的利益与国家利益不符,会威胁立法价值观的演变和实践。参议院需要理解这种责任的重大性,并拿出相应的态度。参议院建议华盛顿"签署和强制执行"是不够的,因为这种建议缺乏清晰度和远见，说明政府没有掌握必要的概念，无法应对内陆和国家治理的挑战。

到 9 月底，参议院批准了《怀安多特条约》，并很快转向了与易洛魁六族、克里克和切罗基签订的其他条约，此举说明当时美国的缔约权专门针对印第安事务。在前六届会议上，参议员共提交了八项条约。[136] 为了建立"统一"程序，参议院需要阐释自身的权威，并应用于每一项条约。（P233）每展开一次辩论，这些程序权力便增长一分，并为美国随后签订国际条约奠定基础。其实，这些国际谈判往往也涉及印第安事务。

《杰伊条约》和《格林维尔条约》以及美国的外交与国内事务

自 1794 年起，参议院开始讨论涉及西班牙、英国和法国等非印第安签署方的条约。这些讨论非常激烈，并提出了一个有待解决的问题：哪个政府部门负责外交事务？这类辩论阐明了当时的主要政治问题之一，即美国政策应该倾向于哪个欧洲大国。[137]1794 年 11 月至 1795 年 8 月的 10 个月时间里，"国内"印第安条约的缔结演变出了美国的"外交"关系。

1795 年 8 月，来自 9 个部落的 89 名印第安签署者聚在俄亥俄格林维尔堡，确认了他们在"1795 年与怀安多特等部落的条约"上的签名或印记。这次签署经过了两个月的谈判，是前一年夏天安东尼·韦恩（Anthony Wayne）将军在"倒树之战"（Fallen Timbers）① 取得胜利后的成果。在这项条约中，印第安部落联盟

---

① 1794 年 8 月 20 日的倒树之战是美国建国初期与西北印第安部落联盟及其英国盟友之间的斗争，目的是争夺西北领地的控制权。战斗发生在今天俄亥俄州西北部的莫米河，当时附近一场龙卷风推倒了当地的树木。韦恩将军在这场战斗中击败了肖尼部落、奥塔瓦部落以及其他部落联合组成的印第安武装力量。战斗持续时间不到一个小时，但打散了联合的印第安部落力量，结束了该地区的主要敌对活动。接下来的《格林维尔条约》和《杰伊条约》迫使印第安人从今天俄亥俄州大部分地区撤离，为白人定居开辟了空间，同时英军被迫撤出五大湖地区。——译者注

把俄亥俄 2/3 的土地割让给了美国。同时，美国承认这些部落在西北领地诸多地区的主权。这项条约的第三条是印第安条约有史以来最长的一条，共 90 行，确定了"美国土地与所述印第安部落土地的边界"。[138] 该条约还允许美国在该地区设立堡垒。

与针对公民个人的宪法权利不同，条约提供的是不同主权之间的"交换"。在格林维尔，印第安部落联盟领导人交换了俄亥俄的大部分土地，换取美国对他们剩余土地的承认。该条约还禁止在西北领地开展非法贸易。总体而言，该条约试图建立一个共同治理的世界，在这个世界中，不同主权范围内的成员将防止对彼此的"私人报复"，并规定"受害方有权向另一方提出投诉"。该条约扩大了对美国公民的刑事管辖权，承认部落社区对"他们的城镇""狩猎营地"和"土地边界"的权威。[139] 此外，条约还包括了继续与印第安人开展外交的条款。整个夏天，经过煞费苦心、细致入微的谈判，该条约签订成功，其宗旨是保护该地区未来的发展。（P234）

签订《格林维尔条约》时，美国还要求先前的条约"从此……无效"。在这个过程中，美国将自己对该地区的主张合法化，并明确了联邦政府获取内陆土地的专属权力。[140] 特别是第五条，规定了联邦政府从印第安部落获取土地的权利：

  如果这些部落或其中某个部落，有意出售他们的土地或者其中部分土地，这些土地只能出售给美国。在达成该等出售之前，美国将保护这些印第安部落免受美国公民以及其他侵占该等土地的白人的侵害。[141]

虽然从短期看，该条约限制了美国的扩张，但从长远来看，它保留了美国将来获取这些土地的权力。30年后，最高法院在约翰逊诉麦金托什案（Johnson v. M'Intosh，1823年）中确认了联邦的优先购买权。[142] 这类判例正是源自与印第安人的条约谈判。

联邦的专属购买权起源于长期以来与内陆印第安人的外交史，并在殖民帝国的背景下产生。在格林维尔，韦恩将军的手中握有许多优势，一部分原因是他打了胜仗，展现了美军日益增强的军事实力和手中铮亮的武器。此外，他带来了一条来自英国的重要消息。1794年11月，英美两国刚刚签署了《杰伊条约》。这份协议是两国代表跨大西洋谈判的结果，它迫使印第安部落进一步满足美国的要求。《杰伊条约》和《格林维尔条约》体现了美国在同一时期削弱印第安人权力的努力。

1794—1795年，印第安部落联盟面临着持续不断的压力。根据《杰伊条约》，英国同意放弃其内陆要塞，印第安领袖失去了重要的盟友、资源和支持。而且，他们失去的还不止这些，因为他们不仅割让了广阔的土地，还放弃了长期以来让美国承认俄亥俄河作为正式边界的努力。他们的未来越来越灰暗，因为条约甚至允许美国在该地区建立堡垒。这些条款体现了美国日益增长的实力，这个国家如今已经将许多印第安部落与他们的欧洲盟友隔离。[143]

根据 1783 年《巴黎条约》，英国于 1794 年放弃了对五大湖印第安人的大部分承诺，尽管美国在《杰伊条约》中承认了某些形式的印第安权威。（P235）例如，该条约的许多条款都包括了对"生活在边界线两侧的印第安人"的保护，并承认印第安人有权"进入双方的领地和国土，经陆路或内陆水路航行……开展贸易和商业活动"。该条约强调了原住民的主权，也奠定了日后国际法保障美国印第安人权利的基础。这些权利延续下来，因为直到今天，美国和加拿大的原住民仍遵循这些先例，在两个国家间"自由"通行。加拿大于 1867 年成为联邦国家，早在此之前，英国便保证了原住民穿越其土地的权利。在很大程度上，印第安事务构成了美国的第一项"国际"条约。

条约缔结与《路易斯安那购地案》的起源

《杰伊条约》引发了美国内部的激烈辩论。一些学者认为，"第一政党体系"的演变可以追溯至《杰伊条约》的签订，当时该条约以 2/3 的微弱优势通过（赞成票 20，反对票 10）。[144] 华盛顿甚至拒绝了众议院对财政预算信息的请求，以确保该条约的通过。[145] 按照 1789 年《怀安多特条约》（Wyandot Treaty）的做法，华盛顿这次也将缔约权交给了参议院。

与许多南方人类似的是，杰斐逊憎恶华盛顿和联邦党的决定。他和追随者认为，条约的缔结需要更多的审议。[146] 在他们看来，这项程序极其重要，不能交由行政部门和参议院决定。杰斐逊写道，"我们宪法的真正原则"在于，"缔结条约时……国会代表与总统和参议院一样，有权考虑国家利益是否要求或禁止他们将条约视为法律文件，并赋予其法律约束力"。[147] 像当时的诸多分歧一样，《杰伊条约》引发的分歧不仅与代议制政府的愿景相关，也与民主本身的含义相关。[148]

然而，杰斐逊的担忧不止于此。随着条约缔结权从众议院转移到其他部门，他担心这种权力会夺走公民手中的治理权。他明

确表示了这种担忧,称"立法权"应该由众议院主导。(P236)

> 即将开创的先例将决定未来对宪法的解释和运用,并决定立法权力是否应该从总统、参议院和众议院转移到总统、参议院、皮明戈或其他印第安人、阿尔及利亚人或其他酋长手中。[149]

对杰斐逊而言,缔约权过于集中在行政部门和参议院手中。这种权力集中加深了他内心最大的恐惧,即多种族外交带来的隐患,还有潜在的黑人叛乱。

印第安人的权利已经写入美国与某个欧洲大国的第一份条约中。杰斐逊认为,这样的发展趋势令人厌恶。在他看来,条约既不应该适用于海地,也不应该用来提升原住民的权利。[150] 作为总统,他一改之前对行政行为违宪的担忧,扭转了这种权力集中的趋势。

1801年,杰斐逊担心法国可能会重新宣示对路易斯安那的主权。他认为,自己可以加强相关的宪法权力,获取外国土地。他还希望遏制密西西比河沿岸日益增长的竞争,确保美国对该地区的主权。在当时法律多元主义的世界中,对密西西比宣示主权的国家有好几个,美国不过是其中之一。当时美国驻法国的外交官正在努力争取新奥尔良或墨西哥湾沿岸的其他港口,他们还希望进入密西西比河口,减少对美国出口的限制。

没有人预料到，拿破仑会将整个路易斯安那拱手相让。而且，拿破仑没能收回圣多明各。在疾病和海地革命军的进攻面前，法国军队崩溃了。[151]拿破仑为重新夺回领土发动的战争造成了大量的士兵、金钱和船只的损失，他将法国在北美剩下的所有领土都给了美国。[152]一旦在加勒比地区重建帝国的希望破灭，法兰西的帝国主义者便不再将路易斯安那当成海地种植园的谷仓，也不再把这里当成牛群、木材和花园的大后方，此前这些资源全部来自原住民长期占主导的世界。

杰斐逊发现，额外的西部领土将为东部的原住民提供新家园，这是他们的诸多优势之一。《路易斯安那购地案》将为密西西比河东岸的印第安人提供土地，而且几乎没人怀疑，各项条约将促进这种领土交换。不过，杰斐逊面临的主要问题在于，南方领导人长期鄙视条约的缔结。佐治亚州的一名代表对在霍普韦尔签署的《切罗基条约》心怀怨言："该条约的签订违反了本州保留的主权和立法权"，而且，"所谓的"条约"与联邦的原则以及国家的稳定相悖"。[153]杰斐逊明白，《路易斯安那购地案》不能重复之前的做法。他保证该条约与《杰伊条约》不同，仅涉及欧洲签署国，几乎不涉及原住民部落。（P237）他还保证，该条约由弗吉尼亚人说了算，而不是像《杰伊条约》那样由联邦党做主。在这样的保证之下，购地案的投票定于10月17日举行。

然而，国家仍然面临严重挑战。杰斐逊尤其担心的是，国家在获得新土地的同时，可能会增加成千上万的新居民。整个夏天，他写了好几封信来打消顾虑，辩称国家政府有权通过条约实现新居民的归化。然而，这种权力在宪法中的地位仍然不清楚，他甚至预计国会可能需要彻底改宪。他写道："该条约当然需要对宪法进行修正。"[154] 8月9日，他又写道，宪法"并没有授权（政府）持有外国领土，更不用说将其纳入联邦了……这一点似乎需要修正"。[155] 在通过条约来实现新居民的归化方面，他向詹姆斯·麦迪逊指出：

> 法国割让的路易斯安那……成为美国的一部分。其白人居民应成为公民，且在类似情况下，享有与美国公民同等的权利与义务……不得在路易斯安那成立新州，也不得将其土地授予他人，除了用于交换印第安人占据的等值土地之外。[156]

新的宪法权力可能为后续的土地并入提供先例，即杰斐逊所说的"类似"情况，如西属佛罗里达。他推测，"佛罗里达也将成为美国的一部分。其白人居民随后将成为美国公民，与其他美国公民享有相同地位"。[157]

短短几年内，杰斐逊改变了众议院在缔约过程中的相对地位。作为现任总统，他明白行政权力的增强可提供吸纳新土地和居民所需的宪法权力。这种归化与美国在 1790 年出台的几项法律不同。然而，杰斐逊的新愿景与国家不断增长的种族限制是一致的。（P238）虽然他希望众议院参与其中，但他现在接受了通过缔结条约来实现归化和领土扩张。立法权进一步集中到了行政部门和参议院，后者如今获得的宪法权力不仅包括通过购买获得外国土地，还包括有选择性地让"白人居民"归化。此外，将奴隶作为财产进行保护也写入了该条约。[158]

杰斐逊的扩张愿景受到了种族逻辑的影响。新的白人公民居住在美国邻近的领土上，如路易斯安那、佛罗里达，可能还有加拿大。这些土地不仅提供了大规模驱逐原住民的空间，还提供了扩张奴隶制的空间。在杰斐逊看来，吸纳白人公民，保护奴隶主的财产，是可以接受的。种族观念推动了他的扩张政策。作为总统，杰斐逊认为，让外国"白人"入籍，说不定能扩大美国的民主。他还认为，此举能提供新的策略，驱逐原住民部落。杰斐逊的哲学理念受到了三元种族观念的影响，扩张推动了白人居民的归化，保护了奴隶主的财产，促进了对印第安人的驱逐。

1803 年的辩论之后，这三项进程都加速了。事实上，美国也许能借机建立新的"王国"，获得更大的好处。随着轧棉机的发展，《路易斯安那购地案》使开放新土地供奴隶耕作有了可能，同时，将印第安人驱逐到邻近领土也有了可能。密西西比河沿岸的土地迅速成为棉花王国，这里住着从美国东南部各州贩卖而来的奴隶。[159] 此外，位于密西西比河沿岸与东南部各州中间地带的所有印第安人都遭到了驱逐。

美国南方的印第安人与州权问题

美国建立在普遍平等的理念之上,即"人人生而平等"。然而,制宪会议、海地革命和《路易斯安那购地案》改变并限制了这种理念,带来了社会和法律意义上的排斥。美国的入籍法、代议制政府结构和性别化的财产所有制排斥了原住民、非裔美国人和其他"有色人种"。正如1825年《佐治亚州报》(*Georgia Journal*)所言,"印第安人"和"自由黑人"是"劣等种族",在杰斐逊和其他开国元勋的眼中,并非所有人都一律平等。[160]

《路易斯安那购地案》之后,新的土地促进了奴隶制的扩张,种族优越思想泛滥。(P239)到1820年,奴隶贸易在"南方腹地"迅猛发展,100多万奴隶牵涉其中。[161]棉花带来巨额利润,在印第安人的故土上成为当之无愧的"王"。从杰斐逊到杰克逊,每位南方总统都支持驱逐原住民部落。因为他们明白,此举有利于奴隶制的扩张。

与西北地区一样,这种剥夺并非水到渠成的事情,而是政治家及其选民所做选择的结果,但原住民抵制了这些选择。有的原住民走上战场,用英语和刚刚兴起的原住民出版文化来武装自己,《切罗基凤凰报》(*Cherokee Phoenix*)就是一例。[162] 有的原住民要么躲在阿巴拉契亚山脉的森林中,要么在驱逐部队到来之前逃走。数千人在集中安置场所挨饿受冻,在霍乱的袭扰下死去。[163] 纵观美国历史,南方的扩张途径与西北地区不同。尽管联邦政府负责监督军事行动,但它在南方内陆的影响有限。例如,截至1796年,联邦政府在西北地区建立了20个军事据点,一直从密歇根的麦基涅克堡到肯塔基州的芬尼堡,再到纽约州的安大略堡。相比之下,联邦政府在南方的军事设施比较薄弱,只在田纳西河沿岸不到50英里的范围内设了4个据点。佐治亚州更是只有一个军事据点,即费迪厄斯堡(Fort Fidius)。[164] 20年后,佐治亚州、肯塔基州和田纳西州的常规军总共不到200人。[165] 在美国建国后的40年里,联邦政府在南方几乎没有发展任何基础设施。

南方的这些土地主要由克里克、切罗基和乔克托等部落统治。他们主宰了南方内陆的贸易、旅行和政治活动。虽然每个部落的历史各具特色,但他们都吸收了欧美的经济、教育、宗教和治理理念,并与传统价值观结合,用来为部落的居民谋福祉。

当原住民领导人穿上西式服装、学习英语、建立基督教堂,并最终在法庭上伸张正义时,这种转变最为明显。这些部落还欢迎白人贸易商进入他们的社会,并与之通婚,通婚又创造出新的阶级差别,刚好与联邦政府强调的平均地权论和私有财产观念相符。部落还出现了劳动性别分工和美国的父权概念，女性权威因此被削弱。[166] 在经济和社会方面，许多部落领导人与白人定居点的财产所有者相似，也经营着中小型奴隶庄园。尽管如此，他们的政治制度和肤色不同，对南方的白人领导者构成了威胁。（P240）

并非所有部落成员都接受这些新的做法。许多部落仍存在普遍分歧，并且达成了妥协。以切罗基人为例，新的"社会福利混合体系"融合了切罗基母系社会的关键要素与学校、医院和教会等欧美机构，其中女性权威占主导地位。[167] 就像家园遭受外部威胁时做出的回应一样，这种适应和杂糅是这一时期原住民社区的特征所在。

与北方不同，南方原住民部落作战的是地区军队，而不是联邦军队。田纳西州的安德鲁·杰克逊等领导人因指挥当地民兵而闻名。在1813—1814年的克里克战争中，他的部队杀死了1000多名克里克士兵、妇女和儿童。[168]

原住民部落发现，跟他们打交道的南方美国人，其思维方式与北方美国人不同。像杰克逊这样的定居者在南方培育了一种文化，无论是当地的白人家庭，还是州政府，都拥有特定的权威。在这种文化之下，痛恨联邦缔结条约的"州权"倡导者形成了一股洪流，将原住民吞噬。佐治亚州的代表经常抱怨条约损害了他们的主权，一代南方领导人表示附和，对联邦和原住民权力提出了类似批评。

　　1812年的英美战争加剧了这种分歧，对原住民的公开谴责随之而来。许多南方领导人认为，原住民部落不该纳入美国，宪法危机出现了。克里克战争之后，佐治亚州的领导人出台相关法律，将其管辖权延伸到所有"分配给印第安人"的土地上。[169]该州还违反现有条约的规定，将其刑事管辖权延伸到原住民的领地上。1819年，佐治亚州进一步声明："本州边界内的土地应受本州管辖，并且……本州的警察、机构和政府将保持常规和永久性状态。"[170]南方各州都将原住民土地，即获得联邦政府承认并通过条约获取的土地，视为自己的地盘。南方领导人不仅对联邦政府的其他做法心存微词，对其干涉和侵犯各州主权的行为，也同样憎恨。

　　成为总统之前，杰克逊对缔结条约的厌恶就像杰斐逊一样。他宣称，"统治者通过条约与国民谈判是荒谬的"。[171]他认为，联邦政府拥有划定美国边界的专属权力。1828年，杰克逊当选总统，国内对宪法权力的不同愿景汇聚到一起，一场事关重大的宪法危机出现了。（P241）在佐治亚州的一次选举中，杰克逊获得超过96%的选票。[172]这场危机很快就在最高法院达到巅峰，从此确定了美国宪法与联邦印第安法律的基本原则。

印第安人迁移与马歇尔法院

一方面，佐治亚州的领导人我行我素；另一方面，美国在管理奴隶制扩张方面的能力有限。事实上，这两个方面互相影响。美国领导人每年都试图限制奴隶制的扩张，但他们屡屡受挫。州权倡导者对联邦条约提出疑问，而且对自己在印第安事务方面的权威保持强硬态度。"美国对印第安部落的保护……是违宪的，"1826年《佐治亚萨凡纳报》(*Savannah Georgian*)宣称，"而且侵犯了州权。"[173]有关印第安事务的争议暴露了宪法内部的裂痕。

佐治亚州领导人对联邦权威提出了双重批评。首先，他们指责条约在州的管辖范围内违宪。其次，他们认为，联邦政府有义务将州的主权延伸到这些土地上，从而彻底消灭印第安人的所有权。随着联邦政府变得强大，州权倡导者开始认为这些权力应该归他们所有，而不是国家所有。虽然条约帮助年轻的合众国获得了大片内陆土地，但如今各州希望接管这一职能。

佐治亚州的领导人不仅鼓吹否认条约，还通过暴力来实现这一目标。在一系列镇压措施中，切罗基公民被监禁、未经审判被关押和谋杀。佐治亚州要求，前往切罗基领地的人必须持有州发放的通行证，并宣誓遵守佐治亚州法律。州政府没收了切罗基人的财产，还派出民兵部队——佐治亚卫队，执行这项任务。1824年，战争部长约翰·卡尔霍恩（John Calhoun）警告切罗基领导人，他们的存在与佐治亚州"不相容"。现在"你们无法……作为佐治亚州境内独特的社会或部落存在"。[174]

这位威胁印第安领导人的战争部长还监督了印第安事务办公室的成立，1830年《印第安人迁移法》通过之后，该办公室协调了印第安人的迁移工作。许多切罗基人感觉自己遭到了背叛，因为自美国独立以来，他们放弃了对数百万英亩土地的主权，甚至在1812年英美战争中与美国结盟，将矛头瞄准了居住在亚拉巴马的克里克邻居。（P242）

与克里克人相比，切罗基人更加注重欧美式教育、治理和社会福利项目。他们创办的《切罗基凤凰报》由伊莱亚斯·布迪诺特（Elias Boudinot）①等编辑负责出版，这群人曾在寄宿学校学习。与南方报纸不同，《切罗基凤凰报》使用的是塞阔雅（Sequoyah）②发明的切罗基音节表。[175]

---

① 伊莱亚斯·布迪诺特（1802—1839年），切诺基族作家、报纸编辑和领导人。——译者注
② 塞阔雅是切罗基文字和音节表的发明者，其生平充满了传奇色彩。1809年，塞阔雅为了帮助切罗基人维护自身的独立，创造出了切罗基族书写文字。至1825年，美国几乎所有切罗基人都通过舞会、戏剧及各种仪式学会了这种音节文字。——译者注

19世纪20年代，佐治亚州与切罗基人的冲突不断加剧，并于1830年彻底爆发。杰克逊当选总统后，切罗基人进一步向国会请愿，游说联邦官员，争取引起国家的关注，但未能取得进展。杰克逊将印第安人的迁移作为自己在总统任期内的核心任务。副总统马丁·范布伦（Martin Van Buren）后来回忆道，"在他的整个任期内，没有哪项政策受到如此重视，几乎完全由他主导"。[176]1830年的《印第安人迁移法》导致国会产生分歧，仅以5票的微弱优势通过。

该法案从法律上承认了南方一代人驱逐原住民部落的做法。但此举是否符合宪法规定？国会能否通过立法来废除联邦政府此前的承诺？国会能否通过与先前条约相悖的法律？毕竟根据宪法，经批准的条约属于"国家的最高法律"。切罗基人的法律活动如今引发了这些问题。

对印第安部落而言，美国宪法的基本问题在于，原住民社区是否拥有自己土地的管辖权。代代相传的实践和一系列国际法理论表明，他们确实拥有这种权力。华盛顿肯定了这样的观点，并通过缔结条约将白人定居者和印第安人放在不同的司法管辖区内。

此外，宪法明确规定，印第安事务属于联邦政府的管辖范围，其权力在各州之上。然而，开国元勋将"未纳税的印第安人"等同于"外国人"，导致原住民在美国的身份地位成为遗留问题。如果他们不能投票或入籍,他们要如何融入这个国家?

经过 50 年的条约缔结,对部落权威的承认成为惯例。尽管土地变少了,但切罗基人仍然对自己的社区和成员,甚至进入其领地的美国公民拥有管辖权。因此,佐治亚州的做法不仅牵涉到切罗基人,也牵涉到美国公民,违反了国家的多项法律。(P243)

切罗基人主张佐治亚州的做法违宪。虽然该州试图通过立法将印第安社区消灭,但它的管辖权面临着法律挑战。美国最高法院随后的两起案件将明确这些问题,并产生持续影响。这两起案件分别是切罗基人诉佐治亚州一案(Cherokee Nation v. Georgia,1831 年)以及伍斯特诉佐治亚州一案(Worcester v. Georgia,1832 年),均由首席大法官约翰·马歇尔主持。

条约虽然规定了对定居者的保护,但联邦政府的保护力度很弱。在切罗基人的土地上发现金矿后,佐治亚州加速了消灭该部族的立法,并要求将他们的 900 万英亩土地重新分配给该州各县。州政府还出台了其他法律,宣布自 1830 年 6 月起,切罗基人的所有土地权利都将无效。事实上,《印第安人迁移法》背后的诸多动力均来自佐治亚的国会代表。该法案于 6 月 1 日通过,佐治亚州为了配合该法案实施,同时通过了各项州法。

切诺基人通过正式和非正式的途径来表达自己的关切。1829 年,他们建立了类似美国的宪政政府,编写了自己的字母表,设立了自己的出版机构、学校以及游说国会的外交团。最引人注目的是1829年，他们的领导人在酋长约翰·罗斯（John Ross）的带领下访问了华盛顿。此事发生在杰克逊的首个任期内，一行人在华盛顿停留数月，得到了许多前亚当斯政府成员的支持。

他们还得到了前司法部长威廉·沃特（William Wirt）的支持，后者加入了他们的司法干预行动。然而，案件被提交法院之前，佐治亚州用行动表示了自己的蔑视。该州警察捏造罪名，监禁并绞死了切罗基领袖"玉米穗"（Corn Tassel），这是一次故意彰显州权的行为。与此同时，佐治亚州立法机构的成员对马歇尔和联邦政府发出威胁，对他们的干预进行挑衅。

1831年3月，切罗基人提出了一项禁令请求，援引了先前与美国签订的条约，以及切罗基作为独立政府的地位。他们辩称，州政府再三侵犯切罗基的土地，违反了美国对他们主权的承认。切罗基人还将自身等同于外国政府，原因是他们长期与美国缔结条约。部落领导人还进一步详细说明，经济对他们的主权何等重要，以及他们对基督教的接受如何体现了他们融入美国社会的程度。切罗基族的领导人取得了文化层面的进步，他们的品位与美国领导人相似。

切罗基人、乔克托族、克里克族、奇克索族和塞米诺尔族此前将欧美制度融入自己的部落，因此被称为"文明五族"。切罗基领导人在美国学校接受教育，像布迪诺特一样的许多人曾在新英格兰的学校就读，他们为了新的倡议活动在美国各地奔走，争

取盟友。(P244)

  遗憾的是，最高法院拒绝听取他们的案件。根据马歇尔的说法，切罗基人并不构成"外国政府的成员"，尽管他们自己坚持这样认为。马歇尔承认了其独特性，但他表示，最高法院无权受理此案，因为印第安事务与美国同其他国家的关系不可相提并论。因此，切罗基人无法直接起诉佐治亚州。马歇尔在一份详细解释中就印第安事务的状况发表了声明，并概述了国家政府与印第安部落关系的关键特征。这些澄清类似于他在之前的裁决，即约翰逊诉麦金托什案中对土地和占用权的澄清。

  马歇尔没有将切罗基族视为独立的主权国家，而是提出了有关印第安主权的新定义。如果不算独立政府，那印第安部落究竟算什么？"称之为'国内依附部族'（domestic dependent nations）可能更准确……他们与美国政府的关系，类似于被监护人与监护人的关系。他们仰仗我们政府的保护，依靠美国的仁慈和权力寻求美国的帮助来解决他们的需求。"[177] 马歇尔在其声明中确定了部落地位的定义。他创造了"国内依附部族"这一术语，表明印第安部落是一种依赖联邦监护人的政府。

  从法律层面来看，1831年的案件无法对抗佐治亚州的法律。第二年，另一起案件出现了。威廉·沃特再次出马，代表萨缪尔·伍斯特进行诉讼，后者是与布迪诺特共事的美国公民，因未持许可证旅行而被州政府监禁。沃特辩称，佐治亚州的法律侵犯了切罗基人的条约权利,也侵犯了伍斯特的宪法权利。该案代表了联邦权威与公民权之间的尖锐冲突。

伍斯特诉佐治亚州案于1832年3月3日裁决,表达了联邦政府对印第安政治权力的新观点。它确认了切罗基政府的自治权,以及对进入其领土者的管辖权。马歇尔进一步宣布:(P245)

> 切罗基部落构成独立的社区,拥有自己的领地,且边界描述准确,佐治亚州法律在切罗基的土地上无效,且佐治亚州公民无权进入该等领地,除非经切罗基人同意,或依照条约和国会通过的法案。美国政府与该部落的所有往来,根据我们的宪法和法律,均由美国政府管理。因此,佐治亚州的行为……无效。

与周围的白人邻居一样,切罗基人处于"美国政府"的管辖之下。但是,他们保留了对自己"领地"的主权,佐治亚州的法律并不适用,其行为"因此无效",且"与美国的宪法、法律和条约相抵触",马歇尔解释称。[178]

马歇尔的裁决最终让伍斯特获释,切罗基社区的人们为此狂喜。当时在波士顿的布迪诺特非常高兴,"到底谁对谁错,问题的答案水落石出了",他说道。[179] 该裁决的宣判时间,差不多刚好是英军在约克镇战役投降的50年后,也是美国开始扩张进程的 50 年后。这次裁决之后，美国明确了有关印第安人的法律原则，即部落保留有限但受美国承认的主权，依据条约受到联邦政府的"保护"，并有权对部落成员、部落受承认的领地以及进入其领地的美国公民行使权威。这是得到最高法院承认的新原则，植根于几十年来的条约缔结、惯例和战争之中。该原则将印第安各部落提升到了美国法律体系中的独立层面，超越了各州、地方政府和当时众议院的管辖范围。条约是维系该原则的纽带，正如条约构建了这个国家本身一样，它们如今将印第安部落与美国联系在了一起。

◆

当时，奥古斯丁·克莱顿（Augustine Clayton）代表佐治亚州在国会发声。1830 年的他是一名州法官，曾下令处死"玉米穗"，赢得民众支持，并当选国会议员。1830 年，克莱顿和佐治亚州领导人曾公然蔑视马歇尔的权威，如今他们又故技重演。这一次，他们得到了杰克逊总统的支持，后者对马歇尔嗤之以鼻，且坐视国家滑入宪法危机的深渊。在众议院的演讲中，克莱顿警告说，佐治亚州正等着"点燃火柴，将联邦炸成一万块碎片。"国会是否将燃起熊熊大火，"将整个联邦炸成碎片？"[180]

克莱顿预言的这场大火在亚伯拉罕·林肯总统任期内的艰苦岁月中到来。追根究底，是因为联邦政府无法解决长期存在的宪法权力问题。（P246）在长达数月的国家压力之下，佐治亚州释放伍斯特，赦免了他，但他的切罗基同事却大难临头。正如1860年联邦政府本身被摧毁一样，切罗基部落也被扫出佐治亚州，化为碎片，连同许多印第安部落一起，流落到了上一代美国人从法国购买的土地上。（P247）

8

Foreign Policy Formations
California, the Pacific, and the Borderlands Origins of the Monroe Doctrine

>She said that...she was angry with the priests and all the others at the missions, because we were living on their land.
>—*Response of Toypurina*（1785）

外交政策的形成：
加利福尼亚、太平洋与门罗主义① 的边疆起源

>她说……她对传教士和传教点的所有其他人都感到愤怒，因为我们现在生活的土地成了他们的。
>——*托普里娜的回答（1785）*

---

① 1823 年 12 月，美国第五任总统詹姆斯·门罗发表国情咨文，宣扬"美洲是美洲人的美洲"，"门罗主义"由此成为美国对外战略的基石之一。"门罗主义"强调欧洲列强不应再殖民美洲，或涉足美国与墨西哥等美洲国家之间的主权相关事务。——译者注

1775年，之前定居点的临时住所用了4年便被抛弃，社区沿着山谷地带向北移动。很快，更加永久性的建筑结构出现了。越来越多的皈依者筑起厚厚的土墙，围成四方庭院，建起了这块盆地的第一座欧洲建筑。这里有仓库、厨房和3间客房，最重要的是，还有一座教堂和一间圣器室。[1]西班牙的宗教和国家领导人希望在圣加布里埃尔建一处永久性定居点，这处定居点将成为加利福尼亚的第4个，也是西属北美内陆最偏远的一个传教点。1783年，安东尼奥·克鲁萨多（Antonio Cruzado）神父和米格尔·桑切斯（Miguel Sánchez）神父报告说："这个地方非常好。附近有一片橡树林，砍树和捡柴火都很方便，而且还能看到广阔的平原。"[2]正如佩德罗·方特（Pedro Font）神父在1776年1月指出的："这片土地看起来像是应许之地。"[3]

18世纪80年代，西班牙的计划逐渐实现。方济各会领袖希望扩大圣加布里埃尔的建筑和社区规模，他们与文职领袖一起，致力于在太平洋沿岸扩张教会和王室的权威。与庞大的西属北美帝国的其他地区一样，去加利福尼亚（Alta California）既要为王权服务，也要为教皇服务。

　　随着时间流逝，传教点的规模扩大了，有了男女分开住的宿舍，还有一家拥有两间病房的医院。1791年，这里又建造了一座石砌教堂。士兵住在传教点的兵营里，在社区内维持纪律。他们还在托万加尔（Tovaangar）盆地更大的范围内巡逻，那里的通瓦人（Tongva），也称加布列莱诺人（Gabrielino），遇到了这些新来者。[4] 截至1780年，传教点拥有452名皈依者。（P250）到1785年，传教点拥有843名全职信徒，1200多人受洗。[5] 同一时期的家畜数量更是增长到原来的3倍，从不到1000头增至3000头。[6]

　　社区人口的增长并非由于出生率提高。[7] 恐惧驱使通瓦人改宗，威胁手段促进了传教点的增长。虽然修士宣称，只有在他们的指导下才能找到精神上的荣耀，但士兵带来的教训更直接，其行为在殖民地几乎不受限制，在很多人看来，他们驻扎的地方就是北美内陆"最可怕的地方"。[8] 西班牙士兵的态度各异，有的举止冷漠，有的横行霸道。加利福尼亚传教点的教会负责人胡尼佩罗·塞拉（Junípero Serra）在谈到圣加布里埃尔的同胞时写道："士兵用套索抓捕印第安妇女，把她们当成纵欲的猎物。"他还说，这些妇女的丈夫、父亲和儿子"想出手保护，却被子弹击倒"。[9]

　　当时的加利福尼亚暴力横行，强奸、谋杀和折磨成为殖民者的家常便饭。用副王安东尼奥·玛利亚·德·布卡雷利（Antonio María de Bucareli）的话来说，这种暴力使抵抗者"深感震惊和恐惧，以至于他们现在除了和平，别无他求"。[10] 传教士要求印第安人"住在传教点范围内，如果他们离开……就会找到他们，施以酷刑"。[11]

社会与经济革命的两股浪潮席卷了该地区，而暴力不过是革命的一部分。西班牙殖民者觊觎加利福尼亚沿海6万居民的家园，同时，殖民者的经济导致广泛的生态破坏。[12] 与西班牙士兵的行为相比，环境的变化没那么触目惊心，但其影响遍及整个地区。[13] 圣加布里埃尔的羊群、牛群、猪群和马群消耗了盆地两侧和附近山麓大量的河水、草地和种子，吃掉了通瓦社区赖以生存的季节性食物。它们还在河床和水坑上留下数吨粪便，影响了淡水的供应。

此外，传教点的葡萄园和田地与畜群的激增相辅相成。1780—1785年，该地区的农业产量从1892蒲式耳增加到2725蒲式耳，还增加了大麻等新作物的种植。[14] 这些入侵物种的种子通常由鸟类和风传播，为西班牙的生物帝国主义①做出了贡献。

不出所料，通瓦人试图阻止新物种和陌生人侵占自己的土

---

① 生物帝国主义理论是阿尔弗雷德·克罗斯比在其1986年出版的《生物帝国主义：欧洲的生物扩张，900—1900年》一书中提出的观点。该理论认为，殖民不仅是一种文化和政治暴政，也是一种环境恐怖主义。——译者注

地。¹⁵ 殖民初期，他们在整个加利福尼亚杀牛宰羊。¹⁶ 可是，在诸多有形和无形的压力面前，许多人别无选择，只能寻求传教点的庇护，尤其是传教点的食物日益丰盛，西班牙修士经常拿出一部分来布施。（P251）很多通瓦族领袖，包括尼古拉斯·何塞（Nicolás José）和托普里娜，都亲身经历了早期的变革。1785年，他们决定团结起来，彻底摧毁传教点。¹⁷

传教点系统摧毁了加利福尼亚的原住民，也促进了美利坚合众国的扩张。西班牙修士向北移动时，他们扩张的是一个规模庞大但日渐衰落的帝国。这个帝国的战略港口不断增长，农场变得更加丰饶，牧场也变得更为广阔。原住民仍然是西属加利福尼亚的核心，其繁荣吸引了贸易商和移民的到访，也很快吸引了18世纪太平洋沿岸其他帝国的代理人的到来。¹⁸ 最终，加利福尼亚殖民地建立了21个传教点，将西班牙、俄罗斯、智利和北美东部联系在一起，形成了一个复杂的、"相互依存的世界"。¹⁹

加利福尼亚为美国领导人提供了与《路易斯安那购地案》相当的机会。1818年，海军军官约翰·B.普雷沃斯特（John B. Prevost）对旧金山大为赞叹，称此地是他见过的"最便利、最广阔、最安全的港口"。他写信给几位上级说："我们内心怎么可能不涌现出……拥有（它）……以及整个加利福尼亚的愿望？"²⁰ 经过1810—1821年的拉丁美洲独立运动，以及随后1846—1848年与墨西哥的战争，美国确实将加利福尼亚收入囊中，甚至还占领了墨西哥北部。1848年《瓜达卢佩－伊达尔戈条约》（Treaty of Guadalupe Hidalgo）[①]提交国会后，总统詹姆斯·波尔克（James Polk）指出："新墨西哥和上加利福尼亚（Upper California）……幅员辽阔，足以构成一个庞大帝国，获得这两块领土的重要性仅次于1803年的《路易斯安那购地案》。"[21]确实，在波尔克总统任期内，美国的扩张规模超过任何一任总统。[22]

随着美国将太平洋地区纳入版图，各种各样的印第安自治领地也随之而来。自1769年起，加利福尼亚沿海的印第安人成为传教点的附庸，而内陆的骑马民族结成联盟，与西班牙及墨西哥抗衡，对方的统治结束后，他们依然活了下来。[23]他们也忍受了殖民活动造成的暴力性破坏，还有随之而来的疾病侵扰，并努力吸纳成千上万逃离西班牙控制的新信徒。

在接下来的过渡阶段，加利福尼亚内陆社区和内华达山脉的山麓社区遭受了更大的损失，因为暴力导致他们被纳入波尔克总统口中的"庞大帝国"。事实上，19世纪50年代的加利福尼亚见证了美国历史上经济和人口变化最迅猛的时期。自1846年起，还有后来的淘金热时代，当地人口经历了巨大变革，同时也加速

---

① 《瓜达卢佩－伊达尔戈条约》是1848年2月2日美国强迫墨西哥在瓜达卢佩－伊达尔戈镇（墨西哥城北）签订的屈辱性和约。条约规定墨西哥把得克萨斯、新墨西哥和上加利福尼亚以及塔马乌利帕斯、科阿韦拉和索诺拉的北部等大片土地割让给美国，美国付给墨西哥1500万美元和放弃墨西哥所欠的325万美元债务作为补偿。——译者注

了殖民时代的双重革命。（P252）

与其他地区相比，加利福尼亚的定居者动用了更多的非正式暴力和国家授权的暴力，用来摧毁原住民的世界，让自己的行为合法化。自淘金热时代开始，暴力一直有增无减，1852年2月，州立法机构拨款50万美元，资助反印第安人的州民兵。民兵和军事行动夺走了数以千计加利福尼亚原住民的生命，据估计人数在9492—16094人之间。该州原住民部落的人口崩溃，从1846年的15万人锐减到1873年的3万人。[24]人口减少深刻体现了西班牙殖民时代造成的破坏。接受传教之前，约31万加利福尼亚原住民生活在该地区，但一个世纪后，仅剩下10%。[25]

历史学家很少思考，这种暴力与殖民活动在扩大美国版图的同时，为何瓦解了原住民社会。随着美国来到太平洋沿岸，并将该地区收入囊中，其领导人开始想方设法将国家主权延伸到这些遥远的土地和人口上。虽然美国的许多领导人都渴望建立一个跨越北美大陆的帝国，但操作起来非常困难。如何实现新人口的归化，如何在蓄奴州和非蓄奴州本来微妙的平衡状态下纳入新州，这些问题困扰着整个拉美独立时期的政策领导人。如前所述，这种恐惧最初打消了托马斯·杰斐逊利用条约获取西部土地的兴趣。

西属加利福尼亚的殖民进程表明，太平洋沿岸是一个无比丰饶的世界。美国贸易商争相获取当地资源（特别是海獭皮毛），其商业活动促使加利福尼亚和太平洋西北部融入全球网络。

为应对这种商业和帝国竞争，美国派出了联邦特许的探险队，包括1804年刘易斯和克拉克领导的"发现者军团"（Corps of Discovery），这支队伍探索了1803年纳入美国版图的路易斯安那北部领土。该军团成功穿越北美大陆之后，美国开始寻求通过外交手段来确保对太平洋的通行权。当时正值英美冲突与拉美革命动荡交织之际，如此复杂的政治局面，加之西属佛罗里达持续不断的印第安冲突，迫使美国政府最终制定新政策，禁止欧洲插手西半球事务——1823年的门罗主义正是诞生于这样的背景之下。

与1803年的《路易斯安那购地案》一样，印第安人塑造了这一时期的美国外交政策。他们的劳动不仅促进了西班牙传教点的扩张，也巩固了他们自身在佐治亚州边远地区的自治与权力，这些变化引发了南方各州的反击，最终使佛罗里达并入联邦。正如整个殖民时代一样，原住民的劳动、权力和抵抗不可磨灭地塑造了殖民地和整个国家的权威。（P253）

在西属北美边疆地区，原住民的抵抗形成了美国政治历史的一种重要维度，但这种维度被人们低估了。许多部落希望"在州政府……无法触及的地带"设立"避难区"，进一步加重了将州并入联邦的挑战。[26]美国的领土不断扩张，其南部边界最终在1819年的《亚当斯－奥尼斯条约》(Adams-Onis Treaty)[1]当中得以明确。此外，南北战争爆发前，美国为了吸纳原住民部落而苦苦挣扎。这种力不从心加剧了美国面临的其他挑战，在这个不断扩张的国家中，宪法对奴隶制问题的无能为力显得尤其突出。

尽管联邦针对佛罗里达的塞米诺人和其他原住民采取了军事行动，但配套的基础设施和人员跟不上，国家无法在新土地上施展自己的权威。1861年美国分裂，南北两个国家均声称西部是自己的领土。从一定程度上来看，双方都是为了控制西部的发展，与密西西比河以西诸多战役的目的如出一辙。国家的重建需要资源、技术和军队，原住民被迫屈服于国家权威，成为那个时代的重要特征。

---

[1] 《亚当斯－奥尼斯条约》又称《横贯大陆条约》或《佛罗里达购地条约》，由美国和西班牙于1819年签署。根据该条约，西班牙将佛罗里达卖给美国，并与美国划定了与新西班牙总督辖区的边界。——译者注

传教点起义：迫害与殖民主义

托普里娜和尼古拉斯·何塞渐渐适应了在圣加布里埃尔传教点的生活。他们最初来自雅普奇维特（Japchivit）和西巴佩特（Sibapet）的村庄，到1785年，已经为西班牙领导人服务近10年。1778年，何塞成为传教点的第一位治安法官（alcalde）。[27]正如西属北美的其他地区一样，市政当局为原住民领袖提供了一定程度的自治权。例如，治安法官是为数不多被允许骑马的原住民之一。[28]1774年，26岁的何塞受洗，他也是村里第一个接受周围新宗教权威的成年人。

至于其他村民对传教点生活的体验如何，目前无据可考。士兵掠夺原住民家庭时，传教点可以提供一定程度的庇护。修道士宣称信奉天主教教义，其生活方式与普通人不同。在传教点最早的一批婚礼当中，尼古拉斯·何塞与阿古斯蒂娜·玛利亚（Agustina María）结为夫妻，新娘来自某个不具名的通瓦村庄。（P254）两人曾一同受洗，当时传教点房舍的墙壁都没修好，这对新人在简陋的环境中接受了他们的圣礼。不久后，他们迎来了第一个孩子科斯梅·玛利亚（Cosmé María），这个孩子于1775

年 7 月 13 日受洗。[29]

西班牙语记录凸显了尼古拉斯·何塞在传教点生活中的地位提升。他在许多婚礼中担任见证人，并成为 13 个孩子的教父（padrino），其中一个孩子的父母是来自加利福尼亚以外的原住民。[30] 这种社会联系，即"教子与教父教母之间的关系"（compadrazgo），为孩子和教父母社会地位的提升提供了便利。许多印第安孩子，其中大多来自下加利福尼亚（Baja California），在上加利福尼亚传教点接受了洗礼。[31]

出生、死亡和婚姻等记录提供了重要信息，有助于理解传教点的生活本质。不过，有关传教点日常生活体验的记录较少，移民进入该地区之后，其生活方式也会发生变化。随着牧场和洛杉矶普韦布洛（1781 年）等城镇的建立，当地对原住民劳动力的征用推动了这些城镇的增长，但这种增长方式削弱了天主教当局的权威。[32] 与传教点不同，定居点"未受洗的印第安人"有更多的机会保持独立。在洛杉矶，通瓦男女从事牧场工人、厨师和家庭帮佣等职业。[33] "印第安人耕作，印第安人播种，印第安人收获，"1796 年，何塞·塞南（José Señán）神父向总督抱怨道，"总之，他们几乎把所有的事情都干完了。"[34]

书面记录还体现了西班牙人带来的毁灭，尤其是疾病的侵扰。1775 年 10 月 28 日，科斯梅·玛利亚受洗不到 3 个月就夭折了。阿古斯蒂娜·玛利亚虽然比儿子活得长，但也早早离开了人世，于1783年6月5日下葬。尼古拉斯·何塞又娶了一位妻子，结果1784年，他的第二任妻子也去世了。疾病带走了他的3位家庭成员，而且无数幸存者像何塞一样经历了丧亲之痛。到1784年，通瓦社区一半以上受洗的孩子死于疾病，这种人口下降趋势与传教点的总体死亡率一致。1770年，加利福尼亚沿岸的原住民人口约6万人，1800年减少到了1.5万人。[35]

关于托普里娜的记录要少得多。她在1785年没有受洗，也没有留在雅普奇维特传教点。西班牙当局报告称，她是村里的"智者"，具有公认的权力和权威。[36]25岁那年，托普里娜收到尼古拉斯·何塞的信息，他们准备组织一次不寻常的聚会，商量是否继续容忍西班牙当局的存在。

之前，方济各会会士经历了原住民的起义。1775年11月，来自65—70个联盟村庄的数百名库梅亚（Kumeyaay）士兵摧毁了圣地亚哥传教点，杀死了传教点的神父和铁匠，还打伤了士兵。[37]这支部队还放火烧毁了用当地芦苇建成的教堂，之前用来建造圣加布里埃尔传教点的也是这种芦苇。（P255）

这些起义是为了反抗西班牙人滥用死刑。但追根究底，是因为西班牙殖民当局颁发了一项禁令，对传教点之外的宗教活动实施迫害。1775年10月，在圣地亚哥传教点外围，几名受洗的印第安人因为参加附近村庄的舞蹈仪式而被抓住和鞭打。此外，1782年10月和1785年10月，西班牙当局禁止通瓦人的年度悼念仪式，并强调"绝不允许受洗的印第安人在他们的村庄举行舞蹈仪式"。[38]

根据尼古拉斯·何塞在 1785 年 11 月的证词，举行仪式时，所有社区成员，包括受洗的新信徒和未受洗的"异教徒"，都聚在一起跳舞，确保"死者的灵魂从尘世解脱，进入死者的国度"。[39]定居者何塞·班迪尼（José Bandini）回忆说："印第安村落通常每年都会聚在一起，纪念逝去的人。"[40]

禁止举行仪式打击了加利福尼亚印第安社会的核心。19 世纪卢伊塞诺族（Luiseño）历史学家巴勃罗·塔克（Pablo Tac）写道："加利福尼亚印第安人不仅在节日期间跳舞"，也"为了纪念去世的祖父母、叔伯、姑母和父母而跳舞"。[41]殖民当局惩罚参加仪式的原住民加深了对仪式的亵渎。事实上，几个世纪以来，西班牙编年史家一直在书写关于该地区神圣舞蹈的文章，方济各会会士也理解它们的重要性。1542 年，探险家胡安·罗德里格斯·卡布里略（Juan Rodriquez Cabrillo）曾写道：

> 他们的城镇里有大型广场，还有周围一圈插着石柱的圆形围场……围场中心有许多像桅杆一样粗的木材插在地下。这些木头上有许多画作，我们认为他们肯定崇拜这些画作，因为他们跳舞时，就在围场的内部转圈。[42]

卡布里略是第一个绘制加利福尼亚局部地图的欧洲人，于9月28日进入圣地亚哥湾。[43] 随后的探险家，包括塞巴斯蒂安·比斯卡伊诺（Sebastián Vizcaíno），也绘制了加利福尼亚沿岸的地图，并注意到仪式舞蹈场地的重要性。1602年11月24日，比斯卡伊诺在卡特琳娜岛（Catalina Island）探险，看到了"一个巨大的圆圈"，就在当地原住民的社区内，被社区成员"用各种颜色涂成了（各种图案）"。[44]

1785年，托普里娜很可能领导了其社区的舞蹈和仪式。她听说了西班牙殖民当局施加的限制，还有对雅普奇维特的侵犯。她知道，对那些担惊受怕的人来说，西班牙人滥用私刑有多大的影响。（P256）各种仪式虽不能治愈原住民受到的伤害，但能为他们提供洁净和恢复的空间。在经历近10年的殖民统治之后，据称许多通瓦人希望"接受广泛的净化，其中包括长期让身体出汗、饮用草药和其他形式的净化"。[45]

殖民暴力不仅针对妇女的身体，也打压她们的权威。强加的一夫一妻制、儿童性别隔离以及严格的性行为规范，都凸显了作为西班牙殖民主义核心的父权价值观。[46] 在整个加利福尼亚，殖民者希望通过父权制削弱原住民妇女的权威及社区制度，如建造育儿庇护所，还有作为女子成年仪式的月经小屋。[47] 西班牙的同化主义实践试图"抹去原住民文化……（并）将原住民女权主义从文化想象中抹去"。[48] 除此之外，殖民领导人对"印第安男女"施以酷刑,包括"鞭打,有时会用脚镣,还有极少数时候用木枷,此外还有监禁"。[49] 传教士利用酷刑和关押,实现了西班牙数个世纪的殖民统治。

托普里娜对西班牙人持续 10 年的残暴感到厌恶,决定与尼古拉斯·何塞以及通瓦领导人特梅哈萨奇奇(Temejasaquichí)和阿利伊维特(Aliyivit)联手,袭击圣加布里埃尔。[50] 他们招募了 17 名部落成员加入,计划黎明时分攻占传教点,其中 6 人曾接受洗礼,非常了解传教点。[51]

与 1775 年圣地亚哥传教点的起义不同,1785 年 10 月 25 日的起义没有造成人员死亡,也没有动用酷刑,更没有人被杀害,同时也没有任何政权被推翻。传教点警卫队事先得知 21 名革命者会发动袭击,便逮捕了叛乱分子。4 名领导人被监禁、审讯和关押,等待新西班牙殖民当局发落。其中 17 名参与者在传教点民众的集体目睹之下,被士兵抽了 15—25 鞭不等。(P257)总督佩德罗·法赫斯(Pedro Fages)解释称,这些惩罚是因为"他们忘恩负义,犯下邪恶行为,同时表明,他们接受那个女人的领导是何等愚蠢,这种行为在我们天主教徒面前是何等无用"。[52]

根据裁决,尼古拉斯·何塞和托普里娜被流放到北方。尼古拉斯被判在旧金山的流刑地"戴着镣铐干 6 年的苦役",托普里娜则被流放到蒙特雷附近的圣卡洛斯卡梅洛(San Carlos del Carmelo)传教点。[53] 很可能两人都没有再回到托万加尔。

(P258)最后一份提到尼古拉斯·何塞的文件可以追溯到1790年,那时的他仍然戴着镣铐。托普里娜于1789年3月受洗,改名为雷吉娜·约瑟法(Regina Josepha),后来嫁给一名来自墨西哥普埃布拉(Puebla)的士兵曼努埃尔·蒙特罗(Manuel Montero),他当时是蒙特雷的驻兵。1794年,托普里娜34岁,至少育有3个孩子,最小的孩子于当年受洗。5年后,即1799年5月22日,托伊普里娜因未知原因在圣胡安传教点去世。次日,她被葬在距离雅普奇维特数百英里的地方。[54] 她与何塞见证了几十年的殖民入侵,也见证了一个庞大新社会的崛起。两人都制定了自己的策略,应对殖民入侵的挑战,两人临终前可能都感到欣慰,因为自己曾为了保护社区的自治权免受殖民主义的侵害而奋斗。

加利福尼亚海洋经济的变化

到 1800 年,传教体系带来了一代人的生态和人口变化,导致了恶性循环。这种体系削弱了当地的原住民人口,同时吸引了定居者、移民和其他变革人士的到来。例如,当尼古拉斯·何塞和托普里娜被押送离开托万加尔时,他们的目的地是加利福尼亚沿岸人口最稠密的地区。途中,他们经过了圣芭芭拉丘马什(Chumash)社区的传教点。

几代人以来,加利福尼亚沿岸的海洋经济活动一直非常活跃。丘马什语中的"tomol",意思是坚固的远洋木船,在附近的岛屿和沿海定居点之间往来穿梭。[55]1769 年,胡安·克雷斯皮(Juan Crespí)神父报告说:"他们操纵独木舟的技术就像造船一样娴熟……这些独木舟可以容纳多达 10 个人。""他们使用长双桨,划桨的力量和速度令人难以置信。"[56] 这里的一片片海滩充满了活力。捕鱼、海藻和贝壳的收集以及海獭捕猎,促进了加利福尼亚海洋世界的发展,其丰饶程度不亚于任何沿海地区。

传教点每年都有数不清的任务。圣芭芭拉的传教点涵盖了园艺、牧场和海洋经济。丘马什村民采集生活所需的物品,生产和保养贝壳和珠子,用于开展地区性贸易,他们还在传教点的田间工作,供养着有数千人口的定居社区。[57]

不过,接受殖民后,传教点的园艺工作、西班牙牧场和传教点的内部工作都需要增加人手。例如,给传教点的牛群打上标记和剪羊毛需要数周的时间。随着牛群的增长,这些任务将需要耗费数月的时间。(P259)1803年,丘马什的工人在夏天花了一个半月的时间为传教点的8000只羊剪毛。[58]除了维护海洋和区域经济外,春天到了,他们还在传教点的田间地头干活,照顾牛群。整个美洲的原住民劳动力推动了殖民社会的崛起和维护,这种无偿劳动既促进了殖民经济的发展,也削弱了原住民的生态系统。

虽然加利福尼亚沿岸充满活力,人口稠密,但大部分海岸线并不适合远洋贸易。这里虽然有成群结队的平底木船,但无法运输西班牙的马匹和牛羊。西班牙船只经常停泊在附近岛屿的小海湾,将供应品、士兵和杂货装上较小的船,再送上岸。像大多数沿海传教点一样,圣芭芭拉没有深水港,这是自卡布里略探险以来一直困扰西班牙海员的挑战。

随着传教工作的开展,殖民者终于找到了更合适的港口。1769年,西班牙殖民领导在蒙特雷建立了一座传教点,进一步勘测了该地区。10月31日,德波托拉(de Portolá)"毫无疑问"发现了传闻已久的港口,即后来的旧金山。他报告说:"此地水草茂盛,四周都是高地……(这片高地)开口朝向海湾。"[59]

这个港口坐落在金门海峡（Golden Gate）[①]不算长的入口处，通向一片海湾。加利福尼亚的主要流域，即萨克拉门托河（Sacramento）和圣华金河（San Joaquin）的河水全部流入这片海湾。这些内陆河流是如此广阔，以至于西班牙人从未想过穿越它们的源头——内华达山脉。然而，西班牙人确实改变了这片海湾。他们建立了一处要塞和一个传教点。像尼古拉斯·何塞一样被流放的囚犯就被安置在这里，总督和其他西班牙民间领导人则住在蒙特雷湾周围的传教点。西班牙的权力中心逐渐形成，向着北部和沿海地区发展起来。

如果说原住民劳工为殖民时期的加利福尼亚打下了基础，那么太平洋贸易则塑造了它的结构。造船问题一直困扰着墨西哥北部的传教点。例如，在下加利福尼亚，第一艘船"圣十字的胜利"（El Triunfo de la Cruz）于1719年建成并正式命名。不过，建这艘船耗光了传教点的"所有资金"。[60]

在船只作为主要运输工具的世界里，上加利福尼亚提供了新的据点。旧金山成为贸易中心，法国、英国、俄罗斯和美国的领导人都对它垂涎欲滴。一位英国外交官报告说："这里是北美西北海岸的关键。"[61]法国探险家尤金·杜弗洛·德·莫弗拉斯

[①] 金门海峡是美国加利福尼亚州圣弗朗西斯科湾和太平洋相通的海峡。东西长8公里，南北宽1.6—3公里，是圣弗朗西斯科等港口通往太平洋的咽喉。——译者注

（Eugène Duflot de Mofras）鼓励自己国家的领导人夺下此地。不过，法国没能拿下"这个几乎不用成本、浑然天成的宏伟据点"，莫弗拉斯为此感到惋惜不已。[62]

法国人在加利福尼亚的国际贸易中占主导地位，引进了各种各样的植物和动物。（P260）1786年，让-弗朗索瓦·加劳普·拉·佩鲁斯（Jean-François de Galaup de La Pérouse）绕过好望角，在智利的塔尔卡瓦诺（Talcahuano）港口靠岸。像大多数船只一样，拉·佩鲁斯在智利靠岸是为了获取水果、淡水和供应品，让船员放松和休息。受路易十六之命，拉·佩鲁斯此行是为了"发现英国船长詹姆斯·库克没有发现"的土地，他带着两艘船，船上载着"大约50棵活树和葡萄藤"，[63]其中包括"蒙特默伦西樱桃树、黑心樱桃树、白心樱桃树、橄榄树、楹梓树、葡萄藤、无花果树、栗子树、丁香灌木"等，还有玫瑰等开花植物。[64]拉·佩鲁斯的船就像"漂浮的花园"，于9月抵达蒙特雷。[65]

由于信仰相同，再加上法国与西班牙之间的外交协议，拉·佩鲁斯在智利受到了盛情接待，后来在蒙特雷也受到了接待。他的到来十分引人注目，因为他是加利福尼亚当局接待的第一位外国领导人。总督佩德罗·法赫斯举行了盛大的庆典，鸣了七响礼炮迎接拉·佩鲁斯的船只，拉·佩鲁斯也以同样的方式回礼。[66]

拉·佩鲁斯此前大部分时间都在海上度过，所以这次上岸非常高兴。法国国王曾指示他占领西班牙领土的最北端，去的途中他遇到了很多困难，到了之后，他将此处取名为"法国港"。[67]然而，没过多少天，他就失去了两艘小船和 21 名水手，这些损失盖过了他的成就。到了蒙特雷，他用丰富的资源换取加利福尼亚的物产，包括"40 头牛、51 只羊、200 只鸡、小麦、大麦、豌豆，以及……每天一桶牛奶"。[68]他的植物学家"每时每刻都在忙着采集植物"，一共鉴定了十几种新物种。[69]拉普鲁斯报告说，作为回报，"我们用各种各样的种子丰富了总督府和传教士的花园……这些种子保存完好，将为他们提供额外的好处"。[70]樱桃树、丁香树和玫瑰花被运上岸，同时，一份最具持久意义的礼物也运上了岸。拉普鲁斯写道："我们的园丁给传教士送了一些品相完美的智利土豆。我认为土豆也是宝贵的礼物，这种块茎植物将在蒙特雷地区光照充足、土壤肥沃的环境中长势良好。"[71]一名船员还向传教士赠送了一台碾磨机，替代常用来磨玉米的石磨（matate）。[72]

拉·佩鲁斯带来了全球各地的新物种、技术和产品。他将南美高地的主要植物引入加利福尼亚，首次鉴定了来自跨密西西比河西部的第一批植物。[73]而且自他开创先河之后，后来者众多。几代航海者跟随其后，带来了波利尼西亚的檀香木、阿拉斯加收割的皮毛、澳大利亚的树木以及美国和英国制造的商品，此外还有其他商品和物种。这种贸易进一步改变了原住民社会，加剧了帝国间的竞争。

来自北方的帝国主义者：俄美公司

旧金山为新兴的海洋经济提供了贸易市场和仓储空间。它既是外交和商业场所，又保留了传教体系。作为西属太平洋地区最北端的港口，它不仅吸引了来自南美的欧洲商人，还吸引了来自亚洲北部的商人，包括俄美公司（Russian-American Company）的皮毛猎手（promyshlenniki），他们带来了从俄罗斯帝国沿海捕获的皮毛，该帝国的范围从阿拉斯加一直延伸到加利福尼亚北部。[74]

整个18世纪，俄罗斯商人主宰了太平洋的皮毛贸易。他们殖民了阿拉斯加，在当地建立了第一批定居点，并从海獭身上获得了价值数百万卢布的皮毛，最初这些皮毛用来在中俄边境恰克图（Kyakhta）的中国市场上交易。1799年，沙皇政府成立俄美公司，目的是更有效地管理和开发俄属美洲，其模式借鉴了哈得孙湾公司和英国东印度公司。[75]

虽然皮毛贸易由俄罗斯人控制，但其核心是被迫捕猎和加工皮毛的阿留申（Aleut）和阿鲁提克（Alutiiq）猎人。俄罗斯人初来阿拉斯加时，采取的是剥削和暴力性质的殖民形式，当地原住民被迫纳入劳役体系，每年都需要上交皮毛作为贡品。[76]"那些不交"贡品的人"就会没命"，埃斯特班·何塞·马丁内斯（Estéban José Martinez）在1786年报告说。[77]

虽然加利福尼亚沿海水域的海獭不及北太平洋的皮毛有价值，但它们胜在数量众多。海獭在海洋生态系统中大量繁衍，海豹也是如此，部分原因是加利福尼亚原住民对它们的依赖要远远小于阿拉斯加原住民。这些海洋资源吸引了越来越多的俄罗斯猎人南下，实际上，太平洋的海獭资源是如此丰富，以至于俄罗斯帝国的许多人都将其称为"海獭海"。[78]

蒙特雷和旧金山的发展吸引了俄罗斯商人，后者利用这里的物资开展贸易，将这里的港口作为停泊地。（P262）尽管俄罗斯和西班牙之间经常剑拔弩张，但两国商人私下常有往来，他们在两个帝国重叠的势力范围内保持合作，而不是彼此对抗。如1807年，俄罗斯在阿拉斯加的殖民地闹饥荒，再加上当时与特林吉特人（Tlingit）的战争，总司令尼古拉·彼得罗维奇·雷扎诺夫（Nikolai Petrovich Rezanov）前往旧金山，跟这块殖民地建立了外交关系。虽然雷扎诺夫没有像拉·佩鲁斯那样受到热烈欢迎，但他还是得到了数千磅的"小麦、面粉、大麦、豌豆、豆类、猪油、盐和少量的干肉"，用于新阿尔汉格尔斯克（Novo

Arkhangelsk）①的救灾。[79]他在这里逗留了一个多月，利用这段时间规划了未来在该地区的殖民活动，最终于 1811 年在旧金山正北的博德加湾（Bodega Bay）建立了殖民地。[80]这是俄罗斯在北美的第二块殖民地，与更北边的要塞罗斯堡（Fort Ross）互为补充。[81]

加利福尼亚吸引了越来越多的定居者和全球贸易活动，美国商人也注意到了太平洋的丰富资源，希望加入该地日益增长的贸易网络。约翰·黎亚德（John Ledyard）便是其中之一，他曾在达特茅斯学院学习，后来参加了库克船长（Captain Cook）②的最后一次太平洋之旅（1776—1779 年）。[82]黎亚德在康涅狄格海岸长大，当地的港口，如新伦敦（New London）和新贝德福德（New Bedford），是北美东部主要的鲸港。黎亚德非常熟悉海洋贸易和造船业，他后来放弃了新罕布什尔州的学业，与库克船长一同前往太平洋远征。

远征期间，黎亚德见识了皮毛贸易的丰厚回报——1500 张海獭皮，"在中国卖出了 100 美元，而（一张）成本不到 6 便

---

① 即锡特卡，又译矽地卡，港口名。1867 年 10 月，俄美两国在这里举行了阿拉斯加政权交接仪式。新阿尔汉格尔斯克是该港口的俄国旧称，这里至今仍然是俄裔人口聚居的城市。——译者注

② 即詹姆斯·库克（James Cook，1728—1779 年），人称"库克船长"，是英国皇家海军军官、航海家、探险家和制图师。詹姆斯·库克曾三度奉命出海前往太平洋，带领船员成为首批登陆澳大利亚东岸和夏威夷群岛的欧洲人，也创下欧洲船只首次环绕新西兰航行的纪录。——译者注

士"。[83] 不过，俄罗斯与中国的皮毛贸易路线比较迂回，需要先走海路，再经陆路到达恰克图，而早期的英国和美国贸易商都是直接将皮毛运往广州和其他港口。虽然西班牙人一开始在贸易上占优势，因为从一定程度上看，加利福尼亚港口的建立本身就是为了给马尼拉返航的船只提供补给，但这块殖民地的利润水平从未达到俄罗斯和西北沿海水域皮毛贸易的水平。[84]

英国和新英格兰商人开发了西班牙从未想过的资源，而太平洋捕获的皮毛为前往西北海岸的船只带来了丰厚的利润。1801年，有15艘美国船只跨越"海獭海"，将捕获的皮毛运往中国市场。1805—1806年，他们的销售额达到100万美元，而且带回了超过1000万磅的中国茶叶。[85] 加利福尼亚为这些船只提供了安全的避风港、补给和仓储空间，而原住民捕猎者的劳动模式与传教点原住民的劳动模式类似。就像北美其他边疆地区一样，加利福尼亚沿海贸易的基础也取决于印第安人。（P263）

这里的殖民活动吸引了全球各地的贸易商，也促进了对太平洋西北地区的探索。西班牙海员居然对西北海岸的资源毫无兴趣，这让很多外国人困惑不已，拉·佩鲁斯也是这样认为的。在他看来，"马尼拉离中国如此之近，而且西班牙人与中国的贸易如此频繁，到目前为止竟然对皮毛贸易的价值一无所知，简直让人无法理喻"。[86] 随后的美国领导人也是一样的想法，而且他们开始付诸行动，盘算着该如何在这些丰饶的土地和水域上夺取主导地位。美国对太平洋地区的主张在 1819 年的《亚当斯 – 奥尼斯条约》中得到了巩固,根据该条约,西班牙将佛罗里达割让给美国,并在新西班牙和美国不断扩张的领土之间建立了国际边界。这次割让和承认正好发生在西班牙帝国开始瓦解之时。

革命时代的太平洋沿岸

尽管全球贸易网络扩大了加利福尼亚的经济规模,但殖民地仍然与西班牙紧密相连。其主要贸易港口横跨西属美洲帝国,从下加利福尼亚的圣布拉斯(San Blas)一直延伸到智利的瓦尔帕莱索(Valaparíso)和塔尔卡瓦诺(Talcahuano)。该地区的港口为太平洋上的西班牙贸易船提供了停泊处,特别是从马尼拉出发,前往墨西哥的西班牙船只。[87]

尽管该地区依赖海洋进行交流和贸易,但陆地探险也对其形成产生了影响。加利福尼亚的第一批牛和马并非漂洋过海而来,而是从墨西哥北部的畜牧社区走陆路而来,许多西班牙语家庭也是如此。[88] 与新墨西哥一样,具有百年历史的种姓制度(sistema de castas)也传入了该地区,维系着当地的性别与种族意识形态,且与权力和声望紧密相关。[89]

在这种等级制度和全球影响的背景下,加利福尼亚印第安人的日常生活充斥着激烈而持久的地方主义。沿海的原住民社区,如丘马什人和奥龙尼人(科斯塔诺人)生活在传教点内,到1819年,这些传教点已有2万多名新信徒。[90] 其他原住民则生活在附近的城镇和牧场。成千上万的印第安人受洗，加入了殖民地的劳工大营，但他们并没有获得与白人同等的政治和宗教身份。（P264）

地方和部落间的差异仍然存在。事实上，21个西班牙传教点的原住民来自数百个村庄社区、数十个讲不同语言的家族。1769年之前，加利福尼亚称得上是全球语言最丰富的地区之一，人种志研究者也一直在评估该地区语言的复杂性。[91]

该地区的多样性表现为多种形式，此外，西班牙殖民者从新西班牙其他地区引进原住民，加剧了印第安人之间的敌对与分裂。与殖民地新墨西哥一样，其他地区成千上万的印第安人迁到了该地区。[92]1785年，当托普里娜被问及她和尼古拉斯·何塞为何"带着武器来到这里杀害牧师和士兵"时，她说自己"对传教士和传教点的其他人感到愤怒，因为我们现在生活的土地成了他们的"。[93]历史学家经常误读她对西班牙人以及在传教点生活的"其他人"的控诉。[94]托普里娜口中的"其他人"是指来自邻近村庄以及整个新西班牙地区的原住民，包括来自下加利福尼亚、讲科奇米语（Cochimí）的新信徒，这些人"像波涛一样"涌来。[95]

1776年，胡安·鲍蒂斯塔·德·安萨（Juan Bautista de Anza）抵达圣加布里埃尔，他还领着一群牛羊、马匹、妇女、修士、儿童和印第安劳工一同到来。"我们的到来让所有人都非常高兴。"方特神父写道。[96]不过,教会负责人塞拉报告说,不同土著民族的相遇,"引起了相当大的骚动",因为许多人"不知道如何对待与征服者一同到来的(其他土著)家庭"。[97]新来的原住民成为传教点的居民,凸显了该地区的多样性。

托普里娜和她的同胞理解殖民化带来的挑战。面对新移民和动物带来的种种变化,他们揭竿而起。到 1800 年,该地区的人口结构发生了新的变化。传教点有近 2 万印第安人,加利福尼亚内陆和北部地区估计共 20 万原住民,以及 2000 名西班牙移民、修士和士兵。这一时期的加利福尼亚已经变得和北美其他地方一样多样化。[98]1810 年,全球爆发革命浪潮,人们进入太平洋地区变得更加容易,加利福尼亚的多样化更是有增无减。

西班牙在全球革命时代经历了重大变革,试图通过新的宪政改革来重振其全球帝国的势力。18 世纪 60 年代,在"波旁改革"①的浪潮下,西班牙曾尝试进一步扩张和巩固西属美洲帝国。[99]西班牙增设卫戍区,建立了数十个新传教点,并组织了探险活动,其范围涵盖从得克萨斯到蒙特雷的广大区域。

加利福尼亚是改革最成功的地区,吸引了西班牙帝国各地的商人、领导人和海员。(P265)例如,地图测绘师和博物学家

---

① 波旁改革是 18 世纪西班牙帝国经历的一系列政治和经济改革。当时由于战争频繁,国内经济萎缩,西班牙王室昔日辉煌不再,地方势力割据称雄,国家政权分散。随着西班牙国力衰微,西欧海上列强通过武力占领了西属美洲殖民领土,威胁到了西班牙及其美洲贸易,波旁改革应运而生。——译者注

组成皇家科学考察队,对加利福尼亚和西北地区进行了勘探。该探险队于 1791 年 5 月离开阿卡普尔科(Acapulco),在亚历杭德罗·马拉斯皮纳(Alejandro Malaspina)的带领下启程,队伍中的植物学家、艺术家和探险家来自帝国各地。这些人进行了太平洋沿岸的许多首次"科学"勘测,其发现要早于美国的探险远征队。[100]

像拉·佩鲁斯一样,马拉斯皮纳的探险提供了宝贵的地图测绘、人种志研究和植物学发现。[101]当时西北地区各帝国竞争加剧,英国与西班牙的海员正在争夺该地区的主权,同时打压俄罗斯和法国。法国于 1789 年爆发革命,西班牙扣押了萨利希海(Salish Sea)的几艘英国贸易船,引发了后来被称为努特卡湾争端(Nootka Sound Controversy)的事件。英国挑战了西班牙对该地区的权利主张,理由是后者没有在该地区任何地方定居。[102]1792年,争端化解,但该地区的未来仍然存在争议。西班牙派出一支由 7 艘船组成的远征队,即边界考察远征队(Expedicíon de Límites),宣示其太平洋领土的主权。[103]此后,西班牙撤销了对西北地区的主张,放宽了对雷扎诺夫等加利福尼亚外国贸易商的限制。外国商人如今可以在旧金山以北地区自由行动,尤其是 1808 年西班牙官员直面拿破仑入侵伊比利亚半岛的威胁之后。[104]

英国和美国的船只填补了西班牙自由化政策①带来的空白。自 1792 年起的近 20 年里，到访西北地区的只有美国和英国船只。在温哥华岛西海岸，友谊湾（Friendly Cove）和努特卡湾提供了贸易、淡水和补给。1778 年之后，库克船长在这里修理船只，添加补给，当时美国贸易船的数量接近英国的 8 倍（前者 96 艘，后者 13 艘）。然而，在太平洋巡逻的是英国军舰，而且配备的是当时最强大的军事技术。[105] 与小型商船相比，它们重达数百吨。

英国和美国官员在这些遥远的土地和水域上发生冲突。双方都派出了船只和陆地探险队进入该地区，目的是寻找河流，特别是能为内陆皮毛提供出口的河流。例如，苏格兰探险家亚历山大·麦肯齐（Alexander Mackenzie）曾与蒙特利尔的西北公司（North West Company）合作。自 1789 年起，他继续着同其他公司贸易商一样的努力，寻找传说中流入太平洋的河流，即库克船长提到的"一条美丽而宽敞的河流"，贸易商们认为这是通往内陆湖泊的入口。然而，库克眼中的河流事实上是一个入海口，即库克入海口（Cook's Outlet），而不是通往内陆的水道。[106]

1793 年，麦肯齐到达北冰洋和太平洋，其远征加剧了英国垄

---

① 西班牙自由化政策是指 18 世纪末至 19 世纪初西班牙进行的一系列改革和政治变革，旨在加强国家的经济和政治实力，包括对行政、经济以及殖民地政策的调整和改革。在殖民地政策方面，西班牙自由化包括放宽对外国贸易的限制，鼓励外国商人和船只进入西班牙殖民地开展贸易活动。——译者注

断北美皮毛贸易的兴趣。(P266)同样,梅里韦瑟·刘易斯和威廉·克拉克领导的"发现者军团"也在寻找西部河流的源头,很多人认为这些河流最终流入太平洋。后来,两人成为最先横跨密苏里河到达其源头的欧裔美国人。[107]

1804年,发现者军团从圣路易斯出发,冬天依赖曼丹人的帮助,夏天则请肖肖尼人当向导。他们吃到了从内兹佩尔塞(Nez Percé)贸易商那里弄来的鲑鱼,与混血向导一起旅行,穿越了一片有原住民定居的大陆。在联邦授权的远征队当中,很少有哪支队伍像他们这般依赖原住民的知识和力量,并受到原住民的热情款待。

1805年8月,队伍越过大陆分水岭(The Continental Divide),沿着湍急的哥伦比亚河航行,到达这条河流在阿斯托里亚的河口,他们在此地过冬,并宣示了主权。他们还收集了有关该地区地形、人种志和气候的重要信息。这里曾是西属美洲帝国的最北端,16世纪40年代,卡布利洛(Cabrillo)首次绘制了这里的地图,如今该地被英国和美国瓜分并据为己有。这些代理人和贸易商虽然远离帝国的中心,但仍然绘制了该地区融入全球经济的图景。

英美两国在该地区宣示主权,双方都威胁要开战。1812年美英战争以及1814年《根特条约》(Treaty of Ghent)①的签订，并没有起到一劳永逸的效果，双方只是回到了战前状态。[108]例如，美国在太平洋沿岸的唯一定居点，即约翰·雅各布·阿斯特建立的阿斯托利亚（1811年），在战争期间虽然让给了英国，但战后英国又还给了美国。[109]

西北地区的争端加剧了帝国间的斗争，原住民和外国贸易商的紧张关系则塑造了这种竞争的走向。[110]不久之后，美国调整外交手段，增强了国家的早期实力。事实上，《根特条约》签订不到10年，美国便于1823年宣布了最具扩张性的外交政策宣言，限制了外国对整个美洲的干预，同时巩固了自己在北美的主张。简而言之，与原住民的海上冲突导致了"门罗主义"诞生，这是以美国第五任总统詹姆斯·门罗命名的新"信条"。（P267）

---

① 《根特条约》是指1814年12月24日在根特（位于今天的比利时境内，当时是尼德兰联合王国的一部分）签署的和平条约，终止了美英之间的战争，双方大体回到战前状态，此条约在1814年12月30日由英国摄政王及后来的英王乔治四世批准，由于当时通信条件不便，这个和平条约的消息花了几周才传到美国。——译者注

美国对西北地区的吸纳

从阿斯托里亚向北,穿过奥林匹克半岛的福拉德利角(Cape Flattery),便是萨利希海。这片海域一直延伸至温哥华岛的鲁珀特堡(Fort Rupert),环抱着乔治亚海峡和胡安·德富卡海峡①,还有普吉特湾和乔治亚海湾的无数岛屿。这里是世界上最具生物多样性的海域之一,其洋流富含营养,吞吐着生命所需的无穷能量。[111] 海底覆盖着海藻床,生长着"茂密的海洋森林",可与该地区繁茂的雪松、冷杉和铁杉媲美,同时为大量鱼类、海洋哺乳动物和无数海鸟提供了栖息的家园。[112] 学者估计,18世纪约20万—40万原住民居住在西北地区。与加利福尼亚一样,当地原住民与欧洲人建立了持久的关系。[113]

从形式和特征上来看,这些关系与加利福尼亚不同。例如,很少有18世纪的堡垒或欧洲定居点能在这种潮湿寒冷的气候中存活超过几个月。[114] 尽管该地区拥有丰富的海洋和陆地资源,但

---

① 胡安·德富卡海峡是加拿大不列颠哥伦比亚省温哥华岛和美国华盛顿州奥林匹克半岛之间的海洋通道,长130—160千米,宽18—27千米,北临乔治亚海湾,南临普吉特海峡。——译者注

地理位置太过偏远，不适合殖民，也不适合农业和畜牧业。这里还是强大原住民部落的家园，他们的领导人指挥着能同时容纳数百名士兵的远洋独木舟舰队。例如，1787年英国商人约翰·米尔斯（John Mears）抵达友谊湾，努查努阿特（Nuu-chahnulth）的两名莫瓦查特族（Mowachaht）酋长——马金纳（Maquinna）和卡利卡姆（Callicum），乘着12只独木舟迎了上来，每只独木舟载着18名男子。[115]这些还只是中等大小的船只。根据约翰·朱维特（John Jewitt）的说法，"最大的船只可容纳40名男子，而且非常轻便"。[116]

欧洲人与原住民的相遇带来了复杂的礼仪和程序，而且这些相遇发生在海上，而不是内陆地区。面对强大的新来者，原住民领导人持犹豫态度，因为他们致力于塑造的边疆世界以贸易、外交和航海为重点，而不是侧重于传教或殖民化。从一定程度而言，当地雄伟的雪山和岩石林立的山脉限制了通往内陆的可能性，为原住民助了一臂之力。此外，与加利福尼亚类似，当地没有深水港，妨碍了殖民活动的发展。友谊湾是该地区最常使用的港口，其本身位于岛上，限制了欧洲牛群和定居者的迁徙，也限制了供给品的传播和运输。[117]此外，该地区四周都是危险的水域，包括奥林匹克半岛北端的福拉德利角。（P268）

因此，沿海关系与几个世纪以来基于领土控制的殖民主义形成了鲜明对比。例如，尽管各帝国在该地区举行了许多正式占有仪式，但在海洋皮毛贸易时代（1778年至19世纪40年代），西北部并未纳入任何帝国的版图之中。[118] 这里几乎没有帝国权力机构的身影，正如早期的贸易商抱怨说，允许原住民聚集，"而不施加任何控制"是"极其危险的"。[119] 从很多方面来看，整个19世纪的西北地区都处于"国家缺席的状态"，帝国与原住民之间的暴力在明里暗里涌动着。[120] 这种无国家状态，正如佛罗里达的情况一样，影响了随后美国外交政策的进程。争夺该地区的是各路贸易商，而不是政治家。像约翰·雅各布·阿斯特这样的个人，还有像加拿大西北公司这样的企业，为内陆皮毛展开了激烈争夺。他们的目的并非殖民化，而是榨取资源。与方济各会不同，这些贸易商几乎没有提出领土或意识形态上的要求。然而，他们远远算不上友好。中世纪的纪律形式有助于维持该地区少数几个堡垒的秩序，如阿斯托利亚堡（1811年）和温哥华堡（1818年），这些堡垒可与欧洲城堡或围墙环绕的村庄媲美。此外，当地的权威"依靠的是权力手段……而非法治"。[121] 比如，有的贸易领头人曾试图行使绝对权力，惩罚违抗自己的人。

最终，农场取代了要塞。自19世纪40年代起，定居者日益增多，原住民社区开始争夺该地区的避风河谷和内陆农田。由于缺乏正式的外交和交流机制，双方的关系演变成不同形式的暴力。在俄勒冈中部和南部，定居者殖民主义和"种族灭绝战争"与该地区的定居者共和主义并存。[122]

印第安条约时代（1855—1871年）之前，原住民部落在该地区互相竞争的贸易利益中周旋，在一定程度上维护了自己的主权。他们吸引欧洲和美国贸易商的资源，尤其是枪支、金属和布料，同时保持自己社区的社会权威。他们还掌控着该地区的海洋资源。这些资源是如此可观，探险家很快就意识到，萨利希海的丰富物产促进了西北部的经济和文化发展。例如，鲑鱼和比目鱼每年都能为该地区提供数以百万计且富含蛋白的渔产。[123] 肥美的鲑鱼从海洋洄游到当地的河流，产下鱼卵，其迁徙时间因品种而异。季节性渔获吸引了数以千计的原住民捕鱼者前往哥伦比亚河的达尔斯（Dalles）等地，他们还会举行仪式，祈求连年丰收。（P269）自古以来，这些海洋资源便维持着当地原住民的生计，可与最初吸引欧洲人前往东北部一带的鳕鱼渔场和龙虾媲美。事实上，该地区收获的非农业食物比北美大陆的任何地方都多。[124]

欧洲人对这里丰富的海洋资源和原住民的捕鱼技能感到惊讶。正如朱维特所说："他们的捕鱼本领几乎无人能及。"[125] 这些鱼类不仅为人们提供了食物，还促进了各种技术的发展，如将骨头制成带穿线孔的针，将鱼皮煮成油，将鱼肉制成肉干，都是生计的重要组成部分。这些劳动主要由妇女完成，她们生产剩余物资，用于交易。

原住民猎人还捕获该地区最丰富的物产——迁徙的座头鲸、灰鲸和虎鲸。西北地区的捕鲸活动促进了沿海经济的多样化，其程度之广泛，有时令人称奇。以福拉德利角玛卡族（Makah）的奥泽特（Ozette）村庄为例，考古遗迹表明该村的鲸鱼占了"所有食用肉类和油类的75%"。[126] 据估计，单单在这一处发现的脂肪和肉类便接近1000吨。

海洋是该地区的经济和文化中心，鲸鱼也像鲑鱼一样，具有重要的社会意义。例如，家族的世袭地位决定了在惯常地点狩猎和采集的权力，形成了社会内部的习惯。回忆起与莫瓦查特人共度的时光，朱维特说："鲸鱼被认为是部落首领的猎物，首领的鱼叉没有刺出它的鲜血之前，任何人都不能碰。"[127] 此外，如何分配捕获的肉类，关系着家族和氏族声望的维护。例如，玛卡人和努查努阿特社区的狩猎、捕鱼和采集权力具有深厚的文化意义，其民间传说也由无数海洋动物和神话人物构成。关于超自然生物的口头传统，如雷鸟（T'iick'in），突出了它将鲸鱼带给社区而备受尊崇的地位。[128]

这些文化价值观塑造了原住民对欧洲人到来的反应。如果主权的行使不仅依靠武力，还依赖风俗习惯，则文化实践将成为塑造社区行为的必要因素。长期以来，西北地区原住民的主权便包括对海洋资源再分配的权力。贸易商涌入该地区，带来了加工制造的商品，如枪支、刀具、鱼钩和铜器，这些商品成为该地区经济和习俗中的重要技术。一位旅行者在1802年评论道，"人们如今可以在北美这一地区……买到最好的英国武器"，而且这些武器"比在英国购买要便宜得多"。[129] 其成本相对较低，因为枪支往往是大宗买卖（通常一买就是 50 支），并用来交换相关的贸易品，如火药、子弹和打火遂石。（P270）

枪支和贸易品带来了财富。拥有它们，就等于拥有了社会地位，出售它们的人在沿海社区受到追捧。商人们明白贸易的社会价值，因此许多美国贸易商前往英国，获取西北地区所需的商品。例如，"波士顿"号从马萨诸塞州启航抵达英国，朱维特于 1802 年登上了这艘船。像许多美国船只一样，它穿越大西洋，前往太平洋。它在英国靠岸是为了"搭载一批货物，与美国西北海岸的印第安人开展贸易"。[130]

朱维特的记录是对 19 世纪早期西北海岸最详尽的书面记载之一。他见证了 1803 年马金纳迎接"波士顿"号的场面，并在此后的意外袭击中幸存。由于种种原因，比如欧洲市场上海獭皮毛供求失衡，船长约翰·索尔特（John Salter）的无礼行为（出售残次枪支），以及马金纳对自己领袖地位的维护，莫瓦查特领袖突袭了美国商人，处决了船员，仅对朱维特和修帆工约翰·汤普森（John Thompson）网开一面。两人的幸存和随后的记录揭示了西北地区文化的持久特征。

马金纳手下的士兵拆开船只，卸下货物，社区领袖正忙着准备庆祝活动。他们向周围村庄发出消息，邀请对方共庆胜利。酋长马金纳待在自己的长屋里，研究着刚刚收获的一大批战利品，他的家人也聚在一起。村庄还迎来了邻村的"20多只独木舟"。

> 马金纳邀请他们……并为他们准备了食物，如鲸脂、生鱼子和冷水，他们似乎非常享受这次盛大的宴会。宴会结束后，酋长命他们走出房子，为随后的舞蹈做准备……我们的酋长开始给陌生人赠送礼物。我看到他送出了100支火枪、400码布料、100面镜子和20桶火药。[131]

马金纳对物品的再分配巩固了他的权威，为他的家族和部落带来了声望。值得一提的是，他以儿子萨特－萨特－索克－西斯（Sat-sat-sok-sis）的名义重新分配了这些战利品。[132]

对物品再分配的做法在西北地区的社区普遍存在，人们会举行盛大的集体聚会，即所谓的"夸富宴"（potlatch），目的是维护社会权威，传递史诗故事，欢迎新来者加入他们的社会。（P271）虽然向"陌生人赠送礼物"看似与私有财产的概念相悖，但在该地区，赠送礼物仍然是最高的荣誉之一，马金纳和西北海岸的其他原住民领导人分发自己积累的财富，正是为了赢得声望。

一直以来，这些财富主要来自海洋，但外国船只带来了更多的财富。这些贸易物品经过雕刻、饰以纹章或戴上图腾"面具",因此具有象征意义。沿海部落的领导人之所以追求这些资源,在一定程度上是为了重新分配它们。这天晚上,100 支枪、400 码布、100 面镜子和 20 桶火药使得这次夸富宴显得格外与众不同。来自世界各地的商品装点了这次盛大聚会,彰显了马金纳日益增长的社会地位。[133]

经济因素与流行病导致的依赖

与占据领土为主的定居者殖民主义相比，西北地区原住民与帝国的关系截然不同，但它们与美国边境地区发生的其他斗争相似。在从阿拉斯加到哥伦比亚高原，再到北美大平原的一大片区域内，原住民部落面临着周而复始的致命挑战，比如枪支贸易带来的暴力，对纺织品和金属的日趋依赖，以及为了获得贸易所需资源而辛苦劳作等。

暴力与欧洲贸易总是如影随形。外国商人利用各种诱惑，吸引原住民加入他们的经济活动，如果这些手段不奏效，暴力就会接踵而至。自18世纪中叶起，未经许可的俄罗斯皮毛猎手开始在该地区开展海豹和水獭贸易，持续数十年的暴力、强迫通婚、强制缴纳贡品一直是俄罗斯与当地原住民关系的鲜明特征。在科迪亚克岛（Kodiak Island），这些皮毛猎手经常扣押阿留申妇女，迫使她们的丈夫、父亲和儿子猎取大量皮毛。他们还强奸这些妇女，传播性病，摧残她们的身心。1794年，第一批俄罗斯东正教传教士来到此地，对当地普遍的暴力和混乱"感到震惊"。[134]岛上的原住民人口也迅速下降，从1792年的近6000人下降到1806

年的不到 4000 人。[135]

在科迪亚克岛南部，特林吉特族士兵抵制了俄罗斯人征召他们的企图。随着英国火枪在岛上越来越普遍，特林吉特人奋起反抗，削弱了俄罗斯人的控制。（P272）尤其是 1804 年 10 月，在锡特卡（Sitka）的大型堡垒外，他们击毙和打伤了 150 名俄罗斯－阿留申部队的成员，而且这支部队有 6 艘装满大炮的船、数百艘阿留申独木舟和近 1000 名持枪士兵。[136] 随之而来的是长达 10 年的小规模战斗，特林吉特士兵继续伏击贸易商，1818 年杀死了 23 人，重伤 18 人。当时俄罗斯的一位领导人抱怨说，对方"拥有的火器比我们还多"。[137]

原住民既是殖民暴力的受害者，也是施加者。殖民主义造成大规模破坏，迫使依赖外部资源和支持的社区夺取贸易商品。就像美国东部一样，皮毛和枪支贸易交叉重叠，导致猎人耗尽当地资源，侵入邻近地区获取资源，垄断贸易网络。事实上，西部皮毛贸易的历史就像不断展开的悲剧，在这场悲剧中，原住民、帝国和无证贸易商都在争夺日益减少的资源。例如，特林吉特社区与俄罗斯及其原住民盟友进行了数十年的战斗，但直到枪支贸易的规模扩大之后，他们才获得足够的枪支、火药和金属，在战役中取得胜利。在这之前，他们忍受了多年的伤痛，因为融入全球经济网络没有给他们太多机会，让他们保护当地社区的自治权。此外，这种融入还导致他们对市场的依赖日益加深。[138]

虽然原住民部落努力应对这些破坏，但他们还面临着其他创伤。殖民主义总是伴随着疾病。就像其他因素一样，在重塑北美西部原住民社区的过程中，暴力和疾病的双重打击削弱了部落社区的主权。从 1769 年加利福尼亚设立传教机构，到 1837 年天花大暴发，北美西部的每一寸土地都经历了灾难。这几十年里，疾病给当地原住民造成致命打击，暴力又进一步加深了他们的苦难。

学者们经常研究美国原住民在特定时间和地点的疾病传播。他们的研究框架常常显得冷漠和不近人情，比如列出原住民的死亡人数，可能还会附上统计数据。这种研究就像楼梯台阶的阴影一样缺乏清晰度，只能让人们对灾难产生模糊和不准确的感知。

加利福尼亚和西北部的有关记录则更加清晰。学者对这两个地区的人口下降开展了越来越多的研究，尽管二者的历史尚未紧密联系起来。与北美其他地方相比，加利福尼亚的疾病史记录得"更为详细"，一定程度上是得益于方济各会修士的书面记录。[139] 这类史料凸显了殖民主义的灾难性本质。（P273）

与俄罗斯殖民地一样，性暴力在加利福尼亚传教点也无处不在，导致了生育率下降等后果。传教点没有成为社区的聚会场所，而是成了淋病和梅毒引发传染病和不孕不育的温床。[140] 拉蒙·奥尔贝斯（Ramón Olbés）神父在圣芭芭拉传教点指出，梅毒无处不在，且非常致命。他报告说："所有人都感染了，婴儿的出生人数很少，死亡的人数却如此之多，以至于死亡人数是出生人数的3倍。"[141] 其他传教点的死亡率也类似。在历史上，圣卡洛斯传教点的死亡人数是出生人数的两倍，包括1799年托普里娜的死亡在内。在这些大流行病期间，婴童的死亡率也有所上升，每1000人中有366人死亡。[142]

西班牙语编年史中有很多这样的记录。在圣米格尔（San Miguel）传教点，方济各会的领导人发现，在传教点的众多疾病中，"最主要的是性病……（对这种疾病）并且，没有有效的治疗方法"。[143]

总督和文职领导人详细说明了这些社会疾病的代价，外国来访者对此也有所描述。与俄罗斯探险家合作的德国植物学家——乔治·海因里希·冯·兰格斯多夫（Georg Heinrich von Langsdorff）描述道：

> 新加利福尼亚卫生方面的工作做得不够。只有军队有内科和外科医生……传教区的印第安人经常死亡……
>
> 最可怕的是……（梅毒），这种病在当地有各种各样的临床症状。它在西班牙人和印第安人当中很普遍，而且造成了极大的破坏，因为他们根本没有采取有效的医疗措施来预防。这种病的常见症状是皮肤出现斑点、可怕的皮疹、持续的溃疡、骨骼疼痛、喉咙感染、鼻子

缺失、器官变形乃至死亡。我还看到了一些其他症状，比如结膜炎、风湿病、口角恶性脓肿和各种慢性疾病，这些可能也与性病有关。[144]

性病还会产生其他症状，包括皮肤表面溃疡、咯血和大便失禁。这些疾病并非由天花等无形病毒引起，而是性暴力造成的。追根究底，当时性病的传播与社会条件密切相关，并非纯粹的生物殖民主义，但它们造成了致命的后果。

天花与西部印第安社会的重组

北美西北部的疾病以不同的方式摧毁了原住民社会。处女地的疾病暴发动摇了社会基础，而且这些灾难往往发生在欧洲人的视野之外。（P274）在与欧洲人接触之后的前半个世纪，很少见到关于原住民死亡率的文件，但大量的研究、口述以及一系列考古与历史分析表明了这种破坏的存在。[145]疫情从海上而来，经陆路传播，互相重叠的疾病传播途径引发了巨大创伤，很快导致该地区被其他主权国家吞并。

疾病也促进了帝国的扩张。尤其是18世纪80年代，天花在北美大平原北部蔓延，其源头是墨西哥中部，当时整个西属美洲帝国都遭到大流行病的蹂躏。这次疫情波及中美洲，横扫整个北美洲，成为整个美洲记录最广泛的流行病。[146]

1782年，天花传播到曼尼托巴（Manitoba）最北端，摧毁了克里人和奇帕维安人（Chipewyan）。在西部湖泊、河流和渡口做生意的哈得孙湾公司商人详细描述了这场大流行病的迅速扩散。在与公司工人的谈话中，大卫·汤普森（David Thompson）估计，该地区60%的人可能已经死亡。他讲述了贸易商如何报告当时的情况：满是腐尸的印第安帐篷把狼群都引来了。他还提到，幸存者"在绝望和沮丧的状态下几乎无法交谈"。[147]

密苏里河沿岸的曼丹村庄曾暴发了 4 次天花疫情，分别是 1781 年、1801 年、1831 年和 1837 年。[148] 正如第四章所述，曼丹村庄是 18 世纪北美城市居民最集中的地方。1804 年至 1805 年冬春之交，刘易斯和克拉克在曼丹过冬，他们注意到了村庄的荒凉，大型土坯房的屋顶已经腐化。在疫情的影响下，过去几十年该社区的葱郁花园和国际化城市特色遭到了严重破坏。

疫情从墨西哥向北蔓延，向西进入落基山脉地区。在"黑脚联盟"（the Blackfoot Confederacy）当中，像扬·曼（Young Man）这样的领袖记得"那些永远不会回到我们身边的人的眼泪、尖叫和哀号"，被称为"冬季纪事"的社区年鉴后来将 1781 年与 1782 年冬春之交描述为"几乎无人幸免的时刻"。[149] 贸易商报告称，"黑脚联盟"的帐篷总数后来下降超过 50%。（P275）

1782 年，疫情越过落基山脉，快速蔓延到哥伦比亚河流域。它摧毁了蛇河（Snake River）①流域的肖肖尼、班诺克和内兹佩尔社区，然后向北移动，进入萨利希海，穿过温哥华岛和弗雷泽河谷，一直向北蔓延至科雅姆（Koia'um）和卡鲁拉（Kalu laa'

---

① 蛇河，又译"斯内克河"，全长 1670 公里，流经美国怀俄明州、犹他州、内华达州、爱达荷州、俄勒冈州和华盛顿等州，流域面积达 28.2 万平方公里。为美国西北部一条主要河流，位于哥伦比亚河左岸，是其最大支流，也是美国西北太平洋沿岸地区最重要河流之一。——译者注

等内陆萨利希社区。1782年,奇利瓦克河(Chilliwack River)沿岸约有25个能够识别身份的萨利希社区。到1830年,所有社区都被放弃,附近弗雷泽河(Fraser River)流域的许多定居点也迁至河流的更上游地区,躲避殖民带来的破坏。[150] 与加利福尼亚一样,疾病不仅导致人口骤降,还引发了迁徙。虽然家园彻底变了样,但各地原住民都在拼命保护家园的自治权和成员的健康。

这些有关死亡和疾病的历史常常没有载入美国史册。然而,它们对美国的发展的确至关重要,抹去这些记录,美国历史就称不上完整和充分。这些灾难不仅导致了原住民部落的重塑,还使外来者趁机剥夺了他们的领土。

疾病挑战了原住民领导人行使权威,以及应对外部威胁的能力。例如,在哥伦比亚河沿岸的俄勒冈,原住民部落与英美商人维持了长达数十年的经济和社会关系。结果,与外来人口的交往导致他们感染了疾病。1812年美英战争在东部爆发,乔治堡(阿斯托利亚)的原住民领袖卡奥尔普(Caolp),即克拉特索普族(Clatsop)首领,自刘易斯和克拉克时代以来就是"奖章酋长",整个1814年1月初都在埋葬死者,其中包括一名"可怜的女孩,当时到了性病晚期,在全身肿胀变色的悲惨状态下去世"。[151]

疾病削弱了部落各个方面的能力,让活下来的人变得更加脆弱。克拉马斯盆地(the Klamath Basin)附近的克拉玛斯社区遭受了骑马部落的无数次袭击,以至于他们创作了哀悼的歌谣来表达悲伤。其中一首叫作"Ko-I ak a nä'pka gatpam'nóka",意思是"北方印第安人到来时,我们经历了灾难"。[152]

暴力和疾病导致的死亡也侵蚀了各大帝国在西部的松散主权。西班牙、英国、俄罗斯和美国为了争夺领土互不相让,同时还面临着来自国内的威胁。最终,美国定居者把目光转向了被暴力和疾病摧残的原住民土地,他们将这些土地视为"空旷"或具有开发潜力的"荒漠",而且此举并非偶然。[153]人口减少,社区动荡,导致这些土地更容易被殖民。(P276)

密苏里与墨西哥独立危机

虽然刘易斯和克拉克回到圣路易斯时受到了热烈欢迎,但美国没有对太平洋沿岸地区提出主张。尽管他们绘制了密苏里河源头区域的地图,跨越了大陆分水岭,并沿哥伦比亚河航行到了太平洋,但他们的陆路航线对于后续的旅行太过危险。此外,当时的美国没有能力巩固任何主张。这支探险队的报告发表在当时的一组热门期刊上,并附上了地图。但在接下来的近40年里,再也没有联邦授权的其他陆地探险队抵达太平洋地区。直到1843年,约翰·C. 弗里蒙特(John C. Frémont)的探险队才再次踏入这片土地。[154]

美国领导人还面临着更为紧迫的领土担忧,尤其是跨西属北美边境地区的边界问题。加利福尼亚、新墨西哥和得克萨斯是3个最大的边境省份,每个省份都在墨西哥独立运动期间(1810—1821年)见证了新政府的诞生,当时西班牙失去了它的美洲帝国。[155] 从佛罗里达到加利福尼亚,西属北美殖民地摇摇欲坠,很快就崩溃了,在随后的10年里,原住民的命运也因此被重塑。

与此同时，联邦政府启动了首个将密西西比河以西土地纳入美国版图的计划。"密苏里领地的人民请求加入联邦。"印第安纳州参议员沃勒·泰勒（Waller Taylor）在1819年1月写道："毫无疑问，他们的愿望将得到满足。"[156] 泰勒此言不差。密苏里获得了加入联邦的资格，但数月的辩论之后，北方代表痛斥了扩大奴隶制的提案。代表詹姆斯·塔尔梅奇（James Tallmadge）宣称：

> 如果联邦必须解体，那就让它解体吧！如果内战……必须来临，我只能说，让它来吧！……我今天有幸站在这里，担任自由人的代表。这些人拥有足够的智慧来了解自身的权利……作为这些人的代表，我要宣布，他们厌恶任何形式的奴隶制。[157]

密苏里加入联邦引发了对奴隶制扩张的恐慌，美国因此被推向危机边缘。《密苏里妥协案》（*The Missouri Compromise*）①在自由州与蓄奴州之间划定了一条地理界线，将奴隶制扩张到之前的西班牙领土，迫使南方领导人不得不捍卫在英国、法国和不久之后的墨西哥（1824年）都遭到废除的奴隶制。密苏里州还

---

① 《密苏里妥协案》是指美国内战前（1820年）南北双方围绕奴隶制度达成的妥协。——译者注

制定了一部限制自由黑人权利的宪法，拒绝承认包括行政长官威廉·克拉克在内的联邦领导人，建立起一种特别恶毒的白人至上主义，惩罚通婚行为和有色人种。（P277）W.E.B.杜波依斯（W.E.B. Du Bois）后来指出："西部对待黑人的态度比东部更加严厉。"[158]

人们往往认为奴隶制是美国经济、文化和政治的必要组成部分。然而，同意奴隶制的扩张却让多届政府感到困扰。一位代表在《新罕布什尔爱国者报》（New Hampshire Patriot）中写道："在这个问题上，人们认为不可能存在任何意见分歧。""听到有人为奴隶制进行辩护，真是新鲜事。"[159]1821年，一条边界线出现了，决定了西部领土加入联邦的条件。

如果《路易斯安那购地案》为美国的扩张提供了框架和画布，那么《密苏里妥协案》则提供了完成这幅画作所需的画笔和油彩。与其他时代一样，墨西哥独立后的一段时间内，扩张动摇了联邦政府巩固其西部领土主张的能力。密苏里建州，1836年得克萨斯独立，甚至美墨战争（1846—1848年）①都没有解决奴隶制扩张带来的挑战。整个南北战争前夕，相互竞争的政治经济体系与现有的印第安势力一直冲突不断。

---

① 美墨战争是美国与墨西哥为争夺领土控制权，于1846年至1848年爆发的战争，最终美国胜利，夺取了墨西哥230万平方公里的土地，一跃成为跨大西洋和太平洋的大国，从此获得在美洲的主宰地位。——译者注

围绕密苏里是否加入联邦的辩论最终被遗忘,边界线成为地区政治自然演变的结果。然而,联邦的扩张过程伴随着深刻的分歧。当时西属北美边境发生很多重大变故,各个国家争相提出新的主权要求,美国要想生存下去,需要不断开展谈判,应对挑战。很快,新西班牙和美国之间的边界问题推动了门罗主义的演变,使美国巩固了对北美大部分领土的主张。[160]

边境对峙：佛罗里达与西属北美帝国的瓦解

东得克萨斯和西佛罗里达成为西属北美最先屈服于美国扩张压力的领土。西班牙与印第安人的关系塑造了这两个地区独特社会结构的演变。在佛罗里达，克里克和塞米诺尔部落等原住民势力已经发展成为强大的盟友、贸易商和对手。这些部落为了维护自治权而久经战斗，既塑造了美国不断演变的边界线，同时也为此付出了沉重代价。[161]

1803 年的《路易斯安那购地案》永远改变了南方。（P278）密西西比河下游地区曾先后成为西班牙和法国的领土，被纳入美国版图之后，经历了指数级增长，土地价值攀升，定居者人口激增。邮政总局局长吉迪恩·格兰杰（Gideon Granger）倡导在该地区修建新的邮政道路时说道："新奥尔良无疑将成为西方世界产品的存放地……（它将成为）世界上最大的商品集散地。"[162] 商品、人员和牲畜在该地区流动，横穿克里克族和南方其他印第安人的家园。亚拉巴马人口激增，从 1810 年的 9000 人增长到 1820 年的 14.4 万人。[163]

在佛罗里达东部，西班牙建立的机构和堡垒已有几个世纪之久，比如位于圣奥古斯丁的圣马科斯城堡，他们与原住民部落的联盟关系也是如此。正如西班牙驻美国大使路易斯·德·奥尼斯（Luis de Onís）在信函和后来的出版物中反复提及的，西班牙对该地区的主权已有3个世纪的历史，可追溯到16世纪初。[164]

19世纪初以及1812年美英战争期间，原住民部落得到了西班牙殖民地的支持。在彭萨科拉（Pensacola）等城镇，西班牙领导人鼓励印第安人袭击佐治亚州的定居点。实际上，克里克族领袖亚历山大·麦吉利夫雷（Alexander McGillivray）与西班牙定居者的关系非常密切，以至于《巴黎条约》签署后，他与其他人共同起草了一封义正词严的抗议书，致信西班牙国王，称克里克、奇克索和切罗基社区没有"将我们的独立和自然权利让渡"给英国。[165]

长期以来，西班牙一直在争取麦吉利夫雷和其他克里克领袖的支持，目的是双方为"共同独立和繁荣"而战斗。[166]然而，拉丁美洲独立危机（1810—1821年）削弱了西班牙、克里克、奇克索和塞米诺人在佛罗里达的权威。美国定居者逐渐增多，他们涌入印第安人和西班牙人的土地，将其据为己有。

讽刺的是，西班牙领导人曾设想将这些美国公民归化，将那些担心自己国家政府过于薄弱的美国人转化为西班牙定居者。1787年，路易斯安那总督贝尔纳多·德·加尔韦斯（Bernardo de Gálvez）设想，"生活在不稳定政权之下"的人可能会接受诱导，归顺西班牙的统治，西班牙将"保护他们，帮助他们的产品出口，（并）以公正的方式解决他们的争议"。[167]其他人认为，定居者最终会被西班牙吸引，远离联邦政府，"维护他们自己的独立"，避免"奴隶制等分歧带来互相对立以及不可调和的利益"。[168]奥尼斯甚至建议，西班牙和英国与心怀不满的新英格兰人结盟，将联邦分裂成"两到三个共和国"，以限制南方扩张主义者的贪婪行为。[169]

《路易斯安那购地案》第三条规定，路易斯安那的居民应被纳入"美利坚合众国，并尽快得到承认"。[170]然而，购地案并没有明确规定这些新土地的边界。对美国领导人来说，其统治对象的种族和宗教构成也不清楚。（P279）边境地区的几代人一直处于杂糅和相互依赖的状态，美国旅行者在一个接一个的定居点观察到了人们身份的多样性。根据美国探险家托马斯·弗里曼（Thomas Freeman）和彼得·柯蒂斯（Peter Curtis）的说法，1806年，得克萨斯纳基托什（Natchitoches）附近的一个定居点"由法国人、西班牙人、印第安人和黑人混血儿组成"。[171]在美国早期，反天主教主义仍然存在，正如约翰·亚当斯在1815年揭示的那样。"南部地区的人是基督教世界中最无知、最偏执、最迷信的罗马天主教徒。"亚当斯辩称。[172]在西佛罗里达和东佛罗里达，逃奴、非裔美国人和原住民生活在一起，挑战着美国的主权和种族等级制度。[173]

西班牙曾招募自由黑人参加民兵组织,并允许建立自由社区,如圣奥古斯丁外的莫斯堡(Fort Mose),该堡垒还支持袭击美国种植园的印第安人。[174] 拉丁美洲独立危机期间,美国领导人建议夺取西属佛罗里达,为实现该目标,安德鲁·杰克逊领导了 1817 年的第一次塞米诺战争(The First Seminole War)。

拉丁美洲各地的独立领袖鼓励这种夺取行动,希望美国建立的联盟进一步削弱西班牙的势力。拉丁美洲的许多革命领袖都鼓励美国入侵佛罗里达和得克萨斯。奥尼斯认为,各路革命者都出力组织了游击队,范围一直从加尔维斯顿(Galveston)到圣奥古斯丁北部。[175] 这是西班牙殖民地的政治动荡首次波及美国政治。

这些游击队袭击了西班牙船只和其他旅行者,包括美国船只在内。门罗显然对这种叛乱外交表示不满,于 1817 年 12 月下令占领了阿米莉亚岛(Amelia Island)。此外,他还寻求更广泛的外交解决方案,命国务卿约翰·亚当斯解决"佛罗里达问题"。[176]

学者们一直在想方设法,将门罗的外交政策与印第安事务联系起来。直到最近,历史学家才试着将佛罗里达的西班牙–印第安事务视为 1812 年美英战争的一处战场,而 1815 年的新奥尔良战役通常被认为是这场战争的落幕。[177] 更重要的是,塞米诺战争不仅导致美国与西班牙和英国的对立,也导致了原住民部落和非裔美国自由民的对立。这种情况的出现还表明,美国领导人为限制外国公民支持黑人和印第安人叛乱,能采取多么极端的措施。

（P280）西班牙外交大臣何塞·加西亚·德莱昂·皮萨罗（José García de León y Pizarro）总结说，杰克逊入侵和处决战俘不仅"违背了国际法和文明大国的行为准则"，而且目的是"武力占领"而非"和平获取"。[178] 从本质上而言，杰克逊认为美国的主权包括在领土范围之外通过武力实现国家目标的权利。[179]

虽然对印第安人土地的剥夺和保留非裔奴隶制的努力塑造了美国的外交政策，但美国的外交事务缺乏稳定，充满了变数。[180] 佛罗里达的非裔美国自由民已经融入塞米诺社会，他们在部落内部生活，甚至加入了该部落对佐治亚州种植园的袭击。这种混居让美国领导人感到困惑，并成为他们发动侵略的借口。国会议员亨利·鲍德温（Henry Baldwin）表示："把'一群……被剥夺了公民权利的印第安人和逃跑的黑奴'称为一个民族是不切实际的。"[181]

南方领导人在倡导巩固种族等级制度、驱逐印第安人和巩固美国主权的新政策时，得到了北方代表的支持。这些领导人不仅包括门罗、亚当斯和杰克逊总统，还包括参议员马丁·范布伦和战争部长约翰·卡尔霍恩，后者下令占领了阿米莉亚岛。这些领导人分别来自弗吉尼亚州、马萨诸塞州、田纳西州、纽约州和南卡罗来纳州，他们在处理涉及原住民部落、欧洲帝国和委内瑞拉等独立国家的地缘政治冲突时，都面临着重叠交织的挑战。

拉丁美洲的革命领袖往往无法意识到美国对种族混居和奴隶

暴动的深刻恐惧。1824年，西蒙·玻利瓦尔（Simón Bolívar）邀请美国代表参加泛美大会（Pan-American Congress）的一次会议时，他的邀请不仅没有缓解地区间的紧张关系，反而导致其进一步加深，因为这些新的共和政体之间几乎没有共同利益可言。（P281）

在鼓吹种族政治和奴隶制的"美国体系"面前，美洲大陆的革命团结愿景破裂了。[182] 南卡罗来纳州参议员罗伯特·海恩（Robert Hayne）宣称："这些（新）政府宣扬自由和平等的原则，他们扛着普遍解放的大旗，取得了胜利。在他们的军队、立法大厅和行政部门，到处都能看到有色人种担任要职。"海恩继续表示，美国在该地区只有一个外交政策目标，那就是"抗议海地的独立"。[183]

海恩的谴责表明，种族恐惧影响了美国对拉丁美洲独立的反应。正如第七章所述，对海地影响力的恐惧，推动了杰斐逊执政时期的政策。美国领导人仍然认为，海地人正在助长整个西半球的独立运动。例如，海地曾为玻利瓦尔提供庇护。1817年，玻利瓦尔曾利用海地的卡伊斯（Cayes）港口来武装船只"对抗委内瑞拉的敌人"。[184]

此外，《电讯报》（Le telegraph）等海地报纸在加勒比地区流通，还有消息称，有关当局准备通过殖民工作，将自由黑人重新安置在海地。[185] 海恩和卡尔霍恩非常明白，南卡罗来纳州的奴隶尤其受到海地主权的启发。1822 年,丹马克·维西(Denmark Vesey)在南卡罗来纳州组织了一次奴隶起义。青年时期的维西曾坐船从查尔斯顿前往圣多明各,吸收了海地的革命思想。与 1800 年弗吉尼亚州的加布里埃尔起义一样,维西希望海地支持美国的奴隶起义,他还希望通过自己的起义鼓舞其他解放运动。在针对维西的审判中,一位同伴表示维西"习惯向我朗读与海地有关的所有新闻报道"。[186]

正如海地革命影响了《路易斯安那购地案》一样,海地对拉丁美洲的支持也构成了詹姆斯·门罗总统外交政策的背景。海地领导人对"普遍解放"的倡导成了一种威胁性的概念和实践,并体现在南方民兵与塞米诺士兵之间的持续冲突中。

塞米诺战争与 1819 年《亚当斯-奥尼斯条约》

到 1817 年,美国对原住民部落的种族仇视进一步加剧,引发了对佛罗里达的入侵。《纳什维尔辉格党与田纳西广告周报》(*Nashville Whig and Tennessee Advertiser*)解释说,印第安人"对法律或理性一无所知……野蛮人在战争中只会在恐惧面前屈服"。[187]《奥尔巴尼登记报》(*Albany Register*)指出:"印第安人从不宽恕,因此他们也不应得到任何宽恕。"[188]

种族还塑造了美国对拉丁美洲新国家的政策,如今拉美的有色人种获得了自由和平等。美国的政策制定者认为,自由和平等并不适用于混血种族,因此启蒙运动的主权在民原则也不适用于他们。(P282)"总统尚未准备好,将海地视为独立的主权国家。"国务卿亨利·克莱(Henry Clay)1826 年写道。[189]那些统治着"军队……立法大厅和……行政机构"的黑人种族仍然未纳入美国的治国方略。事实上,他们类似于美国的印第安部落和边境社区。

南方人口的激增促进了南方民兵队伍的壮大,杰克逊毫不费力便组织了一支军队,遏制对佐治亚内陆的袭击。他的麾下有 3000 多名士兵,还拥有卡尔霍恩签发的一纸广泛命令:"采取一切必要措施，结束总统一直希望……避免的冲突。"[190]

杰克逊命美军占领西佛罗里达的西班牙定居点，夺取圣奥古斯丁，开始了对这两个地区的攻势。这些行动引发了一系列问题。杰克逊是否有权下令占领外国领土？曾作为美国公民的西班牙白人定居者该如何处理？该地区的其他外国国民又该如何处理？特别是驻扎在当地，协助塞米诺和印第安盟友的英国官员。最后一个问题可能导致美国再次与英国发生战争，特别是杰克逊下令对两名英国公民进行军事审判，甚至将其处决（其中包括一名军官）。[191]

战争法不允许处决军事犯。但这次行动属于国际战争，还是对印第安人的战争。1813—1814年，即针对克里克联盟的战争期间，杰克逊坚持认为战争法"不适用于与野蛮人的冲突"。[192]他坚决拒绝将自己对克里克的行动视为国际外交，或受其规定的约束，他还以类似方式发动了塞米诺战争。[193]在杰克逊看来，他正在与印第安人和逃奴作战，而不是与外国作战。

杰克逊认为，战争法不适用于美军与原住民部落的冲突，但对佛罗里达的入侵不同，因为涉及西班牙殖民领土的领导人和英国官员。然而，在杰克逊看来，西班牙既然允许印第安人袭扰美国领土，不仅应该受到军事惩罚，而且还应该让其放弃领土。"西班牙政府有责任……让其领土内的印第安人与我们和平相处，"他解释道，"既然他们承认自己无法做到，根据国际法，他们便有责任向我们提供一切便利来对付这些印第安人。"[194] 与卡尔霍恩"采取一切必要措施"的命令一样，杰克逊认为一切"便利"都可以用来对付塞米诺人。（P283）

美军势如破竹，占领了圣奥古斯丁以及从墨西哥湾沿岸到新奥尔良一带，西班牙几无还手之力。此外，玻利瓦尔和独立运动领导人也在针对西班牙军队的行动中取得进展。西班牙的外交官明白，美国的野心还包括得克萨斯，特别是加尔维斯顿，这里的港口为美国西部的棉花提供了出口渠道。外交大臣皮萨罗心里清楚，西班牙已经失去了佛罗里达，尽管这个帝国与克里克、奇克索和塞米诺部落有着长期的历史关系，但它如今放弃了几个世纪以来的主张。"现在还谈什么割让佛罗里达，"他向战争部长解释说，"我们（很快）就没有割地的必要了。"[195]

美国国务卿约翰·昆西·亚当斯（John Quincy Adams）与西班牙驻美国特使路易斯·德·奥尼斯达成一致。亚当斯主张快速谈判。"西班牙很快就不再拥有佛罗里达的实际控制权。"他在杰克逊占领佛罗里达之后写道。[196]

根据1819年《亚当斯-奥尼斯条约》，西班牙将佛罗里达让给了美国，明确了美国在北美东南角的边界，还在跨密西西比河以西建立了与新西班牙（以及不久后的墨西哥）第一条获得国际承认的边界，同时还宣布了以北纬42度为界，美国对太平洋沿岸的权利主张。这项条约通常也被称为《横贯大陆条约》（*the Transcontinental*

Treaty），首次确定了西属美洲帝国与美国之间的界限。

值得注意的是，该条约早于密苏里建州的讨论，因此为《密苏里妥协案》边界线的划定奠定了基础，即蓄奴州与自由州之间的界线。[197]1819年《亚当斯－奥尼斯条约》的签订与西班牙对印第安盟友的支持脱不了关系，该条约不仅塑造了美国的国际边界及其对太平洋沿岸的主张，还确定了国内奴隶制的扩张边界。换言之，印第安事务影响了美国的外交政策构想以及国内的扩张政策。塞米诺人最初对佐治亚州发动的零星袭击，引发了美国边界的两种扩张模式。

美国通过这项条约，确定了自己作为大陆强国的主张。此外，联邦政府通过《密苏里妥协案》建立了正式机制，将《路易斯安那购地案》的土地以自由州或蓄奴州的身份纳入联邦。不过，这种做法的代价十分惨痛：数百人伤亡，数百万美元损失，数万名南方印第安人被迫迁移，其中包括塞米诺族。尽管《密苏里妥协案》延续了几十年，但美墨战争（1846—1848年）之后，事实证明美国无法维持自由州与蓄奴州之间的平衡。（P284）

目前，美国对加利福尼亚的权利主张根据的是1819年的《亚当斯－奥尼斯条约》。美国宣示俄勒冈土地的主权之后，其贸易商继续鼓动国家获取更多的太平洋沿岸土地，包括加利福尼亚。亚当斯兴奋地说，该条约实现了美国长期以来对太平洋沿岸的主权愿望，"是我们历史上的重要时刻"。[198]

詹姆斯·门罗、约翰·马歇尔以及 1823 年门罗主义

北美东部成为扩张的引擎，不仅促使美国进一步占有印第安人的土地，还扩大了将外国土地纳入联邦的能力。许多人认为佛罗里达仅仅是一个开始。扩张主义者不仅觊觎西部的得克萨斯和加利福尼亚，还垂涎南部的加勒比地区。他们既担心又兴奋，因为英国和法国都对西班牙的前殖民地感兴趣。亚当斯 1823 年写道，"可以认为"，"西班牙对美洲大陆的统治已经一去不返。但古巴和波多黎各的岛屿……西班牙仍然拥有将自身主权转让出去的权力"。[199] 许多人，特别是卡尔霍恩，呼吁快速吞并古巴，来自纽约和费城的团体则着手在波多黎各建立"波里克亚共和国"（Republic of Boriqua）的计划。[200] 西班牙帝国的覆灭似乎引发了一股抢购潮，激起了各国对获取领土的渴望。

亚当斯对西班牙"转让自己主权"的担忧引起了门罗的共鸣。虽然入侵佛罗里达提升了杰克逊的声望，但也揭示了边境危机将美国卷入冲突的可能性，尤其是与英国的冲突。美国领导人表达了"严重的不安"，担心西班牙的土地落入英国人之手，或者西班牙的重新殖民可能会将其他欧洲大国卷入北美的

冲突。[201]"现代殖民主义体系完全是政府滥用权力的结果,"亚当斯写道,"现在是时候结束了。"[202] 限制外国获取西属北美土地,同时限制西班牙对其他边境地区的殖民,均成为美国的国策。(P285)

门罗在1823年对国会的演讲中发表了一份包括51段内容的声明,概述了美国政府阻止欧洲殖民地转让的意图。除了宣布中立原则和禁止未来的殖民活动外,他所谓的"主义"构成了当时美国外交政策的独立宣言。[203]

像《独立宣言》一样,门罗主义成为对北美印第安部落的宣战书,原住民与欧洲大国长期结盟的能力进一步受到限制。门罗宣称:"美洲大陆拥有保持自由和独立的条件,从此不再是任何欧洲国家建立新殖民地的对象。"[204] 门罗继续表示,美国会把欧洲大国"将其体系扩展到这个半球任何部分的企图视作对我们和平和安全的威胁"。[205]

到1823年,美国经历了革命、战争和独立运动的洗礼,确定了新的统治结构和权力原则,如宪法和门罗主义。同时,新的法律和司法形式也出现了。如1823年早些时候,美国最高法院作出了约翰逊诉麦金托什案的裁决,提供了类似国家权力和司法独立的表述。这是约翰·马歇尔的决定性案件之一,是马歇尔涉印第安事务"三大判例"①的开幕。

与1819年的《亚当斯－奥尼斯条约》不同的是，约翰逊诉麦金托什案解决了一个紧迫的问题，而且这起争端与马歇尔后来对切罗基人诉佐治亚州案的判决不同，并未涉及任何个别的原住民原告或被告。没有人像塞缪尔·伍斯特那样被监禁，也没有像"玉米穗"那样面临死亡。该案涉及的是伊利诺伊州两个当事方之间的土地争端，双方都购买了同一块土地。约翰逊是从一家私营公司购买的，而麦金托什是从联邦政府购买的。他们都声称，从伊利诺伊州和皮安克肖族（Piankeshaw）的领导人那里获得了所有权。双方的争端引出了这样一个问题，即印第安人是否可以将内陆土地出售给个人，还是说，只能出售给联邦政府。206

这一看似简单的事件引发了关于财产、国家权力，乃至历史的问题。美国独立后，根据1783年《巴黎条约》，其主权获得承认。接着，美国通过一系列印第安条约，1803年《路易斯安那购地案》以及1819年《亚当斯－奥尼斯条约》，正式获取了内

---

① 马歇尔涉印第安事务三大判例由1823年约翰逊诉迈金托什案、1831年切罗基诉佐治亚州案和1832年伍斯特诉佐治亚州案构成。在1823年的约翰逊诉迈金托什案中，马歇尔判定公民个人不能从印第安部落购买土地。1831年的切罗基诉佐治亚州案确认印第安部落为"独立民族"，但不是"外国"，也不是美国的"州"。尽管判决未能保护切罗基人的权利，但确立了美国政府与印第安部落之间的关系。1832年的伍斯特诉佐治亚州案判定，根据美国宪法，只有联邦政府有权与印第安部落进行交易。此判决被视为美国政府对印第安部落的"正式承认"。——译者注

陆和割让的土地。简而言之，条约、购买和征服是美国宪法授权获取土地的唯一形式。（P286）

正如每一个战前政府都会面临的那样，将新土地纳入国家版图引发了紧张局势。扩张不仅暴露了政治分歧，也暴露了宪法的失败，如奴隶制便是一个遗留下来的艰难问题。肯塔基州国会议员约翰·泰勒在密苏里争议期间写道，有关联邦分裂的谈论是常事："人们若无其事地谈论着联邦解体的可能性……对我个人而言，我既不能也不会做出任何一寸让步。"[207]

在当时妥协方案的影响下，马歇尔试图稳定领土获取的过程，巩固联邦政府对西部土地的权力。他支持麦金托什一方，裁定只有联邦政府有权获取印第安土地，即拥有获取内陆土地的专属权或至高权利。

印第安人是否拥有其土地的所有权？这是该案件的关键问题。马歇尔裁定印第安人只能将其土地出售给联邦政府，等于确立了这样的先例。印第安部落拥有国家承认的土地所有权形式，但这种所有权在本质上与众不同。马歇尔称之"印第安所有权"，这是美国法律框架下的独特财产权形式。[208]印第安部落可以通过条约将土地转让给联邦政府，几十年来，他们正是这样做的。作为交换，联邦政府承认部落对其土地的管辖权。

约翰逊诉麦金托什案开启了马歇尔对宪法所述印第安主权形式的解释，后来他在伍斯特诉佐治亚一案（Worcester v.

Georgia，1832 年）中对此进行了扩展。马歇尔法院裁定，美国的权威高于印第安人、州和外国等权力，这种裁定实际上与门罗主义的原则一致。联邦政府拥有获取和消灭印第安土地所有权的专属权利，换言之，只有联邦政府才拥有宪法授权，接受土地的转让。这种权力来源于马歇尔所谓"发现原则"，这是一种虚构的法律宣言，从修辞学意义上来说，类似于门罗宣称美国拥有整个美洲的霸权。马歇尔写道，对某块领土的发现，"赋予了发现者先于其他国家购买印第安土地的权利"。[209]

✦

  1823 年，美国提出了两种国家层面的"主义"。一种适用于外国，另一种适用于美国的"国内依附部族"。二者是在拉丁美洲独立时期的主权斗争中形成的，明确了美国对国界之内领土的排他性权力，打压了其他国家的权利主张。二者都塑造了国内法和国际法的进程，建立起有助于提升联邦政府行政能力的正统观念。（P287）

  原住民部落通过各种行动塑造了美国国家结构的演变。然而，1823 年以后，他们将在没有其他外国盟友保护的情况下，独自面对这种国家权力。虽然许多原住民继续与英国盟友开展贸易，或者鼓励墨西哥领导人恢复曾经指导西班牙政策的贸易惯例，但几百年来利用欧洲各国竞争谋生存的做法已经不可能实现了。在随后的岁月里，美国的权力将变得越来越强大。（P288）

好望角

在这里，看见新世界

THE REDISCOVERY

Native Peoples and th

OF AMERICA

Unmaking of U.S. History
Ned Blackhawk

♦

重新发现美国

原住民与美国历史的解构

[美] 内德·黑鹰 著
魏微 译

（下）

浙江人民出版社

© 2023 by Ned Blackhawk
Originally published by Yale University Press

浙江省版权局
著作权合同登记章
图字:11-2024-025号

图书在版编目(CIP)数据

重新发现美国:原住民与美国历史的解构 /(美)内德·黑鹰(Ned Blackhawk)著;魏微译. -- 杭州:浙江人民出版社,2025.4. -- ISBN 978-7-213-11744-2

Ⅰ. K712.07

中国国家版本馆CIP数据核字第2025GJ3375号

重新发现美国:原住民与美国历史的解构

[美]内德·黑鹰(Ned Blackhawk) 著 魏 微 译

出版发行:浙江人民出版社(杭州市环城北路177号 邮编 310006)
　　　　　市场部电话:(0571)85061682　85176516
责任编辑:方　程　　　　　　营销编辑:陈雯怡　张紫懿
特约编辑:涂继文　　　　　　责任校对:陈　春　姚建国　杨　帆
责任印务:程　琳
电脑制版:北京之江文化传媒有限公司
印　　刷:浙江新华数码印务有限公司
开　　本:880毫米×1230毫米　1/32　　印　张:31.75
字　　数:596千字　　　　　　　　　　　插　页:12
版　　次:2025年4月第1版　　　　　　　印　次:2025年4月第1次印刷
书　　号:ISBN 978-7-213-11744-2
定　　价:238.00元(上、下册)

如发现印装质量问题,影响阅读,请与市场部联系调换。

9

Collapse and Total War
The Indigenous West and the U.S. Civil War

The very foundations of the Government are cracking....
No mere policy or platform can outlast this storm.
—*Senator Timothy O. Howe*（1861）

崩溃与全面战争：
西部原住民与美国内战

没有任何政策或纲领能经受这场风暴的考验。
——*参议员蒂莫西·O. 豪（Timothy O.Howe，1861 年）*

冬天的山口难以穿越，一眼望去，只能看到又深又白的积雪。然而，落基山脉与北美大平原交会处的定居点弥漫着乐观情绪。1859年春，每隔几天，路边就会涌现出一座新的驿站，美其名曰"路边小农庄"。这些匆忙建造的驿站能让更多的淘金者、贸易商和定居者顺利抵达目的地。它们就像老旧绳索上的结，点缀在延绵600多英里通往科罗拉多的路上，迎接着每一位旅客，还有疲惫的牲畜。

那个春天，大平原上弥漫着一种有事要发生的气氛。移民基本上都坐大篷车赶路，有时候也会坐马车，他们对临时驿站"难吃的鸡蛋"和"原始又简陋的歇脚环境"骂骂咧咧，但也少不了夸赞几句。[1]当时的陆路旅行谈不上愉快，一路都要忍受颠簸，在路上的时间自然是越少越好。后来，距离问题逐渐被克服，旅行变得更高效、更快捷，人们为此而欢呼。[2]1859年5月7日，两辆康科德马车从利文沃斯抵达丹佛，当地的新闻记者欢呼雀跃。人们"扬起旗帜，鸣响礼炮"，一连举办了几天的游行、宴会和祝酒会，迎接定居点新来的居民。[3]

附近山脉刮起了淘金热，一派热火朝天的景象。到处都是新来的移民，沿着弗兰特山脉（Front Range）移动。（P289）他们一边密切关注着矿山传来的消息，一边等待着东边家人的消息，他们的家，远在跨越半个大陆的地方。对大平原的记忆就像海上的灯塔，给这些移民带来了希望。在淘金热的影响下，莱文沃思（Leavenworth）竟然成为丹佛最受欢迎的姐妹城市。当地人说，"这是东部最伟大的城市"。贸易商和大规模货运列车为该地区提供物资，他们忙碌的身影回应着从科罗拉多领地"矿山"传来的、响亮的"黄金回声"。[4]

短短几个季节的时间，新的社会形成了。这个社会不断成长，不断重新构想着自己的未来。最初受欢迎的一连串陆路驿站不得不消失，因为该地区的未来肯定不会由牛、骡子和马拉货的土路构成。这里会建成"内陆商业的钢铁动脉……铁马将一路呼啸着奔向太平洋"。[5] 未来将一片辉煌，到处都是神话般的机械生物，这些生物需要的养分不是生命活动，而是贸易。

19 世纪 50 年代，维护联邦统一的一系列尝试失败了，重大危机接踵而至：《密苏里妥协案》终结，1850 年妥协案以失败告终[①]；《逃奴法案》通过以及随后司各特案[②]宣判；共和党崛起，致力于限制奴隶制的扩张；南方邦联国家主义变得越来越强硬。

1860年秋，亚伯拉罕·林肯当选，地区性紧张局势爆发。丹佛准备迎接更多的移民，南方7个州组成了美利坚联盟国（Confederate States of America），并获得另外4个州的加入，包括南部最大的弗吉尼亚州。他们选举了自己的总统，占领了联邦堡垒、军械库和美国造币厂。此时，美利坚合众国不复存在，联邦分崩离析。

内战重新定义了美国。困扰国家的深层宪法失败再也不能按照弗雷德里克·道格拉斯（Frederick Douglass）口中"妥协的老办法"轻松解决。[6]他辩称："如果只能通过对奴隶主的新让步来维系联邦，那就让联邦毁灭吧。"[7]林肯的律师伙伴威廉·赫

[①] 美国国会为解决蓄奴问题和防止联邦解体而决定的一系列权宜措施。危机源自1849年12月3日加利福尼亚地区请求加入联邦，并在州宪法中规定禁止蓄奴。国会讨论时，蓄奴和反蓄奴争执激烈，加利福尼亚被批准成为自由州。作为权宜之计，1850年妥协案虽取得一时效果，但两派纷争的根源未除，仅让南方推迟10年宣告脱离联邦。——译者注

[②] 司各特案，是指1857年美国最高法院企图扩大奴隶制的判决案。司各特（1795—1858年）原为蓄奴州密苏里的黑人奴隶，曾随其主人居住在北部的"自由州"。其主人去世后，司各特提出诉讼，要求按照《密苏里妥协案》恢复自由身份，理由是自己曾在自由州住过多年，已获得解放。美国最高法院裁决称，黑人并非美国公民，而是奴隶，奴隶跟其他财产一样，可由主人携带到国内任何地方而不丧失其所有权。该裁决破坏了《密苏里妥协案》，将奴隶制扩大到全国，激化了反奴隶制的斗争，加剧了南北双方分歧，为美国内战埋下了深层伏笔。——译者注

恩登（William Herndon）在南北战争前回忆说，他"极其厌恶……'反奴隶制'这个词"，但现在的他成为"普遍自由"的倡导者。[8] 南北战争期间，美国展现了更广泛的自由潜力。这个国家不再受制于过去的失败，新的自由终于开始显现。（P290）正如道格拉斯所言："对我们这些为了实现民主而长期艰苦奋斗的人来说，很难相信，一项如此巨大、深远且光荣的事业出现在我们眼前。"[9]

南北战争废除了奴隶制，通过了宪法修正案。1863年1月1日的《解放宣言》将战争变为两个社会之间的冲突，目的是确保联邦的胜利并永远重塑南方的政治经济，进而改变其社会关系。[10] 在西半球有史以来规模最大的这场冲突中，光靠妥协已经无法解决问题。[11]

国家和经济的方方面面都动员起来，打了一场"全面战争"，不过，虽然联邦赢得了战争，但并没有带来社会革命。在一些人看来，重建的承诺至今仍未实现。"我们尚未到达终点，"道格拉斯警告说，"最多只能算朝着终点迈进。"[12]

在这个历史性时期，林肯始终保持着崇高的地位。1862年12月1日，林肯在致国会的信中写下了这样几句话，这也是美国历史上引用频率最高的几句话。他总结说："我们无法逃避历史，要么高尚地挽救，要么卑劣地失去地球上最后、最美好的希望。"[13] 历史学家认为，就像林肯在总统任期内发表的其他言辞一样,这几句话"是美国总统所撰写的最雄辩的言辞之一"。[14]这些话概括了那个时代,乃至这个国家的本质。

然而,这种历史框架也有局限性,即过于关注林肯的影响和战争的结果。19世纪50年代的移民革命,包括加利福尼亚和科罗拉多淘金热,在有关美国内战的研究中常常缺席。19世纪50年代并非转瞬即逝的一段时间,这10年见证了摧毁原住民社区并导致国家危机的社会革命。此外,联邦的胜利巩固了这些变革,因为移民重塑了原住民世界,越发利用新兴国家机构的力量来保护自己的利益。简而言之,西部被纳入了国家的新政治经济体系。[15]从俄勒冈的威拉米特河谷(Willamette Valley)到加利福尼亚的塞拉金矿营地,再到中部平原和密西西比河的源头,都涌现出人口和经济的洪流,这是19世纪全球"定居者革命"带来的几次经济繁荣之一。[16]

定居者的繁荣发展与国家的缺席

定居者的繁荣发展不仅动摇了原住民社区，还经常导致对方被迫迁移。快速定居还引发了无节制的暴力行为，特别是在新纳入的州和领土上，国家权力有限的情况下，这种暴力甚至演变为种族灭绝。（P291）

例如，1850年之前，明尼苏达的定居者不到5000人。该地以冰冻湖泊、广袤无垠的森林和极寒著称，一些人称之为美国的西伯利亚。19世纪初，明尼苏达的达科他族约有2万人，生活在其南部大草原上，阿尼什那贝人（奥吉布瓦）和混血部族则控制着阿尼什那贝瓦克（Anishinaabewake，意思是阿尼什那贝人的家园）北部的森林和西部的湖泊。[17]这些原住民部落早就适应了欧洲贸易商、传教士和技术的到来。然而，大批涌入的移民将农业带到这片草原肥沃的土地上，创造了定居点的繁荣。

政治和外交促进了这种繁荣。与五大湖其他地区一样，条约割让将印第安人限制在保留地内，其他领土则开放定居。1851年的《特拉弗斯-苏族条约》将明尼苏达河沿岸的达科他族限制在他们家园的一小块土地上，不到10年时间，定居者人口增长了30

倍，达到15万人。宣传资料如今不再强调该地区的寒冷，而将其重新定义为"完美的伊甸园"。[18]

随着时间流逝，种族、经济和政治局势变得越来越紧张。农场增多，猎物减少，印第安家庭忍饥挨饿，可白人经营的农场却收获了大量的农作物和谷物，饲养了大量的牲畜。产量增加带来了出口，剩余农产品则体现了人口的激增。1852年，芝加哥屠宰了2万头猪，10年内增至50万头。此外，还有源源不断的猪通过铁路从其他农场运输过来。到美国内战时期，这座城市的猪圈已经有100万头猪。到1877年，更是达到400万头。[19]

这种飞速增长并非美国内战的结果，但在战争的刺激下进一步扩大。之前，丹佛、圣保罗和其他定居者城市与联邦处于隔绝状态，国家在其公民的日常生活中通常是缺席的。事实上，自美国建国以来，国家的"职责观念"几乎没有改变，权力有限的国家政府统治着不断扩张的领土和不断膨胀的人口。[20]事实上，政府的规模以及对经济的有限参与，让许多人产生了这样的共识：美国是一个追求个人主义和白手起家的国家。[21]

事实上，1860年的联邦政府甚至没有对公民征税。军队总共1.6万人，不到战争期间总人数的2%，大多数驻扎在从旧金山到圣奥古斯丁的堡垒中。（P292）

移民确实在沿途看到了美国士兵，比如科罗拉多的莱昂斯堡（Fort Lyons）。他们知道，这块领地的领导人，包括科罗拉多的行政长官约翰·埃文斯（John Evans），就生活在自己身边。然而，总的来看，大多数公民的生活与政府官员并没有交集。[22] 南北战争前，美国殖民地的显著特征是国家的存在有限，甚至相当于缺席。

内战结束时，情况改变了。100万士兵在联邦军队服役，其中包括18万名非裔美国人，5万名雇员为国家政府工作，国会首次在全国征税。[23] 联邦政府的规模、权力和能力终于开始与这个国家的人口相匹配，并很快将西部土地列为继续增长的目标。

战时动员促进了现代美国的诞生，也提升了联邦政府处理印第安事务的权力。尽管战后重建充斥着丑闻、贪污和挫折，但战争重新定义了美国的政治体制。[24] 新的国家权力出现了，比如征兵制、国家关税和税收的扩大、基础设施的改善以及新的立法权力等。这些新权力在整个国家传播开来，公民甚至将这种权力的象征放进了口袋——国会印刷了美国第一张国家货币，并因采用绿色墨水印刷而被称为"绿背"（green backs）纸钞。[25]

战争期间，政府开始行使这些权力。1862年的广泛立法包括《宅地法》（the Homestead Act）①、《莫雷尔法案》（The

---

① 《宅地法》是美国政府于1862年颁布的土地法，也是美国南北战争期间的重要法令之一。该法令规定，凡一家之长或年满21岁、从未参加叛乱的合众国公民，在宣誓获得土地是为了垦殖目的且缴纳10美元费用后，均可登记领取总数不超过160英亩的土地作为宅地，登记人在宅地上居住并耕种满5年，可获得土地执照，成为该项宅地的所有者。——译者注

Morrill Act）[①]以及联合太平洋铁路公司的特许经营。每一项法律都扩大了联邦政府对西部土地、教育和基础设施的管辖权。当时定居者创造的繁荣不减反增，对原住民世界的破坏比任何正式的国家政策都要多。事实上，国家的有限存在在整个西部引发了种族灭绝的暴力。

[①] 《莫雷尔法案》是美国政府于1862年颁布的一项法令，规定按各州在国会议席的多少，由联邦政府划拨公用土地设立农工学院或"赠地学院"，该举措得到各州热烈响应，形成了美国高等教育史上著名的"赠地学院"运动。——译者注

达科他战争[①] 与原住民大屠杀

新的国家法律若不执行，便成为一纸空谈，国家权力的行使需要加强对暴力的垄断。自1861年起，军队官员试图通过外交手段来减少与原住民部落的冲突，并将美国的主权延伸到他们身上。然而，国家分裂导致联邦政府将本就寥寥无几的士兵转移到东部，暴力变得无处不在。事实上，南北战争的前几年里，联邦军队的规模反而缩减了。（P293）

1862年12月，林肯准备实施《解放黑人奴隶宣言》（*The Emancipation Proclamation*），为期6个月的美国-达科他战争即将结束。整个12月，约2000名达科他士兵及家人被关押在明尼苏达州，其中大部分在斯内林堡（Fort Snelling），数百人等待着被处决。11月，他们被押送穿过该地区。在明尼苏达州新阿尔姆（New Ulm）等城市的街道上，囚犯和孩子遭到了暴民的袭击和杀害。

[①] 1862年达科他战争（The Dakota War），也称为苏族起义、达科他起义、达科他冲突或小乌鸦战争，是美国与达科他州几个东部部落（统称为"苏族"）之间的武装冲突，也是苏族印第安人为反对白人移民强占土地而进行的一系列战争。——译者注

囚犯等待被处决的过程中，林肯于 12 月 6 日签署了一项行政命令，之后大多数士兵被从轻发落，但仍有 38 人被执行死刑。12 月 26 日，在美国历史上规模最大的集体处决中，这些士兵在曼卡托被绞死，罪名是他们参加了那个夏天的战争。据统计，在这场战争中，有近千名定居者、达科他社区成员和美国士兵失去了生命。[26]

达科他战争及余波重塑了该地区的人文地理，导致达科他保留地消失，这片土地上的原住民也从此流散。在 1851 年的条约中，达科他锡塞顿人（Sisseton）和瓦佩顿人（Wahpeton）放弃了数百万英亩的土地，换来了沿明尼苏达河沿岸的一块保留地、发放给该部落的"166.5 万美元""每年 4 万美元的年金"以及条约规定的其他补偿和限制。[27]

像许多条约一样，1851 年的条约签署之后就遭到了践踏。之后每年春天，越来越多的农民占领达科他的土地。他们在河床上自由放牧，向州政府施压，获取更多土地。1860 年后，年金支付完全停止，而且少数负责为达科他家庭供应物资的官员将机构的供应品卖给了白人，有人谴责说，这是"一种大规模的抢劫制度……印第安人完全被商人骗了"。[28] 南北战争期间，这种非法贸易在保留地十分猖獗。当饥饿的达科他家庭在保留地的供应中心遇到美国官员时，对方让他们去吃草。

达科他士兵在曼卡托被处决后，其他人被迫转移到达科他领地，与苏族拉科塔的族人会合。类似的种族清洗成为美国军事领导人的明确目标，在整个西部，军事官员经常接过地方民兵手中的指挥权，且认同对方的反印第安意识形态。明尼苏达州的约翰·波普（John Pope）将军于1862年9月命令亨利·西布利（Henry Sibley）上校：（P294）

> 如果我有这个权力，我就要彻底消灭苏族，哪怕明年战斗一整年也在所不惜。我要摧毁他们的一切，把他们赶到平原上……我们要把他们当成疯子或野兽，绝不能视为可以与之订立条约或达成妥协的人。我命你推进这场战役，我将积极为你提供物资和支持。[29]

美国内战以及战后重建时期，美国与原住民进行了100多场战役，其中的达科他战争成为原住民的灭绝之战。

当时，整个美国消灭印第安人的呼声高涨，美国士兵和志愿兵经常能接到杀戮的命令。1861年，詹姆斯·马丁（James Martin）中尉从加利福尼亚北部寄来的信中写道，尽管"没办法弄清我们遇到的人有罪还是无辜……我接到的命令就是把所有逃跑的人……视为敌人，向他们开火"。[30]1863年1月，就在曼卡托处决事件发生的几周之后，帕特里克·爱德华·康纳（Patrick Edward Connor）上校在爱达荷（Idaho）—犹他边境附近的熊河

(The Bear River)对北肖肖尼营地发动了突袭。他领导的加利福尼亚志愿兵部队"摧毁了70多顶帐篷",历史学家普遍认为这是对美洲原住民最大规模的军事屠杀。[31]

次年,即1864年11月,约翰·奇温顿(John Chivington)上校率领科罗拉多第一和第三骑兵团的几百名志愿兵从科罗拉多的里昂堡(Fort Lyon)出发,前往沙溪(Sand Creek)由"黑壶"(Black Kettle)领导的夏延(Cheyenne)和阿拉帕霍(Arapaho)村庄。据称,奇温顿这样喊道:"同情印第安人的人都该死!"[32] 他们黎明时分发动了进攻,男女老少全部杀害。他们还在冬季发动进攻,正如行政长官埃文斯事先提醒夏延领袖的那样:"你们擅长夏季作战……如今我的时机来了。"[33] 奇温顿的部队回到丹佛,狂欢者挤满了街道,夏延受害者的身体部位甚至被当成战利品流传。

如果说南北战争仅仅是北方与南方之间的冲突,等于没有认清这场定居者革命的性质以及它带来的颠覆性暴力。如果审视这个时代,只看到"奴隶制"与"自由"之间的冲突,等于抹去了掠夺、迁移甚至导致种族灭绝的多次战役。(P295)这种叙事角度认为,废除奴隶制即等于实现美国的自由,掩盖了一段更为复杂且不光彩的历史。[34]

内战初期的加利福尼亚民兵

尽管军方官员、报纸记者和国家领导人明白,针对印第安人的暴力是南北战争的核心,但当时也有人抗议对暴力的滥用。1861年,印第安事务专员威廉·多尔(William Dole)在关于加利福尼亚战役的报告中写道:"这场所谓的'印第安战争'似乎只有白人参战,印第安人像危险的野兽一样被猎杀。"[35]《旧金山先驱报》(The San Francisco Herald)指出,"军队并非'与印第安人作战',而是在屠杀他们"。[36]

南北战争期间,加利福尼亚经历了完全无差别的暴力,成千上万的印第安人被杀害。这种暴力最初并非出自正规军之手,而是来自定居者组成的民兵队伍。

南北战争之前,联邦"正规军"和"志愿兵"的差异非常明显。正规军身穿制服,担任有薪职位,接受军队领导人的指挥,其中许多是受过训练的军官。他们当中没有谁来自偏远的西部,即新墨西哥、加利福尼亚或俄勒冈,这些地方全部在《瓜达卢佩－伊达尔戈条约》(The Treaty of Guadalupe Hidalgo, 1848

年）①签订之后才成为美国的州或领地。南北分裂之后，这些差异开始模糊。许多正规军返回东部，南方军官加入邦联，联邦部队也同样被召回。到1861年底，近2/3的联邦军被召回。[37]

为了加强西部驻地的力量，州和联邦领导人呼吁志愿兵的加入。1861年7月24日，加利福尼亚州州长约翰·唐尼（John Downey）首次发布召集令，组建步兵团和骑兵团。[38]这些兵团的任务是守卫从塞拉到拉勒米堡（Fort Laramie）的陆上通道（The Overland Trail），这是一段1000英里长的艰苦路线。8月底，联邦领导人开展了更广泛的计划，打算从加利福尼亚出发，经由墨西哥北部向得克萨斯发动入侵，分散邦联士兵对密苏里的注意力。为此，他们发布了进一步的志愿兵召集令。[39]

对白人定居者来说，这些召集令伴随着民族主义情绪的高涨。（P296）俄勒冈同情邦联，因此动员的程度有限，但加利福尼亚人基本上站在联邦一方。[40]无论是采矿区、内陆牧场，还是旧金山，人们纷纷庆祝志愿部队的组建，其中一些部队来自山区，他们带来的权杖装饰着联邦支持者最近赠送的银饰。[41]

对许多人来说，服役等于延续他们当民兵时的暴力服务。整个19世纪50年代，共23个州授权的民兵单位参加了从莫哈韦

---

① 1846年，美国入侵墨西哥，于1848年攻占墨西哥首都墨西哥城，墨西哥被迫投降，同年与美国签订《瓜达卢佩－伊达尔戈条约》。该条约划定了美墨边界，同时墨西哥将多达230万平方公里的土地割让给美国。——译者注

沙漠（The Mojave Desert）到洪堡湾（Humboldt Bay）的印第安人狩猎活动。[42] 虽然这些力量由当地定居者组成，但他们受到州和联邦政府的资金支持。[43] 例如，1860年12月21日，南卡罗来纳州脱离联邦后的第二天，加利福尼亚州参议员米尔顿·莱瑟姆（Milton Latham）向国会提交了一项法案，要求报销"镇压印第安敌对行动所产生的费用"。[44] 1861年3月林肯就职时，国会已拨款多达40万美元，用于过去6年的9场民兵战役。[45] 联邦政府在打响与邦联的战斗之前，早已开始资助对加利福尼亚原住民的战役。从许多方面来看，该州的印第安人成为内战的首批受害者。

在美国西部的大部分地区，对原住民的战役，比如达科他战争，激起的热情要高于对邦联的战役。在加利福尼亚北部，从芒特沙斯塔（Mount Shasta）到洪堡湾的一大片地区，牧场主一直在想办法阻止原住民社区掠夺他们的牛。1860年1月21日，《旧金山先驱报》报道说：

> 印第安人再次给门多西诺县（Mendocino）的定居者带来了很多麻烦……他们的行为如此恶劣，以至于定居者不得不组织一支所谓的常备军，轮流保护他们的牲畜……印第安人每晚要杀10到15头牲畜……12月19日，定居者出动，袭击敌人，杀死32人……他们要求

州政府提供帮助，我们相信该请求会得到允诺。[46]

南北战争助长了定居者的行为。他们有了更多的资金和援助来杀死印第安人，在夜间保护牲畜变得更加容易。自1861年4月起，查尔斯·洛厄尔（Charles Lowell）上尉发动了一次三面进攻，目标是洪堡湾以东的沿海森林。据报告，这些行动杀死了200多名印第安人。[47]

在其他西部战役中，美国士兵通常驻扎在军事要塞，但加利福尼亚定居者组成的民兵不同，他们的行动超出了联邦官员的监管范围，而且还与先前与欧洲人局部结盟的原住民部落作战。沿海帝国势力，如西班牙、英国和俄罗斯，从未扩张到红杉林或内华达山脉等森林山区。事实上，根据詹姆斯·马丁中尉的说法，洪堡县的"许多地方都无法通行"，仍然"对印第安人的藏匿非常有利"。[48]加利福尼亚北部的原住民部落很少将枪支或马匹作为军事力量。（P297）

加利福尼亚的战役以不对称暴力闻名。这些民兵组织制定战略，"在山里杀死印第安人……绑架他们的孩子"。[49]后来，民兵的破坏行为进一步升级为大屠杀。1861年10月，在马谷（Horse Canyon）发生的对瓦伊拉基（Wailaki）村民的一次大屠杀中，200人死亡。[50]对此，《红崖灯塔报》（*Red Bluff Beacon*）报道说，"定居者决心要消灭他们"。附近圆谷保留地（Round Valley Reservation）的一名康科族（Konkow）辅军托米－亚－内姆（Tome-ya-nem）回忆说："溪流变成红色，老人和年轻人……像秋天的枯叶一样散落在地面，一大片天空被啃噬死尸的乌鸦遮蔽了。"[51]

正如托米－亚－内姆的证词所言，民兵部队有时会依赖印第安辅军。托米－亚－内姆住在圆谷，这是该州为数不多的几块保留地之一，同时也是跨部落社区，由躲避民兵暴力的部落组成。[52]

早些时候，联邦政府尝试了其他方式来避免眼前的种族灭绝。1851年和1852年，政府官员在该州谈判了18项条约。然而，在州代表的压力下，参议院拒绝了这些条约，实质上等于默许定居者继续通过暴力来殖民。在这些充满杀戮的年代，圆谷为原住民提供了些许庇护。流浪罪使得暴力体系进一步延续，淘金热时期还出现了人口贩卖行为，因为白人定居者盯上了保留地的印第安儿童。[53]对印第安家庭来说，没有哪里是安全的。此外，正如加利福尼亚印第安事务专员乔治·汉森（George Hanson）报告的那样，只要印第安人离开保留地，他们就会面临"被像野兽一样猎杀的风险"。[54]

这种无差别暴力引发了原住民的游击战，也激起了绝望幸存者的反击。然而，他们的反抗只会让定居者的决心更加坚定，将报复行为进一步合法化。旧金山《每日晚间简报》（*Daily Evening Bulletin*）解释称："虽然我们认为印第安人被消灭的方式极其可怕,但我们愿意尽量为我们自己的人民考虑。"[55]

《每日晚间简报》报道了海得维尔(Hydesville)附近一名定居者被杀的消息,这则报道让洪堡县的民兵队伍扩大到75人。(P298)在 G.W. 沃克(G. W. Werk)队长的领导下,这支队伍在1861年进行了15次战斗,杀死了75名男子和"几名妇女",还有"几乎"相同数量的人受伤。[56] 沃克报告说没有人被俘虏,但有两人身亡。根据政府对这次事件的少数报告之一,沃克的行动成为"一系列纯粹以屠杀印第安人为目标的狩猎行为"。[57] 在19世纪50年代的一系列不对称暴力事件中,沃克的社区经历了一次杀戮,两名民兵在行动中丧生,但据称可能有200名印第安人死亡、受伤或被俘。1861年7月,美国内战在东部爆发,加利福尼亚的民兵获得了更多的联邦资金。这些民兵组织仍然是地方单位,尚未制度化。然而,到1861年底,许多人加入由志愿兵组成的联邦军事单位,共计1.5725万人入伍。[58] 这些志愿者有一部分来自该州的民兵单位,很快成为西部地区的主要力量,其中包括今天的犹他州、新墨西哥州和科罗拉多州。可以说,"加利福尼亚志愿兵"促进了美国主权在西部的扩张。

美国内战与无能的印第安人事务局

民兵队凸显了令人不安的现实。联邦政府缺乏一贯的印第安政策,也没有明确的国家目标。[59]它的注意力放在了其他地方。除了威廉·多尔和一小撮事务官之外,几乎没有文职官员参与印第安事务。至于联邦政策在新州和广阔领地上的实施情况,也只有少数几个人负责。这些人的失职导致了无数印第安人丧生。

联邦印第安事务官员人手不足,分布稀疏,且经常与定居者发生冲突。他们常常缺少资源,难以将政策落实到位,很多情况下,甚至他们的职位本身也是有名无实。多尔在1862年关于犹他领地的报告中所说:"印第安事务……除非得到国会的慷慨拨款,让我们的事务官能够按照……印第安人的绝对需求来开展工作,否则政府的信誉将无法保障。"[60]然而,印第安人的需求没有得到满足,条约也没有得到遵守。整个国家一片混乱,联邦政府的条约义务被搁置在一旁。[61]

尽管林肯身份显赫,但他对这些挑战也无能为力。1863年,北美大平原的印第安领袖代表团来访,他告诉对方:"我只能说,我看不出你们的种族有什么办法能像……白人那样繁荣,除非你们耕种土地,像他们一样生活。"[62]

林肯依然建议同化原住民,让对方割让土地,甚至让对方消失。(P299)他在致国会的信中提到,需要消灭"印第安人对大片有价土地的占有权",他说了一堆抽象空洞的话语,阐述这些行动将如何有利于"为印第安人谋福利"。[63]总之,林肯在任期内几乎没有关注印第安政策,并将西部行动交给了军队指挥官负责。[64]

废奴主义者和其他社会改革者也普遍回避这个问题。美国内战几乎没有为国家管理印第安事务留下多少空间。就像加利福尼亚州一样,有几家报纸和社论办公室评论了正在发生的暴行,但其焦点仍放在其他地区和全国性事件上。对许多联邦支持者来说,原住民不过是简单有用的参照物,凸显了其他社会挑战的严峻性。道格拉斯写道:"印第安人顽固而不知变通……他们排斥我们的城市……我们的汽船,还有我们的运河和铁路……他们对这些东西感到厌恶。"[65]美国的印第安事务似乎到了无法挽救的地步。

定居者殖民主义与美国内战期间的基础设施

美国内战让这片土地上的原住民雪上加霜。就像在科罗拉多、明尼苏达和加利福尼亚一样,定居者的繁荣带来了不可逆转的变化。这种繁荣是全球人口、牲畜和技术爆炸的结果,超越了国家体系的应对能力。定居点和牧群就像突然袭来的风暴一样,侵蚀了原住民部落的经济,他们为了在破碎的世界中求生,只好发动袭击。侵扰、反侵扰和战争接踵而至。

全面战争动员巩固了定居者的繁荣。美国内战期间,军队建造了新堡垒、拘留中心和铁路等军事和交通系统。诸多基础设施构成了这个盎格鲁世界的重要篇章,其总人口从1780年的1200万增长到1930年的2亿。[66] 就像在澳大利亚、新西兰、加拿大和南非的大部分地区一样,这种增长也出现在原住民的家园,并以原住民的牺牲为代价。简而言之,美国内战促进了行政和军事基础设施的发展,为联邦政府征服西部创造了条件。

1859年,丹佛迎来首批长途马车和货车,凸显了那个时代的重要事实——尽管人类憧憬着该地区的未来,但推动当地发展的是动物,特别是牛、马和骡子。如果没有它们,驿站马车和货车将无用武之地，旅行也不可能实现。1859 年，首批经堪萨斯康瑟尔格罗夫（Council Grove）前往科罗拉多的白人男女共 5434 人，但牛比人还多。另外还有 1000 匹骡子随行马和牛的数量更是接近 1 万头。[67] 牛群通常以 2—4 头为一组，驮着近 10 万名移民进入科罗拉多，就像它们在 19 世纪 40 年代将陆路旅行者带到俄勒冈和加利福尼亚一样。

虽然许多移民在美国东部见过铁路，甚至坐过火车去往大平原的那一头，但他们仍然靠动物来运送家人和财产。大多数成年人选择步行，免得增加车辆负担。驿站用马匹拉车，有时也用骡子，是当时最快、最昂贵的旅行方式。这种马车以轮子的嘈杂声和硬邦邦的长凳而闻名，但至少省去了步行的痛苦。

南北战争之前，步行和依赖动物的运输方式对横贯北美大陆的旅行至关重要。汽船在密西西比河上航行，将移民运送到密苏里河沿岸的启航点，但剩下的路，人们仍需要靠自己的双腿和马匹来走完。事实上，西部对动物的需求是如此之大，以至于骆驼也被引入加利福尼亚，但其运输效果有限。[68]

此外，即使有铁路的地区，它们各自的轨距也不同，标准铁轨的缺乏意味着火车可能晚点，且需要投入不同规格的火车。1860 年 2 月，林肯离开芝加哥，前往纽约的库珀研究院（The Cooper Institute）发表讲话，全程需要乘坐 5 列火车、2 艘渡船，就这样还是用了 4 天的时间。[69] 当时美国使用的轨距多达 20 种，因此铁路尚未征服整个大陆。在这个分裂的国家里,它们主要用于地区性旅行。

马匹为科罗拉多几代人提供了动力,是该地区未来发展的关键。骑马经济将印第安贸易和以季节性野牛狩猎为主的生存网络联系在一起。尽管整个科罗拉多有数十个不同的部族,但这里主要是尤特人和纳瓦霍人(该部族的人自称"Diné",即"迪内")的家园,这两支原住民分布在当地山区,阿帕奇族、夏延族和阿拉帕霍族则居住在南部、东部和北部的平原上,基奥瓦族(Kiowa)、拉科塔族、波尼族和科曼切族也集中居住在该地区的平原上。此外,普韦布洛骑手,还有被称为"科曼切罗斯"(comancheros)的西班牙裔贸易商也在该地区穿行。白人贸易商和"山地人"在山区交易,从陶斯等地的仓库出货,这些人都是骑马出行。[70]

北美大平原中部横跨数百英里,长期以来都是移民旅途中的巨大障碍。事实上,该地区自1820年以来见证了原住民人口的成倍增长,因为不断增长的压力促使更多的印第安部落来到这里。原住民力量加剧了欧美人对陆地旅行的恐惧。然而,正是像海洋一般广阔和遥远的北美大平原,最让新来的定居者感到震撼。(P301)1849年,一支军队在连续数日的骑行后,终于看到了里帕布利肯河（Republican River）①沿岸的树木，一名士兵欢喜地说："天哪，我们终于又看到陆地了！"[71]

要跨越如此长的距离，马匹不可或缺。（P300）要在这个地区生存，更是需要成群的马匹。在大多数骑马民族当中，每人拥有8到12匹马的情况很普遍，这样一来，几千人的社区便拥有数以万计的动物。当人们为了夏季贸易集会或大型外交活动聚在一起时，北美大平原中部的马群有时会延绵几英里，总计超过10万匹。在科曼切人的南部平原上，马匹也非常多。正如外界长期以来观察到的那样，科曼切人"对马和马匹饲养的了解胜过其他任何印第安人"，因为"马就是他们的财富"。[72]

马和野牛一样，需要水和草地。季节性轮换的游牧养殖成为平原印第安经济的重要特点。科罗拉多的山地草原和其他高山牧场为尤特人、夏延人和阿拉帕霍人以及更远的拉科塔人和科曼切人提供了令人垂涎的夏季牧草。此外，许多对墨西哥共和国不满的新墨西哥家庭也在该地区的山谷寻求庇护，与尤特族领袖合作，沿着圣路易斯山谷（The San Luis Valley）放马和牧羊。[73]

美墨战争之后，大平原的社会冲突加剧，移民的旅行消耗了牧草和水源。加利福尼亚淘金热之前，已有2万名旅客沿着普拉特河沿线（The Platte River Road）旅行。1849年之后，这

---

① 里帕布利肯河发源于美国科罗拉多州，流经内布拉斯加州和堪萨斯州，注入堪萨斯河。——译者注

一数字增至近20万，动物数量翻了2倍。即使移民人数减少，牲畜的数量也依然巨大。1853年，内布拉斯加科尔尼堡（Fort Kearney）的动物为16.2万头，是当年移民人数的10倍。一位评论员回忆说："（移民的大量需求）似乎导致密苏里的牛群都被耗光了。"[74]

原住民部落建立了各种各样的联盟来应对这些挑战。随着人们对落基山脉中央山地草原的竞争加剧，尤特族与科罗拉多的新墨西哥定居者，还有驻扎在圣菲和陶斯等地的美国领导人结成联盟，像克里斯托弗·卡森（Christopher Carson）这样的印第安事务官就驻扎在这些地方。[75] 整个19世纪50年代，尤特人都在与夏延人和阿拉帕霍人联盟的侵犯做斗争，由于这些敌对部落的存在，他们在大平原上的迁徙受到了限制。平原河谷吸引了夏延人、阿拉帕霍人、基奥瓦人、科曼切人和平原阿帕奇部落的大规模夏季集会，1854年的一块营地拥有大约1200顶帐篷，大约8到10万人和4万匹马。[76]

这些联盟的范围西到落基山脉，东到堪萨斯和密苏里，并一直延伸到波尼族、萨克族（Sac）和福克斯族、欧塞奇、波塔瓦托米和其他对手的领地。部落冲突接连不断，特别是大平原东部的社区获得更多枪支之后。（P302）例如，1854年的夏季集会上，100多人在堪萨斯河沿岸丧生或受伤，其中包括阿帕奇的首领"短尾马"（Bobtail Horse）。[77]

尽管这些东部的部落有枪支，但他们往往更容易成为被袭击的目标。由于靠近白人移民道路、定居点和农场，波尼族村民承受着白人入侵和敌对部落的双重压力。像曼丹人一样，他们的园艺村庄曾经贸易频繁，物资丰富。1806年，波尼族4000多人，1859年减少到1000人以下，因为美国的扩张给他们带来了战争、疾病和饥饿。[78]

科罗拉多淘金热之前，每到夏季，部落间的冲突都会加剧，牧草、木材和水源变得更加稀缺。以前，从未有这么多人和动物聚在大平原中部的某一个地方。[79]1857年，一位旅行者在堪萨斯西部的普拉特河南岸看到了9000只羊，正朝着俄勒冈前进，他被眼前的景象惊呆了。生态和经济变化颠覆了北美大平原，也颠覆了联邦本身。

美国西南部的融合

移民潮在整个北美大平原蔓延，演变成重塑美国中部的两股变革洪流之一。移民、牲畜和美国士兵从东部而来，驻扎在莱文沃思（1827年）、科尔尼（1848年）和拉勒米（1849年）等西部堡垒，将堪萨斯、内布拉斯加和怀俄明沿途的牧场围了起来。[80] 虽然加利福尼亚淘金热褪去之后，19世纪50年代初的移民潮有所减退，但随着科罗拉多淘金热的到来，移民再次涌入该地区。到1860年，超过30万移民和至少5倍于此的动物穿过了大平原。[81]

东部的这股洪流与沿着南北方向移动的、更古老的洪流交汇在一起。北美大陆贸易线起源于新墨西哥定居点，穿过得克萨斯，进入墨西哥北部，马匹、皮毛、酒精和羊毛全部沿这条道路输送。这条贸易线的北端，是阿斯托利亚和哥伦比亚河流域的太平洋皮毛贸易。自19世纪20年代起，哈得孙湾公司的商队和其他贸易商，连同数百名"山地人"，纷纷涌入内陆西部山区。[82] 南北压力汇聚，使得这些年成为北美印第安人最艰难的一段时光。（P303）

一开始，捕猎者通常会受到欢迎，但他们带来了破坏性的影响。特别是他们将陶斯酿制的威士忌拿来交易，这是北美西部主要的酒精来源。[83] 他们春季捕猎，然后在被称为"聚会地"的夏季集会上做买卖。与移民不同，他们在当地定居，而且经常与原住民部落通婚。动物既是这种贸易的货币，也是运输工具。

像皮毛一样，马和羊也是贸易动脉。当时从墨西哥流入美国的马和羊数以十万计，它们有时被用来交易，但常常被印第安部落偷走。普韦布洛起义发生后，虽然马匹贸易有所扩大，但畜牧业是近期才有的事情。18 世纪末，随着更多的定居者从西班牙和墨西哥获得土地拨款，畜牧业得以发展。很快，新墨西哥放养了 100 多万只羊，为袭击者提供了无穷无尽的掠夺目标。1850 年 12 月，新墨西哥印第安事务督察官詹姆斯·卡尔霍恩（James Calhoun）抱怨说："本月有大量的羊被印第安人赶走……据估计，近 1 万只被（迪内袭击者）赶离该地区。"[84]

骑马部落保持着复杂的政治经济体系，结合了放牧、迁徙狩猎、贸易、季节性园艺以及劫掠等各种活动。虽然美墨战争重绘了北美西部的政治地理，但它没有瓦解骑马部落的势力，也没有改变政治经济格局。移民潮和诸多新堡垒的出现，并没有让美国主权实现相应的扩张。骑马部落的袭击持续到 19 世纪 60 年代，其势力范围削弱了联邦的力量。这种紧张局势带来广泛影响，几乎没有哪项外交解决方案看起来是奏效的。

南北战争之前，卡尔霍恩用冷静的言辞写下了关于新墨西哥以北混乱局势的报告。与隔壁犹他领地和不久之后科罗拉多领地的督察官一样，他的办公室几乎没有资源来管理涉及众多部落的印第安事务：西部有迪内人和吉卡里拉阿帕奇人（Jicarilla Apache）；东部和南部有梅斯卡莱罗阿帕奇人（Mescalero Apache）、科曼切人、基奥瓦人和威奇托人（Wichita）；北部有尤特人、夏延人和阿拉帕霍人；领地内还有几十个普韦布洛社区。卡尔霍恩希望弄清楚普韦布洛社区和政府的确切构成，但尝试多次失败之后，他感到越发沮丧。[85] 他报告说："圣依德方索（San Ildefonso）、波瓦基（Pojoaque）、特苏基（Tesuque）和南贝（Nambé）的普韦布洛人……欺骗了开展人口普查的人员。"此外，他担心"许多人正在放弃他们的天主教信仰，加入在该地区四处流动的……游牧部落"。[86]

在南北战争前的西部地区，美国的权力飘摇不定。尽管历史学家常常假设，美国占有领土即代表能够行使主权，但事实并非如此。（P304）南北战争前，骑马部落包围了新墨西哥的非印第安人口。此外，原住民和其他边境社区要么对美国官员持怀疑或煽动仇恨的态度，要么一脸冷漠。正如卡尔霍恩提到的4个普韦布洛一样，他们要么欺骗美国人口普查员，要么通过其他方式来"拒绝"美国官员，与"拒绝"随之相伴的是基于父权家庭的财产制度。[87]

新墨西哥的多样性对美国官员提出了巨大挑战。除了与该地区的原住民势力抗衡之外，美国强加的统治还引起了新墨西哥人的不满。该领地仍然处于军事统治之下，虽然1850年《组织建制法案》（Organic Act）通过，赋予"每个自由白人男性居民"投票权，但这种资格仍然受到种族主义的影响。[88] 前墨西哥公民是否有资格成为美国公民？如果是，生活在定居村庄的普韦布洛印第安人是否能效仿？这些问题没有明确答案。新墨西哥是美国从墨西哥夺取的人口最密集的地区，直到1912年才加入联邦，虽然此前一些联邦领导人为了防止其分裂，曾支持其作为蓄奴州加入联邦。[89]

潜在的暴力仍然随处可见。"美国人和墨西哥人之间存在着巨大而深远的鸿沟，"印第安事务官约翰·格雷纳（John Greiner）报告说，"这里几乎每个美国人都全副武装。"[90] 美国领导人明白，该地区村民还与骑马部落结盟，"将这片领地包围了"。1851年，查尔斯·博宾（Charles Beaubien）从陶斯报告称，尤特族"受到墨西哥人唆使，目的是毁灭我们……他们以各种借口召开秘密会议，组织起义，消灭美国人，抢劫他们的财产"。[91] 虽然该领地的美国官员努力将墨西哥的领导结构，比如市议会（ayuntamiento）系统，并入县政府，但在村庄外围以及北美大平原地区，美国的主权有限且分散，有时甚至完全缺席。[92]

北美大平原北部的条约缔结

1851 年，在怀俄明领地的平原上，美国官员尝试了其他形式的融合。长期以来，与原住民部落建立和平关系并开展贸易，一直指导着联邦的印第安政策。1851 年在拉勒米堡签订的条约是美国将西部原住民部落纳入国家权力范围最重要的一次初步尝试。（P305）

美国官员希望将西部的广阔土地纳入自己的管辖范围。他们希望通过外交促进道路和堡垒的修建，为移民提供保护，同时确定原住民部落领土的边界。条约谈判为印第安和白人领导人提供了外交机会，近 1.2 万名原住民代表参加了拉勒米堡的谈判，而且带来了大约 5 万匹马。[93]

印第安代表来自远至密苏里河边的曼丹－希达察（Hidatsa）村庄，以及盐湖城以北的肖肖尼营地，其中大多数是拉科塔人、夏延人、格若斯维崔人（Gros Ventre）、阿拉帕霍人、克罗人（Crow）、阿里卡拉人（Arikara）和阿西尼博因人的领袖。[94]

一路上，这些原住民领袖看到了当年陆路旅行的许多迹象，但许多人尚未见识移民迁往加利福尼亚和俄勒冈的全面影响。这么久以来，曼丹-希达察村庄的四熊（Four Bears）酋长、乌鸦（Raven）酋长和灰色草原鹰（Gray Prairie Eagle）酋长已经习惯了平原贸易和战争。然而，这一年移民造成的影响让他们"目瞪口呆"。[95]动物死尸、破烂车轮、被丢弃的水壶和其他残破物品在移民走过的路上随处可见，这些小道有时宽达数百码。酋长们询问官员，这么多人原来的土地肯定都废弃和荒芜了吧？

当时这场聚会是为了缓解混乱局面，恢复秩序。政府提供的物资，对武器的承诺，吸引了远道而来的原住民社区。然而，尽管条约写满了保证的话语和重大的承诺，但几乎都没有实现。与新墨西哥的5万村民相比，北美大平原对美国领导人提出了截然不同的挑战。这些土地处于竞争激烈的原住民管辖之下，而且美国扩张带来的生态变化对这些管辖权提出了挑战。

尽管大量季节性移民经陆路而来，但这次会议主要关注的是原住民部落之间的矛盾。例如，肖肖尼代表在华谢基（Washakie）酋长的领导下到来，几乎使营地陷入战争。拉科塔人对东部肖肖尼人一直抱有敌意，如今双方处于一触即发的状态。[96]

美国官员知道，战争是稳定的对立面，他们希望在敌对部落之间划定明确的界线。（P306）他们慷慨承诺提供年金，这样便有可能增强原住民对美国政府的依赖。针对美国公民对平原社区日益猖獗的"掠夺行为"，他们也可以提供补偿。[97]众所周知，美国人对印第安人的攻击不仅包括暴力袭击，还包括破坏草地、砍伐树木、消耗水源以及过度捕猎该地区的野牛群。

1851 年的条约是一次大胆尝试，其目的是将通过一纸协议实现大平原北部强大部落的和平共处。从许多方面来看，它代表的是美国的政策制定阶段，虽然后来几年这种政策制定消失了。与新墨西哥的情况一样，1848 年之后制定的政策要么被放弃，要么效果甚微，联邦承认的部落边界成为一纸空文。对许多部落来说，这些失败的外交努力虽然被放弃了，但没有被遗忘。美国用了一代人的时间，通过一系列条约，才建立起剥夺土地和划定保留地的过程。

早期西部条约失败，一部分是因为西部的堡垒寥寥无几，在支付条约规定的年金方面也出现了问题。许多部落认为联邦的承诺存在偏袒，因此反应消极。迫于生计需求，他们迁徙到邻近的领土，而敌对部落也在争夺这些领土。野牛群不受任何司法权管辖，饥肠辘辘、寻找稀缺季节性牧草的马群也是如此。此外，条约提到的 5 万美元年金，被参议院削减了近 70%。到 1855 年，对蒙大拿的许多部落来说，条约彻底成了空洞的承诺。

例如，黄石河沿岸的皮毛贸易站关闭后（这些站点最初获得了年金分配），联邦鼓励克罗族酋长前往远在东边的尤宁堡（Fort Union），领取政府承诺的年金。为此，这些酋长不得不跋涉数百英里，穿过夏延人、阿拉帕霍人、拉科塔人和其他敌对部落的土地。[98] 此外，由于西部山区的皮毛在 19 世纪 40 年代几乎绝迹，要想获得武器、弹药和金属制品，除了抢劫之外，只能依靠美国的年金。到 1851 年，运输这些商品的山地人数量大大减少。总之，19 世纪 50 年代是一段极其艰难的日子，联邦政府既没有权力，也没有机构来解决其公民及牧群面临的困难。到 1859 年，联邦政府连表面功夫也不再做，彻底放弃了 1851 年条约的承诺。[99]

在原住民部落内部，成为一纸空文的条约引发纷争，滋生了派系主义。希望遵守协议的部落领导人失去了往日地位。（P307）1856 年，贸易商埃德温·汤普森·德尼格（Edwin Thompson Denig）报告说，克罗族酋长是"大劫匪"（Big Robber）"他现在被其他族群鄙视"，原因是他妥协了。[100]

拉科塔酋长"熊肋"（Bear Ribs，即 Mathˇó Thučhúhu，马斯瓦图胡胡）也试图遵守条约，就像他的岳父，即奥赫南帕（Oóhenunpa）部族的万布里奥塔（Wanblíota）酋长一样。熊肋与神父皮埃尔－让·德·斯密特（Pierre-Jean de Smet）关系密切，后者参加了条约谈判，并在 1855 年建造的皮埃尔堡（Fort Pierre）周围传教。熊肋最终搬到该堡垒，从事农业工作。他和追随者还在社区内成立了新的协会——坚强之心协会（The Society of Strong Hearts），倡导与美国人达成妥协。拉科塔族历史学家兼作家约瑟芬·瓦戈纳（Josephine Waggoner）写道，熊肋及"亲善派"如今被戏称为：

"愚蠢的士兵"……如果亲善派接受政府的任何东西，将被视为其部落的叛徒，会被当成敌人来对待。该部落对亲善派接受年金是如此反感，以至于朝着（密苏里）上游行进的货船被伏击，沉入河中，这样亲善派就无法收到货物。[101]

在整个19世纪50年代的移民潮中，这种派系主义渗透了原住民社会，导致他们的生态危机日益加剧。面对移民迁徙和资源竞争带来的破坏，许多社区都处于分裂的边缘。当时美国自身也摇摇欲坠，因此无法践行国家政策，兑现承诺，他们与原住民的外交关系变得越发紧张，和平岌岌可危。

俄克拉何马的印第安人与分裂危机

1861年1月，林肯写道："如果低头妥协，我们和政府的末日就到了。"1861年，国家危机日趋加深，特别是7月南北战争打响之后。林肯设想的"我们和政府"当然不包括原住民部落、非裔美国人以及边境地区讲西班牙语的村民。联邦仍然是白人共和国，其中近200万人投票支持林肯担任总统。[102]

林肯就职时，国会已收到数百份旨在解决分裂危机的提案。肯塔基州参议员约翰·克里滕登（John Crittenden）提出了六项宪法修正案，其中一项建议在北方和南方之间划一条永久的西部分界线。（P308）在该妥协案中，奴隶制不仅适用于当前所有领地，包括新墨西哥在内，而且适用于"今后获得的"任何领土。林肯担心，这些领土肯定包括古巴和其他加勒比岛屿。[103]

为了维护联邦的统一，国家官员提出了各种疯狂的提案，与当时各种疯狂的印第安政策相呼应。这两种层面的努力表明，美国正面临着无法解决的挑战，凸显了联邦权威过于分散、互相矛盾以及不够集中的特点。国家政府缺乏足够的力量来执行自己的权威。为了安抚南方，国会一些人甚至提议废除总统一职，改成由代表组成的执行委员会执政。[104] 为了保住联邦，国家似乎把所有能想的办法都想了。最终爆发的内战确实保住了联邦，并扩大了其权力。总统职位不仅没有废除，反而很快获得了比以往更多的权力，包括通过行政命令宣布奴隶制违宪的权力。[105]

美国内战爆发前，印第安部落已经遭受诸多苦难，如今他们又目睹了联邦的崩溃。新墨西哥尤宁堡的印第安贸易商看着军事领导人离开，加入邦联。他们还听到了激烈的讨论。"大家都在谈论脱离联邦的事情，"一名士兵报告说，"所有军官似乎都赞成这么做。"[106] 联邦的骨干部队本来主要由南方军官组成，包括新墨西哥的亨利·霍普金斯·西布利（Henry Hopkins Sibley），他自豪地宣称与总统杰斐逊·戴维斯（Jefferson Davis）有交情。

脱离联邦后，西布利急匆匆赶往里士满，怂恿戴维斯入侵新墨西哥。戴维斯任命他为准将兼"新墨西哥军队指挥官"。1862年，西布利召集了3500名士兵，很快从得克萨斯出发向北进军，夺取圣菲和科罗拉多的金矿，并在新墨西哥的格洛里埃塔山口（Glorieta Pass）与联邦军队交战，该地区遭受了邦联军队的入侵。[107] 林肯等待就职期间，戴维斯明确表示，战争不可避免。他告诉蒙哥马利（Montgomery）的听众，北方人很快就会"闻到南方的火药味儿，感受到南方钢铁的力量"。[108] 对戴维斯来说，西部为邦联的金库提供了黄金，并为其棉花提供了铁路运输线。

戴维斯于1853年被任命为战争部长，他对西部的了解与其他邦联领导人不相上下。他监督了美国地形工程师对太平洋铁路的勘测，在1853年加兹登购地案（The Gadsden Purchase）中，推动了对亚利桑那吉拉河谷（Gila Valley）的后续收购。[109] 戴维斯认为，南方殖民主义促进的不是"自由劳动"的扩张，而是棉花出口。脱离联邦后，他致力于实现这样的愿景。戴维斯设想，南方胜利之后，将获得未来铁路所需的领土，并绕过联邦的封锁。（P309）他也知道，亲南方的民主党人控制着俄勒冈和加利福尼亚的政府、国会代表团以及联邦政府的许多职位。相比之下，1860年林肯在这些地方只获得了少数支持。在加利福尼亚的53份报纸中，只有7份支持林肯。[110] 作为近25万南方人的家园，戴维斯希望太平洋沿岸地区成为邦联帝国的一部分，而且这种补充将受到南方人的欢迎。[111]

邦联的野心让许多部落陷入困境。对那些位于南方或与南方接壤的部落来说，这些挑战尤为突出，特别是在"印第安领地"内。联邦建立这块领地，供东部迁移而来的部落居住，尤其是"文明五族"成员，他们签署了迁移条约，用东南部的土地换来了俄克拉何马的土地。国会于1819年划定阿肯色领地的西部边界，1824年将其变为保留地，用于重新安置南方部落，其中许多部落长期实行非裔奴隶制。[112] 随着危机加深，许多部落卷入了分裂主义政治运动。很多人认为，他们的主权最好由邦联来保障。[113]

乔克托族和奇克索族位于得克萨斯西部和阿肯色东部，被夹在邦联各州之间。两个部落都曾抵抗杰克逊时代的迁移,并努力调整自己的统治结构,以求在南方立足,但都没有取得成功。印第安领地随后发展出稳定的经济,将农作物和棉花沿红河运往路易斯安那,同时为该地区的美国堡垒提供物资。在超过一代人的时间里,他们以耕种、经营牧场和种植园为生。当地的奴隶制和棉花生产变得非常普遍,以至于奇卡克索族将拥有最多种植园的县称为"帕诺拉"(Panola),这是奇克索语"线"和乔克托语"棉花"的变体。[114]

南北分裂之后,部落领袖意识到中立是不可能的。作为北美各地近10万印第安人的家园,印第安领地正好处于邦联范围内,而且邦联国家主义在这片土地十分泛滥。印第安人根本不需要其他动机,他们本来就盼着跟联邦政府作对,因为对方让他们失去了家园。(P310)

1861年1月5日,奇克索立法领导人邀请乔克托族、克里克族、切罗基族和塞米诺族的领袖联合起来,"目的是签订一些与美国法律和条约不矛盾的协议,保护几大部落未来的权利和公民的安全,以防美国政局生变"。[115]到2月底,这几个部落维持中立的努力彻底失败。乔克托族大议会通过决议,表示支持"我们邻近部落和南方兄弟的命运",并将决议副本发给邦联各位领导人,将自己的行动告知了对方。[116]

每个部落都确定了自己脱离联邦的路径。对许多部落来说,拥有财富的奴隶主和经济规模较小的农民之间存在严重分歧。宗教紧张局势也暴露出来，因为许多社区与来自北方的传教组织有联系。[117]

南方邦联采取行动，巩固原住民的忠诚，减少各种分裂。并成立了自己的印第安人事务局和印第安事务委员会，同时任命了特别事务官阿尔伯特·派克（Albert Pike）负责西部部落。到1861年底，南方邦联签署了10多项条约。文明五族以及印第安领地的欧塞奇人、肖尼人、塞内卡人和夸保人（Quapaw）同意继续接受南方邦联的管辖。他们还宿命般地同意"加入当前的战争"。[118]

然而，南方邦联需要的不仅仅是忠诚，同时还需要招募新兵，为此，印第安领地成为独立的军事部门。与新墨西哥的西布利类似，派克被任命为准将，数千名印第安志愿者加入了南方邦联军队，其中包括一支装备了步枪的切罗基骑兵团，以及切罗基分裂主义者斯坦德·瓦蒂（Stand Watie）领导的部队。1864年，瓦蒂也成为一名准将。战争结束时，他是最后一位投降的南方邦联将军。[119]

派克在写给戴维斯的信中指出，印第安领地的战争不是为了印第安人，而是为了维护奴隶制和南方邦联的扩张，"我们才是致力于将我眼中最好的这片土地开放给定居者，并建立国家的人，我们对土地的兴趣是印第安人的1000倍"。[120] 对派克和戴维斯来说，印第安领地的历史为邦联的西部扩张做好了准备。原住民迁移之后，艰难度日多年，最后被纳入南方经济体系，为奴隶帝国的扩张拉开了序幕。这个帝国由白人统治，他们对印第安主权的容忍既模糊不清，又摇摆不定。

许多部落领袖明白，脱离联邦会面临什么挑战，并向联邦军寻求援助。1862年1月，林肯下令入侵印第安领地，这片领地上的战争正在变成内战中的内战。与许多边境州一样，这里充满了纷争，因为几千名部落成员不同意自己的部落脱离联邦。1861年末，克里克部落之间的紧张局势演变成战争，派克派出乔克托和奇克托第一骑兵团恢复秩序。[121]

尽管南方邦联取得了一些进展，但原住民对联邦的忠诚并没有消失，而且继续影响着部落政治。（P311）尽管数千原住民在血泪之路（The Trail of Tears）①丧生，但切罗基首领约翰·罗斯宣布，自己将维护部落与美国之间的条约，确保部落的主权。然而，俄克拉何马的部落加入南方邦联之后，这些条约不再有效，因为脱离联邦危及了一个世纪以来与美国的外交和双边关系。

几十年来，罗斯致力于建立和扩大切罗基主权。迁移后一

---

① 1830年以前，大约十余万美洲原住民居住在北美东南部的佐治亚、田纳西、亚拉巴马、北卡罗来纳以及佛罗里达。但是，白人移民希望在这些印第安人的土地上种植棉花等经济作物，美国联邦政府于1830年通过《印第安人迁移法》，强迫印第安人迁移到政府划定的印第安领地，迁移之路全长大约1200英里，印第安人在徒步迁徙途中饱受冻馁和疾病，许多人在到达目的地之前便已死亡，因此被称为"血泪之路"。被迫迁移的原住民部落包括切罗基人、克里克人、塞米诺尔人、奇克索人、乔克托人（合称"文明五族"）及他们的黑奴。——译者注

年,他主持了 1839 年切罗基宪法的起草。罗斯在首都塔勒阔工作,部落议会在前 12 年通过了 200 项法律,并管理着"公立学校系统和国家法院系统,包括部落最高法院、男女学校和出版机构"。[122] 这些法律是社区权力分配的依据,也是部落持续自治的依据。例如,1842 年 12 月颁布的一项法律设立了多项资金,用于"将切罗基部落的各项法律翻译成切罗基语",并"印制 500 份,分发给整个部落在各地的成员……"。[123]

脱离联邦前,重建部落政府已是困难重重。随着南北战争进一步加深部落内的社会分歧,重建变得难上加难。俄克拉何马的战场尤其与众不同,因为各方面都有印第安战斗人员参与。

与许多部落一样,切罗基人将奴隶制纳入了自己的社会。种族混血领袖,包括罗斯在内,在迁移的过程中失去了农场和家园,因此在印第安领地建立了种植园。像邻居奇克索人和乔克托人一样,他们将奴隶带到了印第安领地,而且他们的新宪法明确了种族保护措施。正如第三条所述:

> 除年满 25 岁的切罗基男性公民之外,其他人均不得在部落议会中担任职务。除非洲种族之外,所有自由妇女与切罗基男性的后代,以及切罗基女性与所有自由男性的后代……均享有本部落的一切权利和特权。任何黑人或黑白混血儿,无论其父母哪一方是黑人,均不得

在本政府担任任何有利可图的职位、荣誉职位或被委以重任的职位。[124]

作为一个位于阿肯色和密苏里西部印第安领地角落的部落，切罗基人从立法层面巩固了奴隶制。（P312）与文明五族的其他成员一样，他们实行奴隶制是为了自己的生存和繁荣。美国内战期间，许多人为了部落的未来而战，特别是南方邦联初战告捷之后。1861 年 7 月的第一次牛奔河战役（The First Battle of Bull Run）结束后，许多人认为联邦的失败已成定局。

罗斯被邦联拥护者包围，逃往堪萨斯北部。1862 年，切罗基难民聚在联邦军的哨所中度过了寒冬。他们的处境非常艰难，以至于威廉·多尔专员从华盛顿赶来此地处理危机。到了之后，他看到的是一贫如洗的景象。一名外科医生详细描述道："我无法描绘……他们的状况。这些人就躺在雪地里，身下只有草，用来挡风的只有一些碎片和破布……我想不明白，印第安事务部门的官员为何不为他们做些什么。"[125] 多尔估计，难民多达 6000 人，而且"赤身裸体、饥寒交迫"。[126] 他呼吁国会拨款，但他明白，拨款的前提是联邦取得胜利。

1895 年的这幅画作描绘了 1862 年的豌豆岭战役，联邦军击败了南方邦联－印第安部队。在这些决定性的岁月里，俄克拉何马和西部的印第安部落为了自治和生存而努力（佛罗里达州技术教育中心供图）

联邦军用了两年时间才重新夺回印第安领地的控制权。最关键的胜利发生于 1862 年 3 月，就在阿肯色和密苏里边境附近的豌豆岭。（P313）联邦军击退南方邦联和印第安人的联合部队，挫败了南方邦联试图动摇密苏里州联邦拥护者的阴谋。豌豆岭战役成为联邦军在 1862 年取得的为数不多的胜利之一。[127] 接下来的战役带来了屠杀，也改变了部落领导层。罗斯流亡期间，瓦蒂宣布自己为部落的最高领袖，并颁布了一项征兵法，要求所有 16 岁以上、35 岁以下的切罗基男子服役。一位联邦军官描述说，瓦蒂还领导着一支"掠夺队""威胁"那些违抗命令的人，随意"杀害他人"，眼中毫无法纪。[128] 像罗斯一样，瓦蒂也想扩大切罗基的主权，不过是通过与南方邦联的合作来实现。

堪萨斯的切罗基难民加入联邦军，又回到家园进行战斗。然而，直到1864年5月，联邦才向该地区的非战斗人员提供资金，他们的食物和住所问题仍未解决。[129]罗斯前往东部游说，寻求资金支持，并维护与联邦的承诺。林肯向他保证，与南方邦联的条约"不会对其个人或切罗基部落产生不利影响"。[130]然而，像许多其他承诺一样，林肯的话在战争结束时成了空。一系列惩罚性的重建条约削弱了该地区各部落的司法管辖权，一系列同化措施侵蚀了部落政府的权力。[131]美国内战结束后，国会通过新的、违宪的方式将其权力延伸到印第安事务中，后续章节将对此展开叙述。最终，印第安领地经历了一场新的定居者革命，后者对印第安土地的侵占极大地削弱了印第安人的权威。

西部采矿与经济繁荣

美国内战带来的最大变化体现在战场之外,其中包括19世纪独有的定居者殖民主义——采矿。[132]矿工肆无忌惮地占领土地和资源,破坏原住民的生活,这种剥夺为战争蒙上了更深的阴影。事实上,西部采矿引发了生态变革的洪流,重塑了美国原住民,并为联邦的全面战争动员提供了资金支持。

1860年,欧裔美国人的定居点既没有征服北美大平原,也没有征服西部内陆山区。南北战争期间,这些定居点迅速扩张。由于不受战前妥协的约束,即为了平衡领土,蓄奴州与自由州必须同时加入,联邦在不到3年的时间内增加了5个西部领地:科罗拉多和内华达(1861年)、爱达荷和亚利桑那(1863年)以及蒙大拿(1864年)。1864年,内华达建州。联邦政府促进、鼓励领土纳入,并从中获利。(P314)

这些领地主要由白人男性移民组成。矿山吸引了数万名淘金者和巨额的资金投入,与普遍相反的观点是,当时投入的资金甚至超过了开采的矿石数量。更多的人员、物资和矿产资源自东向西流动,而不是自西向东流动。[133]

货运公司为定居点提供马车、役用动物①和物资。骡队把货物运到高耸的小道上，水力采矿则利用水力侵蚀山脉的矿床。银矿业扩张到科罗拉多时，阿斯彭（Aspen）等城镇每周能收到1000吨物资。骡队负责运输一切，包括钢琴等奢侈品。人驱赶动物和搬运材料上山，反过来，水和重力又加速人和动物对自然造成的破坏，如此循环反复。[134]

矿区的生活和工作与19世纪几乎所有的白人经济形式都不同。对其他地区而言，无论是农场还是城市，家庭劳动都维持着相对平衡的性别比例。但采矿社区全部由男性移民"队伍"组成，针对土地、资源和原住民进行开发或剥削。[135]

这支队伍身处定居者革命浪潮的中心，重塑了西部地区。在矿区及其整个供应链中，出身背景相似的矿工在临时性的资源开采经济体系中劳动，当时几乎所有前往科罗拉多的工人都有盎格鲁或日耳曼血统。[136]

从东部来的新劳动阶级促进了西部领土的开发，也限制了其他种族的流动。正如下一章所述，这些以白人男性为主的社区为美国特定的法律体系奠定了基础。南北战争结束后，该体系通过保护白人财产来维护白人的统治地位。[137]

---

① 役用动物，即 draft animal，是指专供拉重载或背运的家畜，其历史可溯至史前人类，种类以牛、马为主。20世纪中期后，牛马等大宗役用动物被燃油式牵引机取代，但在某些地区，尤其是交通困难的地区，役用动物仍然被广泛使用。——译者注

一开始，加利福尼亚拥有多元化的"劳工队伍"，即便如此，欧裔美国人仍占最大比例，且迅速重塑了金矿区的多种族构成。亚洲劳工、墨西哥土地所有者以及原住民深受打击，因为在矿产价值波动的情况下，经济也变得不稳定。1854—1856年，近500家旧金山企业破产。20年后，即1873年大恐慌期间，3000家公司倒闭。经济衰退导致许多人失业，其中包括1873年旧金山的1.5万人。不稳定局面加深了种族仇恨，引发了种族暴力和对移民的限制。（P315）旧金山爆发反华暴动之后，美国国会于1882年通过《排华法案》（The Chinese Exclusion Act）①，巩固了整个国家范围内的种族歧视性移民法律，其根源在于，矿山的人口和经济变革推动了国家政治的演变。[138]

从生态方面来看，随着西部矿山如雨后春笋般涌现，它们对水、木材和其他自然资源的消耗变得巨大。加利福尼亚州的矿山开采了价值超过14亿美元的矿石，其中约1/3在1860年之前开采。[139]矿山压垮了当地原住民的生态系统。1863年，多尔在谈及犹他、内华达和爱达荷领地时写道："这些领地的野生动物稀缺，我们的定居点占据了最肥沃的土地，导致印第安人陷入极度贫困的境地……他们几乎被迫诉诸抢劫来获得生活必需品。"[140]

---

① 1882年5月，时任美国总统切斯特·艾伦·阿瑟正式签署《排华法案》，禁止华人劳工移民到美国；在美华人出入境时必须携带工作证明，否则签证官有权拒绝其再次入境。此外，该法案还禁止已获得永久居住权的中国人入籍成为美国公民。

从经济层面来看，矿山为美国经济做出了无法估量的贡献。自 1859 年起，内华达的康斯托克矿脉（Comstock Lode）在 20 年间产出了价值 2.92 亿美元的矿石，其中仅 1864 年便达到 3000 万美元。[141] 在提到亚利桑那的矿山时，詹姆斯·卡尔顿（James Carleton）将军表示，"其富饶程度、数量和规模在全球都是无与伦比的"。[142] 事实上，大多数西部领土经历了不止一次淘金热。科罗拉多、蒙大拿，还有后来的怀俄明，共经历了 40 次淘金热。[143] 整个北美大陆的白人纷纷涌入西部，为了给他们提供服务，当地的银行、报纸、邮局、酒吧、酒店、赌场等服务应运而生。

这股淘金热影响了一代年轻人的命运，其中包括美国最著名的作家——曾在南北战争期间前往西部的萨缪尔·克莱门（Samuel Clemens）。1910 年，萨缪尔表示，离开密苏里前往内华达是他一生中的"转折点"，因为"机缘巧合，我的哥哥（奥赖恩）当时被任命为内华达领地的秘书"。[144]

克莱门兄弟前往西部，躲过了征兵。他们离开了分裂的边境州密苏里，于 1861 年夏季坐驿站马车横穿了整个大陆。到了塞拉山脉（即内华达山脉）东坡之后，奥赖恩致力于促成内华达建州，年轻的萨缪尔则尽自己最大的努力协助兄长。当内华达的领导人在卡森城（Carson City）举行的会议上讨论内华达的建州条款时，萨缪尔正在和当地的派尤特劳工一起搬运木材。然而，他的未来既不在政治领域,也不在采矿业。"我无法忍受繁重的劳动,"萨缪尔在《自传》(Autobiography)中写道,"我永远也学不会挥动……长柄铲。"[145]

萨缪尔的未来在出版业,这是他早期从事的职业之一。搬到弗吉尼亚城之后(康斯托克矿脉就坐落在此),萨缪尔在《领地企业报》(Territorial Enterprise)谋了一份工作,用笔名"马克·吐温"写作,这是他在矿区想出来的笔名。(P316)马克·吐温在内华达和加利福尼亚的矿山度过了战争的后两年,逐渐发展出幽默的口语化写作风格。到战后重建时期,这种文风帮助他开启了一段成功的职业生涯。[146]

马克·吐温认为,"机缘巧合"塑造了自己的命运。但实际上,政治对他成年后的生活产生了更重要的影响。正如切罗基人一样,马克·吐温的家乡也在危机面前陷入分裂。战争颠覆了他最近的生计——船舶领航员。他写道,突然间,"船只不再开了"。此外,他知道,自己有可能凭着船舶领航员的经验加入联邦海军。[147]不过,他也有可能应征加入陆军。

马克·吐温在《哈克贝利·费恩历险记》(Huckleberry Finn,1883年)中描写道,"我准备乘坐驿站马车前往那片土地",但与这位小主人公不同的是,马克·吐温来到西部是因为他哥哥被任命为内华达领地的秘书。[148]当时的领导人之所以能提拔亲信,是因为内华达采矿业的爆炸式增长加快了西部领土的纳入。与全国数百万人一样,内战爆发使克莱门一家的生活发生重大转变。战争促使他们进入采矿社区,这里的人们往往漂泊不定,为马克·吐温的漂泊美学奠定了基础。

西部矿山还让联邦赢得了内战。内战成本飙升,每天超过100万美元。尽管本土税收和关税为国家提供了绝大部分收入,但矿产储备支持了国家"银行票据"的制度,这是伴随国家货币产生的国家银行体系。[149] 战争成本迫使国会扩大生产效率和规模,西部的新市场带来了更多收入,国会于1862年迅速通过几项法律,促进西部经济的扩张:《宅地法》《莫雷尔法案》和《太平洋铁路法案》(*Pacific Railway Act*)。

此外,西部农业的生产力也对战争起到了支持作用。从俄勒冈到内布拉斯加的西部农场不仅为联邦部队提供了粮食,还向饱受作物歉收之苦的欧洲国家出口了农产品。[150] 尽管分配不均,但战时的繁荣催生了工业家、金融家和地主,他们很快就形成了美国的第一个百万富翁阶层,开启了美国生活的新时代。马克·吐温1873年的讽刺作品《镀金时代》(*The Gilded Age*)便能见到有关这个时代的种种描述。

奔赴他乡的加利福尼亚志愿兵：从欧文斯谷到熊河

虽然中西部各州的"西北人"在联邦军中占多数，但西部的志愿兵很少在战斗中看到南方邦联的旗帜，甚至很少见到穿制服的士兵来袭。[151] 他们最终驻扎在西部移民和邮政路线沿途的堡垒中，其主要任务是防范和遏制印第安人的袭击和行动。（P317）

1861年，加利福尼亚在州内部署了军队，还在西部其他战区为联邦服役。联邦政府将数千名士兵调往其他地区，削减了该州60%的印第安事务资金。[152] 加利福尼亚的移民潮涌向塞拉山脉以东，成千上万原住民被卷入这场漩涡中。

1862年4月，加利福尼亚的联邦部队向塞拉山脉东部扩张，入侵了派尤特领土，1861—1862年的这次事件被称为"第一次"欧文斯谷战争。[153] 这场战争为期一年，针对的是整座山谷以及附近山区的派尤特村庄，其中包括1862年4月9日乔治·埃文斯（George Evans）上校领导的一次袭击，打击目标是对方的防御性工事，其中有500—700名派尤特战士，但他们的武器有限，防守薄弱。[154]

内华达的印第安事务特派员沃伦·沃森（Warren Wasson）

希望促成双方停战。他向行政长官詹姆斯·奈（James Nye）报告说，加利福尼亚的军队"一心想着消灭对方"。[155] 和平昙花一现，战争一直持续到 1863 年，派尤特族全年的死亡人数超过 330 人。[156]1863 年 7 月 11 日，剩下的 850 名幸存者被迫向南穿越圣华金谷（The San Joaquin Valley），前往特洪堡（Fort Tejón），这是加利福尼亚内陆南部唯一由联邦管辖的印第安保留地。[157]

欧文斯谷战争的无差别暴力得到了许可，该地区其他战役的情况也是如此。摩西·麦克劳克林（Moses McLaughlin）上尉对自己的"向导和口译员"何塞·（奇科）·帕切科 [José（Chico）Pacheco] 提出了一个要求。帕切科是塞拉山脉西部地区图巴图拉巴尔（Tubatulabal）的领袖，被要求指认"参战人员"。[158] 帕切科报告说，他指认了 34 人，"这些人立即被带到营外，有的被士兵开枪打死，有的被用刀杀死了"。[159]

加利福尼亚人穿越塞拉山脉，无差别的暴力也随之而来。麦克劳克林报告说，这种"极刑"是为了"打击印第安人……并为政府节省一些开支"。[160] 军方没有进行审判或干预，后续也没有民间领导人对此予以谴责。更糟糕的是，派尤特人被赶到特洪堡之后，最强烈的谴责居然来自爱德华·比尔（Edward Beale），这位地主为了在当地定居，曾动用政府资金。（P318）他抱怨说，自己的农场现在被赤贫的印第安人占据，堡垒的牛都被他们吃了，没法帮农场干活。[161]

加利福尼亚的志愿兵原本渴望沙场立功，结果却无法参与东部的军事行动，还被派往了西部，他们因此感到沮丧和愤愤不平。爱德华·帕特里克·康纳（Edward Patrick Connor）上校煽风点火，引导士兵将不满发泄到印第安人身上。他指挥了1862—1863年在内华达、犹他和爱达荷领地发起的一系列战役，这些战役为以后制定战略，对付亚利桑那的迪内人、科罗拉多的夏延人和阿拉帕霍人提供了参考。渐渐地，加利福尼亚的军事实践对联邦的其他行动造成了越来越大的影响。

1862年7月，康纳率领7个步兵连队离开加利福尼亚，穿越了塞拉山脉。他们抵达内华达卡森市附近的丘吉尔堡时，又有1000名加利福尼亚士兵前来增援，其中许多人曾在欧文斯谷服役。康纳现在接管了犹他军事区的指挥权，其中包括内华达领地。他率军向盐湖城进发，那里居住着大约1.2万名摩门教定居者。布里格姆·扬（Brigham Young）等犹他领导人与政府的关系长期紧张，并在战争期间宣布中立。[162]

康纳向东进发，将部队驻扎在内华达鲁比堡（Fort Ruby）附近，从这里骑马前往盐湖城需几天时间。为了打消摩门教徒的怀疑，康纳最初独自一人穿便装接近这座城市。他的报告中贯穿了对摩门教"叛徒"的鄙视，还有他对士兵要求参加更多战斗的回应。回到卢比堡后，他得知自己的部队被派往东部，参加弗吉尼亚的战斗。康纳报告说，他们"在灌木丛里围着火堆取暖，吃着干粮，冻得要死"，艰苦的环境对士兵的耐心提出了考验。[163] 许多人离开加利福尼亚已经一年了，与世隔绝，还不能上战场挥洒热血，让这些志愿兵感到非常沮丧。

整个战争期间，士兵又冷又饿，等得失去了耐心。他们不断向指挥官施压，要求上战场立功。康纳与麾下士兵分享了自己过去的许多经历。战争之前，他曾是州民兵队的队长，负责保卫塞拉山脉。他从家乡斯托克顿（Stockton）白手起家，逐渐成为整个地区受人尊敬的军官。[164]

1861年，康纳的部队用了更多精力来寻找印第安人。得知西部肖肖尼人劫掠洪堡河沿岸，康纳派出骑兵队，"立即吊死他们，就地遗弃尸体，让其他人知道，在我眼皮底下进犯，会有什么下场"。[165] 康纳还命令手下士兵，"消灭附近遇到的每一个印第安男人"。[166] 简而言之，康纳主张无差别屠杀，整个1862年，他都是这么做的。1863年1月，他在爱达荷的熊河发动了最著名的一次袭击。（P319）

西部联邦部队的政治和军事任务与南方部队不同，他们通过暴力镇压原住民来维护联邦的统一。欧文斯谷和洪堡河沿岸的战役是联邦军队首次尝试对派尤特和肖肖尼社区进行打压，而且这样的行动只有建立联邦堡垒之后才有可能，如鲁比堡。内战期间，士兵将美国主权扩展到西部，将新的作战方式带入到从未见过如此大规模暴力的地区。

1862年10月,康纳进军盐湖城。他率领的是一支由750名士兵组成的庞大军队,这些士兵来自加利福尼亚,中途行军数月,如今有了屠杀印第安人的经验。这支部队从加利福尼亚行进到欧文斯谷,穿越内华达,进入犹他领地,始终以印第安人为目标。他们最近在洪堡河沿岸"处决"了一些印第安人,具体人数不明,其中9人在"试图跳河逃生"时被杀。[167] 他们还在欧文斯谷处决了另一群印第安人,因为他们的家人没有"把最近袭击陆地旅行者的印第安人交出来"。[168]

战争爆发前,这种杀戮在加利福尼亚州是司空见惯的事情,但仅限于局部地区。康纳配备了马匹、火炮和枪支,部队武力得到升级,可以动用更强大的暴力。11月,他在俯瞰摩门教总部的悬崖上建造了道格拉斯营(Camp Douglas)。为了让摩门教所有平民都认识到暴力的可能性,康纳把火炮对准了这个城镇。

对康纳及部队来说,接下来两个月发生的事件并不意外。整个秋天,他们都在游说,想争取更多上战场的机会,在犹他安营扎寨给他们带来了新的希望。从11月到1月,他们对东北部的肖肖尼人展开追击,用的是洪堡河附近战役的作战方式。随后肖肖尼人对摩门教牧场和移民发动袭击,加剧了报复的呼声。1863年1月22日,康纳动员70名士兵、两门榴弹炮和15车补给品,徒步4天,前往爱达荷熊河。他们为国效力的时刻到了。(P320)

尽管他们的"双手冻得麻木",但手下士兵在康纳的激励下,"顾不上饥饿、寒冷和口渴",发起了进攻。战斗结束后,康纳赞扬了士兵的决心,并报告说:"从道格拉斯营地到战场,他们一路上的忍耐精神值得最高的赞扬。"[169]

熊河沿岸是广阔的平原,平原上有多处温泉,是肖肖尼人舞蹈和过冬的地方。康纳清晨发动突袭,打算包围"猎熊者"(Bear Hunter)和萨格维奇(Sagwitch)领导的两个大型肖肖尼营地,结果差点失败了。摧毁两个营地后,康纳的部队返回盐湖城,受到了摩门教定居者的欢迎。不过,后来有几人报告说士兵犯下了毁容、强奸和折磨等罪行。[170] 3月,亨利·哈莱克(Henry Halleck)少将从华盛顿发来贺信,赞扬了康纳部队的"英勇行为"。他还告知康纳:"即日起你被任命为准将。"[171]

长途迁徙与博斯克雷东多拘留营

康纳取得"辉煌胜利"的消息向南传到了新墨西哥,那里驻扎着其他加利福尼亚志愿兵,他们在为联邦服役期间进行了类似战役。[172]然而,与加利福尼亚州、内华达和犹他领地不同,西南部的战役更持久。为了征服原住民部落,他们花了好几个季度的时间,其中许多部落,如迪内人,拥有数千名士兵。许多原住民还精通枪支和马匹的使用。其他部落,如阿帕奇人,则通过小规模队伍进行抵抗,完善了游击战术。南北战争之后,要想镇压他们,需要派出数以千计的士兵。[173]

西布利在格洛里埃塔山口失败后,联邦领导人将注意力转向了对原住民部落的战役。他们尤其希望摧毁迪内人赖以生存的经济体系,征服他们的领导人,永远拘禁对方。新墨西哥领地长官詹姆斯·卡尔顿解释说:"我们现在要做的是,永远不要放松对武力的使用。"[174]他预测,一旦被拘禁,"他们将获得新的习惯、思想和生活方式。老印第安人将死去,同时带走他们内心隐藏的所有渴望"。[175]动用武力,驱逐印第安人,成为联邦政策,但给印第安人带来了痛苦和毁灭。

几个世纪以来，迪内部落一直占据着新墨西哥西部边境地区。自17世纪起，他们引入马匹和家畜，开启了骑马和畜牧业变革，从此有了流动和自给自足的能力。他们分散居住在迪内塔（Dinétah，即纳瓦霍族的土地上），保持着西班牙、墨西哥和美国领导人都承认的自治领域。袭扰和反袭扰一直是他们与格兰德河沿岸其他部落关系的特点，但这种关系同时也伴随着长期共存、贸易和外交。[176]

詹姆斯·卡尔霍恩在南北战争前报告称，美国的统治需要的不仅是结束迪内人的劫掠，还需要削弱他们的自治和流动性。（P321）由于联邦政策将重心转向了对原住民的统治，卡尔顿准备组织一场战役，入侵、征服和重新安置数千个迪内家庭。他招募了普韦布洛人和尤特人作为辅军，还招募了加利福尼亚志愿兵，同时任命该地区最著名的定居者、印第安事务官克里斯托弗·卡森来领导这次入侵。自17世纪初以来，还没有任何军事力量成功占领迪内人的领地。[177]

整个18世纪，迪内的据点遍布迪内塔的中央峡谷地带，各族群在楚斯卡山脉（Chuska Mountain）沿线过着放牧与农业结合的生活。该地区有许多山口和防御点，包括谢伊峡谷（Canyon de Chelly），当地原住民一直靠这座峡谷的灌溉和园艺维持生计。[178]这些家庭将季节性农耕和畜牧业与手工业结合，扩大了区域性的纺织品贸易。新墨西哥、普韦布洛和迪内织工互相交流有关羊毛、染料和设计的知识与技术，进一步加深了迪内塔与格兰德河沿岸定居点的联系。[179]

与其他原住民部落一样，迪内人对家园的感情超越了政治、经济甚至文化本身。这种感情在社区和部落中产生了深深的共鸣，集体记忆、传统故事与身份认同让迪内"人民"扎根在祖祖辈辈生活的土地上。19世纪60年代，他们与家园的联系受到重大考验。卡森的部队实施焦土政策，捕杀牲畜、占领水源、焚烧田地和果园，对迪内家庭造成了致命打击。1864年1月，卡森报告说："他们现在肯定吃不上任何食物，因为我下令摧毁了他们用来过冬的大约200万磅谷物（玉米）……大多数纳瓦霍人都陷入了赤贫。"[180] 联邦军队希望摧毁对方用来维护主权和自治的社会机构，他们之前正是用这种办法挫败了邦联。与联邦其他将军一样，卡森寻求无条件投降。1863年9月，卡尔顿这样命令他："所有人都必须前往博斯克雷东多（萨姆纳堡）……没有其他选择……告诉他们……'必须离开……否则我们会追捕并摧毁你们。'"[181]

许多迪内领导人对卡森发动的战役表现出了非同寻常的决心，后来对无限期拘禁也进行了抵抗。酋长曼纽利托（Manuelito）麾下士兵听从指示，抵制迁移，并做好了在必要时为捍卫家园而牺牲的准备。（P322）曼纽利托指示说："他们要是抓住你，甚至夺去你的生命，也只是你一人受苦，而不是所有族人受苦……你告诉他们,'来吧,杀了我,我的血要洒在自己的土地上。'"[182]

南北战争期间,很多原住民部落被击败,但没有被摧毁。尽管他们的部落遭受了深重的苦难,但对自己的家园,对"无形"的信仰与传统,迪内领导人仍坚守承诺。自1863年起,迪内人遭受持续入侵,并于1864年被迫离开家园,开始"长途迁徙"(The Long Walk),抵达新墨西哥东部之后,在佩科斯河(The Pecos River)沿岸的萨姆纳堡被关押了4年。这次拘禁夺去了2000人的生命,几乎占幸存者的1/4。[183]

迪内历史学家詹妮弗·内兹·德内代尔(Jennifer Nez Denetdale)指出,迪内人对这个时代的记忆"充满了如此多的辛酸、痛苦和耻辱"。[184]曼纽利托的女婿达格哈·奇·比基斯(Dágháá Chíí Bik'is)回忆说,许多人"每天以泪洗面……许多人饿死了……(还有人)因思念家乡而死去"。[185]萨姆纳堡的条件非常恶劣,比基斯继续说:"人们没有安身之处,只能挖个洞或土堆……过日子。"[186]直到内战结束后,印第安事务才回归文职机构管理。1868年7月,美国参议院批准了在萨姆纳堡缔结的新条约,为纳瓦霍族在迪内搭建了一块保留地,结束了他们被军事当局拘禁的日子,幸存者终于回到了他们心爱的家园。[187]

与西部的许多印第安战争一样,"长途迁徙"是美国建国过程中的关键阶段。内战期间,美国政府不仅摧毁了原住民社区,还将它们置于联邦权力机构的管辖之下。美国通过暴力来实现主权的扩张，再通过新的政治和法律制度加以维持。正如第 10 章所述，联邦政府双管齐下，用战争和所谓的监视行动来控制印第安人。虽然国家根据条约建立了保留地，但新的法律和政策限制了印第安人在保留地上的权威。而且，谈判往往在持续军事行动的威胁下进行。（P323）例如，1868 年《纳瓦霍条约》（The Navajo Treaty）谈判由威廉·特库姆塞·谢尔曼（William Tecumseh Sherman）牵头，他在"向大海进军"①期间的全面战争实践影响了他后来领导的印第安战役。此外，康纳将军和犹他长官兼印第安事务督察官詹姆斯·多蒂（James Doty）在 1863 年与肖肖尼领袖进行了 4 次谈判，加利福尼亚志愿兵第三步兵团的多名军官也参加了这些谈判。[188]

---

① "向大海进军"指的是美国南北战争期间联邦军队的一次军事行动，由联邦将军威廉·谢尔曼指挥。这次行动发生于 1864 年 11 月至 12 月期间，目的是摧毁南方邦联军队的资源和士气，进一步打击南方的经济和军事力量。这次行动自谢尔曼离开亚特兰大城开始，以当年 12 月占领佐治亚州的萨凡纳港作为结束。行动期间，谢尔曼的军队摧毁了大片土地和基础设施。该行动被认为是南北战争中的重要军事战役之一，对南方的战争局势产生了重大影响。——译者注

通往沙溪之路

联邦希望采取更多行动，摧毁原住民的自治，战役和条约谈判便是行动的一部分。联邦在葛底斯堡战役取得胜利之后，美国在西部的力量增强了。卡尔顿和卡森不仅将大约 1 万名迪内俘虏（以及数百名阿帕奇人）困在萨姆纳堡，还参与了 1864 年和 1865 年在北美大平原南部的后续战役，目的是打击基奥瓦、科曼切和平原阿帕奇社区。[189] 与此同时，康纳将自己在道格拉斯营地的做法带到了落基山脉另一侧的科罗拉多，帮助美国扩大了对尤特人、夏延人和阿拉帕霍社区的主权。事实上，康纳将自己在加利福尼亚州、内华达领地和熊河的无差别暴力行为也带到了科罗拉多，加强了当地的军事参与和重要性。1865 年 3 月，康纳成为北美大平原的第一任指挥官，将犹他军事区的范围扩展到了科罗拉多和内布拉斯加。[190]

科罗拉多长官约翰·埃文斯（John Evans）对康纳的支持表示欢迎，科罗拉多军区司令约翰·奇温顿上校也是如此。1863 年的大部分时间里，两人都在策划针对夏延人和阿拉帕霍人的行动。埃文斯是芝加哥卫理公会的医生，被林肯任命为该地区的第二任长官，于 1862 年 5 月上任，当时正值格洛里埃塔山口战役后不久。埃文斯更关心的是经济发展，而不是对抗邦联的战役。

作为新成立的联合太平洋铁路的董事会成员，埃文斯相信，除了科罗拉多以外，联邦无法依靠其他地方提供"积累巨大财富的机会"。[191] 按照他的设想，丹佛将成为大陆铁路的枢纽。然而，妨碍当地经济增长的，既不是 3 万定居者与东部堪萨斯供应商之间的距离，也不是西布利在得克萨斯阴魂不散的军队，而是南部的夏延人和阿拉帕霍人，因此，他希望消灭这两个部落。[192]

奇温顿也有类似的担忧。作为一名有抱负的军官，他一直觉得麾下部队的军事才干没有得到充分的发挥。在格洛里埃塔山口战役中，奇温顿是科罗拉多军队的领袖，因袭击西布利的部队，并追击逃往得克萨斯州的南方邦联军队而获得认可。奇温顿认为，在与西布利的交战中，联盟指挥官的军事才干没有用武之地，西部军队应该在联邦的战斗中发挥更大的作用，他还希望从科罗拉多发起更多战役。（P324）与康纳不同的是，他抵制了联邦将其部队派往其他军事战区的计划。随着南方邦联被削弱，科罗拉多的印第安事务成了唯一的战斗机会。[193]

南北战争爆发前，科罗拉多的印第安政策通常遵循华盛顿方面制定的目标。一系列条约划定了该地区骑马部落之间公认的边界，尽管它们没有得到有效执行，1851 年在拉勒米堡签订的条约便是一例。事实上，这些条约的目的是提供年金，建立赔偿机制,并针对移民和部落成员的犯罪行为建立裁决机制。

与北美大平原北部的情况不同,这些协议是与夏延和阿拉帕霍社区签订的,当地的原住民长期与旅行者和商人打交道。[194]许多夏延社区还与该地区河流沿岸的商人通婚。像尤特族和纳瓦霍族一样,他们与新墨西哥人的贸易延续了几个世纪。

然而,科罗拉多淘金热之后,夏延和阿拉帕霍领导人被迫签订了新的条约,他们对移民队伍的袭击也加剧了。数以万计的人涌入该地区,局势进一步紧张。

为了通过外交途径解决问题,1861年2月,联邦骑兵军官杰布·斯图尔特(Jeb Stuart)在怀斯堡(Fort Wise)主持了一项新条约的签订,之后他便辞职加入了邦联。怀斯堡条约缩小了这两个部落被承认的领土范围。第一条第一句规定:"本条约所述……阿拉帕霍和夏延印第安部落,现在拥有、占有或主张的所有土地,无论位于何处,均在此割让给美利坚合众国,除了供上述部落使用而保留的一块土地之外。"[195]该条约建立了一块保留地,埃文斯命两个部落的所有成员都迁往该地。对科罗拉多的印第安事务来说,部落管辖权如今被彻底重新定义。

1862年5月,埃文斯抵达科罗拉多,摆在他面前的是一系列挑战。虽然西布利的部队尚未到来,但整个北美大平原的人们仍然忧心忡忡,尤其是联邦当时在南方不断失利。当达科他战争的消息传到科罗拉多东部山脉前坡,这种焦虑更是有增无减,尤其是当地居民以矿工和商人为主，而不是以自给自足的农民为主，通信线路延绵数百英里，供应品价格出现波动，更容易造成巨大影响。[196] 1863年，地区指挥官之间的斗争爆发，联邦领导人拒绝了埃文斯和奇温顿在当地驻军的请求。12月，埃文斯前往华盛顿游说，希望政府增派士兵，为陆路旅行提供保障。1864年3月，他得知堪萨斯的指挥官正在请求部队支援，阻止邦联部队朝阿肯色河以南移动。埃文斯担心，科罗拉多将陷入孤立无援的境地。[197]

1864年4月，紧张局势升级。南普拉特河牲畜失窃的报告传到丹佛，埃文斯和奇温顿动员了科罗拉多的骑兵部队。（P325）奇温顿下令"无论何时何地发现夏延人，格杀勿论"。[198]

从某种角度来看，3月撤军的举动震惊了科罗拉多领导人，使他们陷入恐慌。当年春夏，士兵在该地区骚扰夏延人、阿拉帕霍人和他们的拉科塔盟友，反印第安情绪四处蔓延。例如，夏延族酋长"瘦熊"（Lean Bear）曾于1863年到访华盛顿，并收到书面文件，表彰了他对和平的持续承诺。他自豪地把这些文件带在身上，经常展示给其他人看。然而当年5月，瘦熊酋长骑马出去，与火速赶来的骑兵部队会面，他和另一位领导人却被射杀身亡。[199] 这位酋长身上的那些文件，就像证明他遭到背叛的落叶一样，在北美大平原上被风吹散了。

报复行动接踵而至，当年6月，牧场一位经理及家人被杀害。跟4月的情况一样，埃文斯将部落的复仇视为更大规模战争的前奏。他写信给战争部长爱德华·史丹顿（Edward Stanton），"印第安人对白人定居点发动袭击，我们正在与强大的印第安部落联盟交战……其中一个定居点被摧毁……我们附近的部队几乎全部撤离了"。[200] 被害者一家的邻居将他们的尸体运到丹佛，埃文斯下令全城宵禁，以防印第安人突袭，但袭击并未发生。尽管如此，恐慌仍然笼罩着定居点，即使阿拉帕霍和夏延的领导人（包括"黑壶"在内）听从埃文斯的命令，去了当地的堡垒和保留地，避免"被误杀"。[201]8月，埃文斯写信给史丹顿："毫无疑问……印第安人肯定会结盟。为了保卫阵地，镇压敌对行动，我们需要一支约1万人的庞大部队。除非能立即派出增援，否则我们将被孤立和摧毁。"[202]

与康纳和卡森不同，埃文斯和奇温顿没有在西部待过多少年。在这个到处都是移民的地方，他们是新来者，因此选择倾听在当地有实际作战经验的人。例如，在新墨西哥，卡尔顿和卡森发动的战役不仅彻底赶走了邦联部队，而且将暴力引入了迪内塔，将矛头指向了从未袭击白人城镇的掠夺者。两人采取的协调行动通常由数百人，而不是数千人参加，而且使用印第安辅军。埃文斯要求增派1万名士兵，这个数字远远超出了卡森、康纳或其前任威廉·吉尔平（William Gilpin）——科罗拉多首任长官曾经调遣的兵力。这种请求是幻想，也是一种偏执。（P326）

埃文斯和奇温顿学到的主要经验是，对毫无戒备的村民使用无差别暴力。在这方面，康纳和其他加利福尼亚人早已做过探路人。加利福尼亚的民兵和志愿兵"无论何时何地"遇到印第安人，都格杀勿论。久而久之，甚至"误杀"也成为司空见惯的事情。整个夏天和秋天，两人构想了意识形态上的正当理由，煽动了该地区定居者种族仇恨的烈焰。

1864年11月，奇温顿向里昂堡行军数天，采取的是类似康纳在1863年1月向熊河行军时的军事和政治策略。然而，奇温顿麾下的士兵比康纳多得多，大约700人。他骑马前往"黑壶"在沙溪的和平营地时，有多名军官随行。印第安人在里昂堡附近扎营，受到美国指挥官的保护，但奇温顿根本不把这些指挥官的反对放在眼里。他于11月29日袭击了这个社区，把能杀的印第安人都杀了。

✦

美国内战期间，美国士兵和军官杀害印第安非战斗人员的行为，在加利福尼亚、内华达、犹他、科罗拉多和新墨西哥等地区时有发生。在这些刚刚获得的领土上，士兵和军官采用各种军事战略来扩张美国的主权。随着19世纪50年代的定居者革命一浪高过一浪，席卷整个北美，联邦军队人数呈指数级增长，这种暴力行为因此成为可能，并带来了颠覆性影响。

一开始，冲突的爆发是为了保卫国家，但后来逐渐演变成联邦重新调整权力的过程。南方在人口上处于劣势，且政治经济体系依赖奴隶的劳动，在联邦集中化的军事、经济和政府力量以及奴隶的抵抗面前，邦联被击败了。奴隶们不仅逃离种植园，还自愿加入了反抗南方邦联的战斗。

19世纪60年代，一切似乎都颠倒了。黑人兵团手持武器与白人并肩作战，对杰斐逊等开国元勋来说，是无法想象和令人恐惧的事情。此外，联邦政府手中的权力越来越强大，从此在这个日益融合的社会中执行法律、政策和命令，是这个时代的另一种遗产。

一些历史学家认为，林肯遇刺后的几天尤其能体现这种颠倒现象。当时，美国第22有色人种部队（The Twenty-Second U.S. Colored Troops）走在林肯的灵柩前，穿过宾夕法尼亚大道。战争部长史丹顿、副总统安德鲁·约翰逊（Andrew Johnson）和尤利西斯·S.格兰特（Ulysses S. Grant）将军在白宫等着灵柩抵达。显然，这场葬礼已经成为联邦政府的责任，而不是林肯家人的责任。[203]

一列火车专程将林肯的遗体从华盛顿送回伊利诺伊州。这辆火车沿着通用轨距的铁轨行驶，速度专门设置为每小时5英里。整个北方城镇的群众，包括奥尔巴尼、布法罗、克利夫兰、哥伦布、印第安纳波利斯和芝加哥，都见证了当时庄严的场面。许多车站为年轻人准备了36条黑色饰带，代表的是联邦保留的36

个州。[204]

人们对西部的内战知之甚少,很少有人知道,自候选人林肯第一次搭乘火车以来,这片土地上发生了何等重大的变化。中西部如今是联邦政治力量最强大的地区,而他们是这里的居民。除了两位总统外,19世纪的其他几位总统全部来自俄亥俄州,西北领地如今成为中西部和"心脏地带"。

在随后的几十年里,联邦政府的力量急剧增长。经济和政治相互影响,在北美西部孕育了极具剥削性的政治经济体系。美国内战巩固了定居者对原住民的统治,战争结束后,联邦政府对西部公民、土地和原住民施加权威的力量增长了。尤其是国会议员,很快就建立起对印第安事务的"绝对权力",而且政策制定者发起了一项同化运动,专门针对印第安人最亲密的人和日常生活。[205]他们想方设法剥夺印第安人的土地,最残忍的是,他们夺走了孩子。(P328)

10
Taking Children and Treaty Lands
Laws and Federal Power during the Reservation Era

The Indians boast of their freedom, and say they would sooner die than be treated as beasts of burden.
　　　　　　　　　　—*Kahkewaquonaby*（*Peter Jones*）（*1861*）

夺取儿童和条约土地：
保留地时代的法律与联邦权力

印第安人以自由为傲，他们说宁死也不愿被当成牲畜。
　　　　——卡克瓦奎纳比（*Kahkewaquonaby*，
又名彼得·琼斯 *Peter Jones*）（*1861 年*）

就像炎炎夏日的风一样，内战结束后的那些年给美国原住民社区带来了迅速而炫目的变化。战前开始的定居者革命愈演愈烈，越来越多原住民被圈在了保留地。日子一天天地过去，他们眼睁睁地看着曾经的家园变为白人的农场、宅基地和财产，却无能为力。

整个西部地区，新的城镇、领地和州不断涌现。在亚利桑那南部，尤马县的发展尤为迅速。1857年，该县是从圣安东尼奥到圣迭戈途中的8个驿站之一。1870年，尤马迎来了自己的第一条铁路：横跨科罗拉多河的南太平洋铁路。[1] 这条铁路不仅将亚利桑那与加利福尼亚连接，还与墨西哥北部连接。在接下来的几年里，数十万移民乘坐铁路横穿该地区，其中大多数是前往洛杉矶的墨西哥家庭。[2] 事实上，铁路旅行变得如此普遍，当时北美仅7%的旅行者通过传统方式抵达洛杉矶，如从陆路口岸加利西哥（Calexico）和圣易西铎（San Ysidro）出发，或从沿海口岸圣地亚哥和旧金山出发。[3] 火车如今统治着这个地区，像南太平铁路尤马站这样的车站成为无数城镇的中心。[4]

墨西哥、尤马和洛杉矶之间的交通纽带还体现了当时的其他变革。1865—1924年，几乎各大洲的移民都纷纷涌入加利福尼亚。这些人来自墨西哥和拉丁美洲其他国家、亚洲和太平洋岛屿、美国中西部、东部和南部，此外还有欧洲和中东。（P329）自美国独立战争以来，从来没有如此多样化的人口在美洲大陆共同生活，但同时，许多人都在与种族限制作斗争。[5]

成千上万的人前往加利福尼亚，其中许多人在尤马县安了家，这当中有两位妇女，一位名叫玛丽·H.泰勒（Mary H. Taylor），一位名叫露西娅·马尔蒂内斯（Lucía Martínez），两人虽然来自完全不同的地区和背景，她们的生活却宿命般地交织在了一起。

泰勒是来自佐治亚州的白人妇女，身上依然带着南方人的思想。许多定居者认为，泰勒是"未经改造的叛乱分子"，于是她选择跟该地区日益增多的南方移民交朋友，包括金·S.伍尔西（King S. Woolsey）。[6]

伍尔西出生于19世纪30年代，青少年时期从亚拉巴马州移居西部。他很快成为边境地区"反印第安斗士"的领袖，并组织了针对阿帕奇社区的袭击。[7]伍尔西曾在加利福尼亚从事与采矿相关的工作，但没有干出一番事业，后来在亚利桑那吉拉河谷开启了蓬勃发展的货运和牧场业务，成为当地最引人注目的领导人之一。伍尔西拥有多家牧场、企业和多处房产，并当选亚利桑领地第一届立法机构成员，共连任 5 届。

1871 年，伍尔西和泰勒结婚，之后泰勒帮丈夫打理生意，在斯坦威克斯（Stanwix）车站经营一家商店，当地的定居者非常喜欢她，其中许多人都忠于民主党，对共和党领导的重建工作怀有敌意。大多数人都记得和泰勒一同进餐和交流的时光。"很多次我们半夜追赶印第安人回来，她都会起来做些吃的给我们，"一位定居者回忆道，"伍尔西很厉害，但他妻子更厉害。"[8]

泰勒把伍尔西的生意打理得井井有条，1879 年伍尔西意外去世后，泰勒合并了丈夫的资产。夫妻俩没有孩子，成为寡妇的泰勒正在想方设法排除丈夫私生子对遗产的继承。在这个过程中，她与马尔蒂内斯发生了冲突。马尔蒂内斯是雅基人（Yaqui，也称 Yoeme，约埃姆人），是几个私生子的母亲。她在阿帕奇战役中被抓获，一直被伍尔西当成仆人。[9]

1864 年，马尔蒂内斯被伍尔西抓获时年仅 10 岁。西班牙殖民者到来之后，边境地区的俘虏掠夺行为持续了数百年，成千上万名原住民儿童被俘，其中绝大多数是女童，马尔蒂内斯也曾在阿帕奇人的手中遭受奴役。[10]

墨西哥军队对雅基村庄发动战役，马尔蒂内斯像很多雅基人一样，失去了家乡的亲人。（P330）与美国类似，在 19 世纪经济自由化的过程中，原住民社区控制的土地令墨西哥的国家领导人头疼不已。为此，他们杀害、拘留和驱逐了雅基人的领袖。墨西哥的知识分子，如福图纳多·埃尔南德斯（Fortunato Hernández）等人认为，这种暴力在一定程度上是合理的，因为雅基人信仰的是一种古老的、以土著文化为主题的天主教"荒诞混合体"。埃尔南德斯坚持认为，他们崇拜的"偶像和木质圣象……就像噩梦的幻影，是白痴脑子里的幻觉"。[11] 为了建立墨西哥共和国，必须驱散他们。

被伍尔西奴役期间，马尔蒂内斯生了3个孩子。不过，伍尔西与泰勒结婚后，她被赶出了牧场。这对白人新婚夫妇在现代历史上最大的奴隶社会中长大，他们知道如何掩盖奴役他人的耻辱。[12] 马尔蒂内斯被赶走之后，成为法律上的自由人。她逃到尤马县，一些原住民家庭为了躲避横扫该地区的阿帕奇族和雅基族战争，也在这里避难。马尔蒂内斯想要回自己的孩子，因为他们仍在伍尔西手中。

马尔蒂内斯在这座城市的白人社区做家务。像许多印第安俘虏一样，她是多语言者，至少能说两种原住民语言，即雅基语和阿帕奇语，还会说两种欧洲语言，即英语和西班牙语。女性和印第安人的双重身份，成为马尔蒂内斯的双重枷锁，她希望找到一些可行的办法，反抗自己遭受的奴役，同时为自己的孩子争取一些利益。在斗争过程中，马尔蒂内斯利用了该领地的新法律制度，根据该制度，所有居民都有权寻求裁决，哪怕不是白人或美国公民。经过多年努力，马尔蒂内斯作为孩子母亲的权利终于获得承认，并在伍尔西去世后获得了一些经济补偿。

马尔蒂内斯的经历揭示了西部历史的一个重要特征，即领地法与联邦法之间的冲突。马尔蒂内斯逃离牧场之后，伍尔西把她的孩子留了下来，并将其中两个女孩送到邻近牧场做家仆，像她们的母亲一样。这是一种无薪杂役，获得了1864年新墨西哥《豪威尔法典》（Howell Code）的承认，这部长达500页的法典如今统治着这块新领地。[13] 为此，马尔蒂内斯寻求当地律师帮助，起诉要求释放她的女儿。（P331）她申请了一项人身保护令，因为根据《西北土地法令》的规定，所有加入联邦的领地必须提供这项法律保护，且1867年的《人身保护法》（The Habeas Corpus Act）重申了这项要求，使之成为战后重建时代一系列新法律的组成部分。[14] 于是，领地法和国家法产生了冲突，马尔蒂内斯利用最初的裁决，对伍尔西的遗产提出了更多要求。像随后几年的数百名印第安原告一样，她利用联邦法来对抗旨在镇压原住民的州法。

美国西部的新法律制度

战后重建初期，伍尔西囚禁了马尔蒂内斯。尽管他们共同生活，还育有3个孩子，但他们从未结婚。西部领导人正在建立定居者社会，他们对通婚施加了种族限制，也接受了像马尔蒂内斯所遭遇的固有的性别奴役形式。反种族通婚法成为保护白人男性权利的常见立法形式。[15] 这些法律的本意在于，禁止承认移民与印第安妇女之间的事实婚姻，确保对定居者财产的保护。众所周知，南北战争期间，西部的白人男性人口大幅增长，该地区早期的婚姻法基本上体现了对这部分人口的偏袒。

这些法律强化了西部的新种族秩序。1864年，亚利桑那广阔而未知的地区只有几个白人定居点。[16] 与新墨西哥相比，白人只占该地区总人口的一小部分。当地约600名白人定居者，但在他们统治的这块土地上，有成千上万的墨西哥族裔和数不清的部落成员。[17] 除了该地区的地形、地名和多样化的原住民社区外，这个时代的亚利桑那，几乎与20世纪的亚利桑那完全不同。社会、经济和法律权力全部集中在定居者手中，比如伍尔西和亚利桑那领地长官约翰·古德温（John Goodwin），两人都主张"消灭"

印第安人。[18]1863年，联邦法官约瑟夫·普拉特·阿林（Joseph Pratt Allyn）到该地区上任时指出，一场针对阿帕奇人的灭绝战已经开始。[19]仇恨笼罩着这个地区，"印第安人无论何时被发现，都会被射杀。"他写道。[20]阿林很难找到词语来形容这种氛围，"几乎无法描述，当地的（反印第安）情绪有多么强烈"。[21]

美国内战期间，无论是领地领导人、报纸撰稿人，还是商业领袖，都在努力维持和利用这种敌对情绪。（P332）他们言辞之间充满了男子气概，夹杂着对军事防御、家长权威和种族团结的期望。[22]《豪威尔法典》写满了支持白人男性权威的条款，该地区唯一能够行使法律职能的成员，也只有白人男性。[23]男性定居者拥有专门的法律权力，可以包办不满18岁女儿的婚姻。此外，该法典规定，中途堕胎的女性将受到刑事指控。[24]该领地的5个法院，包括阿林主持的法院，在没有领土立法机关批准的情况下，不能做出离婚判决。[25]非白人不能在刑事案件中作证，此外还有严格的禁令，限制原住民与定居者的往来。

南北战争结束后，美国的征服带来了变革，而立法是最持久的变革领域之一。在随后的几代人中，对原住民土地、家庭和司法管辖权相关法律的重新定义改变了整个地区的权力平衡，奠定了定居者社会的基础。经过几十年的种族共存之后，西部见证了新种族秩序的崛起。就像该地区雨后春笋般涌现的定居点和牧场一样，白人在新西部也蓬勃发展起来。

不过，这种新兴的种族秩序一直受到持续的威胁。领地长官古德温向立法机关指出："我们当中有大量的印第安人……迫使我们采取一切自卫和保护手段。"[26]

从马尔蒂内斯的经历可以看出，法律是西部种族关系竞争的重要领域。尽管没有家人或部落成员的支持，而且被伍尔西奴役了近10年，马尔蒂内斯仍然找到了救济的途径，因为即使是西部最没有权力的选民，有时也能获得有限的权力。战后重建时期法律的出台，宪法修正案的出现，为种族公正的形式多样化提供了短暂的可能性，而马尔蒂内斯是少数几个利用法律体系夺回孩子的印第安母亲之一。

然而，她的经历与原住民社区其他人的遭遇形成了鲜明对比。事实上，在随后的半个世纪中，美国制定了新的政策和司法原则，限制了原住民获得平等保护的可能性。（P333）这个国家很快就启动了一项新的同化运动，瞄准了原住民的社会根基。此外，美国还出台了一系列新的法律，延伸了联邦政府对原住民土地的"绝对管辖和控制"。最终，国会对印第安事务的监管成为新西部的决定性特征。[27]

新的土地与教育政策

新出台的法律专门针对保留地和印第安儿童。参议院根据条约权力批准建立保留地，再由国会通过拨款来提供支持，这些土地上的印第安人被赋予了独特但有限的主权形式。虽然保留地的所有权归联邦政府所有，但这是一种共享的权利，原住民部落对这些土地及其成员也有管辖权。

然而，新上任的督查官和事务官重新定义了这些惯例。他们手中拥有无限权力，负责监督资源的分配，修建学校、医院和教堂。他们建造了农场和教学设施，负责年金的发放与扣留，对远离传统家园的原住民社区来说，年金就是生命线。保留地出现新的政治体系，官员的选拔任人唯亲，很少受到当地定居者的监督，更不用说部落成员了。这些官员拥有超过 1 亿英亩土地的管辖权，由于原住民的经济文化惯例与美国的私人财产观念冲突，互相排斥的土地使用观念很快成为这个时代的特征。[28]

被迫进入保留地之前，原住民通过复杂的协议和惯例来利用自然资源。他们进入狩猎地和捕鱼场的权利，还有收获和分配资源的权利，都是通过社会途径获得的。在西北海岸，根据世袭和家族地位，有的家庭可以进入特定的海洋区域和土地。在加利福尼亚和大盆地地区，族长负责领导一年一度的松子收获和捕兔活动。[29] 部落所有权与西方的个人财产观念截然不同，土地和自然资源不能转让，因为在原住民看来，自然界不应被商品化。

整个保留地时代（1879—1934 年），新出台的法律重新定义了保留地的使用，从根本上改变了联邦-印第安关系的结构，削弱了印第安人的土地所有权。根据 1887 年《土地分配法案》（General Allotment Act）——由于其主要起草者是马萨诸塞州参议员亨利·道斯（Henry Dawes），因此也称《道斯法案》（The Dawes Act），新政策旨在颠覆现有的原住民权力结构。该法案将保留地划分为小地块，每户 160 英亩，分配给一家之主，剩余部分用于出售和开发。获得土地所有权的是部落成员，而不是集体机构或政府，因为联邦政府希望将个人从部落的集体治理结构中抽离出来。1887 年，印第安人管辖的土地约 1.38 亿英亩，到 1934 年，即美国国会废除分配制的那一年，这个数字减少到了 4800 万英亩。[30] 继 19 世纪的破坏和战争之后，持续两代人的剥夺随之而来。（P334）这些法律与早期印第安政策框架下的法律不同。美国内战之前，参议院和行政部门负责经手大部分印第安政策，而印第安事务办公室（及其专员）对总统内阁负责。一系列条约和联邦土地政策，包括像马歇尔判例这样的最高法院裁决，都承认部落对集体管理保留地的权威，换言之，这些保留地处于美国各州和领地的管辖范围之外。保留地根据条约建立，接受参议院和行政部门的专属管辖。

战后重建时期，美国众议院开始制定违背早期印第安政策的相关法律。随着分配制度的实施，国会开始通过分割保留地来剥夺土地的进程。新出台的法律违反了之前的条约，尽管这些条约仍是美国宪法规定的"最高法律"。[31] 内战结束后，宪法面临的主要问题在于，国会能否通过法律来削弱国家的条约义务。

整个战后重建时期，国会扩大了联邦政府的行政能力，掌握了废除条约承诺的新权力。之前的条约不再有效，如今立法机关可以毫无顾忌地践踏原住民部落的权利，而且这种"全权"最终获得了最高法院的授权。在19世纪的大部分时间里，这种"主义"一直处于酝酿状态，如今终成现实。随着国会掌握印第安事务大权，马歇尔等其他法官曾认为不合适的做法，如今也大行其道。[32] 正如第7章所述，联邦党领导人一直担心，内陆定居点的压力会破坏国家的印第安政策，因此致力于限制各领地和国会代表对印第安事务的权力。如果各州及代表有权剥夺印第安原住民的土地，美国早期的历史将是截然不同的一番景象。

19世纪下半叶，保留地的猎物减少，国会制定新的土地政策，对美国原住民展开了持续剥夺。似乎没人能解决这个不断加剧的危机，因为国会议员、知识分子和社会改革者都越发深信，国家需要解决全国性的"印第安问题"。（P335）

自19世纪70年代起，政府官员提出了旨在消灭美国原住民文化的新理念，还建立了必要的机构来实现这一目标。理查德·亨利·普拉特上尉曾负责看管印第安战俘，见证了军事化纪律、着装和管制如何镇压原住民俘虏和学生。他的愿景很快就被采纳，成为国家政策的一部分。

这是一张拍摄于1892年的照片，数百名学生站在卡莱尔印第安人学校（The Carlisle Indian School）的宿舍和教学楼前。这类照片模糊了他们的部落身份，表达了他们作为美国的统治对象，为了实现同化而需要呈现的共同社会、种族和政治身份。在这片由模糊面孔和身份组成的海洋中，身穿校服的印第安学生似乎湮没其中。1879—1918年，来自142个不同印第安部落的一万多名学生在卡莱尔学校学习（坎伯兰县历史学会供图）

到1879年，普拉特发展出了使用军事化纪律来管教原住民儿童的教学方法。他还获得了国会的资金，将宾夕法尼亚州卡莱尔的旧军营改建成卡莱尔印第安工业学校。[33] 他宣称，卡莱尔学校的印第安孩子"可以成为美国社会的一员，学会与国家共同进步，挺胸抬头，目光向前，看到自己作为美国公民的光明未来，以及在争取公民身份时需要展现的勇气"。[34] 他之所以开办这样的学校，是为了确保"他们长大后身上不再有印第安人的影子"。[35]

普拉特和其他改革者希望，这种同化能将"文明"带给印第安孩子。（P336）他们认为自己的工作是造福社会之举，因为印第安家庭是有缺陷的，需要重构。正如美国最高法院在独狼诉希区柯克一案（Lone Wolf v. Hitchcock，1903年）当中裁定①，原住民是一个"愚昧而依赖他人的种族"。[36] 部落政府、血缘关系和文化实践对印第安青年产生了负面影响，限制了他们个人的潜在发展，也限制了他们融入美国社会的能力。普拉特表示，事实上"我们的责任是……劝告他们去做那些让他们摆脱部落成员身份的事情"。[37]

从严格意义上来说，"成为部落成员"并不是罪行，但它依然导致原住民家庭受到普拉特新政策的打压。与墨西哥对雅基人

---

① 独狼诉希区柯克案是美国最高法院一起具有重大意义的案件，由基奥瓦族酋长独狼对美国政府提起，指控美国国会通过欺诈行为剥夺了美国原住民部落的土地，这种行为违反了1867年《梅迪辛洛奇条约》（Treaty of Medicine Lodge）。美国最高法院裁定，国会拥有单方面废除美国与美国原住民部落之间条约义务的权力。——译者注

土地的侵犯一样,美国利用行政权力剥夺了部落控制的土地,切断了家庭成员之间的文化联系,还将原住民用来管理部落的宗教和政治实践告上了法庭。[38] 美国内战重建结束后,美国军队和联邦政府开始全力对付印第安社区。

印第安人、美国宪法第十四修正案和联邦政府的膨胀

联邦政府希望实现更大规模的转型，同化计划是其中一环。1865—1900年，国会利用新的意识形态和制度，增强了对西部及原住民的管辖权。印第安条约承诺的保护成为空谈，原住民父母抗议子女被带走，但无人理会。新的美国正在崛起，康涅狄格州参议员奥维尔·普拉特（Orville Platt）轻描淡写地说："红种人哪里有什么权利值得白人的尊重……与他们订立的条约或契约是没有约束力的。"[39]

"伟大重建"时期，国家权力进一步增长。[40] 联邦军队摧毁了奴隶制，占领邦联领土，重申了联邦主权，并确立了新的国家权威形式。在此过程中，国会重写了宪法，共和党领袖卡尔·舒尔茨（Carl Schurz）称之为"宪法革命"。[41]

这场革命与美国独立战争本身一样影响深远。为了废除奴隶制，国会需要修改宪法，第一步是通过第十三修正案（The Thirteenth Amendment）。该修正案从法律层面确定了对奴隶的解放，扩展了《解放宣言》的原则。[42] 宪法革命在第十四和第十五修正案中得以延续，每一项修正案都增强了国家政府的权威。

国会曾有 60 年的时间不曾修改宪法，但自 1865 年起，5 年内 3 次修改宪法，可谓美国宪法生效以来最密集的国家立法时期。（P337）

这几项修正案宣告了新时代的到来。宪法和《权利法案》将权力分配给政府各部门，确保个人权利不受联邦干预，但这几项修正案的不同之处在于，它们扩大了政府对个人和州的权力。除了废除奴隶制和"强制劳役"之外，它们还将公民权利、正当程序和投票权扩展到所有男性，无论其"种族、肤色或先前的劳役状态"如何。每一项修正案都扩大了国会的权力，并以"国会有权通过适当立法来实施"作为结尾。

南北战争之前，国会是分裂最严重的政府立法机构。战后，它成为政府权力最强大的机构。每一项修正案的通过，都产生了具有里程碑意义的立法，巩固了国会日益增长的权力。例如，1866 年，国会通过了新的《自由民局法案》（*Freedman's Bureau Bill*）和国家第一部《民权法案》（*The Civil Rights Act*），接着又通过了第十四修正案。[43] 每一项法案都让联邦权力实现了历史性的扩张，并为实现解放的奴隶提供了广泛的保护。第十四修正案的正当程序条款也使平等保护成为现代法理学的重要组成部分。

正如最初的宪法一样，这些保护并不适用于原住民。印第安人仍然被排除在这些具有里程碑意义的修正案之外，成为美国"第二次建国"的局外人。第十四修正案的第二节明确规定，各州的议席分配"按各州人口比例计算,不包括未被征税的印第安人"。

第十四修正案将印第安人排除在外,延续了制宪会议期间确立的、含糊不清的法律条款。如前所述,这种法律上的模糊性贯穿了整个迁移时期,当时南方各州肆意践踏联邦条约,甚至连最高法院的裁决,如伍斯特诉佐治亚州案的裁决也不例外。同样,1866年《民权法案》也将印第安人排除在外,该法案宣布在美国出生的所有人均为美国公民,但"未被征税的印第安人"除外。[44]

1866年,国会取得里程碑式成就,延续了国家政治体系对印第安人的排斥模式。因此,一些人辩称,《民权法案》和第十四修正案并不适用于"几乎所有在美国出生的人"。[45] 印第安人被排除在民权法案和宪法之外,仍然无法享受美国公民的权利和自由。(P338)就像在曾经的亚利桑那,白人定居者将印第安人扭曲变形的尸体挂在树上,当成主权扩张的标志,如今印第安人仍然有可能被随意猎杀、抓捕和惩罚。[46] 更糟糕的是,他们的孩子也有可能被带走。正如普拉特参议员所言,印第安人"哪里有什么权利必须受到尊重"。

原住民部落在美国仍然处于法律的模糊地带,是政治局外人。他们没有公民权,不过他们仍然受宪法的保护。他们的权利不是个人的,而是集体的,并通过条约来赋予。联邦政府承认原住民的主权，并为各个部落提供资源。条约明确了有关这类援助的规定，也明确了关于公共健康、教育、农业和经济援助的规定。这些属于集体权利，与宪法和重建时期各大修正案规定的美国公民个人权利形成鲜明对比。

然而，重建时期的国会权威日益增强，导致这些条约经常遭到践踏。自美国内战的最后几个月起，一直到19世纪的其余几十年，国会的权力不断增强，削弱了原有的印第安政策。新的国家政策（比如分配制度），旨在改革原住民的日常生活，它们与条约的规定发生冲突。美国重建结束后，这种冲突定义了半个世纪的联邦印第安事务。

战后重建时期的条约缔结

没有哪位印第安或联邦领导人曾经预见,战后时代对原住民土地的剥夺是如此疯狂。正如亚利桑那领地一样,美国西部的大部分地区都没有白人定居点,道路和铁路也尚未修建。行政长官古德温对亚利桑那领地立法机构发表的第一份致辞主要关注的是收费公路的修建。[47]

此外,经过多年战乱,人们相信和平终于到来。西部领土广阔又富饶,根据条约规定,其中许多土地是印第安人的家园。许多人认为,跟印第安人共存也未尝不可,即使这不是他们的心仪之选。(P339)

南北战争期间,参议院批准了37项与美国印第安社区相关的条约,占369项已批准条约的10%。[48]这些条约是"国家的最高法律",承认了原住民对北美大平原大部分地区、西北地区、西部高原、西南地区和内陆山脉地区的主权。阿拉帕霍族领袖"黑煤"(Black Coal)在向联邦专员介绍自己部落及拉科塔盟友与布拉克山(The Black Hills)的关系时说:"这是我们成长的土地,也是条约赋予我们的土地……这是我的家园,伟大的父亲允许阿拉帕霍人在这里生活。"[49]每次谈判都伴随着繁杂的外交工作,因为政府和部落领导人了解这些庄严承诺的重要性。

很少有历史记录完全捕捉到联邦政府在这一时期对印第安条约土地的承认程度。正如"黑煤"所言,他在1868年亲眼见证,条约承认将广阔的土地作为印第安领地。那一年,拉科塔族、北方的夏延族和北方的阿拉帕霍族领导人在拉勒米堡签署条约,结束了1866年在蒙大拿博兹曼小径(The Bozeman Trail)爆发的红云战争(Red Cloud's War)。[①]

作为美国历史上最广泛的条约之一,《拉科塔条约》(*The Lakota Treaty*)在密苏里河以西建立了大苏族保留地,专门供拉科塔人"使用和占有,不受他人干扰"。[50]在这块长约200英里,面积近5万平方英里的保留地上,拉科塔人的主权获得了联邦政府的承认。如今人们可以连续几天行走,不用担心一下便走出了保留地。条约还规定,联邦政府为保留地的原住民提供年金、农业和教育援助,此外,还有经双方协商的其他保障。[51]

科罗拉多的尤特族、蒙大拿的克罗族、犹他和爱达荷的肖肖尼族、华盛顿和爱达荷的尼米普族(Nimiipuu,即Nez Percé,内兹佩尔塞人)以及亚利桑那和新墨西哥的迪内人(纳瓦霍人),

---

① 红云战争是指1866—1868年拉科塔人和美军在怀俄明和蒙大拿地区发生的战争,目的是争夺通往蒙大拿金矿的博兹曼小径附近的博德河区域。战争以拉科塔领袖红云酋长的名字命名,持续两年时间,以美国与印第安人签订《拉勒米堡垒协议》告终,苏族暂时夺回了博德河区域的控制权。——译者注

也在1868年签订了类似条约。[52]美国政府在每一份条约中都承诺，为原住民提供类似规模的家园，尽管克罗族和尼米普族的条约未能兑现。所有条约均由美国陆军高级军官谈判，当时在美国印第安和平委员会任职的威廉·特库姆塞·谢尔曼将军几乎参加了所有协议的谈判。[53]

这些条约宣称，其目的是建立各方之间的和平，但和平对不同的签署方来说有不同的含义。《拉科塔条约》第一条第一句写道："即日起，本协议各方将永远停战。"[54]对拉科塔人来说，和平意味着限制自身对移民的袭击和战争动员，换来美国承认拉科塔人在蒙大拿平原上的狩猎地。（P340）对纳瓦霍人来说，和平意味着结束他们在萨姆纳堡遭受的拘禁，重返家园迪内塔。[55]

这些条约的谈判细节令人眼花缭乱。在阿波马托克斯（Appomattox）战役①结束后的几年里，联邦政府与西部最大的印第安部落开展了数十项条约的谈判工作，涉及数百万英亩土地。如第7章所述，18世纪90年代的条约缔结推动了美国外交实践的发展，与之不相上下的是，19世纪60年代也将成为联邦-印第安政策最重要的时期之一。（P341）

在俄克拉何马，政府还重新规划了印第安领地的未来。在与塞米诺、乔克托、奇克索、克里克和切罗基部落单独签订的条约

---

① 阿波马托克斯战役是南北战争的一场决定性战役，在这场战斗中，北方联邦军队击败了南方邦联军队，标志着南北战争的结束。——译者注

中，联邦政府承认了每个部落固有的主权，同时废除了各部落以前"与所谓的美利坚联盟国签订的条约"。[56] 联邦政府重申对印第安领地的控制，有助于国家政府将重新夺回的主权扩大到更广的范围。例如，1866年塞米诺条约的第9条规定："美国重申并承担在塞米诺族与所谓的联盟国签订条约之前所签订条约规定的所有义务。"[57]

不过，与先前条约不同的是，联邦政府的权威贯穿了如今的所有条约。关于俄克拉何马未来的新愿景正在形成。尤其值得注意的是，这些条约包括了重新分配现有保留地的条款，目的是实现铁路发展，将印第安土地转变为个人财产和小块土地等。这些条约甚至还提及了令人惶惶不安的条款：没收现有保留地供其他部落使用。1866年切罗基条约第15条规定："美国可以在切罗基部落内部未占用的土地上安置与切罗基和毗邻部落友好的印第安人。"[58] 最初作为东部原住民避难所的印第安领地如今被联邦政府开放，用于另一种形式的移民。联邦官员认为，他们已经"获得将其他印第安部落安置在……印第安地区的权利"。[59]

自1866年起，先是堪萨斯州的特拉华印第安人，接着是西部数十个印第安部落，统统被迁往印第安领地。这种迁移类似于战前的原住民迁移，因为前后的做法如出一辙：联邦部队强迫部落领袖离开家园，将他们及家人关押在军事堡垒，然后重新安置到印第安领地的管理机构。不同之处在于，这一回的迁移速度更快。西部迁移如今可以依靠铁路，将印第安家庭从北美大陆各地运送过来，且中途有武装的联邦士兵看守。

被迫迁移的还有加利福尼亚北部的莫多克人（Modoc）、大平原北部的夏延－阿帕霍人以及最著名的亚利桑那阿帕奇人，其中包括酋长杰罗尼莫（Geronimo）领导的奇里卡瓦部落。抵抗多年后，该部落于1886年被监禁。联邦派出事务官，前往得克萨斯、佛罗里达、亚拉巴马的堡垒以及印第安领地的西尔堡（Fort Sill），开始了对奇里卡瓦人长达27年的监禁。数百人在流亡中丧生，其中包括杰罗尼莫，阿帕奇儿童则被送往卡莱尔学校。尼米普族（内兹佩尔塞人）也是同样的命运，1877年10月，包括约瑟夫酋长在内的部落领袖在蒙大拿靠近加拿大边境的熊爪山向美国军队投降，之后他们被押往东部，途经贝特霍尔德堡（Fort Berthold），接着被铁路运到圣保罗，再转运至印第安领地。（P342）与奇里卡瓦人一样，他们被关押在联邦监狱，并通过铁路运输。近500人在印第安领地度过了10年，每年都在苦苦寻找回爱达荷的路。[60]

并非每次迁移都由军方负责，但联邦政策的背后始终伴随着暴力。例如，1866年特拉华条约规定，部落成员"准备迁往印第安地区时"，内政部长应接到通知，"以便做好迁移准备，改善部落成员在新家园的生活条件"。[61] 南北战争结束后，美国政府签订了越来越多的印第安条约，剥夺原住民土地，迫使原住民迁移到印第安领地。

然而，大多数战后条约仍然包含这样的政策，即美国政府不仅希望实现原住民与定居者的共存，而且希望这种共存更合人们的心意。例如，根据1867年《梅迪辛洛奇条约》，阿帕奇、科曼切、基奥瓦、夏延和阿拉帕霍的领导人放弃了9000万英亩的土地，换来了300万英亩的印第安保留地。承认印第安土地，换取和平，是联邦政府一贯以来的做法，尽管像伍尔西这样的当地定居者为自己的暴行感到骄傲，但许多国家领导人都明白，种族灭绝既不稳定，也不道德。1869年，尤利西斯·格兰特（Ulysses Grant）总统向国会表示："一个种族的灭绝对国家来说太可怕了。"与前任总统一样，格兰特知道边疆屠杀会滋生无法无天的行为。他总结说，"任由公民轻视人类的生命，会对整个社会产生危险"。公民不应该"无视……他人的权利"。[62]这些权利是通过条约建立和确定的。

基础设施与环境变化

与美国早期一样,这类条约谈判重塑了美国的行政和治理结构。曾经,各个帝国花了几个世纪才将势力范围延伸至密苏里河以西地区。如今,美国利用铁路和条约割地将剩余土地全部纳入了自己的版图。铁路横贯整个美国,政府无疑能够迅速调动士兵、物资、移民和其他资源。(P343)事实上,陆地旅行正在发生根本变化。现在,权力、通信和贸易主要自东向西流动,而不是沿主要河流,自北向南流动。[63]

内战爆发前,获取印第安土地,确保铁路发展,是美国印第安政策的指导方针,而且该目标在内战期间很快便实现了。在1861年开始的一次复杂调解过程中,联邦政府充当经纪人,将印第安条约土地出售给了莱文沃思、波尼与西部铁路公司(The Leavenworth, Pawnee, and Western Railroad Company)。根据一项财务协议,联邦政府从"特拉华印第安部落"手中获得了近25万英亩的土地。之后,参议院批准了1861年的《特拉华条约》(The Delaware Treaty)。政府以近1美元/英亩的价格出售了这些土地,据称此举是"为了特拉华印第安人的利益"。[64]6月10

日，林肯总统甚至还为该条约写了4段补充说明，授权其实施，条约被正式批准后，林肯于10月4日签署。"我将美国国徽附于此处"，他写道，同时"亲自签署该文件"。[65] 在迁移到印第安保留地之前的5年，特拉华人失去了超过10万英亩土地的所有权。像许多部落一样，他们的家园一直是定居者和铁路开发者觊觎的对象，两者都呼吁联邦政府将印第安人驱逐。[66]

铁路将东西部链接，加速了美国经济一体化的进程。堪萨斯于1861年建州，当时有10.7万定居者，此后该州的总人口激增，定居者向北扩张到内布拉斯加。与西部的其他几次定居者浪潮一样，堪萨斯州的人口非常年轻；1861年，只有1%的人年龄超过44岁。在这之后的20年内，大多数人都住在由东部银行按揭的农场里，这是经济发展与定居者殖民相辅相成的过程，需要的不仅是人口的迁移，还有信贷的迁移，而这些是未来一体化的标志。内布拉斯加的人口也出现了类似的激增，1867年建州后的10年里翻了两倍。[67]

随着特拉华人迁移到印第安保留地，堪萨斯州不仅成为铁路发展、新城镇建设和牛群养殖中心，同时还是主要的野牛屠宰场。大平原南部收获的野牛皮如今带来了出口繁荣。[68] 人们杀野牛只为了一张皮，这是前所未有的事情。经过这场最看重杀戮和剥皮速度的"工业狩猎"，野牛尸体像被丢弃的垃圾一样，在整个大平原南部随处可见。截至1871年，艾奇逊铁路公司（The

Atchison Railway）从该地区运出了 459,500 张牛皮，促进了全球制革业的发展，为美国和英国的工业化贡献了力量。这种屠杀几乎使大平原上的野牛灭绝，也摧毁了原住民经济。[69]

牛、羊和小麦等入侵物种迅速取代野牛，成为该地区的主要出口产品。随着铁路东移西进，一张由道路、火车小站和放牧小径组成的网络重新构成了邻近地区的地图。（P344）例如，大多数得克萨斯长角牛并非在本地屠杀或加工，而是通过印第安保留地赶往堪萨斯州的车站。而且，并非每一头牛都是被送去屠宰，有的牛是为了实现跨区域的繁育经济，如小公牛被送到科罗拉多、怀俄明和内布拉斯加等气候更寒冷的地区放牧。早在 1868 年，得克萨斯的一群长角牛就到达了夏延。[70]

美国内战后，铁路带来了永久变革，不仅解决了距离问题，还解决了季节性旅行面临的挑战。此外，铁路还孕育了牧场和农业经济，将旅行者眼中"干燥、寸草不生、无人居住的沙漠"变成"农业天堂"。[71]牛车、驿站马车和步行的时代已经结束。客栈被人遗忘，马车一路颠簸留下的车辙成了西部怀旧的最早迹象。简而言之，中部平原已经被新技术、人群和物种彻底改变。[72]

在这些变革面前，印第安事务几乎看不到明确的未来。到 1868 年，联邦政府已经获得北美大平原大片土地的所有权。条约驱使原住民部落从大平原中部向南和向北迁徙，新的领土被纳入，新州也相继成立。然而，美国"印第安问题"的长远未来仍然不明确。

1868年的几项条约划定了大片保留地。其中，尤特、纳瓦霍和拉科塔等部落的保留地是如此广阔，甚至类似"独立的国家"。[73]这些土地仍由四处流动的原住民社区治理，只有美国军队和国会立法才能对它们行使联邦权威。在接下来一代人的时间里，印第安领地和大平原北部的命运为美国诸多法律奠定了基础，将印第安事务带入20世纪。

大苏族保留地的起源

在内布拉斯加以北,大苏族保留地及其周边地区充满了活力。这块保留地根据1868年的条约建立,但在此之前的两年里,拉科塔族部落联盟在蒙大拿博兹曼小径与美军交战,双方陷入了僵局。(P345)这场冲突被称为"红云战争",曾引发广泛的新闻报道,而且美军打了几场著名的败战,包括1866年12月21日,威廉·费特曼(William Fetterman)中尉带领的美军在科尔尼堡(Fort Kearny)外被击败。在许多拉科塔人的回忆中,这年冬天被称为"百人殒命之冬"。[74]

根据1868年的条约,美国和拉科塔的领袖承诺和平相处,而且类似承诺在条约中随处可见。许多条款规定,联邦政府将建立新的保留地管理机构;分发牛、工业产品和其他年金;为希望学习农业知识的人提供相关课程。作为回报,拉科塔人放弃对内布拉斯加边境以南土地的主张,接受保留地的新边界,并同意"允许在不经过其保留地的前提下,和平修建铁路",此外,谈判还达成了其他协议。[75]

尽管条约规定了大量有关土地分配和农业补贴的条款,但大多数拉科塔人并没有选择当农民。正如条约允许的那样，他们回到平原，继续狩猎剩下的野牛群，建立新联盟，结交新朋友，重复季节性和仪式性的生活。[76] 许多部落选择全年住在平原地区，而不是住在保留地东部边缘、密苏里河沿岸的机构中。这些机构是欺诈和混乱的温床，其主要原因是白人事务官垄断政府年金，放任非法酒类贸易商在当地做买卖。

就像1862年的达科他战争一样，政府的贸易商不值得信任，因为他们不择手段，就为了填满自己的腰包。他们与混血儿、法国和早期皮毛交易商截然不同，后者与印第安社区通婚、学习原住民语言，也理解平原生活的社会维度。1876年，马托·瓦萨克佩（Mathó Wathákpe，即"冲锋熊"Charging Bear）表示，政府的商人没有"按照白人的价格跟我们交易……我希望贸易商向印第安人收取的价格不高于白人……请派一个懂印第安人及其交易方式……并且能与印第安人共同生活的人来"。[77]

《拉科塔条约》的独特之处在于，明确了联邦政府对相邻领地的承认。第16条规定，联邦支持拉科塔人持续进行季节性迁徙，并指定"大角山脉（The Bighorn Mountains）山峰以东"和"普拉特河以北"的土地为拉科塔管辖范围。[78] 这些土地包括蒙大拿的保德河地区（The Powder River Country）和布拉克山西部，是拉科塔人牧马、野牛狩猎和仪式性活动的主要场所。

（P346）

保留地以北，延伸至加拿大的部分大平原地区同样被承认为拉科塔的狩猎地。第 16 条进一步"规定，未经印第安人同意，禁止白人在该领地定居或占据该领地的任何部分"，并且"目前该地区建立的军事据点……将被放弃，通往它们的道路……将被关闭"。[79]

虽然从技术上讲，这些土地不属于保留地，但仍处于拉科塔的管辖范围，而且联邦政府根据条约予以保护。对许多拉科塔部落而言，最理想的家园位于未割让的领土内，这些土地由政府保留，专门供拉科塔社区使用。

在"第 16 条规定的土地"上，拉科塔的营地不断增多，包括数以千计的夏延人和阿拉帕霍盟友，这些原住民家庭放牧的马群更是数以万计。夏季的营地吸引了来自四面八方的交易商，他们带来商品，交换马匹、兽皮、肉干以及冬季加工的其他商品。这些夏季集会延续了世代相传的经济和社会实践，其规模之大，超过了密苏里河和蒙大拿金矿区之间的白人定居点。就像之前几代人一样，加拿大和哈得孙湾公司的混血皮毛商人继续南下，运送英国制造的金属、枪支和商品给拉科塔猎人。[80]然而，新武器的到来让联邦官员十分震惊，其中一位官员在 1866 年指出，现代枪支已经将拉科塔（及其盟友）"从不足为惧、几乎没有伤害力的对手，武装成了世界上最强大的战士之一"。[81]

该条约将为拉科塔人建立自治的家园，且邻近领土也包括在内，宣告了北美大平原印第安外交新纪元的到来。与19世纪60年代的其他条约类似，该条约意味着联邦政府对印第安土地的承认，这些土地由特定的印第安领袖统治，其中数百人在1868年签署了条约。然而，签署后的第一个10年，条约便遭到践踏，该地区也很快重新卷入战争。就像19世纪60年代失去土地的特拉华人一样，由于白人定居者涌入该地区获取土地和资源，大苏族的保留地也缩小了。

拉科塔领袖对条约遭到践踏感到愤怒。1870年6月，3支拉科塔领袖代表团访问白宫，其中包括红云和"斑纹尾"（Spotted Tail）领导的代表团，他们震惊地发现对方拿出了新的条约版本。[82]拉科塔领袖此次来访是为了抗议条约最近遭到践踏，而不是重新谈判。如今，未割让的土地不再永远属于他们。而且这些领袖第一次听说，拉科塔对第16条所述领地的管辖，居然"只限于该领地有足够的野牛供他们捕猎"。[83]总统格兰特邀请这些领袖共进晚餐，但远不能弥补他们遭到的背叛。（P347）

当初在拉勒米堡谈判，还有参议员批准该条约时，根本没有提及这些新条件。像其他条约一样，《拉科塔条约》的签订十分庄严，且具有相应的首尾程式，其宏伟目标是结束战争。红云和其他领导人勉为其难才接受当初的条款，如今这些新条款根本让人无法接受。

美国政府限制了拉科塔的土地范围。如果某地区的野牛群减少，社区内部的局势就会变得紧张，尤其是一些士兵认为，他们可以再次击败联邦部队。在这样的紧张局势面前，红云坚持认为他们应该立即打道回府，而根据《纽约时报》报道，其他领导人声称，"与其被欺骗……不如死在这里"。[84] 拉科塔领导人明白，与联邦政府谈判会面临新的威胁。1876 年，马托·瓦萨克佩再次与美国领导人谈判时，他坚持要求："我要留下一份该协议的副本。"[85]

虽然格兰特政府提供了礼物和承诺，但拉科塔人明白，他们在保留地之外维护主权和独立的能力遭到了质疑。西部土地曾是他们赖以生存的家园，为他们提供精神食粮和物质资源。但现在，铁路和公路的修建、野牛猎人的到来，给拉科塔人带来了一波又一波的威胁。

拉科塔领导人明白，自己的权利受到了侵犯。但他们没有意识到，这种侵犯是多么深刻。自 1868 年以来，美国政府与拉科塔人持续开展外交，尽管美国的实力大大增强，但拉科塔领导人记得，他们在红云战争期间击败了美国部队，并在拉勒米堡提出了许多条款。

然而，联邦政府的权力正在发生变化。为了给拉科塔代表团留下深刻印象，美国政府安排了很多活动，其中一项活动是，红云坐在参议院旁听席观看国会领导人对印第安拨款法案的辩论。这次旁听让拉科塔领导人的心中涌上了不祥的预感，因为该法案包括一项附加条款，旨在进一步遏制与印第安人的条约签订。[86]该法案于1871年通过，终止了美国与印第安部落缔结条约的授权，成为国会权力进一步扩张的又一个标志。拉科塔代表团不知道的是，国会之所以废除授权，是因为改革者正在采取更多措施，要将印第安人置于政府的监护之下。[87]

大苏族战争与建国百年后的美国

虽然1871年《拨款法案》（*The Appropriations Act*）限制了后续的条约签订，但仍承认现有条约的至高地位。（P348）该法案规定："本法案所包含的任何内容均不得解释为废除或削弱此前合法签署和批准的任何条约的义务。"[88] 美国依然按照条约管理印第安事务，但国会正在改变联邦政府最悠久的外交惯例。

国会的新愿景标志着美国历史的转向——从承认联邦管辖范围之外原住民部落的独特性，转变为在其管辖范围内，通过国家法律强制约束部落成员。[89] 正如前文所述，宪法将印第安人"排除"在税收、州和联邦法律以及公民身份之外。印第安人仍然不在国家的范围之内，根据第十四修正案，印第安人并非"国家的管辖对象"。然而，美国内战后的重建时期，印第安事务发生了变化，并表现为新的形式，即强制纳入和同化。虽然1871年法案维护了条约至高无上的地位，但国会很快通过多项法令，"废除或削弱了"条约义务。

每个部落都在努力理解国会日益增长的权力。[90] 对拉科塔人来说，联邦权威的不断增长很快引发了另一场战争。印第安人的命运，尤其是他们的土地和管辖权，将迎来不断加剧的政治和法律挑战。

在美国历史上，很少有哪个时刻像1876年一样具有标志性、争议性和决定性。当年3月，美国陆军将领发动了针对拉科塔村庄的战役，后升级为大苏族战争。7月4日，美国庆祝建国百年，11月，拉瑟福德·B.海斯（Rutherford B. Hayes）极具争议性的选举为战后重建画上了句号，共和党开启了长达近半个世纪的执政时期。

这次选举成为关于团结的公投，其结果标志着对战后重建的背叛。[91]选举结束后，共和党领导人在确保海斯总统地位的同时，提出了从南方撤出剩余联邦士兵的提议，即所谓的1877年妥协，标志着白人至上主义的回归。一位记者称，南方白人一直憎恨战后重建，以至于即使民主党人当选州议会代表甚至州长，"大多数人依然怒火中烧""扬言要打一场新的内战"。[92]

白人对政府的愤怒在北美大平原上也引起了共鸣。1875年，布拉克山发现金矿后，淘金者涌入受联邦保护的大苏族保留地。（P349）每周有800名矿工来到戴德伍德（Deadwood）矿井，根据早期的一份宣传资料，在开矿者主张产权的矿区，每个矿工平均每天的收入为300—700美元。[93]

这次入侵违反了1868年的条约。虽然拉科塔领导人没有收到原始条约的书面副本，但他们记得第一条款明确规定，如果

"白人男性，或接受美国当局管辖的其他人，侵犯印第安人的人身或财产权，美国政府将……立即采取行动，逮捕和惩罚犯人"。[94]该条款还承诺，联邦将采取救济措施。在"印第安人的人身或财产权遭受侵犯"的情况下，美国政府承诺"赔偿受害者所遭受的损失"。[95]

如今，原住民的权利每时每刻都在遭受侵犯，联邦政府却没有采取措施制止入侵者。他们的数量是如此众多，以至于改变了这片生态"绿洲"。乔治·克鲁克（George Crook）将军曾这样说道："布拉克山曾是最美丽的国度……地势崎岖，树木茂盛，到处都是各种各样的野生动物。"[96]根据《太平洋旅游》（The Pacific Tourist）杂志的说法，这是一个"百看不厌的地方"。[97]

采矿者砍伐树木当柴烧，杀死或赶走野生动物，消耗该地区的水资源，供自己和牲畜使用，他们的开矿技术还导致汞和相关化学物质渗出。采矿者憎恨拉科塔人，认为对方没有妥善利用土地。他们还像农民一样，憎恨政府和铁路公司，认为这二者获利最多。一位定居者回忆说："一旦跨过密苏里河，你的命运就掌握在他们手中，他们抢走了我们生产的所有东西……许多早期定居者营养不良，衣不蔽体，早早进了坟墓，他们创造的财富却遭到无情的算计。"[98]1873年的经济恐慌之后，西部的农民、定居者和矿工形成了强大的选民阶层。[99]

暴力和战争随之而来。许多拉科塔领导人对入侵感到愤怒，拒绝返回保留地，面对令人生畏的管理机构，有的拉科塔人甚至逃到了加拿大。白人无法无天，印第安人袭击不断，很快就带来了惩罚性的军事行动。克鲁克等军官"接到命令，强迫离开保留地的苏族和夏延人回到保留地"。他们接到通知，应"立即回到保留地……否则一经发现，将立即受到军队攻击"。[100]

庆祝建国百年之际，克鲁克于1876年发动的战役几乎没有引起人们的注意。不出意外，拉科塔人奋起抵抗。克鲁克如实报告说，他们"不希望自己的自由受到限制"。[101] 然而，与以往的美国-拉科塔战争一样，双方累积的损失很快震惊了联邦政府，其中包括1876年6月26日乔治·阿姆斯特朗·卡斯特（George Armstrong Custer）麾下第七骑兵团遭受的惨败。（P350）

建国百年庆典拉开帷幕时，卡斯特战败的消息传到了东部的报纸上。数十万人聚在费城世界博览会上，这是美国历史上规模最大的聚会。在这座城市80英里长的沥青人行道上，人们正为了新博物馆、花园和技术的诞生而欢呼，包括亚历山大·格雷厄姆·贝尔（Alexander Graham Bell）发明的"由人声操作的新装置"——电话。[102] 新的通信、电力和运输时代已经到来，尽管大部分保留地直到20世纪末才从这个"基本上由美国人参与"的历史进程中受益。[103]

博览会开幕时，300名士兵在小巨角河（Little Big Horn）①

---

① 这次战役又译作小大霍恩河之战、小大角战役、小比格霍战役。——译者注

战败的消息传来，这是自美国内战以来联邦士兵遭受的最大一次战败。对于这个连国歌都没有的国家来说，这次战败让人们认清了一些事实。尽管经历了一个世纪的扩张，而且为了南北统一，全国浴血奋战多年，但美国仍然像以前一样分裂和不均等。8 块西部领土，包括达科他领土在内，仍然是原住民部落自治的家园。此外，还有 11 个南方州正在想方设法恢复白人至上主义，这个国家到处都充斥着不均等。建国初期，美国确实是农业国家，但城市和集中的财富塑造了他的未来。[104]

自 1877 年妥协之后，国会通过 10 年的立法扩大了自身的权力，并尤其关注西部领土，还有对印第安土地的剥夺。当陆军包围拉科塔部落，"强迫"他们返回保留地时，国会于 8 月 15 日回应了卡斯特的战败，并动用了最常用的宪法权力：削减拉科塔人的年金。这就是所谓的"要么饿死要么卖地"条款，印第安部落要想重获联邦的支持，就必须割让土地。[105]1877 年 2 月 28 日，国会通过了一项新法律，即 1877 年《拉科塔法案》（*Lakota Act*），目的是"批准与某些苏族印第安部落达成的协议"。[106]如今推动联邦-印第安事务的是国会的法律，而不是参议院批准的条约。尽管国会于 1871 年放弃了对条约的授权，但这项法案与 1868 年的条约非常相似，不仅有序文和一系列条款，还有数百名拉科塔人的签名。此外，该法案由某委员会起草，该委员会于前一年夏天与拉科塔人开展了谈判，谈判内容针对的是拉科塔的土地和管辖权。（P351）该法案第一条撤销了拉科塔的保留地。第 3 条进一步削弱了原始条约的内容："上述印第安人还同意，他们以后将前往保留地的……指定地点和位置领取所有年金。"[107]

国会缩小保留地的范围，将年金与自身机构联系起来，谋划了新的权力布局，进一步促进了原住民对联邦政府的依赖，也促进了联邦政府对原住民的剥夺。这是一种罕见的组合，诞生于长达一个世纪的条约制缔结过程。它与条约的结构类似，但又模仿了国会在 1871 年废除的早期外交惯例。如今，国会开始树立新的权威，行使获取和撤销土地分配的权力，但在以前，这种权力全部由参议院和行政部门掌握。此外，国会还与军队合作，保障该权力的行使。（P352）

这种不受约束的权力，即国会享有"全权"，凌驾在现有条约的承诺之上。国会行使这些新权力时，实际上钻了宪法模糊性的空子，因为美国宪法没有明确规定，国会是否有权取消国家根据条约，即"国家最高法律"做出的承诺。毫无疑问，国会不受约束的权力受到了原住民的挑战，后者认为他们受条约保护的土地是不可撤销的。一场持久的法律冲突随之而来，塑造了 19 世纪、20 世纪和 21 世纪的联邦印第安政策。

同化带来的挑战

进入20世纪后,美国制定了新的保留地政策,在全国范围内建立了寄宿学校体系,通过种种努力来消灭印第安人。政府官员针对印第安土地和儿童发起了一场运动,这场运动的宗旨不是为了灭绝印第安人,而是消灭他们的文化。正如普拉特那句著名的嘲讽所言,这场运动是为了"消灭印第安文化,拯救人类"。[108] 他还表示:"这个种族中的所有印第安文化都应该消灭。"[109] 普拉特的观点得到了道斯、保留地事务官和社会改革者的赞同,其中许多人主张采取人道主义的文化抹杀。他们与西奥多·罗斯福等其他领导人的观点对立,后者认为原住民是劣等种族。1886年,罗斯福在纽约说:"我不认为只有死了的印第安人才是好的印第安人,但我认为10个印第安人当中,可能死了的那9个都是好的。"他还说:"至于第10个人的情况如何,我不愿深入探究。"[110]

原住民抵制了针对印第安人的土地、经济、宗教和政治同化计划。在新的统治结构面前,他们继续维护自己的政治和文化权威。1877年,阿拉帕霍族在怀俄明风河保留地(The Wind River

Reservation）定居之后，部落领袖调整了根据年龄分配职务的政治体系，在保留地安排了一系列中层议事会首领和更年长的"仪式领袖"。这是来保留地之前便有的领导制度，即年长男性拥有仪式和文化权威，年轻男性在年长领袖的指导下为社区服务。[111]蒙大拿克罗人也采用了类似的做法，虽然在印第安事务督查官的安排之下，年轻人会在保留地担任警察等职务，但像普伦蒂·库普斯①（Plenty Coups）和梅迪辛·克劳（Medicine Crow）②这样令人尊敬的领袖依然保持着集体权威。[112]

遗憾的是，这些调整仅在一定程度上遏制了政府的同化计划。（P353）渐渐地，保护儿童变得越来越难，尤其是保留地官员制定新的迁移策略之后。例如纳瓦霍部落，印第安父母和大家庭的成员放牧时，政府官员会趁机夺走孩子，导致原住民只能在维持生计和保护孩子之间二选一。"高个子女人"（Tall

---

① 普伦蒂·库普斯（1848—1932 年）是克罗族的大酋长，也是一位有远见的领袖。西部战争爆发时，他曾领导克劳族与白人结盟，因为苏族和夏安族是克劳族的宿敌。他的出生名是 Chíilaphuchissaaleesh，意为"迎风而立的野牛"。按照传统，他在年轻时改了出生名。他的祖父预言他将成为克劳族首长，不仅长寿，而且会成就许多伟业，因此给他取名为 Alaxchíiaahush，意为"许多成就"。Plenty Coups 是这个名字的英文翻译，意为"诸多荣耀"。普伦蒂·库普斯的一生确实实现了其祖父的预言。——译者注

② 梅迪辛·克劳（1913—2016 年）是美国原住民作家、历史学家和克劳部落的战争首长。克劳关于美洲原住民历史和保留地文化的著作被认为是开创性的著作，但他最著名的文化成就是有关 1876 年小巨角河战役的著作和讲座。——译者注

Woman，又名 Rose Mitchell，即罗斯·米切尔）回忆说："警察来了，孩子们被抓起来拖走了……他们（父母）在外面放牧……所以我们一看到陌生人来，就会到其他地方躲起来。"[113]

政府还采用其他手段来实现原住民儿童迁移的制度化。印第安学校总监埃斯特尔·里尔（Estelle Reel）报告说："政府会克扣一些保留地的口粮，逼迫印第安父母把孩子送到学校，这项举措遭到了强烈的反对，很多情况下，印第安家庭会一直抵抗，直到濒临饿死的边缘。"[114] 美国西部出现了新的饥饿政治，经济脆弱的原住民社区只能二选一，要么保护孩子不被送走，要么让孩子活活饿死。

寄宿学校甚至瞄准了年仅 4 岁的儿童。许多孩子自幼被带走，长时间与家庭、社区和文化分离。这种迁移让原住民怨恨不已，来自罗斯巴德保留地（The Rosebud Reservation）的莱姆·迪尔（Lame Deer）回忆道："我跟祖父母一起，在我们自己的世界里快乐地生活着。"

这种幸福却没法持续……有一天，怪兽来了，那人是印第安人事务局的一个白人。我猜，他把我的名字列入了名单。他告诉我的家人，这个孩子必须去上学，如果你们不主动把孩子送来，印第安警察就会抓走他们……我躲在奶奶身后。对我来说，我的父亲就像一尊大神，我的爷爷是参加过卡斯特战役的勇士，但此时此刻，他们却保护不了我。[115]

印第安孩子在学校也没有受到保护。他们被迫参加普拉特所谓的"美国公民身份的洗礼"，许多人在这场国家赞助的运动中被湮没。[116]印第安学生面临着直接而持久的压迫：被迫学习英语、穿羊毛料子的衣服，保持有规律的工作节奏。印第安男孩一到学校，头发就被剃光，手工缝制的衣服和鹿皮鞋也全被烧掉。要是有谁讲自己部落的语言，要么被打，要么被用肥皂洗嘴巴。数不清的人遭受身体和性虐待，数千人死于疾病、过度严格的纪律和恶劣的生活环境。[117]

在普拉特看来，这些损失是必要的。（P354）文明和同化需要文化隔离和纪律。他宣称，"一天天过去"，印第安儿童越来越"充满着美国的自由精神……和特质"。[118]卡莱尔学生报曾这样安慰学生："亲爱的孩子们，你们应该感到满足，因为这个学校的教育能拯救你们。"[119]

萨斯喀彻温省（Saskatchewan）萨斯卡通市（Saskatoon）圣保罗大教堂外的纪念碑。2021年5月，特肯鲁普斯·特·塞克威彭克（Tk'emlúps te Secwe'pemc）部落宣布在不列颠哥伦比亚省甘露市（Kamloops）附近的一所前寄宿学校发现了215块无名墓地。在这之后，北美其他地区的许多学校也发现了数百块无名墓地。美国寄宿学校幸存者和加拿大住宿学校幸存者抗议了强制同化对原住民社区造成的历史创伤，并控诉国家和教会未能追究这些暴力机构的责任。许多人在寄宿学校、教堂和立法机构大楼的台阶上摆放儿童鞋，表达对逝去的年幼生命的哀悼以及对追责的愿望［坦尼·K. 坎贝尔（Tenille KCampbell），图源：sweetmoon photography］

同化运动的扩张：19 世纪 80 年代—20 世纪 20 年代

实施印第安新政之前，国会通过了一系列法律，削减印第安人的保留地，带走孩子，并采取其他同化措施，如对印第安人实施宗教迫害。这些负担加剧了原住民家庭面临的现有挑战，特别是与营养不良和疾病有关的挑战。由于只能依赖腐败的官员和政府援助，无数原住民都为了生计和经济发展而苦苦挣扎。

进入同化时代之后，美国政策制定者又一次瞄准了印第安人的保留地，因为他们认为，这些土地和原住民家庭必须做出改变。只有接受基督教，讲英语，遵从盎格鲁－美国的实践和观念，原住民才能融入美国。铁路公司、定居者和企业领袖则认为，保留地是尚待挖掘的财富来源。改革者的目标是改变而非摧毁印第安人，因为他们认为此举能给个人带来新的机遇。1890年，印第安事务委员会的托马斯·摩根（Thomas Morgan）报告说："在现代文明社会，保留地制度是不合时宜的产物……解决问题的根本在于，承认印第安人的完整人格……应该让他们自由选择在何处建立自己的家园。"[120]

同化也称为"美国化"，引发了进步时代（The Progressive

Era）① 的其他运动。这一时期的美国接纳了数百万非新教徒和非英语移民，改革者希望，移民和原住民社区都实现美国化。对后者而言，这种同化意味着保留地不再被视为原住民的自治家园，而是需要新的家庭社会结构。针对前者，政府则提出了有关住房和教育改革的建议。

盎格鲁-美国的性别规范推动了这些改革工作的开展，促使改革向北传播，这影响了加拿大的第一民族政策。[121]（P356）改革者的论述以家庭主义为主导，他们对现有的社会实践不屑一顾，对权威倾向于父权式的理解。[122] 摩根在回应普拉特、道斯和其他联邦官员时所表达的个人主义，这样总结道："他们必须以男人和女人的身份活着或死去，而不是以印第安人的身份。"[123]

随着性别关系成为同化的主要战场，政府的强制措施与印第安社区的信仰发生冲突。原住民看重大家族式的结构，而不是核心家庭。保留地采取的是多代同堂的形式，老人很少独自生活或远离亲戚。对母系氏族而言，女性的权威是家庭以及亲缘关系的基础。

例如，蒙大拿克罗族女性的权威代代相传。她们通过社会和文化机制来决定宗族和亲属关系，以及儿童的照看形式。[124] 克罗

---

① 进步时代是指 19 世纪 80 年代—20 世纪 20 年代的美国。当时这个国家涌现出大量的社会、政治和经济改革实践，快速从农业社会向工业社会转变，经济迅猛发展，同时伴随着大量的经济和社会问题。——译者注

族女性控制着家庭的大部分财富和物品。20世纪初期，75%克罗族女性的遗嘱没有提及任何关于丈夫的条款。[125]

与其他部落一样，克罗族女性在一生当中经常有多位丈夫。她们住在世代相传的房子里，更愿意在助产士和家人的陪伴下分娩，而不是在机构医院分娩。苏茜·耶洛泰尔（Susie Yellowtail）曾在马萨诸塞州富兰克林县纪念医院的护理专业学习，毕业后回到蒙大拿，在当地社区从医。她回忆说，白人护士和医生对原住民文化缺乏同情和关注，因此常常对病人漠不关心。她记得，克罗族管理机构医院（The Crow Agency Hospital）的医生总是"匆匆忙忙的样子"。有一次，一位产妇难产，医生"剪完脐带（而且剪得太短），就离开了"，结果导致大出血，耶洛泰尔不得不拼命抢救婴儿，安慰产妇。[126]

改革者认为，印第安家庭的结构有缺陷，无法养育儿童。他们还认为，原住民部落共同占有土地，采用的是"原始"的土地管理方式，需要接纳私有财产的理念。废除保留地，将儿童送到遥远的学校，将财产所有权作为获得公民身份的途径，定义了这个时代。然而，与拉科塔人一样，随之而来的并非种族的"提升"，而是灾难。

政府通过一系列法律来废除条约义务，1877年的《拉科塔法案》便是其一。当时美国接二连三出台法律和"附加条款"，将保留地分割成小块。几十年来，国会通过一条又一条法令，分割了印第安人的保留地。（P357）根据1867年的条约，明尼苏达州的白地阿尼什那贝人（White Earth Anishinaabe）保有其保留地内的所有土地，但此后的一系列法律和附加条款，如1904年和1906年的克拉普附加条款（The Clapp Riders），缩减了他们的土地范围。[127]

白地阿尼什那贝人原本能从每年的迁徙中获得枫糖、野生大米和狩猎资源，但这种剥夺摧毁了他们自给自足的经济体系。这些法律还开放了保留地最具商业价值的资源，即木材、农田和湖滨夏季小屋等旅游景点，供外部开发之用。国会代表起草了多项法律，有的专门针对特定的原住民部落及资源，如拉科塔族和白地阿尼什那贝人。有的则针对所有原住民部落，如1887年的《道斯法案》。

并非所有原住民部落都受到了如此严重的影响。一些部落通过聪明才智、外交手段和团结一致的领导，顶住了土地分配的压力，明尼苏达州红湖（Red Lake）附近的阿尼什那贝人便是一例。他们对保留地、水域和资源保持了相对的自治。与白地阿尼什那贝人不同，他们不仅抵制了土地分配，还阻止政府将其他原住民安置在其家园。梅德韦－加努宁德（Medwe-ganoonind，即"He Who Is Spoken To"，字面意思是"与之交谈者"）反复对政府官员说："我们希望在自己的土地上独自生活；我们不希望其他印第安人来这里。"[128]

这些法律的执行得到了军方支持，大多数原住民部落别无选择，只能服从。1876—1877 年大苏族战争期间，军队领导人没收了保留地机构内的所有马匹和枪支。他们拘禁忍饥挨饿的家庭，还剥夺了他们狩猎的权利。与此同时，克鲁克将军和纳尔逊·A. 迈尔斯（Nelson A. Miles）将军还通过消耗战来镇压剩下的抵抗者。[129] 1877 年的《拉科塔法案》便是由军方强制执行的。

这场冲突不仅充斥着暴力、土地掠夺，还有对条约的进一步违反，随之而来的是持续一个世纪的法律挑战。1980 年，美国最高法院在《美国诉苏族印第安人》一案中判决称："1877 年的法案……实际上剥夺了《拉勒米堡条约》预留的部落财产。"最高法院认为，这种"剥夺""意味着政府有义务对苏族进行公正的补偿。该等义务，包括利息的支付，如今必须履行"。[130]

美国最高法院还指出国会行动的其他问题。既然条约仍是"国家的最高法律"，众议院便无权撤销参议院和行政部门根据条约所做的承诺。（P358）尽管 1877 年的法案与之前的条约类似，但它没有达到《拉科塔条约》第 12 条规定的"至少 3/4 成年苏族男性……对割让保留地任何部分"所需的同意。[131] 委员会只获得了 230 个签名，约占拉科塔族决策人口的 10%。国会的立法实际上是违宪之举，是对拉科塔土地的非法剥夺。

面对军事攻击、物资克扣和日益增长的定居压力，红云等许多著名的原住民领导人同意接受新的条件。然而，大多数拉科塔领导人拒绝接受失去超过 700 万英亩土地，却无法获得补偿。尽管未能获得拉科塔人的同意，国会还是在这份"所谓的'协议'"前面加了一篇序文，"将其宣布为法律。"[132]

在联邦印第安政策的压力下，接下来的几十年成为拉科塔族和其他原住民部落最黑暗的时期之一。南达科他于 1889 年建州，同年联邦政府进一步分割了大苏族保留地。国会通过另一项法令，将其土地分成 6 块较小的保留地，在此过程中额外获取了 1300 万英亩条约土地的所有权。建州之后，政府对原住民的剥夺进一步加剧。拉科塔曾经用来放牧的土地，如今成为白人的定居点，且受到州政府的管辖。拉科塔族领导人菲兹（Phizí，即高尔 Gall）悲伤地说，"白人现在占了我们的土地，我希望他们就此罢休，让我们平静地生活。"[133]

军队驻扎在该地区各处，印第安人事务局负责监督保留地新政策的实施。从年金的发放，到离开保留地的通行证，拉科塔人的日常生活全部由瓦伦丁·麦吉利卡迪（Valentine McGillycuddy）这样的官员掌管。[134]麦吉利卡迪于 1879 年接管松树岭（Pine Ridge），他给某些拉科塔首领提供好处，如资源、恩惠和通行证等，同时对不合作的人进行惩罚，希望通过恩威并施的方式分裂社区。

作为普拉特寄宿学校运动的支持者，麦吉利卡迪瞄准了拉科塔儿童。1879 年，他将 120 名拉科塔儿童送到了卡莱尔工业学校。这些儿童的人数之多,让普拉特一开始感到很为难,因为他反对从单个社区送来这么多儿童,并抱怨说"从未遇到这么多不满……的印第安人,他们对政府充满了敌意"。[135] 普拉特曾设想,部落会在一定程度上同意寄宿学校运动。(P359)不过作为一名军官,他理解并遵循了印第安事务专员埃兹拉·海特(Ezra Hayt)最近的指示:"这些孩子可以当成人质,让他们的部落乖乖就范。"[136]

美国最高法院对全权主义原则的确认

虽然同化时代从地理和政治维度改变了印第安保留地，但很少有人认识到这种政策逆转的具体性质。各方都觉得困惑不已，无论是保留地官员、印第安条约签署者，还是联邦法官，都对这个时代的政策有不同的理解。当亚利桑那等领地将州权强加到保留地和部落成员身上时，问题出现了。伍尔西曾猎杀的阿帕奇社区为何拥有超越州权的政治权威？条约如何为部落成员提供法律保护？许多定居者认为，他们自己才是拥有主权的一方，而且这种主权归他们独有，绝不会延伸到许多人眼中"贫瘠荒芜，对白人毫无用处"的部落土地上。[137]

将印第安土地纳入联邦之后，大量问题接踵而至。原住民是否成为美国公民？他们能否投票、拥有财产或在法庭上作证？印第安人是受州或联邦刑事法律的约束，还是受部落法律和习俗的支配？印第安人能否对抗州禁令，如反种族通婚法和《豪威尔法典》？印第安土地究竟由谁统治？如何统治？这些问题的回答需要数十年的时间，而且需要在新兴的法律体系内进行操作，这种法律体系希望尽量维护现有协议、纠正罪行，同时保持形式上的正义与公平。尽管许多问题直到第一次世界大战后才得到解答，但法院的一系列裁决针对部分问题做出了解释。

1865年，科曼切族和拉科塔族主宰了北美大平原南部和北部的大部分地区。两个部落都与美军交过手，并为了自身的管辖权遭到削弱而不断抗争。他们试图迫使联邦官员遵守之前的条约，结果引发了这个时代最重要的两项裁决。

1883年，最高法院在针对克罗狗一案（Ex Parte Crow Dog）的裁决中称，被定罪的拉科塔族领袖克罗狗被非法拘留在达科他领地，尽管他被指控犯有谋杀罪。根据该裁决，克罗狗获释。不过，最高法院还裁定，如果国会通过的法律旨在解决刑法的歧义，则国会的权力高于部落的权力，1885年通过的《重大犯罪法案》就是这一原则的体现。[138] 在刑法领域，国会的权威超越条约的权力，因为一些"重大犯罪"属于联邦管辖范围。

与此类似，美国最高法院在1903年独狼诉希区柯克一案中裁定，如果国会另有决定，则《基奥瓦条约》（The Kiowa Treaty）的规定将不再具有约束力。1867年在梅迪辛洛奇签订的《科曼切条约》（The Comanche Treaty）规定，对科曼切土地政策的任何更改，均需2/3具有决策资格的科曼切男子同意。（P360）俄克拉何马的一系列土地法案并没有获得该等人数同意，根据这类法案对部落土地的占有遭到了部落成员的起诉。然而，最高法院裁定，国会固有的权力超越了条约的权威。尽管美国宪法保证,条约是"国家的最高法律",但国会如今拥有"对印第安部落土地的……完全行政权"。怀特大法官(Justice White)根据大多数意见这样写道。[139]

这类裁决改变了联邦印第安政策的方向,并对当代原住民部落产生了影响。美国内战之前,国会通过的法律很少涉及印第安社区。但现在,它发展出新的权力形式,目的是夺走印第安人的孩子,改变他们的日常生活。像道斯这样的个别立法者开始主导联邦印第安政策。[140] 自19世纪70年代起,他和其他国会成员通过了一系列旨在重塑印第安土地、家庭和社区的法律。这种活跃的、侵入性的立法使19世纪末成为联邦印第安政策最具挑战性的时期之一。[141]

美国独立后的一个世纪,印第安事务结构发生了变化:不受约束的国会权力占据了主导地位。这种变化可追溯至陶尼法院(The Taney Court)①时期的一系列先例,当时"固有权力原则"已经出现,成为国会行动正当性的依据。[142] 这种全权原则与早期许多领导人以及马歇尔法院保留部落主权的愿景相悖。它肯定了国会对美国地理范围内所有领土的立法权力,同时削弱了部落社区的管辖权。进入保留地时代之后,这种原则在最高法院的一系列判决中得到巩固,包括1886年《美国诉卡加玛》一案(United

---

① 1836年,陶尼由安德鲁·杰克逊总统提名上任,担任首席法官。陶尼领导下的联邦最高法院被称为"陶尼法院"。——译者注

States v. Kagama），该案肯定了 1885 年《重大犯罪法案》的合宪性。

印第安儿童被带走，条约土地被剥夺，成为保留地时代的主要特征。在美国政府的种种干涉之下，部落管辖权被削弱，原住民社区逐渐失去了对自己土地和资源的完全控制。这个时代的法律为接下来几十年的联邦政策奠定了基调。《重大犯罪法案》授予联邦政府对保留地 7 种"重大犯罪"行为的刑事管辖权。[143] 这是印第安人通过法院系统行使部落自治权时，国会从立法层面作出的回应。（P361）在针对克罗狗的裁决（1883 年）中，美国最高法院要求释放克罗狗。作为一名拉科塔警官，克罗狗之前因谋杀行为被南达科塔法院定罪。最高法院认为，美国各州和领地对保留地没有管辖权，部落完全能够裁决部落成员之间的争端。于是，最高法院裁定释放克罗狗，肯定了部落对其成员犯罪行为的司法管辖权。[144] 拉科塔部落社区内部根据长期以来的条约、惯例，甚至文化规范，要么认同克罗狗的行为，要么拥有对内部犯罪行为的专属管辖权。马修斯大法官（Justice Matthews）在一致裁决中总结说："对克罗狗的监禁是非法的。"[145] 尽管裁决的措辞贬低了印第安人的社会惯例，但仍然肯定了马歇尔对印第安主权的看法：部落保留对其土地和成员的管辖权。然而，这是 19 世纪最后一项支持这种权力的裁决。[146]

国会对克罗狗一案进行了干预。在《重大犯罪法案》中，国会宣称自己拥有这种管辖权。全权主义的浪潮正盛，很快就会冲击最偏远地区的司法和法律实践。然而，关于保留地犯罪行为的管辖权归属问题仍然没有解决，尤其是部落成员之间的犯罪。马修斯在克罗狗一案中指出，授权领地法院对部落行使管辖权"将颠覆……联邦政府对印第安人的一般政策。一直以来，这些政策不仅在许多法令和条约中有所体现，也获得了本法院许多判决的承认。为了证明偏离一般政策的正当性，国会需要明确表达这种意图，但我们没有找到这样的表达"。[147]

第二年，即1886年的《美国诉卡加玛》一案，对该法案的合宪性以及国会对印第安事务的权力进行了审议。加利福尼亚州胡帕谷保留地（The Hoopa Valley Reservation）的原住民根据《重大犯罪法案》被定罪，他们像克罗狗一样，试图通过法院来化解牢狱之灾。然而，在一项关键意见中，最高法院支持了新法律，而且就国会对印第安事务的立法权威做出了更广泛的裁定，阐明了美国"排他性"主权的新愿景。

这种愿景体现了征服的本质。根据卡加玛案，美国只有两种主权：联邦政府的主权和州政府的主权。"在主权的广阔领域中，只有这两种权力，"塞缪尔·米勒大法官（Justice Samuel Miller）写道，"为了保护这些曾经强大的种族剩下的成员……联邦政府有必要行使自己的权力。"[148] 简而言之，国会的权力如今凌驾在部落对其土地和成员的管辖权之上。（P362）

继 1871 年《拨款法案》、1877 年《拉科塔法案》和 1887 年《土地分配法案》之后，1885 年的《重大犯罪法案》成为联邦政府对印第安事务的又一次立法干预。该法案旨在扩大国家对印第安社区的权力，回应克罗狗一案对印第安主权的肯定。这些法律剥夺了部落的土地和管辖权，通过法令建立了新的宪法实践形式。它们是在美国内战之后发展起来的，当时联邦政府通过国会颠覆条约权力，提高了自身的权威。

正如战后重建时期的修正案一样，国会改变了国家宪法的含义。它还获得了其他政府部门曾经拥有的广泛管辖权，因为国会精心策划，重新制定了美国最古老的外交惯例，这些惯例曾经"在许多法令和条约中"均有明文规定。至此，国会全权主义原则终于形成。[149]

1890 年伤膝河大屠杀

1890 年，美国人口普查宣布国家的"边疆"正式关闭，这是美国历史上第一次不再承认未纳入的西部土地的可用性。对许多原住民来说，家园被定居者、贸易商、政府官员和传教士包围，是末日即将来临的启示录。随着原住民对联邦政府的依赖日益加深，以及对祖辈生活的重现，一种称为"鬼舞"（Ghost Dance）的千禧文化复兴让许多西部原住民摆脱了白人的不利影响。

鬼舞的崇拜者聚在一起分享教义和仪式，一年到头都在跳舞。拉科塔历史学家约瑟芬·瓦戈纳后来回忆说："松树岭的人们一直在跳舞，伟大的酋长们……纷纷接受了这种新的信仰。"[150] 与其他复兴运动一样，如尼奥林曾经领导的运动，鬼舞成员承诺放弃对商品的依赖，尤其是对酒精的依赖，而且放弃基督教传统。他们珍视手工制作的仪式服装，认为它们具有神圣的力量。[151] 男人像以往那样留长发，挑战寄宿学校的规定，许多人分享着跨部落的神圣歌曲，这些歌曲蕴含着与逝去的祖先交流的力量。（P363）

在 1890 年这个命运多舛的冬天，鬼舞再次将南达科他州和拉科塔族卷入了美国历史的洪流。圣诞节之后 3 天,该地区再次发生暴力事件。第七骑兵团,即原先卡斯特部队的成员,认为大脚(Big Foot)领导的一群信徒怀有敌意,于是将对方围困在松树岭保留地的伤膝河(Wounded Knee Creek)沿岸。这些骑兵强迫对方交出武器,结果对方一支隐蔽的步枪意外走火,骑兵发起了进攻。他们冲锋时,用高处的霍奇基斯(Hotchkiss)火炮发射了炮弹。为了给战败的卡斯特复仇,这些骑兵将武器对准了妇女、儿童和老人。历史学家对当时的死亡人数存在争议,因为数百人要么在冲突中丧生,要么在冰天雪地中逃走,躲进了他们能找到的庇护所。[152]

尼古拉斯·黑麋鹿(Nicholas Black Elk)在 1931 年的一次采访中回忆道:"看到士兵出发,我就知道大事不妙。"[153] 炮火的声音响起时,在附近扎营的黑麋鹿骑马去了冲突现场。"我有一种不祥的预感。"他回忆道。[154] 幸运的是,黑麋鹿避开了随后的冲突,但目睹伤者和遇害者带来的震撼将永远留在他心中。

◆

1890 年,美国历史的洪流汇聚到了曾经的大苏族保留地,这块保留地如今已分割成 5 块单独的保留地社区。红云战争之后,第 1 块保留地于 1868 年建立,随后 10 年的战争,还有联邦政府失败的保护措施,导致保留地最终解体。1868 年的《拉科塔条约》曾划定了大片的印第安保留地，但随后国会出台的法令逐渐侵蚀了这些领地。对黑麋鹿、瓦戈纳和其他社区成员来说，生活已经发生不可逆转的变化，背叛、失去和痛苦笼罩着他们深爱的家园。（P364）

11

Indigenous Twilight at the Dawn of the Century Native Activists and the Myth of Indian Disappearance

There are old Indians who have never seen the inside of a classroom whom I consider far more educated than the young Indian with his knowledge of Latin and algebra. There is something behind the superb dignity and composure of the old…there is something in the discipline of the Red Man…there to remain separate and distinct…against all time, against all change.

—*Laura Cornelius Kellogg*（1911）

20世纪初的土著黄昏：
原住民活动家与印第安人消失的神话

有些年长的印第安人从未进过教室，但我认为他们比那些懂拉丁文和代数的年轻印第安人更有教养。在年长的印第安人不卑不亢、泰然自若的背后……在红种人的纪律中蕴藏着存在着某种深刻的智慧……让他们保持独立与独特……抵抗所有时间和所有变化。

——*劳拉·科尼柳斯·凯洛格（1911年）*

1879年夏天对大卫·克拉夫特（David Craft）牧师来说是一段忙碌的时光。25年来，他一直担任宾夕法尼亚州怀厄卢辛（Wyalusing）长老会教堂的牧师，这个小镇就坐落在纽约州边境以南的萨斯奎哈纳河畔。克拉夫特曾在南北战争期间布道，安慰丧偶者、联邦退伍军人和其他失去家人的幸存者，之后又站上讲坛，阐述现代生活的新奇与诱惑。他很可能参加了费城百年博览会（The Centennial Exhibition），在会场上欣赏了人们对未来的美好愿景。这届博览会最引人注目的物品之一，是最近从法国运来的巨大"自由女神"火炬。

19世纪70年代是百年庆典的年代，克拉夫特于8月和9月在纽约主持了一系列庆典活动。这些活动纪念的并非国家独立，而是独立背后的革命斗争。活动的主要场址也不是费城或其他殖民中心，而是纽约西部。（P365）整个1879年夏天，克拉夫特都在为了庆祝革命将领约翰·沙利文1779年征服易洛魁联盟100周年而忙碌。[1]

克拉夫特"满怀热情，希望了解这场战役的一切"，并在埃尔迈拉（Elmira）、滑铁卢、杰纳西奥（Geneso）和奥罗拉（Aurora）发表了长篇演讲。[2]他还撰写了一份80页的历史研究报告，与纽约州立法机构委托编写的一份579页的出版物一起出版，"并给每位参议员和众议员……分发10册"[3]。

沙利文的远征从"一个世纪的遗忘中"被唤醒，变成这些城镇集体历史的奠基事件。埃尔迈拉刚刚竖起纪念碑，下方的大理石牌匾写着，这次远征是"确保美国作为独立国家存在"的关键时刻。[4]对克拉夫特来说，沙利文远征"一举解决了这样的问题，即应该由白人还是红人统治这些肥沃的山谷，还有河流沿岸的土地……这次行动回答了这样的疑问，即美洲印第安人是继续阻碍人类进步……还是在与其他民族的对抗中倒下"[5]。这次远征之后不久，定居者建立了许多人眼中的理想社会。[6]作为该地区最著名的作家，詹姆斯·费尼莫尔·库珀在《拓荒者》一书中表示，纽约"整洁舒适的农场"创造了一个理想的田园世界，"道德高尚且善于反思的人们"居住在"美丽而繁荣的村庄里"。[7]克拉夫特认为，库珀的愿景正是起源于沙利文远征和革命时代。

1890年人口普查宣布边疆"关闭"，随后芝加哥举办了全国最大的纪念活动——1893年哥伦比亚博览会，在这之前，美国历史的全新愿景不断涌现。每竖起一座纪念碑，每举办一次庆祝游行，每出版一份纪念册，人们对国家历史的想象就会变得更加自信和坚定。[8]正如克拉夫特所言，有关美国历史的"问题"已经得到解答。美国历史是"进步"的历史,而不是充满了"赤裸裸的仇恨"或"对文明不加掩饰的厌恶"。早在沙利文的"一举之间",这个国家便开始了"进步"。[9]

为了歌颂历史,人们需要对易洛魁村庄和农场遭受的破坏进行研究,反之,对历史的歌颂又能促进这类研究的开展。除了广泛研究之外,克拉夫特从沙利文的远征中得出了一些见解。这次远征消除了通往"文明"的障碍,解放了土地本身,将"习惯了原来崎岖土地和陡峭山坡"的新英格兰部队带到了纽约。[10] 新英格兰人在易洛魁人的土地上"建立了自己的家园,养育子女,传播自由和宗教制度"。[11] 他们在纽约建造了"一个帝国"。[12] 克拉夫特对那段历史的自信如同神学信仰一般坚定,他将二者结合,对该地区的定居者大为赞美,对他们来说,"这些广阔而肥沃的山谷就像又一座伊甸园"。[13]

在整个美国,人们对历史的想象都洋溢着神话般的色彩。(P366)公民纷纷庆祝国家的起源,在他们看来,即使美国的历史不是宿命,也是进步的代名词。[14] 即使是美国第一批接受系统教育的历史学家也认同克拉夫特的自明之理。他们认为,殖民时代是美国历史关键特征的形成时期,并且认为对印第安土地的征服构成了美国历史发展的基础。说来讽刺,作为世界上的第一个宪政民主政体,美国的历史居然是由远离国家政府的定居点塑造的。

最引人注目的是弗朗西斯·帕克曼（Francis Parkman）和弗雷德里克·杰克逊·特纳，两人提出了关于"边疆"社会的愿景，阐述了原住民带来的障碍。帕克曼的 7 卷本历史著作《新世界的法国》（*France in the New World*，这是最初的书名）是一次最彻底的尝试，目的是构建盎格鲁－美国的独特历史。[15] 通过对原住民及其法国盟友的诋毁，帕克曼实现了这一目标。在帕克曼看来，他们对"封建制度、君主制和罗马"的忠诚，阻碍了北美的命运发展。[16] 同样，特纳也写了一篇解释性论文，阐述"边疆在美国历史中的意义"。哥伦比亚博览会期间，特纳在芝加哥发表了这篇论文，宣称内陆土地的殖民化将定居者转变为自治公民，形成了美国民主的源头。[17] 这篇不太著名的论文研究了欧裔美国人的第一个经济"机构"，即导致印第安人依赖白人物资的"贸易站"。[18] 在特纳看来，尽管几个世纪以来，原住民适应了五大湖地区的生活，但内陆的小型交易站为原住民部落的注定消失写下了前奏——"对还在使用弓箭的印第安人来说，制造枪支和火药的文明阶段太难企及"。[19]

20 世纪初，帕克曼、特纳和克拉夫特的新正统观念得到进一步巩固，无论是各界学者，还是宗教、民间和国家领导人，都在宣扬对美国历史的想象。在这场结论早已定下的道德剧中，美国在征服印第安土地的过程中崛起，通过大陆扩张实现了自己的宿命。对美国内陆地区的认识不仅推动了美国的历史创作，也推动了学术机构与出版物的发展。（P367）1907年，密西西比河谷历史协会（Mississippi Valley Historical Association）成立，并自1914年开始发行期刊，为美国历史学家组织（The Organization of American Historians）和《美国历史杂志》（The Journal of American History）奠定了基础。[20]

在这类研究中，印第安人不仅站在美国"文明"的范畴之外，更处于其对立面。他们仍然身处"另一个时代"，代表着国家使命的反面。[21]休伯特·豪·班克罗夫特（Hubert Howe Bancroft）在其5卷本系列著作《土著民族》（The Native Races）中总结道："只有通过研究野蛮和部分开化的部落，我们才能理解人类是一种进步的存在。"[22]学者们广泛研究了从易洛魁到阿拉斯加的土著民族，希望找出他们与"文明"人之间的区别。在他们看来，虽然原住民各具特色，但它们都有着低于"进步"民族的共同点。班克罗夫特在描述科迪亚克岛的阿鲁提克人时说道，"他们的家庭礼仪是如此粗鄙……也没有道德观念"，他们纯粹"生活在肮脏之中"。[23]

用白人至上主义的维度来衡量，原住民处于人类的最底层。他们是"正在消失的种族"，需要通过改革来拯救。他们的命运与国家一样：不改革，就注定要消失。新世纪的曙光已经来临，原住民却依然活在过去的黄昏中。

整个美国都渗透着这种历史观念。他是如此深入人心，以至于无穷无尽的纪念活动和国家假日也随之而来，如庆祝感恩节、哥伦布纪念日等。[24] 从教科书到纪念碑，从广告到最早的电影，一股歌颂历史的无尽浪潮席卷了整个国家。[25]

有一种独特的融合观念认为，美国原住民既高贵又野蛮。尽管他们阻碍了人类进步的步伐，但他们的审美、人种志和经验艺术仍然值得被"捕捉"、"拯救"和"推广"。艺术家、作家和摄影师纷纷参与纪念边疆关闭的活动，而学者和人类学家也争先恐后，希望把握这段历史的证据，留存其"真实性"。在当时新建的黄石国家公园、冰川国家公园以及约塞米蒂国家公园，每到周末，游客能观看原住民的表演，而这些公园的部分场址正好位于当地印第安人被剥夺的土地上。[26] 在美国西南部，旅行者来到纳瓦霍人和普韦布洛人的贸易站和铁路市场，购买编织品、珠宝和陶器。在太平洋西北部的农田中，原住民家庭与该地区的定居者一起合影，后者对观察原住民的劳作饶有兴趣。[27] 无论是工作，还是娱乐，原住民都不得不按照外界的期望生活。[28]

对生活在现代美国的原住民来说，成为印第安人，是一种既熟悉又快被遗忘的现象，也是不得不逾越的意识形态障碍。自 19 世纪末以来，美国出现了新一代的原住民领袖，他们勇于面对这种意识形态，挑战美国的建国神话。（P368）他们来自美国各地，大多接受了寄宿学校和美国大学的教育，对国家和美国本身有着不同的看法。他们在独特的文化传统和家庭背景下长大，对历史有不同的见解，并通过持续且有力的方式回应了美国意识形态的形成。（P369）奥内达族改革者劳拉·科尼柳斯·凯洛格在其1920年的著作《我们的民主与美国印第安人》（*Our Democracy and the American Indian*）中问道："现在我应该对你说什么，美国人的美国？只因你富有而强大，我就要对你卑躬屈膝吗？"[29] "我们被世界'戏称为'乞丐种族，"她说道，并鼓励原住民"拒绝"放任外界对他们的这种描述。[30]

威斯康星州奥内达族劳拉·科尼柳斯·凯洛格，1912年拍摄。该照片以及她在会议上发表的论文《印第安人的工业组织》（*Industrial Organization for the Indian*）一同刊载于《美国印第安人协会首届年会执行委员会报告》（*The Report of the Executive Council on the Proceedings of the First Annual Conference of the Society of American Indians*）。凯洛格主张在印第安土地上发展强大的工业，而不是让印第安人成为定居者经济体系中的工薪阶层，最有助于实现原住民的自决

凯洛格是跨部落政治组织——美国印第安人协会的创始成员之一，其宗旨是反击理查德·亨利·普拉特的教育理念和政府的同化计划。该协会的创始人包括亨利·罗伊·克劳德（圣语族）和伊丽莎白·本德·克劳德（奥吉布瓦族），均在他们自己和其他的部落社区工作。[31] 他们著书撰文、宣讲布道、举行会议、广泛旅行，用法律伸张正义，甚至前往华盛顿游说，用行动挑战联邦政策和国家的狭隘视野。克劳德夫妇甚至开办了自己的学校——美国印第安学院（The American Indian Institute），为原住民学生提供高等学术教育。[32]

虽然这一代原住民活动家关注的是特定的政策或社区，但他们共同努力，希望创造一个包括原住民在内的美国未来。他们用言行挑战白人至上主义的基本原则，其中许多人发起游说，为印第安人争取公民身份，凯洛格等人则提倡土地改革和条约权利。尽管人数不多，研究不足，但他们奠定了国家改革的制度、政治乃至意识形态的基础，在20世纪30年代"印第安人新政"（Indian New Deal）的背景下，这些改革进入了立法层面。

世界博览会与政治代表权

虽然印第安人的历史奠定了美国现代历史意识的基础,但农业的消亡造成了遗留问题,当代印第安人便是生动体现。在大多数保留地社区,旅行、就业和自治的机会是如此有限,以至于数千名原住民来到世界博览会、荒野西部主题巡演和相关的旅游景点,把自己当成展品展示。例如,短短5年内,芝加哥(1893年)、亚特兰大(Atlanta,1895年)和奥马哈(Omaha,1898年)组织的博览会就吸引了数千万名游客,此后圣路易斯(1904年)、波特兰(1905年)、西雅图(1909年)和旧金山(1915年)的博览会也达到了类似效果。[33]

每届博览会的场馆内,或在著名表演者威廉·"野牛比尔"·科迪(William "Buffalo Bill" Cody)领头的"游艺区"表演中,都能看到当作展览品的印第安人。奥马哈的"印第安大会"吸引了30多个部落的500多名原住民,他们在博览会一块4英亩的场地内生活了3个月。(P370)该项目收到了联邦政府4万美元的补贴,不到最初申请的10万美元补贴的一半,原因是1898年4月西班牙-美国战争爆发。[34]

尽管这些表演者被视为原始人,但他们对生活的适应方式却很复杂。有些人是自愿参加表演,有些人是受到政府官员强迫,有些人则是迫于生计的需要。阿帕奇族领袖杰罗尼莫曾在1904年圣路易斯的路易斯安那购地博览会(Louisiana Purchase Fair)售卖手工箭头,他回忆起当时的情形:"我赚到了很多钱——比以往任何时候都多。"[35]

这类表演将原住民禁锢在某一处,限制他们对现代便利设施的使用,这样便能提供一种视觉证据,证明克拉夫特、特纳和班克罗夫特提出的历史观点。博览会的组织者希望,这些展览能够"为民众提供一所大学",而且他们认为,真实的印第安人是证明欧裔美国人种族和历史优越性的最佳证据。[36] 切罗基历史学家西达·珀杜(Theda Purdue)指出,在1895年的亚特兰大博览会上,"棉花州博览会展出的模型和物品都是静态的,体现的是原住民的原始和野蛮,远不如博览会游艺区真正的印第安人那般引人注目"。[37] 自从科迪上次访问佐治亚州以来,已经过去了18年,他在1893年芝加哥世界博览会和1887年维多利亚女王登基50周年金禧庆典(Queen Victoria's Silver Jubilee)的表演让他成为全球名人。科迪的演出表达了对边疆历史的庆祝,也突出了表演者个人的现代魅力。[38]

尽管像科迪和杰罗尼莫这样的表演者吸引了人们的目光,但许多原住民活动家利用展览来宣传他们社区面临的问题,批评政府政策，并纠正公众的误解。例如，拉科塔领袖亨利·斯坦丁·贝尔（Henry Standing Bear）写信给印第安事务专员说，他的社区成员想参加博览会，但"他们希望堂堂正正地参加，而不是像牲畜一样被驱赶到展览会上……他们不希望（任何人）……歪曲我们种族的形象"。[39] 梅迪辛·霍斯（Medicine Horse）也参加了科迪在芝加哥世界博览会的表演，并始终努力确保游客对原住民产生好印象。根据一份报告，这位原住民表现得"非常健谈。听他讲话非常有意思，他提供的信息……很有趣，也很有价值"。[40] 这些拉科塔族表演者明白，科迪和博览会的组织者甚至不承认印第安人有资格与观众共处一室。[41]

原住民参加博览会往往涉及政治因素，因为印第安领袖制定了相关策略，希望打消人们对原住民的刻板印象，推进社区的需求。然而，"印第安人注定消失"已成为根深蒂固、像神话一般的观念，他们不得不面对这个问题。例如，1881 年芝加哥的一本著名历史书大胆宣称：（P371）

> 在世界历史上，人类与异族斗争的雄心从未被激发到如此程度……如今与美国人对抗的……只有印第安人。他们的斗争是为了生存，我们的斗争是为了进步……如今活着的印第安人寥寥无几……（没有）什么可以拯救他们。[42]

为了挑战这种狭隘短浅的观念，原住民活动家对当代印第安事务投去了更多关注的视线，后来的活动家也继承了他们的衣钵。波塔瓦托米族作家西蒙·波卡贡（Simon Pokagon）正是这样一位活动家，他在芝加哥传达对自己社区土地长期被剥夺的抗议，得到了人们的广泛关注。

正如第 7 章所述，1833 年《芝加哥条约》签订后，波塔瓦托米的领导人被剥夺了土地，被迫迁移，而波卡贡的父亲利奥波德曾参加这次条约的签署。波卡贡认为，这座城市在 1893 年向哥伦布致敬，实际上等于庆祝"我们自己的葬礼，庆祝欧洲人对美洲的发现"。[43] 波卡贡用手工装订的白桦树皮发布了自己的宣言《红种人的谴责》（*The Red Man's Rebuke*），这是该地区的书写方法早于欧美字母的证明。在宣言中，波卡贡言辞尖锐地写道："我们没有心情与你们一同庆祝。"[44]

波卡贡的谴责获得了越来越多的听众，不久之后，他被介绍给芝加哥市长卡特·哈里森（Carter Harrison），后者邀请他参加这座城市的新节日——芝加哥日的其他庆祝活动。波卡贡希望争取强大的盟友支持自己的事业，于是加入了哈里森所说的庆祝活动，但未能获得对方的支持。他离开这座城市时，没能让联邦政府归还部落在 60 年前的《芝加哥条约》中失去的土地。

其他活动家采用了不同的策略来凸显自己社区面临的问题。来自加拿大温哥华岛北端的乔治·亨特（George Hunt）和一支夸夸嘉夸族（Kwakwaka'wakw）舞者代表团一起前往芝加哥，他们此行的目的之一是抗议反夸富宴法律的实施，因为此类法律将北美西北部的共同传统和赠礼行为视为犯罪。[45]

与美国一样，加拿大官员也开展了广泛的"反土著家庭战争"，瞄准了印第安儿童，并禁止宗教和仪式活动。[46]1883年，加拿大总理约翰·麦克唐纳（John Macdonald）向众议院表示，如果孩子们"被野蛮人包围"，他们将无法有效"习得白人的习惯、方式和思想"。（P372）他建议"将他们转移……（至）中央培训工业学校"。[47]麦克唐纳的观点受到了其他官员的启发，如尼古拉斯·弗勒德·达文（Nicholas Flood Davin）。达文曾于1879年前往华盛顿，了解美国官员如何制定印第安政策。"如果要对印第安人采取行动，"达文报告说，"应该从他们年幼的时候下手。"[48]

1884年，加拿大议会宣布夸富宴违法。在此后的几十年中，加拿大国家官员对个人处以罚款、实施监禁，并限制集体聚会。这些法律得到了传教士的支持，因为它们针对的是财产再分配的惯例，正是这些惯例赋予了原住民荣誉和地位，让他们感受到了氏族的意义。一位官员哀叹，整个太平洋西北部的原住民村庄纷纷抵制这些禁令，表达了"对任何改革尝试的明显厌恶"。[49]毕竟，改革意味着遵循"白人的习惯、方式和思想"，也意味着否定原住民家庭通过赠送财产来展示社会权力和家族地位的文化庆祝活动。这种礼品交换与私有财产和个人主义相反，后者通过同化得到了巩固。

与波卡贡、梅迪辛·霍斯和斯坦·贝尔不同，亨特在博览会上借助古怪的表演批评了当局对其社区的打压，并通过夸大观众的期望来做到这一点。他自豪地宣称，自己在表演"吃人"舞蹈。《芝加哥论坛报》（*Chicago Tribune*）抱怨说，在标志"人类进步中心"的"博览会现场，居然上演着半野蛮种族的古怪仪式"。[50] 事实上，这些舞蹈很快就"引起了国际公愤"。[51]

亨特明白，博览会的组织者存在机构分歧，他打算激怒加拿大官员，正是他们资助了这些宣扬工业与创新的国家展览。关于蛮族舞蹈的可怕传说与博览会的官方形象不符，后者旨在吸引定居者和投资者。[52] 虽然被政府官员拒之门外，但在人种志学家的帮助下，亨特将宗教迫害的日常现实带入了观展者的视野，他表演了一些在加拿大被禁止的舞蹈，比如哈马萨舞（Hamatsa）。他明白，这样的表演会招来政府制裁，引起人们对其社区问题的关注。如他所料，维多利亚、伦敦和纽约的报纸争相报道了这一争议事件。[53]

像波卡贡一样，亨特还与机构领导人建立联系，尤其是领导各类文化展览的人类学家。（P373）他不仅利用这些关系来寻找对殖民主义的广泛批评空间，甚至还与德国人类学家弗朗兹·博厄斯（Franz Boas）一起，在1893年8月开幕的国际人类学大会

（The International Congress of Anthropology）发表了学术论文。[54]从许多方面来看，芝加哥不过是亨特事业的启航点，在接下来的30年里，他继续与博亚斯共同撰写人种志文章，与其他人种志学家和艺术家合作，包括摄影师和电影制作人爱德华·柯蒂斯（Edward Curtis）[①]。此外，亨特还帮助芝加哥菲尔德博物馆和纽约自然历史博物馆收集了北美西北海岸的大量艺术品。[55]他大体认识到，也许可以通过其他地方、民族和机构保存被加拿大禁止的原住民艺术与文化形式，并吸引其他人传播他的观念。

在亨特的努力之下，夸夸嘉夸族和北美西北部其他原住民部落成为被研究得最为广泛和深入的原住民之一。他将外部人士融入社区的文化传统，颠覆了原住民天生劣等的普遍意识形态。与许多人类学的"信息提供者"一样，亨特为促进新文化分析方法的发展做出了贡献，包括长期归功于博厄斯的那些方法，即通过横向而非纵向的方式看待文化差异。[56]在文化相对主义理论中，博厄斯阐述了文化如何按照自身的内在逻辑发展，若要理解文化，最好按照其自身特点来理解，而不是按照等级制度来理解。因此，"民族"之间的差异并不是固有的，而是相对的。没有哪个种族天生劣等，所谓的劣等，不过是殖民者为了全球帝国主义

[①] 爱德华·柯蒂斯生于美国威斯康星州，是一位以拍摄美国西部和北美印第安人而闻名的摄影师。柯蒂斯拍摄了80多个印第安人部落，其摄影作品集《北美印第安人》全面展现了北美印第安人的风土人情。——译者注

的发展而捏造出来的说辞。博厄斯不仅从亨特那里认识了原住民的变形面具、歌曲和舞蹈,他还了解到,种族和文化价值是流动的,而不是固定的。它们可以使社区相互联系,而不是分裂。[57]

亨特和波卡贡扎根于各自的社区,为了捍卫社区的利益而努力,他们提出了广泛的、人道主义的、不妥协的原住民愿景。他们还提出了慷慨激昂和极具挑衅性的批评,挑战了原住民消失的神话。后来一代人在他们工作的基础上,朝着重新制定法律的目标迈进,扭转了国家对印第安土地、家庭和子女的同化。

美国的帝国主义与日益增长的原住民抵抗运动

整个19世纪90年代，原住民对美国殖民主义的批评愈演愈烈，特别是在1893年，美国支持推翻利留卡拉尼女王（Queen Lili'uokalani）和夏威夷君主制，并在美西战争期间进一步扩张了帝国领土。自1842年总统约翰·泰勒（John Tyler）"承认夏威夷王国的独立"以来，这是美国首次否认夏威夷王国的主权。[58]（P374）

美国的势力范围如今横跨全球，一直从波多黎各延伸到菲律宾，将遥远的港口、领土和数百万非白人居民纳入了自己的版图。这个不断扩张的帝国改变了国家本身，尤其是改变了他对非公民的治理方式。[59]美国扩大了自身在势力范围内的行政能力，联邦政府在治理非白人居民方面的重要性急剧提升。[60]

新的种族分类影响了美国的帝国主义，催生了领土控制、资源开采和政治统治的新制度。这种殖民基础设施不仅类似于联邦印第安事务机构，而且很多职务由同一批工作人员把持。曾在印第安管理机构任职的宗教领袖、军官和州官员，如今前往帝国各地，通过类似的教育办学、治安维护和军事侦察来开展工作。

新英格兰的传教士播下了美国全球帝国主义的第一批种子。美国公理会差会（American Board of Commissioners for Foreign Missions，简称 ABCFM）成立于 1810 年，其触须于 1819 年延伸至夏威夷。其成员理查德·阿姆斯特朗（Richard Armstrong）与包括卡米哈米哈三世（King Kamehameha Ⅲ）在内的夏威夷王室成员合作，在整个夏威夷王国传教，建立工业学校。作为普林斯顿神学院的毕业生，阿姆斯特朗将美国公理会差会的传教热情从毛伊岛（Maui）传播到了马克萨斯群岛（Marquesas Islands）。[61]

传教士的子女，如塞缪尔·查普曼·阿姆斯特朗（Samuel Chapman Armstrong），从父母那里学到了工业教育的实践。[62] 塞缪尔在夏威夷的基督教社区中长大，在当地的新教堂和学校接受教育。他参加过美国内战，战争结束后，他将夏威夷的教育体制搬到弗吉尼亚州，创办了汉普顿学院（The Hampton Institute），与获得自由的奴隶共事，且指导过布克·T. 华盛顿①（Booker T. Washington）。[63]1878—1893 年，汉普顿学院还招募了印第安学生。这种办学理念吸引了社会改革志士的关注，包括理查德·亨利·普拉特，他向塞缪尔咨询了工业教育的价值。事实上，普拉特于 1878 年访问汉普顿学院之后，他对自身工作的信心增强了，

---

① 布克·T. 华盛顿，美国政治家、教育家和作家，是 1890—1915 年美国黑人历史上的重要人物之一，于 1895 年发表著名的亚特兰大演说，广受政界和公众关注。他与白人合作，筹款创建了数百个社区学校和高等教育机构，以提高美国南方黑人的教育水平。——译者注

继而向国会提出了资助卡莱尔学校的请求。[64]

1906年,西奥多·罗斯福作为嘉宾出席了汉普顿学院的毕业典礼演讲,当时美国帝国主义的范围已经扩大,同时也遇到了新的挑战,尤其是在菲律宾,当地的革命力量正在为了争取独立而奋斗。[65]（P375）正如罗斯福所言,曾支撑美国大陆扩张的意识形态同样能为帝国主义添砖加瓦,"我们对'坐牛'（Sitting Bull）[①]发动战争的理由,同样适用于制止阿奎纳多（Aguinaldo）[②]及其追随者的暴动"。[66]要是美国"出于道义放弃菲律宾,那我们岂不是应该出于道义,将亚利桑那让给阿帕奇人"。[67]

美国的军事实践借鉴了对印第安人的战争经验,比如美军在菲律宾优先使用本地侦察员,建立保留地来控制当地平民,袭击村庄,破坏原住民经济。[68]自美国内战结束以来,这些做法一直在印第安地区反复上演。

此外,联邦政府建立了治安体系,作为监管太平洋地区的另一种途径。1900年5月—1901年6月,是暴力冲突极为惨烈的13个月,5000多名菲律宾人在战斗中被杀,另有3万人被俘或投降。[69]镇压艾米利奥·阿奎纳多领导的菲律宾革

[①] "坐牛"是19世纪末美国西部的著名印第安部落领袖,他是拉科塔族的一员,也是草原印第安人的代表之一,因领导抵抗美国政府的抢夺和入侵而闻名。——译者注

[②] 即艾米利奥·阿奎纳多,菲律宾共和国首任总统,菲律宾独立战争后期领袖及主和派首领。——译者注

命运动后,美国在当地的民政机构,即菲律宾委员会(The Philippine Commission),成立了菲律宾保安团(The Philippines Constabulary)。该机构招募当地武装力量,渗入民间社会,限制公共讨论,并对领导人进行监视。[70]

这种治安体系与印第安战争期间发展起来的制度类似。就像菲律宾的情况一样,印第安警察力量也来自参加过军事战斗的侦察员。保留地各个机构的官员纷纷从当地招募人手,驻扎在南达科他夏延河的西奥多·施万(Theodore Schwan)上尉正是这样做的。1878年,施万挑选了30名参加过大苏族战争的拉科塔士兵,通过视察、演习、阅兵和发放薪酬等手段,实现了队伍的制度化。他报告说:"为了这支队伍的效率和纪律,绝对有必要采取这些措施。"[71]

印第安警察部队在自己的社区常常受到唾弃。他们执行政府法律,接受外部军官或文职官员的指挥,并逮捕那些未经许可就离开保留地的人,或前往其他保留地探亲的人。[72]这类犯人会戴着镣铐,被关进监狱,连饭也吃不上。对许多人来说,这些新机构体现了印第安服务办公室(Indian Service)最糟糕的一面,成为联邦印第安政策持续遭到批评的焦点。(P376)

"印第安服务办公室"涵盖印第安人事务局所有的联邦服务。该办公室成立于1824年,1947年更名为印第安人事务局。[73]它负责在保留地实施联邦政策,同时把印第安孩子送到寄宿学校，因为这些学校接受它的管理和资助。此外，印第安服务办公室负责给警察发放薪酬，监督条约规定的年金分配，同时操控印第安人日常生活的方方面面，如住房、食品、教育和医疗保健等。该办公室由保留地督察官负责，并接受印第安事务专员的监督，实际上是独裁式的行政管理机构。正如凯洛格所言，该专制机构对保留地实施的是"恐怖统治"，与美国在海外的帝国主义行为并无二致。[74]

凯洛格的批评回应了之前几代人的声音。凯洛格的社区——威斯康星州的奥内达族，是易洛魁联盟的成员之一。19世纪20年代，奥内达家庭为了逃离纽约的定居者浪潮来到此地，建立了社区。多年来，她的家族一直为了留住部落土地而苦苦挣扎。在联邦政府土地分配制度的影响下，到1920年，奥内达族超过90%的保留地都被剥夺了。[75] 不过，她的批评还表达了新的担忧。像施万这样的白人官员，如今将越来越多不公正的权力揽到手中，而且在某些情况下，白人官员还将印第安盟友拉拢到他们的阵营。这些印第安雇员来自她口中的"印第安人事务局阿谀奉承者学校"。[76] 凯洛格认为，这类寄宿学校的毕业生强化了印第安服务办公室的同化计划。要改革国家政策，同时改革此类政策衍生的保留地治理机构，就必须进行彻底的变革。很快，其他原住民活动家认同了她的愿景，纷纷为之奔走。

美国印第安人协会

20世纪初,凯洛格引发了一场关于如何解决国家印第安事务的大辩论。自19世纪70年代末以来,联邦政府同化印第安人的运动丝毫没有放缓的迹象。凯洛格认识到,这场运动甚至正在加速。每年的支出越来越多,覆盖的范围越来越广。1901年,美国国会拨款300万美元用于印第安学校,是1890年资助金额的两倍以上。超过2.3万名学生在这些机构上学,几乎是1890年的两倍。在接下来的20年里,国会为这些机构拨了更多的资金,平均每年超过400万美元。[77]从普拉特访问汉普顿学院,倡议拨款2万美元开办卡莱尔学校开始,到1920年,国会已拨款11375.5357万美元用于政府开办的寄宿学校。[78](P378)到1926年,有7.7577万名印第安学生就读于这些学校,年度支出进一步增加到726.4145万美元。作为美国最大的印第安学校,堪萨斯州的哈斯克尔印第安学院(Haskell Indian Institute)在周末举办的返校活动中迎来了8000名校友。到1926年,该校每年的新生班级人数超过400人。[79]同化是破坏性的,而且代价高昂,更重要的是,这个过程远未完成。

凯洛格对"印第安人事务局"非常了解。美国颁布《土地分配法案》时，她在奥内达保留地长大，后来在加利福尼亚州河滨（Riverside）的谢尔曼学校（Sherman Institute）教书，该校是普拉特设计的学校体系的一部分。她广泛演讲和撰写文章，且曾在威斯康星州、加利福尼亚州和纽约市的大学学习。她在工作和旅行的过程中逐渐确信，美国的印第安政策是错误的。"我知道外界对印第安人生活的普遍看法。"她在1903年说道。[80]同年，凯洛格的诗作《献给我们种族未来的颂歌》（*A Tribute to the Future of My Race*）在寄宿学校报纸上重印，包括卡莱尔的《红人报》（*The Red Man*）。[81]这是一首激情澎湃的颂歌，共147行，采用的是亨利·沃兹沃思·朗费罗（Henry Wadsworth Longfellow）史诗《海华沙之歌》（*The Song of Hiawatha*）当中"著名的扬抑格四音步"韵律。[82]与朗费罗不同，凯洛格没有吟咏印第安人的消失。她构想的是原住民与非原住民之间不同的对等关系，印第安人将再次"延续友谊的贝壳缎带，这缎带用纯洁的珍珠编成，用深深的感激织成，如同永不消逝的夏天"。[83]

凯洛格以抒情诗和领导才能闻名，她于1908年访问英国，在当地获得了广泛的报道。一名记者写道，她"饶有兴致地谈论着伦敦社交界显赫人士对自己的热情接待……她还谈到自己打算在美国开始一项让人们认识印第安事务的运动"。[84]

与其他反殖民斗争一样，在印第安社区的诸多问题面前，解决方案显得微不足道。几乎所有印第安领导人都明白,无论是儿童迁移计划、土地分配、失业问题,还是人们对原住民的刻板印象,都对原住民家庭、社区和个人造成了极大的伤害。追根究底,不仅是因为美国政府对待印第安人的方式有问题,更是因为印第安人遭受了长期的土地流失、资源剥夺和殖民者暴力。然而,在这些系统性的问题面前,原住民活动家各有各的想法。

凯洛格不仅创作诗歌和戏剧,还从事讲学和表演。她在教书的同时保持学习,为了"开启政治运动"而四处奔走。她很快就得到了其他作家、教育家和知识分子的支持。1911年,即美国全国有色人种协进会(The National Association for the Advancement of Colored People)成立仅两年后,凯洛格成为美国印第安人协会的6位创始人之一,该协会于当年的哥伦布日在俄亥俄州哥伦布市召开了首次会议。几位创始人的第一次会面是在凯洛格位于威斯康星州的家中,当时几人准备成立一个由印第安人领导的全国性或"泛印第安"政治组织。凯洛格担任执行委员会创始成员,同时兼任委员会秘书,这是该组织的主要领导职位之一。[85]

美国印第安人协会的组织者有诸多考虑,如协会是否对非印第安人以及印第安服务办公室的雇员开放,引发了很多争论。[86] 该团体希望区别于其他"印第安人权利"协会,因为这些协会由白人牧师和社会改革者领导,基本上成为新教徒占主导的团体,是同化的最大支持者。[87] 凯洛格和其他创始人拒绝这样的理念。

他们这样写道：

> 如今，白人不相信印第安人有能力，也不相信他们有智慧、有资格召开这样的会议……本协会旨在创造条件，使白人和所有种族都能更好地、更广泛地了解红人，（以及）他们对现代物质文明和精神文明的贡献。
>
> 本协会的崇高目标之一在于，促进各方面的条件发展，让印第安人无论是作为个体，还是作为整个种族，都能在人类大家庭中拥有平等地位，积极参与这个伟大国家的事务。[88]

人们尚不清楚，作为美国印第安人协会唯一的女性创始人，凯洛格如何看待该协会首次声明所依据的父权理念。多年以来，"人类大家庭"这一隐喻一直引导着帝国主义的发展，同时也为殖民地的人口管理提供了工具。[89]同化主义思想将男子气概与公民身份挂钩，同时将个人主义与人类文明等同。在长达一个世纪的时间里，美国一直希望将杰斐逊憧憬的农业社会和父权制理想强加给原住民，土地分配制度正是这种愿景下的登峰造极之作。

欧美的性别规范相当普遍，以至于美国印第安人协会的杰出成员，包括卡洛斯·蒙特祖马博士（Carlos Montezuma，亚瓦派人），都在讨论该协会是否应该完全由男性组成，尽管该协会拥有众多女性活动家，如凯洛格、艾玛·约翰逊（Emma Johnson，波塔瓦托米人）、伊丽莎白·本德·克劳德（奥吉布瓦人）和玛丽·路易斯·波蒂诺·鲍德温（Marie Louise Bottineau Baldwin，奥吉布瓦人）等，这些女性均是美国印第安人协会的早期成员，为协会做出了诸多贡献。作家齐特卡拉 – 沙[①]，又名格特鲁德·西蒙斯·博宁（Gertrude Simmons Bonnin，达科他扬克顿人）也是其中之一。（P379）齐特卡拉 – 沙去世前一直担任该委员会主席，她对蒙特祖马的建议反驳道："作为一名印第安女性，难道我没有认真思考重要问题的能力？难道我对种族问题的兴趣，不如你们男人？你们凭什么把我们排除在外？"[90]

实际上，原住民女性的倡议是该协会的关键特征。在成立之初的那几年，该协会基本上关注的是会员资格问题，还有公众对印第安地区发展情况的反应，但凯洛格、齐特卡拉 – 沙和其他人呼吁开展更广泛的政治改革。为了实现该目标，凯洛格呼吁恢复传统的政治形式，因为几个世纪以来，她的社区便是易洛魁联盟的成员。

凯洛格希望缔结牢固的"友谊缎带……如同永不消逝的夏

---

① 齐特卡拉 – 沙是作家、编辑、翻译、音乐家、教育家，也是 20 世纪最有影响力的美国原住民活动家之一。其母亲是苏族达科他人，父亲是英裔美国人。Zitkála-Šá 在拉科塔语中是"红鸟"的意思。1926 年，她与其他人共同创办美国印第安人全国委员会，目的是游说美国各界，为美国原住民争取公民权利。——译者注

天",不仅仅是诗意的呼唤,还涉及民族之间的契约,特别是美国与易洛魁联盟六族议事会签订的条约。如第 3 章所述,易洛魁议事会由易洛魁部落的母系成员选出,早在跟欧洲人接触之前,这种政治管理体系便已存在。[91] 对凯洛格而言,原住民明白该如何管理自己的社区,他们比维多利亚时代的美国人更懂得维护公平的社会和性别关系。更重要的是,外界长期公认部落具备这种能力。根据条约,他们的主权被正式写入美国法律,他们与英国的长期外交也得到了国际的承认。

进步时代强调的是个人的提升、克制以及相关的道德品质,侵犯了原住民的原则,削弱了对部落主权的承认。1911 年,凯洛格在美国印第安人协会第一次会议上发言,拒绝了现代化和文明化的陈词滥调。和许多与会者不同的是,她没有将自己视为"进步派红人"(Red Progressive),在他人眼中,印第安改革者经常是这样的形象。[92] 凯洛格宣称:"我不是新派印第安人,我是适应新环境的老派印第安人。"[93] 她认为,印第安事务改革讲究的是文化连续性,而不是同化。为了重建保留地,凯洛格采取的策略是调整部落的政治体系,而不是彻底抛弃。

美国印第安人协会最初在哥伦布市吸收了 50 名成员,在 1913 年的丹佛会议上,已经有 200 多名成员。1911 年,该协会发出了 4000 封邀请信,包括波丁诺·鲍德温在内的许多人都收到了邀请。波丁诺·鲍德温在北达科他州长大,是印第安服务办公室教育部门的长期雇员。加入美国印第安人协会执行委员会之前,鲍德温曾在华盛顿见过该协会的许多领导人。虽然她无法前往凯洛格的家中参加第一次会议,但会上朗读了她寄来的信件。鲍德温是华盛顿新兴"城市印第安人"社区的一员,来自印第安地区的许多成员都住在这个社区,并且常常在日常生活中面临他人的误解。(P380)例如,人口普查员上门时,鲍德温根本无法说服对方,自己实际上是一名居住在华盛顿的美国印第安人。无论是人口普查表,还是人口普查管理人员,都没有为印第安人留下空间。[94]

与其他在现代美国面临挑战的原住民一样,波丁诺·鲍德温渴望加入美国印第安人协会。该协会由原住民领导,其中许多人都取得了事业上的成功,并利用自身受到的教育为美国原住民服务。她十分重视后来受到的邀请信,信的开头写的是:"亲爱的印第安同胞,""美国印第安人的未来会是什么样的?"[95]

该协会取得了很多成就,包括一份季刊的出版,该季刊于1916年更名为《美国印第安杂志》(*American Indian Magazine*),最初只发表印第安作者撰写的文章。该协会提议设立美国印第安人日,并得到了几个州的采纳,此外,该协会还开始了一项运动,目的是"在各个保留地建立社区中心……(以便)保留地印第安人更好地理解这个国家的文明,建立更融洽、更和谐的关系"。[96]其中第一个社区中心位于尤因塔-乌雷尤特族保留地,选址定于犹他州的杜切尼斯堡（Fort Duchesne），齐特卡拉－沙监督了该中心的建设工作。在不到 10 年的时间里，该协会召开了多届年度会议，吸引了更多人关注印第安事务。更重要的是，它是美国历史上第一个全国性的印第安政治组织。

公民身份问题的困境：集体主权与个人主义

美国印第安人协会许多最伟大的遗产是在 1923 年解散后产生的。成立之初，该协会的宗旨是遏制同化运动中最具破坏性的做法，并从"物质和精神层面"恢复部落社区。为此，该协会在 13 年的运作过程中采取了各种策略。为了支持美国印第安人日，来自蒙大拿州的瑞德·福克斯·詹姆斯（Red Fox James）多次骑马到各州首府，争取州长的支持，并将这些支持呈交总统伍德罗·威尔逊（Woodrow Wilson）。[97] 该协会其他成员开办讲座，阐述哥伦布日等美国纪念活动的有害影响，原因是这些活动持续传播种族主义的意识形态。该协会的第一份"执行委员会报告"指出，该协会针对的是"认为自己天生优越，对印第安人的压迫具有道德正当性的部分白人"。[98]

美国印第安人协会的关注范围是如此广泛，其策略是如此多样，以至于最终不得不屈服于资金、领导和派系纷争的挑战。[99] 地区和阶级分歧，尤其是关于扩大美国原住民教会（The Native American Church）的分歧，也导致了该协会的分裂。（P381）美国原住民教会是跨部落的宗教运动，在宗教实践中使用佩奥特仙人掌，吸引了广泛且多样的追随者。该教会在俄克拉何马州、亚利桑那州和内布拉斯加州的许多成员与美国印第安人协会"受过教育的中产阶级"领导人有所不同，后者对新教各教派的接受更全面，其中一些人甚至成了牧师。[100]

美国有关原住民消失的意识形态是如此普遍，以至于反抗都成了徒劳之举。即使看似积极的纪念活动，也成了白人趁机宣扬有害教条的绝佳机会。1913年，纽约《太阳晚报》（*Evening Sun*）报道，该市正在建造一座比自由女神像还大的"美国印第安人纪念碑""要不了多少年，印第安种族将从这片土地上消失，确实应该立碑纪念一番"。[101] 在波特兰举办的刘易斯和克拉克百年纪念博览会暨美国太平洋与东方博览会上，安娜·霍华德·肖（Anna Howard Shaw）为萨卡加维亚（Sacagawea）①的雕像揭幕时说："你的部落正在从你祖辈的土地上迅速消失。作为杀害了你们族人，侵占了你们土地的异族儿女，我们在努力引导人们走向正义之路时……应该从你们的平静忍耐中吸取经验。"[102]

诸如此类的发言令美国印第安人协会的成员倍感压力。在该协会的最后几年里，许多人将目光转向了华盛顿，投入了更多时间在那里接待印第安代表团，游说国会，争取公民权。例如，

---

① 萨卡加维亚是一位休尼族妇女，曾为开拓美国西部蛮荒的刘易斯与克拉克远征队担任向导及翻译。2000年，一位艺术家凭想象创作的萨卡加维亚背幼子的画面成为一美元镀金硬币的图案。——译者注

齐特卡拉－沙于1917年从杜切尼斯堡搬到华盛顿，领导游说活动。1919年，该协会年度会议的主题是"印第安人的美国公民身份"。[103]

正如第10章所述，印第安人被排除在宪法第十四修正案之外，未被纳入美国的公民范畴。他们仍然属于联邦政府托管的土地上被承认的政治团体，这种关系类似于监护人及其被监护人之间的关系。许多人想知道，为何公民身份会让这种关系复杂化。如果他们生活的社区，被法院裁定不具有"文明的风俗习惯"，就像明尼苏达州最高法院在1917年裁定限制印第安人的选举资格一样，部落成员能否受到美国宪法的保护，他们是否仍是联邦政府的被监护人？[104]

国会有权授予公民身份。（P382）1884年，作为国会权力不断增长的又一个标志，最高法院在埃尔克诉威尔金斯一案（Elk

v. Wilkins）①当中裁定，只有国会的法案才能授予印第安人公民身份。[105]然而，这种授予的实质是什么，仍有待确定。

1924年，美国印第安人协会的游说推动了《美国印第安人公民法》（The American Indian Citizenship Act）的通过，结束了美国137年来排斥印第安人的历史。该法案出台之前，美国于1920年通过了第十九修正案，在这场历史性的斗争中，妇女赢得了选举权。这两项法案的通过，有美国印第安人协会许多成员的一份功劳。1920年后，齐特卡拉－沙和其他人敦促妇女选举权支持者积极行动，推动印第安人公民权的实现。波丁诺·鲍德温曾在妇女选举权支持者集会上发表演讲，并参加游行。每一次，她都选择身穿奥吉布瓦妇女的盛装出席，或选择她最近在法学院毕业典礼上穿过的礼服出席。[106]

印第安人在第一次世界大战中的服役有助于他们获得公民

---

① 在该判例中，原告埃尔克出生于美国印第安部落家庭，后来自愿脱离该部落，与白人公民混居。1880年4月5日，埃尔克打算登记投票，但是被登记员威尔金斯拒绝。他上诉称，自己的选举权被非法剥夺，因为依据第十四修正案第一款，即"所有在合众国出生或归化于合众国并受其管辖的人，都是美利坚合众国及居住所在州的公民"；此外，依据第十五修正案，"美利坚合众国公民的选举权，不得因种族、肤色或以前是奴隶而被美利坚合众国或任何州拒绝或限制"。但美国最高法院认为，按照最初宪法的规定，"未被征税的印第安人"不在分配议席的基数之内。美国领土内的印第安部落，严格说来并非属于外国，但他们属于外族，是特殊的政治共同体，美国习惯于通过缔结条约或国会立法的方式与之打交道。这些部落的成员直接效忠于各自的部落，不属于美国人民。国会制定的法律，除非明确表示涵盖印第安人，否则对他们不适用。——译者注

权。齐特卡拉－沙当选为美国印第安人协会秘书,并成为该协会的期刊编辑之后,经常引用原住民士兵的英勇事迹,为印第安人公民权的呼吁辩护。第一次世界大战中的一些印第安退伍军人受到了最高等级的表彰。例如,美国远征军第 36 师的 3 名乔克托士兵因英勇行为获得了法国英勇十字勋章,来自俄克拉何马州的约瑟夫·奥克拉霍姆比(Joseph Oklahombi),"在猛烈的炮火下……冲向布满机枪的阵地,俘虏了 171 名囚犯"。[107] 乔克托信使和"密码员"来自几个印第安部落,他们用自己部落的语言传递消息,以防被敌方破解。美国印第安人协会的成员认为,这些忠诚的士兵应该享有成为美国公民的权利。一篇社论文章写道:"在为权利和声誉而开展的运动中,苏族人没有举牌示威……而是选择了更加广泛的斗争形式。最优秀的苏族人正在法国战场上举行抗议活动,质问国际法庭,自由的捍卫者难道不应该享有特殊待遇吗?"[108]

然而,对不同的原住民来说,公民身份意味着不同的事情,并不是每个人都认可其重要性或含义。齐特卡拉－沙在游说活动中前往参议院作证,认为促使国会通过"授予所有印第安人公民身份的法案"是她一生中最伟大的成就之一。[109] 在美国印第安人协会解散后的几年里,她在保留地社区任职,"负责印第安选民的组织工作"。她表示:"只有当印第安人切实行使选举权时,国家的政治制度才会得到改革。"[110]

对美国西部地区而言，投票权的重要性胜过以往任何时候，俄克拉何马州（1907 年）、亚利桑那州（1912 年）和新墨西哥州（1912 年）建州之后，政策制定发生了变化，因为这 3 个州都有大量的印第安人口。（P383）印第安政策的制定曾是东部改革者的专属领域，现在成了西部代表的职责。[111] 自 1889 年以来，西部新增了 18 名参议员，美国印第安人协会的许多成员参与了这些选举。

1928 年，共和党提名堪萨斯州参议员查尔斯·柯蒂斯（Charles Curtis）为赫伯特·胡佛（Herbert Hoover）的副总统候选人。柯蒂斯是卡瓦族（Kaw Nation）后裔，于 1873 年迁到俄克拉何马州，赢得提名后访问了自己的部落，首领露西·泰亚·伊兹（Lucy Tayiah Eads）主持了庆典。她与部落议事会的其他成员一起提醒柯蒂斯，政府还有 1500 万美元的土地赔偿款没有付清。[112]

许多人认为，柯蒂斯的当选将对印第安事务的监督和改革起到促进作用。齐特卡拉－沙与美国印第安人协会其他成员一起为共和党制定政纲提供建议，包括成立国家委员会，就"废除任何与印第安公民权不一致的法律以及行政惯例"向政府提供建议，同时强调"必须保障美国印第安人的条约和财产权利"。[113]

尽管齐特卡拉－沙对柯蒂斯和印第安人投票权充满热情，但她对公民身份的看法很复杂。她呼吁为原住民设立"多重公民身份"，引发了核心矛盾。[114] 公民身份通常被视为一种政治同化，类似于土地分配追求的个人化。然而，在齐特卡拉－沙看来，公民身份好过被监护人身份。她在《美国印第安人的故事》（American Indian Stories，1921年）当中写道："被监护人不能替代美国公民身份。"[115] 因为成为美国政府的被监护人不仅是对印第安社区的歧视，而且助长了贪污行为：

> 你们知道华盛顿特区印第安人事务局的本质是什么吗？……大多数时候，该事务局利用虚假的保护作为对外宣传的幌子，但其背后一直隐藏着巨大的财富，这些财富明面上是印第安资金，实际上被盗用。原住民宝贵的土地、矿藏、油田和其他自然资源就这样被掠夺，被侵占了……一个多世纪以来，印第安人事务局一直是这样的运作模式。（P384）在此期间，印第安人的权利和财产在一定程度上被忽视了……这种操作导致了欺诈、腐败和机构失职，其程度之甚，几乎让人无法理喻。[116]

像凯洛格一样，齐特卡拉－沙在印第安学校工作了几十年，主要从事讲学和出版工作，同时倡导改善印第安事务。在她看来，美国公民身份似乎是医治广泛弊病的必要手段。然而，单靠公民身份无法解决她指出的结构性问题。监护权并不奏效，但除了公民身份之外，还需要更多的东西。她建议："我们希望国家能用公正的方式对待……与印第安人善意签订的诸多条约。"[117]

鉴于原住民部落和联邦政府之间的条约，国家针对原住民必须采取非传统的政治解决方案。原住民的"权利"是集体的，而不是个人的。自美国建国以来，原住民便已经就这些权利与联邦政府开展了谈判。条约割让了土地，明确了各方对这些土地的管辖权，并规定了不同主权之间的权力关系。长期以来，原住民更加重视集体权力和自治权，而不是个人权利。

美国内战后的重建时期，联邦政府实施了严厉的政策，但同时，美国领导人一直承认先前条约的承诺，这些承诺早在同化时代之前便已存在，且仍具有法律约束力。条约确定了保留地的政治边界，对许多原住民领导人来说，"公平"意味着，他们各自的管辖权依然有效。此外，针对印第安服务办公室的"不称职"进行改革，并不意味着完全将其废除，因为该部门仍然是唯一能够监督这些改革的行政机构。美国印第安人协会的许多领导人认识到这种行政负担，他们还认为，立法改革和法律保护是改善美国政府与原住民部落双边对称关系的必要步骤。不过，这些步骤虽然重要，但它们只是其中一环。

建设保留地的能力也不容忽视。长期以来，贫困和失业问题在印第安土地上仍然突出。1929 年，蒙大拿州参议员伯顿·惠勒（Burton Wheeler）在广泛参观印第安地区之后在广播中发表讲话，将印第安保留地家庭面临的挑战与"全世界最富有的政府"面临的挑战相提并论。[118]

即使像吉姆·索普（Jim Thorpe）[①]和约瑟夫·奥克拉霍姆比这样的印第安英雄也很难找到工作。大萧条对他们家乡——俄克拉何马州的印第安部落造成了沉重打击。索普是当时最著名的美国奥林匹克运动员之一，也是杰出的职业橄榄球赛事组织者。像俄克拉何马州的许多人一样，索普被迫在大萧条期间迁往其他地方。后来，他在密歇根州迪尔伯恩市的福特汽车公司担任保安，经常为了赚取出场费而四处奔波。（P385）他向前队友格斯·韦尔奇（Gus Welch，奥吉布瓦人）抱怨说："我所有的收入似乎都花在了路上。"与经纪人的纠纷，再加上离婚，几乎让他变得一无所有，"他们似乎已经没有什么可以从我这里……拿走的了"。[119]战争英雄奥克拉霍姆最终找到了一份装运木材和煤炭的工作，每天2美元，后来他遭到解雇，只能靠退伍军人抚恤金来养家糊口。[120]

在这些长期困境面前，政策改革举步维艰，加之政府的管理不当已经持续了"一个多世纪"，挑战变得更加艰巨。原住民活动人士是否认为，他们能够从内部改革印第安人事务局？在美国

[①] 吉姆·索普出生在俄克拉何马市印第安人聚集区，其母亲是索克部落印第安勇士黑鹰领袖的后代。作为一名全能运动员，吉姆·索普曾获得两枚奥运会金牌。——译者注

诉卡加玛案、独狼诉希区柯克案，以及最高法院通过其他裁决肯定国会废除条约的权力之后，这些活动人士是否认为，他们可以通过法律体系来解决政府违反条约的问题？是否还有其他办法来争取支持，解决持续困扰原住民的不公正问题？

第一次世界大战结束后，仍然有许多问题等待解答。美国印第安人协会的领导人组织了一次富有成效的部落间政治会议，由受过西方教育的成员参加。他们大多数人能够流利地使用土著语言和英语，以自己的双语能力和文化遗产为荣，并对普拉特的"原住民注定消失"言论展开了立场鲜明的集体反击。

他们的正式着装和现代风格颠覆了原住民野蛮和落后的刻板印象，年度会议、出版物和持续的交流也提供了平台，让他们能够评估国家层面的问题。印第安人已经争取到公民身份。然而，要想重获失去的土地、遏制同化，对印第安人事务局进行改革，依然任重道远。特别是土地索赔，不仅需要支付法律费用，还要花费无穷无尽的时间，持续数年甚至数十年，尤其是美国法律体系，几乎没有为印第安法律的研究留下空间。

然而，持久的改革随之而来。美国印第安人协会的前成员，尤其是凯洛格和罗伊·克劳德，继续积极活动，推进社区、个人还有集体关切的问题。与此同时，美国各地的原住民也从该协会多年来的组织和倡议中获得了启示。他们发起要求归还土地的运动，带来了意想不到的改革。（P386）

劳拉·科尼柳斯·凯洛格的国际主义与易洛魁倡议

第一次世界大战结束后,国际社会对"自决"问题的辩论引起了广泛关注。威尔逊总统设想的、由国际联盟主导的战后秩序似乎为政治代表权提供了机会,1918年之后的一段时间,全球帝国主义处于摇摇欲坠的边缘。1918年3月,沙俄帝国被推翻,随后埃及、非洲西部和南亚掀起罢工浪潮,在帝国主义互相角逐的背景下,反殖民主义斗争风起云涌。[121]

原住民领袖希望在这样的历史背景下表达自己的关切。齐特卡拉-沙游说威尔逊,安排一位原住民代表参加巴黎的战后谈判。她问道:"谁能在世界和平大会上代表我们的利益?"[122]几个世纪以来,易洛魁领袖一直在大西洋两岸奔走。1919年8月17日,凯洛格前往欧洲,一家报纸的头条报道称:"她此行是为了在国际联盟面前为印第安人辩护。"[123]20世纪20年代,作为加拿大易洛魁六族保留地的联盟议事会代表,卡尤加族领袖利维·杰纳勒尔(Levi General,又称德斯卡赫 Deskaheh)也组织了一次前往国际联盟的访问。[124]

凯洛格希望改革能围绕奥内达社区和易洛魁联盟其他成员展

开,"该部落起源于约600年前""在北美大陆上播下了第一颗文明的种子"。[125]易洛魁领导人对纽约历史有自己的理解,这种理解与沙利文百年纪念活动上的观众不同。易洛魁联盟并未被征服,他仍然保持着持续的治理实践。此外,沙利文、华盛顿和其他革命领袖对待他们的方式不仅不公正,而且是非法的。纽约州剥夺他们在该州北部的土地,违反了联盟和美国早期签订的条约,纽约州对他们的篡夺是违宪的。凯洛格和其他易洛魁领导人希望政府能归还他们的土地,尤其是从奥内达族夺走的土地。这种土地剥夺导致了奥内达家庭被迫迁徙,最终不得不重新在威斯康星州安家,凯洛格和家人就是其中之一。[126]

要求美国政府将偷走的土地物归原主,一直是美国原住民政治活动的动力。西蒙·波卡贡之所以参加芝加哥世界博览会,在一定程度上是为了寻找盟友,让政府根据1833年《芝加哥条约》的规定,归还波塔瓦托米的土地。要想夺回土地,不仅需要盟友,还需要律师、法院的支持,尤其是对历史持不同观点的法官。"只需看一眼我们的土地,"凯洛格恳求道,"数一数用于建造国家'宗教圣殿'的数十亿美元。"1927年开始兴建的拉什莫尔山国家纪念公园就是例子。[127]

土地索赔不仅耗时耗力,而且成本高昂。(P387)正如第10章所述,拉科塔人对联邦政府违反1868年《拉勒米堡条约》提起的诉讼直到1980年才在最高法院获得判决。政府对奥内达土地的剥夺发生得更早，甚至早于宪法的诞生。早在1785年，纽约官员就对该部落进行了27次土地割让，其中只有两次获得联邦政府的同意或批准。[128] 根据规定，只有联邦政府拥有宪法授权，托管印第安人的土地，因此纽约州对奥内达土地的剥夺是非法的。对凯洛格来说，"保持与部落土地的联系，或者至少争取相应的赔偿，将为奥内达人和其他长屋部落提供自给自足的途径"。[129]

凯洛格提醒说，"经济是一切事物的基础"。"任何旨在重建受创民族社会秩序的提议……必须包含商业的支撑"。[130] 恢复经济自给自足，仍然是凯洛格土地改革工作的核心。

凯洛格对经济的强调植根于集体赋权的观念，而非个人进步的观念。白人领袖经常认为，印第安人仍然无法接纳节俭和储蓄的价值观。"野蛮人只关心眼前的生活必需品，而文明人只关心未来。"铁路工程师沃尔特·坎普（Walter Camp）在其1920年的报告《保留地印第安人现状》（*The Condition of Reservation Indians*）中写道。[131] 坎普批评说，印第安人"缺少工业……资本的匮乏并不是该种族贫困的原因，而是结果"。他毫不客气地总结说，"印第安人不是当资本家的料"。[132]

凯洛格的经济理念针对这种假设提出了批评。关于"野蛮"与"文明"的二元假设导致印第安人面临消失的命运，掩饰了当代的土地和经济问题。与美国历史的神话性质不同，印第安人的土地割让和经济挑战是切切实实的存在。这些历史事件有法律文件为证，并涉及实际的土地和财产问题。每次割地都会产生大量文书，不仅包含相关的历史知识，还具有一定的权力，这是由原住民和非原住民参与者共同参与的历史进程。

联邦印第安法律体现的历史愿景与民众和学术讨论的愿景不同，它起源于印第安土地、一系列条约和谈判以及文件。在沙利文百年纪念活动期间，对克拉夫特而言，纽约是否剥夺了印第安人的大片土地，根本不是什么要紧事。但自18世纪以来，这些剥夺对易洛魁领袖至关重要。如1795年，奥内达领导人针对纽约麦迪逊县和奥内达县占有的土地首次提起诉讼，并与对方达成和解。此后，他们提起了多次诉讼。[133] 1920年之前，凯洛格在美国各地奔走，处理印第安土地问题。（P388）她在威斯康星州的工作重点并非夺回最近失去的许多保留地的所有权，而是一所占地100英亩的奥内达寄宿学校。这所学校建于1893年，到1914年学校共有160名学生和24名员工。该校于1919年关闭，卖给了格林湾的天主教教区。凯洛格希望说服学校的负责人，将这处设施改建为日间学校，继续办学。与卡莱尔和保留地外的寄宿学校不同，保留地内的寄宿学校在社区内办学，而不是在社区外，其学生经常来自同一社区，而不是来自整个美国。

凯洛格有一个远大的理想，她希望这所学校办一家罐头工厂和农场，变成一处能产生收益的设施。与位于威斯康星州中部的邻居梅诺米尼族相比,奥内达族在土地分配案中受到了严重打击,为了生存,必须走经济自给自足之路。如后文所述,梅诺米尼族拥有充满活力的木材经济和一家注册的工厂,既能产生收入,又能创造就业机会。[134]

凯洛格并非单打独斗,而是与同道中人一起,为了土地改革和经济改善而努力。无论是争取寄宿学校的所有权(1984 年,她的部落最终买下了这所学校),还是在国际联盟争取认可,易洛魁活动家一直在制定各种策略,争取夺回失去的土地。不过,很多活动开销巨大,为了提高人们的认识,筹集资金,凯洛格创办了六族俱乐部(The Six Nations Club)。1923 年,《密尔沃基哨兵报》(The Milwaukee Journal)的头条新闻《重燃议事会之火:奥内达族苏醒》(Council Fires Blaze Again;Oneidas Astir)引用了凯洛格的话:"我们没有足够的资源可支配,无法全身心为我们的遗产而战。"[135]

六族俱乐部向奥农达加的易洛魁联盟议事会寻求支持。其目标是在纽约、威斯康星、俄克拉何马和加拿大的易洛魁社区之间建立网络,从个别部落成员那里筹集资金。凯洛格表示,该组织类似于马库斯·加维(Marcus Garvey)[①]和世界黑人进步协会(Universal Negro Improvement Association)倡导的非裔美国人

[①] 马库斯·加维(1887—1940 年),牙买加人,黑人民族主义者。加维宣扬黑人优越论,提倡外地非裔黑人返回非洲,协力创建统一的黑人国家。——译者注

社区赋权形式。在她看来,这种做法将成为易洛魁族"寻找投资者来资助诉讼的商业模式,若诉讼成功,'投资者'将作为六族联盟的成员获得回报"。[136]该俱乐部给捐款人发放登记卡作为收据。

凯洛格所称的"诉讼"指的是美国第二巡回上诉法院对美国诉博伊兰一案(United States v. Boylan,1920年)作出的裁决。1919年,易洛魁领袖鼓励联邦律师代表他们对一片32英亩的争议土地提起诉讼,奥内达领袖声称这片土地从未被剥夺。纽约州试图出售这片土地,驱逐奥内达成员。(P389)该上诉法院裁定,涉案土地不能出售,因为纽约州对奥内达土地没有管辖权,"处置印第安土地的专属权威"归联邦政府所有。[137]上诉法院维持了原判,1942年该法院进一步裁定,纽约州对塞内卡土地没有管辖权,重申了博伊兰一案的裁决。

博伊兰一案之后,凯洛格的很多工作都以法律倡议为主。她继续开展筹款活动,并加入了由纽约州议员爱德华·A. 埃弗里特(Edward A. Everett)领导的工作,目的是澄清该州尚未解决的易洛魁土地索赔问题。由此成立的委员会及其1922年的报告肯定了博伊兰一案涉及的奥内达土地索赔,并概述了易洛魁可能提出的其他索赔,如加拿大边境阿克维萨尼(Akwesasne,即圣瑞吉 St.Regis)莫霍克族的索赔。[138]这些行之有效的策略成为凯洛格和其他原住民活动家追求土地权利的利器。她继续在易洛魁各族之间建立联系,此外,她还试图恢复奥内达族的母系领导职衔,并在威斯康星州接待了多个原住民领导代表团。[139]

凯洛格的不懈努力引起了政府的关注和部落的异议。许多人拒绝她的反抗,希望通过更稳定的方式来适应保留地的生活,特别是大萧条过后,部落面临的挑战进一步加剧。[140] 例如,凯洛格曾呼吁部落成员不要缴纳土地分配税,并主张废除印第安人事务局。凯洛格的筹款活动还引发了欺诈指控,导致她在加拿大被逮捕。

尽管面临这样的指控,凯洛格还是提出了一个与政策制定者不同的、追求未来解放的愿景。虽然美国印第安人协会的其他领导人专注于立法改革,但凯洛格主要提倡土地归还。她认为,保留地的有关事项才是当务之急。除此之外,她还致力于为保留地的家庭提供即时救助。1929 年,参议院就"美国印第安人状况调查"征求证词,凯洛格在一份声明中阐明了自己的关切,这份声明体现了她的激进主义哲学:"我们无法忍受,也绝不会忍受印第安人在保留地的社会生活和日常生活受到影响。"[141]

土地分配、种族与《梅里亚姆报告》中的"印第安管理问题"

20世纪20年代末，保留地问题引起了整个美国的关注，其中一部分要归功于美国印第安人协会领导人的活动。（P390）"美国的印第安问题"是齐特卡拉-沙在《美国印第安人的故事》（1921年）最后一篇文章的标题，她在文中谈及的这些问题如今引起了媒体和政策制定者的关注。[142] 包括1924年《论坛》（*Forum*）在内的多家杂志均刊登了辩论文章，讨论"是应该鼓励印第安人保留他们的个性、传统、艺术和风俗习惯，还是鼓励他们融入熔炉"。[143]

半个世纪过去，同化运动没能让原住民融入美国社会。部落社区继续保持文化联系和共同传统，反抗着政府的同化主义。尽管土地分配让他们失去了大片保留地，但他们仍然欢迎自己的孩子回到故土，帮助这些离开多年的孩子重新融入部落生活。[144] 许多人保留了孩子的印第安名字，抛弃了白人教师强加的名字。例如，黑脚人的名字"意味深长，因为名字承载了人类与超自然世界之间相互交织的历史和故事。黑脚人共同讲述名字的含义，构成了与族人、场景、事件和历史相关的连续叙事"。[145]

寄宿学校的学生经历了多年的严厉管束和孤独，还有恶劣的生活环境。数以千计的人在疾病高发的寄宿学校中死去，有些人毕业后再也没有回来，有些人则希望从自己的经历中寻找力量。齐特卡拉-沙永远不会忘记自己被带到教会学校，被迫离开达科他家人的痛苦经历。到学校的第一天，"我被拖出（自己的房间）……抬下楼，被牢牢地绑在椅子上……我放声大哭，一直摇头，冰冷的剪刀抵在我的脖子上，'咔嚓咔嚓'剪掉了我的粗辫子"。[146]齐特卡拉-沙写道，就在那一刻，"我的心冷了。自从我被带离母亲的那天起，我就遭受了极端的侮辱……没有人来安慰我……没有人和我好好说话……所有孩子都像是被放牧人驱赶的小动物，我只是其中一只"。[147]至于改信基督教这件事，齐特卡拉-沙是这样描述的：回家后，家人递给她一本圣经——"我从（母亲）手中接过书……但是没有读……我内心的怒火就像在烧这本书一样"。[148]《美国印第安人的故事》对同化运动提出了指控，体现了联邦政策的许多悖论，因为那些被迫忍受同化教育的人，如今成了最勇猛的批评者。（P391）

在类似的控诉面前，印第安政策受到了一系列审查。研究人员得出结论，保留地的长期经济差距是联邦政策的结果，而不是"印第安人的本质所致"。[149]土地分配使印第安经济遭到严重破坏，联邦对保留地石油、木材和牧场租赁的管理不当，也难辞其咎。同化运动始于19世纪70年代，是一场旨在提升原住民素质的运动，从头到尾都贯穿着居高临下的家长式言论，但到1920年，它演变成将原住民资源整合到美国经济中的运动。[150] 虽然印第安人事务局在这些租赁中充当受托人，却没能保证印第安人从他们的土地中获得最大回报。[151]

齐特卡拉－沙批评的"机构失职"通常是政府故意为之。保留地督查官、铁路开发者和西部牧场主勾结起来，从印第安土地谋利，几乎没有考虑到各部落的发展。这样的官商勾结很常见。如1884年，克罗族印第安事务处督查官亨利·阿姆斯特朗（Henry Armstrong）将大片保留地租给了牧场主。[152] 但弄巧成拙的是，阿姆斯特朗将土地租给了科罗拉多的牧场主，而不是蒙大拿的牧场主，比林斯贸易委员会的牧场主本来希望从保留地的土地受益，结果被阿姆斯特朗激怒了。

简而言之，同化让白人受益，让印第安人受苦，而且这场运动成为美国的耻辱。20世纪20年代，印第安活动家、政策制定者和关心这场运动的公民纷纷指出了政府印第安政策的缺陷。然而，随着大萧条的到来，经济困难成为全国性难题，印第安事务就这样淡出了媒体的视线。1929—1934年，无论《纽约时报》也好，还是全国任何一家杂志也好，均没有报道任何与印第安经济问题有关的内容。[153] 然而，此前人们对印第安事务的关注却是另一番景象。当时保留地社区与国家的富裕形成鲜明对比，这种对比有可能打开改革的窗口。在经过24个月猛烈的政策审查之后，其中包括 1928 年向国会提交的、以调查主任刘易斯·梅里亚姆（Lewis Meriam）命名的《梅里亚姆报告》，凯洛格受邀前往参议院作证。参议院印第安事务委员会还于 1928—1933 年开展了一项调查，将参议员带到大型保留地，调查对印第安服务办公室的投诉。[154]

1926 年，美国内政部长启动《梅里亚姆报告》，布鲁金斯学会（Brookings Institution）负责具体的调查工作。该报告对联邦政策提出了毁灭性的批评，并对联邦印第安政策展开了有史以来最彻底的评估。（P392）《印第安管理中的问题》（*The Problem of Indian Administration*）报告近 900 页，开篇第一句便指出："绝大多数印第安人都很穷，甚至极端贫困，他们不适应白人文明占主导的经济和社会体系。"[155]

研究团队详细记录了保留地经济面临的无数挑战，并得出结论："几乎没有证据表明，保留地存在任何可以称之为经济计划的东西。"[156] 土地分配没能带来社会经济发展。个人土地要么被征税，要么转让给外人，要么在继承人之间分割。此外，继承权也"难以确定……因为有时继承人众多，而且有关他们关系的记录也不清不楚"。[157] 即使通过租赁获得收入，也面临着类似的问题——起草遗嘱的成本太过高昂。简而言之，个人资本和财产并没有促进保留地的发展，反而导致了原住民家庭的分裂，造成了代价高昂的行政问题。土地分配原本追求个人的自给自足，却带来了危害和不公正。

虽然印第安人的家庭关系和亲缘结构不尽相同，不同性别和年龄的成员在社会中担任的角色也不尽相同，但他们很少采用核心家庭结构。许多原住民生活在互相关照的大家庭中，男性和女性的权威既互相重叠，又相对独立。祖父母和长者通常在相邻的小屋或帐篷与晚辈和亲戚一起生活。

土地分配针对的正是这样的家庭结构及家庭经济，其本意是将男性变成土地所有者和一家之长。黑脚人等部落抵制了这样的做法，他们想办法将"多余"土地分配给其他部落成员，而不是专门的男性继承人。政府原本打算在黑脚人保留地的29个农业区开展年度比赛，结果遭到了该部落各个分支的抵制。这项比赛的奖品是一头进口公牛，如果某个农业区的部落成员没能保持"家庭应有的风貌"，或者养了价值较低的动物，尤其是在保留地到处乱跑的狗，该农业区就会被扣分。[158]

此外，原住民家庭继续开展集体经济活动，如在西北部开展季节性的捕鱼活动，在五大湖地区收集野生稻谷和枫糖，在西南部放牧。1924年春天，明尼苏达州卡斯湖（Cass Lake）的一位原住民父亲在给寄宿学校的女儿写信时说道，"我们制作枫糖的时候，真希望她也在这里"。[159]还有一对父母希望寄宿学校的管理人员"做点善事"，让他们的孩子回家参加聚会。[160]

工资收入和土地分配损害了部落的集体实践，外部的经济和性别价值观也被强加给部落社区。与以往一样,这种强加源自政府的种族假设。从事农业、穿西式服装、建立核心家庭、讲英语的印第安人才更像白人公民。(P393)美国政府的种族观念奖励的是"白人"行为。"坐在哪里"原本纯粹属于个人偏好,在那个时代,却成为种族对立和抵抗行为此消彼长的一种体现。例如,1870年访问华盛顿的印第安领袖,包括红云在内,坚持坐在地上,黑脚人家庭也倾向于把大部分客厅空出来,因为长者不喜欢坐在椅子上。[161]

种族因素促进了土地分配制度的形成,但确定谁有资格获得土地成了新的问题,为此,美国政府想出了保留地人口普查这样的对策。从19世纪末起,直到整个20世纪,印第安服务办公室一直负责监督人口普查工作,通过几分之几"印第安血统"或"血统地位"的方式来确定部落成员名册。[162]

与土地分配一样,血统划分摧毁了印第安地区。它依据的是美国政府对种族划分的认识,这种浮于表面的理解分裂了个人和家庭。正如第10章所述,一些部落在同化时代失去了80%,甚至90%的保留地。"血统名册"限制了有资格继承土地的后代人数,并通过固定的种族评估制度来确定这种资格,进一步加剧了原住民之间的疏离与分裂。而且,获得分配资格的人越少,开放给外部开发的"多余"土地就越多,这一点绝非无心之举。

人口普查名册催生了印第安"血统量化"的概念。[163]在部落人口普查的过程中，美国政府对"印第安血统"开展外部评估，带来了额外的"管理问题"。这是因为，政策制定者本来就希望将印第安人及土地纳入国家，他们制定的法律无疑将继续威胁原住民部落的生存与发展。

亨利·罗伊·克劳德和伊丽莎白·本德·克劳德对赋权的共同愿景

与梅里亚姆委员会的其他成员不同,亨利·罗伊·克劳德亲身经历了保留地的种种艰辛。他在内布拉斯加州温尼贝戈(Winnebago,圣语族)保留地出生长大,而他原先的家园位于威斯康星州。罗伊·克劳德是该委员会唯一的土著成员。[164]到 1928 年,他和伊丽莎白·本德尔·克劳德已经为推动联邦印第安政策改革努力了 20 年。像美国印第安人协会的其他成员一样,他们希望扭转同化趋势,制定相关政策,加强部落自治。"土地流失与印第安人民的健康与繁荣密切相关。"罗伊·克劳德在南达科他州松树岭的一次演讲中说。[165]实现"印第安人民的健康和繁荣"成为克劳德夫妇一生的追求。(P394)

罗伊·克劳德还没加入梅里亚姆委员会之前,夫妇俩便已开展实践,挑战印第安人消失的神话。他们在堪萨斯州威奇托市的美国印第安学院教书育人,改变了一代印第安学生的命运。大萧条期间,因为经费筹集困难,他们被迫关闭了这所学校。[166]

美国印第安学院（罗伊学院）航拍图。这所学校与印第安人事务局运营或传教士管理的寄宿学校形成鲜明对比，在这所学院里，印第安学生跟随印第安教师学习，这些教师优先教授部落知识，并鼓励学生为原住民身份感到自豪（堪萨斯州威奇托市，G.E.E.林奎斯特档案集，哥伦比亚大学联合神学院伯克图书馆档案室，纽约）

克劳德夫妇希望通过不同的方式来教育年轻的印第安男子，增强部落的生存能力，并计划扩大学校规模，接受女学生入学。他们强调学术教学法，优先考虑教授部落知识，而不是对使用部落知识的学生施加惩罚。正如《梅里亚姆报告》所述，克劳德夫妇反驳了"一些印第安儿童'不值得接受高年级教育'"的普遍观念。[167]

该学院聘请了印第安教师，将口头传统、民间故事和印第安语言融入课程。罗伊·克劳德敦促学生分析他们自己的创世故事,并与欧洲民间传说进行比较。(P395)他指出,有的故事"非常浪漫,有的非常英勇,有的带着讽刺、幽默和冒险色彩,还有很多故事教给人们道德和忠诚"。[168]

克劳德夫妇明白,印第安教育的失败不是因为原住民的固有问题,而是因为寄宿学校的职业化和惩罚性结构。1914 年,罗伊·克劳德写道:"困难在于体制,而不在于种族。"[169] 克劳德夫妇对这个有缺陷的体系了如指掌。罗伊·克劳德在内布拉斯加州的温尼贝戈工业学校开始了自己的学业,后毕业于马萨诸塞州赫尔蒙山学校(Mount Hermon School)和耶鲁大学。[170] 5 岁时,他看到自己的哥哥被警察"抓走",送去寄宿学校上学。[171] 后来,同样的事情也降临到他的头上。然而,在学校洗衣服并没有让罗伊·克劳德学到太多知识,他"越来越讨厌"单调乏味的职业教育。"这样的工作根本没有教育意义,"他后来说道,"唤起的只有对工作的厌恶,特别是在没有报酬的情况下……印第安人之所以在这种条件下工作,(只)是因为他们受到了权威的约束。"[172] 这种"工业"教育是对青少年的剥削,根本没有为他们"应对"社区问题做好准备。[173]

伊丽莎白·本德来自明尼苏达州北部,靠近白地保留地,家里一共 10 个孩子。伊丽莎白 10 岁时进入天主教座堂学校,后来被送到派普斯通工业学校(The Pipestone Industrial School)。她回忆说:"我的两个姐妹和两个兄弟也在这个学校……我们要在这里读3年才能回家。"[174]1903年,她与4个兄弟姐妹一起去了汉普顿学院。1906年,他们可能听到了西奥多·罗斯福在毕业典礼上发表的演讲。

尽管克劳德夫妇俩都在远离家乡的工业学校度过了一段时间,但他们保持了与家人和部落社区的联系。每到夏天或者一有机会,他们就会回家。夫妇俩还致力于帮助其他原住民部落适应新环境,建立促进智力和社会发展的"中心",利用他们在倡议活动中结交的人脉来开展工作。[175]

罗伊·克劳德通过自己与传教士和耶鲁大学校友的关系来筹集资金,而本德·克劳德则跟随姐姐安娜的步伐,加入了印第安人事务局。她在黑脚人保留地教过书,在贝尔纳普堡(Fort Belknap)当过护士,并倡议为保留地的沙眼患者治疗。"近3成印第安儿童面临失明的危险。"她在1915年的《南方工人》(*The Southern Workman*)杂志上写道。[176]作为一名教育工作者兼医护人员,她负责管理学院的许多事务,特别是在罗伊·克劳德出差时,"学校所有的事务似乎都落到了我的肩上"。[177]

办学第一年,他们在一所大学的地下室开展教学,后来校园扩建,有了几处宿舍、一处教师住宅、一座谷仓和农业设施、一条车道入口,克劳德夫妇的家也建在这里。(P396)该学院每年接收十几名学生,20世纪20年代,罗伊·克劳德在梅里亚姆委员会任职期间,出差变得尤其频繁。

为了筹款，罗伊·克劳德不得不四处奔波，与圣语族领袖一起工作也是如此。1912年，罗伊·克劳德从耶鲁大学毕业后，曾陪同这些部落领袖前往华盛顿。[178] 他与霍华德·塔夫脱（Howard Taft）总统的儿子、未来的参议员罗伯特·塔夫脱（Robert Taft）是朋友，并为这段友谊感到自豪。他曾与对方进行辩论，而且打败了对方。这种竞争精神源自圣语族士兵长期承担的文化责任感，"我意识到自己能像塔夫脱一样有所作为，不知不觉，我做好了迎接任何战斗的精神准备"。[179]

罗伊·克劳德的教育成就使他从华盛顿一众印第安活动家中脱颖而出。1911年3月，霍皮族领袖来到华盛顿，抗议他们社区因拒绝接受寄宿学校计划而被监禁，其中一些人因为拒绝服从命令被送到了政府监狱，比如恶魔岛，而内部分歧导致了奥拉维（Orayvi）社区的分裂。[180] 尤克马（Yukeoma）酋长恳求塔夫特总统："我们不想要学校和教师。我们希望按照自己的意愿生活……白人不要总是来告诉我们该做什么。"[181]

霍皮族领导人制定了独特的解决方案，想方设法反抗政府强加的措施。1906年，领导人塔瓦库普特瓦（Tawaquaptewa）请求政府允许他陪同70名霍皮族儿童前往谢尔曼印第安学院（Sherman Indian Institute），政府同意了。1907年，11名囚犯同意一起前往卡莱尔学校，包括未来的美国奥林匹克运动员路易斯·特瓦尼马（Louis Tewanima）在内。[182]

针对这些问题，美国印第安学院提供了另一种解决途径。印第安学生可以申请回到自己的社区探亲或参加仪式，不受限制，也没有体罚。克劳德夫妇善于跟政府机构打交道，这些经验为学生提供了很多机会，但挑战依然存在。梅里亚姆认识到，亨利的参与使委员会受益匪浅："克劳德先生与印第安人有广泛的交往……多年来一直积极参与他们的建设工作。这样我们能实现预期的结果，在调查过程中……印第安人会向他提供一些信息。"[183]实际上，许多人认为罗伊·克劳德的领导能力强，经验丰富，知名度高，因此有资格成为印第安事务专员，这也是他本人渴望的。1933年，纳瓦霍领导人请求任命他担任该职务。[184]

罗伊·克劳德甚至写信给梅里亚姆，"请求调查组的支持"。[185]然而，梅里亚姆表达了自己的疑虑：（P397）"我认为该职位只会带来痛苦和失望……这份工作将十分艰巨，特别是对亨利来说……因为他对自己的种族抱有巨大的责任感。"[186]

尽管梅里亚姆对罗伊·克劳德表示尊重，但对该任命请求持保留态度。委员会成员爱德华·戴尔（Edward Dale）也持类似态度。戴尔是俄克拉何马大学教授，师从弗雷德里克·杰克逊·特纳，数十年来一直致力于丰富特纳的边疆历史理论。[187]虽然戴尔钦佩亨利，认为对方"就像兄弟一样"，但他写信给梅里亚姆说："我认为亨利不适合担任该职位……他无疑会受到压力和要求的影响，让他工作时进退两难。"[188]

尽管罗伊·克劳德在梅里亚姆的领导下兢兢业业多年,为了完成报告,他甚至于1927年夏天搬家到马里兰州,但他的白人同事还是不相信他能管好印第安服务办公室。哪怕罗伊·克劳德对工作如此投入,在国会获得认可,在美国印第安学院有多年的领导经验,哪怕他在辩论中打败了总统塔夫脱的儿子罗伯特,他还是没能被任命为印第安事务专员。

大萧条与印第安新政

1929年,无数美国家庭都过得十分悲惨,克劳德夫妇也遭遇了不幸。他们的独子小亨利死于肺炎,年仅3岁。他们在学院住所的壁炉上刻下了缅怀他的文字:"纪念小亨利和所有充满荣耀的童年时光。"[189]

克劳德夫妇在美国印第安学院办学期间的所有活动,都源自对家人和其他原住民的热爱。"不要因为自己是美国印第安人或阿拉斯加土著而感到羞愧。"1949年,罗伊·克劳德在阿拉斯加的埃奇库姆山(Mount Edgecumbe)对毕业班的学生说。[190]这样的爱和自豪,与寄宿学校及其无差别的专制权威形成了鲜明对比。罗伊·克劳德在针对南达科他州罗斯巴德寄宿学校(The Rosebud Boarding School)的报告中写道,该校的条件十分糟糕,惩罚尤其严厉,学生逃跑是常见之事。有几个男孩"在逃跑的时候被冻死了。今年有3个女孩逃跑……其中一个女孩的脚踝被戴上球链,被迫在全校师生面前推着一辆手推车走了几个小时"。[191]

打破惩罚性的教育结构势在必行,罗伊·克劳德于1933年被任命为哈斯克尔印第安学院院长,他立即制定了新的教学规则，开展了新的教学实践。（P398）他上任之后的第一件事便是关闭哈斯克尔监狱，这是普拉特军事化学校的配套设施。[192] 罗伊·克劳德还解雇了以严厉纪律闻名的学校员工，切断了该校与当地国民警卫队的联系，后者长期负责提供军装、军官和操练装备，这是寄宿学校的一贯做法。[193] 该学院迎来了新的时代，1935年，在罗伊·克劳德接管该学院仅两年后，他帮助28名学生拿到了堪萨斯大学的入学通知书。[194]

自从同化运动启动以来，破坏性的教育、土地和文化实践就一直是这项运动的指导原则。霍皮族孩子的父亲被关在恶魔岛，拉科塔女孩戴着镣铐，冻僵的孩子们冲向家人，一代又一代的印第安家庭讲述着这些悲惨的故事。每个原住民部落都经历了各种各样的耻辱、惩罚和剥夺。这些不公正行为成了一代原住民活动家奋斗的动力。

这些不公正的结果恰恰是联邦政府追求的目标。除非国家政策发生变化，除非新的法律出台，不然同化运动将继续开展下去。加拿大的印第安教育政策与美国类似，但是，其政府没有像美国那样广泛地资助学校，而是将监督权交给了基督教分支。大萧条期间，经济陷入困境，国家资金困难，食品成本上升。因此，加拿大的许多学校，如安大略省肯诺拉（Kenora）的长老会学校，制定了十分严厉的政策，学生需要花钱才能买到面包。[195] 调查员巡视这些学校之后，撰写了措辞严厉的报告，称学生"在学校吃不饱""我实际上看到的唯一一顿饭是中午的一块面包和一根生胡萝卜"。[196] 由于国家监督工作不到位，儿童受到伤害。家长的投诉甚至遭到学校管理人员的责难。2008 年，加拿大真相与和解委员会启动调查并得出结论，财政紧缩和国家的忽视凸显了这样的问题——"政府没有提供足够的资源给学校，学生连饭都吃不饱……他们在许多方面受到了伤害"。[197]

相比之下，美国的同化运动在大萧条期间开始解体。就像国家对经济监管不力，导致灾难性后果一样，同化政策的失败说明，国家需要的不仅仅是渐进式的改革。[198]1929 年，参议院对印第安事务的调查结束了查尔斯·伯克（Charles Burke）自 1921 年以来对印第安事务专员职位的盘踞，取而代之的是查尔斯·罗兹（Charles Rhoads），而不是亨利·罗伊·克劳德。（P399）作为印第安人权利协会（The Indian Rights Association）的前任主席，罗兹在任期间的贡献有限，第二次世界大战结束后，他重拾印第安政策的制定工作，并重申了自己的信念："同化必须成为公共政策的主要目标"。[199]1930 年，大萧条令胡佛总统的声望大大受损，以至于这位印第安事务专员也没有多少发挥的空间。与加拿大一样，美国国会撤回了对印第安事务的资金支持，原住民部落面临着经济衰退和营养不良的双重打击。

塔夫脱和胡佛等共和党人把持美国政坛长达半个世纪。除了梅里亚姆对种族出身的担忧之外，罗伊·克劳德与塔夫脱家族及共和党盟友的密切关系可能也导致了他未能谋得印第安事务专员一职。像许多人一样，克劳德夫妇在大萧条的前几年一直在想方设法保住美国印第安学院，并继续为印第安服务办公室服务。未来的日子里，亨利从政府手中接过了更多任务：1932 年，他被派往华盛顿州尼亚湾（Neah Bay），审查玛卡人对其保留地督察官的投诉，部落委员会请愿免去此人的职务。这位督察官不仅经常缺席，而且受制于从部落的木材和渔场获利的当地贸易商，罗伊·克劳德说："此人习惯以权压人，却无人服从。"[200] 罗伊·克劳德的报告详细而全面，不仅建议撤换这位督察官，还建议重组该地区的印第安事务管理机构，这些建议得到了事务专员伯克的采纳。

被任命为哈斯克尔院长后，罗伊·克劳德继续在新上任的印第安事务专员约翰·科利尔（John Collier）的领导下倡导印第安改革。虽然《梅里亚姆报告》未能将其编撰者推向国家领导层，但其批评引起了科利尔等改革者的共鸣。科利尔曾活跃于纽约和加利福尼亚的社会福利界，于 1920 年搬到新墨西哥，参与印第安政策改革。他参加了普韦布洛土地权利和宗教自由运动，并加入了当时新成立的美国印第安人防卫协会（American Indian Defense Association），该协会针对伯克的管理提出批评，后者对普韦布洛土地、水权和宗教自由的管理不当引起了国家关注。

例如，1924 年伯克与内政部长休伯特·沃克（Hubert

Work）前往陶斯普韦布洛，督察官告诉伯克，该部落拒绝把所有孩子送到学校。他们依然遵循几个世纪以来的传统，让一些年轻人留在家里，接受宗教启蒙仪式。（P400）然而，国会在1920年通过的一项法律要求所有印第安儿童上学，并指示印第安事务专员"制定和执行必要的规定和法规……确保作为政府监护对象的适龄印第安儿童入学"。[201] 国会还授权印第安事务专员将这些儿童"强制"送往他指定的"任何一所政府寄宿学校"上学。督察官建议伯克采取这样的强制措施，并"逮捕部落领导人和一些主要人物，将他们关进监狱"。[202] 这种强迫行为一般会造成冲突，而不是促成合作。全体普韦布洛议事会（All-Pueblo Council）后来写道，据说伯克和沃克部长还"称我们为'半兽人'"。[203]

克劳德夫妇和其他改革者坚持认为，同化伴随着暴力，而科利尔的批评进一步延伸了这样的观念。成为印第安事务专员之前，科利尔的提案实现了三件重要的事情，一是回应了美国印第安人协会的提议，二是扩大了《梅里亚姆报告》的建议，三是对国家改革进一步施压。科利尔搬到华盛顿游说国会，进入政策圈层，并最终于1933年成为印第安事务专员。[204] 他在任期间很快成为美国历史上最富有成效的印第安事务管理时期。

与印第安新政的其他领导人一样，科利尔在国会推动了一系列立法改革。在短短时间内，他和内政部其他成员，包括其助理律师费利克斯·科恩（Felix Cohen），起草并通过了《普韦布洛救济法案》（*The Pueblo Relief Bill*，1933 年）和《印第安人重组法案》（*The Indian Reorganization Act*，1934 年）。这两项法案都从立法层面带来了土地、资金和政治实践的改革。

总体而言，这些最初的改革引发了联邦印第安政策的意识形态重塑。科恩逐渐认识到部落和联邦政府面临的挑战，于是在联邦印第安法律研究方面开展了一场解释性革命。起初，科恩"从未对'印第安问题'进行过半点思考"，但 1946 年从内政部辞职时，他通过代表部落进行诉讼、起草法案和编写《联邦印第安法律手册》（*Handbook of Federal Indian Law*，1941 年）等"重大任务"，实现了联邦印第安法律实践和研究的制度化。可以说，很少有联邦政府雇员对印第安事务产生如此重大的影响。[205]

《印第安人重组法案》（简称 IRA）的主要规定之一是终止土地分配制度，鼓励原住民自治，制定部落宪法，关闭大批寄宿学校，同时增加地方教育资源。此外，通过为普韦布洛和其他部落损失的土地提供救济，科利尔任职期间的政府部门承认了长期以来的土地索赔问题。值得注意的是，该法案还试图重组部落社区的现有政治结构，对于根据自身宪法运作的部落社区，争取将政府承认的自治权写入联邦法律。（P401）

对印第安改革者来说，每一项立法都是一种成就。多项立法相继通过，代表了联邦印第安政策的重大变革。在美国历史上，联邦政府首次利用其行政权力、立法权威和预算资源来支持美国原住民的自治,承认部落的土地权力与文化自治,也承认他们对各自社区的管辖权力。联邦官员从言辞、行动和信念层面与原住民部落合作,后者不再被视为正在从美国消失的种族。尽管流行文化和学术讨论仍在助长印第安人消失的神话,但联邦政府内部与部落社区的合作出现了,甚至在某些情况下蓬勃发展。最高法院也紧随行政部门的脚步,于1941年解决了一个棘手的问题,即侵占联邦政府保护的保留地是否合宪的问题。

地方与国家层面的激进主义：华拉派决定的来龙去脉

在努力扭转同化运动的半个世纪里，原住民活动家采取了许多形式。保留地数不清的家庭制定了策略，减轻土地流失、儿童被带走和政府镇压的影响。包括曼纽利托酋长在内的纳瓦霍领袖敦促他们的社区"从美国人那里学习新的知识"，但要有选择性地学习，要保留部落的公共价值观和文化惯例，同时把美国的教育当成阶梯，让纳瓦霍人"再次走向独立"。[206] 随后的纳瓦霍领导人，如切伊·道奇（Chee Dodge），他延续了曼纽利托酋长的教导，并提醒说："教育是通向独立的阶梯。告诉我们的人民，要争取受教育的机会。"[207]

然而，在许多家庭的记忆中，寄宿学校的经历太过残酷，因此他们不让子女去上学。1919 年，纳瓦霍族约 9613 名儿童，估计只有 2089 名儿童去上学。[208] 原住民在日常生活中进行了无数的抵抗，他们把孩子藏起来，免得被政府官员带走，从而减轻同化的破坏性影响。

美国印第安人协会的许多成员曾在印第安服务办公室各部门担任教师、护士和管理人员，此外，还有几千名印第安人在这些机构打杂或担任职业培训教师。(P402)讽刺的是,尽管这些学校口口声声说要培养学生,帮助他们融入主流社会,但实际上,寄宿学校的印第安学生最后全部流向了印第安服务办公室的各个部门。[209]渐渐地,整整一代印第安学生都成为这些机构的雇员。1888年,只有25名印第安人在寄宿学校工作。到1905年,这一数字增长到453人。[210]1906年,仅希洛科印第安人学校(The Chilocco Indian School)便有16名毕业生在政府开办的学校工作,从事印刷、舍监和马具制作等工作,但很少有人担任教师。[211]简而言之,在这些为了同化印第安人而开办的学校中,印第安人自己倒成了工作人员。

当保留地成员想办法解决问题时,他们遇到的督察官很少提供救济。实际上,奥拉维附近的霍皮人发生争议时,督察官经常用武力镇压异议,强制执行政策。无数印第安代表团前往华盛顿抗议,足以说明保留地的官员能力不足,无法解决他们遇到的问题。此外,政府将资源(预算、人员和基础设施)投入同化运动的开展,而不是改革印第安事务。联邦雇员很少注意到结构性问题,也很少拥有缓解这些问题所需的权力。他们唯一的权力是执行现有的同化法律,强迫保留地成员遵守。

保留地领导者理解这种不平衡,他们希望制定策略,扭转这种局面。许多人盼着寄宿学校的毕业生回到社区,改变他们周围的惩罚制度。克罗族领导人鼓励罗伯特·耶洛泰尔和苏茜·耶洛泰尔远赴他乡,前往加利福尼亚州和马萨诸塞州的学校学习,然后回到蒙大拿。正如第 10 章所述,苏茜回到家乡,在克罗族管理机构医院从事护理工作,而罗伯特在印第安新政期间成为克罗族管理机构的督察官,他是部落首位担任该职务的印第安人。[212]"这是我从未梦想过的事情。"临时督查官沃伦·L. 奥哈拉(Warren L. O'Hara)与 3000 名部落成员一起观看罗伯特的就职典礼时这样说道。[213]

罗伯特曾就读于加利福尼亚河滨县的谢尔曼印第安学校。他可能听过凯洛格的课,因为凯洛格自 1902 年开始在这所学校教书。学校对印第安教师的雇用激励了印第安学生,耶洛泰尔家族的倡议很快就与其他原住民活动家的倡议产生了共鸣。例如,美国印第安人协会的领导人和克罗部落的早期领导人,包括备受尊敬的领袖普伦蒂·库普斯。库普斯曾多次前往华盛顿,与他国领导人平起平坐。[214]1932 年,耶洛泰尔迎来保留地新上任的督察官,他重申了美国印第安人协会的多项声明。就像凯洛格向参议院作证时所说的那样,耶洛泰尔宣称部落拥有"自己的权利,我们坚持要求华盛顿官员以及在当地工作的下属尊重这些权利"。[215]

同化时代,原住民活动家在地方和国家层面的倡议产生了持续的联系,成为 20 世纪美国印第安政治活动的关键特征。(P403)保留地领导人和国家层面的改革者逐渐加强对彼此倡议的支持,不过这些变化通常没有引起公众的注意。虽然美国印第安人协会经常关注政策改革,但保留地成员主要关注的是地方问题,弗雷德·马洪(Fred Mahone)便是这样一位地方领导人。马洪毕业于奇洛克印第安学校,参加过第一次世界大战,是一位关心时局的华拉派部落成员。[216]

1918年,在等待被派往海外时,马洪写信给印第安事务专员凯托·塞尔斯(Cato Sells),说自己打算说服印第安人"下定决心……成为当今世界的'现代人'"。[217]他在信中附上了一份提案,提议建立新的部落组织。服役结束回国,马洪成了华拉派部落最活跃的发言人。

像其他退伍军人和美国印第安人协会的成员一样,马洪认为,社区自豪感,还有对不公正的反抗,都与现代特征相关。马洪在科罗拉多河沿岸亚利桑那的华拉派部落长大,几十年来一直致力于反抗艾奇逊、托皮卡和圣菲铁路公司(The Atchison, Topeka and Santa Fe Railroad)对其部落1/3土地的侵占。该铁路公司获得授权的土地横穿了数百万英亩的原住民家园,包括纳瓦霍族、普韦布洛、哈瓦苏佩(Havasupai)、雅瓦派(Yavapai)、切梅惠维族(Chemehuevi)、莫哈韦和大峡谷以南华拉派部落的土地。[218]1883年,该铁路公司铺设了第一条铁轨,而当年1月4日,这块保留地才刚刚根据行政命令建立,这也是国会结束条约缔结程序之后的第12年。

火车会消耗大量水资源。皮奇斯普林斯（Peach Springs）①的泉水井历来是部落的水源，如今成为该铁路公司的重要站点。部落成员前来给牲畜饮水，或者从井里取水去浇花园时，不得不向该铁路公司缴费。铁路公司的领导人指出，他们之所以有权对泉水井收费，是因为当地的非印第安人之前把地卖给了他们。部落成员不同意铁路公司的说法，称这些泉水显然位于保留地的边界内。然而，由于没有签订正式条约，联邦官员最初没有太关注这个问题。华拉派领导人没有忘记早期与督查官发生的激烈冲突。与附近的霍皮族一样，华拉派领导人基瓦塔纳瓦（Quiwhatanava）也因抵制联邦政策而被送进了恶魔岛的监狱。[219]

不出所料，就像许多其他印第安部落的境遇一样，保留地的事务官根本没有站在华拉派部落这一边。充其量，督查官会对部落的处境表示同情，但不会采取任何措施。最糟糕的情况下，他们会监禁保留地的领导人，将其土地租给公司和外来者，然后一走了之，去其他地方任职或工作。（P404）此外，与许多呈送给华盛顿相关部门的投诉一样，塞尔斯没有回复马洪的信。他的管理理念与伯克一样，主张同化。更何况，冲突发生在1919年，该铁路公司是当时美国西部最强大的公司之一。

不过，马洪仍不屈不挠地开展活动，对自己的事业充满信

---

① 又译桃泉，如今是美国亚利桑那州莫哈维县（Mohave County）的一个人口普查指定地点。——译者注

心。他和其他部落成员知道,该铁路公司占用的是不属于它的土地。夺回自己的土地,加以开发利用,成为马洪和其他部落成员的工作重点。"切斯特·A.阿瑟总统划定并保留(这些土地),供华拉派印第安人使用和占有,"马洪写道,"我们希望将这块(保留地)变为我们自己和未来几代族人永远的家园。"[220] 马洪与凯洛格以及美国印第安人协会的其他领导者一样,明白罗伊·克劳德所说的土地流失与部落健康和繁荣之间的"密切关系"。

华拉派人认为,这些保留地本来专门归自己使用和占有,现在却被铁路公司非法占用。他们援引历史来支持自己的主张,如1883年美国政府对部落的行政命令,部落成员自古以来对泉水的使用,以及华拉派族作为独特和自由社区受到的承认。他们反驳了政府和企业的主张,这些主张认为华拉派是游牧民族,没有土地使用和自治的实践,甚至没有文明。[221] 正如美国白人经常认为的那样,亚利桑那的政治领袖也认为该部落注定要消失,参议员卡尔·海登(Carl Hayden)说道,他们是"一个正在消亡的种族"。[222]

华拉派部落的案件吸引了当地、地区和国家层面倡议者的关注,包括加利福尼亚印第安人使命联合会(The Mission Indian Federation of California),该联合会是为加利福尼亚州和科罗拉多河沿岸部落服务的泛印第安政治组织。很快,印第安新政官员也加入了他们的阵营，其中便包括科利尔和科恩。

然而，部落也面临着强大的对手，比如与该铁路公司关系密切的海登。该铁路公司还雇用了历史学家赫伯特·尤金·博尔顿（Herbert Eugene Bolton）等人，让他们作证称部落成员并非这片土地的所有者，也没有将保留地用作财产。[223]一系列下级法院的裁决给出了不同意见，但未能确定华拉派以及其他印第安部落对各自土地的所有权，也未能明确这种权力的依据何在。

后来，最高法院对此案的判决，即美国诉圣菲太平洋铁路公司一案（United States v. Santa Fe Pacific Railroad Co.，1941年），成为20世纪有关印第安土地权利的第一个重要表述，并很快推动了美国各地原住民在第二次大战结束后的土地索赔进程，最终成为许多国际案件的先例。（P405）1973年，加拿大最高法院在考尔德诉检察总长一案（Calder v. Attorney General）当中推翻了延续75年的先例，裁定不列颠哥伦比亚省北部的尼斯加人（Nisga）拥有其土地权利。霍尔（Hall）法官明确援引了华拉派案，称其"必须被视为现代土著权利问题的主要裁决"。[224]

就像美国原住民历史进程中的许多其他时刻一样，华拉派决定的影响也被其他历史事件盖过了。该判决于1941年12月8日宣布，就在几个小时前，美国刚刚对日本宣战，因此华盛顿及国家报纸根本没有为此案留下报道空间。判决达成一致决定，支出华拉派对部落土地的权利，同时宣布，即使未曾签订条约明确承认部落的土地所有权，部落凭借自古以来的占用权，也应该拥有这些土地的"原始权利"。该裁决是对马歇尔三大判例的回应，其原则一直延伸到20世纪，成为对印第安土地权利的重要肯定。

该判决也投射出对历史本身的不同理解。科恩在法庭上陈述了该案件，他代表的是联邦政府，而联邦政府以信托的形式持有保留地的所有权，经常在法庭上处理部落的诉讼。正如第10章所述，自19世纪70年代起，联邦政府废除了与部落的信托关系，国会通过的多项法律不仅违反了条约，还促进了同化政策的实施。不过，到了1941年，科利尔的印第安新政扭转了联邦政府多项政策的方向，重新解释了二者之间的"信托关系"，甚至解释了印第安部落在美国的地位。[225] 例如，科恩的《联邦印第安法律手册》是对印第安人权利、先例和印第安政府体系的首次汇编和解释。在此之前，除了条约本身以外，几乎没有其他资源可参考。

科利尔和科恩受到了印第安领导人的启发，两人早就对马洪的工作产生了兴趣。此外，包括罗伊·克劳德在内的数十名印第安改革者一直在美国各地奔走，向保留地领导人解释科利尔的提案。罗伊·克劳德还协助起草了《印第安人重组法案》，而罗伯特·耶洛泰尔则在自己部落的保留地上负责监督新政时期政策的实施。联邦政府与原住民部落互惠的做法虽然长期归功于科利尔，但实际上源自印第安人的文化价值观，也源自原住民活动家广泛的激进活动。这种合作在印第安新政时期发展成为一股强大力量，减缓了同化带来的伤害。

◆

拥有自主权和自治权的部落社区与联邦政府合作时，拒绝接受对方在权力不对称的基础上制定政策，并努力消除同化带来的暴力。（P406）然而，这个理念并未受到印第安地区所有部落的认同，实际情况甚至远非如此，许多部落对联邦的倡议仍然极度不信任，因此拒绝了《印第安人重组法案》。不过，即使拒绝了该法案，部落社区也依然在行使自治权。第二次世界大战期间，印第安部落与非印第安公民一同参战，联邦最高法院也对原住民的自治权表示支持，美国的印第安事务迎来了短暂的新时代。但第二次世界大战结束后，旨在消灭印第安部落独特主权的同化势力卷土重来，联邦印第安事务再度遭遇重大挑战。（P407）

12

From Termination to Self-Determination Native American Sovereignty in the Cold War Era

> I am fervently hopeful that you will guide this nation into more responsible discharge of its trusteeship obligations towards Indians rather than give support to the idea of mass, premature withdrawal of essential federal services.
> —*Elizabeth Bender Cloud to the secretary of the Interior*（1952）

从终止到自决：
冷战时期美国原住民的主权

> 我热切地希望，阁下能引导这个国家更负责任地履行对印第安人的托管义务，而不是支持联邦大规模地、过早地撤回重要服务。
> ——*伊丽莎白·本德·克劳德致美国内政部长（1952年）*

渐渐地,印第安新政的改革变得更加瞩目,也更具政治威胁性。美国印第安人协会成员的倡议、政府土地和教育理念的逆转,以及最高法院开始作出有利于印第安人的裁决,使罗斯福政府成为印第安政策制定的焦点。美国内政部在这届政府执政期间最后的其中一项行动,便是游说通过了《印第安人索赔委员会法案》(*The Indian Claims Commission Act*,1946 年),其依据是 1941 年最高法院在《美国诉圣菲太平洋铁路公司案》(*United States v. Santa Fe Pacifi c Railroad Co.*)中裁定部落对可明确界定的领地拥有占用权,以及亚利桑那州的华拉派印第安部落,而非铁路公司对该部落的保留地拥有所有权。凭借这项法律,国会建立了相关机制,解决裁定未决的土地索赔问题,并针对被剥夺的保留地提供财务补偿。华拉派部落迅速提起诉讼,接着 100 多个部落纷纷效仿。[1]

然而,印第安新政期间,很多事情发生了变化。(P408)美国参加第二次世界大战,接着监督了对德国和日本的占领工作。外交事务占据了国家的注意力,由"第一世界""第二世界"和不久之后的"第三世界"组成的新世界秩序重塑了国际外交。[2]联合国于1945年成立,其宪章规定,该组织的宗旨是"发展国际以尊重人民平等权利及自决原则为基础的友好关系"。[3]

第二次世界大战结束后,焦虑和紧张情绪在整个美国蔓延。数百万退伍军人返乡,需要重新融入家乡的经济。底特律等北方城市经历了种族和劳工冲突,原子弹爆炸产生的蘑菇云使核战争威胁成为千万家庭的关注焦点。不过,随着战后繁荣的到来,美国逐渐从大萧条的困境中走出来,许多个人和家庭融入了国家新兴的经济和文化。[4]

对许多美国家庭来说,新的休闲和富裕文化随之而来。政策制定者致力于支持美国繁荣的扩张,尤其是针对退伍军人提供教育、住房和金融福利,延续了新政时期的政府保护措施。

第二次世界大战后的美国历史揭示了这个国家在世界上的地位变化。1940年,美国的常备军无足轻重。战争结束时,超过700万人服役,数十万名士兵驻扎在德国和日本。美国海军成为海上霸权,拥有有史以来最大、最快和最先进的船只。美国空军监视着天空,而且他的武器库还有了核武器的支持。

与第一次世界大战后不同的是,美国领导人努力重塑第二次世界大战后的秩序。《时代》周刊编辑亨利·卢斯(Henry Luce)表示,这是为了"创造第一个伟大的美国世纪"。[5]旧金山,而不是巴黎,见证了联合国的成立,纽约则见证了联合国大会的召开。

美国获得联合国安理会永久席位,与此同时,美国主导的马歇尔计划指导了欧洲的重建。此外,美国官员监督了日本的重建。不到4年的时间里,美国及盟国[①]击败了两个法西斯帝国,接管了他们占领的领土。

在这段世界史中,美国印第安人常常是缺席的,就像印第安人在现代美国叙事中很少出现一样。他们生活在"另一个时代",行为处事与现代相悖、与原子时代(The Atomic Age)观念格格不入。这种缺席事关重大,因为它不仅塑造了我们对历史的理解方式,而且影响了美国对印第安部落的政策,其目的是同化原住民,让他们融入美国社会。这些政策剥夺了印第安人的土地和资源,并通过福利和收养机构等新形式夺走了印第安儿童。(P409)

然而,从很多方面都可以清晰地看出,是印第安人塑造了"美国世纪"。第二次世界大战开始时,人们尚未发现,美国大部分的铀储量位于纳瓦霍部落的部分领地。[6] 洛斯阿拉莫斯(Los Alamos)附近的普韦布洛土地和内华达州西部肖肖尼人未被割让的土地为大气层核试验提供了场地,而南部派尤特人和"爆炸点下风方向的居民"遭受了100多次爆炸带来的严重后果。[7] 为

[①] 反法西斯同盟,于1942年1月1日,中国、苏联、美国、英国等26个国家签署《联合国家宣言》,标志着国际反法西斯统一战线最终形成,这是反法西斯战争取得胜利的根本原因。——编者注

了开发"制造炸弹所需的可裂变材料",物理学家尼尔斯·玻尔(Niels Bohr)告诉他的美国同事,他们需要将"整个国家变成一座工厂"来进行钚浓缩和水电开发。[8] 美国建造大型水坝,淹没了哥伦比亚、科罗拉多和密苏里流域的保留地社区。工业领袖和社会改革者游说政府支持这些"民主金字塔",承诺它们为国家带来电力,取代石油和煤等落后的能源形式。[9] 由此可见,美国原住民绝非游离在时代的潮流之外,而是身处这股潮流的中心。

国会在重塑美国印第安人的过程中占主导地位。在美国西部,联邦机构相互合作,私营公司和公共事业部门协调建设了新的基础设施。皮克-斯隆计划(The Pick-Sloan Plan)和《防洪法》(*Flood Control Act*,1944 年)授权在密苏里上游修建大坝,目的是实现更大规模的农田灌溉,防范旱灾和洪灾。美国陆军工程兵团(The U.S. Army Corps of Engineers)与其他联邦机构合作修建大坝,仅在北达科他州和南达科他州,就淹没了超过 60 万英亩的土地,其中包括北达科他州三大联盟部落(曼丹、希达察和阿里卡拉)15 万英亩的土地。[10]

对无数平原印第安家庭来说,密苏里河及沿岸是他们赖以生存的支柱,不仅为家庭和牲畜提供水源,为定居点提供庇护,当地的树木也可用作燃料。曾经,联邦政府的政策支持几乎导致野牛灭绝,并迫使保留地社区发展农业和牧业经济。如今,州政府控制的水库淹没了一座又一座村庄,在人工湖的岸边建起

"新城"。（P410）达科他学者小维恩·德洛里亚（Vine Deloria Jr.）回忆说，光这一项立法，"就已经算得上美国对所有部落犯下的最具破坏性的罪行"。[11] 这项立法是对美国"高度现代化农业"目标的回应，该农业模式对单一作物种植、杂交、商业化肥和杀虫剂尤其依赖。[12]

大坝、水库、核试验和铀开采对原住民部落产生了不利影响，同时，美国在冷战期间的其他发展也占据了原住民的土地和资源。科罗拉多高原的水电厂和煤炭为洛杉矶和凤凰城等日益发展的西部城市提供了电力。与铀矿类似，据估计有50亿吨的煤炭储量位于纳瓦霍族和霍皮族的家园。联邦机构监督建造了很多大型锅炉，到1975年，这些锅炉每年生产近8000兆瓦的电力，几乎占亚利桑那州、新墨西哥州和加利福尼亚州南部电力消耗的2/3，同时释放出无法估量的氮氧化物和二氧化硫。纳瓦霍土地上的四角发电站（The Four Corners Generating Station）每年排放超过8万吨污染物。每天，4200吨煤炭通过炸药爆破被开采出来。水泵从河流中抽水，送回工厂作为冷却剂，一个巨大的有毒湖泊与发电站一同出现了。[13]

原住民部落再次面临技术发展和全球化带来的威胁。他们如何扭转环境、经济和社会领域的影响？在美国世纪中，他们的未来是怎样的？当时的美国政府给出了答案，并且是最终的答案。

第二次世界大战结束后，国会领导者确信，保留地社区是他们最大的敌人,这些社区阻碍了国家民主和资本主义发展广泛目标的实现。犹他州参议员阿瑟·沃特金斯(Arthur Watkins)对来访的原住民领袖这样说道:"在美国的领土范围内,我们不承认任何外国的存在。你们已经是国家公民……你们不能两者兼得,既是美国公民,又是外国人。"[14] 在这个充斥着反共产主义行动的时期,自治的原住民部落对美国的利益构成了威胁。

随着20年来共和党的首次上台,国会于1953年开始取消科利尔时代对自治和文化自决的承诺,并制定了一项名为"终止"的政策,旨在"终止"联邦对原住民的义务,消除联邦政府与原住民部落几个世纪以来的关系,限制条约义务,弱化信托原则。这种政治同化塑造了此后20年的联邦印第安政策。(P411)

几乎没有原住民领袖预料到终止时代的到来,但他们理解背后的利害关系。他们明白,政府再次打算终止条约义务,同化印第安人,将其融入美国社会。这一次,政府没有将孩子送往寄宿学校,而是努力实现原住民家庭的城市化,并为此制订了一项由联邦资助的"搬迁"计划,将十余万原住民送到城市进行职业培训,提供就业援助。原住民在保留地拿到的是单程汽车票,因为政府承诺,他们在城市将过上更好的生活,同时,城市化的原住民社区在整个美国扩张开来。

原住民领导人现在需要面对新的印第安事务专员:狄龙·迈尔,此人曾在战时迁移管理局(The Wartime Relocation

Authority）担任领导人，对 12 万日裔美国人进行监禁。迈尔明白，自己想要的是什么样的变革："我已经明确表示……我强烈认为印第安人事务局应尽快停止运作。"[15] 取消对保留地的资助成为他的任务，清算保留地的土地成为国家政策。终止和搬迁政策鼓励原住民离开自己的社区，预示着联邦印第安事务管理机构的终结。小维恩·德洛里亚这样评价当时的冲突："如果我们输掉这场战争，就再也没机会了。"[16]

1953 年，国会通过众议院第 108 号共同决议（House Concurrent Resolution 108），新政策被正式编入法律文件。遭到终止的部落被剥夺了政治自治权，州政府承担了对部落土地、医疗和教育事务的管辖权，部落成员成为新成立实体的个人所有者或股东。如今管理保留地的是公司和信托机构，而不是经选举产生的部落政府。随着联邦印第安政策的钟摆再次朝着同化的方向摇动，100 多个部落被迫接受终止政策，而整个战后时期，50 万部落成员迁往城市，他们在保留地经历的贫困，也跟着他们到了城市。

与早期的同化政策一样，终止政策埋下的是失败的种子。并非所有"城市印第安人"都融入了现代美国。与之前的美国印第安人协会成员一样，许多原住民建立了部落间的政治团体。学生、退伍军人和"搬迁者"加入了原住民活动家组织的运动，包括美国印第安人运动（The American Indian Movement）。小维恩·德洛里亚等一代印第安知识分子发展出原住民解放和"红人

权力"（Red Power）等意识形态，并与其他社会和环境运动联系起来。（P412）

"红人权力"的思想和文字得到广泛传播。小维恩·德洛里亚的《卡斯特因你之罪而死：一则印第安宣言》（*Custer Died for Your Sins: An Indian Manifesto*，1969年）广为流传，生动揭示了"终止政策的灾难性后果"。[17] 保留地领导人为了自决而奋斗时，很快便联想到其他殖民地人民的困境。[18] 同时，他们将自己的目标与民权运动的目标区分，坚持要求联邦政府履行其条约义务。他们利用法院、国家媒体和国会督促政府履行信托责任。像其他土著民族一样，印第安领导人拒绝美国政府用"随便哪种级别和性质"的国家公民权利打发原住民，并反对与原住民眼中主权相悖的统一政策。[19]

20世纪70年代中期，改革者和活动家扭转了终止政策的潮流。其间，他们开展了更广泛的活动，开创了现代美国印第安主权运动的先河。通过巩固条约法、提高公众意识、推动新的立法，他们证明原住民实际上可以既是部落成员，又是美国公民。印第安主权运动重新定义了美国的法律和政策，构想了原住民在现代美国的新权力形式，并致力于在保留地范围内，在部落政府的管辖下行使这些权力。

美国原住民与第二次世界大战

美国原住民以直接或间接的方式影响了第二次世界大战的进程。第二次世界大战期间，德国和日本扩张领土，试图统治被征服的人口。实际上，这两个国家的领导人都从美国历史及印第安土地征服史受到了启发。

19世纪末，北美第一代日本移民，遭遇了种族等级制度和排斥性的公民待遇，佐藤虎次郎（Satō Torajirō）便是其中之一。1885年，19岁的佐藤虎次郎移居美国，在旧金山和西雅图生活，遭受了针对亚洲移民的种族主义言论和斥责。后来，佐藤去密歇根大学读书，歧视仍然没有消失。尽管他在学校取得了优异的成绩，甚至还编辑了一份名叫《大日本》（Great Japan）的学生报，但他身边依然充斥着白人至上主义。（P413）1891年，佐藤回到日本，利用家族关系和流利的英语，在澳大利亚的昆士兰托雷斯海峡（Torres Strait）成立了一家公司，开展珍珠业务。他的公司有1000名移民到澳大利亚的日本潜水员。[20]

连续不断的种族歧视扑灭了佐藤的事业，但没有扑灭他的雄心。与美国的情况一样，驱逐亚洲劳工的呼声助长了"澳大利亚白人"的种族主义政策。反日情绪无处不在,佐藤逐渐确信,日本未来的关键在于殖民化,而不是移民。他认为,大和民族注定要走上殖民的道路:"虽然美国有本事推行侵略性质的门罗主义,但日本将会崛起,并推行自己的门罗主义……我们一定会崛起……这是注定的事情。"[21]

在美国街头、大学校园和其他英联邦国家的种种经历,让佐藤萌生了民族种族主义的情结,种族自豪感让他产生了新的激情。作为一家报纸的经营者,佐藤明确阐述了日本为何比朝鲜等邻国"优越"。他写道,这些国家不如日本文明,所以它们需要被殖民:"治理朝鲜的最好办法是尽可能多地将(日本)人口移民到朝鲜,用人口优势建立牢固的霸权。"[22]

作为日俄战争之后抵达首尔的第一代日本移民,佐藤用了 15 年的时间在日本和朝鲜之间周旋,直至 1928 年去世。1924 年,在他的协助下,成立了同民会(Dōminkai),这是一个由日本定居者组成的、颇有影响力的政治组织,致力于巩固日本的商业和政治利益。[23] 佐藤几十年的职业生涯,实际上是一代移民推动日本商业扩张的缩影,而这些日本移民从鼓吹"昭昭天命"(Manifest Destiny)的美国政策受到了启发。[24]

与日本人一样,德国人也曾长期移民到美洲。不过,阿道夫·希特勒希望扭转这种局面,让德国农民在家园附近移民。[25] 德国没有殖民地,希特勒因此十分羡慕美国。"美国有一样东西是我们没有的，那就是对广阔空间的感知。"[26]希特勒这样写道。在他看来，德国最好的殖民前景在欧洲。

希特勒没上台之前，便从美国的印第安政策获得了启发。他称赞美国政府，"几百万原住民杀得只剩下几十万人""剩下那点人，也关进了政府眼皮底下的笼子里"。[27]希特勒对美国印第安政策的看法在德国产生了共鸣，因为它们与德国的文化传统，还有之前的殖民形式有异曲同工之处。（P414）德国孩子经常读卡尔·迈（Karl May）的作品，在其畅销小说《威尼图》（Winnetou）中，一名在美国的德国牛仔与一位阿帕奇族原住民成为朋友。迈是最畅销的德语作家之一，其作品简化了美国的历史与征服历程，在他笔下，印第安人与欧洲殖民者结下了友谊。希特勒写道，迈的书"让我大开眼界"。[28]

德国对非洲的殖民也从美国原住民的经历找到了正当理由。作为全球殖民主义的后来者，德国的帝国主义活动主要集中在非洲。1904 年，1.4 万名德国士兵抵达纳米比亚，镇压赫雷罗族（Herero）和纳马族（Nama）叛乱分子，其行动被许多人认为是"现代第一次种族灭绝"。[29]这次镇压导致数万人死亡，对此，德国领导人援引了美国历史来为他们的暴行开脱。洛塔尔·冯·特罗塔（Lothar von Trotha）将军表示："看看美国是怎么做的，土著必须给我们让路。"[30]德国的文职领导人也提出了类似的论点："美国的殖民史显然是迄今为止规模最大的殖民活动，其开篇便是彻底灭绝土著人口。"[31]

对希特勒来说，德国的未来并非在非洲殖民，而是在欧洲。他说："我们的密西西比河就是伏尔加河。"他预计，斯拉夫人会像印第安人一样战斗，"东欧需要像北美一样重塑"。[32]

纳粹官员不仅受到美国殖民主义的启发，还受到美国法律的影响。1935年9月，45名纳粹律师前往纽约开展"研究之旅"，其灵感来自纳粹律师海因里希·克里格（Herberich Krieger）。克里格曾在阿肯色大学学习了一年，之后回到德国。他撰写了《印第安法原则与1934年6月18日的法案》（*Principles of the Indian Law and the Act of June 18, 1934*）一文，发表于1935年的《乔治华盛顿法律评论》（*George Washington Law Review*）。该文分析了《印第安人重组法案》，追溯了联邦印第安政策的变化，解释了印第安事务中看似不连贯的波动。[33]

对克里格来说，这种不连贯和变化非常重要，因为它们揭示了一种信念，而且许多纳粹认为，美国"拒绝公开承认这种信念"，即印第安人实际上是不同的种族，因此必须受到不同法律的约束。[34]随后，克里格的思想进一步系统化，并出版研究成果《美国种族法》（*Race Law in the United States*，1936年），探讨了美国如何通过法律建立种族秩序。（P415）克里格的工作影响了德国司法部和其他纳粹领导人，这帮人试图建立"一个完全实现种族主义的国家"。[35]

第二次世界大战动员期间，美国联邦政府集中了全国的经济和人口力量。战争那几年，每年超过 4 万人离开保留地，在兵工厂、飞机厂、铁路和其他战争工业中工作，还有许多印第安妇女离开家园，去了工厂、牧场和农场。[36]

大多数美国原住民部落位于西部地区，对他们来说，尽管印第安士兵在美国的各个战区参战，但第二次世界大战仍然是一场以太平洋为中心的冲突。截至 1945 年，近 4.4 万名印第安男女曾在武装部队服役，其中陆军有 2.1767 万名印第安人，海军有 1910 名印第安人，海岸警卫队有 121 名印第安人，海军陆战队有 723 名印第安人。[37] 美国政府出版物《第二次世界大战中的印第安人》（*Indians in the War*，1945 年）中指出："伤亡名单很长，他们分布在世界各地的战区。菲律宾的监狱关押了许多印第安人……西西里岛的第 45 师有印第安人的身影……他们在安齐奥（Anzio）海滩参加战斗，在诺曼底登陆时冲锋陷阵。尤特族印第安人勒罗伊·哈姆林（LeRoy Hamlin）与一小支部队率先在易北河与俄罗斯人建立了联系。"[38]

在最后的决战阶段，原住民士兵也做出了巨大贡献。1945 年初，为了开辟供给和空中路线，美国按计划组织了一次对日本和附近岛屿的入侵。其中一个目标是硫黄岛（Iwo Jima），整个 2 月，每天有数千人在堑壕战中死去。此外，日本将自杀式飞机纳入防御计划，导致每天多达 24 艘美国军舰沉没。[39] 美国将在"没有"盟军支援的情况下执行该计划,因为英国、法国和俄罗斯的部队忙于欧洲战事,无法抽身。[40] 500万士兵被卷入其中。

摄影师乔·罗森塔尔(Joe Rosenthal)用照片永远定格了第二次世界大战的激烈程度,其中6名美国海军陆战队队员在硫磺岛竖起美国国旗的照片是第二次世界大战最具标志性的影像之一。最后只有3名士兵活了下来,来自亚利桑那州巴普丘尔(Bapchule)的艾拉·海斯(Ira Hayes,皮马族)就是其中之一。

海斯的贡献广为人知,但很少有人提及,蒙大拿州的路易斯·查洛(Louis Charlo,平头印第安人①)在夺取这座山头时失去了生命,也很少有人提及,俄克拉何马州的克利福德·切巴塔(Clifford Chebahtah,科曼切人)在附近的散兵坑里受了伤。切巴塔后来回忆起当时的情景,感受就跟战友们一样:"当我看到战友升起国旗,我的后背划过了一阵凉意。"[41]

数千名印第安人参加了第二次世界大战,许多人在战争中死亡或负伤。(P416)至少有235名来自南达科他州的拉科塔族士兵伤亡,其中包括在硫黄岛丧生的霍华德·布兰登(Howard Brandon)。[42] 整个战后时期,美国各地的社区都在纪念原住民做出的贡献。最引人注目的是1954年11月,海斯与美国的军事和政治领导人一起,参加了在华盛顿的海军陆战队纪念碑奠基

---

① 早期记载将所有讲萨利什语的部落都称为"平头印第安人(Flathead)",但现在被称为平头部落的印第安人不再遵循将头部压扁的习俗。——译者注

仪式——海斯与其他旗手一起被铸成了青铜像。[43] 美国举行了无数仪式,欢迎士兵归来,此外还举行了更正式的纪念活动。1945年9月,俄勒冈州的克拉马斯印第安人事务局将当地的一条机场跑道命名为雷·埃努夫(Ray Enouf)。埃努夫是美国海军陆战队的一名医疗兵,在硫黄岛献出了自己的生命。[44]

冷战初期的印第安地区

当海斯坐在总统德怀特·艾森豪威尔（Dwight Eisenhower）身边参加纪念碑奠基仪式时，这个国家已经发生了巨大的变化，与战后欢迎士兵归来时的景象大不相同。自1941年以来，美国家庭的收入几乎增长至原来的两倍，到1956年，白领工人的数量超过了体力劳动者。[45] 然而，保留地社区仍然很难共享国家消费经济带来的繁荣。[46] 美国已经成为富裕国家，但在这个"消费者大国"中，印第安人基本上淡出人们的视野，成为神话。

冷战期间，印第安人的历史成为道德寓言，安抚了动荡时期的美国。当时，在共和党内的提名竞选中，艾森豪威尔险胜亨利·罗伊·克劳德的同学罗伯特·塔夫脱，但他的党纲充满了对通货膨胀的担忧，并谴责了罗斯福新政的"肆意挥霍和通货膨胀政策"。[47] 事实上，许多人将新政比作一种需要治疗的疾病。在他们看来，"大萧条时代的思维"是一种"精神错乱"。[48] 解决方法是"平衡预算，实施紧缩性的货币政策，通过政府施压来抑制工资上涨"。[49]

种族关系加剧了军事化面临的挑战。杜鲁门总统曾整合全国军队，但南方的抵抗导致战后的美国经历了漫长的斗争。艾森豪威尔首次任命厄尔·沃伦（Earl Warren）为联邦最高法院首席大法官，后者主持了布朗诉托皮卡教育局一案（Brown v. Board of Education）①的裁决并全票通过，这次裁决取消了美国学校的种族隔离制度，震惊整个美国。与安德鲁·杰克逊执政时期以及伍斯特一案不同的是，艾森豪威尔总统很快就会动用国家军队，强制执行这一裁决，因为非裔美国人的自由斗争重塑了美国。（P417）

冷战时期的道德寓言主要体现在视觉层面，而且以西方电影和电视节目为主。1954年，有24部好莱坞电影出现了印第安人角色。然而，这些电影讲述的并非当代印第安人。按照业内惯例，制片人通常选择白人演员来演出印第安角色，而且电影的背景全部设定在过去，给观众一种熟悉和宽慰的感觉。那一年，阿帕奇族尤其受欢迎，伯特·兰卡斯特（Burt Lancaster）主演了《阿帕奇》（Apache，联美电影公司），罗克·赫德森（Rock Hudson）主演了《酋长之子塔赞》（Taza, Son of Cochise，环球影业）。[50]

---

① 布朗诉托皮卡教育局案是美国历史上具有重大意义的诉讼案。本判决终止了美国社会存在已久的、白人和黑人必须就读不同公立学校的种族隔离现象。自本判决起，任何法律上的种族隔离都可能因违反宪法所保障的同等保护权而被判违宪；同时本案也开启了接下来数年美国开始废止一切有关种族隔离的措施；美国的民权运动也因为本案迈进一大步。——译者注

西部片不光选择白人出演印第安人角色，而且这些角色通常讲的是虚构的语言，嘴里一阵咕哝和胡言乱语。[51] 印第安人扮演配角时，剧本给他们安排的是单音节台词，"要么语法不正确，要么充满了愤怒"。[52] 寄宿学校的音乐节目会将丰富的声音和传统融合在一起，但西部片普遍采用的是重复和紧张的配乐。[53] 骑兵冲锋的声音，"哒哒哒"的鼓声，还有种族主义战争的呐喊声在学校操场、体育场和新建的娱乐中心不断回响。1955年，迪士尼乐园的"边域世界"（Frontierland）开业，在彼得·潘首次亮相仅两年后，就将英国故事《彼得·潘与温蒂》（*Peter and Wendy*）美国化，将印第安角色和音乐加入了对"永无乡"的描绘中。与卡尔·迈对德国儿童的影响类似，华特·迪士尼将美国人的童年与原住民联系了起来。

西部片的配乐影响了美国的老老少少。这些影片是如此普及，以至于产生了一系列广为流行的男性化隐喻，并将各种新的表达方式引入了整个美国社会，如对决、最后的阵地、雇佣枪手、围捕等。[54] 到1958年，好莱坞每周都会制作一部西部片。每当夜幕降临，家家户户就会围坐在电视机这个电子篝火旁，一边吃晚餐，一边看西部片。1959年，在排名前10的美国节目中，有8部是西部片。[55]

实际上，整个冷战时期，印第安人面临的政治结构比他们周围的表象更具破坏性。"二战"后，联邦政府限制开支的意识形态给印第安事务办公室带来了巨大压力。自 1946 年起，国会开始向该办公室的领导人施压，要求他们确定可以脱离联邦监管的部落。威廉·齐默尔曼（William Zimmerman）专员拒绝了该要求，结果参议院传唤了他，要求他确定"可以立即脱离"联邦监管的部落。[56]1947 年，第 80 届国会在华盛顿召开，其宏伟目标便是削减联邦开支，废除印第安事务。在这样的历史背景下，终止政策浮出了水面。（P418）

意识形态与实践：扭曲的终止政策

美国国会的许多领导人认为，印第安人索赔委员会将解决长期的土地问题。许多人还希望该委员会采取进一步的措施，将剩下的联邦监管机构统统取消。沃特金斯主持了参议院印第安事务小组委员会，并起草了最初的终止立法。他认为，印第安人索赔委员会将确保"联邦政府对印第安部落的所有义务最终得到妥善处理，无论是真实存在的义务，还是声称的义务"。[57]

索赔问题一旦解决，联邦就无须再承认个别的原住民社区。蒙大拿州参议员乔治·马隆（George Malone）的观念甚至更加激进，他认为，罗斯福新政孕育了一个不符合美国价值观的"社会主义"政府，该政府与印第安人事务局合作，"导致了对自由之树……的干扰和伤害"。马隆辩称："我们一边花费数十亿美元与共产主义作斗争……（一边）延续印第安保留地和部落政府体系，这可是天然的社会主义环境。"[58]

许多部落认为，联邦监管就是一场灾难。虽然一些部落采用的是宪政形式，也获得了新政对艺术和文化项目的支持，但情况几乎没有得到改善。原住民部落仍然是北美最贫困的社区，婴儿死亡率是全国平均水平的2—3倍。[59] 印第安人事务局在保留地充当"银行家、教育家、医生和土地管理员",联邦官员手中握着"几乎难以置信的权力"。[60] 这种联邦控制导致部落的士气更加低落,结构更加分裂。就算政府就如何改善部落条件展开讨论,也往往难以达成一致意见。

许多保留地的分裂持续了几代人的时间。在华盛顿东部的哥伦比亚高原,许多互相关联的部落被迫迁至保留地,有些部落是第一次与其他部落共同生活。1872年,12个部落同意在广阔的科尔维尔保留地共同生活,此前从未结盟的部落因此"联合"到一起。(P419)

正如土地分配时代的普遍现象一样,这些部落的保留地很快被剥夺。在一系列令人发指的交易和转让行为中,该保留地北部的土地被夺走了。许多部落成员不仅责怪联邦政府,也把气撒到彼此身上。当地的土地流失和部落分歧是如此严重,以至于成了科尔维尔保留地的"一大特色"。[61]

科尔维尔保留地的经历体现的是,联邦政策对部落的破坏为何引发了更糟糕的政策出台。这种政策是一种恶性循环,几代原住民因此遭到伤害。分配时代引发了原住民的极大不信任,以至于科尔维尔部落拒绝了1934年的《印第安人重组法案》。与许多原住民一样,其成员否决了柯利尔的提案,因为土地被剥夺让他们对政府产生了反感。

1938 年，科尔维尔部落确实草拟了一个宪法政府。部落成员首次将自治权让渡给制度化的"联合"理事会。然而，只有 1/3 的部落成员投票，超过 1000 人通过不投票来表示反对。一些人甚至写信给罗斯福总统，表达对新选出来的领导人，以及中央集权选举过程的不信任。"我们的地区有自己的领袖或酋长，"一名成员写道，"我们想恢复原来的法律。"[62]

《印第安人索赔委员会法案》的通过加剧了这些分裂，也加深了原住民的不信任。1953 年之后，部落的分裂为终止政策的出台铺平了道路，因为许多科尔维尔成员相信，针对土地索赔的补救即将到来。当时的联邦政府愈发强大，而且投入数十亿美元重建欧洲和亚洲。许多原住民相信，印第安人索赔委员会将对其土地提供补偿，土地索赔解决方案可能最终带来经济复苏。

联邦领导人还认为，管理不善妨碍了部落的自给自足，只要联邦官员统治保留地，经济自主就永远不会出现。部落需要"摆脱"联邦政治统治的约束。正如《众议院第 108 号共同决议》所述："国会的立场是，尽快使印第安人……接受与其他公民相同的法律约束，承担相同的责任。"[63]

终止政策出台之后的前 10 年，土地索赔的解决促进了这项政策的实施。沃特金斯和其他参议员提醒部落，为了获得土地损失赔偿，就必须投票接受终止政策。个人将获得未决索赔的赔偿，共同管理的土地将被出售。一旦印第安人的索赔得到解决，其土地将被转让,从此不再需要联邦政府的承认。部落成员最终可以享受"与其他公民相同的法律待遇"。当然,他们仍然是"印第安人",但不再拥有保留地的管辖权,在健康、教育和住房方面不再享有条约保障,也不再享有联邦政府承认的狩猎权、捕鱼权以及其他权利。(P420)

联邦领导人将土地索赔解决方案与终止政策挂钩,激起了个人对金钱收益的渴望,并将个人推向了部落政治生存的对立面。科尔维尔部落赞成终止的理事会成员通过投票来决定,是否同意出售保留地的土地来获得补偿。部落向每位成员寄出的一项调查问卷提出了这样的问题:"您是否赞成终止政策,以公平价值清算部落的保留地,并将所得款项平均分配给部落成员?"[64]62%的保留地成员表示同意,82%住在保留地之外的部落成员也表示同意。这说明,向部落个人成员提供资金有助于终止政策的实施。

联邦官员还从许多方面入手,鼓励个人的野心,削弱部落的团结。联邦政府不断放出诱人的承诺和新计划,1956年,国会通过《印第安人职业培训法案》(The Indian Vocational Training Act),正式规定了针对原住民的住房、工作和教育福利,用来换取原住民的搬迁。[65]美国印第安人事务局印制了宣传册,大肆吹捧城市生活的优越性。他们专门拍摄了光鲜的照片——年轻的印第安家庭围坐在餐桌旁,身边摆放着新家电,为的是吸引保留地的年轻人离开部落。迁移计划提供旅费和临时住房资金支持，资助了 10 万部落成员前往城市定居。不出所料，离开保留地的科尔维尔成员更赞成对部落土地进行清算。与终止政策一样，迁移的目的是削弱原住民对部落的忠诚。

然而，部落成员进入城市之后，或者刚刚在城市落脚的时候，往往面临着种种问题。以洛杉矶为例，有时甚至 4 名年轻女性共用一个酒店单间。美国印第安人事务局迁移办公室认为，酒店可以作为迁移者的临时住处。但是，加利福尼亚州监狱局也是一样的想法——他们把刚刚刑满释放的人员也安排在相同的几家酒店。[66] 大多数印第安女性只能"干粗活"，性别问题成为双重束缚，让她们只能从事家庭劳动、美容师或办公室秘书等工作。来自爱达荷州霍尔堡（Fort Hall）肖肖尼—班诺克族的拉纳达·米恩斯（LaNada Means）回忆说："我想去上大学。"但地方职业协调员告诉她，她的想法是"不理性和不切实际的"。[67]

与许多人一样，米恩斯发现自己在城里既没有亲友，也没有目标。与同化时代一样，部落成员常常没有做好准备就离开了部落社区。有些人从未见过高速公路，也没有乘坐过公共交通工具，更没有逛过购物中心。（P421）疏远和孤立常常让他们身心疲惫。米恩斯总结说："来到城市的印第安人就像无家可归的人。即使与其他印第安人交往，对方也和你一样糟糕……大家都生活在贫民窟。"[68]

扑灭印第安主权，剥夺土地，最终引发了原住民的反抗。不过，20世纪50年代让整个美国的原住民都感到震惊，自动化和汽车让国家进入生产力与休闲娱乐高速发展的时代。从许多方面来看，这种经历就像电影情节一般——原住民渐渐消失在地平线上，或者在更强大的角色面前迅速死去。

未来几年，针对终止政策的谴责开始蔓延，特别是大型部落，因为在沃特金斯的政策面前，他们首当其冲。这些部落开始奋起反抗，争取恢复联邦政府对他们的"承认"，并加入了更广泛的原住民解放运动。

保留地资源与《梅诺米尼终止法案》

终止政策承诺,将原住民部落从经济边缘带入主流地带,并从三个方面来支持这种承诺,一是土地索赔的可能性,二是城市化前景,三是彻底废除联邦政府对部落社区的监督。三者结合,将结束联邦对部落社区的承认,"解放"部落成员,让他们摆脱"印第安人"的"身份限制"。在联邦政府的虚假承诺面前,包括科尔维尔部落在内的100多个部落接受了终止。

失去联邦政府的承认意味着失去资源。威斯康星州梅诺米尼族等部落明白这个道理,但他们几乎找不到其他出路。与科尔维尔一样,梅诺米人奋斗了几十年,希望政府对土地管理不善进行赔偿,而终止政策提供了索赔的可能性。

梅诺米尼人的不满可追溯到19世纪,当时督查官便已经开始利用保留地的森林资源来谋取私利。在19世纪的木材工业面前,美国中西部北部地区的大多数保留地都被掠夺一空。不过,一些部落抵制了这种压力,如梅诺米尼族和明尼苏达州的红湖奥吉布瓦人。(P422)他们利用倡议活动和聪明才智,挡住了这一时期资本主义向前发展的车轮。19世纪90年代,梅诺米尼的伐木工人签订了由联邦政府担保的合同，从保留地的木材储备中采伐木材，虽然当时保留地的领导人和州领导人日益"勾结"，企图"抢劫"保留地巨大的森林宝藏，印第安人权利协会这样描述道。[69]

1905年，猛烈的风暴摧毁了保留地的森林，威斯康星州参议员罗伯特·拉福莱特（Robert La Follette）起草了一项法案，要求在保留地为梅诺米尼工人建造木材厂。[70] 此前，白人开办的木材公司、附近的农民和其他人经常占用保留地的木材，却不付款。梅诺米尼族的领导人抗议说，他们这样做并无正当理由，因为保留地的资源仍然受部落的管辖。

20世纪20年代初，梅诺米尼族的领导人组织了部落的力量，争取掌握木材经济的控制权。威廉·克肖（William Kershaw）既是部落领导人，也是美国印第安人协会成员以及密尔沃基律师。他向印第安事务办公室施压，要求对方为部落提供更大的自治权。[71]1924年，部落起草了自己的宪法，并游说成立了咨询委员会（Advisory Council），该委员会对木材厂的预算拥有否决权，这也是科利尔于1934年授权的一种自治权。

该咨询委员会管理着23.3万英亩的保留地，保护着当地的森林，并雇佣部落成员，称得上是部落自治、自给自足和资源保护的罕见案例。前梅诺米尼主席兼反终止领导人埃达·迪尔（Ada Deer）回忆说："想要一份儿活儿干的人都可以在木材厂找到工作。"[72] 与附近工厂的老板不同的是，梅诺米尼人"减少每年被采伐的森林比例，确保树木及相关工作的可持续性"。[73] 木材厂提供季节性就业，允许部落工人在淡季捕鱼、打猎和追求其他工作机会。尽管美国印第安人事务局不支持这种社区商业模式，但部落坚持了自己的做法。[74]

梅诺米尼的自给自足与该州其他部落形成了鲜明对比。清场伐木和土地分配摧毁了附近的奥内达族。威斯康星州的圣语人和奥吉布瓦社区从事商业捕鱼、季节性农业甚至旅游业，将季节性雇佣劳动与自给自足的狩猎结合。[75] 尽管梅诺米尼族有比较优势，但他们仍然落后于白人农场和工业。美国内政部估计，大多数保留地家庭的年收入为 2300 美元，一些家庭甚至只有该收入的一半。[76]

迪尔出生于 1935 年，在家人建造的木屋里长大，那时在保留地采伐木材和建造家园是一种受鼓励的行为，因此保留地的大多数房屋都是原住民自己建的。（P423）迪尔家旁边有一个谷仓，她的父亲和邻近的农民在里面养了几头牛和几匹马。迪尔的父亲在木材厂工作，冬天很冷，一家人的日子过得很艰难。

1951 年，部落获得了几十年来木材被盗的赔偿，也获得了针对其他欺诈行为的赔偿，如督察官曾限制梅诺米尼人生产木材制品，提高附近白人工厂的价值。美国索赔法院判决向该部落赔偿 850 万美元。梅诺米尼希望获得授权，向其 3270 名成员一次性发放每人 1500 美元的赔偿金。部落领导人抱着乐观的心态，前往华盛顿谈判解决方案。[77]

沃特金斯参议员得知政府即将对梅诺米尼作出赔偿，于是前往威斯康星州告知部落成员，为了获得赔偿，他们需要接受终止政策。沃特金斯向他们保证，即使没有联邦机构的监管，部落也能实现繁荣发展。他还说，"政府的工作本来就做得不好""我们不想又被起诉赔偿 850 万美元"。[78]

只有少部分部落成员投票支持沃特金斯的提案。一些人认为，他们投票是为了获得赔偿。许多人倍感压力，因为此举意味着条约关系被消灭，而几乎没有人理解保留地成为州内县的后果。尽管威斯康星州官员不知道终止的具体流程，但国会于 1954 年通过立法，终止了该部落。在华盛顿的多次听证会上，沃特金斯试图向部落保证，终止并不是夺走保留地，而是"将它交给"个别部落成员。[79]一名成员回忆说："我们心里清楚，没有其他选择，只能接受终止……我们只盼着，有足够的时间来接受生活中这种突如其来的巨大变化。"[80]

对印第安地区而言，司法权意味着一切。具体哪个政府，是州、联邦、部落，还是县、市政府，拥有对犯罪、合同和资金的管辖权，决定了主权的轮廓。此外，主权不仅体现在立法层面，还体现在经验层面。对被终止的部落来说，这种"突如其来的巨大变化"就像晴天霹雳。在不到 24 个月的时间里，犹他州、加利福尼亚州和俄勒冈州的部落不再是联邦政府承认的印第安社区,它们被终止了。

对于较小的部落,美国印第安人事务局迅速评估了他们的土地,将其出售,许多部落再也没有获得联邦承认。较大的部落,包括梅诺米尼族和克拉马斯族(Klamath),制定了详细的行政计划,希望缓和终止带来的冲击,但终止仍然造成了不可逆的伤害。克拉马斯部落成员林恩·肖金(Lynn Schonchin)回忆道:(P424)

> 终止对部落的影响……太可怕了。部落分裂了,人们搬走了,家族瓦解了,一些成员的身份丧失了,他们不知道自己究竟是谁……甚至其他部落也认为"你们不再是印第安人"。但《终止法案》基本上就是这么规定的:"这些人将不再是印第安人。"我们能怎么办呢?[81]

对梅诺米尼人来说,终止直到1961年才到来,联邦政府与部落之间的合约不复存在。威斯康星州开始对保留地征税,医院的修缮变得昂贵,一家名为梅诺米尼公司(Menominee Enterprise, Inc.)的陌生企业出现了,其管理者采取的是更具掠夺性的伐木方式,需要更昂贵的卡车和设备,木材厂的损失日益加剧。[82]

与其他被终止的部落不同,梅诺米尼族人设法避免了部落土地被直接剥夺。这是因为，大多数部落的终止需要国会的单独立法，而梅诺米尼族的终止需要几年的时间，部落请求延迟执行。在关键的过渡期内，部落成员留住了自己的家园，联邦政府继续对其土地进行信托管理，直到立法生效。部落成员也继续过着平常的生活，然而，他们不再拥有共同政府，部落主权也被削弱了。表决权信托①控制着梅诺米尼公司，部落成员持有的是贬值的股票。

最可怕的变化是，为了缴纳累积的税款，保留地湖泊周围最珍贵的、成千上万英亩的部落土地也被出售了。开发商将这些地产买入，为富人建造夏季别墅。他们还计划筑坝，将小湖改成大湖，以便在更大的湖岸线上建造房屋。迪尔回忆说："我们的社区原来几乎没有陌生人，如今外来者改变了我们的景观和生态系统，严重伤害了部落成员的心灵……我们的领导人几乎没有制定政策或计划的经验。"[83] 他们恳求获得更充裕的时间，组织更积极的行动。

---

① 表决权信托是一种安排，通常指的是在指定的时间段内，股份公司的一名或多名股东将自己在公司中的股份及其附带的表决权合法转让给受托人行使。在某些表决权信托中，还可以授予受托人额外的权力。——译者注

冷战与终止政策的种族逻辑

对大多数美国人来说，印第安事务似乎根本无足轻重。（P425）很少有人注意到《众议院第 108 号共同决议》在众议院和参议院获得了一致通过。虽然克拉马斯、梅诺米尼或其他部落可以从保留地的出售获利，问题是他们应该这样做吗？此外，他们有权这样做吗？美国的印第安政策和联邦信托原则依然没有引起大多数美国人的注意。像大多数法律一样，它们对普通人来说太复杂了，要想引起广泛关注是不可能的。

另外，当时外交事务也占据了大部分新闻头条，特别是 1953 年《众议院第 108 号共同决议》通过之后的几个月。如 1954 年，在美国海军陆战队纪念碑落成之前的几天，民族解放斗士袭击了阿尔及利亚各地的法国殖民前哨。法国殖民主义在东南亚衰落，迫使美国承担了越南的大部分开支。1954 年 5 月，法国部队在奠边府遭受了最沉重的一击。日内瓦会议随后将越南划分为两个国家，不久后，美国及南越盟友与北越战斗人员发生对抗。中国内战和朝鲜战争也占据了新闻报道的大幅版面，亚洲周边的冲突逐渐升级，成为冷战时期的决定性冲突。[84]

此外，美国最亲密的盟友都面临着反殖民主义起义，但与此同时，美国的对手似乎变得更加强大。一方面，对恐怖袭击"近乎歇斯底里的担忧"在政策圈层蔓延；另一方面，美国领导人对危地马拉、伊朗和印度尼西亚的反民主政权表示支持。[85] 1955年，《华沙公约》签订，29个独立国家组成"不结盟运动"，并在印度尼西亚万隆召开了会议。[86] 简而言之，终止政策的早期岁月主要受到了国际事务和国内民权活动的影响。[87]

此外，在与全球共产主义的斗争中，美国宣扬的是个人主义的自由经济和政治实践。"市场的神化"与资本主义意识形态主导了联邦政策的制定。[88] 终止政策获得广泛支持，因为它体现的是冷战时期个人自我实现的意识形态，并与共同治理的愿景形成对比。南达科他州的国会议员E.Y.贝里（E. Y. Berry）猛烈抨击道："社会主义民主党人在世界各地大肆宣扬与共产人士和共产主义的斗争，但这帮领导人通过了《惠勒-霍华德法案》（即《印第安人重组法案》，1934年）……他们与共产主义的斗争从何谈起？我看恰恰相反，他们正在把共产主义带入美国，并像俄国人一样，彻底将印第安人共产化。"[89] 反共主义通过强有力的方式塑造了美国的国家政策，以至于很少有人质疑终止政策和原住民部落的重新安置，也很少有人质疑资源开采的经济模式。（P426）

种族主义和种族政治也助长了终止政策的发展和原住民的

迁移。像南达科他州这样拥有大量保留地人口的州鼓励取消联邦监管，将部落成员迁往遥远的城市中。贝里表达了许多选民的担忧，即无论是理论上还是事实上，原住民部落都妨碍了白人的自由。

保留地的部落拥有主权，能对其领地范围内的非印第安人行使管辖权，因此侵害了白人的自由。此外，州居民不希望部落成员融入他们的城镇。南达科他州张伯伦市（Chamberlain）市长赫舍尔·梅尔彻（Herschel Melcher）宣称："我们根本不想印第安人留在这里，如果他们来了，那我们就不得不宣布对他们开放渔猎季节……我们不想和印第安人生活在一起，而且我们完全没有这样做的理由，我们不希望印第安人进入我们的学校……那是联邦政府的工作。"[90]

将印第安人迁往城市，并出售他们的土地，无论从物质层面或情感层面来看，还是从意识形态层面来看，都使白人公民受益。终止政策承诺维护现有的种族秩序，彻底消灭保留地管辖权。事实上，许多西部领导人认为，联邦政府对印第安社区的任何支持都构成对白人的歧视。梅尔彻说："我们认为自己不应该承受政府滥用职权的后果。"[91]

冷战时期，种族融合的阴影加剧了美国白人的恐惧，反政府情绪也逐渐高涨。这种观念愈演愈烈，以至于在白人眼中，印第安人威胁了"美国人的生活方式"。迈尔专员建议："我们可以引导印第安人进一步同化……或任凭他们退化，按照保留地一贯狭隘和封闭的方式生活。"[92] 无论哪种方式，印第安人都给白人当局带来了问题。

然而，印第安人及其盟友将保留地视为家园，而不是病态之地。1944 年成立的美国印第安人全国大会奋起反抗，开始批评终止政策。该大会与美国印第安人协会类似，十分关注国家事务，但不同之处在于，其领导层由选举产生的部落领导人组成，并致力于从立法层面来扭转终止政策。美国印第安人全国大会获得了倡议组织和立法者的支持，包括南达科他州的乔治·麦戈文（George McGovern）在内。1957 年，该大会协助提出了《参议院第 3 号共同决议》（*Senate Concurrent Resolution 3*），试图废除《众议院第 108 号共同决议》。[93] 虽然该决议未获得足够支持，但向艾森豪威尔政府表明了部落对终止政策的日渐关注。（P427）

到 1960 年，整个印第安地区的活动逐渐增多。1960 年，美国印第安人全国大会的会议主题为"要自决，不要终止"，明确表明了大会的立场。[94] 这些活动致力于吸引美国印第安学生和青年组织，包括 1961 年在芝加哥大学举办的美国印第安人芝加哥会议（American Indian Chicago Conference），吸引了 500 多名参与者，获得了媒体报道和芝加哥市长理查德·戴利（Richard Daley）的肯定。芝加哥会议建立在一系列地区会议的基础上，不仅是一次雄心勃勃的活动，也是部落领袖、城市印第安人、学者和不受联邦政府承认的印第安部落首次齐聚一堂。其主要目标之一是向约翰·肯尼迪总统发布"印第安人宣言"（Declaration of Indian Purpose）。

然而，芝加哥会议引起了争议。一些部落领袖怀疑大学组织者可能有共产主义倾向，原本看好这次会议的美国印第安人全国大会，也收回了最初的支持。印第安人宣言似乎没有实现任何人的期望。作为一份妥协的宣言，它虽然批评了联邦印第安政策，但也包括了"印第安人宣誓"对美国效忠。这是一种"为实现特定目标的宣誓"，旨在抵制"鼓吹外国政治制度的人员在印第安地区开展活动"，并确保俄克拉何马州保守派印第安领袖的参与。[95] 当时对共产主义的恐惧，以及全美上下对"不符合美国精神"行为的指控相当普遍，尽管部落做出种种努力，试图扭转削弱其主权的立法，却不得不受影响。

与许多当选领导人不同，青年与会者对这份宣言表现出来的、对联邦政府的明显忠诚感到愤怒。"看到美国印第安人站起来，口口声声说联邦政府如何善待印第安人，真是令人作呕，"来自俄克拉何马州彭加族（Ponca）的青年领袖克莱德·沃里尔（Clyde Warrior）回忆道，"事实上，这些部落官员……只不过是重蹈覆辙，继续向伟大的白人之父求援。"[96] 这份宣言，其中包括立法提案、对终止政策影响的概述以及对新水坝和基础设发展的批评，从未送达肯尼迪，而是存放在内政部的档案中。许多人离开芝加哥时认为，不管是联盟性质的政治活动，还是全国印第安人的团结行动，都不太可能成为国家改革的途径。

终止政策与印第安儿童福利

在 4 年的时间里，美国印第安人全国大会引起了人们对破坏性政策的关注。在从华盛顿到芝加哥的广大区域内，大会的成员试图扭转终止政策的诸多危害。（P428）尽管成果有限，但该大会与其他团体协调开展工作，体现了原住民不断增强的组织和结盟能力，这种能力最终带来了全国范围内的改革。该大会对城市印第安人和非联邦承认部落的包容，如北卡罗来纳州的卢姆比族（Lumbee）和康涅狄格州的莫希干族，表明他们对印第安事务采取更广泛、更包容的方式。[97]

尽管原住民开展了许多工作，但终止和搬迁仍在继续。在 20 世纪 50 年代和 60 年代的大部分时间里，美国印第安人全国大会的倡议、研究和提案并没有改变国家政策。此外，其他挑战加深了联邦政府对部落的打击。尤其值得一提的是，州官员带走了更多的印第安儿童。然而，他们的目标不是送去遥远的寄宿学校，而是收养。

终止期间，各州加强了对部落的管辖，但新的财政负担也随之而来。与梅诺米尼人的情况一样，被终止部落的教育、住房和医疗责任落到了各州头上。印第安部落仍然是整个美国最贫困的社区，其婴儿死亡率和失业率超过国家平均水平，预期寿命也更低。例如，印第安新生儿在出生头一年的死亡率是非印第安人的6倍，10%以上的印第安婴儿在出生时死亡，而非印第安人的该比例是2%。[98]许多部落成员的住房、医疗和食品都依赖政府资助。尽管终止政策打着个人主义和仁慈的旗号，但其最终目的是削减政府成本，废除条约责任，扑灭部落主权。

1958年，美国印第安人事务局官员制定了一项旨在减轻各州责任的计划，即印第安儿童收养项目，该项目鼓励各州福利工作者扩大他们的寄养和儿童安置计划。在政府服务私有化的早期模式中，承担印第安儿童照看费用的是收养或寄养家庭，而不是联邦或州政府。[99]效果立竿见影，如在北达科他州，部落成员占州总人口的比例不到2%，但他们的子女占了该州收养人口的50%。[100]在明尼苏达州，印第安儿童占该州儿童服务部门案件的比例接近10%，尽管部落成员只占州人口的0.5%。[101]印第安儿童收养项目还推动了另一项国家政策的实施，即印第安人的迁移。（P429）

如果部落议会通过决议，禁止县官员进入保留地，州和县当局就会停止向部落成员支付福利金。州立法机构甚至通过法律，将部落对州援助的"长期依赖"视为原住民家庭"不适合"儿童生活的证据，加速了儿童收养的合理化。生活在"未婚"母亲家庭，或与大家族成员一同生活的儿童被视为生活在"非法"家庭。美国印第安人事务局前官员阿诺德·利斯洛（Arnold Lyslo）曾说，对印第安人而言，"非婚生常常是可以接受的"。[102] 但在美国印第安人事务局刚成立的福利部门工作的艾丽塔·布朗利（Aleta Brownlee）表示，印第安人需要更"理想"的家庭结构，即"父亲工作养家糊口，母亲照顾家庭和孩子"。[103]

将儿童安置在非印第安家庭中实现了多重政策目标，减少了州政府发放给部落的福利，使印第安儿童融入新的家庭形式，同时惩罚了实行差异化性别或亲属制度的部落社区。此外，引导被领养者远离部落社区，促进了更广泛的城市化发展。[104]

自1958年以来，收养计划一直与美国印第安人事务局合作。美国儿童福利联盟（The Child Welfare League of America，简称CWLA）和北美收养资源交流处（The Adoption Resource Exchange of North America，简称ARENA）与联邦签订了合同，在私人机构的协助下，将印第安儿童纳入其计划。利斯洛离开美国印第安人事务局之后，与美国儿童福利联合会开展合作，负责监督该联合会的儿童安置项目，并在部落社区巡视，评估可用来收养的儿童。他得出结论："只有少数孩子应该留在保留地……大多数孩子必须在保留地外寻找资源。"[105]

作为在印第安地区开展的几个收养项目之一，美国儿童福利联合会安排了650名儿童进入非印第安家庭。[106] 利斯洛甚至为搬到城市的印第安母亲设计了收养项目,他自豪地说,这些母亲"在印第安人事务局工作人员的推荐下,在社会机构找到了工作……印第安儿童收养计划促进了这些服务的发展"。[107] 他鼓励在洛杉矶"发展"这类服务,因为有3万多名美国印第安人搬到了这座城市。[108]

由于收养计划的管理人员很少与部落当局沟通,因此家庭团聚非常困难。加之机密法的限制,要想获取安置记录也十分困难。印第安母亲要想前往寄养家庭看望自己的孩子,可谓困难重重。贫困和交通不便限制了她们的出行,此外,她们还要找人照看其他孩子。(P430)1973年,立岩苏族的一位印第安母亲搭便车穿越整个国家,想找回两个年长的孩子,结果等她回来,其他孩子被送到了领养家庭。[109]

即使将孩子留给大家族或年长的兄弟姐妹照看,也于事无补。丹尼斯·阿尔特瓦特(Denise Altvater,帕萨马科迪人)回忆说,她7岁时和5个姐妹被带到了一个寄养家庭,当时她们的母亲不在家。州官员"拿走了我们所有的东西,放进垃圾袋里,接着把我们赶进了一辆货运客车……把我们留在了一户人家里",姐妹几个在这个家待了几年,受到了领养人的虐待。[110] 整个终止时代,1/4到1/3的印第安儿童被从家中带走,送到了领养家庭、寄养家庭或孤儿院。1978年的一份国会报告总结说:"印第安儿童面临着严重的福利危机,印第安家庭遭受的强制分离风险远远超过社会一般情况。"[111]

20 世纪初，像伊丽莎白·本德·克劳德或齐特卡拉 – 沙这样的印第安儿童在非保留地的寄宿学校上学时，他们身边有时会有兄弟姐妹或其他部落成员。尽管他们被孤立，周围还充斥着暴力行为，但好在他们能够互相安慰。20 世纪的大部分时间里，包括哈斯克尔印第安学院在内的许多寄宿学校，都开设了丰富多彩的课程，并开展了成功的艺术和体育项目。20 世纪 30 年代，哈斯克尔印第安学院将数十名毕业生送进了大学。[112]

相比之下，绝大多数"迷失的鸟儿"，即被领养的印第安儿童得到的情感和家庭支持却非常有限。许多人长大后查阅收养记录，才知道自己的部落身份。养父母通常会阻止他们探究自己的出身，无论走到哪里，他们都与周围格格不入。琼·考皮（Joan Kauppi，红湖阿尼什那贝族）回忆道："别人把我当成异类，我总觉得自己不合群……不得不向朋友解释被收养的事情……（他们问我），为什么我的亲生父母不要我。在我的经历当中，这是最痛苦的，因为我不得不一遍又一遍地解释，我为什么被收养。"[113]

被收养的印第安儿童感受到的是失落、愤怒和背叛，受虐待的现象十分普遍。根据一项研究，近半被收养的儿童表示受到了养父母的虐待，其中 70% 表示受到了性虐待。[114] "那些白人对我做的事情，让我永远无法恢复，"伊夫琳·雷德·洛奇（Evelyn

Red Lodge，拉科塔族）解释说，"我的语言、文化和传统都被夺走了，他们把不属于我的历史和宗教强加给我。"尽管洛奇的生长环境中充斥着基督教言论，但从养父母那里受到的虐待让她坚定地认为："上帝什么都没有为我做。"[115]

此外，法律体系也阻碍了印第安家庭的重聚。即使印第安母亲起诉要求归还自己的孩子，法官通常还是会将监护权判给领养（P431）家庭，维护"精神父母"的权利，而不是生理学父母的权利。即使印第安母亲赢得了诉讼，即使她们拿出"养父对孩子性虐待的证据"，领养家庭依然可以通过上诉获得监护权。[116]

印第安领袖及盟友明白儿童被带走和终止政策之间的联系。北达科他州的魔鬼湖（The Devil's Lake）苏族成了这场新斗争的前沿阵地。"魔鬼湖苏族和美国印第安部落被非正当方式剥夺了土地和生存资源。"1968 年，美国印第安人事务协会（American Indian Affairs，简称 AAIA）宣称。这是一家总部位于纽约的倡议组织，与美国印第安人全国大会合作，通过其简报《印第安家庭保护》(*Indian Family Defense*) 提升人们的意识："如今，他们的孩子……（被）县福利工作者……在没有充分理由和法律程序的情况下带走。"[117]

印第安人希望阻止这些同化行动，因为它们侵害了部落最亲密的关系，即父母与子女的关系。他们走上法庭，与倡议组织合作，并呼吁国家保护。儿童福利活动人士构想了新法律，确保在领养或寄养时，优先考虑孩子的亲戚、同族成员，甚至其他印第安家庭，而不是非印第安家庭。简而言之，印第安人需要新的法律来保护自己的家庭。

红人权力的崛起

儿童收养就像终止政策和搬迁一样，一直困扰着保留地。这项政策夺走了最珍贵的孩子，摧毁了印第安社区。密西西比州乔克托族酋长卡尔文·艾萨克（Calvin Isaac）总结说："如果我们的孩子……在非印第安家庭中被抚养，并且被剥夺了与族人相处的机会，印第安人的生存机会将大大减少。"[118]冷战时期，美国的许多政策都威胁了"印第安人的生存"。

为了制定不同的法律和政策，需要新的思想。芝加哥会议之后，在肯尼迪执政期间，美国的印第安事务涌现出一股变革的浪潮，一种新的"生存"语言出现了，并在各个领域发展壮大，如青年运动、艺术家社区以及激进分子的占领行动。1969年，《卡斯特因你之罪而死》出版，新的主权语言和美学进入人们的视线。当时的三项关键发展预示了后来被称为"红人权力"的崛起。（P432）

芝加哥会议结束后，学生们继续组织起来，开展活动。他们明白，变本加厉的终止政策威胁了他们的未来。1961年8月，克莱德·沃里尔和梅尔·汤姆（Mel Thom，沃克河派尤特族）

等学生领袖在新墨西哥州盖洛普市（Gallup）会面，成立了全国印第安人青年理事会（The National Indian Youth Council，简称 NIYC）。该委员会的"活动和计划植根于祖辈的价值观与信仰，致力于实现更美好的未来"。[119] 汤姆说道："我们知道情况不利，但我们也意识到，我们正在为未来一代印第安人的生活而战。"[120]

全国印第安青年委员会从非裔美国人追求自由的斗争中获得启示，组织了一系列抗议活动和直接行动。它在意识形态上与美国印第安人全国大会有一定的分歧，强调的是形势的紧迫性。小维恩·德洛里亚指出："全国印第安青年委员会倾向于采取引人瞩目的行动……而不是制定长期计划。"[121] 他之所以对其中的差别了如指掌，是因为他于 1964 年当选为该组织的执行董事。[122]

正如他们在芝加哥所做的那样，全国印第安青年委员会的成员拒绝了政治妥协。他们主张根本性而不是渐进性的变革。沃里尔宣称：

> 印第安人毫无自由可言。我们别无选择……因为选择和决定权都在联邦政府管理层、官僚及"傀儡"手中，而且这些"傀儡"还美其名曰——"部落政府"……我们必须实现真正的自由，而不是被出卖或被迫接受非自愿的、违背我们利益的安排。[123]

正如沃里尔所言，他们正在进行一场意识形态的变革。印第安学生、艺术家和知识分子主张的是，在不受联邦监督约束的情况下获得自治权，让印第安人在美国拥有"更美好的未来"。他们的愿景与同化截然不同，因为他们不仅歌颂原住民的"价值观和信仰"，而且赞美他们的主权。全国印第安青年委员会领袖汉克·亚当斯（Hank Adams，阿西尼博因－苏族）在入伍前说道："我首先效忠于我部落和族人的主权。"[124] 该委员会不仅举行抗议、开展教学，还开展其他形式的公众意识活动，将印第安事务带入国家层面的意识中，创造了一种根植于文化自豪感和部落主权的印第安政治体系。

最能体现这种知识变化氛围的是美国印第安艺术学院（The Institute of American Indian Arts，IAIA）。该学院位于圣菲，是一所成立于 1962 年，由联邦政府资助的艺术教育学院。它（P433）是美国印第安人事务局资助的各种项目的产物，类似的产物还包括印第安新政时期成立的印第安工艺美术委员会（The Indian Arts and Crafts Board）。美国印第安艺术学院成立后的第一个学期，吸引了来自 69 个部落的 130 名学生。[125] 劳埃德·基瓦·纽（Lloyd Kiva New，切罗基族）担任艺术总监，而艾伦·豪瑟（Allan Houser，奇里卡瓦阿帕奇族）和弗里茨·斯科德（Fritz Scholder，卢伊塞诺族）以工作室教师的身份加入了该学院。

美国印第安艺术学院最初设在圣菲印第安学校的校园内，

吸引了来自北美各地的学生。到 2012 年，该学院已有 4000 多名学生，其中包括数百名纳瓦霍人、普韦布洛人和易洛魁族的学生。[126] 如今，学院在圣菲城外拥有独立的校园，而当代印第安艺术博物馆（The Museum of Contemporary Native Arts）则位于市中心。

学院开办早期，许多人希望结合现代和传统文化美学，推动印第安艺术朝着新的方向发展。[127] 博物馆馆长理查德·希尔（Richard Hill，塔斯卡洛拉族）回忆说，学生们"研究美洲各地的部落艺术风格及历史，也研究当代欧美艺术史，实现了跨文化实验和交流，创造了新的表现途径"。[128]

对许多人来说，这种经历是变革性的。"我在美国印第安艺术学院学习了两年，但我受到的不仅仅是艺术教育，"拉里·德斯贾莱斯（Larry Desjarlais，特特尔山脉奇佩瓦族）回忆道，"它帮我找到了自己。"[129] 正如该学院前校长德拉·沃里尔（Della Warrior，奥托-密苏里族）从她与校友的谈话中所了解到："我们采访的每一个人，几乎都说学院是一股改变人生的力量。"[130] 自我发现、文化自豪感，尤其是创造性表达，成为这所学院的关键特征。美国印第安艺术学院提供版画制作、纺织艺术和戏剧表演等新设施，促进了艺术创作的涌现。在对各种媒介和风格的探索中，该学院的学生开创了一种新的艺术风格，通常被称为"新印第安艺术运动（New Indian Art movement）"。[131]

T.C.坎农（T. C. Cannon，卡多族/基奥瓦族）是该学院最早取得成功的学生。坎农于1946年出生在俄克拉何马州雷尼山（Rainy Mountain）附近，1964年入学，同年斯科德开始在该学院教书。两人都成了成就斐然的画家，其作品均采用抽象的图像，运色大胆且震撼人心。坎农的《印第安人》（*Indian Man*，1967年）为斯科德随后许多幽灵般、脱离文化根源的肖像画开辟了道路。5年内，两人在华盛顿举办了联合展览，并在常春藤盟校担任驻校艺术家。[132]

两人的作品中充满了不确定性、挑战和不适。斯科德解释说："我想画出我认为印第安人必须经历的折磨。""我画的是真实的印第安人，而不是红色的印第安人。"[133]（P434）他的作品《印第安人与啤酒罐》（Indian with Beer Can，1969年）打破了传统的表现形式，成为那个时代好战情绪的视觉伴奏，"但更显阴暗和可怕"。[134]美国印第安艺术学院的艺术家们创造出一种充满活力和未来感的美学，既定义了一个时代，又重新构想了未来的愿景。

1964年，印第安活动人士开始举行抗议活动，塑造了接下来10年的改革。在普吉湾周围举行的一系列"捕鱼示威活动"中，亚当斯、小比利·弗兰克斯（Billy Franks Jr.，尼斯阔利族）和其他活动家纷纷现身，抗议州官员将印第安人捕鱼犯罪化。他们宣称，1854年《尼斯阔利条约》（*The Nisqually Treaty*）"确保"了印第安人在"惯常的地方和场所"捕鱼的权利,因此该罪名是非法的。[135] 此外,州政府对印第安事务没有管辖权。即使印第安人没有捕鱼许可证,也不会像州政府声称的那样构成犯罪。然而州官员声称,之所以监禁印第安捕鱼者,是因为他们威胁了鲑鱼产业。弗兰克斯被逮捕了50多次,亚当斯则在站岗时被击中肚子,无数家庭在夜间捕鱼以避免被捕。[136]

华盛顿首府奥林匹亚的抗议活动吸引了人们的视线,全国印第安青年委员会领导人的到来,更是引起了整个美国的关注。1964年3月,2000人来到州议会大厦,要求州政府停止镇压。为了宣传该委员会的事业,马龙·白兰度等名人很快加入抗议行列,访问了弗兰克斯码头,这是该家族的"驻地"。弗兰克斯回忆说,"这是一场战争",而且是一场在码头、奥林匹亚乃至法庭上打响的战争。[137]

当时,维护条约法律的呼声在整个美国传开。尽管许多人将印第安活动家的运动视为民权运动的分支,但这些活动家之所以举行抗议,是为了维护与印第安部落有关的法律。一系列条约保证了部落享有的诸多权利,联邦政府于1963年关闭恶魔岛的监狱,原住民部落占领了该岛,他们根据的正是1868年《拉科塔条约》的一项规定。与西北部一样,条约法推动了印第安活动的开展。

与其社区的许多人一样,贝尔瓦·科蒂尔(Belva Cottier,

拉科塔族）从南达科他州迁到了旧金山。即使到了城市，她对自己部落与美国政府的关系也有深刻的认识。她知道，有些承诺并未没有得到政府的履行。[138]《拉科塔条约》第六条包含了一项规定，即居住在保留地之外的联邦土地上的拉科塔人"有权获得美国政府授予的所有权"或称产权，只要他们在这片土地上"进行了改良"。[139]

1964年，科蒂尔和拉科塔族其他成员对恶魔岛进行了短暂的占领，此次行动依据的正是条约权利。他们的占领激起了其他印第安学生和活动家的斗志，包括20世纪60年代末移居到该地区的理查德·奥克斯（Richard Oakes，莫霍克人）。（P435）正如科蒂尔告诉奥克斯的那样，条约法是印第安人占用联邦未使用土地的依据。同年秋天，奥克斯与旧金山湾区的学生合作，组织了另一次占领。11月20日，他们再次占领恶魔岛，开启了一个充满希望和战斗的时代。

1969—1978 年：印第安人的自治之路

占领恶魔岛为 20 世纪 60 年代的动荡局面画上了适当的句号。在这个印第安人极少出现在公共媒体上的时代，年轻有为、富有反抗精神的原住民成了新闻报道的对象。随之而来的是一系列国际舆论的呼应。"你们不知道这些活动在欧洲受到了多少关注，"旧金山市长约瑟夫·阿利奥托（Joseph Alioto）从国外回到美国后报告说，"无论我走到哪里，都有人问我有关恶魔岛和印第安人的事情。"[140] 这是 20 世纪第一次，美国印第安人占据了头条新闻。

意外、震惊以及同情也随之而来。阿利奥托继续说："他们利用恶魔岛作为筹码，来谈判他们眼中十分严肃的索赔问题，在我看来，这些索赔是合理的。印第安人和联邦政府将不得不解决他们之间的分歧……"[141] 在恶魔岛上，80 名美国印第安人不顾美国海岸警卫队和联邦官员的阻挠，宣称占领了这片空置土地，并打算建一座"印第安城市"。[142] 18 个月以来，他们努力将旧监狱改造为新社区，并设立学校、博物馆、宗教中心、广播站以及由印第安人经营的设施。来自北美各地的印第安人纷纷抵达此地，互相支持。他们还发起新的行动，加入美国印第安人运动等组织，并组织了后来在西雅图劳登堡（1970年）、华盛顿特区美国印第安人事务局总部（1972年）和南达科他州伤膝河（1973年）的占领行动。

印第安人对恶魔岛的占领提升了整个美国的意识，推动了国家政策向自决方向的转变。这是整整一代人集体行动的成果，1970年7月8日，该成果被确定为国家意图——尼克松总统在国会演讲中宣布"强制终止是错误之举"，国家需要制定新的"政策目标……加强印第安人的自治"。（P436）美国总统公开谴责国家现行的印第安政策，支持部落摆脱"联邦控制"，这在美国历史上尚属首次。[143]

尽管能言善辩、善于应对媒体的原住民领导人组织了激进的占领行动，但自决政策主要体现在保留地社区，而非城市当中。联邦政府几乎没有针对原住民活动家的占领行动制定法律。这一时期，国家政策的转变主要体现在两个方面，一是扩大联邦对印第安社区的承诺，二是为条约权利提供更多保护。

与终止政策时期的紧缩形成鲜明对比的是，林登·约翰逊（Lyndon Johnson）总统的"扶贫战"为印第安事务注入了资金。纳瓦霍族等社区从经济机会局（Office of Economic Opportunity）获得拨款，开始运行自己的机构。内德·哈塔利（Ned Hatathli）等纳瓦霍族领导人致力于建立由部落管理的学校，包括粗石示范学校（Rough Rock Demonstration School）和纳瓦霍社区学院（Navajo Community College）。这两所学校都开展了丰富的文化课程，并优先聘用印第安教育工作者。粗石示范学校成了美国第一所允许部落自行管理、根据联邦合同建立"并取得成功的合同学校"，激励了其他社区的效仿。[144] 美国印第安人法律中心（The American Indian Law Center）的菲利普·S. 德洛里亚（Philip S. Deloria，立岩族）强调说："正是通过'伟大社会'计划（The Great Society Program）①，印第安部落才被联邦机构广泛承认为合法政府。"[145]

资金不仅从印第安人事务局流向印第安社区，而且还从多个渠道流入。住房和城市发展部（Housing and Urban Development）以及教育部等多个政府机构扩大了印第安社区的机会。这种行政扩张带来了印第安事务革命，为教育、住房、卫生和土地管理开辟了新途径，并减轻了印第安人事务局对部落的控制。甚至国家公园也开始与部落合作，为部落成员创造新的就业机会。[146]

虽然新的时代已经来临，但未来仍然不明朗。在人们对印第安事务的意识增强，以及政府资金增加的背景下，部落领袖寻求制定更有针对性的新立法，此外，他们还在法庭上寻求救济。很

---

① "伟大社会"计划是指美国总统林登·约翰逊在20世纪60年代发起的一系列社会改革和立法计划的统称，其主要目标是消除贫困和种族不平等，改善教育、医疗和住房等社会福利，提升美国人民的生活质量。——译者注

快，这两个目标都实现了。一批具有里程碑意义的立法，包括一系列"恢复"法案，以及有利的法院裁决相继落地，巩固了印第安自治的法律基础，其中最为突出的是两个时刻。（P437）

整个终止时代，法院的裁决通常对部落不利，而且支持政府全权原则。当时最高法院通过一系列案件削弱了原住民主权，如提-希特-通诉美国一案（Tee-Hit-Ton v. United States，1955年），该案否决了阿拉斯加特林吉特人要求美国森林局对其栖息地的破坏进行赔偿的诉求。斯坦利·里德大法官（Justice Stanley Reed）指出，印第安人"只能占据他们此前行使主权的部分领地……这不是一种所有权，而是一种占用权……是可以被终止的"。[147] 里德认为，1909年的总统令确定设立通加斯国家森林（Tongass National Forest），等于终止了特林吉特人的所有权，且美国无须提供任何补偿或赔偿。

但是，那些从未正式放弃或废除的条约权利又该如何处理？美国诉华盛顿州一案（U.S. v. Washington，1974年），即西北捕鱼权一案提供了一些参考。该案由地方法院法官乔治·博尔特（George Boldt）主持，其裁决在实质上和形式上与里德的裁决不同。博尔特对条约法表示肯定，认为部落拥有在"惯常"地点捕鱼的权利，并与非印第安居民"共同"行使这些权利。

这些权利从未得到充分澄清，但10年的抗议活动提高了它们的知名度。正如对恶魔岛的占领一样，这次判决也引起了媒体的关注。弗兰克斯站在法庭后排，而亚当斯代表尼斯阔利人出庭。两人都明白，司法管辖权和公平问题正在接受法庭的审视。然而，他们没有预料到博尔特判决的广泛性。

博尔特根据 4600 页的庭审记录做出了一份长达 203 页的裁决，几乎在所有方面都支持印第安部落。根据博尔特的说法，部落拥有州政府无法剥夺的权利，州政府对印第安人捕鱼行为的起诉是违宪的。此外，博尔特认为，部落有权平分该地区捕捞的鲑鱼，即部落政府将与该州的非印第安人按照"50∶50"的比例"共同"管理这些渔获。[148]

该裁决在整个美国传播开来。部落不仅拥有公认的条约权利，甚至在保留地之外的某些地区也拥有管辖权。此外，博尔特的裁决重申了州政府对"条约地区"的有限管辖权，凸显了部落政府在现代美国重新行使条约权利的能力。

1979 年，联邦上诉法院维持原判，最高法院拒绝再审。亚当斯和弗兰克斯很快在跨部落组织——西北部印第安渔业委员会（Northwest Indian Fisheries Commission，简称 NIFC）担任领导职务，并开始在负责部落渔业管理的 21 个部落间制定分配制度。[149] 然而，该委员会的复杂工作遭遇了阻力，愤怒的地方领导人、州官员和收入减少的白人渔民纷纷对印第安人和博尔特表示谴责。（P438）最高法院在拒绝州政府上诉时指出，州领导人"在抵制该裁决的过程中采取了非同寻常的手段"。最高法院还表示,"除了一些废除种族隔离的案件外",这些抵制行动是"21世纪以来对联邦法院裁决最统一的抵制"。[150]

当代印第安人的自治一般由部落成员共同决定,理想情况下,部落会与联邦政府合作。20世纪70年代,部落逐渐掌握了对其自然资源、成员资格的控制权,并享有联邦机构招聘的优先权。法院的裁决支持了部落权力的增长,但获取联邦机构的资金支持仍然是个问题。尽管约翰逊政府拨了款,但到了尼克松的第二届任期,不断加剧的通货膨胀逐渐威胁到了这笔资金。1975年,国会通过《印第安人自决权与教育援助法案》(*The Indian Self-Determination and Education Assistance Act*,简称ISDEAA),解决了这道难题,体现了新时代的转变,最终将"难以置信的"大量权力从联邦政府转移到了部落社区。[151]

立法和拨款是国会的两项基本责任。通过《印第安人自决权与教育援助法案》,国会在部落与联邦机构之间建立了更有保障的资助形式,扩大了经济机会局发起的"合同"系统的涵盖范围。印第安人如今申请联邦机构的资金时有了立法支持。部落代表游说国会的资金支持,而且能自行管理这些资金。

奥林匹克半岛的奎纳尔特保留地(The Quinault Reservation)是数十个见证自治带来巨大转变的社区之一。原先,终止政策摧毁了该部落的大部分原始森林,清场伐木和修路导致奎纳尔特河遭到侵蚀,鱼类的产卵地也被破坏。20世纪60年代,部落领袖试图遏制进一步破坏。1971 年，他们封锁了保留地的主要桥梁，把木材公司拦在外面。[152]

虽然不如其他激进行动那样著名，奎纳尔特路障事件仍然震惊了整个社区。部落领导人减少了对美国印第安人事务局和木材公司的依赖，开展了自己的森林砍伐和生态退化研究。他们向联邦官员施压，要求增加土地管理权力。《印第安人自决权与教育援助法案》通过之后，他们签订了合同，获得了对其土地、资源和决策过程的控制权。（P439）奎纳尔特族主席乔·德拉克鲁兹（Joe DeLaCruz）表示："我们想说的是，剩下的东西都是我们的……让我们自行开展（重建工作）。"[153]

在担任部落主席的 25 年时间里，德拉克鲁兹还担任了美国印第安人全国大会的领导人，他听到了激进年代的许多宣言，目睹了外来者破坏森林和鲑鱼洄游，他知道增强部落权力可以制止这种侵入。像许多部落领导人一样，他一边关注原住民活动家在全国的动态，一边努力改善当地状况。他坚持要求"自行"管理，这种理念与《卡斯特因你之罪而死》其中一条建议产生了共鸣。开篇第 1 章，德洛里亚回答了这个时代最常见的一个问题："你们印第安人到底想要什么？"

今天，印第安人的主要目标和需求不是获取别人的同情……我们不需要政府把我们归类为半白人，并制定进一步漂白我们的计划和政策。我们不需要政府开展进一步研究,判断我们的能力,我们需要的是国会制定新的政策,承认我们有权利和平生活,不受无端干涉……我们需要的是让我们实现文化自治的协议,无论是在理论上,还是事实上。[154]

扩张与阻力：20世纪末期的印第安人自决

在从华盛顿到缅因州的广大区域内，各个部落获得了新的资源，自行开展治理。这些做法并未构成印第安人的完全独立，但它们仍然体现了原住民的主权。事实上，亚当斯、沃里尔和迪尔等人对印第安主权的表述在整个社会产生了共鸣，甚至影响了联邦最高法院。1973年，大法官瑟古德·马歇尔（Justice Thurgood Marshall）在一份文件中指出："我们必须永远记住，各个印第安部落曾经是独立的主权部落，他们对主权的诉求远早于我们政府对主权的诉求。"[155]

共同决策、争取资金支持、部落自治政府自行管理土地，体现了自决时期的政治特点。此外，印第安人的自治理念还在国界之间流动，特别是在美国和加拿大之间，因为后者的原住民社区也面临着类似的挑战。（P440）根据乔治·曼努埃尔（George Manuel）的《第四世界》（The Fourth World，1974年），印第安人现在共同努力，"自行开展管理，并自行制定政策和计划"。他解释说，加拿大第一民族与美国原住民领导人开展了更多交流，同时也关注各自面临的挑战，"我十分惊讶，加拿大和美国各地印第安团体采取的立场是如此相似"。[156]

虽然部落获得了更多权力,但他们也面临着新的挑战,毕竟各州政府不会轻易放弃司法管辖权。20世纪70年代,包括华盛顿州斯莱德·戈顿(Slade Gorton)在内的各州检察长,纷纷想办法限制部落的权威。作为美国参议员,戈顿到了20世纪90年代还在继续努力削弱部落的主权。[157]

尽管戈顿的办公室在博尔特案中败诉,但它成功限制了部落在其他领域的司法管辖权。1973年,州官员对部落逮捕非印第安人的权力提出了质疑。就像迁移时代一样,刑法再次成为澄清部落司法管辖范围的决定性领域。

部落是否有权起诉对印第安人犯下罪行的非印第安人?与博尔特案一样,法院的裁决给出了答案。1978年,在奥利芬特诉苏夸米什印第安部落一案(Oliphant v. Suquamish Indian Tribe)当中,最高法院裁决称,部落没有这样的权力。时任助理法官的威廉·伦奎斯特(William Rehnquist)撰写的意见认为,一旦印第安部落服从"美利坚合众国的最高主权,即表示他们放弃审判非印第安美国公民的权力,除非其审判方式得到国会的接受"。[158]奥利芬特案之后的一系列法院裁决纷纷质疑了部落主权的保留性质。1981年,伦奎斯特进一步指出:"本法庭收回将印第安人视为主权部落的立场。"[159]

伦奎斯特与马歇尔的观点正好相反,这种相反体现的是,在联邦政府从终止政策转向自决的过程中,相互对立的法律原则也随之出现。事实上,有关现代印第安部落地位的冲突观念已经造成了不确定、混乱和争议,部落社区一直在警惕针对他们的新裁决和立法。例如,奥利芬特案废除部落的刑事管辖权之后,部落领导不得不向国会施压,要求增加部落的法定权力,起诉伤害妇女和儿童的非印第安人。在部落的倡议下,《防止对妇女施暴法案》(The Violence against Women Act,2013 年)增加了新条款,授权部落法院对非印第安攻击者和虐待者提起诉讼。[160] 由于数千名非印第安人居住在保留地,明确部落对"非印第安人"的法律权限仍然是一种持续的挑战。

长期以来,美国印第安部落的政治结构和主权行使一直面临着重重阻力。20 世纪美国的印第安政策产生了许多变化,且涉及广泛的问题,而这种充满不确定、混乱和争议的局面,恰恰是部落社区与联邦政府之间的关系波动导致的。(P441)

在部落治理方面,经济发展始终是一项持续挑战。为解决就业问题,各部落付出了很大的努力。20 世纪 70 年代,许多部落迅速采取行动,利用联邦政府推出的新计划来促进自己的发展,如政府对教育、住房和基础设施的资助,为部落领导人提供了新的机会。直到 20 世纪 80 年代后期,部落仍然能获得政府的资金,用于修建新学校和道路,雇用部落员工,并建立语言和文化项目,扭转几代人遭遇的忽视。部落主权既是这些努力的结果,也是这些努力的目标。

然而到了 20 世纪 80 年代，印第安人的自决进入了新阶段。在获得近一个世代的联邦资助之后，资金逐渐枯竭。里根时代削减开支，印第安人事务局的年度预算在不到 3 年的时间里削减近半，导致部落获得资金大幅缩水，加剧了部落的不稳定。[161]20 世纪 70 年代，印第安人的人均收入有所上涨，但 20 世纪 80 年代持续下降。[162] 发展贷款到期，未完成的基础设施项目被搁置。部落就业人数减少，普遍的经济困境再次威胁到许多社区的生存能力。许多领导人被赶下台，不得不通过别出心裁的手段，有时甚至是非法手段来保住自己的职位。

然而，自治的成果并没有凭空消失。有远见的领导人制定了新的战略，最大限度地发挥部落的管辖权以吸引资本。例如，被豁免州税的部落成员在夏季销售烟花，全年销售香烟和汽油。他们通常在临时或小型场所销售，以免引起政府的注意。因为考虑到司法管辖权的问题，许多人担心可能会遭到州政府的起诉。

保留地"黑市"活动的出现，给人们留下了非法勾当的印象，还加剧了外界对印第安人的刻板印象。这些活动主要发生在监管不严的行业，并招来了有组织的犯罪行为。[163] 在佛罗里达州南部和加利福尼亚州，部落采取的经济举措二者兼有，如塞米诺部落和卡巴松传教点印第安部落（Cabazon Band of Mission Indians）分别利用自己的主权开设了宾果游戏室和扑克室。

印第安部落的经济活动不受州法律管制。经部落许可，人们可以在保留地狩猎或捕鱼，无须州政府的许可。塞米诺和卡巴松部落成员分别启动了自己的娱乐项目，用来吸引季节性"雪鸟"①，但州和县官员关闭了他们的设施，没收了他们的收益。[164] 塞米诺人发现，布劳沃德县（Broward County）的教堂和其他非营利机构也在开展类似活动，赚取收益。在这两个地区，部落、加利福尼亚州政府与佛罗里达州政府、布劳沃德县与河滨县等多个主权实体陷入了冲突。（P442）

讽刺的是，这些小规模的博彩活动实现了当代美国印第安历史上规模最大的经济发展。尽管各州都将部落博彩业视为非法行为，但部落领导人捍卫了自己的主权，并申请了法院禁令。卡巴松部落辩称，加利福尼亚州的州立彩票活动和卡牌室本身就是对博彩行为的鼓励，再者，其管辖权不能延伸至保留地。塞米诺人和卡巴松部落还开始与其他部落合作，寻求更强大的博彩权力。最终，最高法院在卡巴松诉加利福尼亚州一案（Cabazon v. California，1987 年）的裁决中对该部落的观点表示同意。1988 年，国会通过了另一项具有里程碑意义的立法——《美国印第安人博彩监管法》（*The American Indian Gaming and Regulatory Act*，简称 AIGRA）。[165] 该法案建立了相应的国家框架，允许州

---

① "雪鸟"是指寒冷季节从寒冷地区飞往温暖地区度假或避冬的人。——译者注

和部落达成协议，规范博彩活动，共享收入。曾经，博彩是只有零星印第安社区参与、收入规模仅数百万美元的产业，如今发展成为涉及100多个部落、收入规模达数十亿美元的产业。

1992年，恰逢哥伦布发现美洲500周年，几乎没人预料到，部落社区会实现规模如此庞大且有利可图的经济发展。例如，威斯康星州奥内达部落在格林湾县的雇员比绿湾包装工队（Green Bay Packers）[①]的人数还多，而佛罗里达州的塞米诺部落已经收购了几家国际公司，包括硬石酒店（Hard Rock Hotel）和多家连锁赌场。在美国东北部，马萨图佩科特部落和莫希干族为其部落社区和康涅狄格州带来了数亿美元的收入。

随着部落机构的能力提升，他们的治理也变得更加高效。然而，近600个获得联邦承认的部落中，大多数不开展博彩业务，而开展博彩业务的部落，大多数不经营营利设施。部落间的竞争、线上博彩、州和市政府新增的博彩业务影响了市场行情，也削弱了博彩部落最初的相对优势。

不过总体而言，博彩收入和部落间的倡议产生了重要影响。从部落层面来看，最近许多部落建立了新学校、语言项目和卫生中心；从国家层面来看，游说活动和部落联盟促进了新法律的出

[①] 绿湾包装工队，是一支位于美国威斯康星州绿湾市的美式橄榄球球队，成立于1919年，是美国国家橄榄球联盟队史第三长的球队，也是该联盟唯一非营利性质、由公众共同拥有的球队。通常情况下，一支美式橄榄球队有53名球员。——译者注

台,也促进了立法改革工作的开展。事实上,正如2013年《防止对妇女施暴法案》的重新授权[①]一样,立法倡议已经成为一种有效的政治策略,其成本更低,威胁性也比诉讼要小。

对早期经历了动荡岁月的原住民活动人士来说,这些变革尤其显得讽刺。1973年,埃达·迪尔推动《梅诺米尼恢复法案》通过,但印第安地区仍然充满了紧张气氛,(P443)每个部落都面临着教育、健康和社会差距等问题。此外,对梅诺米尼部落来说,"一代人在没有部落的环境中长大了",埃达回忆说,在终止政策的影响下,"他们的父母和祖父母失去了政府、学校、医院、发电厂、电话公司,也失去了对森林和木材厂的控制"。[166]

国会恢复了联邦政府对部落的承认,再次将其置于美国的主权保护之下。20世纪50年代,这种保护的危害是如此之大,但到了1975年,这种保护成了新合作和倡议的基础。事实上,它还为新的未来铺平了道路,埃达·迪尔不仅成为梅诺米尼部落选举产生的第一位女性主席,而且还成了美国内政部印第安人事务局的助理部长。1993年8月,刚好满58岁的她在华盛顿宣誓就职,成为100多万印第安人、超过4000万英亩部落土地的领导人,其任职的部门包括12个区域办事处、83个印第安事务处和数千名雇员。[167](P444)

[①] 在美国法律体系中,重新授权(reauthorization)是指确定了有效期的法律延长有效期,有时也涉及具体条款的小幅修改。——译者注

埃达·迪尔（右一）见证内政部长罗杰斯·莫顿（Rogers Morton）签署文件，将土地归还给威斯康星州的梅诺米尼族，这是1973年《梅诺米尼复兴法案》（*The Menominee Restoration Act*）实施过程中的重要环节。迪尔将这次归还称为"印第安人自决的典范"（威斯康星州历史协会，WHI-45437）

不到一年的时间，迪尔部长访问了多家事务处，并协助在白宫召开了一次部落领袖峰会。时任总统克林顿接见了300多位当选的部落领袖。"欢迎来到白宫。欢迎回家，"克林顿说，"今天的会议是一场历史性的重大会议，将标志着我们新伙伴关系的开始。"[168] 这次峰会由切罗基族大酋长威尔玛·曼基勒（Wilma Mankiller）和拉克·库尔特·奥雷利斯（Lac Courte Oreilles）主席盖亚什基博斯（Gaiashkibos）主持，在会议上，夏延河苏族主席格雷格·布尔兰对同僚发表了讲话，"主权在我的心中燃烧，在座的各位，我看到印第安人的主权正在崛起："[169] 与会者纷纷起立鼓掌，同时，克林顿签署了两项新的总统令。

◆

20世纪末，终止政策的黑暗时代已经淡去，一系列"新的伙伴关系"已经开启。然而，迪尔深知，仍有近1/3的部落成员生活在贫困线以下，美国原住民仍然面临着健康、教育资源和经济发展的挑战。民族语言逐渐消失，生态持续遭到破坏，数不清的殖民遗留问题仍未解决，当代美国原住民仍然面临着旷日持久的挑战。

印第安部落已经扭转了冷战时期最具威胁性的政策。然而，在印第安地区之外，很少有人理解这种历史性的命运逆转，甚至没人理解现代主权运动取得的艰难成果。进入21世纪之后，外界对这些成果的持续挑战再次出现，国会立法者、法院大法官和其他权力部门又一次瞄准了美国原住民的土地、司法管辖权和资源。（P445）

Notes

注　释

INTRODUCTION
TOWARD A NEW AMERICAN HISTORY
序言
对美国历史的重新解读

1. Linda Tuhiwai Smith, *Decolonization Methodologies: Research and Indigenous Peoples*, 2nd ed.（London: Zed Books, 2012）; Patrick Wolf, "Settler Colonialism and the Elimination of the Native," *Journal of Genocide Research*（December 2006）: 387–409. 有关"定居者殖民主义"在美国历史中的应用，参阅 Roxanne Dunbar-Ortiz, *An Indigenous Peoples' History of the United States*（Boston: Beacon, 2014）。本书中的"美国土著"、"美国原住民"和"美国印第安人"均指美国原住民，并交替使用。虽然这些术语导致了不同部落或民族的同质化，但它们有助于人们理解，权力结构与社会差异如何构成全球殖民主义的历史基础。

2. 有关忽略定居者殖民主义以及对原住民土地持续剥夺过程的美国历史概述，参阅 Jill Lepore, *These Truths: A History of the United States*（New York: Norton, 2018）。

3. 引自 Carroll Smith-Rosenberg, "Dis-Covering the Subject of the 'Great Constitutional Discussion,' 1786–1789," *Journal of American History*（December 1992）: 841（原文着重强调了某些内容）。

4. 直到 2012 年，美国历史协会才在其有关美国历史编纂学的论文中包括了一篇关于美国原住民历史的专题论文。参阅 Eric Foner and Lisa McGirr, eds., *American History Now*（Philadelphia: Temple University Pres, 2012）。有关此前的版本，参阅 Eric Foner, ed., *The New American Histo-*

ry: Revised and Expanded Edition（Philadelphia: Temple University Press, 1997）以及 Foner, ed., *The New American History*（Philadelphia: Temple University Press, 1990）。

5. 例如参阅 Bernard Bailyn et al., *The Great Republic: A History of the American People*, 2nd ed.（Lexington, Mass.: D. C. Heath, 1981）, 5。

6. Ann Laura Stoler, *Duress: Imperial Durabilities in Our Times*（Durham: Duke University Press, 2016）, 10–17.

7. 引自 Toby Lester, "1507–The Name 'America' Appears on a Map," in Greil Marcus and Werner Sollors, eds., *A New Literary History of America*（Cambridge, Mass.: Harvard University Press, 2009）, 5。

8. 引自 Lester, "1507," 3。

9. 有关历史教科书编写以及美国印第安人缺席的论述，参阅 Frederick E. Hoxie, "The Indian versus the Textbooks: Is There Any Way Out?" Occasional Papers in Curriculum Series（Chicago: Newberry Library, 1984）。

10. 参阅 Susan Sleeper-Smith et al., eds., *Why You Can't Teach United States History without American Indians*（Chapel Hill: University of North Carolina Press, 2015）。

11. Charles J. Kappler, ed., *Indian Affairs: Law and Treaties*, 5 vols.（Washington, D.C.: Government Printing Office, 1904）, 2:55–807.

12. 有关美国内战期间的冲突，参阅本书第 8–10 章。有关 40% 的说法，参阅 Charles Wilkin-son, *Blood Struggle: The Rise of Modern Indian Nations*（New York: Norton, 2005）, 285。

13. Akhil Reed Amar, *America's Constitution: A Biography*（New York: Random House, 2005）, 20; Sven Beckert and Seth Rockman, eds., *Slavery's Capitalism: A New History of American Economic Development*（Philadelphia: University of Pennsylvania Press, 2016）, 1.

14. Lepore, *These Truths*, 38.

15. Russell Thornton, "The Demography of Colonialism and 'Old' and 'New' Natve Americans," in Russell Thornton, ed., *Studying Native America: Problems and Prospects*（Madison: University of Wisconsin Press, 1998）, 17–24. 另参阅 Alan Taylor, *American Colonies: The Settling of North America*（New York: Viking Penguin, 2001）, 39–44。

16. Wolf, "Settler Colonialism and the Elimination of the Native," 401–3. 正如博伊德·科思伦（Boyd Cothran）所言："定居者殖民主义为北美历史赋予了逻辑意义。"参阅 Cothran, *Remembering the Modoc War: Redemptive Violence and the Making of American Innocence*（Chapel Hill: University of North Carolina Press, 2014）, 16。

17. 参阅 Jean M. O'Brien, *Firsting and Lasting: Writing Indians out of Existence in New England*（Minneapolis: University of Minnesota Press, 2010）; Jodi A. Byrd, *The Transit of Empire: Indigenous Critiques of Colonialism*（Minneapolis: University of Minnesota Press, 2011）; 以及 Manu Karuka, *Empire's Tracks: Indigenous Nations, Chinese Workers, and the Transcontinental Railroad*（Oakland: University of California Press, 2019）。

18. 参阅 Jeff Benvenuto et al., "Colonial Genocide in Indigenous North America," in Andrew Woolford et al., eds., *Colonial Genocide in Indigenous North America*（Durham: Duke University Press, 2014）, 1–25。

19. 参阅 Benjamin Madley, An American Genocide: *The United States and the California Indian Catastrophe*（New Haven: Yale University Press, 2016）, 1–15, 336–59。

20. Tiffany Lethabo King, *The Black Shoals: Offshore Formations of Black and Native Studies*（Durham: Duke University Press, 2019）, 11.

21. 参阅 Lisa Lowe, *The Intimacies of Four Continents*（Durham: Duke University Press, 2015）; 以及 Frederick E. Hoxie, "Retrieving the Red Con-

tinent: Settler Colonialism and the History of American Indians in the US," *Ethnic and Racial Studies* （2008）: 1160。

22. Allan Greer, "Settler Colonialism and Empire in Early America," *William and Mary Quarterly* （2019）: 383–90.

23. James Belich, *Replenishing the Earth: The Settler Revolution and the Rise of the Anglo-World, 1783–1939* （New York: Oxford University Press, 2009）.

24. 参阅 Robert Warrior, "Organizing Native American and Indigenous Studies," *PMLA* （2008）: 1683–91；以及 Shari Huhndorf, "Literature and the Politics of Native American Studies," *PMLA* （2005）: 1618–27。"美国原住民构成了殖民研究的重要维度，但需要对殖民主义本身不断变化的本质、对殖民主义的反应……以及美国本土帝国主义的形式进行分析"（第 1624 页）。

25. "Editors' Introduction," *NAIS* （Spring 2014）: 1. 另参阅 Robert Warrior, "2010 NAISA Presidential Address: Practicing Native American and Indigenous Studies," 有关该议题的论述，参阅第 3–24 页。美国原住民与土著研究协会的成立延续了美国原住民知识分子和活动家长期以来的努力，其宗旨是建立持久的学术基础设施。例如参阅 *Indian Voices: The First Convocation of American Indian Scholars* （San Francisco: Indian Historian Press, 1970）；以及 *The Native American Today: The Second Convocation of Indian Scholars* （San Francisco: Indian Historian Press, 1971）。

26. Gerald Vizenor, *Manifest Manners: Postindian Warriors of Survivance* （Middletown, Conn.: Wesleyan University Press, 1993）.

27. Ned Blackhawk, *Violence over the Land: Indians and Empires in the Early American West* （Cambridge, Mass.: Harvard University Press, 2006）.

28. Lepore, *These Truths*, xi.

29. https://www.archives.gov/founding-docs/declaration-transcript.

30. Amy Lonetree, *Decolonizing Museums: Representing Native America in National and Tribal Museums* (Chapel Hill: University of North Carolina Press, 2012), 16–21.

31. 参阅 Alyssa Mt. Pleasant et al., "Materials and Methods in Native American and Indigenous Studies: Completing the Turn," *William and Mary Quarterly* (April 2018): 207–36。

32. Randall K. Q. Akee et al., "The Indian Gaming Regulatory Act and Its Effects on American Indian Economic Development," *Journal of Economic Perspectives* (Summer 2015): 185–208.

33. Vine Deloria Jr. and Clifford Lytle, *The Nations Within: The Past and Future of American Indian Sovereignty* (New York: Pantheon Books, 1984), 244–64.

34. Walter R. Echo-Hawk, *In the Courts of the Conqueror: The 10 Worst Indian Law Cases Ever Decided* (Golden, Colo.: Fulcrum, 2010), 13.

35. 参阅 Mary Sarah Bilder, "Without Doors: Native Nations and the Convention," *Fordham Law Review* 89, no. 5 (2021): 1707–59。

36. House Resolution 18166, Public Law No. 219, House of Representatives, 1912, 14.

PART I | INDIANS AND EMPIRES
第一部分 | 印第安人与殖民帝国

Chapter 1. American Genesis
Indians and the Spanish Borderlands
1 美国的创世纪：
印第安人与西班牙边疆

1. Ted J. Warner, ed., *The Domínguez-Escalante Journal: Their Expedition through Colorado, Utah, Arizona, and New Mexico in 1776*, trans. Fray Angelico Chavez（Salt Lake City: University of Utah Press, 1995）, 83.

2. Warner, The Domínguez-Escalante Journal, 83–84.

3. 参阅 Joseph P. Sanchez, *Explorers, Traders, and Slavers: Forging the Old Spanish Train*, 1678–1850（Salt Lake City: University of Utah Press, 1997）, 55–79。

4. Warner, *The Domínguez-Escalante Journal*, 119–20. 有关两人远征对西方制图学的后续影响，参阅 Gloria Griffen Cline, *Exploring the Great Basin*（Reno: University of Nevada Press, 1988）, 43–56。

5. Warner, The Domínguez-Escalante Journal, 128–29.

6. Warner, The Domínguez-Escalante Journal, 129.

7. Warner, The Domínguez-Escalante Journal, 130, 129.

8. Warner, The Domínguez-Escalante Journal, 117.

9. 有关普韦布洛起义之后，霍皮族 - 西班牙帝国关系的概述，参阅 James F. Brooks, Mesa of Sorrows: A History of the Awat'ovi Massacre（New York: Nor-ton, 2016）, 68–86。

10. Alfonso Ortiz, introduction to Alfonso Ortiz, ed., *New Perspectives on the Pueblos*（Santa Fe: School of American Research, 1972）, xv. 另参阅 Albert H. Schroeder, "Rio Grande Ethnohistory," in the same volume, 47–49。

11. Tamar Herzog, *Frontiers of Possession: Spain and Portugal in Europe and the Americas*（Cambridge, Mass.: Harvard University Press, 2015）, 1.

12. J. H. Elliott, *Empires of the Atlantic World: Britain and Spain in America, 1492–1830*（New Haven: Yale University Press, 2006）, 198.

13. 有关与欧洲人接触之前，美洲原住民人口状况的讨论，参阅 Russell Thornton, "The Demography of Colonialism and 'Old' and 'New' Native Americans," in Russell Thornton, ed., *Studying Native America: Problems and Prospects*（Madison: University of Wisconsin Press, 1998）, 17–24。另参阅 Alan Taylor, *American Colonies: The Settling of North America*（New York: Viking Penguin, 2001）, 39–41。

14. David G. Sweet and Gary B. Nash, *Struggle and Survival in Colonial America*（Berkeley: University of California Press, 1981）."我们不能被殖民地令人震撼的霸权机制误导……以至于认为建立这种机制就能实现霸权。"（第 7 页）

15. Brian P. Owensby and Richard J. Ross, eds., *Justice in a New World: Negotiating Legal Intelligibility in British, Iberian, and Indigenous America*（New York: New York University Press, 2018）, 2.

16. Brian P. Owensby, *Empire of Law and Indian Justice in Colonial Mexico*（Palo Alto: Stanford University Press, 2008）.

17. 参阅 Pekka Hämäläinen, The Comanche Empire（New Haven: Yale Uni-

versity Press, 2008）; Ned Blackhawk, *Violence over the Land: Indians and Empires in the Early American West*（Cambridge, Mass.: Harvard University Press, 2006）。

18. 引自 Taylor, *American Colonies*, 413。

19. 参阅 Maurice Crandall, *These People Have Always Been a Republic: Indigenous Electorates in the U.S.–Mexico Borderlands, 1598–1912*（Chapel Hill: University of North Carolina Press, 2019）; Juliana Barr, *Peace Came in the Form of a Woman: Indians and Spaniards in the Texas Borderlands*（Chapel Hill: University of North Carolina Press, 2007）。

20. Lauren Benton, *A Search for Sovereignty: Law and Geography in European Empires, 1400–1900*（New York: Cambridge University Press, 2010）, 2.

21. 16 世纪普韦布洛部落人口统计数字的估计值差别非常大。例如，参阅 Elinore M. Barrett, *Conquest and Catastrophe: Changing Rio Grande Pueblo Settlement Patterns in the Sixteenth and Seventeenth Centuries*（Albuquerque: University of New Mexico Press, 2002）, 12。

22. Joe S. Sando, *Eight Centuries of Pueblo History*（Santa Fe: Clear Light, 1992）, 22–35.

23. Matthew Liebmann, *Revolt: An Archaeological History of Pueblo Resistance and Revitalization in 17th Century New Mexico*（Tucson: University of Arizona Press, 2012）, 30.

24. Sando, *Eight Centuries of Pueblo History*, 43.

25. 参阅 Eleanor B. Adams and Fray Angelico Chavez, eds. and trans., *The Missions of New Mexico, 1776: A Description by Fray Francisco Atanasio Dominguez with Contemporary Documents*（Albuquerque: University of New Mexico Press, 1956）, xiv–xv。

26. Benton, *A Search for Sovereignty*, 286–87.

27. Lauren Benton, "In Defense of Ignorance: Frameworks for Legal Politics in the Atlantic World," in Owensby and Ross, *Justice in a New World*, 275.

28. Warner, *The Domínguez-Escalante Journal*, 40.

29. 有关西班牙对其逐渐扩张的美洲领土不断演变的法律和管辖权主张，参阅 Elliott, *Empires of the Atlantic World*, 119–30。

30. Nancy E. van Deusen, *Global Indios: The Indigenous Struggle for Justice in Sixteenth-Century Spain*（Durham: Duke University Press, 2015）, xi.

31. 引自 van Deusen, *Global Indios*, xii。

32. 例如参阅 Herbert E. Bolton, *The Spanish Borderlands: A Chronicle of Old Florida and the Southwest*（New Haven: Yale University Press, 1921）, 4; Charles Gibson, *Spain in America*（New York: Harper & Row, 1966）, 25。

33. 正如 J. H. 埃利奥特（J.H.Elliott）所述："西属美洲与英属美洲殖民地不同，其领土并非'殖民地'，而是卡斯蒂利亚王国的领地，住在这块领地上的人并非殖民者（colono），而是征服者（conquistadore）及后裔以及定居者（pobladore），后来抵达该地区的人均称作定居者"。*Empires of the Atlantic World*, 9.

34. 引自 *Tzvetan Todorov, The Conquest of America: A Question of the Other*（New York: Harper & Row, 1982）, 47–48。

35. Andrés Reséndez, *The Other Slavery: The Uncovered Story of Indian Enslavement in America*（New York: Houghton Mifflin Harcourt, 2016）, 17. 有关"加勒比地区遭受的挫折"，另参阅该著作第 13–45 页。

36. Kathleen Deagan, "Native American Resistance to Spanish Presence in Hispaniola and La Florida, ca. 1492–1650," in Matthew Liebmann and Melissa S. Murphy, eds., *Enduring Conquests: Rethinking the Archaeology of Resistance to Spanish Colonialism in the Americas*（Santa Fe: School of Advanced Research Press, 2010）, 41.

37. 有关拉斯·卡萨斯讲述的屠杀，参阅 Todorov, The Conquest of America, 138–42。以下引自拉斯·卡萨斯的讲述："看着尸体和垂死之人遍体鳞伤，是一幕恐怖和可怕的场景。到处都是……西班牙人……对着赤裸的人挥舞着自己的武器……包括酋长在内的 600 人都像野兽一样被杀死……瓦斯科放出猎狗，将 40 人撕成了碎片。"（第 141 页）对托多洛夫来说，这种暴力和残忍不仅关乎军事或战略利益："眼前这一幕，用'种族灭绝'来形容是真正的恰如其分。"（第 133 页）另参阅 Gibson, Spain in America, 40–43。

38. Elliott, *Empires of the Atlantic World*, 7.

39. 引自 Reséndez, *The Other Slavery*, 39。

40. Deagan, "Native American Resistance to Spanish Presence," 46. 另参阅 Wood-bury Lowery, *The Spanish Settlements within the Present Limits of the United States*, 1513–1561（New York: G. P. Putnam's Sons, 1911）, 132。

41. 引自 Lowery, *The Spanish Settlements within the Present Limits of the United States*, 133。

42. Lowery, *The Spanish Settlements within the Present Limits of the United States*, 133–34.

43. "他们在国内维护自己的权威已是举步维艰，因此不愿意让臣民在海外春风得意。"Elliott, Empires of the Atlantic World, 22. 另参阅 Taylor, American Colonies, 25–32。"欧洲权力、财富和知识的惊人扩张在 15 世纪似乎是不可思议的景象，当时的欧洲忙于本土事务，陷入了无休止的内部战争和国际战争。"（第 25 页）

44. Lyle N. McAlister, *Spain and Portugal in the New World, 1492–1700*（Minneapolis: University of Minnesota Press, 1984）, 79.

45. Matthew Restall, *Seven Myths of the Spanish Conquest*（New York: Oxford University Press, 2003）, 27–43.

46. Gibson, *Spain in America*, 48–67.

47. Jill Lepore, *These Truths: A History of the United States*（New York: Norton, 2018）, 7. 有关伊斯帕尼奥拉岛原住民的人口估算和人口下降，以及该地"似乎遭受了最惨重的种族灭绝"之概述，参阅 William M. Denevan, ed., *The Native Population of the Americas in 1492*, rev. ed.（Madison: University of Wisconsin Press, 1992）, 35。

48. 关于不同族名的概述，如阿兹特克、墨西卡和纳瓦，参阅 Matthew Restall, *When Montezuma Met Cortés: The True Story of the Meeting That Changed History*（New York: HarperCollins, 2018）, xii. 另参阅 James Lockhart, *The Nahuas After the Conquest: A Social and Cultural History of the Indians of Central Mexico, Sixteenth through Eighteenth Centuries*（Palo Alto: Stanford University Press, 1992）；以及 Camilla Townsend, *Fifth Sun: A New History of the Aztecs*（New York: Oxford University Press, 2019）, 30–32。正如皮特·西加尔（Pete Sigal）所述，使用"纳瓦"而非"阿兹特克"，"更加注重语言的统一性……已成为许多人用来描述墨西哥中部原住民的术语"。Pete Sigal, *The Flower and the Scorpion: Sexuality and Ritual in Early Nahua Culture*（Durham: Duke University Press, 2011）, xv.

49. Townsend, *Fifth Sun*, 71–84.

50. Lockhart, *The Nahuas After the Conquest*, 1.

51. Restall, When Montezuma Met Cortés, 4–5. 有关塞维利亚在西班牙远征中的突出地位，参阅 Andrés Reséndez, *A Land So Remote: The Epic Journey of Cabeza de Vaca*（New York: Basic Books, 2007）, 39–42."塞维利亚是西班牙唯一获得授权与美洲殖民地进行贸易的港口，不仅是发现美洲这一历史事件的主角，也是横跨大西洋航行的起点和终点。"（第39页）

52. Lockhart, *The Nahuas After the Conquest*, 14. 另参阅第 14–58 页。

53. Townsend, *Fifth Sun*, 27–30.

54. Lockhart, *The Nahuas After the Conquest*, 15–16.

55. Restall, *When Montezuma Met Cortés*, xxviii. 马修·雷斯托尔（Matthew Restall）将他们的相遇称为"会面"（the Meeting），这是一个专有名词，本书后文沿用该用法。

56. Townsend, *Fifth Sun*, 113–28.

57. Gibson, *Spain in America*, 38.

58. 马修·雷斯托尔认为需要对"征服墨西哥"进行更广泛的时间界定，并区分西班牙－阿兹特克战争和西班牙－中美洲战争。参阅 *When Montezuma Met Cortés*, xxix。

59. 关于"印第安人"作为种族和法律范畴的构建，参阅 van Deusen, *Global Indios*, esp. 224–28。另参阅 Ethelia Ruiz Medrano, *Mexico's Indigenous Communities: Their Lands and Histories, 1500–2010*, trans. Russ Davidson（Boulder: University of Colorado Press, 2010）；以及 Brian P. Owensby, *Empire of Law and Indian Justice in Colonial Mexico*（Palo Alto: Stanford University Press, 2008）："在征服后的最初几十年里，'indio'这个词很少出现在纳瓦语文本中。印第安人更倾向于将自己称为各个城邦、城镇或普韦布洛的居民，并坚持自己的'小族群身份'，而不是接受其他任何身份标签。西班牙人称他们为印第安人（*indio*），不仅标记和确定了自己与这些新世界异族的现有差异，而且创造出新的种族：他们'发明'了印第安人的概念，界定了自己的身份。"（第 24 页）（原文着重强调了某些内容）

60. Restall, *Seven Myths of the Spanish Conquest*, 41–42.

61. Restall, *Seven Myths of the Spanish Conquest*, 42.

62. 引自 Reséndez, *The Other Slavery*, 62。

63. Clay Mathers et al., eds., *Native and Spanish New Worlds: Sixteenth-Century Entradas in the American Southwest and Southeast*（Tucson: University of Arizona Press, 2013）. 另参阅 Dennis Reinhartz and Oakah L. Jones, "*Hacia el Norte*! The Spanish *Entrada* into North America, 1513–

1549," in John Logan Allen, ed., *North American Exploration: A New World Disclosed*, 3 vols.（Lincoln: University of Nebraska Press, 1997）, 1:241–91。

64. David J. Weber, *The Spanish Frontier in North America*（New Haven: Yale University Press, 1992）, 49. 另参阅 Richard Flint, *Great Cruelties Have Been Reported: The 1544 Investigation of the Coronado Expedition*（Dallas: Southern Methodist University Press, 2002）, 27–36。

65. 有关英国人在北美内陆最初的远征，参阅 Clarence Walworth Alvord and Lee Bidgood, *The First Explorations of the Trans-Allegheny Region by the Virginians, 1650–1674*（Cleveland: Arthur H. Clark, 1912）；以及 J. Ralph Randolph, *British Travelers among the Southern Indians, 1660–1763*（Norman: University of Oklahoma Press, 1973）。

66. Lowery, *The Spanish Settlements within the Present Limits of the United States*, 146–50。

67. Bolton, *The Spanish Borderlands*, 71. 另参阅 Lowery, *The Spanish Settlements within the Present Limits of the United States*, 243–44; Charles Hudson, *Knights of Spain, Warriors of the Sun: Hernando de Soto and the South's Ancient Chiefdoms*（Athens: University of Georgia Press, 1997）；以及 Paul E. Hoffman, "Introduction: The De Soto Expedition, a Cultural Crossroads," in Lawrence A. Clayton et al., eds., *The De Soto Chronicles: The Expedition of Hernando De Soto to North America, 1539–1543*, 2 vols.（Tuscaloosa: University of Alabama Press, 1993）1:5–13。

68. Clayton et al., *The De Soto Chronicles*, 1:135–36。

69. Restall, *Seven Myths of the Spanish Conquest*, 71. 另参阅 Lowery, *The Spanish Settlements within the Present Limits of the United States*, 146–71, 213–52; Weber, The Spanish Frontier in North America, 49–55; 以及 Robin A. Beck Jr. et al., "Limiting Resistance: Juan Pardo and the Shrinking of Spanish La Florida, 1566–68," in Liebmann and Murphy, Enduring Conquests, 19–39。

70. 相比之下，美国南部地区的人类学家针对德索托的暴力之旅对许多原住民社区命运的影响进行了持续调查。例如，参阅 Thomas J. Pluckhahn and Robbie Ethridge, eds., *Light on the Path: The Anthropology and History of the Southeastern Indians*（Tuscaloosa: University of Alabama Press, 2006）。

71. 正如马修·利布曼（Matthew Liebmann）所述，边境的相遇不能简单划分为二元对立关系，即单纯的适应与抵抗。参阅 Liebmann, "The Best of Times, the Worst of Times: Pueblo Resistance and Accommodation during the Spanish *Reconquista* of New Mexico," in Liebmann and Murphy, Enduring Conquests, 200-201。

72. Weber, *The Spanish Frontier in North America*, 51.

73. Paul Kelton, "The Great Southeastern Smallpox Epidemic, 1696-1700: The Region's First Major Epidemic?" in Robbie Ethridge and Charles Hudson, eds., *The Transformation of the Southeastern Indians, 1540-1760*（Jackson: University Press of Mississippi, 2002）, 22-23. 另参阅 Ann F. Ramenofsky and Patricia Galloway, "Disease and the Soto Entrada," in Patricia Galloway, ed., *The Hernando de Soto Expedition: History, Historiography, and "Discovery" in the Southeast*（Lincoln: University of Nebraska Press, 1997）, 259-79；以及 Dale L. Hutchinson, "Entradas and Epidemics in the Sixteenth-Century Southeast," in Mathers et al., *Native and Spanish New Worlds*, 140-51。

74. Robin A. Beck Jr. et al., "Limiting Resistance: Juan Pardo and the Shrinking of Spanish La Florida, 1566-68," in Liebmann and Murphy, *Enduring Conquests*, 22-23.

75. Robbie Ethridge, "Creating the Shatter Zone: Indian Slave Traders and the Collapse of Southeastern Chiefdoms," in Pluckhahn and Ethridge, *Light on the Path*, 207-18.

76. Stephen A. Kowalweski, "Coalescent Societies," in Pluckhahn and

Ethridge, *Light on the Path*, 94–96.

77. 有关暴力的垄断和使用在国家权力形成过程中的核心地位，参阅 Meyer Kestbaum and George Ritzer, eds., *The Wiley-Blackwell Companion to Sociology*（Malden, Mass.: Wiley-Blackwell, 2012）, 588–608。

78. Ruiz Medrano, *Mexico's Indigenous Communities*, 18.

79. Ruiz Medrano, *Mexico's Indigenous Communities*, 18.

80. Kelly McDonough, "Indigenous Remembering and Forgettings: Sixteenth-Century Nahua Letters and Petitions to the Spanish Crown, *NAIS*（Spring 2018）: 72–73.

81. Restall, *Seven Myths of the Spanish Conquest*, 72.

82. Michael C. Meyer and William L. Sherman, *The Course of Mexican History*, 4th ed.（New York: Oxford University Press, 1991）, 147.

83. Ida Altman, *The War for Mexico's West: Indians and Spaniards in New Galicia, 1524–1550*（Albuquerque: University of New Mexico Press, 2010）. 另参阅 Philip Wayne Powell, *Soldiers, Indians, and Silver: The Northward Advance of New Spain, 1550–1600*, rev. ed.（Berkeley: University of California Press, 1969）. 有关中美洲以北墨西哥北部地区的人种志，另参阅 William B. Griffen, "Southern Periphery: East," in Alfonso Oritz, ed., *Southwest*, vol. 10 of *Handbook of North American Indians*（Washington, D.C.: Smithsonian Institute, 1983）, 329–42。

84. J. Lloyd Mecham, *Francisco de Ibarra and Nueva Vizcaya*（New York: Greenwood, 1968）, 32–33.

85. Ida Altman, "Conquest, Coercion, and Collaboration: Indian Allies and the Campaigns in Nueva Galicia," in Laura E. Matthew and Michel R. Oudijk, eds., *Indian Conquistadors: Indigenous Allies in the Conquest of Mesoamerica*（Norman: University of Oklahoma Press, 2007）, 145–74. 另参阅 Oakah L. Jones, *Nueva Vizcaya: Heartland of the Spanish Frontier*（Albuquerque:

University of New Mexico Press, 1988), 17–21。

86. P. J. Bakewell, *Silver Mining and Society in Colonial Mexico: Zacatecas, 1546– 1700*（New York: Cambridge University Press, 1971), 4–6. 另参阅 Powell, *Soldiers, Indians, and Silver*, 4–9. 有关对辅军人数的较低估计值，参阅 Altman, "Conquest, Coercion, and Collaboration," 160–61。

87. Colin M. MacLachlan and Jaime E. Rodriquez O., *The Forging of the Cosmic Race: A Reinterpretation of Colonial Mexico*, rev. ed.（Berkeley: University of California Press, 1990), 99.

88. Powell, *Soldiers, Indians, and Silver*, 3–4.

89. 有关德·古斯曼行动的精辟概述，参阅 Altman, "Conquest, Coercion, and Collaboration," 147–59。另参阅 Altman, *The War for Mexico's West*, 34–53。

90. Bakewell, *Silver Mining and Society in Colonial Mexico*, 8–9. 另参阅 Powell, *Soldiers, Indians, and Silver*。鲍威尔（Powell）认为，克里斯托瓦尔·德·奥纳特在米克斯顿战争期间担任代理总督。（第 11 页）

91. Reséndez, *The Other Slavery*, 103.

92. Taylor, *American Colonies*, 63. 泰勒认为，殖民时代的白银总吨数为 1.6 万吨，即 3200 万磅。

93. Taylor, *American Colonies*, 63.

94. Gibson, *Spain in America*, 122.

95. Gibson, *Spain in America*, 121.

96. Elliott, *Empires of the Atlantic World*, 94.

97. Elliott, *Empires of the Atlantic World*, 95.

98. 讽刺的是，西班牙对矿产财富的过度依赖反而导致其发展不足，新兴的重商主义和商业机构在伊比利亚外部而不是内部形成。"真正的繁荣应该以国家生产力来衡量,而不是用侥幸获得的金银财富来衡量。"Elliott, *Empires of the Atlantic World*, 26.

99. 有关这种原住民定居模式的概述,参阅 MacLachlan and Rodriquez O., *The Forging of the Cosmic Race*, 168–71。有关"定居者殖民主义"在美国历史中的应用,参阅 Roxanne Dunbar-Ortiz, *An Indigenous Peoples' History of the United States*(Boston: Beacon, 2014), esp. 1–10。

100. 引自 George P. Hammond and Agapito Rey, *Don Juan de Oñate: Colonizer of New Mexico, 1595–1628* (Albuquerque: University of New Mexico Press, 1953), 6。

101. 有关新墨西哥与墨西哥北部的经济关联,参阅 Reséndez, *The Other Slavery*, 116–24。

102. Gibson, *Spain in America*, 60. 另参阅第 57—67 页。

103. Gibson, *Spain in America*, 72–77.

104. Edward H. Spicer, *Cycles of Conquest: The Impact of Spain, Mexico, and the United States on the Indians of the Southwest, 1533–1960* (Tucson: University of Arizona Press, 1962), 22–24.

105. France V. Scholes, "Church and State in Colonial New Mexico, 1610–1650," *New Mexico Historical Review* (1936): 297–349.

106. Hammond and Rey, *Don Juan de Oñate*, 318.

107. Spicer, *Cycles of Conquest*, 156. 有关奥纳特远征的概述,另参阅该书的第 152—158 页;Weber, *The Spanish Frontier in North America*, 77–87;以及 Hammond and Rey, *Don Juan de Oñate*, 5–16。

108. Hammond and Rey, *Don Juan de Oñate*, 340.

109. Hammond and Rey, *Don Juan de Oñate*, 340.

110. Barrett, *Conquest and Catastrophe*, 12.

111. Hammond and Rey, *Don Juan de Oñate*, 17–18.

112. Hammond and Rey, *Don Juan de Oñate*, 340.

113. 有关普韦布洛社会内部宗教与政治联合结构的概述，参阅 Alfonso Ortiz, *The Tewa World: Space, Time, Being, and Becoming in a Pueblo Society*（Chicago: University of Chicago Press, 1969）, 79–119。

114. John L. Kessell, *Pueblos, Spaniards, and the Kingdom of New Mexico*（Norman: University of Oklahoma Press, 2008）, esp. 51–72.

115. Hammond and Rey, *Don Juan de Oñate*, 339.

116. Hammond and Rey, *Don Juan de Oñate*, 450.

117. Hammond and Rey, *Don Juan de Oñate*, 446.

118. Hammond and Rey, *Don Juan de Oñate*, 21.

119. Hammond and Rey, *Don Juan de Oñate*, 447.

120. Hammond and Rey, *Don Juan de Oñate*, 466.

121. Hammond and Rey, *Don Juan de Oñate*, 477–78.

122. Hammond and Rey, *Don Juan de Oñate*, 478.

123. Hammond and Rey, *Don Juan de Oñate*, 478–79.

124. Reséndez, *The Other Slavery*, 118. 整个 16 世纪，西班牙君主"允许将通过'正义战争'俘获的印第安人"作为奴隶。（第 42 页）

125. Heather B. Trigg, *From Household to Empire: Society and Economy in Early Colonial New Mexico*（Tucson: University of Arizona Press, 2005）, 88–133.

126. Barrett, *Conquest and Catastrophe*, 68–69.

127. Ortiz, *The Tewa World*, 98.

128. Barrett, *Conquest and Catastrophe*, 54.

129. Barrett, *Conquest and Catastrophe*, 62.

130. 引自 Barrett, *Conquest and Catastrophe*, 78. "cocoliztli" 这个术语可以解释为一种剧毒天花，即暴发性天花，也可以解释为疾病的大规模暴发，通常涉及多种疾病。

131. Barrett, *Conquest and Catastrophe*, 78.

132. Charles Wilson Hackett, *Revolt of the Pueblo Indians of New Mexico and Otermín's Attempted Reconquest, 1680–1682*, 2 vols. （Albuquerque: University of New Meico Press, 1942）, 1:11–12.

133. Joe S. Sando, "The Pueblo Revolt," in Joe S. Sando and Herman Agoyo, eds., *Po'Pay: Leader of the First American Revolution* （Santa Fe: Clear Light, 2005）, 13–15.

134. Sando, "The Pueblo Revolt," 13.

135. 引自 Kurt E. Dongoske and Cindy K. Dongoske, "History in Stone: Evaluating Spanish Conversion Efforts through Hopi Rock Art," in Robert W. Preucel, ed., *Archaeologies of the Pueblo Revolt: Identity, Meaning, and Renewal in the Pueblo World* （Albuquerque: University of New Mexico Press, 2002）, 118。

136. John L. Kessell, *Kiva, Cross, and Crown: The Pecos Indians and New Mexico, 1540–1840* （Washington, D.C.: National Park Service, 1979）, 122–29, 307.

137. Sando, "The Pueblo Revolt," 40.

138. Michael V. Wilcox, "Social Memory and the Pueblo Revolt: A Postcolonial Perspective," in Preucel, *Archaeologies of the Pueblo Revolt*, 175.

139. Sando, "The Pueblo Revolt," 40–41.

140. Barrett, *Conquest and Catastrophe*, 91–92.

141. Elizabeth John, *Storms Brewed in Other Men's Worlds: The Confronta-

tion of Indians, Spanish, and French in the Southwest, 1540–1795（College Station: Texas A&M University Press, 1975）, 98–154。

142. Blackhawk, *Violence over the Land*, 88–112.

143. Peter Whiteley, "Re-imaging Awat'ovi," in Preucel, *Archaeologies of the Pueblo Revolt*, 154.

144. Weber, *The Spanish Frontier in North America*, 168.

145. 有关18世纪新西班牙种族多样性和独特种族构成的介绍，参阅 Magali M. Carrera, *Imagining Identity in New Spain: Race, Lineage, and the Colonial Body in Portraiture and Casta Paintings*（Austin: University of Texas Press, 2003）。"18世纪50年代—90年代的许多法令、法律和条例，较少使用'种姓'（casta）来描述新西班牙大众，而是更多地使用'素质'（calidad）和'阶级'（class）来描述。（第48页）

146. Schroeder, "Rio Grande Ethnohistory," 62.

147. 有关殖民时期新墨西哥基于性别的家庭和权力结构，参阅 Ramon A. Gutíerrez, *When Jesus Came, the Corn Mothers Went Away: Marriage, Sexuality, and Power in Colonial New Mexico, 1500–1846*（Palo Alto: Stanford University Press, 1991）。

148. Ethridge, "Creating the Shatter Zone," 207–18.另参阅 Robbie Ethridge, *From Chicaza to Chickasaw: The European Invasion and the Transformation of the Mississippian World, 1540–1715*（Chapel Hill: University of North Carolina Press, 2010）。

149. 参阅 Warren L. Cook, *Flood Time of Empire: Spain and the Pacific Northwest, 1542–1819*（New Haven: Yale University Press, 1973）, esp. 44–84. 另参阅 Freeman M.Tovell, *At the Far Reaches of Empire: The Life of Juan Francisco de la Bogeda y Quadra*（Vancouver: University of British Columbia Press, 2008）。

Chapter 2. The Native Northeast and the Rise of British North America
2 印第安东北部与英属北美的崛起

1. Lawrence C. Wroth, *The Voyages of Giovanni da Verrazzano, 1524–1528*（New Haven: Yale University Press, 1970）, 137.

2. 正如莉萨·布鲁克斯（Lisa Brooks）所述，"通过突破限制，创造原住民存在的可能性"，"去殖民化的过程有可能扭转"对该地区定居历史的"叙事视角"。参阅 *Our Beloved Kin: A New History of King Philip's War*（New Haven: Yale University Press, 2018）, 6。

3. 东北部的阿尔冈昆社区，包括纳拉甘西特人在内，使用4种不同（但可以互相理解的）语言，每种语言都有几种方言。参阅 Neal Salisbury, M*anitou and Providence: Indians, Europeans, and the Making of New England, 1500–1643*（New York: Oxford University Press, 1982）, 21；以及 Jean M. O'Brien, *Dispossession by Degrees: Indian Land and Identity in Natick, Massachusetts, 1650– 1790*（New York: Cambridge University Press, 1997）, 21。正如克里斯汀·德卢西亚（Christine DeLucia）所述："该地区没有通用的阿尔冈昆语名称，尽管评论者偶尔会用'黎明之地'（Dawnland）这个词来指代。"参阅 *Memory Lands: King Philip's War and the Place of Violence in the Northeast*（New Haven: Yale University Press, 2018）, 24。另参阅 Coll Thrush, *Indigenous London: Native Travelers at the Heart of Empire*（New Haven: Yale University Press, 2016）, 52–61；Salisbury, *Manitou and Providence*, 26–27；Wendy Warren, *New England Bound: Slavery and Colonization in Early America*（New York:

Norton, 2016), 27, 84; 以及 Neal Salisbury, "The Atlantic Northeast," in Frederick E. Hoxie, ed., *The Oxford Handbook of American Indian History* (New York: Oxford University Press, 2016), 335。

4. Wroth, *Voyages of Giovanni da Verrazzano*, 140. 有关"新英格兰南部作为文化地区"的资料,参阅 Bert Salwen, "Indians of Southern New England and Long Island: Early Period," in Bruce G. Trigger, ed., *The Northeast*, vol. 15 of *Handbook of North American Indians* (Washington, D.C.: Smithsonian Institute, 1978), 160–76。有关米克马克、瓦尔斯图克维克(Wulstukwiuk)、帕萨马科迪(Passamaquoddy)和阿布纳基联盟成员东北部家园的概述,参阅 Jeffers Lennox, *Homelands and Empires: Indigenous Spaces, Imperial Fictions, and Competition for Territory in Northeastern North America, 1690–1763* (Toronto: University of Toronto Press, 2017), 15–25。

5. Wroth, *Voyages of Giovanni da Verrazzano*, 138.

6. Wroth, *Voyages of Giovanni da Verrazzano*, 139.

7. 参阅 Andrew Lipman, *The Saltwater Frontier: Indians and the Contest for the American Coast* (New Haven: Yale University Press, 2015), 19–53。

8. Wroth, Voyages of Giovanni da Verrazzano, 137. 正如尼尔·萨利斯伯里(Neal Salisbury)指出的:"历史学家和其他人反复描述了英国对印第安新英格兰的征服,但几乎都采用相同的基本假设。他们通过或隐晦或直接的方式,预设了这种征服的不可避免性。"*Manitou and Providence*, 3. 克里斯汀·德卢西亚写道:"档案保存一直是新英格兰人主张领土和政治权威的依据……学者用来重建印第安东北部历史的信息来源本身就受到历史偶然和定居者殖民主义的影响。"*Memory Lands*, 13。

9. 有关突破"大西洋沿岸讲英语男性的限制",并拓宽早期北美历史范畴的尝试,参阅 Alan Taylor, *American Colonies: The Settling of North America* (New York: Viking Penguin, 2001), x。虽然"对新生的合众

国来说，弗吉尼亚的领土、人口和影响力均排在首位"，但其奴隶经济在18世纪却蓬勃发展。参阅 Edmund S. Morgan, *American Slavery, American Freedom: The Ordeal of Colonial Virginia*（New York: Norton, 1975）, 5。

10. Mark Peterson, *The City-State of Boston: The Rise and Fall of an Atlantic Power, 1630–1865*（Princeton: Princeton University Press, 2019）, 14.

11. Taylor, *American Colonies*, 159. 另参阅 Richard S. Dunn, *Sugar and Slaves: The Rise of the Planter Class in the English West Indies, 1624–1713*（Chapel Hill: University of North Carolina Press, 1972）, 10。

12. 引自 Warren, *New England Bound*, 85。

13. Benjamin Madley, "Reexamining the American Genocide Debate: Meaning, Historiography, and New Methods," *American Historical Review*（February 2015）: 98–139.

14. Francis Jennings, *The Invasion of America: Indians, Colonialism, and the Cant of Conquest*（Chapel Hill: University of North Carolina Press, 1975）, 178.

15. Karen Ordahl Kupperman, *Indians & English: Facing off in Early America*（Ithaca: Cornell University Press, 2000）, 214.

16. DeLucia, *Memory Lands*, 11.

17. 正如玛格丽特·埃伦·纽厄尔（Margaret Ellen Newell）所述："在18世纪前的新英格兰地区，美洲原住民一直是非白人劳动力的主要形式。"*Brethren by Nature: New England Indians, Colonists, and the Origins of American Slavery*（Ithaca: Cornell University Press, 2015）, 5.

18. Robert C. Winthrop, ed., *Life and Letters of John Winthrop*, 2 vols.（Boston: Ticknor & Fields, 1867）, 2:54. 有关弗吉尼亚的通信情况，参阅 Warren, *New England Bound*, 20。有关弗吉尼亚落后于其他殖民地发展，尤其是落后于百慕大的论述，参阅 Michael J. Jarvis, *In the Eye of All Trade: Bermuda, Bermudians, and the Maritime Atlantic World, 1680–*

1873 (Chapel Hill: University of North Carolina Press, 2010), 26–29。

19. Richard B. Sheridan, "The Domestic Economy," in Jack P. Greene and J. R. Pole, eds., *Colonial British America: Essays on the New History of the Early Modern Era*（Baltimore: Johns Hopkins University Press, 1984), 43.

20. Morgan, *American Slavery, American Freedom.* 另参阅 Sheridan, "The Domes-tic Economy," 45–46。

21. Jennings, *Invasion of America*, 27.

22. "基本上可以说，美国人用奴隶劳动换来了自己的自由。"Morgan, *American Slavery, American Freedom*, 5.

23. "16 世纪，至少 65 万原住民遭到奴役，被迫迁往伊比利亚国家在整个美洲和大西洋两岸的殖民领土。" Nancy E. van Deusen, *Global Indios: The Indigenous Struggle for Justice in Sixteenth-Century Spain*（Durham: Duke University Press, 2015), 2. 人们重点关注的是，"据称约 175 名印第安人和因纽特人前往英国"，限制了对跨大西洋原住民奴隶贸易的比较分析。例如，参阅 Alden T. Vaughan, *Transatlantic Encounters: American Indians in Britain, 1500–1776*（New York: Cambridge University Press, 2006), xi。

24. 有关阿尔冈昆语社区的被迫迁移，参阅本书第 3 章。

25. Alan Gallay, *The Indian Slave Trade: The Rise of the English Empire in the American South, 1670–1717*（New Haven: Yale University Press, 2002), 7–8. 另参阅 Robbie Ethridge, "Global Capital, Violence, and the Making of a Colonial Shatter Zone," in Andrew Woolford et al., eds., *Colonial Genocide in Indigenous North America*（Durham: Duke University Press, 2014), 49–69。

26. Stephen Greenblatt, *Marvelous Possessions: The Wonder of the New*（Chicago: University of Chicago Press, 1991), esp. 52–118.

27. "印第安人与英国人在北美东海岸相互了解的过程中，宗教起到了最重要的作用。"Kupperman, *Indians & English*, 110. 另参阅 Karen Ordahl Kupperman, *The Jamestown Project*（Cambridge, Mass.: Harvard University Press, 2007）, 12–42。

28. Michael P. Winship, *Godly Republicanism: Puritans, Pilgrims, and a City on a Hill*（Cambridge, Mass.: Harvard University Press, 2012）, 5.

29. Acts 16:12, King James Bible.

30. Steve Pincus, *1688: The First Modern Revolution*（New Haven: Yale University Press, 2009）, 92.

31. 引自 Peterson, *City-State of Boston*, 12。

32. John Cotton, *God's Promise to His Plantation*（London: William Jones, 1630）, 6.

33. Peterson, *City-State of Boston*, 15–16.

34. Winship, *Godly Republicanism*, 227.

35. Cotton, *God's Promise to His Plantation*, 8.

36. Peterson, City-State of Boston, 17. 另参阅 Warren, *New England Bound*, 85–87。有关该公司印章所包含的环境意象的讨论，参阅 John Demos, *The Unredeemed Captive: A Family Story from Early America*（New York: Vintage Books, 1995）, 4。

37. Cotton, *God's Promise to His Plantation*, 13.

38. Virginia DeJohn Anderson, "New England in the Seventeenth Century," in Nicholas Canny, ed., *The Origins of Empire: British Overseas Enterprise to the Close of the Seventeenth Century*, vol. 1 of Wm. Roger Louis, ed., *The Oxford History of the British Empire*（New York: Oxford University Press, 1998）, 193.

39. Kupperman, *Jamestown Project*, 14. 另参阅 Reginald Horsman, *Race*

and Manifest Destiny: The Origins of American Racial Anglo-Saxonism（Cambridge, Mass.: Harvard University Press, 1981）, esp. 80–85。

40. 参阅 Barry O'Connell, ed., *A Son of the Forest and Other Writings*（Amherst: University of Massachusetts Press, 1992）。

41. "许多殖民者……非常积极地寻找方法来扩大他们对邻近土地的主张。他们不反对将牛、猪和马作为家庭一员，替他们在殖民前线完成这项工作。"Brooks, *Our Beloved Kin*, 56.

42. Daniel R. Madnell, ed., *Early American Indian Documents: Treaties and Laws, 1607–1789*, 19 vols.（Bethesda: Congressional Information Services）, 19:7.

43. Neal Salisbury, "Squanto: Last of the Patuxets," in David G. Sweet and Gary B. Nash, eds., *Struggle and Survival in Colonial America*（Berkeley: University of California Press, 1981）, 233. 另参阅 Salisbury, *Manitou and Providence*, 51–84。

44. 门伯图的引言参阅 Salisbury, Manitou and Providence, 57。另参阅 William Cronon, *Changes in the Land: Indians, Colonists, and the Ecology of New England*, rev. ed.（New York: Hill & Wang, 2003）, 90。

45. 引自 O'Brien, *Dispossession by Degrees*, 18；另参阅第 14–17 页。

46. Cronon, *Changes in the Land*, 94–95.

47. Lipman, *Saltwater Frontier*, 27. 有关北美东北部原住民社区内 "玉米和鱼" 的社会动态发展概述，另参阅第 25—33 页。

48. Salisbury, "Squanto," 237.

49. 引自 Daniel K. Richter, *Facing East from Indian Country: A Native History of Early America*（Cambridge, Mass.: Harvard University Press, 2001）, 60. 另参阅 Cronon, *Changes in the Land*, 67–90。

50. 引自 Cronon, *Changes in the Land*, 162。

51. Jennings, *Invasion of America*, 15.

52. 引自 Thrush, *Indigenous London*, 42。另参阅 Lipman, *Saltwater Frontier*, 79–80；以及 Margaret Ellen Newell, *Brethren by Nature: New England Indians, Colonists, and the Origins of American Slavery*（Ithaca: Cornell University Press, 2015）, 18。

53. Lipman, *Saltwater Frontier*, 86.

54. Salisbury, *Manitou and Providence*, 90–95.

55. Edward Arber, ed., *Travels and Works of Captain John Smith*, 2 vols.（Edinburgh: John Grant, 1910）, 1:219. 有关将英国俘虏贩卖到西班牙奴隶市场的论述，参阅 van Deusen, *Global Indios*, 44–45。玛格丽特·纽厄尔认为，亨特奴役了"27 名波塔克西特和瑙赛特印第安人"。*Brethren by Nature*, 19.

56. DeLucia, *Memory Lands*, 294.

57. Jace Weaver, *The Red Atlantic: Indigenes and the Making of the Modern World*（Chapel Hill: University of North Carolina Press, 2014）.

58. DeLucia, *Memory Lands*, 291.

59. Thrush, *Indigenous London*, 44.

60. "总体而言，在都铎－斯图亚特时代，伦敦的阿尔冈昆社区大概有 40 多人。"Thrush, *Indigenous London*, 44. 奥尔登·沃恩（Alden Vaughan）认为，乔治·韦茅斯（George Waymouth）"绑架"了北美东部的 5 名阿本拿基人。参阅 *Transatlantic Encounters*, 57。

61. 引自 Thrush, *Indigenous London*, 42，另参阅第 57 页。

62. Newell, *Brethren by Nature*, 19.

63. Vaughan, *Transatlantic Encounters*, 57–65.

64. 正如玛格丽特·纽厄尔所述："在第一次世界大战后的新英格兰

学术研究中，有关美洲原住民奴隶制的研究几乎莫名消失了……奴隶制的历史，尤其是印第安人奴隶制历史，仍然缺乏详尽的研究。" *Brethren by Nature*, 4.

65. Salisbury, *Manitou and Providence*, 92n15, 265–66. 另参阅 "Gorges, Ferdinando, 1568–1647," in The Yale Indian Papers Project（YIPP）, https://yipp.yale.edu/bio/bibliography/gorges-ferdinando–1568–1647。

66. Van Deusen, *Global Indios*, 210–26.

67. Kathleen Brown, "Native Americans and Early Modern Concepts of Race," in Martin Daunton and Rick Halpern, eds., *Empire and Others: British Encounters with Indigenous Peoples, 1600–1850*（Philadelphia: Literary University of Pennsylvania Press, 1999）, 79–100; and Ed White, "Invisible Tagkanysough," PMLA（2005）: 751–67.

68. 引自 Alexander Young, *Chronicles of the Pilgrim Fathers of the Colony of Plymouth, from 1602 to 1625*, 2nd ed.（Boston: Charles C. Little & James Brown, 1864）, 190–91。

69. 引自 Betty Booth Donohue, *Bradford's Indian Book: Being the True Roote & Rise of American Letters as Revealed by the Native Text Embedded in "Of Plimoth Plantation"*（Gainsville: University Press of Florida, 2011）, xiv. 有关"特殊工具"的引述，参阅第 96 页。多诺霍（Donohue）在阅读 19 世纪资料的基础上，提供了有关提斯坎特姆的另类传记，暗示了他被奴役的日期实际上更早。（96n12），156。

70. 引自 Young, *Chronicles of the Pilgrim Fathers*, 301。

71. 引自 Young, *Chronicles of the Pilgrim Fathers*, 301。

72. Lipman, *Saltwater Frontier*, 100.

73. 引自 Young, *Chronicles of the Pilgrim Fathers*, 190. 有关德尔梅是与提斯坎特姆一起返回英国，还是直接来到印第安东北部，尚存在争议。例如，参阅 Lipman, *Saltwater Frontier*, 100。另参阅 Vaughan, *Transatlan-*

tic Encounters, 66–67；以及 Salisbury, "Sqaunto," 237。

74. 正如奥尔登·沃恩所述，到"1620 年……（提斯坎特姆）至少已往返欧洲两次，可能是三次，甚至四次"。Transatlantic Encounters, 71. 有关对欧洲单向移民的关注，参阅 Warren, New England Bound, 21。

75. Van Deusen, Global Indios, 139.

76. Lipman, Saltwater Frontier, 100–101.

77. 引自 Vaughan, Transatlantic Encounters, 65。

78. Salisbury, "Squanto," 236–37.

79. Salisbury, "Squanto," 237.

80. Lipman, Saltwater Frontier, 100–101.

81. Lipman, Saltwater Frontier, 103. 另参阅 Salisbury, Manitou and Providence, 122–23。

82. Anderson, "New England in the Seventeenth Century," 197.

83. "这次盛宴是为了庆祝共同丰收和结盟，并非真正的基督教感恩节。我们之所以这样认为，是因为 19 世纪末的作家重新发现了这个长期被忽视的盛宴，将其重新解释为一次跨文化合作的神圣时刻。"Lipman, Saltwater Frontier, 101.

84. Anderson, "New England in the Seventeenth Century," 196.

85. Hilary McD. Beckles, "The 'Hub of Empire': The Caribbean and Britain in the Seventeenth Century," in Canny, Origins of Empire, 221, 219. 另参阅 Dunn, Sugar and Slaves, 17–19。

86. Brooks, Our Beloved Kin, 36–39.

87. Salisbury, Manitou and Providence, 114–19.

88. J. Franklin Jameson, ed., Narratives of New Netherland, 1609–1664（New York: Charles Scribner's Sons, 1909）, 43. 另参阅 Salisbury, Manitou

and Providence, 147。

89. Salisbury, "The Atlantic Northeast," 341. 另参阅 Robert E. Dewar and Kevin A. McBride, "Remnant Settlement Patterns," in J. Rossignol, et al., eds., *Space, Time, and Archaeological Landscapes*（New York: Springer, 1992）, 227–55; Lucianne Levin, "Coastal Adaptations in Southern New England and Southern New York," *Archaeology of Eastern North America*（1998）: 101–20; 以及 Kevin A. McBride, "The Historical Archaeology of the Mashantucket Pequot, 1637–1900: A Preliminary Analysis," in Laurence M. Hauptman and James D. Wherry, eds., *The Pequots in Southern New England*（Norman: University of Oklahoma Press, 1990）, 96–116。

90. Lipman, *Saltwater Frontier*, 104.

91. Brooks, *Our Beloved Kin*, 27.

92. Salwen, "Indians of Southern New England and Long Island," 167. 另参阅 Brooks, *Our Beloved Kin*, 27–71, 124–31, 322–26。

93. David J. Silverman, *Thundersticks: Firearms and the Violent Transformation of Native America*（Cambridge, Mass.: Harvard University Press, 2016）, 92–120.

94. Michael P. Winship, *Seers of God: Puritan Providentialism in the Restoration and Early Enlightenment*（Baltimore: Johns Hopkins University Press, 1996）, 10.

95. 引自 Lipman, *Saltwater Frontier*, 115。

96. Winthrop, *Life and Letters of John Winthrop*, 2:54.

97. Taylor, *American Colonies*, 206; 另参阅第 134—137 页; 以及 Beckles, "The 'Hub of Empire,'" 221–25。

98. Peter C. Mancall, "Native Americans and Europeans in English America, 1500–1700," in Canny, *Origins of Empire*, 333.

99. Winship, *Godly Republicanism*, 206–14.

100. Allan Greer, *Property and Dispossession: Natives, Empires, and Land in Early Modern North America* （New York: Cambridge University Press, 2018）, 200, 4；另参阅第 1—23 页以及第 191—237 页。另参阅 Warren, *New England Bound*, 89–90；以及 Cronon, *Changes in the Land*, 56–72。

101. "有关殖民时期农民从事的是温饱型或商业型农业的辩论至少可追溯到（弗雷德里克·杰克逊·）特纳。"Cronon, *Changes in the Land*, 250–51. 另参阅 Taylor, *American Colonies*, 188–97。

102. S. T. Livermore, *A History of Block Island: From Its Discovery, in 1514, to the Present Time, 1876* （Hartford: Case, Lockwood, & Brainard, 1877）, 10; Lipman, *Salt-water Frontier*, 96–97.

103. 尼尔·萨利斯伯里、威廉·克罗农（William Cronon）、安德鲁·李普曼（Andrew Lipman）和凯瑟琳·布拉格登（Kathleen Bragdon）均使用"革命"一词来描述这种经济变革。参阅 Bragdon, *Native People of Southern New England, 1500–1650* （Norman: University of Oklahoma Press, 1996）, 100; Salisbury, *Manitou and Providence*, 147；Lipman, *Saltwater Frontier*, 109；以及 Cronon, *Changes in the Land*, 95。

104. 参阅 Elizabeth Tooker, "The League of the Iroquois: Its History, Politics, and Ritual," in Trigger, *Northeast*, 422–24；以及 William N. Fenton, *The Great Law and the Longhouse: A Political History of the Iroquois Confederacy*（Norman: University of Oklahoma Press, 1998）, 224–39。安德鲁·李普曼在引用 1646 年的一笔交易时指出："紫色贝壳串珠在早期贸易中并不常见。" *Saltwater Frontier*, 290n38.

105. Margaret M. Bruchac, "Broken Chains of Custody: Possessing, Dispossessing, and Repossessing Lost Wampum Belts," *Proceedings of the American Philosophical Society* （March 2018）: 56–105.

106. Cronon, *Changes in the Land*, 95.

107. Jon Parmenter, *The Edge of the Woods: Iroquoia, 1534–1701* （East

Lansing: Michigan State University Press, 2010），17.

108. 引自 Lynn Ceci, "Native Wampum as a Peripheral Resource in the Seventeenth-Century World System," in Hauptman and Wherry, *Pequots in Southern New England*, 58。

109. Fenton, *Great Law and the Longhouse*, 224.

110. Cronon, *Changes in the Land*, 95–96.

111. Joost Joner and Keetie Slutyerman, *At Home on the World Markets: Dutch International Trading Companies from the Sixteenth Century until the Present*（The Hague: Sdu Uitgevers, 2000），50–51.

112. 正如皮埃尔·布尔迪厄（Pierre Bourdieu）指出的，经济决定论经常将社会关系简化为"经济力量的某种附带现象"，忽视了"符号的具体象征意义"。对这类论述而言，"不考虑事物在历史过程中的发展演变"仍然是长期存在的问题。参阅 *Language and Symbolic Power*（Cambridge, Mass.: Harvard University Press, 1991），182, 288n11（原文着重强调了某些内容）。

113. Livermore, *History of Block Island*, 13–14.

114. Lipman, *Saltwater Frontier*, 110.

115. 1641年，荷兰人"愿意用20英寻的贝壳串珠来换斯塔滕岛上的一个印第安敌人"。引自 Madley, *"Reexamining the American Genocide Debate,"* 114–15。荷兰的经济史往往没有提及贝壳串珠交易。例如，参阅 Joner and Slutyerman, *At Home on the World Markets*。

116. 引自 Lipman, *Saltwater Frontier*, 110。

117. Cronon, *Changes in the Land*, 94–95. 另参阅 Salisbury, *Manitou and Providence*, 141–47。

118. Salisbury, *Manitou and Providence*, 151–65.

119. 欧洲的主要活动模式从贸易转变为定居，导致了流行病的发生。

Salisbury, *Manitou and Providence*, 209。

120. Salisbury, *Manitou and Providence*, 204–10.

121. 在普利茅斯殖民地早期,"小物品"失窃引发冲突经常会招来清教徒领袖的暴力威胁。参阅 Ben Kiernan, *Blood and Soil: A World History of Genocide and Extermination from Sparta to Darfur*（New Haven: Yale University Press, 2007）, 226。

122. 引自 Lipman, *Saltwater Frontier*, 132。

123. Lipman, *Saltwater Frontier*, 134.

124. Lipman, *Saltwater Frontier*, 134.

125. Richard Dunn et al., eds., *The Journal of John Winthrop, 1630–1649*（Cambridge, Mass.: Harvard University Press, 1996）, 183.

126. Dunn et al., *Journal of John Winthrop*, 183.

127. Dunn et al., *Journal of John Winthrop*, 184.

128. Dunn et al., *Journal of John Winthrop*, 184.

129. Dunn et al., *Journal of John Winthrop*, 184.

130. 引自 Madley, "Reexamining the American Genocide Debate," 121。

131. Dunn et al., *Journal of John Winthrop*, 191.

132. Dunn et al., *Journal of John Winthrop*, 191.

133. Dunn et al., *Journal of John Winthrop*, 191.

134. Lipman, *Saltwater Frontier*, 129.

135. Dunn et al., *Journal of John Winthrop*, 213.

136. 引自 Madley, "Reexamining the American Genocide Debate," 121。

137. Lipman, *Saltwater Frontier*, 138.

138. Perry Miller, *Errand into the Wilderness*（Cambridge, Mass.: Harvard University Press, 1956）, 217–39. "清教徒……是中世纪的人……仍然怀抱着铸造辉煌的愿景。"（第 218 页）

139. 引自 Madley, "Reexamining the American Genocide Debate," 121。

140. Lipman, *Saltwater Frontier*, 134.

141. 引自 Madley, "Reexamining the American Genocide Debate," 121。

142. 贝恩·基尔南（Ben Kiernan）认为，这些战斗、大屠杀以及对佩科特人头颅的持续悬赏构成了"种族灭绝手段"。*Blood and Soil*, 232。

143. Dunn et al., *Journal of John Winthrop*, 221. 另参阅 Lipman, *Saltwater Frontier*, 136–37。

144. 引自 Kiernan, *Blood and Soil*, 232。另参阅 Madly, "Reexamining the American Genocide Debate," 121–23。

145. Dunn et al., *Journal of John Winthrop*, 221–22.

146. 引自 Kiernan, *Blood and Soil*, 232。

147. Lipman, *Saltwater Frontier*, 141.

148. 引自 Lipman, *Saltwater Frontier*, 140。

149. Dunn et al., Journal of John Winthrop, 226. 东北部复杂的"土著地图"为原住民提供了许多庇护所，这些庇护所储存了食物、药物、燃料和其他生存资源。根据克里斯汀·德卢西亚，使用"沼泽"这一术语来描述这些庇护所的做法已经延续了几个世纪，抹去了部落的"记忆景观"。参阅 *Memory Lands*, 121–200。就像在长岛海峡战役中一样，这些"沼泽"在 17 世纪成为军事冲突发生地，尤其是在菲利普国王战争期间。参阅 Brooks, *Our Beloved Kin*, 238–52。

150. Dunn et al., *Journal of John Winthrop*, 226–27.

151. Dunn et al., *Journal of John Winthrop*, 227–28.

152. Dunn et al., *Journal of John Winthrop*, 238.
153. Taylor, *American Colonies*, 168.
154. 引自 Taylor, *American Colonies*, 175。
155. Taylor, *American Colonies*, 177.

Chapter 3. The Unpredictability of Violence Iroquoia and New France to 1701
3 暴力的不可预测性：
1701年以前的易洛魁与新法兰西

1. Daniel K. Richter, *Before the Revolution: America's Ancient Pasts* (Cambridge, Mass.: Harvard University Press, 2011), 5. 另参阅 Russell Thornton, *American Indian Holocaust and Survival: A Population History since 1492* (Norman: University of Oklahoma Press, 1987); William M. Denevan, ed., *The Native Population of the Americas in 1492*, rev. ed. (Madison: University of Wisconsin Press, 1992), 以及 David S. Jones, "Population, Health, and Public Welfare," in Frederick E. Hoxie, ed., *The Oxford Handbook of American Indian History* (New York: Oxford University Press, 2016), 413。

2. Bernard Bailyn, *The Barbarous Years: The Conflict of Civilizations, 1600–1675* (New York: Knopf, 2012), 528.

3. Richard White, *The Middle Ground: Indians, Empires, and Republics in the Great Lakes Region, 1650–1815*, rev. ed. (New York: Cambridge University Press, 2011), 11.

4. Brian DeLay, "Independent Indians and the U.S.–Mexican War," *American Historical Review* 112, no. 1 (February 2007): 35–68. 另参阅 Michael Witgen, *An Infinity of Nations: How the Native New World Shaped Early America* (Philadelphia: University of Pennsylvania Press, 2012)。

5. Elisabeth Tooker, "The League of the Iroquois: Its History, Politics, and Ritual," in Bruce G. Trigger, ed., *The Northeast, vol. 15 of Handbook of North American Indians* (Washington, D.C.: Smithsonian Institute, 1978), 418–29; Daniel K. Richter, *Ordeal of the Longhouse: The Peoples of the Iroquois League in the Era of European Colonization* (Chapel Hill: University of North Carolina Press, 1992), 14–49; Matthew Dennis, *Cultivating a Landscape of Peace: Iroquois-European Encounters in Seventeenth-Century America* (Ithaca: Cornell University Press, 1993), 76–115; Timothy J. Shannon, "Iroquoia," in Hoxie, *The Oxford Handbook of American Indian History, 200–203*. 另参阅 Francis Jennings, *The Ambiguous Iroquois Empire: The Covenant Chain Confederation of Indians Tribes with English Colonies from its Beginnings to the Lancaster Treaty of 1744* (New York: Norton, 1984), 25–41; Taiakeke Alfred, *Peace, Power, and Righteous-ness: An Indigenous Manifesto* (Don Mills, Ont.: Oxford University Press, 1999), 89–103; 以及 William N. Fenton, *The Great Law and the Longhouse: A Political History of the Iroquois Confederacy* (Norman: University of Oklahoma Press, 1998), 51–84。

6. Jon Parmenter, *The Edge of the Woods: Iroquoia, 1534–1701* (East Lansing: Michigan State University Press, 2010), 289.

7. W. J. Eccles, *The Canadian Frontier, 1534–1760*, rev. ed. (Albuquerque: University of New Mexico Press, 1983), 83.

8. Gilles Havard, *The Great Peace of Montreal of 1701: French-Native Diplomacy in the Seventeenth Century* (Montreal: McGill-Queens University Press, 2001), 4. 另参阅 Parmenter, *The Edge of the Woods*, 3–31; 以及 David Hackett Fischer, *Champlain's Dream* (New York: Simon & Schuster, 2008), 227–342。

9. Eccles, *The Canadian Frontier*, 1534–1760, 13–14.

10. Colin G. Calloway, *One Vast Winter Count: The Native American West*

Before Lewis and Clark（Lincoln: University of Nebraska Press, 2003），215. 另参阅 Parmenter, *The Edge of the Woods*, 11–18。

11. Gary W. Crawford, "Northeast Plants"; and Bonnie W. Styles, "Northeast Animals," in Douglas H. Ubelaker, ed., *Environment, Origins, and Population, vol. 3 of Handbook of North American Indians*（Washington, D.C.: Smithsonian Institution, 2006），405–11; 412–27.

12. Helen Hornbeck Tanner, ed., *Atlas of Great Lakes Indian History*（Norman: University of Oklahoma Press, 1987），37. 另参阅 Allan Greer, ed., *The Jesuit Relations: Natives and Missionaries in Seventeenth-Century North America*（New York: Bed-ford/St. Martin's, 2000），1–19。

13. Frank Norall, *Bourgmont: Explorer of the Missouri, 1698–1725*（Lincoln: University of Nebraska Press, 1988），3.

14. 有关17世纪法国对北美西部地图绘制的概述，参阅 Carl I. Wheat, *Mapping the Transmississippi West*, 6 vols.（San Francisco: Institute of Historical Cartography, 1957）1:48–60。

15. 历史学家一直在讨论法国在北美五大湖地区"占有权"的界限。参阅 Witgen, *Infinity of Nations*, 68。

16. H. P. Biggar, ed., *The Works of Samuel de Champlain*, 6 vols.（Toronto: Cham-plain Society, 1925），2:326. 另参阅 Wheat, *Mapping the Transmississippi West*, 1:49。

17. Biggar, *Works of Champlain*, 2:345.

18. Colin G. Calloway, *New Worlds for All: Indians, Europeans, and the Remaking of Early America*（Baltimore: Johns Hopkins University Press, 1997），92.

19. Biggar, *Works of Champlain*, 2:96–97.

20. Hackett Fischer, *Champlain's Dream*, 3.

21. Biggar, *Works of Champlain*, 2:98–100.

22. Coll Thrush, *Indigenous London: Native Travelers at the Heart of Empire*（New Haven: Yale University Press, 2016）.

23. 有关"易洛魁的空间利用逐渐出现创新性变化的分析"，参阅 Parmenter, *The Edge of the Woods*, xii-xv, 41–75。

24. Tooker, "The League of the Iroquois," 424–28.

25. Charles T. Gehring and William A. Starna, eds. and trans., *A Journey into Mohawk and Oneida Country, 1634–1635: The Journal of Harmen Meyndertsz Van Den Bogaert*, rev. ed.（Syracuse: Syracuse University Press, 2013）, 4.

26. Bruce G. Trigger, "Early Iroquoian Contacts with Europeans," in Trigger, *The Northeast*, 347–49.

27. Biggar, *Works of Champlain*, 2:13. 有关更多1513年西班牙"降伏劝告状"的分析，参阅第1章。

28. Biggar, *Works of Champlain*, 2:70. 有关"与欧洲人接触的体验"以及阿尔冈昆－法国关系感官维度的社会学评估，参阅 Denys Delage, *Bitter Feast: Amerindians and Europeans in Northeastern North America, 1600– 64*（Vancouver: University of British Columbia Press, 1993）, 76–77。

29. Hackett Fischer, *Champlain's Dream*, 518.

30. "任何对历史和政治有所思考的人都无法忽视暴力自始至终在人类进程中所起的巨大作用。" Hannah Arendt, *On Violence*（New York: Harcourt, Brace & World, 1970）, 8. "此外……暴力本身还蕴含着随意性……这是一种普遍的不可预测性，人们一旦接近暴力领域就会遭遇这种不可预测性"。（第4—5页）

31. 托马斯·霍布斯对暴力和政治主权进行了分析："因为他拥有军队的指挥权，没有其他机构能加以制约，因此他成了主权者。"参阅 Mi-

chael Oakeshott, ed., Thomas Hobbes, *Leviathan: Or the Matter, Forme and Power of a Commonwealth Ecclesiastical and Civil*（New York: Simon & Schuster, 2008）, 139。另参阅 Martin Shaw, "Violence," in Bryan S. Turner, ed., *The Cambridge Dictionary of Sociology*（New York: Cambridge University Press, 2006）, 652–53。

32. David J. Silverman, *Thundersticks: Firearms and the Violent Transformation of Native America*（Cambridge, Mass.: Harvard University Press, 2016）, 90。

33. Trigger, "Early Iroquoian Contacts with Europeans," 347–48. 另参阅 Alain Beaulieu, "La naissance de l'alliance franco-amérindienne," in Raymonde Litalien and Denis Vaugeois, eds., *Champlain: La naissance de l'Amérique française*（Sillery: Les Éditions du Septentrion, 2004）, 153–61。

34. Harold Blau, Jack Campisi, and Elisabeth Tooker, "Onondaga," in Trigger, *The Northeast*, 491. 另参阅 Trigger, "Early Iroquoian Contacts with Europeans," 349–50; Parmenter, *The Edge of the Woods*, 25–27; 以及 James W. Bradley, *Evolution of the Onondaga Iroquois: Accommodating Change, 1500–1655*（Syracuse: Syracuse University Press, 1987）。

35. Biggar, Works of Champlain, 3:66. 对该村庄规模的估计根据的是战斗插图，以及范登·博加特在 1634—1635 年对莫霍克和奥内达 "城堡" 的描述。参阅 Gehring and Starna, *A Journey into Mohawk and Oneida Country*, 4。

36. 根据克里斯蒂安·勒克莱克 1691 年关于新法兰西的历史描述："如果休伦人没有违背承诺，而是等待尚普兰先生的信号，听从其命令，肯定能取得胜利。" 参阅 Christian Le Clercq, *First Establishment of the Faith of New France*, 2 vols., ed. and trans. John G. Shea（New York: John G. Shea, 1881）, 1:104。

37. Biggar, *Works of Champlain*, 3:67。

38. Biggar, *Works of Champlain*, 3:67. 另参阅 Parmenter, *The Edge of the Woods*, 26–27。

39. Le Clercq, *First Establishment*, 1:104.

40. Le Clercq, *First Establishment*, 1:104.

41. Dean R. Snow, *The Iroquois*（New York: Blackwell, 1994）, 108.

42. 布鲁斯·G. 特里杰（Bruce G. Trigger）将 1615—1629 年描述为"平静岁月"，这是"各方相安无事"的一段时间。参阅 Bruce G. Trigger, *The Children of Aataentsic: A History of the Huron People to 1660*（Montreal: McGill-Queens University Press, 1976）, 1:331；另参阅第 331—433 页。

43. Richter, *Ordeal of the Longhouse*, 51. 有关英国殖民主义，参阅第 2 章。有关荷兰殖民主义，参阅 Alan Taylor, *American Colonies: The Settling of North America*（New York: Viking Penguin, 2001）, 248–57；以及 Susanah Shaw Romney, *New Netherland Connections: Intimate Networks and Atlantic Ties in Seventeenth-Century America*（Chapel Hill: University of North Carolina Press, 2014）, 128–45。

44. Bruce G. Trigger, "The Mohawk-Mahican War（1624–1628）: The Establishment of a Pattern," *Canadian Historical Review* 51（September 1971）: 277. 另参阅 Delage, *Bitter Feast*, 122。

45. 有关莫希干和特拉华历史的概述，参阅 T. J. Brasser, "Mahican"; and Ives Goddard, "Delaware," in Trigger, *The Northeast*, 198–212; 213–39。

46. Taylor, *American Colonies*, 105.

47. Taylor, *American Colonies*, 253–54. 另参阅 Romney, *New Netherland Connections*, 66–121。

48. Romney, *New Netherland Connections*, 124.

49. 有关原住民帝国扩张的议题贯穿美国早期历史的论述，参阅 Pekka Hämäläinen, "The Shape of Power: Indians, Europeans, and North Amer-

ican Worlds from the Seventeenth through the Nineteenth Centuries," in Juliana Barr and Edward Country, eds., *Contested Spaces of Early America*（Philadelphia: University of Pennsylvania Press, 2014）, 31-68。另参阅 Kathryn Magee Labelle, *Dispersed but Not Destroyed: A History of the Seventeenth-Century Wendat People*（Vancouver: University of British Columbia Press, 2013）, 5-6。

50. D. W. Meinig, Atlantic America, 1492-1800, vol. 1 of *The Shaping of America: A Geographical Perspective on 500 Years of History*（New Haven: Yale University Press, 1986）, 291.

51. Francis Jennings, ed., *The History and Culture of Iroquois Diplomacy: An Interdisciplinary Guide to the Treaties of the Six Nations and Their League*（Syracuse: Syracuse University Press, 1985）, 158.

52. Jaap Jacobs, *New Netherland: A Dutch Colony in Seventeenth-Century America*（Leiden: Brill, 2005）, 37-40.

53. Brasser, "Mahican," 202-3.

54. 引自 J. Franklin Jameson, ed., *Narratives of New Netherland: 1609-1664*（New York: Charles Scribner's Sons, 1909）, 84-85。

55. 引自 Jameson, Narratives of New Netherland, 84-85。另参阅 Charles T. Gehring and William A. Starna, introduction to Gehring and Starna, *A Journey into Mohawk and Oneida Country*, xxiv-xxv。有关西印度公司的经济政策，参阅 Donna Merwick, *The Shame and the Sorrow: Dutch-Amerindian Encounters in New Netherland*（Philadelphia: University of Pennsylvania Press, 2006）, esp. 48-55。

56. 引自 Gehring and Starna, *A Journey into Mohawk and Oneida Country*, 4。

57. 有关疾病在莫霍克－莫希干战争中的影响，参阅 Dennis, *Cultivating a Landscape*, 132。

58. Silverman, *Thundersticks*, 25.

59. Silverman, *Thundersticks*, 27.

60. 引自 Gehring and Starna, *A Journey into Mohawk and Oneida Country*, 11。

61. 引自 Gehring and Starna, *A Journey into Mohawk and Oneida Country*, 6。

62. 引自 Gehring and Starna, *A Journey into Mohawk and Oneida Country*, 16, 43n82。

63. Parmenter, *The Edge of the Woods*, 56–61.

64. Silverman, *Thundersticks*, 21.

65. Labelle, *Dispersed but Not Destroyed*, 14–15.

66. Jones, "Population, Health, and Public Welfare," 421. 针对印第安人口下降不可避免性这一普遍观点的批评，另参阅第 420—423 页。

67. Jones, "Population, Health, and Public Welfare," 422. 另参阅 Paul W. Sciulli and James Oberly, "Native Americans in Eastern North America: The Southern Great Lakes and Upper Ohio Valley," in Richard H. Steckel and Jerome C. Rose, eds., *The Backbone of History: Health and Nutrition in the Western Hemisphere*（New York: Cambridge University Press, 2002），440-80。

68. Parmenter, *The Edge of the Woods*, 289–91.

69. Robert Michael Morrissey, "The Terms of Encounter: Language and Contested Visions of French Colonization in the Illinois Country, 1673–1702," in Robert Englebert and Guillaume Teasdale, eds., *French and Indians in the Heart of North America, 1630–1815*（East Lansing: Michigan State University Press, 2013），43–75.

70. 最近的研究使用术语"温达克"。参阅 Thomas Peace and Kathryn Magee Labelle, introduction to Peace and Labelle, eds., *From Huronia to Wendakes: Adversity, Migration, and Resilience, 1650–1900*（Norman: University of Oklahoma Press, 2016），3–15。

71. Labelle, *Dispersed but Not Destroyed*, 2. 另参阅 Conrad E. Heidenreich, "Huron," in Trigger, *The Northeast*, 368–69; Bruce C. Trigger, "The French Presence in Huronia: The Structure of Franco-Huron Relations in the First Half of the Seventeenth Century," *Canadian Historical Review* 49, no. 2（June 1968）: 107–41; Trigger, *The Children of Aataentsic*, 1:31–32, 90–91; 以及 Gary Warrick, *A Population History of the Huron-Petun, A.D. 500–1650*（New York: Cambridge University Press, 2008）, 152–53。

72. Reuben Gold Thwaites, ed., *The Jesuit Relations and Allied Documents: Travels and Explorations of the Jesuit Missionaries in New France, 1610–1791*, 73 vols.（Cleveland: Burrows Brothers, 1898）, 13:117–19. 另参阅 Labelle, *Dispersed but Not Destroyed*, 15–16。

73. Thwaites, *Jesuit Relations*, 13:217–23. 另参阅 Labelle, *Dispersed but Not Destroyed*, 18–25. 拉贝尔（Labelle）采用的是两位领导人塔伦坦迪（Tarentandé）与 Aenons（埃农）法语姓名的英文版。

74. Thwaites, *Jesuit Relations*, 12:197–99.

75. Thwaites, *Jesuit Relations*, 15:43.

76. Alfred Goldsworthy Bailey, *The Conflict of European and Eastern Algonkian Cultures, 1504–1700: A Study in Canadian Civilization*, 2nd ed.（Toronto: University of Toronto Press, 1969）, 79.

77. Thwaites, *Jesuit Relations*, 12:243.

78. Trigger, "Early Iroquoian Contacts with Europeans," 351.

79. Labelle, *Dispersed but Not Destroyed*, 25–27.

80. Thwaites, *Jesuit Relations*, 12:197.

81. Thwaites, *Jesuit Relations*, 12:197.

82. Thwaites, *Jesuit Relations*, 12:201–3. 另参阅 José António Brandão, *Your Fire Shall Burn No More: Iroquois Policy toward New France and Its

Native Allies to 1701（Lincoln: University of Nebraska Press, 1997），146。

83. Thwaites, *Jesuit Relations*, 12:207–9. 另参阅 Parmenter, *The Edge of the Woods*, 48–49。

84. Parmenter, *The Edge of the Woods*, 49.

85. Thwaites, *Jesuit Relations*, 12:215.

86. Parmenter, *The Edge of the Woods*, 80.

87. 有关易洛魁人的袭击一直向北延伸至詹姆斯湾的论述，参阅 Arthur J. Ray, "The Northern Interior: 1600 to Modern Times," in Bruce G. Trigger and Wilcomb E. Washburn, eds., *The Cambridge History of the Native Peoples of the Americas*, vol. 1, *North America*, part 2（New York: Cambridge University Press, 1996），274。另参阅 Bruce G. Trigger, *Natives and Newcomers: Canada's "Heroic Age" Reconsidered*（Montreal: McGill-Queens University Press, 1986），259–73。

88. Colin G. Calloway, *The Western Abenakis of Vermont, 1600–1800: War, Migration, and the Survival of an Indian People*（Norman: University of Oklahoma Press, 1990），67. 另参阅 Alice N. Nash, "The Abiding Frontier: Family, Gender and Religion in Wabanaki History, 1600–1763"（Ph. D. diss., Columbia University, 1997），211–12；以及 J. A. Mauault, *Historie des Abenakis: Depuis 1605 jusqu'á nos jours*（Sorel, Quebec: Gazette de Sorel, 1866），125–27。

89. Labelle, *Dispersed but Not Destroyed*, 49–140. 另参阅 Trigger, *The Children of Aataentsic*, 2:634–788。

90. Conrad E. Heidenreich, "Re-establishment of Trade, 1654–1666," in R. Cole Harris, ed., *Historical Atlas of Canada: From the Beginning to 1900*, vol. 1（Toronto: University of Toronto Press, 1987），plate 37.

91. As quoted in Parmenter, *The Edge of the Woods*, 47.

92. Bacqueville de la Potherie, *Histoire de l'Amérique septentrionale*, 4 vols. （Paris: Jean-Luc Nion and Francois Didot, 1722）, 3:1; "nothing in the world as cruel": as quoted in Parmenter, *The Edge of the Woods*, 41. 另参阅 Havard, *Great Peace of Montreal*, 202。

93. 另参阅 Emma Helen Blair, ed. and trans., *The Indian Tribes of the Upper Mississippi Valley and Region of the Great Lakes: As Described by Nicolas Perrot, French Commandant in the Northwest; Bacqueville de la Potherie, French Royal Commissioner to Canada; Morrell Marston, American Army Officer; and Thomas Forysth, United States Agent at Fort Armstrong*, 2 vols. （Cleveland: Arthur Clark, 1911）, 2:135。

94. Trigger, "Early Iroquoian Contacts with Europeans," 354; and Trigger, *Children of Aataentsic*, 2:604.

95. Snow, Iroquois, 96–100. 另参阅 Parmenter, *The Edge of the Woods*, 289–91。

96. Parmenter, *The Edge of the Woods*, 81.

97. Thwaites, *Jesuit Relations*, 12:215.

98. Martin Fournier, *Pierre-Esprit Radisson: Merchant Adventurer, 1636–1710*（Sillery: Les Éditions du Septentiron, 2002）, 20–24.

99. Brett Rushforth, *Bonds of Alliance: Indigenous and Atlantic Slaveries in New France*（Chapel Hill: University of North Carolina Press, 2012）, 15–71.

100. 参阅 Roland Viau, "Enfants du néant et mangeurs d'âmes: Guerre, culture et société, en Iroquoisie l'époque de la colonization européenne"（Ph.D. diss., Université de Montréal, 1994）, 269; and Fournier, *Pierre-Esprit Radisson*, 41。

101. Arthur T. Adams., ed., *The Explorations of Pierre Esprit Radisson*（Minneapolis: Ross & Haines, 1961）, 18. 另参阅 Parmenter, *The Edge of

the Woods, 83–84, 331– 32n15。

102. Brandão, *Your Fire Shall Burn No More*, 73–74.

103. Blair, *The Indian Tribes of the Upper Mississippi Valley*, 1:146.

104. White, *The Middle Ground*, 1.

105. Trigger, *The Children of Aataentsic*, 2:752.

106. Trigger, *The Children of Aataentsic*, 2:752–53.

107. Trigger, *The Children of Aataentsic*, 2:729. 另参阅 George T. Hunt, *The Wars of the Iroquois: A Study in Intertribal Relations* (Madison: University of Wisconsin Press, 1940); 以及 Trigger, *Natives and Newcomers*, 271–77。

108. Brandão, *Your Fire Shall Burn No More*, 77.

109. Trigger, *The Children of Aataentsic*, 2:767–70.

110. Thwaites, *Jesuit Relations*, 36:177.

111. Trigger, *The Children of Aataentsic*, 2:770–79.

112. 另参阅 White, *The Middle Ground*, 46。

113. Marian E. White, "Neutral and Wenro"; and "Erie," in Trigger, *The Northeast*, 407–17.

114. White, *The Middle Ground*, 11. 另参阅 Pekka Hämäläinen, *Lakota America: A New History of Indigenous Power* (New Haven: Yale University Press, 2019), 21–28。

115. 有关强调延续性而非中断的叙述视角，参阅 Rushforth, *Bonds of Alliance*, 24; Heidi Bohaker, *Doodem and Council Fire: Anishinaabe Governance through Alliance* (Toronto: University of Toronto Press, 2020); Heidi Bohaker, "'Nindoodemag': The Significance of Algonquian Kinship Networks in the Eastern Great Lakes Region, 1600–1701," *William and Mary*

Quarterly (January 2006): 23–52; Witgen, I*nfinity of Nations*; Michael A. McDonnell, *Masters of Empire: Great Lakes Indians and the Making of America* (New York: Hill & Wang, 2015); 以及 Michael A. McDonnell, "Rethinking the Middle Ground: French Colonialism and Indigenous Identities in the *Pays d'en Haut*," in Gregory D. Smithers and Brooke N. Newman, eds., *Native Diasporas: Indigenous Identities and Settler Colonialism in the Americas* (Lincoln: University of Nebraska Press, 2014), 79–108。

116. White, *The Middle Ground*, 14.

117. Patty Loew, *Indian Nations of Wisconsin: Histories of Survival and Renewal*, 2nd ed. (Madison: State of Wisconsin Historical Society Press, 2011).

118. Richter, *Ordeal of the Longhouse*, 74.

119. 有关"农业革命"席卷北美东部的概述,参阅 Richter, *Before the Revolution*, 20–24。

120. Trigger, *Natives and Newcomers*, 271.

121. Trigger, *Natives and Newcomers*, 273–78. 另参阅 Gunlog Fur, *A Nation of Women: Gender and Colonial Encounters among the Delaware Indians* (Philadelphia: University of Pennsylvania Press, 2009), 47–50。

122. 有关温达特人玉米种植能力的评估,参阅 Conrad Heidenreich, *Huronia: A History and Geography of the Huron Indians, 1600–1650* (Toronto: McClelland & Stewart, 1971), 168–200。另参阅 Trigger, *The Children of Aataentsic*, 1:165–68。

123. 易洛魁"摧毁了新法兰西经济繁荣所依赖的贸易网络,导致了殖民地普遍的绝望情绪"。Trigger, *Natives and Newcomers*, 273。

124. Robert A. Goldstein, *French-Iroquois Diplomatic and Military Relations, 1608–1701* (The Hague: Mouton, 1969), 79–84.

125. Joyce Marshall, ed., *Word from New France: The Selected Letters of Marie De L'Incarnation* (Toronto: Oxford University Press, 1967), 225, 227. 另参阅 Trigger, *Natives and Newcomers*, 277–80。

126. Richter, *Ordeal of the Longhouse*, 105–25.

127. Trigger, *Natives and Newcomers*, 279.

128. W. J. Eccles, *Essays on New France* (Toronto: Oxford University Press, 1987), 111. 另参阅 Marcel Trudel, *La population du Canada en 1663* (Montreal: Éditions Fides, 1973), 11–28。

129. 引自 Jack Verney, *The Good Regiment: The Carignan-Salières Regiment in Canada, 1665–1668* (Montreal: McGill-Queen's University Press, 1991), 3。

130. Verney, *The Good Regiment*, 4.

131. Verney, *The Good Regiment*, 4. 另参阅 Goldstein, *French-Iroquois Diplomatic and Military Relations*, 86–89。

132. McDonnell, *Masters of Empire*, 33.

133. "Appendix B: Nominal Roll" in Verney, *The Good Regiment*, 145–85. 17世纪60年代，623名法国妇女移居新法兰西，超过以往几十年的总人数。参阅 Harris, *Historical Atlas of Canada*, 118。

134. Goldstein, *French-Iroquois Diplomatic and Military Relations*, 166–97.

135. Steve Pincus, *1688: The First Modern Revolution* (New Haven: Yale University Press, 2009), 307.

136. "Mémoire de Mr De Salieres," in Régis Roy and Gérard Malchelosse, *Le Régi-ment de Carignan: Son organisation et son expédition au Canada, 1665–1668* (Montreal: G. Ducharme, 1925), 48.

137. Mémoire de Mr De Salieres," 63. 另参阅 Parmenter, *The Edge of the Woods*, 119–20。

138. "新法兰西的文职机构和教会当局，"帕门特（Parmenter）写道，"在代表团到达时，几乎无法掩饰自己的喜悦。"参阅 Parmenter, *The Edge of the Woods*, 118–19。

139. Marshall, ed., *Word from New France*, 317.

140. McDonnell, *Masters of Empire*, 39.

141. Parmenter, *The Edge of the Woods*, 167.

142. Parmenter, *The Edge of the Woods*, 172–73, 182. 有关 1687 年和 1693 年的行动，参阅第 189–226 页。

143. Parmenter, *The Edge of the Woods*, 246–48.

144. McDonnell, *Masters of Empire*, 34.

145. Silverman, *Thundersticks*, 50–55.

146. Havard, Great Peace, 190–209. 有关阿尼什那贝－法国关系对新法兰西的重要意义，参阅第 4 章。

147. Bohaker, *Doodem and Council Fire*, 24–69.

148. Havard, *Great Peace*, 211. 另参阅 Goldstein, *French-Iroquois Diplomatic and Military Relations*, 196–97。

149. Bohaker, *Doodem and Council Fire*, 67–69.

150. Bohaker, *Doodem and Council Fire*, 61.

151. White, *The Middle Ground*, 50–185.

152. Richard Weyhing, "'Gascon Exaggerations': The Rise of Antonie Laumet de Lamothe, Sieur de Cadillac, the Foundation of Colonial Detroit, and the Origins of the Fox Wars," in Englebert and Teasdale, *French and Indians in the Heart of North America*, 77–112.

Chapter 4. The Native Inland Sea
The Struggle for the Heart of the Continent, 1701–55
4 印第安人的内陆海：
争夺大陆之心的斗争，1701—1755 年

1. Elizabeth Fenn, "The Mandans: Ecology, Population, and Adaptation on the Northern Plains," in Edward Countryman and Julianna Barr, eds., *Contested Spaces of Early America* (Philadelphia: University of Pennsylvania Press, 2014), 96–99.

2. Fenn, "The Mandans," 98.

3. Lawrence J. Burpee, ed., *Journals and Letters of Pierre Gaultier de Varennes de La Vérendrye and His Sons* (Toronto: Champlain Society, 1927), 367.

4. Burpee, *Journals and Letters of Pierre Gaultier de Varennes de La Vérendrye*, 366.

5. Burpee, *Journals and Letters of Pierre Gaultier de Varennes de La Vérendrye*, 369.

6. 正如伊丽莎白·芬恩（Elizabeth Fenn）所述："16 世纪，曼丹族可能有 1 万人……但也可能多达 1.5 到 2 万人。"参阅 Elizabeth A. Fenn, *Encounters at the Heart of the World: A History of the Mandan Peoples*（New York: Hill & Wang, 2014），24–26。

7. Gary B. Nash, *The Urban Crucible: The Northern Seaports and the Origins of the American Revolution*, rev. ed. (Cambridge, Mass.: Harvard Uni-

versity Press, 1986), 1.

8. 有关卡霍基亚和密西西比时代"酋邦"的概述，参阅 Robbie Ethridge, *From Chicaza to Chickasaw: The European Invasion and the Transformation of the Mississippian World, 1540–1715* (Chapel Hill: University of North Carolina Press, 2010), 3–25; 以及 Timothy R. Pauketat, *Cahokia: Ancient America's Great City on the Mississippi* (New York: Penguin Group, 2009), 1–10。另参阅 Francis Jennings, *The Founders of America: From the Earliest Migrations to the Present* (New York: Norton, 1993), 56–67。

9. Gary E. Moulton, ed., *The Journals of the Lewis and Clark Expedition*, 12 vols. (Lincoln: University of Nebraska Press, 1987), 3:238.

10. 例如，参阅 Pekka Hämäläinen, *Lakota America: A New History of Indigenous Power* (New Haven: Yale University Press, 2019), 50–84。

11. Fenn, *Encounters at the Heart of the World*, 41–47. 另参阅 Brett Rushforth, *Bonds of Alliance: Indigenous and Atlantic Slaveries in New France* (Chapel Hill: University of North Carolina Press, 2012), 34n25; Scott Berthelette, "The Making of a Manitoban Hero: Commemorating La Vérendrye in St. Boniface and Winnipeg, 1886–1938," *Manitoba History* 74 (Winter 2014): 15–25; 以及 Berthelette, "La Vérendrye's 'Middle Ground': Village and Imperial Politics in the Northwest, 1731–1743," *Strata* 5 (2013): 1–31。

12. Burpee, *Journals and Letters of Pierre Gaultier de Varennes de La Vérendrye*, 1.

13. 有关法国–易洛魁的关系以及1701年大和解，参阅本书第3章。

14. Burpee, *Journals and Letters of Pierre Gaultier de Varennes de La Vérendrye*, 481. 另参阅 William H. Goetzman and Glyndwr Williams, *The Atlas of North American Exploration: From the Norse Voyages to the Race to the Pole* (Norman: University of Oklahoma Press, 1998), 96–97。

15. 有关点燃美国独立战争之火的边境冲突，参阅本书第 5 章。

16. 有关卷首地图及相关表格，参阅 Heidi Bohaker, *Doodem and Council Fire: Anishinaabe Governance through Alliance*（Toronto: University of Toronto Press, 2020）。有关州和联邦承认的阿尼什纳贝部落，另参阅 "Appendix A: State and Federally Recognized Tribes," in Charles Wilkinson, *Blood Struggle: The Rise of Modern Indian Nations*（New York: Norton, 2005），493–97。

17. Brenda J. Child, *Holding Our World Together: Ojibwe Women and the Survival of Community*（New York: Penguin, 2012），xiv. 另参阅 Michael Witgen, *An Infinity of Nations: How the Native New World Shaped Early America*（Philadelphia: University of Pennsylvania Press, 2012），esp. 15–21。

18. Child, *Holding Our World Together*, 23–27. 有关这种性别劳动体系在 19 世纪和 20 世纪的变化，参阅 Brenda Child, *My Grandfather's Knocking Sticks: Ojibwe Family Life and Labor on the Reservation*（St. Paul: Minnesota Historical Society Press, 2014），esp. 161–91；以及 Lucy Eldersveld Murphy, *Great Lakes Creoles: A French-Indian Community on the Northern Borderlands, Prairie du Chien, 1750–1860*（New York: Cambridge University Press, 2014），27–64。

19. Fred Anderson, *Crucible of War: The Seven Years' War and the Fate of Empire in British North America, 1754–1766*（New York: Knopf, 2000），7.

20. A. P. Nasatir, *Before Lewis and Clark: Documents Illustrating the History of the Missouri, 1782–1804*, 2 vols.（St. Louis: St. Louis Historical Documents Foundations, 1952），1:31.

21. Gilles Havard, *The Great Peace of Montreal of 1701: French-Native Diplomacy in the Seventeenth Century*（Montreal: McGill-Queens University Press, 2001），193–206.

22. R. David Edmunds and Joseph L. Peyser, *The Fox Wars: The Mesquakie Challenge to New France*（Norman: University of Oklahoma Press, 1993）, 5.

23. Leslie Choquette, "Center and Periphery in French North America," in Christine Daniels and Michael V. Kennedy, eds., *Negotiated Empires: Centers and Peripheries in the Americas, 1500–1820*（New York: Routledge, 2002）, 197.

24. William N. Fenton, *The Great Law and the Longhouse: A Political History of the Iroquois Confederacy*（Norman: University of Oklahoma Press, 1998）, 289.

25. Burpee, *Journals and Letters of Pierre Gaultier de Varennes de La Vérendrye*, 481.

26. Francis Jennings, *The Ambiguous Iroquois Empire: The Covenant Chain Confederation of Indian Tribes with English Colonies from Its Beginnings to the Lancaster Treaty of 1744*（New York: Norton, 1984）, 142.

27. 引自 Daniel K. Richter, *Ordeal of the Longhouse: The Peoples of the Iroquois League in the Era of European Colonization*（Chapel Hill: University of North Carolina Press, 1992）, 206.

28. Fenton, *The Great Law and the Longhouse*, 382–83. 另参阅 Jennings, *Ambiguous Iroquois Empire*, 258–60。

29. Tiya Miles, *The Dawn of Detroit: A Chronicle of Slavery and Freedom in the City of the Straits*（New York: New Press, 2017）, 7–12.

30. 正如弗朗西斯·詹宁斯（Francis Jennings）所述："反复的帝国战争导致印第安部落遭受了灾难性的人员伤亡。"参阅 *The Creation of America: Through Revolution to Empire*（New York: Cambridge University Press, 2000）, 119。

31. Timothy J. Shannon, *Iroquois Diplomacy on the Early American Frontier*（New York: Penguin, 2008）, 55–68.

32. 引自 Havard, *Great Peace*, 33。

33. Richard White, *The Middle Ground: Indians, Empires, and Republics in the Great Lakes Region, 1650–1815*, rev. ed.（New York: Cambridge University Press, 2011）, 51.

34. White, *The Middle Ground*, 53.

35. George Irving Quimby, *Indian Life in the Upper Great Lakes: 11000 B.C. to A.D. 1800*（Chicago: University of Chicago Press, 1960）."五大湖北部地区至少有10万印第安人。"（第108页）

36. White, *The Middle Ground*, 135–36. 另参阅 George Irving Quimby, *Indian Culture and European Trade Goods*（Madison: University of Wisconsin Press, 1966）, 117– 39; 以及 Michael S. Nassaney, William M. Cremin, and LisaMarie Malischke, "Native American-French Interactions in Eighteenth-Century Southwest Michigan: The View from Fort St. Joseph," in Charles Beatty-Medina and Melissa Rinehart, eds., *Contested Territories: Native Americans and Non-Natives in the Lower Great Lakes, 1700– 1850*（East Lansing: Michigan State University Press, 2012）, esp. 62–72。

37. Carol Devens, *Countering Colonization: Native American Women and Great Lakes Missions, 1630–1900*（Berkeley: University of California Press, 1992）, 32.

38. Michael Witgen, "The Rituals of Possession: Native Identity and the Invention of Empire in Seventeenth-Century Western North America," *Ethnohistory* 54, no. 4（Fall 2007）: 641–47. 另参阅 Witgen, *An Infinity of Nations*。

39. 引自 Christian Le Clercq, *First Establishment of the Faith of New France*, 2 vols., ed. and trans. John G. Shea（New York: John G. Shea, 1881）, 2:131。

40. White, *The Middle Ground*, 128–31. 有关"历史相互影响"的概念化，参阅 Eliga H. Gould, "Entangled Histories, Entangled Worlds: The En-

glish-Speaking Atlantic as a Spanish Periphery," *American Historical Review* 112, no. 3（June 2007）: 764–86。

41. David J. Silverman, *Thundersticks: Firearms and the Violent Transformation of Native America*（Cambridge, Mass.: Harvard University Press, 2016）.

42. 引自 Havard, *Great Peace*, 206（原文着重强调了某些内容）。另参阅 Reuben Gold Thwaites, ed., *The French Regime in Wisconsin, 1634–1727*（Madison: Wisconsin State Historical Society, 1902）, 245。

43. 有关枪支技术的破坏性影响，参阅 R. D. Crosby, *The Musket Wars: A History of Inter-Iwi Conflict, 1806–1845*, rev. ed.（Auckland: Libro International, 2012）；以及 Silverman, *Thundersticks*。

44. Bacqueville de la Potherie, *Histoire de l'Amérique septentrionale*, 4 vols.（Paris: Jean-Luc Nion & Francois Didot, 1722）2:87. 另参阅 Havard, *Great Peace*, 33。

45. Kathleen DuVal, "Cross-Cultural Crime and Osage Justice in the Western Mississippi Valley, 1700–1826," *Ethnohistory* 54, no. 4（Fall 2007）: 701–2.

46. 引自 J. H. Schlarman, *From Quebec to New Orleans: The Story of the French in America*（Belleville, Ill.: Buechler, 1930）, 226。

47. 引自 Schlarman, *From Quebec to New Orleans*, 229。

48. 引自 Schlarman, *From Quebec to New Orleans*, 227, 230。

49. 引自 Schlarman, *From Quebec to New Orleans*, 227。

50. 引自 Schlarman, *From Quebec to New Orleans*, 231, 225. 另参阅 White, *The Middle Ground*, 92。

51. Reuben Gold Thwaites, ed., *The Jesuit Relations and Allied Documents: Travels and Explorations of the Jesuit Missionaries in New France, 1610–*

1791, 73 vols.（Cleve-land: Burrows Brothers, 1898）, 12:117.

52. Robert Michael Morrissey, "The Terms of Encounter: Language and Contested Visions of French Colonization in the Illinois Country, 1673–1702," in Robert Englebert and Guillaume Teasdale, eds., *French and Indians in the Heart of North America, 1630–1815*（East Lansing: Michigan State University Press, 2013）, 44–49; Helen Horn-beck Tanner, ed., *Atlas of Great Lakes Indian History*（Norman: University of Oklahoma Press, 1987）, 37.

53. Francis Parkman, *The Jesuits in North America in the Seventeenth Century*, rev. ed.（Lincoln: University of Nebraska Press, 1997）, ix.

54. 参阅 Parkman, *Jesuits in North America in the Seventeenth Century*, v-xvii。

55. Parkman, *Jesuits in North America*, 3–4.

56. Michael A. McDonnell, *Masters of Empire: Great Lakes Indians and the Making of America*（New York: Hill & Wang, 2015）, 53–54. 另参阅 James Axtell, *Natives and Newcomers: The Cultural Origins of North America*（New York: Oxford University Press, 2001）, 163。

57. Annette S. Lee et al., eds., *Ojibwe Sky Star Map Constellation Guide: An Introduction to Ojibwe Star Knowledge*（Cloquet, Minn.: Avenue F., 2014）, 32.

58. Reuben Gold Thwaites, ed., *The French Regime in Wisconsin, 1727–1748*（Madison: Wisconsin State Historical Society, 1906）, 9. 有关"拉科塔族关于星空的知识"，参阅 Ronald Goodman, *Lakota Star Knowledge: Studies in Lakota Stellar Theology*, 2nd ed.（Mission, S.D.: Sinte Gleska University, 1992）。

59. Lee et al., *Ojibwe Sky Star Map Constellation Guide*.

60. 引自 Schlarman, *From Quebec to New Orleans*, 230。

61. Frank Norall, *Bourgmont: Explorer of the Missouri, 1698–1725*（Lin-

coln: University of Nebraska Press, 1988）, 84.

62. 参阅 Bohaker, *Doodem and Council Fire*, 26–27。

63. Sylvia Van Kirk, *Many Tender Ties: Women in Fur-Trade Society, 1670–1870*

（Norman: University of Oklahoma Press, 1983）, 29.

64. Murphy, *Great Lakes Creoles*, 25.

65. Jill Doerfler, *Those Who Belong: Identity, Family, Blood, and Citizenship among the White Earth Anishinaabeg*（East Lansing: Michigan State University Press, 2015）, 12–15.

66. White, *The Middle Ground*, 60.

67. White, *The Middle Ground*, 60.

68. Le Clercq, *First Establishment, 132–35*. 另参阅 Pierre Margry, ed., *Découvertes et établissements des Français dans l'ouest et dans le sud de l'Amérique septentrionale*, 6 vols.（Paris: Imprimerie D. Jouaust, 1875）, 1:488。"他们被指控沉迷于违背自然的行为，一些男孩自年幼起便被安排从事这些工作。"

69. Jenny L. Davis, "More Than Just 'Gay Indians': Intersecting Articulations of Two-Spirit Gender, Sexuality, and Indigenousness," in Lal Zimman et al., eds., *Queer Excursions: Retheorizing Binaries in Language, Gender, and Sexuality*（New York: Oxford University Press, 2014）, 64. 有关"最常引用的关于异装者的资料"，另参阅该著作的参考文献（尤其是第 79 页的第 4 条注释）。

70. Le Clercq, *First Establishment*, 134.

71. Edmunds and Peyser, *The Fox Wars*, 176；另参阅第 119—201 页；Rushforth, *Bonds of Alliance*, 197–221；以及 White, *The Middle Ground*, 149–75。尽管这类研究将这些冲突视为核心议题，但很少有学者采纳埃

德蒙兹（Edmunds）和佩泽（Peyser）的表述，即法国对福克斯人的政策构成了"种族灭绝"。参阅 Edmunds and Peyser, *The Fox Wars*, 158–201。

72. 参阅 Gottfried Hotz, *The Segesser Hide Paintings: Masterpieces Depicting Spanish Colonial New Mexico*（Santa Fe: Museum of New Mexio Press, 1991）；以及 Thomas E. Chavez, "The Villasur Expedition and the Segesser Hide Paintings," in Ralph H. Vigil et al., eds., *Spain and the Plains: Myths and Realities of Spanish Exploration and Settlement on the Great Plains*（Niwot: University of Colorado Press, 1994）。

73. Richard White, *The Roots of Dependency: Subsistence, Environment, and Social Change among the Choctaws, Pawnees, and Navajos*（Lincoln: University of Nebraska Press, 1983）, 34–68. 另参阅 James Axtell, *The Indians' New South: Cultural Change in the Colonial Southeast*（Baton Rouge: Louisiana State University Press, 1997）, 61。

74. Rushforth, *Bonds of Alliance*, 193–252.

75. Rushforth, *Bonds of Alliance*, 245–46.

76. 引自 Rushforth, Bonds of Alliance, 194。这些来访的领袖在法语文献中被称为"苏族"，正如拉什福斯（Rushforth）指出的："我使用'苏族'这一术语，而不是……'达科他'，是因为后者排除了拉科塔族或纳科他族等苏族人，并且对英语读者而言，'苏族'的用法更广为人知。"（第15—16页第1条注释）本人选择使用"达科他"这一术语，是因为他们仍然是苏族语"苏族"社区最东边的一支。此外，18世纪40年代，他们像拉科塔和纳科他族人一样骑马。

77. Rushforth, *Bonds of Alliance*.

78. 引自 Edmunds and Peyser, *The Fox Wars*, 180. 另参阅 White, *The Middle Ground*, 171–73。

79. Edmunds and Peyser, *The Fox Wars*, 181.

80. White, *The Middle Ground*, 174–202.

81. 有关 18 世纪时欧洲人对北美西部地理知识知之甚少的论述，参阅 Paul W. Mapp, *The Elusive West and the Contest for Empire, 1713–1763*（Chapel Hill: University of North Carolina Press, 2011）。

82. Norall, *Bourgmont*, 87.

83. 引自 Eric Hinderaker, *Elusive Empires: Constructing Colonialism in the Ohio Valley, 1673–1800*（New York: Cambridge University Press, 1997），38。

84. George F. G. Stanley, *New France: The Last Phase, 1744–1760*（Toronto: McClelland & Stewart, 1968），4–14.

85. Michael N. McConnell, *A Country Between: The Upper Ohio Valley and Its Peoples, 1724–1774*（Lincoln: University of Nebraska Press, 1992），61–82.

86. McConnell, *A Country Between*, 67–121.

87. Anderson, *Crucible of War*, 28.

88. Hinderaker, *Elusive Empires*, 40.

89. McConnell, *A Country Between, 78–81; Shannon, Iroquois Diplomacy on the Early American Frontier*, 87–102.

90. Alan Taylor, *American Colonies: The Settling of North America*（New York: Viking Penguin, 2001），154.

91. 引自 Hinderaker, *Elusive Empires*, 41。

92. Anderson, *Crucible of War*, 25.

93. 引自 McConnell, *A Country Between*, 82–83。

94. 引自 Stanley, *New France*, 278n4；另参阅第 37—38 页；以及 Donald H. Kent, *The French Invasion of Western Pennsylvania, 1753*（Harrisburg:

Pennsylvania Historical and Museum Commission, 1981），7–10。

95. 引自 Stanley, *New France*, 38。

96. Anderson, *Crucible of War*, 26.

97. 引自 McConnell, *A Country Between*, 86。

98. Mapp, *The Elusive West and the Contest for Empire*, 1–5.

99. William P. Cumming, *The Southeast in Early Maps*, 3rd ed.（Chapel Hill: University of North Carolina Press, 1998），27. 英国的军事和边界调查几乎没有详细记录"北美内陆的基本地形知识"，美国独立战争之前，这些知识"虽然有所增加……但基本可以忽略不计"（第28页）。

100. Anderson, *Crucible of War*, 50.

101. McConnell, *A Country Between*, 121.

102. 正如艾伦·格里尔（Allan Greer）指出的："土地投机当然并非新鲜事……但自18世纪中叶以来，这种投机进入了新阶段。拥有资本和政治影响力的人开始成立自己的组织（如俄亥俄公司），通过赠予和购地这两种方式，积累对广阔土地的所有权，其唯一目的是日后从定居者那里获取利润。未来的几位革命领袖，如帕特里克·亨利和乔治·华盛顿，都位于最活跃的投机者之列。"*Property and Dispossession: Natives, Empires, and Land in Early Modern North America*（New York: Cambridge University Press, 2018），384。

103. Anderson, *Crucible of War*, 52–53。

104. 引自 McConnell, *A Country Between*, 89。

105. Anderson, *Crucible of War*, 56–58.

106. Anderson, *Crucible of War*, 7.

107. 引自 Anderson, *Crucible of War*, 53.

108. McConnell, *A Country Between*, 119–20.

109. Anderson, *Crucible of War*, 62.

110. Anderson, *Crucible of War*, 61.

111. 引自 Anderson, *Crucible of War*, 60。

112. White, *The Middle Ground*, 223.

113. McConnell, *A Country Between*, 109.

114. Shannon, *Iroquois Diplomacy on the Early American Frontier*, 150.

115. McConnell, *A Country Between*, 110.

116. Anderson, *Crucible of War*, 62.

117. 引自 Anderson, *Crucible of War*, 63。

118. 引自 Anderson, *Crucible of War*, 65。

119. James H. Merrell, "Shamokin, 'the Very Seat of the Prince of Darkness': Unsettling the Early American Frontier," in Andrew R. L. Clayton and Fredrika J. Teute, eds., *Contact Points: American Frontiers from the Mohawk Valley to the Mississippi, 1750–1830*（Chapel Hill: University of North Carolina Press, 1998）, 50.

120. Anderson, *Crucible of War*, 410.

121. Colin G. Calloway, *The Scratch of a Pen: 1763 and the Transformation of North America*（New York: Oxford University Press, 2006）, 15.

122. Anderson, *Crucible of War*, 212–13.

123. 引自 Merrell, "Shamokin," 53。有关英国在萨斯奎哈纳河修建奥古斯都堡的概述，参阅第 50—56 页。

124. 引自 Merrell, "Shamokin," 55。

125. 引自 Merrell, "Shamokin," 55。

126. 引自 Merrell, "Shamokin," 50。

127. 引自 Merrell, "Shamokin," 51。

128. 引自 Merrell, "Shamokin," 51。

129. 引自 Merrell, "Shamokin," 55。

130. Anderson, *Crucible of War*, 80. 另参阅 Jill Lepore, *These Truths: A History of the United States*（New York: Norton, 2018）, 65–71。

131. Anderson, *Crucible of War*, 85.

132. Robert Dale Parker, ed., *Changing Is Not Vanishing: A Collection of American Indian Poetry to 1930*（Philadelphia: University of Pennsylvania Press, 2011）, 50–51.

133. Jane Johnston Schoolcraft, "Lines Written at Castle Island, Lake Superior," in Parker, *Changing is Not Vanishing*, 63.

134. Schoolcraft, "Lines Written at Castle Island, Lake Superior," 63.

135. Richard Wilworth Rust, ed., *The Pathfinder: or, The Inland Sea*（Albany: State University of New York Press, 1981）, 7–9.

Chapter 5. Settler Uprising
The Indigenous Origins of the American Revolution
5 定居者起义：
美国独立战争的土著起源

1. 引自 Alan Taylor, *Liberty Men and Great Proprietors: The Revolutionary Settlement on the Maine Frontier, 1760–1820* (Chapel Hill: University of North Carolina Press, 1990), 61。

2. Peter Cunningham, ed., *The Letters of Horace Walpole: Fourth Earl of Orford* (Edinburgh: John Grant, 1906), 5:49, 35.

3. 引自 Taylor, *Liberty Men and Great Proprietors*, 61. 有关土地所有者对塑造殖民时期"个人独立性"关键作用的概述，另参阅 T. H. Breen, American Insurgents, *American Patriots: The Revolution of the People* (New York: Hill & Wang, 2010), 30, 25–41。有关 18 世纪 60 年代早期定居点不断扩大的概述，参阅 Eric Hinderaker and Peter C. Mancall, *At the Edge of Empire: The Backcountry in British North America* (Baltimore: Johns Hopkins University Press, 2003), 150–54。

4. 引自 Alan Taylor, *American Revolutions: A Continental History, 1750–1804* (New York: Norton, 2016), 11。

5. 引自 Taylor, *American Revolutions*, 50–51。

6. Eliga H. Gould, *The Persistence of Empire: British Political Culture in the Age of the American Revolution* (Chapel Hill: University of North Carolina Press, 2000), 1–71.

7. Fred Anderson, *Crucible of War: The Seven Years' War and the Fate of Empire in British North America, 1754–1766*（New York: Knopf, 2000）, esp. 587–685.

8. Gregory Evans Dowd, *War under Heaven: Pontiac, the Indian Nations, and the British Empire*（Baltimore: Johns Hopkins University Press, 2002）.

9. 引自 Taylor, *American Revolutions*, 40。

10. 引自 Taylor, *American Revolutions*, 57。

11. 引自 Colin G. Calloway, *The Indian World of George Washington: The First President, the First Americans, and the Birth of the Nation*（New York: Oxford University Press, 2018）, 135。另参阅 Colin G. Calloway, *The Scratch of a Pen: 1763 and the Transformation of North America*（New York: Oxford University Press, 2006）, 6, 168。

12. Gary B. Nash, *The Urban Crucible: The Northern Seaports and the Origins of the American Revolution*, rev. ed.（Cambridge, Mass.: Harvard University Press, 1986）, 152–55.

13. Nash, *The Urban Crucible*, 152. 另参阅 Taylor, *American Revolutions*, 44–45；以及 W. J. Eccles, *France in America*, rev. ed.（Markham, Ont.: Fitzhenry & Whiteside, 1990）, 221–23。

14. Catherine Cangany, *Frontier Seaport: Detroit's Transformation into an Atlantic Entrepôt*（Chicago: University of Chicago Press, 2014）, 26. 另参阅 Dowd, *War under Heaven*；以及 J. Clarence Webster, ed., *The Journal of Jeffery Amherst: Recording the Military Career of General Amherst in America from 1758 to 1763*（Toronto: Ryerson, 1931）, 264–65。

15. 引自 Taylor, *American Revolutions*, 59。

16. Richard White, *The Middle Ground: Indians, Empires, and Republics in the Great Lakes Region, 1650–1815*, rev. ed.（New York: Cambridge University Press, 2011）, 269–314.

17. Patrick Spero, *Frontier Rebels: The Fight for Independence in the American West, 1765–1776*（New York: Norton, 2018）, 183.

18. Robert G. Parkinson, *The Common Cause: Creating Race and Nation in the American Revolution*（Chapel Hill: University of North Carolina Press, 2016）, 22.

19. 引自 Patrick Spero, *Frontier Country: The Politics of War in Early Pennsylvania*（Philadelphia: University of Pennsylvania Press, 2016）, 4。

20. Joseph Doddridge, *Notes on the Settlement and Indian Wars of the Western Parts of Virginia and Pennsylvania from 1763 to 1783, Inclusive, Together with a Review of the State of Society and Manners of the First Settlers of the Western Country*（Parson, W.V.: McClain, 1976）, 171.

21. Parkinson, The Common Cause, 24. 另参阅 Colin G. Calloway, *The Ameri-can Revolution in Indian Country: Crisis and Diversity in Native American Communities*（New York: Cambridge University Press, 1995）。

22. Parkinson, *The Common Cause*, 186–87.

23. 例如参阅 Benjamin Franklin, *A Narrative of the Late Massacres, in Lan-caster County, of a Number of Indians, Friends of This Province, by Persons Unknown. With Some Observations on the Same.*（Philadelphia: Anthony Armbruster, 1764）。

24. Doddridge, *Notes on the Settlement and Indian Wars*, 168.

25. Doddridge, *Notes on the Settlement and Indian Wars*, 168.

26. 引自 Peter Silver, *Our Savage Neighbors: How Indian War Transformed Early America*（New York: Norton, 2008）, 154。

27. 正如戈登·S. 伍德（Gordon S. Wood）所述："革命让普通人受到他人尊敬，甚至成为领导人……并以前所未有的方式，让他们的劳动有了尊严。" *The Radicalism of the American Revolution: How a Revolution*

Transformed a Monarchial Society into a Democratic One Unlike Any That Had Ever Existed（New York: Knopf, 1992）, 8.

28. Colin G. Calloway, *The Indian World of George Washington: The First President, the First Americans, and the Birth of the Nation*（New York: Oxford University Press, 2018）, 14.

29. 参阅 Eliga H. Gould, *Among the Powers of the Earth: The American Revolution and the Making of a New World Empire*（Cambridge, Mass.: Harvard University Press, 2012）, esp. 30–33。有关美国早期的印第安政策，另参阅第 6 章。

30. 截至 1775 年，英军在北美占领了 79 处堡垒和据点。参阅 Douglas Edward Leach, "The British Army in America, Before 1775," in Jack P. Greene and J. R. Pole, eds., *The Blackwell Encyclopedia of the American Revolution*（Cambridge: Basil Blackwell, 1991）, 150。

31. Nash, *The Urban Crucible*, 153.

32. 引自 Jack M. Sosin, *Whitehall and the Wilderness: The Middle West in British Colonial Policy, 1760–1775*（Lincoln: University of Nebraska Press, 1961）, 36。

33. Webster, *Journal of Jeffery Amherst*, 261。

34. Daniel P. Barr, *A Colony Sprung from Hell: Pittsburgh and the Struggle for Authority on the Western Pennsylvania Frontier, 1744–1794*（Kent: Kent State University Press, 2014）. 另参阅 P. J. Marshall, "The British in Asia: Trade to Dominion," in P. J. Marshall, ed., *The Eighteenth Century*, vol. 2 of Wm. Roger Louis, ed., *The Oxford History of the British Empire*（New York: Oxford University Press, 1998）, 499。

35. Leach, "The British Army in America," 148.

36. Anderson, *Crucible of War*, 317–18. 有关马萨诸塞在英法七年战争前夕以农业为基础的经济概况，参阅 Fred Anderson, *A People's Army:*

Massachusetts Soldiers and Society in the Seven Years' War（Chapel Hill: University of North Carolina Press, 1984）, esp. 28–39。

37. Benjamin Franklin, "To the Printer of the London Chronicle," December 28–30, 1758, in Leonard W. Labaree, ed., *The Papers of Benjamin Franklin*, vol. 8（New Haven: Yale University Press, 1965）, 214.

38. Taylor, *American Revolutions*, 44–51.

39. Taylor, *American Revolutions*, 50–51.

40. Taylor, *American Revolutions*, 62–65.

41. Vincent Brown, *Tacky's Revolt: The Story of an Atlantic Slave War*（Cambridge, Mass.: Harvard University Press, 2020）.

42. Taylor, *American Revolutions*, 46.

43. Gould, *The Persistence of Empire*, 110.

44. Keith R. Widder, *Beyond Pontiac's Shadow: Michilimackinac and the Anglo-Indian War of 1763*（East Lansing: Michigan State University Press, 2013）, 18.

45. Dowd, *War under Heaven*, 34.

46. Tiya Miles, *The Dawn of Detroit: A Chronicle of Slavery and Freedom in the City of the Straits*（New York: New Press, 2017）, 21–27.

47. Cangany, *Frontier Seaport*, 71–105.

48. Dowd, *War under Heaven*, 282n4.

49. 有关1701年后五大湖地区的法国–阿尔冈昆族关系，参阅本书第4章。

50. Brenda J. Child, *Holding Our World Together: Ojibwe Women and the Survival of Community*（New York: Penguin, 2012）, 49–58. "吉奇加米湖（Gichigamiing，即苏必利尔湖）沿岸的奥吉布瓦人将自己看作是法国命名地点的自治部族……之后，联邦政府将其合并，统称为'苏必利尔湖

奥吉布瓦人'……这些分类没有体现出奥吉布瓦人有关政治组织的观念；它们不过是联邦官僚机构一厢情愿的分类罢了……即使到了19世纪30年代，奥吉布瓦语仍然是该地区的'通用语言'，当时儿童使用的也是奥吉布瓦语书籍。"（第49—50页以及第57页）

51. Webster, *Journal of Jeffery Amherst*, 265.

52. Webster, *Journal of Jeffery Amherst*, 265.

53. Dowd, *War under Heaven*, 59–63.

54. 有关底特律经济发展的概述，参阅 Cangany, *Frontier Seaport*, 8–26。另参阅 Miles, *Dawn of Detroit*, 27–33。

55. Albert T. Volwiler, *George Croghan and the Western Movement, 1741–1782*（Cleve-land: Arthur H. Clark, 1926）, 146.

56. Cangany, *Frontier Seaport*, 1–4. 另参阅 Barr, *A Colony Sprung from Hell*, 1–10。

57. 引自 Widder, *Beyond Pontiac's Shadow*, 19–20。

58. Dowd, *War under Heaven*, 62.

59. 引自 Dowd, *War under Heaven*, 62。另参阅 Volwiler, *George Croghan and the Western Movement*。

60. Barr, *A Colony Sprung from Hell*, 6。另参阅 Ian K. Steele, *Setting All the Captives Free: Capture, Adjustment, and Recollection in Allegheny Country*（Montreal: McGill-Queen's University Press, 2013）, 432。

61. Spero, Frontier Country, 116. 另参阅 Kevin Kenny, *Peaceable Kingdom Lost: The Paxton Boys and the Destruction of William Penn's Holy Experiment*（New York: Oxford University Press, 2009）。

62. 引自 Dowd, *War under Heaven*, 64。

63. Dowd, *War under Heaven*, 72.

64. "如果同盟关系的本质在于慷慨和互惠，则原住民与这片土地上的新霸主之间不存在这样的关系。"Daniel K. Richter, *Facing East from Indian Country: A Native History of Early America* （Cambridge, Mass.: Harvard University Press, 2001），192。

65. Webster, *Journal of Jeffery Amherst*, 306。

66. 引自 Steele, *Setting All the Captives Free*, 144。

67. Child, *Holding Our World Together*, 56–62。

68. Dowd, *War under Heaven*, 20–21. 有关1760年之后密歇根印第安人仍然坚持信奉天主教的论述，参阅第109-111页。有关法国–阿尔冈昆社会与宗教联系的进一步评价，另参阅第4章。

69. 研究印第安宗教的学者不仅关注备受文化压力的社区的千禧年传统，还建立了持久的宗教研究范式。"文化复兴"一词于20世纪50年代出现，有助于解释极端经济和政治变革时期出现的原住民宗教表达。参阅 Anthony F. C. Wallace, *The Death and Rebirth of the Seneca* （New York: Knopf, 1970）。另参阅 Anthony F. C. Wallace, "Revitalization Movements: Some Theoretical Considerations for Their Comparative Study," *American Anthropologist* （1956）: 264–81。

70. Anderson, *Crucible of War*, 536.

71. C. A. Weslager, *The Delaware Indians: A History* （New Brunswick: Rutgers University Press, 1972），184.

72. 引自 James H. Merrell, *Into the American Woods: Negotiators on the Pennsylvania Frontier* （New York: Norton, 1999），83。

73. 引自 Dowd, *War under Heaven*, 100。

74. Jane Merritt, *At the Crossroads: Indians and Empires on a Mid-Atlantic Frontier* （Chapel Hill: University of North Carolina Press, 2003），202。

75. Merrell, *Into the American Woods*, 83–92。

76. 有关 18 世纪俄亥俄河谷原住民的定居情况，参阅本书第 4 章。

77. Merritt, *At the Crossroads*, 172–74.

78. Steele, *Setting All the Captives Free*, 3.

79. Dowd, *War under Heaven*, 41–42, 90. 另参阅第 4 章。

80. Merritt, *At the Crossroads*, 124.

81. Francis Jennings, "Iroquois Alliances in American History," in Francis Jennings et al., eds., *The History and Culture of Iroquois Diplomacy: An Interdisciplinary Guide to the Treaties of the Six Nations and Their League* (Syracuse: Syracuse University Press, 1985), 44–46.

82. 引自 Dowd, *War under Heaven*, 91。

83. 引自 Dowd, *War under Heaven*, 91。

84. Anderson, *Crucible of War*, 536.

85. 庞蒂亚克的法语和英语拼写方式还包括 Pontiak、Pondiag 以及 Pondiac。参阅 Widder, *Beyond Pontiac's Shadow*, 275n19。

86. Webster, *Journal of Jeffery Amherst*, 18n18.

87. 引自 Richter, *Facing East from Indian Country*, 192。

88. 引自 Calloway, *The Indian World of George Washington*, 173。

89. Calloway, *The Indian World of George Washington*, 173. 有关塔马夸俘虏的归还，可参阅 Steele, *Setting All the Captives Free*, 255–56, 279–89。

90. Calloway, *The Indian World of George Washington*, 174.

91. Steele, *Setting All the Captives Free*, 282.

92. Calloway, *The Indian World of George Washington*, 172. "从许多方面来看，以及在其一生的大部分时间里，乔治·华盛顿的印第安世界指的就是俄亥俄地区。"（第 45 页；原文着重强调了某些内容）

93. Spero, *Frontier Country*, 150.

94. Anderson, *Crucible of War*, 537.

95. 引自 Richter, *Facing East from Indian Country*, 195–96. 另参阅 Dowd, *War under Heaven*, 94–105。

96. Miles, *Dawn of Detroit*, 32–34.

97. Webster, *Journal of Jeffery Amherst*, 299.

98. 引自 Anderson, Crucible of War, 538. 有关奥古斯都堡的攻陷，参阅第 539 页。

99. Spero, *Frontier Country*, 113–15. 另参阅 Richter, *Facing East from Indian Country*, 191。

100. 有关地区性交流网络的评价，参阅 Alejandra Dubcovksy, *Informed Power: Communication in the Early American South* （Cambridge, Mass.: Harvard University Press, 2016）。"维护这些复杂的（跨部落）交流网络需要持续的调整和重新评估。"（第 181 页）

101. Dowd, *War under Heaven*, 115.

102. Dowd, *War under Heaven*, 97–112.

103. 引自 Dowd, *War under Heaven*, 98。

104. Dowd, *War under Heaven*, 126. 另参阅 Widder, Beyond Pontiac's Shadow, 141–49. 棍网球有很多名字，包括 baggatiway（第 141 页，第 287 页第 5 条注释）。

105. Dowd, *War under Heaven*, 132. 另参阅 Anderson, *Crucible of War*, 538–42。

106. Anderson, *Crucible of War*, 548.

107. Webster, *Journal of Jeffery Amherst*, 307.

108. Spero, *Frontier Country*, 151.

109. Spero, *Frontier Country*, 114.

110. Nicole Eustace, "The Sentimental Paradox: Humanity and Violence on the Pennsylvania Frontier," *William and Mary Quarterly* （January 2008）: 29–64.

111. 引自 Spero, *Frontier Country*, 117。

112. 引自 Spero, *Frontier Country*, 151。

113. Spero, *Frontier Country*, 152.

114. Silver, *Our Savage Neighbors*, 193–202.

115. 引自 Spero, *Frontier Country*, 152。

116. Thomas Agostini, "'The Provincials Will Work Like Giants': British Imperialism, American Colonial Troops, and Trans-Atlantic Labor Economics during the Seven Years' War," *Early American Studies* 15, no. 1（2017）: 64–98.

117. 引自 Anderson, *Crucible of War*, 542。

118. 引自 Anderson, *Crucible of War*, 542。

119. 引自 Anderson, *Crucible of War*, 542。另参阅 Dowd, *War under Heaven*, 211。

120. Webster, *Journal of Jeffery Amherst*, 325.

121. David J. Silverman, *Thundersticks: Firearms and the Violent Transformation of Native America*（Cambridge, Mass.: Harvard University Press, 2016）, 121–54.

122. Kenny, *Peaceable Kingdom Lost*, 130–32.

123. 引自 Merrell, *Into the American Woods*, 62。

124. Kenny, *Peaceable Kingdom Lost*, 41–49. 另参阅第 4 章。

125. Anderson, *Crucible of War*, 278. 另参阅 Merritt, *At the Crossroads*, 249-51。

126. Spero, *Frontier Country*, 121–22.

127. 例如参阅 Colin G. Calloway, *The Scratch of a Pen: 1763 and the Transformation of North America*（New York: Oxford University Press, 2006），92–111。

128. 引自 Anderson, *Crucible of War*, 568。

129. Anderson, *Crucible of War*, 566.

130. Nash, *The Urban Crucible*, 158.

131. "1763 年，定居者的恐惧有了具体的表现。" Merritt, *At the Crossroads*, 272.

132. 引自 John R. Dunbar, ed., *The Paxton Papers*（The Hague: Martinus Nijhoff, 1957），17。

133. Leonard W. Labaree, *Introduction to Labaree, Papers of Benjamin Franklin*, vol. 11（1976），44.

134. Dunbar, *Paxton Papers*, 17n13. 另参阅 Anderson, *Crucible of War*, 552。

135. 引自 Dunbar, *Paxton Papers*, 17。

136. 有关康内斯托加定居社区的简介，参阅 Francis Jennings, "Susquehannock," in Bruce G. Trigger, ed., *The Northeast*, vol. 15 of *Handbook of North American Indians*（Washington, D.C.: Smithsonian Institute, 1978），366–67。另参阅 Weslager, *The Delaware Indians*, 196–97；以及 Kenny, *Peaceable Kingdom Lost*, esp. 43–46。

137. 1763 年 12 月的大屠杀之后，几名袭击者于 1764 年提交了一份集体性质的"帕克斯顿志愿兵道歉书"，并附上了个别参与者的宣誓证词。

参阅 Dunbar, *Paxton Papers*, 185–95。

138. 引自 Dunbar, *Paxton Papers*, 23。

139. 引自 Dunbar, *Paxton Papers*, 23n2。

140. Anderson, *Crucible of War*, 612。

141. Nash, *The Urban Crucible*, 177–78.

142. Anderson, *Crucible of War*, 612. 另参阅 Merrell, *Into the American Woods*, 235–40。

143. Eustace, "Sentimental Paradox," 40.

144. 引自 Silver, *Our Savage Neighbors*, 222。

145. Silver, *Our Savage Neighbors*, 225–26.

146. 引自 Eustace, "Sentimental Paradox," 56。

147. Dunbar, *Paxton Papers*, 29.

148. McConnell, *A Country Between*, 190.

149. Dunbar, *Paxton Papers*, 35–37. 另参阅 Lorett Treese, *The Storm Gathering:*

The Penn Family and the American Revolution（University Park: Pennsylvania State University Press, 1992）, 37–38。

150. Dunbar, *Paxton Papers*, 37.

151. Treese, *Storm Gathering*, 38.

152. Nash, *The Urban Crucible*, 179–80.

153. Labaree, *Papers of Benjamin Franklin*, vol. 10（1966）, 406–7.

154. Labaree, *Papers of Benjamin Franklin*, vol. 11（1967）, 43n3.

155. Franklin, *A Narrative of the Late Massacres*. 另参阅 Labaree, *Papers*

of Benjamin Franklin, vol. 11（1967）, 47–69。

156. Labaree, *Papers of Benjamin Franklin*, vol. 11（1967）, 67–69.

157. Labaree, *Papers of Benjamin Franklin*, vol. 11（1967）, 55, 64–65.

158. Silver, *Our Savage Neighbors*, 203. "1764 年，费城出版商发行的小册子数量是以往任何年份的两倍。"（第 191 页）

159. 引自 Anderson, *Crucible of War*, 620。

160. 引自 Spero, Frontier Rebels, 81。另参阅 Spero, *Frontier Country*, 103–96；以及 Patrick Griffin, *American Leviathan: Empire, Nation, and Revolutionary Frontier*（New York: Hill & Wang, 2007）, esp. 74–94。

161. 引自 Spero, *Frontier Rebels*, 181。

162. Calloway, *Indian World of George Washington*, 182–190.

163. Dowd, *War under Heaven*, 229–30.

164. James Smith, *An Account of the Remarkable Occurrences in the Life and Travels of Col. James Smith, during His Captivity with the Indians in the Years 1755, '56, '57, '58, and '59*, rev. ed.（Cincinnati: Robert Clark, 1870）, 107.

165. Griffin, *American Leviathan*, 65–77. 另参阅 Richter, *Facing East from Indian Country*, 201–10；以及 Kenny, *Peaceable Kingdom Lost*, 205–9。

166. Smith, *An Account of the Remarkable Occurrences in the Life and Travels of Col. James Smith*, 106. 另参阅 Spero, *Frontier Rebels*, 31。"对更多代表权的渴望、对美洲原住民群体的不满和敌意、将所有印第安人从殖民地驱逐出去的渴望、东部定居者理直气壮的态度，以及对高度规范化印第安贸易的渴望——西部定居者主要怀抱着这样的信念，发起了 1765 年的叛乱。"（第 45 页）

167. 引自 Spero, *Frontier Rebels*, 32。

168. 引自 Spero, *Frontier Rebels*, 53。

169. Hinderaker and Mancall, At the Edge of Empire, 155. 有关1750年之后苏格兰-爱尔兰移民的概述，参阅 Patrick Griffin, *The People with No Name: Ireland's Ulster Scots, America's Scots Irish, and the Creation of a British Atlantic World*（Princeton: Princeton University Press, 2001）；以及 T. M. Devine, *To the Ends of the Earth: Scotland's Global Diaspora, 1750-2010*（Washington, D.C.: Smithsonian Books, 2011）。

170. 引自 Volwiler, *George Croghan and the Western Movement*, 170. 有关1764年的英国之旅，另参阅第168—171页。

171. Spero, *Frontier Rebels*, xix.

172. Smith, *An Account of the Remarkable Occurrences in the Life and Travels of Col. James Smith*, 110.

173. Smith, *An Account of the Remarkable Occurrences in the Life and Travels of Col. James Smith*, 109.

174. 引自 Richter, *Facing East from Indian Country*, 202。

175. Steele, *Setting All the Captives Free*, 210, 378–79.

176. 引自 Spero, *Frontier Rebels*, 235n35；另参阅第67页。

177. Smith, *An Account of the Remarkable Occurrences in the Life and Travels of Col. James Smith*, 110–11.

178. 引自 Spero, *Frontier Country*, 182。

179. Spero, *Frontier Country*, 182. 另参阅 Silver, *Our Savage Neighbors*, 158–59。

180. Lisa Ford, *Settler Sovereignty: Jurisdiction and Indigenous People in America and Australia, 1788–1836*（Cambridge, Mass.: Harvard University Press, 2010）.

181. 引自 Spero, *Frontier Rebels*, 111。

182. Silver, *Our Savage Neighbors*, 159.

183. "英帝国在美洲的覆灭开始于 1765 年 3 月 6 日……不是在波士顿或费城，而是在宾夕法尼亚边疆。"Griffin, *American Leviathan*, 74.

184. Smith, *An Account of the Remarkable Occurrences in the Life and Travels of Col. James Smith*, 111–13.

185. Edmund S. Morgan and Helen M. Morgan, *The Stamp Act Crisis: Prologue to Revolution*（Chapel Hill: University of North Carolina Press, 1953）, 144–45.

186. Eric Hinderaker, *Boston's Massacre*（Cambridge, Mass.: Harvard University Press, 2007）, 4.

187. Bernard Bailyn, *Faces of Revolution: Personalities and Themes in the Struggle for American Independence*（New York: Knopf, 1990）, 207.

188. William C. Armor, *Lives of the Governors of Pennsylvania*（Philadelphia: James K. Simon, 1872）, 187–88. "促使各位代表起草新宪法的是经验，而不是政治理论。"Spero, *Frontier Rebels*, 187。

189. 引自 Jonathan Israel, *The Expanding Blaze: How the American Revolution Ignited the World, 1775–1848*（Princeton: Princeton University Press, 2017）, 8。

190. 引自 Spero, *Frontier Rebels*, 187–88。

191. Spero, *Frontier Rebels*, 188.

192. 引自 Silver, *Our Savage Neighbors*, 226。

193. Armor, *Lives of the Governors of Pennsylvania*, 188.

194. Silver, *Our Savage Neighbors*, 226.

195. Spero, *Frontier Country*, 172.

Chapter 6. Colonialism's Constitution
The Origins of Federal Indian Policy
6 殖民主义宪法：
联邦印第安政策的起源

1. Erica Armstrong Dunbar, *Never Caught: The Washington's Relentless Pursuit of Their Runaway Slave, Ona Judge* (New York: Simon & Schuster, 2017), 15.

2. Pauline Maier, *Ratification: The People Debate the Constitution, 1787–1788* (New York: Simon & Schuster, 2010), 6.

3. John Ferling, *A Leap in the Dark: The Struggle to Create the American Republic* (New York: Oxford University Press, 2003), 238–49.

4. Lance Banning, *The Sacred Fire of Liberty: James Madison and the Founding of the Federal Republic* (Ithaca: Cornell University Press, 1995), 15, 29–49.

5. 引自 Ferling, *A Leap in the Dark*, 254。

6. Gregory Ablavksy, "The Savage Constitution," *Duke Law Journal* (February 2014): 1039.

7. Ferling, *A Leap in the Dark*, 234.

8. Ferling, *A Leap in the Dark*, 254; Banning, *The Sacred Fire of Liberty*, 45.

9. William T. Hutchinson and William M. E. Rachal, eds., *The Papers of James Madison*, 15 vols. (Chicago: University of Chicago Press, 1971),

7:412.

10. Hutchinson and Rachal, *Papers of James Madison*, 7:412.

11. 引自 Gordon S. Wood, *The Idea of America: Reflections on the Birth of the United States*（New York: Penguin, 2011）, 232。

12. 引自 Woody Holton, *Unruly Americans and the Origins of the Constitution*（New York: Hill & Wang, 2007）, 6。

13. 引自 Alan Taylor, *American Revolutions: A Continental History, 1750–1804*（New York: Norton, 2016）, 319. 另参阅 Ferling, *A Leap in the Dark*, 254–55。

14. Thomas Paine, *Common Sense*（Alexandria, Va.: TheCapitol.Net, 2009）, 68.

15. Gary B. Nash, *Race and Revolution*（Lanham, Md.: Rowman & Littlefield, 1990）, 60.

16. Maya Jasanoff, *Liberty's Exiles: American Loyalists in the Revolutionary World*（New York: Random House, 2011）, 89. 有关流向塞拉利昂的移民，参阅第284—300页。有关逃离华盛顿家族的其他人员，参阅 Dunbar, *Never Caught*。

17. 引自 Taylor, *American Revolutions*, 322。另参阅 Jasanoff, *Liberty's Exiles*, 295。

18. Stephen Aron, *How the West Was Lost: The Transformation of Kentucky from Daniel Boone to Henry Clay*（Baltimore: Johns Hopkins University Press, 1996）, 58–81; Sami Lakomäki, *Gathering Together: The Shawnee People through Diaspora and Nationhood, 1600–1870*（New Haven: Yale University Press, 2014）, 102–22.

19. Ablavksy, "The Savage Constitution," 1002.

20. Woody Holton, *Forced Founders: Indians, Debtors, Slaves, and the*

Making of the American Revolution（Chapel Hill: University of North Carolina Press, 1999）, xv–9.

21. Colin G. Calloway, *The American Revolution in Indian Country: Crisis and Diversity in Native American Communities*（New York: Cambridge University Press, 1995）.

22. Calloway, *American Revolution in Indian Country*, 198–212, 134–57.

23. Anthony F. C. Wallace, *The Death and Rebirth of the Seneca*（New York: Vintage Books, 1969）, 125–48.

24. 引自 Colin G. Calloway, "The Continuing Revolution in Indian Country," in Frederick E. Hoxie et al., eds., *Native Americans and the Early Republic*（Charlottesville: University Press of Virginia, 1999）, 15。

25. 引自 Taylor, *American Revolutions*, 247。

26. "Treaty with the Cherokee, 1785," in Charles J. Kappler, ed., *Indian Affairs: Law and Treaties*, 2 vols.（Washington, D.C.: Government Printing Office, 1904）, 2:9.

27. 引自 Claudio Saunt, *A New Order of Things: Property, Power, and the Transformation of the Creek Indians, 1733–1816*（Cambridge: Cambridge University Press, 1999）, 61。

28. "Report on the Committee of Indians Affairs," in Colin G. Calloway, ed., *Revolution and Confederation*, vol. 18 of Alden T. Vaughn, gen. ed., *Early American Indian Documents: Treaties and Laws, 1607–1789*（Bethesda, Md.: University Publications of America, 1994）, 290.

29. Frederick E. Hoxie, introduction to Hoxie et al., *Native Americans and the Early Republic*, ix.

30. Brian DeLay, "Independent Indians and the U.S.–Mexican War," *American Historical Review*（2007）.

31. Nelson Vance Russell, *The British Régime in Michigan and the Old Northwest, 1760–1796*（Northfield, Minn.: Carleton College, 1939）, 230.

32. "Speech of the United Indian Nations to Congress," in Calloway, *Revolution and Confederation*, 356.

33. Robert G. Parkinson, *The Common Cause: Creating Race and Nation in the American Revolution*（Chapel Hill: University of North Carolina Press, 2016）, 534.

34. Susan Sleeper-Smith, *Indigenous Prosperity and American Conquest: Indian Women of the Ohio River Valley, 1690–1792*（Chapel Hill: University of North Carolina Press, 2018）, 286. 另参阅 Alan Taylor, *The Civil War of 1812: American Citizens, British Subjects, Irish Rebels, and Indian Allies*（New York: Vintage Books, 2010）。

35. 正如科林·卡洛韦（Colin Calloway）所述："烧毁房屋、破坏田地以及杀害非战斗人员不一定能摧毁人们的战斗意志，甚至不能削弱他们取胜的能力。"*American Revolution in Indian Country*, 272.

36. Calloway, *Revolution and Confederation*, 279. 另参阅 Bethel Saler, *The Settlers' Empire: Colonialism and State Formation in America's Old Northwest*（Philadelphia: University of Pennsylvania Press, 2015）, 29–30。

37. 引自 Maier, *Ratification*, 11–18。

38. Ferling, *A Leap in the Dark*, 255.

39. P. J. Marshall, "Britain's American Problem: The International Perspective," in Edward G. Gray and Jane Kamensky, eds., *The Oxford Handbook of the American Revolution*（New York: Oxford University Press, 2013）.

40. Eric Hobsbawm, *The Age of Revolution, 1789–1848*, rev. ed.（New York: Vintage Books, 1996）, 9.

41. Hobsbawm, *The Age of Revolution*, 42–43, 53–76.

42. Maier, *Ratification*, 12–13.

43. James P. Ronda, *Astoria and Empire*（Lincoln: University of Nebraska Press, 1990）. 另参阅第 7 章。

44. Hutchinson and Rachal, *Papers of James Madison*, 7:425.

45. Jacob F. Lee, *Masters of the Middle Waters: Indian Nations and Colonial Ambitions along the Mississippi*（Cambridge, Mass.: Harvard University Press, 2019）, 196.

46. Allan Greer, *Property and Dispossession: Natives, Empires, and Land in Early Modern North America*（New York: Cambridge University Press, 2018）, 389–415.

47. Aron, *How the West Was Lost*, 77–78.

48. Lee, *Masters of the Middle Waters*, 199.

49. 引自 Aron, *How the West Was Lost*, 80。

50. William G. McLoughlin, *Cherokee Renascence in the New Republic*（Princeton: Princeton University Press, 1986）, 18.

51. William A. Hunter, "History of the Ohio Valley," in Bruce G. Trigger, ed., *The Northeast*, vol. 15 of *Handbook of North American Indians*（Washington, D.C.: Smithsonian Institute, 1978）, 590–93.

52. 引自 Aron, *How the West Was Lost*, 2。

53. 参阅本书第 9 章。

54. 引自 Claudio Saunt, "The Age of Imperial Expansion, 1763–1821," in Frederick E. Hoxie, ed., *The Oxford Handbook of American Indian History*（New York: Oxford University Press, 2016）, 85。

55. Colin G. Calloway, *The Indian World of George Washington: The First President, the First Americans, and the Birth of the Nation*（New York: Ox-

ford University Press, 2018）, 300.

56. Ablavksy, "The Savage Constitution," 1008.

57. Holton, *Unruly Americans*, 8.

58. Holton, *Unruly Americans*, 8–23.

59. 引自 Holton, *Unruly Americans*, 144。

60. 引自 Sleeper-Smith, *Indigenous Prosperity and American Conquest*, 261。

61. Gregory Ablavsky, "'With the Indian Tribes': Race, Citizenship, and Original Constitutional Meanings," *Stanford Law Review*（2018）: 1026–76.

62. 引自 Calloway, *The Indian World of George Washington*, 295。

63. Taylor, *American Revolutions*, 344. 另参阅 Calloway, *Indian World of George Washington*, 262–63。

64. John C. Fitzpatrick, ed., *The Writings of George Washington: From the Original Manuscript Sources, 1745–1799*（Washington, D.C.: Government Printing Office, 1938）, 27:486.

65. Calloway, *Indian World of George Washington*, 288.

66. Hutchinson and Rachal, *Papers of James Madison*, 7:427.

67. Sleeper-Smith, *Indigenous Prosperity and American Conquest*, 175–209.

68. Thomas L. McKenny and James Hall, *History of the Indian Tribes of North America, with Biographical Sketches and Anecdotes of the Principal Chiefs Embellished with One Hundred and Twenty Portraits from the Indian Gallery in the Department of War, at Washington*, rev. ed.（Kent, Ohio: Volair）, 1978.

69. Sleeper-Smith, *Indigenous Prosperity and American Conquest*, 197.

70. Sleeper-Smith, *Indigenous Prosperity and American Conquest*, 197.

71. Sleeper-Smith, *Indigenous Prosperity and American Conquest*, 197.

72. Sleeper-Smith, *Indigenous Prosperity and American Conquest*, 198–202.

73. Sleeper-Smith, *Indigenous Prosperity and American Conquest*, 214.

74. Calloway, "The Continuing Revolution in Indian Country," 13. 另参阅 Sleeper-Smith, *Indigenous Prosperity and American Conquest*, 215。

75. Saler, *Setters' Empire*, 26–27.

76. 引自 Russell, *The British Régime in Michigan and the Old Northwest*, 228. 有关西班牙和法国对《巴黎条约》所划定边界提出的质疑，另参阅该著作第 217—229 页。

77. Taylor, *American Revolutions*, 339.

78. Jack N. Rakove, *The Beginnings of National Politics: An Interpretive History of the Continental Congress* (New York: Knopf, 1979), 179.

79. Frank Pommersheim, *Broken Landscape: Indians, Indian Tribes, and the Constitution* (New York: Oxford University Press, 2009), 17–21.

80. 引自 Ablavksy, "The Savage Constitution," 1019。

81. Colin G. Calloway, *Pen & Ink Witchcraft: Treaties and Treaty Making in American Indian History* (New York: Oxford University Press, 2013), 68–102.

82. "Governor Clinton to the U.S. Indian Commissioners," in Calloway, *Revolution and Confederation*, 301。（原文着重强调了某些内容）

83. 引自 Daniel K. Richter, "Onas, the Long Knife: Pennsylvanians and Indians," in Hoxie et al., *Native Americans and the Early Republic*, 190；以及 Taylor, *American Revolutions*, 342。

84. "Treaty with the Six Nations, 1784," in Kappler, *Indian Affairs*, 2:5.

85. "Treaty with the Six Nations, 1784," 2:6.

86. Maier, *Ratification*, 13. 另参阅 Ablavsky, "The Savage Constitution," 1023–24。

87. 引自 Maier, *Ratification*, 13。

88. Richter, "Onas, the Long Knife," 139.

89. Ablavksy, "The Savage Constitution," 1024.

90. Adam Tate, "James Madison, 1780–1787: Nationalism and Political Reform," in Stuart Leibiger, ed., *A Companion to James Madison and James Monroe*（Madlen, Mass.: Wiley-Blackwell, 2013）, 48–53.

91. Robert A. Rutland and William M. E. Rachal, eds., *The Papers of James Madison*, 15 vols.（Chicago: University of Chicago Press, 1971）, 8:113.

92. Rutland and Rachal, *Papers of James Madison*, 8:116–17.

93. Joseph T. Glatthaar and James Kirby Martin, *Forgotten Allies: The Oneida Indians and the American Revolution*（New York: Hill & Wang, 2006）.

94. Rutland and Rachal, *Papers of James Madison*, 8:99.

95. 引自 Holton, *Unruly Americans*, 24。

96. Sleeper-Smith, *Indigenous Prosperity and American Conquest, 246*. 另参阅 Calloway, *Indian World of George Washington*, 172–73. 弗吉尼亚种植园主"明白他们必须走多样化之路，保护自己免受烟草经济繁荣和衰退周期的影响"（第 172 页）。

97. "From Thomas Jefferson," in Rutland and Rachal, *Papers of James Madison*, 8:128.

98. 引自 Calloway, *Indian World of George Washington*, 294。

99. Maier, *Ratification*, 8.

100. Maier, *Ratification*, 8.

101. Calloway, *Indian World of George Washington*, 172.

102. Maier, *Ratification*, 8.

103. Calloway, *Indian World of George Washington*, 297.

104. Calloway, *Indian World of George Washington*, 294–97.

105. 引自 Calloway, *Indian World of George Washington*, 294。

106. Donald Jackson and Dorothy Twohig, eds., *The Diaries of George Washington*（Charlottesville: University of Virginia Press, 1978）4:18.

107. Jackson and Twohig, *Diaries of George Washington*, 4:18.

108. Jackson and Twohig, *Diaries of George Washington*, 4:21.

109. Fitzpatrick, *Writings of George Washington*, 27:486.

110. Fitzpatrick, *Writings of George Washington*, 27:486.

111. W. W. Abbot and Dorothy Twohig, eds., *The Papers of George Washington*, 8 vols.（Charlottesville: University of Virginia Press, 1992）, 2:170.

112. 引自 Saler, *Settlers' Empire*, 27–28。

113. Fitzpatrick, *Writings of George Washington*, 27:486–87。（原文着重强调了某些内容）

114. Historian Joseph Ellis，引自 Calloway, *Indian World of George Washington*, 297。

115. 参阅 Jackson and Twohig, *Diaries of George Washington*, 4:21–58。

116. Jackson and Twohig, *Diaries of George Washington*, 4:66.

117. 引自 Sleeper-Smith, *Indigenous Prosperity and American Conquest*, 245。

118. Jackson and Twohig, *Diaries of George Washington*, 4:57.

119. Fitzpatrick, *Writings of George Washington*, 27:486.

120. Gordon S. Wood, *Empire of Liberty: A History of the Early Republic*,

1789–1815（New York: Oxford University Press, 2009），123. 另参阅第 7 章。

121. 有关"美利坚合众国共和制度的双重性质"，参阅 Saler, *Settlers' Empire*, 27。

122. "Resolutions on Western Law Enforcement and Mississippi Navigation," in Rutland and Rachal, *Papers of James Madison*, 8:124–25.

123. "Treaty with the Cherokee, 1785," in Kappler, *Indian Affairs*, 2:9（原文着重强调了某些内容）。

124. Lisa Ford, *Settler Sovereignty: Jurisdiction and Indigenous People in America and Australia, 1788–1836*（Cambridge, Mass.: Harvard University Press, 2010），60.

125. Fitzpatrick, *Writings of George Washington*, 27:487.

126. Fitzpatrick, *Writings of George Washington*, 27:486.

127. Fitzpatrick, *Writings of George Washington*, 27:487.

128. Adam Dahl, *Empire of the People: Settler Colonialism and the Foundations of Modern Democratic Thought*（Lawrence: University of Kansas Press, 2018），34–35.

129. 引自 Dahl, *Empire of the People*, 35。

130. 引自 Dahl, *Empire of the People*, 35–36。

131. Calloway, *Indian World of George Washington*, 7.

132. Abbott and Twohig, *Papers of George Washington*, 2:144.

133. Abbott and Twohig, *Papers of George Washington*, 2:171.

134. 有关麦迪逊 1784 年的港口法案，参阅 Tate, "James Madison, 1780–1787," 80。

135. Abbott and Twohig, *Papers of George Washington*, 2:166.

136. Abbott and Twohig, *Papers of George Washington*, 2:171.

137. 引自 Daniel P. Barr, *A Colony Sprung from Hell: Pittsburgh and the Struggle for Authority on the Western Pennsylvania Frontier, 1744–1794* (Kent: Kent State University Press, 2014), 256。

138. William Findley, *History of the Insurrection in the Four Western Counties of Pennsylvania* (Spartanburg, S.C.: Reprint Company, 1984), ix. 另参阅 Steven R. Boyd, ed., *The Whiskey Rebellion: Past and Present Perspectives* (Westport, Conn.: Green-wood, 1985), 77–95。

139. Abbott and Twohig, *Papers of George Washington*, 2:171–72.

140. Ferling, *A Leap in the Dark*, 259.

141. Taylor, *American Revolutions*, 340.

142. Greer, *Property and Dispossession*, 408. 另参阅第 7 章。

143. Ferling, *A Leap in the Dark*, 257–64.

144. 引自 Taylor, *American Revolutions*, 340。

145. 引自 Holton, *Unruly Americans*, 144。

146. Wood, *The Idea of America*, 184. 另参阅 Saler, *The Settlers' Empire*, 30–32。

147. 有关第十四修正案对印第安人的影响，参阅本书第 10 章。

148. Ablavsky, "The Savage Constitution," 1050.

149. Sayler, *The Settlers' Empire*, 30.

150. 引自 Ablavsky, "The Savage Constitution," 1048。

151. 引自 Ablavsky, "The Savage Constitution," 1049。

PART II | STRUGGLES FOR SOVEREIGNTY
第二部分 | 主权的斗争

Chapter 7. The Deluge of Settler Colonialism
Democracy and Dispossession in the Early Republic
7 定居者殖民主义的洪水：
美国早期的民主与剥夺

1. 引自 Ronald Takaki, *A Different Mirror: A History of Multicultural America*（Boston: Little, Brown, 1993）, 96。

2. Matthew L. M. Fletcher, "Avoiding Removal: The Pokagon Band of Potawatomi Indians," in Suzan Shown Harjo, ed., *Nation to Nation: Treaties between the United States & American Indian Nations*（Washington, D.C.: Smithsonian Institution, 2014）, 86–87. 另参阅 Jeffrey Ostler, *Surviving Genocide: Native Nations and the United States from the American Revolution to Bleeding Kansas*（New Haven: Yale University Press, 2019）, 311–17。

3. Fletcher, "Avoiding Removal," 86.

4. "Treaty with the Chippewa, etc., 1833," in Charles J. Kappler, ed., *Indian Affairs: Law and Treaties*, 2 vols.（Washington, D.C.: Government Printing Office, 1904）, 2:402.

5. "1829–1851 年期间，美国政府与纽约、西北领地和密西西比河以西附近地区的 26 个……部落签订了 86 项经正式批准且生效的条约……单涉及波塔瓦托米印第安人的条约便达 19 项。"Francis Paul Prucha, *American Indian Treaties: The History of a Political Anomaly*（Berkeley: Universi-

ty of California Press, 1994), 184。

6. Office Commissary General Subsistence, "To Lieutenant L. F. Carter, Washington, November 30, 1830," in *Correspondence on the Subject of the Emigration of the Indians between the 30th November, 1831, and 27th December, 1833*, vol. 1 (Washington, D.C., 1834), reprinted as *The Indian Removals*, 5 vols. (New York: AMS, 1974), 1:5.

7. "Treaty with the Potawatomi, 1826"; "Treaty with the Potawatomi, 1827"; "Treaty with the Winnebago, etc. 1828"; "Treaty with the Potawatomi, 1828"; "Treaty with the Chippewa, etc., 1829"; "Treaty with the Potawatomi, (October 20,) 1832"; "Treaty with the Potawatomi, (October 26,) 1832"; and "Treaty with the Potawatomi, (October 27,) 1832"; in Kappler, *Indian Affairs*, 2:273–77, 283–84, 292–94, 294–97, 297–300, 353–56, 367–70, 372–75.

8. 有关美国早期政府在密歇根南部对原住民的剥夺行为的概述，参阅Tiya Miles, *The Dawn of Detroit: A Chronicle of Slavery and Freedom in the City of the Straits* (New York: New Press, 2017), 203–12。

9. Susan Sleeper-Smith, *Indigenous Prosperity and American Conquest: Indian Women of the Ohio River Valley, 1690–1792* (Chapel Hill: University of North Carolina Press, 2018).

10. Sleeper-Smith, *Indigenous Prosperity and American Conquest*.

11. Francois Furstenberg, "The Significance of the Trans-Appalachian Frontier in Atlantic History," *American Historical Review* (June 2008): 650.

12. Adam Dahl, *Empire of the People: Settler Colonialism and the Foundations of Modern Democratic Thought* (Lawrence: University of Kansas Press, 2018); and Roxanne Dunbar-Ortiz, *An Indigenous Peoples' History of the United States* (Boston: Beacon, 2014), esp. 78–132.

13. "Indian Removal Act," May 28, 1830, in Francis Paul Prucha, ed., *Docu-

ments of United States Indian Policy, 3rd ed.（Lincoln: University of Nebraska Press, 2000）, 52.

14. "Andrew Jackson, State of the Union Address, December 6, 1830," in Theda Perdue and Michael D. Green, eds., *The Cherokee Removal: A Brief History with Documents*, 2nd ed.（Boston: Bedford St. Martin's, 2005）, 127.

15. Prucha, *American Indian Treaties*, 168–207.

16. Eric Foner, *The Fiery Trial: Abraham Lincoln and American Slavery*（New York: Norton, 2010）, 4.

17. Miles, *Dawn of Detroit*, 99–100.

18. Foner, *The Fiery Trial*, 6.

19. E. P. Thompson, *The Making of the English Working Class*（New York: Vintage Books, 1966）, 191.

20. Daniel Walker Howe, *What Hath God Wrought: The Transformation of America, 1815–1848*（New York: Oxford University Press, 2007）.

21. "北方运河的修建，蒸汽船的到来，还有后来铁路的出现，引发了经济变革，创造出融合型经济体系，将商业农场和不断壮大的城市工业中心结合在一起。南方的市场革命，原住民遭受的军事失败以及被迫迁移，使得奴隶制度向西扩张成为可能，促进了墨西哥湾沿岸伟大棉花王国的崛起。" Foner, *Fiery Trial*, 9。

22. Claudio Saunt, *A New Order of Things: Property, Power, and the Transformation of the Creek Indians, 1733–1816*（New York: Cambridge University Press, 1999）, 62.

23. 引自 Saunt, *A New Order of Things*, 63。

24. Walter Johnson, *River of Dark Dreams: Slavery and Empire in the Cotton Kingdom*（Cambridge, Mass.: Harvard University Press, 2013）, 34–40.

25. Dahl, *Empire of the People*, 2.

26. Joyce Appleby, *Liberalism and Republicanism in the Historical Imagination*（Cambridge, Mass.: Harvard University Press, 1992）, 58.

27. 引自 Eric Foner, *Free Soil, Free Labor, Free Men: The Ideology of the Republican Party Before the Civil War*（New York: Oxford University Press, 1970）, 39。

28. Karl Polanyi, *The Great Transformation: The Political and Economic Origins of Our Time*, 引自 Appleby, *Liberalism and Republicanism in the Historical Imagination*, 58。

29. Andrew J. Torget, *Seeds of Empire: Cotton, Slavery, and the Transformation of the Texas Borderlands, 1800–1850*（Chapel Hill: University of North Carolina Press, 2015）, 137.

30. Howe, *What Hath God Wrought*, 118.

31. Takaki, *A Different Mirror*, 81.

32. Sven Beckert, *The Monied Metropolis: New York City and the Consolidation of the American Bourgeoisie, 1850–1896*（New York: Cambridge University Press, 2001）, 16–19.

33. Howe, *What Hath God Wrought*, 120. 另参阅 Sean Wilentz, *Chants Democratic: New York City and the Rise of the American Working Class, 1788–1850*（New York: Oxford University Press, 1984）, 25。

34. Sven Beckert, *Empire of Cotton: A Global History*（New York: Knopf, 2014）, 131–36.

35. 参阅 David J. Wishart, *The Fur Trade of the American West, 1807–1840: A Geographical Synthesis*（Lincoln: University of Nebraska Press, 1979）, 53–78。

36. James P. Ronda, *Astoria and Empire*（Lincoln: University of Nebraska

Press, 1990）, 2.

37. Ronda, *Astoria and Empire*, 218–19.

38. Daniel J. Hulsebosch, *Constituting Empire: New York and the Transformation of Constitutionalism in the Atlantic World, 1664–1830* （Chapel Hill: University of North Carolina Press, 2005）, 263.

39. 引自 Amalia D. Kessler, *Inventing American Exceptionalism: The Origins of American Adversarial Legal Culture, 1800–1877* （New Haven: Yale University Press, 2017）, 47。

40. 有关跨阶级之间不断增强的社会联系，参阅 Gordon S. Wood, *The Radicalism of the American Revolution: How a Revolution Transformed a Monarchical Society into a Democratic One Unlike Any That Had Ever Existed*（New York: Knopf, 1992）, esp. 124–45。

41. Philip D. Morgan, *Slave Counterpoint: Black Culture in the Eighteenth-Century Chesapeake and Lowcountry* （Chapel Hill: University of North Carolina Press, 1998）, 271.

42. Alan Taylor, *American Revolutions: A Continental History, 1750–1804*（New York: Norton, 2016）, 357–61.

43. Howe, *What Hath God Wrought*, 121.

44. Clare A. Lyons, *Sex among the Rabble: An Intimate History of Gender and Power in the Age of Revolution; Philadelphia, 1730–1830* （Chapel Hill: University of North Carolina Press, 2006）, 290.

45. Lyons, *Sex among the Rabble*, 309.

46. Lyons, *Sex among the Rabble*, 290.

47. Howe, *What Hath God Wrought*, 34.

48. Lyons, *Sex among the Rabble*, 244.

49. 引自 Dahl, *Empire of the People*, 37。另参阅 Bethel Saler, *The Settlers' Empire: Colonialism and State Formation in America's Old Northwest* （Philadelphia: University of Pennsylvania Press, 2015）, 19–26。

50. Saler, *The Settlers' Empire*, 307. "对控制的反感"出自弗雷德里克·杰克逊·特纳，萨勒（Saler）的著作引用了特纳的话。

51. Dahl, *Empire of the People*, 37.

52. 引自 Lawrence H. Fuchs, *The American Kaleidoscope: Race, Ethnicity, and the Civic Culture* （Hanover: University Press of New England, 1990）, 13。另参阅 Hulsebosch, *Constituting Empire*, 186–87。

53. Fuchs, *The American Kaleidoscope*, 15. 另参阅 Takaki, *A Different Mirror*, 80。

54. Foner, *The Fiery Trial*, 16.

55. Jaqueline Jones, *A Dreadful Deceit: The Myth of Race from the Colonial Era to Obama's America* （New York: Basic Books, 2013）, 95.

56. Foner, T*he Fiery Trail*, 7. 参阅 Ibram X. Kendi, *Stamped from the Beginning: The Definitive History of Racist Ideas in America* （New York: Nation Books, 2016）, 117。

57. Kendi, *Stamped from the Beginning*, 120.

58. David Waldstreicher, *Slavery's Constitution: From Revolution to Ratification* （New York: Hill & Wang, 2009）, 156. 另参阅 Jones, *A Dreadful Deceit*, 83–95。

59. Robert G. Parkinson, *The Common Cause: Creating Race and Nation in the American Revolution* （Chapel Hill: University of North Carolina Press, 2016）, 661.

60. 引自 Kendi, *Stamped from the Beginning*, 104–5。

61. 有关突出"美国启蒙"思想"多样性"和"多元化"的启蒙运动原则概述，参阅 Caroline Winterer, *American Enlightenments: Pursuing Happiness in the Age of Reason*（New Haven: Yale University Press, 2016）。

62. 例如参阅 David R. Roediger, *The Wages of Whiteness: Race and the Making of the American Working Class*（New York: Verso, 1991）, 26. 另参阅 Ronald Takaki, *Iron Cages: Race and Culture in 19th-Century America*（New York: Oxford University Press, 1990）。

63. 引自 Dahl, *Empire of the People*, 86。

64. 引自 *Dahl, Empire of the People*, 87。

65. Ernest Renan, "Qu-est-ce qu'une nation?" in John Hutchinson and Anthony D. Smith, eds., *Nationalism*（New York: Oxford University Press, 1994）. 勒南（Renan）提出了一个经久不衰的观点，即"民族并非永恒的事物……它们在一定程度上"起源于共同的"历史……是一种丰富的记忆遗产"。这些记忆是"伟大团结的基础，人们的牺牲以及愿意为了共同目标再次牺牲的情感，构成了这种团结。"（第 17–18 页）

66. Colin G. Calloway, *The Indian History of an American Institution: Native Americans and Dartmouth*（Hanover: Dartmouth College Press, 2010）, 26.

67. Parkinson, *The Common Cause*, 648.

68. 引自 Calloway, *The Indian History of an American Institution*, 27。

69. Winterer, *American Enlightenments*, 11.

70. Winterer, *American Enlightenments*, 11.

71. Benedict Anderson, *Imagined Communities: Reflections on the Origin and Spread of Nationalism*（London: Verso, 1983）, 187–206.

72. 引自 Dahl, *Empire of the People*, 2–3。

73. Dahl, *Empire of the People*, 3–4.

74. Dahl, *Empire of the People*, 3.

75. 引自 Dahl, *Empire of the People*, 2。另参阅 Winterer, *American Enlightenments*, 209–10。

76. 引自 Takaki, *Iron Cages*, 38。

77. Annette Gordon-Reed and Peter S. Onuf, *"Most Blessed of the Patriarchs": Thomas Jefferson and the Empire of the Imagination* (New York: Liveright, 2016).

78. Kendi, *Stamped from the Beginning*, 102. 另参阅 Richard Drinnon, *Facing West: The Metaphysics of Indian-Hating and Empire-Building* (Minneapolis: University of Minnesota Press, 1980), 90–116。

79. 引自 Alan Taylor, *Thomas Jefferson's Education* (New York: Norton, 2019), 50。

80. 引自 Drinnon, *Facing West*, 93。

81. 引自 Takaki, *Iron Cages*, 36。

82. Foner, *Fiery Trial*, 15; Kendi, *Stamped from the Beginning*, 121.

83. Kendi, *Stamped from the Beginning*, 109. 另参阅 Taylor, *Thomas Jefferson's Education*, 133–60。

84. Taylor, *Thomas Jefferson's Education*, 141.

85. 引自 Lisa Ford, *Settler Sovereignty: Jurisdiction and Indigenous Peoples in America and Australia, 1788–1836* (Cambridge, Mass.: Harvard University Press, 2010), 24。

86. 引自 Winterer, *American Enlightenments*, 113；另参阅第 112–114 页。

87. Reginald Horsman, "The Indian Policy of an 'Empire for Liberty,'" in Frederick E. Hoxie et al., eds., *Native Americans and the Early Republic*

（Charlottesville: University Press of Virginia, 1999）, 37–61.

88. 参阅 Horsman, "The Indian Policy of an 'Empire for Liberty.'"

89. 引自 Horsman, "The Indian Policy of an 'Empire for Liberty,'" 45。

90. Claudio Saunt, *Unworthy Republic: The Dispossession of Native Americans and the Road to Indian Territory*（New York: Norton, 2020）, 22–24. 所谓的"文明化政策与19世纪30年代政治和官僚机构驱逐数万人的行动有所不同。"（第23页）

91. Herman J. Viola, *Thomas L. McKenney: Architect of America's Early Indian Policy, 1816–1830*（Chicago: Sage Books, 1974）, 6–20.

92. "President Washington on Government Trading Houses, December 3, 1793," in Prucha, *Documents of United States Indian Policy*, 16。（原文着重强调了某些内容）

93. Calloway, *The Indian History of an American Institution*, 58–66. 另参阅 William G. McLoughlin, *Cherokees and Missionaries, 1789–1839*（New Haven: Yale University Press, 1984）, 21–24。

94. David S. Heidler and Jeanne T. Heidler, *Indian Removal: A Norton Casebook*（New York: Norton, 2007）, 3–9.

95. 引自 Saunt, *Unworthy Republic*, 23。

96. Calloway, *The Indian History of an American Institution, 7–23.* 有关康沃尔教会学校，参阅 John Demos, *The Heathen School: A Story of Hope and Betrayal in the Age of the Early Republic*（New York: Knopf, 2014）, 36–43。

97. 引自 Horsman, "The Indian Policy of an 'Empire for Liberty,'" 41, 43。

98. 引自 Kendi, *Stamped from the Beginning*, 112。

99. Taylor, *Thomas Jefferson's Education*, 135–36.

100. Kendi, *Stamped from the Beginning*, 111–17. "杰斐逊可能私下里告诉自己，人人都是这么做的，或者人人都想这么做，因此自己与萨莉·海明斯的关系是合理的……奴隶主强奸奴隶，或与奴隶性交，似乎是'自然'的事情，在美国的奴隶制度之下，奴役自己的孩子似乎也是正常的。"（第130页）

101. 例如，参阅 Wilson Jeremiah Moses, *Thomas Jefferson: A Modern Prometheus*（New York: Cambridge University Press, 2019）。

102. 引自 Taylor, *Thomas Jefferson's Education*, 134。

103. Jeremy D. Popkin, *You Are All Free: The Haitian Revolution and the Abolition of Slavery*（New York: Cambridge University Press, 2010）, 12.

104. 引自 Kendi, *Stamped from the Beginning*, 123。

105. 有关华盛顿总统任期内对海地革命政治反应的概述，参阅 Popkin, *You Are All Free*, 289–326。

106. Lyons, *Sex among the Rabble*, 195. 另参阅 Bruce Dian, *A Hideous Monster of the Mind: American Race Theory in the Early Republic*（Cambridge, Mass.: Harvard University Press, 2002）, 84. 有关美国逃奴法历史的简介，参阅 R. J. M. Blackett, *The Captive's Quest for Freedom: Fugitive Slaves, the 1850 Fugitive Slave Law, and the Politics of Slavery*（New York: Cambridge University Press, 2018）。

107. Julius S. Scott, *The Common Wind: Afro-American Currents in the Age of the Haitian Revolution*（New York: Verso, 2018）, 188.

108. Popkin, *You Are All Free*, 310–18.

109. 引自 Kendi, *Stamped from the Beginning*, 126。

110. 引自 Kendi, *Stamped from the Beginning*, 144。另参阅 Robert Pierce Forbes, *The Missouri Compromise and Its Aftermath: Slavery and the Meaning of America*（Chapel Hill: University of North Carolina Press, 2007），

27–28。

111. 引自 Taylor, *Thomas Jefferson's Education*, 138。

112. Dian, *A Hideous Monster of the Mind*, 91. 有关塞拉利昂建国的概述，另参阅 Jones, *A Dreadful Deceit*, 88–93。

113. Forbes, *The Missouri Compromise*, 27. 有关杰斐逊总统任期内殖民化工作的论述，参阅第 28 页。

114. Ostler, *Surviving Genocide*, 120–21.

115. 迈阿密酋长小乌龟（Little Turtle）麾下部队的歼敌人数存在争议。参阅 Walter LaFeber, *The American Age: United States Foreign Policy at Home and Abroad since 1750*（New York: Norton, 1989），47. 有关稍低的估值，参阅 Ostler, *Surviving Genocide*, 108。

116. 引自 Ostler, *Surviving Genocide*, 108。

117. 引自 Ostler, *Surviving Genocide*, 108。

118. Jeffrey Ostler, "'Just and Lawful War' as Genocidal War in the (United States) Northwest Ordinance and Northwest Territory, 1787–1832," *Journal of Genocide Research* 18（2016）: 1, 5–7.

119. 例如，参阅 Carl Benn, ed., *John Norton-Teyoninhokarawen: A Mohawk Memoir from the War of 1812*（Toronto: University of Toronto Press, 2019），19–23。

120. 引自 D. W. Meinig, *Continental America, 1800–1867*, vol. 2 of *The Shaping of America: A Geographical Perspective on 500 Years of History*（New Haven: Yale University Press, 1993），10。

121. "Treaty with the Osage, 1808," in Kappler, *Indian Affairs*, 2:95–99. 有关欧塞奇条约，另参阅 Robert Warrior, *The People and the Word: Reading Native Nonfiction*（Minneapolis: University of Minnesota Press, 2005），62。

122. "Treaty with the Ottawa, etc., 1807," in Kappler *Indian Affairs*, 2:92–95.

123. Carole Goldberg et al., eds., *Indian Law Stories* (New York: Foundation, 2011), 2.

124. 有关国会权力与条约缔结之间关系演变的深入讨论，参阅 David M. Golove, "Treaty-Making and the Nation: The Constitutional Foundations of the Nationalist Conception of the Treaty Power," *Michigan Law Review* (Spring 2000): 1075–1319。

125. Prucha, *American Indian Treaties*, 106.

126. 引自 Furstenberg, "The Significance of the Trans-Appalachian Frontier in Atlantic History," 655。

127. "启蒙的希望总是伴随着疑虑，而非确定性。" Winterer, *American Enlightenments*, 16。

128. 有关条约如何影响美国参议院惯例的经典研究，参阅 Ralston Hayden, *The Senate and Treaties, 1789–1817: The Development of the Treaty-Making Functions of the United States Senate during Their Formative Period* (New York: Macmillan, 1920)。另参阅 Prucha, *American Indian Treaties*, 70–79。

129. Margot Canaday, *The Straight State: Sexuality and Citizenship in Twentieth-Century America* (Princeton: Princeton University Press, 2009), 3.

130. Hayden, *The Senate and Treaties*, 11–16.

131. Taylor, *American Revolutions*, 392.

132. 引自 Taylor, *American Revolutions*, 393。

133. 引自 Prucha, *American Indian Treaties*, 71。有关该条约，参阅 "Treaty with the Wyandot, etc., 1789," in Kappler, *Indian Affairs*, 2:18–23。

134. 引自 Hayden, *The Senate and Treaties*, 14。

135. 引自 Prucha, *American Indian Treaties*, 71–72；以及 Hayden, *The Senate and Treaties*, 15。

136. 参阅 Kappler, *Indian Affairs*, 2:18–45。

137. Thomas Bender, *A Nation among Nations: America's Place in World History*（New York: Hill & Wang, 2006）, 106.

138. "Treaty with the Wyandot, etc., 1795," in Kappler, *Indian Affairs*, 2:39–45.

139. "Treaty with the Wyandot, etc., 1795," 2:39–45.

140. Michael Witgen, *An Infinity of Nations: How the Native New World Shaped Early America*（Philadelphia: University of Pennsylvania Press, 2012）, 219. 另参阅 Michael Wigten, "A Nation of Settlers: The Early American Republic and the Colonization of the Northwest Territory," *William and Mary Quarterly* 76（2019）: 391–98。

141. "Treaty with the Wyandot, etc., 1795," 2:42. 另参阅 Witgen, "A Nation of Settlers," 397–98。

142. 有关约翰逊诉麦金托什一案的裁决，参阅第 8 章。

143. Taylor, *American Revolutions*, 406.

144. Bender, *A Nation among Nations*, 107.

145. LaFeber, *The American Age*, 47.

146. Moses, *Thomas Jefferson*, 441–43. 另参阅 Gordon-Reed and Onuf, *"Most Blessed of the Patriarchs,"* 198–99。

147. 引自 Everett Somerville Brown, *The Constitutional History of the Louisiana Purchase*（Berkeley: University of California Press, 1920）, 7n17。

148. Taylor, *American Revolutions*, 385.

149. 引自 Brown, *The Constitutional History of the Louisiana Purchase*,

7n17（原文着重强调了某些内容）。"Piarningo"可能指的是美国的奇克索族盟友"皮明戈"（Piomingo）。皮明戈反对针对美国的军事行动，支持通过外交努力来解决问题，如《圣洛伦索条约》的签订。奇克索族有两位名叫"皮明戈"的领导人，但学者们尚未发现，杰斐逊在1796年3月提到的皮明戈是否为条约会议中提到的同名领导人。参阅 Jason Herbert, "'To Treaty with All Nations': Invoking Authority within the Chickasaw Nation, 1783–1795," *Ohio Valley History*（Spring 2018）: 27–29。

150. 有关"总统亚当斯和杰斐逊对海地态度的差别"，参阅 Moses, *Thomas Jefferson*, 454–57。另参阅 Bender, *A Nation among Nations*, 108–9；以及 Taylor, *American Revolutions*, 429。

151. Peter J. Kastor, *The Nation's Crucible: The Louisiana Purchase and the Creation of America*（New Haven: Yale University Press, 2004）, 40.

152. Taylor, *American Revolutions*, 419–23.

153. 引自 Ford, *Settler Sovereignty*, 24。

154. 引自 Brown, *The Constitutional History of the Louisiana Purchase*, 23。

155. 引自 Brown, *The Constitutional History of the Louisiana Purchase*, 23。

156. 引自 Brown, *The Constitutional History of the Louisiana Purchase*, 26。

157. 引自 Brown, *The Constitutional History of the Louisiana Purchase*, 26。

158. Foner, *Fiery Trial*, 71.

159. Walter Johnson, *Soul by Soul: Life inside the Antebellum Slave Market*（Cam-bridge, Mass.: Harvard University Press, 1999）, 5.

160. 引自 Saunt, *Unworthy Republic*, xiv。

161. Johnson, *Soul by Soul*, 6.

162. Maureen Konkle, *Writing Indian Nations: Native Intellectuals and the Politics of Historiography, 1827–1863*（Chapel Hill: University of North

Carolina Press, 2004), esp. 42–96.

163. 有关迁移过程中原住民在集中安置场所的死亡情况，参阅 Saunt, *Unworthy Republic*, 148–55。另参阅 Ostler, *Surviving Genocide*。

164. 参阅 Francis Paul Prucha, ed., *Atlas of American Indian Affairs* (Lincoln: University of Nebraska Press, 1990), 94–97。这些差别根据的是非大西洋沿岸的军事据点。

165. Prucha, *Atlas of American Indian Affairs*, 98.

166. Julie L. Reed, *Serving the Nation: Cherokee Sovereignty and Social Welfare, 1800–1907* (Norman: University of Oklahoma Press, 2016), esp. 38–59. 另参阅 Saunt, *A New Order of Things*, 38–185。

167. Reed, *Serving the Nation*, 5.

168. Saunt, *Unworthy Republic*, 48.

169. 引自 Ford, *Settler Sovereignty*, 134。

170. 引自 Ford, *Settler Sovereignty*, 134。

171. 引自 Ford, *Settler Sovereignty*, 135。

172. Saunt, *Unworthy Republic*, 48。

173. 引自 Ford, *Settler Sovereignty*, 141。

174. 引自 Ford, *Settler Sovereignty*, 135。

175. Reed, Serving the Nation, 30. 有关布迪诺特在康沃尔教会学校所受教育的概述，参阅 Ralph Henry Gabriel, *Elias Boudinot: Cherokee and His America* (Norman: University of Oklahoma Press, 1941), 49–65。关于塞阔雅的学术研究范围非常广泛。如需参考包括大量引文的概述，参阅 Konkle, *Writing Indian Nations*, 78–96。

176. 引自 Saunt, *Unworthy Republic*, 49。

177. 引自 Keith Richotte Jr., *Federal Indian Law and Policy: An Introduction*（St. Paul, Minn.: West Academic, 2020）, 60。

178. 引自 Saunt, *Unworthy Republic*, 163。

179. 引自 Saunt, *Unworthy Republic*, 163。

180. 引自 Saunt, *Unworthy Republic*, 164–65。

Chapter 8. Foreign Policy Formations
California, the Pacific, and the Borderlands Originsof the Monroe Doctrine
8 外交政策的形成：
加利福尼亚、太平洋与门罗主义的边疆起源

1. "Table A3.9: Building Construction at San Gabriel Mission," in Robert H. Jackson and Edward Castillo, *Indians, Franciscans, and Spanish Colonization: The Impact of the Mission System on California Indians*（Albuquerque: University of New Mexico Press, 1995），149.

2. 引自 Steven W. Hackel, "Sources of Rebellion: Indian Testimony and the Mission San Gabriel Uprising of 1785," *Ethnohistory* 50（2003）: 648, 662n21。

3. 引自 Richard F. Pourande, *Anza Conquers the Desert: The Anza Expeditions from Mexico to California and the Founding of San Francisco, 1774 to 1776*（San Diego: Copley Books, 1971），179。

4. 通瓦人也被称为库米维特人（Kumivit），自古以来居住在洛杉矶盆地（Tovaangar）。1770 年，通瓦人生活在大约 50 个独立的村庄社区中，人口约 5000 人。参阅 Hackel, "Sources of Rebellion," 648。另参阅 Edward D. Castillo, "Gender Status Decline, Resistance, and Accommodation among Female Neophytes in the Missions of California: A San Gabriel Case Study," *American Indian Culture and Research Journal* 18（1994）: 67–93。

5. Steven W. Hackel, *Children of Coyote, Missionaries of Saint Francis:*

Indian-Spanish Relations in Colonial California, 1769–1850（Chapel Hill: University of North Carolina Press, 2005），266.

6. "Table A1.10: Livestock Reported at San Gabriel Mission, 1780–1832," in Jackson and Castillo, *Indians, Franciscans, and Spanish Colonization*, 126; Hackel, Children of Coyote, 266n74.

7. Hackel, *Children of Coyote*, 65–80.

8. Edward Dallam Melillo, *Strangers on Familiar Soil: Rediscovering the Chile-California Connection*（New Haven: Yale University Press, 2015），17.

9. 引自 Jackson and Castillo, *Indians, Franciscans, and Spanish Colonization*, 74–75。

10. 引自 Claudio Saunt, *West of the Revolution: An Uncommon History of 1776*（New York: Norton, 2014），70。另参阅 Saunt, "'My Medicine Is Punishment': A Case of Torture in Early California," *Ethnohistory* 57（2010）: 679–708。

11. 引自 Pourande, *Anza Conquers the Desert*, 179。

12. Saunt, *West of the Revolution*, 59.

13. M. Kat Anderson et al., "A World of Balance and Plenty: Land, Plants, Animals, and Humans in a Pre-European California," in Ramón A. Gutiérrez and Richard J. Orsi, eds., *Contested Eden: California Before the Gold Rush*（Berkeley: University of California Press, 1998），12–47.

14. Hackel, *Children of Coyote*, 266. 另参阅 George Harwood Phillips, *Vineyards and Vaqueros: Indian Labor and the Economic Exploitation of Southern California, 1771– 1877*（Norman: University of Oklahoma Press, 2010），115–17。

15. Hackel, *Children of Coyote*, 266.

16. John Ryan Fischer, *Cattle Colonialism: An Environmental History of the Conquest of California and Hawai'i*（Chapel Hill: University of North Carolina Press, 2015）, 66–69.

17. 尽管有关托普里娜的记录很少，但她仍是一位广受赞誉并富有传奇色彩的原住民领袖。参阅 Hackel, "Sources of Rebellion," 663–64; Antonia I. Castañeda, "Engendering the History of Alta California, 1769–1848: Gender, Sexuality, and the Family," in Gutiérrez and Orsi, *Contested Eden*, 230–59; Castañeda, "Malinche, Calafia, y Toypurina: Of Myths, Monsters and Embodied History," in Linda Heidenreich, ed., *Three Decades of Engendering History: Selected Works of Antonia I. Castañeda*（Denton: University of North Texas Press, 2014）, 75–78; 以及 Isabelle Allende, Zorro（New York: HarperCollins, 2005）。

18. Fischer, *Cattle Colonialism*, 127.

19. Melillo, *Strangers on Familiar Soil*, 10.

20. 引自 Melillo, *Strangers on Familiar Soil*, 26。

21. 引自 D. W. Meinig, *Continental America, 1800–1867*, vol. 2 of *The Shaping of America: A Geographical Perspective on 500 Years of History*（New Haven: Yale University Press, 1993）, 158–59。

22. Daniel Walker Howe, *What Hath God Wrought: The Transformation of America, 1815–1848*（New York: Oxford University Press, 2007）, 809.

23. George Harwood Phillips, *Indians and Intruders in Central California, 1769– 1849*（Norman: University of Oklahoma Press, 1993）.

24. Benjamin Madley, "California and Oregon's Modoc Indians: How Indigenous Resistance Camouflages Genocide in Colonial Histories," in Andrew Woolford et al., eds., *Colonial Genocide in Indigenous North America*（Durham: Duke University Press, 2014）, 98–130; 以及 Madley, *An American Genocide: The United States and the California Indian Catastrophe*（New

Haven: Yale University Press, 2016），12；另参阅第 362—528 页以及该书第 9 章。

25. "在西班牙殖民之前，该州境内居住着约 31 万名印第安人。"Hackel, *Children of Coyote*, 21.

26. James C. Scott, *The Art of Not Being Governed: An Anarchist History of Upland Southeast Asia*（New Haven: Yale University Press, 2009）, 22.

27. Hackel, *Children of Coyote*, 263. 另参阅 Rose Marie Beebe and Robert M. Senkewicz, *Junípero Serra: California, Indians, and the Transformation of a Missionary*（Norman: University of Oklahoma Press, 2015）, 362–64。

28. Fischer, *Cattle Colonialism*, 73. 另参阅 William J. Bauer Jr., "California," in Frederick E. Hoxie, ed., *The Oxford Handbook of American Indian History*（New York: Oxford University Press, 2016）, 282–83。

29. Hackel, *Children of Coyote*, 263–64.

30. Hackel, *Children of Coyote*, 263; Hackel, "Sources of Rebellion," 652.

31. Erika Pérez, *Colonial Intimacies: Interethnic Kinship, Sexuality, and Marriage in Southern California, 1769–1885*（Norman: University of Oklahoma Press, 2018）, 6.

32. Bauer, "California," 284–85. 另参阅 Phillips, *Vineyards and Vaqueros*, 95–100。

33. Hackel, *Children of Coyote*, 310–11.

34. 引自 Phillips, *Vineyards and Vaqueros*, 115。

35. Claudio Saunt, "The Age of Imperial Expansion, 1763–1821," in Hoxie, *The Oxford Handbook of American Indian History*, 80.

36. 引自 Hackel, *Children of Coyote*, 266。另参阅 Hackel, "Sources of Rebellion," 650–51。

37. Saunt, *West of the Revolution*, 60–64; Hackel, *Children of Coyote*, 260.

38. 有关圣加布里埃尔的禁令，参阅 Hackel, *Children of Coyote*, 264n71；有关圣地亚哥的禁令，参阅 Hackel, "Sources of Rebellion," 651。

39. 引自 Hackel, *Children of Coyote*, 263。

40. 引自 Pérez, *Colonial Intimacies*, 43。

41. Lisbeth Haas, ed., *Pablo Tac, Indigenous Scholar: Writing on Luiseño Language and Colonial History, c. 1840*（Berkeley: University of California Press, 2011）, 192.

42. 引自 Lynn H. Gamble, *The Chumash World at European Contact: Power, Trade, and Feasting among Complex Hunter-Gatherers*（Berkeley: University of California Press, 2008）, 115。

43. O.H.K. Spate, *The Spanish Lake: The Pacific since Magellan*（Canberra: Australian National University Press, 1979）, 66.

44. 引自 Gamble, *The Chumash World at European Contact*, 166。另参阅 W. Michael Mathes, *Vizcaíno and Spanish Expansion in the Pacific Ocean, 1580–1630*（San Francisco: California Historical Society, 1968）, 92。

45. Antonia I. Castañeda, "Sexual Violence in the Politics and Policies of Conquest: Amerindian Women and the Spanish Conquest of Alta California" in Heidenreich, *Three Decades of Engendering History, 204*；另参阅第 201–228 页。

46. Castañeda, "Engendering the History of Alta California," 232–35.

47. Cutcha Risling Baldy, *We Are Dancing for You: Native Feminisms and the Revitalization of Women's Coming-of-Age Ceremonies*（Seattle: University of Washington Press, 2018）.

48. Baldy, *We Are Dancing for You*, 57.

49. 引自 Fischer, *Cattle Colonialism*, 68。

50. Hackel, "Sources of Rebellion," 657.

51. Hackel, "Sources of Rebellion," 654–57.

52. 引自 Hackel, "Sources of Rebellion," 655。

53. Hackel, "Sources of Rebellion," 657–58.

54. Hackel, "Sources of Rebellion," 658–59, 669n90.

55. Gamble, *The Chumash World at European Contact*, 236–39.

56. Juan Crespí, "1769: The Santa Barbara Channel," in Rose Marie Beebe and Robert M. Senkewicz, eds., *Lands of Promise and Despair: Chronicles of Early California, 1535–1846*（Berkeley: Heyday Books, 2001）, 121.

57. Gamble, *The Chumash World at European Contact*, 4–8, 223–34.

58. Hackel, *Children of Coyote*, 282.

59. Alan K. Brown, ed. and trans., *Gaspar de Portolá: Explorer and Founder of California*（Lerida: Instituto de Estudios Ilerdenses, 1983）, 243.

60. Theodore H. Hittell, ed., El Triunfo de la Cruz: *A Description of the Building by Father Juan Ugarte of the First Ship Made in California*（San Francisco: Book Club of California, 1977）, 11–12.

61. 引自 Meinig, *Continental America*, 168。

62. 引自 Malcolm J. Rohrbough, *Rush to Gold: The French and the California Gold Rush, 1848–1854*（New Haven: Yale University Press, 2013）, 43。

63. 引自 Melillo, *Strangers on Familiar Soil*, 20–21。

64. 引自 Melillo, *Strangers on Familiar Soil*, 21。

65. Melillo, *Strangers on Familiar Soil*, 21. 另参阅 Susan Delano McKel-

vey, *Botanical Exploration of the Trans-Mississippi West, 1790–1850*（Jamaica Plain, Mass.: Arnold Arboretum of Harvard University, 1955）, 3–10。

66. Julius S. Gassner, ed. and trans., *Voyages and Adventures of La Pérouse: From the Fourteenth Edition of the F. Valentine Abridgment*（Honolulu: University of Hawaii Press, 1969）, 47.

67. Warren L. Cook, *Flood Tide of Empire: Spain and the Pacific Northwest, 1543– 1819*（New Haven: Yale University Press, 1973）, 111–12. 另参阅 Gassner, *Voyages and Adventures of La Pérouse*, 30–38。

68. Cook, *Flood Time of Empire*, 113.

69. McKelvey, *Botanical Exploration of the Trans-Mississippi West*, 6；有关植物的鉴定，另参阅第 6 页第 5 条注释。

70. 引自 Melillo, *Strangers on Familiar Soil*, 24。

71. 引自 Melillo, *Strangers on Familiar Soil*, 24。

72. McKelvey, *Botanical Exploration of the Trans-Mississippi West*, 6.

73. McKelvey, *Botanical Exploration of the Trans-Mississippi West*, 9.

74. P. A. Tikhmenev, *A History of the Russian-American Company*, ed. and trans. Richard A. Pierce and Alton S. Donnelly（Seattle: University of Washington Press, 1978）."Promyshlennik" 译为"俄罗斯设陷阱捕兽者、猎人或贸易商"（第 505 页）。另参阅 Ilya Vinkovetsky, *Russian America: An Overseas Colony of a Continental Empire, 1804–1867*（New York: Oxford University Press, 2011）, 124–26。

75. James R. Gibson, *Otter Skins, Boston Ships, and China Goods: The Maritime Fur Trade of the Northwest Coast, 1785–1841*（Montreal: McGill-Queen's University Press, 1992）, 12–16.

76. Gibson, *Otter Skins, Boston Ships, and China Goods*, 17–18.

77. 引自 Cook, *Flood Tide of Empire*, 113。

78. Melillo, *Strangers on Familiar Soil*, 25.

79. Tikhmenev, *A History of the Russian-American Company*, 99. 另参阅 Cook, *Flood Tide of Empire*, 496–99。

80. Cook, *Flood Tide of Empire*, 499–506.

81. Vinkovetsky, *Russian America*, 91–92.

82. Colin G. Calloway, *The Indian History of an American Institution: Native Americans and Dartmouth* (Hanover: Dartmouth College Press, 2010), 55–56.

83. 引自 Melillo, *Strangers on Familiar Soil*, 25。

84. Gibson, *Otter Skins, Boston Ships, and China Goods*, 18–21.

85. Melillo, *Strangers on Familiar Soil*, 25.

86. 引自 Gibson, *Otter Skins, Boston Ships, and China Goods*, 19。

87. Iris H. W. Engstrand, "Seekers of the 'Northern Mystery': European Exploration of California and the Pacific," in Gutiérrez and Orsi, *Contested Eden*, 86–87; Spate, *The Spanish Lake*, 214–28.

88. Pourande, *Anza Conquers the Desert.* 另参阅 Natale A. Zappia, *Traders and Raiders: The Indigenous World of the Colorado Basin, 1540–1859* (Chapel Hill: University of North Carolina Press, 2014), 69–75。

89. Illona Katzew, *Casta Painting: Images of Race in Eighteenth-Century Mexico* (New Haven: Yale University Press, 2004), 42.

90. Hackel, *Children of Coyote*, 180–81.

91. William S. Simmons, "Indian Peoples of California," in Gutiérrez and Orsi, *Contested Eden*, 56.

92. 有关在征服新墨西哥的过程中对原住民辅军的使用,参阅本书第1章。

93. "From Investigations of Occurrences at Mission San Gabriel on the Night of October 25, 1785," in Beebe and Senkewicz, *Lands of Promise and Despair*, 248.

94. Hackel, "Sources of Rebellion," 656.

95. Pérez, *Colonial Intimacies*, 44.

96. 引自 Pourande, *Anza Conquers the Desert*, 178。

97. 引自 Pérez, *Colonial Intimacies*, 42。

98. 有关对18,770名新信徒以及"多达20万名"未接受基督教化的印第安人的估计,参阅 Robert Ryal Miller, *Juan Alvarado, Governor of California, 1836–1842*(Norman: University of Oklahoma Press, 1998), 3。

99. David J. Weber, *Bárbaros: Spaniards and Their Savages in the Age of Enlightenment*(New Haven: Yale University Press, 2005), 5–12.

100. Iris H. W. Engstrand, *Spanish Scientists in the New World: The Eighteenth-Century Expeditions*(Seattle: University of Washington Press, 1981), 44–75.

101. McKelvey, *Botanical Exploration of the Trans-Mississippi West*, 15–43.

102. Cook, *Flood Time of Empire*, 129–275.

103. "The 1775 Journal of Juan Francisco de la Bodega y Quadra," in Herbet K. Beals et al., eds., *Four Travel Journals: The Americas, Antarctica and Africa, 1775–1874*(London: Hakluyt Society, 2007), 81–83.

104. Cook, *Flood Tide of Empire*, 506.

105. "Appendix E: Nationality of Vessels Visiting the Northwest Coast, 1774–1820," in Cook, *Flood Tide of Empire*, 551. 截至1848年,英国有12艘军舰专门驻留在太平洋港口。参阅 Paul M. Kennedy, *The Rise and*

Fall of British Naval Mastery（New York: Charles Scribner's Sons, 1976），171。

106. 引自 James P. Ronda, *Astoria and Empire*（Lincoln: University of Nebraska Press, 1990），6；另参阅第 4—18 页。

107. James P. Ronda, *Lewis and Clark among the Indians*（Lincoln: University of Nebraska Press, 1984）.

108. Bradford Perkins, *The Creation of a Republican Empire, 1777–1865*（New York: Cambridge University Press, 1993），145.

109. Cook, *Flood Tide of Empire*, 506.

110. 有关1770年—19世纪40年代，北美西北海岸原住民与各帝国的外交概览，参阅 Joshua L. Reid, *The Sea Is My Country: The Maritime World of the Makahs*（New Haven: Yale University Press, 2015），26–105。

111. Reid, *The Sea Is My Country*, 4-12; Richard White, *The Organic Machine: The Remaking of the Columbia River*（New York: Hill & Wang, 1995），3–12.

112. Reid, *The Sea Is My Country*, 7.

113. Cole Harris, *The Resettlement of British Columbia: Essays on Colonialism and Geographic Change*（Vancouver: University of British Columbian Press, 1997），26–30.

114. Cook, *Flood Tide of Empire*, 271–326.

115. Reid, *The Sea Is My Country*, 30–31.

116. Alice W. Shurcliff and Sarah Shurcliff Ingelfinger, eds., *Captive of the Nootka Indians: The Northwest Coast Adventure of John R. Jewitt, 1802–1806*（Boston: Back Bay Books, 1993），48.

117. David J. Silverman, *Thundersticks: Firearms and the Violent Trans-*

formation of Native America（Cambridge, Mass.: Harvard University Press, 2016）, 161.

118. Reid, *The Sea Is My Country*, 21.

119. 引自 Harris, *The Resettlement of British Columbia*, 66。

120. Harris, *The Resettlement of British Columbia*, 33.

121. Harris, *The Resettlement of British Columbi*a, 39, 66.

122. Gray H. Whaley, "American Folk Imperialism and Native Genocide in Southwest Oregon, 1851–1859," in Woolford et al., *Colonial Genocide in Indigenous North America*, 131–48.

123. White, *The Organic Machine*, 16–18.

124. Harris, *The Resettlement of British Columbia*, 20.

125. Shurcliff and Shurcliff Ingelfinger, *Captive of the Nootka Indians*, 46.

126. Charlotte Coté, *Spirits of Our Whaling Ancestors: Revitalizing Makah and Nuuchahnulth Traditions*（Seattle: University of Washington Press, 2010）, 20.

127. Shurcliff and Shurcliff Ingelfinger, *Captive of the Nootka Indians*, 47.

128. Coté, *Spirits of Our Whaling Ancestors*, 6.

129. 引自 Silverman, *Thundersticks*, 160。

130. Shurcliff and Shurcliff Ingelfinger, *Captive of the Nootka Indians*, 5.

131. Shurcliff and Shurcliff Ingelfinger, *Captive of the Nootka Indians*, 112–13.

132. Reid, *The Sea Is My Country*, 81.

133. Reid, *The Sea Is My Country*, 81.

134. Colin G. Calloway, *One Vast Winter Count: The Native American West Before Lewis and Clark*（Lincoln: University of Nebraska Press, 2003）, 404.

135. Andrei Val'Terovich Grinëv, *Russian Colonization of Alaska: Baranov's Era, 1799–1818*, trans. Richard L. Bland（Lincoln: University of Nebraska Press, 2020）, 192.

136. Nora Marks Dauenhauer et al., eds., *Anóoshi Lingít Aaní Ká: Russians in Tlingit America; The Battles of Sitka 1802 and 1804*（Seattle: University of Washington Press, 2008）.

137. 引自 Silverman, *Thundersticks*, 184–86。

138. Silverman, *Thundersticks*, 189.

139. Hackel, *Children of Coyote*, 97.

140. Hackel, *Children of Coyote*, 96–118.

141. 引自 Fischer, *Cattle Colonialism*, 51。

142. Hackel, *Children of Coyote*, 104; Robert H. Jackson, *Indian Population Decline: The Missions of Northwestern New Spain, 1687–1840*（Albuquerque: University of New Mexico Press, 1994）, 125.

143. 引自 Hackel, *Children of Coyote*, 116。

144. Richard A. Pierce, ed., *Remarks and Observations on a Voyage around the World from 1803 to 1807*, 2 vols., ed. and trans. Victoria Joan Moessner（Fairbanks: Limestone Press, 1993）, 2:124–25.

145. Robert Boyd, *The Coming of the Spirit of Pestilence: Introduced Infectious Diseases and Population Decline among Northwest Coast Indians, 1774–1874*（Seattle: University of Washington Press, 1999）, 21–60.

146. Paul Hackett, *A Very Remarkable Sickness: Epidemics in the Petit*

Nord, 1670 to 1846（Winnipeg: University of Manitoba Press, 2002），93.

147. 引自 Harris, *The Resettlement of British Columbia*, 17。

148. Elizabeth Fenn, "The Mandans: Ecology, Population, and Adaptation on the Northern Plains," in Edward Countryman and Julianna Barr, eds., *Contested Spaces of Early America*（Philadelphia: University of Pennsylvania Press, 2014），112–13.

149. 引自 Ryan Hall, *Beneath the Backbone of the World: Blackfoot People and the North American Borderlands, 1720–1877*（Chapel Hill: University of North Carolina Press, 2020），44。

150. Harris, *The Resettlement of British Columbia*, 18–26.

151. 引自 Gray H. Whaley, *Oregon and the Collapse of Illahee: U.S. Empire and the Transformation of an Indigenous World, 1792–1859*（Chapel Hill: University of North Carolina Press, 2010），47–48。

152. Whaley, *Oregon and the Collapse of Illahee*, 77.

153. 例如，参阅 Brian DeLay, *War of a Thousand Deserts: Indian Raids and the U.S.–Mexican War*（New Haven: Yale University Press, 2008）。

154. William H. Goetzmann and Glyndwr Williams, *The Atlas of North American Exploration: From the Norse Voyages to the Race to the Pole*（Norman: University of Oklahoma Press, 1992），136–59.

155. David J. Weber, *The Mexican Frontier, 1821–1846*（Albuquerque: University of New Mexico Press, 1982），9–14.

156. 引自 Robert Pierce Forbes, *The Missouri Compromise and Its Aftermath: Slavery and the Meaning of America*（Chapel Hill: University of North Carolina Press, 2007），33。

157. 引自 Forbes, *The Missouri Compromise and Its Aftermath*, 43。

158. 引自 Walter Johnson, *The Broken Heart of America: St. Louis and the Violent History of the United States*（New York: Basic Books, 2020）, 84。

159. 引自 Forbes, The Missouri Compromise and Its Aftermath, 65。

160. Jay Sexton, *The Monroe Doctrine: Empire and Nation in Nineteenth-Century America*（New York: Hill & Wang, 2015）. "门罗主义的形成并非 1823 年的单一事件，而是一个持续了整个 19 世纪的、有争议的过程。"（第 4 页）

161. Deborah A. Rosen, *Border Law: The First Seminole War and American Nationhood*（Cambridge, Mass.: Harvard University Press, 2015）, 11–39.

162. 引自 Angela Pulley Hudson, *Creek Paths and Federal Roads: Indians, Settlers, and the Making of the American South*（Chapel Hill: University of North Carolina Press, 2010）, 57。

163. Alan Taylor, *American Republics: A Continental History of the United States, 1783–1850*（New York: Norton, 2021）, 138.

164. Rosen, *Border Law*, 17–19.

165. 引自 Kathleen DuVal, *Independence Lost: Lives on the Edge of the American Revolution*（New York: Random House, 2015）, 236。

166. DuVal, *Independence Lost*, 256.

167. 引自 DuVal, *Independence Lost*, 321。

168. 引自 DuVal, *Independence Lost*, 338。

169. 引自 Taylor, *American Republics*, 127。

170. 引自 Samuel Flagg Bemis, *John Quincy Adams and the Foundations of American Foreign Policy*（New York: Knopf, 1949）, 120n26。

171. 引自 Calloway, *One Vast Winter Count*, 430。

172. 引自 Sexton, *The Monroe Doctrine*, 40。

173. DuVal, *Independence Lost*, 256–69.

174. Alejandra Dubcovksy, *Informed Power: Communication in the Early American South*（Cambridge, Mass.: Harvard University Press, 2016）, 168–69, 196–97.

175. Rosen, *Border Law*, 34–35.

176. Bemis, *John Quincy Adams and the Foundations of American Foreign Policy*, 307. 关于亚当斯早期支持《路易斯安那购地案》以及吸收西班牙臣民作为美国公民的论述，参阅第118—122页。

177. Taylor, *American Republics*, 135–39. 新奥尔良战役"是1810年爆发并持续到1819年的更广泛战争的一部分，其主要地点是美国西南边境。"（第135页）

178. 引自 Rosen, *Border Law*, 35。

179. Rosen, *Border Law*, 70.

180. Sexton, *The Monroe Doctrine*, 37.

181. 引自 Rosen, *Border Law*, 135。

182. Sexton, *The Monroe Doctrine*, 74–82. "美国体系的本意是巩固联邦的力量……却产生了相反的效果，引发了各州的反对。"（第77页）

183. 引自 Forbes, *The Missouri Compromise and Its Aftermath, 206.* 有关1824年的巴拿马大会，另参阅 191–92, 203–9；Bemis, *John Quincy Adams and the Foundations of American Foreign Policy*, 544–61。

184. 引自 Julius S. Scott, *The Common Wind: Afro-American Currents in the Age of the Haitian Revolution*（New York: Verso, 2018）, 210。

185. 有关门罗各项殖民工作的概述，参阅 Forbes, *The Missouri Compromise and Its Aftermath*, 28–32, 199–206。

186. 引自 Scott, *The Common Wind*, 210。

187. 引自 Rosen, *Border Law*, 132。

188. 引自 Rosen, *Border Law*, 132。

189. 引自 Bemis, *John Quincy Adams and the Foundations of American Foreign Policy*, 557。

190. 引自 Bemis, *John Quincy Adams and the Foundations of American Foreign Policy*, 313。

191. Bemis, *John Quincy Adams and the Foundations of American Foreign Policy*, 314–15.

192. 引自 Maggie Blackhawk, "Federal Indian Law as Paradigm within Public Law," *Harvard Law Review* 132（May 2019）: 1827. 美国的宪政法规与实践过程中出现了"一种战争权力主义原则",该原则源自 19 世纪对原住民部落的战争,并"以印第安战争为基础。"(第 1829 页)

193. Taylor, *American Republics*, 137–38.

194. 引自 DeLay, *War of a Thousand Deserts*, 2–3。

195. 引自 Bemis, *John Quincy Adams and the Foundations of American Foreign Policy*, 308。

196. 引自 Bemis, *John Quincy Adams and the Foundations of American Foreign Policy*, 308。

197. Meinig, *Continental America*, 36–37, 72–74, 297–99. 另参阅 Bemis, *John Quincy Adams and the Foundations of American Foreign Policy*, 317–40。

198. 引自 Walter LeFeber, *The American Age: United States Foreign Policy at Home and Abroad since 1750*（New York: Norton, 1989）, 78。另参阅 Weber, *The Mexican Frontier*, 11–13。

199. 引自 Meinig, *Continental America*, 34。

200. 引自 Meinig, *Continental America*, 35。

201. 引自 Perkins, *The Creation of a Republican Empire*, 152。

202. 引自 LeFeber, *The American Age*, 82。

203. 引自 Perkins, *The Creation of a Republican Empire*, 159。另参阅 LeFeber, *The American Age*, 81–85。

204. 引自 Perkins, *The Creation of a Republican Empire*, 160。

205. 引自 LeFeber, *The American Age*, 84。

206. Christian W. McMillen, *Making Indian Law: The Hualapai Land Case and the Birth of Ethnohistory*（New Haven: Yale University Press, 2007）, 86–103; Walter R. Echo-Hawk, *In the Courts of the Conqueror: The 10 Worst Indian Law Cases Ever Decided*（Golden, Colo.: Fulcrum, 2010）, 5–84.

207. 引自 Forbes, *The Missouri Compromise and Its Aftermath*, 94–95。

208. 引自 McMillen, *Making Indian Law*, 88–89。

209. 引自 McMillen, *Making Indian Law*, 89。

Chapter 9. Collapse and Total War
The Indigenous West and the U.S. Civil War
9 崩溃与全面战争：
西部原住民与美国内战

1. 引自 Elliott West, *The Contested Plains: Indians, Goldseekers, and the Rush to Colorado*（Lawrence: University of Kansas Press, 1998）, 208, 211。

2. 有关"对距离的征服", 参阅 Cole Harris, *The Resettlement of British Columbia: Essays on Colonialism and Geographic Change*（Vancouver: University of British Columbia Press, 1997）。

3. 引自 West, *Contested Plains*, 214。

4. 引自 West, *Contested Plains*, 214–15。

5. 引自 West, *Contested Plains*, 215。

6. 引自 David Blight, *Frederick Douglass: Prophet of Freedom*（New York: Simon & Schuster, 2018）, 332。

7. 引自 Eric Foner, *The Fiery Trial: Abraham Lincoln and American Slavery*（New York: Norton, 2010）, 146。

8. 引自 Foner, *The Fiery Trial*, 88。

9. 引自 Blight, *Frederick Douglass*, 356。

10. Eric Foner, *Reconstruction: America's Unfinished Revolution, 1863–1877*（New York: Harper & Row, 1988）, 7.

11. Foner, *Reconstruction*, 7.

12. 引自 Blight, *Frederick Douglass*, 381。

13. 引自 Foner, *The Fiery Trial*, 237。

14. Foner, *The Fiery Trial*, 237.

15. Foner, *Reconstruction*, 462.

16. James Belich, *Replenishing the Earth: The Settler Revolution and the Rise of the Anglo-World, 1783–1939*（New York: Oxford University Press, 2009）, 85–89.

17. Brenda J. Child, *Holding Our World Together: Ojibwe Women and the Survival of Community*（New York: Penguin, 2012）, xiv. 另参阅第 4 章。

18. 引自 Belich, *Replenishing the Earth*, 335。

19. Belich, *Replenishing the Earth*, 341.

20. Foner, *Reconstruction*, 23.

21. Heather Cox Richardson, *West from Appomattox: The Reconstruction of America After the Civil War*（New Haven: Yale University Press, 2007）, 5.

22. Foner, *Reconstruction*, 23.

23. Richardson, *West from Appomattox*, 2.

24. Foner, *Reconstruction*, 603.

25. Heather Cox Richardson, *Wounded Knee: Party Politics and the Road to an American Massacre*（New York: Basic Books, 2010）, 30. 有关联邦财政权力不断演变的概述，参阅第 28—32 页。

26. 有关"被判有罪的达科他男子"的名单，参阅 Waziyatawin Angela Wilson, ed., *In the Footsteps of Our Ancestors: The Dakota Commemorative Marches of the Twenty-First Century*（St. Paul: Living Justice, 2006）, 25。

另参阅 Gary Clayton Anderson, *Kinsmen of Another Kind: Dakota-White Relations in the Upper Mississippi Valley, 1650–1862*（Lincoln: University of Nebraska Press, 1984）, 261–79。

27. "Treaty with the Sioux-Sisseton and Wahpeton Bands, 1851," in Charles J. Kappler, ed., *Indian Affairs: Law and Treaties*, 2 vols.（Washington, D.C.: Government Printing Office, 1904）, 2:588–89. 另参阅 David A. Nichols, *Lincoln and the Indians: Civil War Policy and Politics*（Columbia: University of Missouri Press, 1978）, 76。

28. 引自 Nichols, *Lincoln and the Indians*, 73, 75。

29. "Letter from John Pope to Col. H. H. Sibley, September, 28, 1862," in *The War of the Rebellion: A Compilation of the Official Records of the Union and Confederate Armies*（Washington, D.C.: Government Printing Office, 1885）, series 1, vol. 13:685–86.

30. "Report of Lieut. James P. Martin, June 27, 1861," in *War of the Rebellion*, series 1, vol. 50, part 1:20.

31. "Report of Col. P. Edward Connor, February 6, 1863," in *War of the Rebellion, series* 1, vol. 50, part 1:186–87.

32. 引自 West, *Contested Plains*, 301。

33. 引自 West, *Contested Plains*, 300。

34. Adam Rotham, "Slavery, the Civil War, and Reconstruction," in Eric Foner and Lisa McGirr, eds., American History Now（Philadelphia: Temple University Press, 2011）, 79.

35. 引自 Benjamin Madley, *An American Genocide: The United States and the California Indian Catastrophe*（New Haven: Yale University Press, 2016）, 293。

36. 引自 Madley, *An American Genocide*, 292。

37. Alvin M. Josephy Jr., *The Civil War in the American West*（New York: Knopf, 1992）, 241.

38. Madley, *An American Genocide*, 299.

39. Josephy, *The Civil War in the American West*, 239–40.

40. Josephy, *The Civil War in the American West*, 265.

41. Josephy, *The Civil War in the American West*, 240.

42. Madley, *An American Genocide*, 530–32.

43. Madley, *An American Genocide*, 286.

44. 引自 Madley, *An American Genocide*, 289。

45. Madley, An American Genocide, 289.

46. "Indian Troubles in Mendocino," in Robert F. Heizer, ed., *The Destruction of California Indians: A Collection of Documents from the Period 1847 to 1865 in Which Are Described Some of the Things That Happened to Some of the Indians of California*（Santa Barbara: Peregrine Smith, 1974）, 253.

47. Madley, *An American Genocide*, 290–93.

48. "Report of Lieut. James P. Martin, June 27, 1861," 20.

49. 引自 Madley, *An American Genocide*, 294。

50. 引自 Madley, *An American Genocide*, 297。

51. 引自 Madley, *An American Genocide*, 296–97。

52. William J. Bauer Jr., *We Were All Like Migrant Workers Here: Work, Community, and Memory on California's Round Valley Reservation, 1850–1941*（Chapel Hill: University of North Carolina Press, 2009）, 6–7, 30–57.

53. Bauer, *We Were All Like Migrant Workers Here*, 33.

54. 引自 Madley, *An American Genocide*, 296。

55. 引自 Madley, *An American Genocide*, 298。

56. 引自 Madley, *An American Genocide*, 299。

57. 引自 Madley, *An American Genocide*, 299。

58. Madley, *An American Genocide*, 299–300.

59. Nichols, *Lincoln and the Indians*, 5–24.

60. "Report of the Commissioner of Indian Affairs," in *Annual Report of the Commissioner of Indian Affairs* (Washington, D.C.: U.S. Government Printing Office, 1862), 33.

61. Francis Paul Prucha, *The Great Father: The United States Government and the American Indians*, 2 vols. (Lincoln: University of Nebraska Press, 1984), 1:411–78.

62. 引自 Prucha, *The Great Father*, 1:413。

63. 引自 Foner, *The Fiery Trail*, 262。

64. Foner, *The Fiery Trail*, 261–62. 另参阅 Josephy, *The Civil War in the American West*, 227–68。

65. 引自 Blight, *Frederick Douglass*, 486。

66. Belich, *Replenishing the Earth*, 555.

67. West, *Contested Plains*, 147.

68. Harlan D. Fowler, *Camels to California: A Chapter in Western Transportation* (Palo Alto: Stanford University Press, 1950), 74–75.

69. Richard White, *Railroaded: The Transcontinentals and the Making of Modern America* (New York: Norton, 2011), 2.

70. 参阅 David J. Weber, *The Taos Trappers: The Fur Trade in the Far South-*

west, 1540– 1846（Norman: University of Oklahoma Press, 1971）。

71. 引自 Elliott West, *The Way to the West: Essays on the Central Plains*（Albuquerque: University of New Mexico Press, 1995）, 5。

72. 引自 Pekka Hämäläinen, *The Comanche Empire*（New Haven: Yale University Press, 2008）, 245。另参阅 West, *The Way to the West*, 32–33。

73. Thomas G. Andrews, "Tata Antanasio's Unlikely Tale of Utes, Nuevo Mexicanos, and the Settling of Colorado's San Luis Valley," *New Mexico Historical Review*（2000）: 4–41.

74. 引自 West, *The Way to the West*, 31。

75. Ned Blackhawk, *Violence over the Land: Indians and Empires in the Early American West*（Cambridge, Mass.: Harvard University Press, 2006）, 184–225.

76. West, *Contested Plains*, 256.

77. West, *Contested Plains*, 255–57.

78. Richard White, *The Roots of Dependency: Subsistence, Environment, and Social Change among the Choctaws, Pawnees, and Navajos*（Lincoln: University of Nebraska Press, 1983）, 207.

79. West, *The Way to the West*, 33.

80. 参阅 Francis Paul Prucha, ed., *Atlas of American Indian Affairs*（Lincoln: University of Nebraska Press, 1990）, 90–91。

81. West, *Contested Plains*, 88.

82. Jean Barman, *Iroquois in the West*（Montreal: McGill-Queen's University Press, 2019）, 117；另参阅第 115–168 页。

83. Weber, *The Taos Trappers*, 192–227. 另参阅 Janet Lecompte, *Pueblo, Hardscrabble, Greenhorn: The Upper Arkansas, 1832–1856*（Norman: Uni-

versity of Oklahoma Press, 1978），87–126。

84. "James S. Calhoun to Commissioner of Indian Affairs Luke Lea," December 28, 1850, in Annie Heloise Abel, ed., *The Official Correspondence of James S. Calhoun*（Washington, D.C.: Government Printing Office, 1915），280.

85. 参阅 Maurice Crandall, *These People Have Always Been a Republic: Indigenous*

Electorates in the U.S.–Mexico Borderlands, 1598–1912（Chapel Hill: University of North Carolina Press, 2019），177–207。

86. "Calhoun to Lea," December 28, 1850, 280–81.

87. Deena J. González, *Refusing the Favor: The Spanish-Mexican Women of Santa Fe, 1820–1880*（New York: Oxford University Press, 1999）.

88. Phillip B. Gonzales, *Política: Nuevomexicanos and American Political Incorporation, 1821–1910*（Lincoln: University of Nebraska Press, 2016），183.

89. 参阅 Foner, *The Fiery Trial*, 148。

90. 引自 Gonzales, *Política*, 243。（原文着重强调了某些内容）

91. "Charles Beaubien to Calhoun," June 11, 1851," in Abel, *The Official Correspondence of James S. Calhoun*, 358, 357.

92. Gonzales, *Política*, 184.

93. Paul VanDevelder, *Savages and Scoundrels: The Untold Story of America's Road to Empire through Indian Territory*（New Haven: Yale University Press, 2009），161.

94. 参阅 "Treaty of Fort Laramie with Sioux, etc., 1851," in Kappler, *Indian Affairs*, 2:594–96。

95. 引自 VanDevelder, *Savages and Scoundrels*, 162。

96. VanDevelder, *Savages and Scoundrels*, 165–66.

97. "Treaty of Fort Laramie," 2:594.

98. Frederick E. Hoxie, *Parading through History: The Making of the Crow Nation in America, 1805–1935*（New York: Cambridge University Press, 1995）, 85–87.

99. Hoxie, *Parading through History*, 88.

100. 引自 Hoxie, *Parading through History*, 88。

101. "Matȟó Thuȟúhu, Bear Ribs," in "Lives of the Chiefs and Other Biographies," in Josephine Waggoner, *Witness: A Húnkpapȟa Historian's Strong-Heart Song of the Lakotas*, ed. Emily Levine（Lincoln: University of Nebraska Press, 2013）, 332–33.

102. Foner, *The Fiery Trial*, 142–48.

103. 有关林肯对吞并古巴领土的担忧，例如参阅 Foner, *The Fiery Trial*, 154；有关克里腾登提案，参阅第 148 页。

104. Foner, *The Fiery Trial*, 147.

105. Blight, *Frederick Douglass*, 378–82.

106. 引自 Howard Roberts Lamar, *The Far Southwest, 1846–1912: A Territorial History*（New Haven: Yale University Press, 1966）, 110。

107. Lamar, *The Far Southwest*, 115. 另参阅 Josephy, *The Civil War in the American West*, 61–92。

108. 引自 Foner, *The Fiery Trial*, 155。

109. Lamar, *The Far Southwest*, 110. 另参阅 William H. Goetzman, *Exploration and Empire: The Explorer and the Scientist in the Winning of the American West*, rev. ed.（New York: History Book Club, 2006）, 281–93。

110. Josephy, *The Civil War in the American West*, 233.

111. Josephy, *The Civil War in the American West*, 236–38.

112. 有关创建印第安领地的概述，参阅 Jeffrey Burton, *Indian Territory and the United States, 1866–1906*（Norman: University of Oklahoma Press, 1995），3–25。另参阅 Prucha, *The Great Father*, 1:271–79。有关美国非裔奴隶制融入乔克托和奇克索部落的论述，参阅 Barbara Krauthamer, *Black Slaves, Indians Masters: Slavery, Emancipation, and Citizenship in the Native American South*（Chapel Hill: University of North Carolina Press, 2013），17–45。有关克里克部落内部的奴隶制，参阅 David A. Chang, *The Color of the Land: Race, Nation, and the Politics of Landownership in Oklahoma, 1832–1929*（Chapel Hill: University of North Carolina Press, 2010），19–38。

113. 参阅 Prucha, "The Southern Indians and the Confederate States," in *The Great Father*, 1:415–36。

114. Krauthamer, *Black Slaves, Indians Masters*, 80.

115. 引自 Prucha, *The Great Father*, 1:417。

116. 引自 Prucha, *The Great Father*, 1:418。

117. Josephy, *The Civil War in the American West*, 324–27.

118. 引自 Prucha, *The Great Father*, 1:423。

119. Robert J. Conley, *The Cherokee Nation: A History*（Albuquerque: University of New Mexico Press, 2005），174–77.

120. 引自 Prucha, *The Great Father*, 1:429。

121. Josephy, *The Civil War in the American West*, 330.

122. Julie L. Reed, *Serving the Nation: Cherokee Sovereignty and Social Welfare, 1800–1907*（Norman: University of Oklahoma Press, 2016），89.

123. "The Constitution and Laws of the Cherokee Nations: Passed at Tahlequah, Cherokee Nation, 1839–1851," in *Laws of the Cherokee Nation Adopted by the Council at Various Periods: Printed for the Benefit of the Nation*, 2 parts（Wilmington, Del.: Scholarly Resources, 1973）, 2:73–74.

124. "Constitution and Laws of the Cherokee Nation," 2:7.

125. 引自 Prucha, *The Great Father*, 1:425。

126. 引自 Prucha, *The Great Father*, 1:425。

127. Josephy, *The Civil War in the American West*, 319–23.

128. 引自 Reed, *Serving the Nation*, 95。

129. Prucha, *The Great Father*, 1:425–27.

130. Conley, *The Cherokee Nation*, 176.

131. Burton, *Indian Territory and the United States*, 25.

132. Belich, *Replenishing the Earth*, 324.

133. West, *Contested Plains*, 226.

134. Belich, *Replenishing the Earth*, 310. 另参阅 Andrew C. Isenberg, *Mining California: An Ecological History*（New York: Hill & Wang, 2005）, 23–51。

135. Belich, *Replenishing the Earth*, 323.

136. West, *Contested Plains*, 224–25.

137. Peggy Pascoe, *What Comes Naturally: Miscegenation Law and the Making of Race in America*（New York: Oxford University Press, 2009）, 78.

138. Alexander Saxton, *The Indispensable Enemy: Labor and the Anti-Chinese Movement in California*（Berkeley: University of California Press,

1971）.

139. Belich, *Replenishing the Earth*, 307. 另参阅 Isenberg, *Mining California*, 23。

140. "William P. Dole, Commissioner of Indian Affairs, to J. P. Usher, Secretary of the Interior," October 31, 1863, in Dale L. Morgan, *Shoshonean Peoples and the Over-land Trails: Frontiers of the Utah Superintendency of Indian Affairs, 1849–1869*, ed. Richard L. Saunders（Logan: Utah State University Press, 2007）, 314–15.

141. Belich, *Replenishing the Earth*, 307.

142. 引自 Richardson, *West from Appomattox*, 32.

143. Belich, *Replenishing the Earth*, 307.

144. Charles Neider, ed., *The Complete Essays of Mark Twain*（New York: Da Capo, 2000）, 477, 482.

145. Harriet Elinor Smith, ed., *Autobiography of Mark Twain*, vol. 1（Berkeley: University of California Press, 2010）, 447.

146. Blackhawk, *Violence over the Land*, 274–76.

147. Neider, *The Complete Essays of Mark Twain*, 482.

148. Smith, *Autobiography of Mark Twain*, 461. 奥赖恩的故交爱德华·贝茨（Edward Bates）在林肯政府获得任职，奥赖恩因此被提拔。

149. Richardson, *West from Appomattox*, 24–25.

150. Richardson, *West from Appomattox*, 25.

151. Belich, *Replenishing the Earth*, 247.

152. Damon B. Akins and William J. Bauer Jr., *We Are the Land: A History of Native California*（Oakland: University of California Press, 2021）, 148.

153. Madley, An American Genocide, 311. 另参阅 George Harwood Phillips, *"Bringing Them under Subjection": California's Tejón Indian Reservation and Beyond, 1852– 1864*（Lincoln: University of Nebraska Press, 2004）。

154. Madley, *An American Genocide*, 309–12.

155. 引自 Madley, *An American Genocide*, 312。

156. Madley, *An American Genocide*, 312.

157. Phillips, "Bringing Them under Subjection," 244–48.

158. Madley, *An American Genocide*, 314.

159. 引自 Madley, *An American Genocide*, 315。另参阅 Phillips, "Bringing Them under Subjection," 245。

160. 引自 Phillips, "Bringing Them under Subjection," 245。

161. Phillips, "Bringing Them under Subjection," 246–47。

162. Josephy, *The Civil War in the American West*, 251–53.

163. 引自 Josephy, *The Civil War in the American West*, 253–54。

164. Josephy, *The Civil War in the American West*, 251.

165. 引自 Josephy, *The Civil War in the American West*, 254。

166. 引自 Josephy, *The Civil War in the American West*, 254。

167. "Report of Major Edward McGarry, October 31, 1862," in *War of the Rebellion*, series 1, vol. 50, part 1:179.

168. "Report of Major Edward McGarry, October 31, 1862," 179.

169. "Report of Col. P. Edward Connor, February 6, 1863," 186.

170. Darren Parry, *The Bear River Massacre: A Shoshone History*（Salt Lake City: Common Consent, 2019）.

171. "Letter of Henry W. Halleck, March 29, 1863," in *War of the Rebellion*, series 1, vol. 50, part 1:87.

172. "Letter of Henry W. Halleck, March 29, 1863," 187.

173. 有关阿帕奇 – 美国军事关系的概述，参阅 Thomas A. Britten, *The Lipan Apaches: People of Wind and Lightning*（Albuquerque: University of New Mexico Press, 2009）, 217–34；Josephy, *The Civil War in the American West*, 276–84, Dan L. Thrapp, *Victorio and the Mimbres Apaches*（Norman: University of Oklahoma Press, 1974）；Matthew Babcock, *Apache Adaptation to Hispanic Rule*（New York: Cambridge University Press, 2016）, 254–58；以及 Karl Jacoby, *Shadows at Dawn: An Apache Massacre and the Violence of History*（New York: Penguin Group, 2008）, 220–72。

174. 引自 Jennifer Nez Denetdale, *Reclaiming Diné History: The Legacies of Navajo Chief Manuelito and Juanita*（Tucson: University of Arizona Press, 2007）, 70。另参阅 Lawrence Kelly, *Navajo Roundup: Selected Correspondence of Kit Carson's Expedition against the Navajo, 1863–1865*（Boulder: Pruett, 1970）, 57。

175. 引自 Denetdale, *Reclaiming Diné History*, 70。

176. 引自 Frank McNitt, *Navajo Wars: Military Campaigns, Slave Raids, and Reprisals*（Albuquerque: University of New Mexico Press, 1972）；以及 Brian DeLay, "Blood Talk: Violence and Belonging in the Navajo-New Mexican Borderland," in Julianna Barr and Edward Countryman, eds., *Contested Spaces of Early America*（Philadelphia: University of Pennsylvania Press, 2014）, 229–56。

177. Blackhawk, *Violence over the Land*, 213–23.

178. Denetdale, *Reclaiming Diné History*, 56.

179. Peter Iverson, *Diné: A History of the Navajos*（Albuquerque: University of New Mexico Press, 2002）, 32.

180. 引自 Kelly, *Navajo Roundup*, 93。

181. 引自 Kelly, *Navajo Roundup*, 52。

182. 引自 Denetdale, *Reclaiming Diné History*, 73。

183. 有关长途迁徙的概述，参阅 L. R. Bailey, *The Long Walk: A History of the Navajo Wars, 1846-68*（Pasadena: Westernlore, 1978）。

184. Denetdale, *Reclaiming Diné History*, 74.

185. 引自 Denetdale, *Reclaiming Diné History*, 74。

186. 引自 Denetdale, *Reclaiming Diné History*, 74。

187. 有关 1868 年条约的谈判，参阅 Bailey, *The Long Walk*, 228-35。

188. 有关 1868 年《纳瓦霍条约》，参阅 "Treaty with the Navaho, 1868," in Kappler, *Indian Affairs*, 2:1015-20。有关 1863 年犹他领地印第安事务督查官詹姆斯·J. 多蒂（James J. Doty）签订的多项条约，参阅 "Treaty with the Eastern Shoshoni, 1863"; "Treaty with the Shoshoni-Northwestern Band, 1863"; "Treaty with the Western Shoshoni, 1863"; 以及 "Treaty with the Shoshoni-Goship, 1863," in Kappler, *Indian Affairs*, 2:848-50; 850- 51; 851-53; 859-60。

189. Josephy, *The Civil War in the American West*, 288-91.

190. Brigham D. Madsen, *Glory Hunter: A Biography of Patrick Edward Connor*（Salt Lake: University of Utah Press, 1990），121-35.

191. 引自 Josephy, *The Civil War in the American West*, 294. 另参阅 Lamar, *The Far Southwest*, 240-41。

192. Josephy, *The Civil War in the American West*, 295.

193. Josephy, *The Civil War in the American West*, 84-89.

194. 例如，参阅 Lamar, *The Far Southwest*, 242-43。

195. "Treaty with the Arapaho and Cheyenne, 1861," in Kappler, *Indian Affairs*, 2: 807.

196. Lamar, *The Far Southwest*, 243.

197. Josephy, *The Civil War in the American West*, 298–99.

198. 引自 Josephy, *The Civil War in the American West*, 300。

199. Stan Hoig, *The Peace Chiefs of the Cheyennes* (Norman: University of Okla-homa Press, 1980), 63.

200. 引自 Josephy, *The Civil War in the American West*, 300–301。

201. 引自 Josephy, *The Civil War in the American West*, 301。

202. 引自 Josephy, *The Civil War in the American West*, 303。

203. Richard White, *The Republic for Which It Stands: The United States during Reconstruction and the Gilded Age, 1865–1896* (New York: Oxford University Press, 2017), 14.

204. White, *The Republic for Which It Stands*, 16.

205. Maggie Blackhawk, "Federal Indian Law as Paradigm within Public Law," *Harvard Law Review* 132 (May 2019): 1811–25.

Chapter 10. Taking Children and Treaty Lands Laws and Federal Power during the Reservation Era
10 夺取儿童和条约土地：
保留地时代的法律与联邦权力

1. Clifford E. Trafzer, *Yuma: Frontier Crossing of the Far Southwest*（Wichita: Western Heritage Books, 1980）, 98–99.

2. George J. Sánchez, *Becoming Mexican American: Ethnicity, Culture and Identity in Chicano Los Angeles, 1900–1945*（New York: Oxford University Press, 1993）, 65.

3. Sánchez, *Becoming Mexican American*, 65.

4. Trafzer, *Yuma*, 121.

5. "1878—1944年期间，（希望加入美国国籍）的中国、缅甸、亚美尼亚、日本、南亚、夏威夷、墨西哥和菲律宾申请者的种族资格均遭到法庭质疑。"Sarah M. Am. Gualtieri, *Between Arab and White: Race and Ethnicity in the Early Syrian American Diaspora*（Berkeley: University of California Press, 2009）, 2.

6. 引自 Katrina Jagodinsky, *Legal Codes and Talking Trees: Indigenous Women's Sovereignty in the Sonoran and Puget Sound Borderlands, 1854–1946*（New Haven: Yale University Press, 2016）, 37。另参阅 Karl Jacoby, *Shadows at Dawn: An Apache Massacre and the Violence of History*（New York: Penguin, 2009）, 111–14。

7. Jacoby, *Shadows at Dawn*, 112.

8. 引自 Jagodinsky, *Legal Codes and Talking Trees*, 46。

9. Jagodinsky, *Legal Codes and Talking Trees*, 26–27. 雅基人也称为"约埃姆人",曾主宰雅基河谷。19 世纪末 20 世纪初,雅基人面临墨西哥民族主义势力的反复袭击,其中包括国家承认的驱逐活动。参阅 Evelyn Hu-DeHart, *Yaqui Resistance and Survival: The Struggle for Land and Autonomy, 1821–1910*(Madison: University of Wisconsin Press, 1984),155–200;David Delgado Shorter, *We Will Dance Our Truth: Yaqui History in Yoeme Performances*(Lincoln: University of Nebraska Press, 2009),5–10;Raphael Brewster Folsom, *The Yaquis and the Empire: Violence, Spanish Imperial Power, and Native Resilience in Colonial Mexico*(New Haven: Yale University Press, 2014),209–16;Maurice Crandall, *These People Have Always Been a Republic: Indigenous Electorates in the U.S.–Mexico Borderlands, 1598–1912*(Chapel Hill: University of North Carolina Press, 2019),243–57;以及 Andrew Offenburger, *Frontiers in the Gilded Age: Adventure, Capitalism, and Dispossession from Southern Africa to the U.S.–Mexican Borderlands, 1880–1917*(New Haven: Yale University Press, 2019),147–96。

10. Andrés Reséndez, *The Other Slavery: The Uncovered Story of Indian Enslavement in America*(Boston: Houghton Mifflin Harcourt, 2016), esp. 149–265.

11. 引自 Folsom, *The Yaquis and the Empire*, 214。

12. Eric Foner, *The Second Founding: How the Civil War and Reconstruction Remade the Constitution*(New York: Norton, 2019), 24.

13. Jagodinsky, *Legal Codes and Talking Trees*, 35–36.

14. Jagodinsky, *Legal Codes and Talking Trees*, 39–41.

15. Peggy Pascoe, *What Comes Naturally: Miscegenation Law and the Making of Race in America*(New York: Oxford University Press, 2009), 77.

16. 参阅 James M. Murphy, *Laws, Courts, and Lawyers through the Years in Arizona*

（Tucson: University of Arizona Press, 1970），71–75。

17. Jagodinsky, *Legal Codes and Talking Trees*, 276n38.

18. 引自 Jacoby, *Shadows at Dawn*, 113。

19. Paul Conrad, *The Apache Diaspora: Four Centuries of Displacement and Survival*（Philadelphia: University of Pennsylvania Press, 2021），188–90.

20. 引自 Jacoby, *Shadows at Dawn*, 112。

21. 引自 Jacoby, *Shadows at Dawn*, 112。

22. Amy Kaplan, *The Anarchy of Empire in the Making of U.S. Culture*（Cambridge, Mass.: Harvard University Press, 2006），23–50.

23. Murphy, *Laws, Courts, and Lawyers through the Years in Arizon*a, 41.

24. Jagodinsky, *Legal Codes and Talking Trees*, 30.

25. Murphy, *Laws, Courts, and Lawyers through the Years in Arizona*, 73.

26. 引自 Jagodinsky, *Legal Codes and Talking Trees*, 28–29。

27. House Resolution 18166. Public Law No. 219. House of Representatives, 1912, 14.

28. 有关联邦政府及其各机构在美国西部的增长，参阅 Richard White, *"It's Your Misfortune and None of My Own": A New History of the American West*（Norman: University of Oklahoma Press, 1991），85–297。

29. Joshua L. Reid, *The Sea Is My Country: The Maritime World of the Makahs*（New Haven: Yale University Press, 2015），137–53; Steven J. Crum, *The Road on Which We Came: A History of the Western Shoshone*（Salt Lake: University of Utah Press, 1994），6–7.

30. N. Bruce Duthu, *American Indians and the Law*（New York: Viking Penguin, 2008）, 75.

31. Duthu, *American Indians and the Law*, 76–82.

32. Maggie Blackhawk, "Federal Indian Law as Paradigm within Public Law," *Harvard Law Review*（2019）: 1815–25.

33. David Treuer, *The Heartbeat of Wounded Knee: Native America 1890 to the Present*（New York: Riverhead Books, 2019）, 132–37.

34. Richard Henry Pratt, *Battlefield and Classroom: Four Decades with the American Indian, 1867–1904*, ed. Robert M. Utley（New Haven: Yale University Press, 1964）, 303.

35. 引自 Margaret Jacobs, *White Mother to a Dark Race: Settler Colonialism, Maternalism, and the Removal of Indigenous Children in the American West and Australia*（Lincoln: University of Nebraska Press, 2009）, 73。

36. 引自 Duthu, *American Indians and the Law*, 76。

37. Pratt, *Battlefield and Classroom*, 306.

38. Stephen Skowronek, *Building a New American State: The Expansion of National Administrative Capacities, 1877–1920*（New York: Cambridge University Press, 1982）.

39. 引自 David E. Wilkins, *American Indian Sovereignty and the U.S. Supreme Court: The Masking of Justice*（Austin: University of Texas Press, 1997）, 116。

40. Elliott West, "Reconstructing Race," *Western Historical Quarterly*（2003）: 6–26.

41. 引自 Foner, *The Second Founding*, xx。

42. Foner, *The Second Founding*, 24.

43. Foner, *The Second Founding*, 63–68. 另参阅 David Blight, *Frederick Douglass: Prophet of Freedom*（New York: Simon & Schuster, 2018），545–49。

44. Stephen Kantrowitz, "Jurisdiction, Civilization, and the Ends of Native American Citizenship: The View from 1866," *Western Historical Quarterly*（2021）: 203–4.

45. 正如埃里克·福纳（Eric Foner）所述，《民权法案》"首次将与生俱来的民权原则写入国家法律……换言之，该法案将公民身份与种族分离……它不仅适用于……黑人，也适用于几乎所有在美国出生的人。"*The Second Founding*, 63–64。（原文着重强调了某些内容）尽管福纳认识到，排除"未纳税的印第安人"构成了一种法律理解，即"将（印第安人）视为其自身主权的成员，而非国家成员"，但福纳误解了将原住民排除在美国政体之外的意义。联邦政府未能坚持关于承认原住民主权的政策，也未能对条约规定予以相应的保护，这是一种法律与宪法层面的失败，与排除具有其他种族特征的美国人的做法并无二致。联邦政府从宪法层面对美国原住民土地的剥夺，以及州政府批准的、迫使数千名原住民迁移的行为，说明美国并没有做到追求正义和平等。

46. 《瓜达卢佩－伊达尔戈条约》第8条将美国公民权利延伸到了居住在被征服领土上的墨西哥公民（这些领土后来被纳入美国版图）。墨西哥边境地区很少有原住民在墨西哥选举中拥有投票权或根据墨西哥法律拥有财产。参阅 Crandall, *These People Have Always Been a Republic*, 7–12, 177–282。

47. Howard Roberts Lamar, *The Far Southwest, 1846–1912: A Territorial History*（New Haven: Yale University Press, 1966），440–41. 有关1865年后定居者人口的"繁荣"周期，参阅 James Belich, *Replenishing the Earth: The Settler Revolution and the Rise of the Anglo-World, 1783–1939*（New York: Oxford University Press, 2009），88。

48. 参阅 Charles J. Kappler, ed., *Indian Affairs: Laws and Treaties*, 5 vols.

（Washington, D.C.: U.S. Government Printing Office, 1904）, 2:807–909。小维恩·德洛里亚和雷蒙德·J. 德马利（Raymond J.DeMallie）指出，卡普勒的工作存在一系列方法论问题。两人提供了一份"已批准或已生效且可执行的条约编年表"，其中包括了加利福尼亚州的条约和其他"有效"条约。参阅 Deloria and Demallie, eds., *Documents of American Indian Diplomacy: Treaties, Agreements, and Conventions, 1775–1979*, 2 vols.（Norman: University of Oklahoma Press, 1999）, 1:181–232。正如两人指出的，"学者和研究者很难找到一份准确的或正式的印第安条约清单"（1:181）。另参阅 Francis Paul Prucha, *American Indian Treaties: The History of a Political Anomaly*（Berkeley: University of California Press, 1994）, 446–502。

49. Black Coal（Arapahoe）, "The Black Hills Is Our Country: Testimony to a Federal Commission, September, 1876," in Wayne Moquin and Charles Van Doren, eds., *Great Documents in American Indian History*（New York: Praeger, 1973）, 230。一直以来，黑山被公认是拉科塔、纳科塔和达科他联盟社区的"精神中心和故乡"，这几个族群统称为"Oceti Sakowin"（七族议事会成员）。黑山拥有"非常美丽的生态系统"，犹如一座"从北部平原升起的海岛"。参阅 Craig Howe et al., eds., *He Sapa Woihanble: Black Hills Dream*（St. Paul: Living Justice, 2011）, 3。

50. "Treaty with the Sioux-Brulé, Oglala, Miniconjou, Yanktonai, Hunkpapa, Blackfeet, Cuthead, Two Kettle, Sans Arcs, and Santee-and Arapahoe, 1868," in Kappler *Indian Affairs*, 2:999.

51. "Treaty with the Sioux, 1868," 2:998–1003.

52. Kappler, *Indian Affairs*, 2:996, 998–1025.

53. 1867 年 6 月 20 日，美国国会成立了美国印第安和平委员会，联邦政府开始了更为集中的缔约过程。有关该委员会的概览，参阅 Prucha, *American Indian Treaties*, 279–85。

54. "Treaty with the Sioux, 1868," 2:998.

55. "我们的故乡被称为 Dinétah 或 Diné Bikéyah，意为纳瓦霍土地或纳瓦霍部落。我们周围有四条神圣的山脉：东边的季尔哈金（Dzil Hajin）；南边的索德－齐尔（Tso´dziil）；西边的杜科奥斯利德（Dookóósliid）；以及北边的迪贝尼塔什（Dibénitash）。"Jennifer Nez Denetdale, *Reclaiming Diné History: The Legacies of Navajo Chief Manuelito and Juanita*（Tucson: University of Arizona Press, 2007）, 10.

56. "Treaty with the Cherokee, 1866," in Kappler, *Indian Affairs*, 2:942.

57. "Treaty with the Seminole, 1866," in Kappler, *Indian Affairs*, 2:914。（原文着重强调了某些内容）

58. "Treaty with the Cherokee, 1866," 2:946.

59. "Treaty with the Delawares, 1866," in Kappler, Indian Affairs, 2:937.

60. J. Diane Pearson, *The Nez Perces in the Indian Territory: Nimiipuu Survival*（Norman: University of Oklahoma Press, 2008）."圣保罗最终下令针对囚犯开展第一次详细的人口普查……记录显示，军队拘留了431名尼米普（Nimipuu）和帕卢斯（Palus）囚犯，其中79名成年男性、178名成年女性和174名儿童。"（第75页）有关将这些儿童送往东部寄宿学校的做法，参阅第222—250页。有关强迫奇里卡瓦人迁移的概述，参阅 Paul Andrew Hutton, *The Apache Wars: The Hunt for Geronimo, the Apache Kid, and the Captive Boy Who Started the Longest War in American History*（New York: Broadway Books, 2016）, 386–424。

61. "Treaty with the Delawares, 1866," *Indian Affairs*, 2:938.

62. 引自 Norman J. Bender, *"New Hope for the Indians": The Grant Peace Policy and the Navajos in the 1870s*（Albuquerque: University of New Mexico Press, 1989）, 8。

63. Richard White, *Railroaded: The Transcontinentals and the Making of Modern America*（New York: Norton, 2011）, 455–59.

64. "Treaty with the Delawares, 1861," in Kappler, *Indian Affairs*, 2:814–15.

65. "Treaty with the Delawares, 1861," 2:821, 824.

66. Manu Karuka, *Empire's Tracks: Indigenous Nations, Chinese Workers, and the Transcontinental Railroad*（Oakland: University of California Press, 2019）, 149–84.

67. Belich, *Replenishing the Earth*, 205, 334.

68. 尽管野牛贸易的效率极低，如数百万头野牛的尸体被丢弃，但正如之前北美西部的皮毛贸易一样，在19世纪"定居者大规模移民"期间，野牛贸易促进了平原地区的经济增长，实现了最初的繁荣。Belich, *Replenishing the Earth*, 206.

69. 有关美国中部平原铁路和美洲野牛灭绝的概述，参阅 White, *Railroaded*, 462–66。

70. White, *Railroaded*, 468.

71. 引自 White, *Railroaded*, 460。

72. 有关从堪萨斯到美国西部的陆路旅行概述，参阅本书第9章。

73. Belich, *Replenishing the Earth*, 332.

74. "Maȟpíyalúta, Red Cloud," in Josephine Waggoner, *Witness: A Húnkpapȟa Historian's Strong-Heart Song of the Lakotas*, ed. Emily Levine（Lincoln: University of Nebraska Press, 2013）, 450–51. 另参阅 Pekka Hämäläinen, *Lakota America: A New History of Indigenous Power*（New Haven: Yale University Press, 2019）, 279–81。

75. "Treaty with the Sioux, 1868," 2:1002.

76. Nick Estes, *Our History Is the Future: Standing Rock versus the Dakota Access Pipeline, and the Long Tradition of Indigenous Resistance*（New York: Verso, 2019）, 106.

77. John Grass（Blackfoot Sioux）, "Indian Conditions for Treaty Renew-

al, October 11, 1876," in Moquin and Van Doren, *Great Documents in American Indian History,*

234. 另参阅 "Mathó Wathákpe, John Grass," in Waggoner, *Witness*, 321–23。

78. "Treaty with the Sioux, 1868," 2:1002.

79. "Treaty with the Sioux, 1868," 2:1002–3.

80. Michel Hogue, *Metis and the Medicine Line: Creating a Border and Dividing a People*（Chapel Hill: University of North Carolina Press, 2015），81–83.

81. 引自 Hämäläinen, *Lakota America*, 299。

82. George E. Hyde, *Spotted Tail's Folk: A History of the Brulé Sioux*（Norman: University of Oklahoma Press, 1961），162–63.

83. 引自 Hämäläinen, *Lakota America*, 311。

84. 引自 Hämäläinen, *Lakota America*, 311。

85. John Grass（Blackfoot Sioux），"Indian Conditions for Treaty Renewal, October 11, 1876," 233.

86. Katharine C. Turner, *Red Men Calling on the Great Father*（Norman: University of Oklahoma Press, 1951），121.

87. Prucha, *The Great Father*, 528.

88. Kappler, *Indian Affairs*, 4:1153.

89. 1866 年和 1868 年，美国国会和最高法院就国会对印第安人征税的相对权力进行了研讨，对政策进行了重新定义。正如大卫·威尔金斯（David Wilkins）指出，"部落……是否可以根据国会制定的普通法律被纳入或排除"成为重建时代的核心议题之一。"书面证据——包括部落的现有政治地位（该地位并非由美国宪法确立，也不受其约束）、最高法院判例、条约关系以及承认部落政体独特地位的宪法条款，均明确支持将部落排除在外。"*American Indian Sovereignty and the U.S. Supreme Court*, 55。（原文着重强调了某些内容）

90. "条约制度的'结束'是众议院和参议院之间权威冲突的结果。根本问题在于，缔结条约是总统和参议院的职能，如果与印第安人的交往仅限于缔结条约，则除了拨款之外，众议院完全被排除在外。" Prucha, *The Great Father*, 530。

91. David W. Blight, *Race and Reunion: The Civil War in American Memory* (Cambridge, Mass.: Harvard University Press, 2001), 135–39.

92. 引自 Heather Cox Richardson, *West from Appomattox: The Reconstruction of America After the Civil War* (New Haven: Yale University Press, 2007), 178；另参阅第 174—178 页。

93. 引自 Richardson, *West from Appomattox*, 165–66。

94. "Treaty with the Sioux, 1868," 2:998.

95. "Treaty with the Sioux, 1868," 2:998.

96. Martin F. Schmitt, ed., *General George Crook: His Autobiography*, 2nd ed. (Norman: University of Oklahoma Press, 1960), 189.

97. 引自 Richardson, *West from Appomattox*, 166。

98. 引自 Richardson, *West from Appomattox*, 161。

99. Richardson, *West from Appomattox*, 165.

100. Schmitt, *General George Crook*, 189.

101. Schmitt, *General George Crook*, 189.

102. 引自 Candice Millard, *Destiny of the Republic: A Tale of Madness, Medicine, and the Murder of a President* (New York: Anchor Books, 2011), 11。

103. 有关美国的电话技术发展，参阅 Jurgen Osterhammel, *The Transformation of the World: A Global History of the Nineteenth Century* (Princeton:

Princeton University Press, 2015）, 720。

104. 有关城市化及其诸多不公平性的概述，参阅 Richard White, *The Republic for Which It Stands: The United States during Reconstruction and the Gilded Age, 1865–1896*（New York: Oxford University Press, 2017）, 481–517。美国的农村和城市社区仍然是"普遍贫困、有待进步的土地。"（第481页）

105. Wilkins, *American Indian Sovereignty and the U.S. Supreme Court*, 221.

106. Kappler, Indian Affairs, 1:168. 另参阅 Prucha, *The Great Father*, 2:632–33。

107. Kappler, *Indian Affairs*, 1:168.

108. 引自 Treuer, *The Heartbeat of Wounded Knee*, 133。

109. 引自 Treuer, *The Heartbeat of Wounded Knee*, 133。

110. 引自 Wolfgan Mider, "'The Only Good Indian Is a Dead Indian': History and Meaning of a Proverbial Stereotype," *Journal of American Folklore*（Winter 1993）: 45–46。

111. Loreta Fowler, *Arapahoe Politics, 1851–1978: Symbols in Crises of Authority*（Lincoln: University of Nebraska Press, 1982）, 153–56.

112. Frederick E. Hoxie, *Parading through History: The Making of the Crow Nation in America, 1805–1935*（New York: Cambridge University Press, 1995）, 233–38.

113. 引自 Brianna Theobald, *Reproduction on the Reservation: Pregnancy, Childbirth, and Colonialism in the Long Twentieth Century*（Chapel Hill: University of North Carolina Press, 2019）, 22。

114. 引自 Jacobs, *White Mother to a Dark Race*, 159。

115. 引自 Jacobs, *White Mother to a Dark Race*, 160。

116. 引自 Treuer, *The Heartbeat of Wounded Knee*, 133。

117. 参阅 Paul C. Rosier, "Surviving in the Twentieth Century, 1890–1960," in Frederick E. Hoxie, ed., *The Oxford Handbook of American Indian History*（New York: Oxford University Press, 2016）, 112–17. 寄宿"学校计划以威权管理、种族主义以及对儿童的疏于照顾为特点。恶劣的生活条件、性虐待以及严格的出勤规定经常导致学生数年无法与家人团聚，许多思乡的学生不得不选择逃跑。学校的墓地里到处埋着因自杀或肺结核和流感等疾病而死去的男孩和女孩，他们的情况因营养不良和过度劳累而恶化"。（第 116 页）另参阅 Preston McBride, "Lessons from Canada: The Question of Genocide in US Boarding Schools for Native Americans," in Ben Kiernan, general ed., Ned Blackhawk, Ben Kiernan, Benjamin Madley, and Rebe Taylor, volume eds., *The Cambridge World History of Genocide, Volume II: Genocide in the Indigenous, Early Modern and Imperial Worlds, c.1535 to World War One*（3 vols., Cambridge: Cambridge University Press, 2022）, 434–60。

118. 引自 Treuer, *The Heartbeat of Wounded Knee*, 133。

119. 引自 John W. Troutman, *Indian Blues: American Indians and the Poli-tics of Music, 1879–1934*（Norman: University of Oklahoma Press, 2009）, 109。

120. 引自 Mark Rifkin, *When Did Indians Become Straight? Kinship, the His-tory of Sexuality, and Native Sovereignty*（New York: Oxford University Press, 2011）, 151。

121. Beth H. Piatote, *Domestic Subjects: Gender, Citizenship, and Law in Native American Literature*（New Haven: Yale University Press, 2013）, 29–38.

122. Rifkin, *When Did Indians Become Straight?* 146–47.

123. 引自 Rifkin, *When Did Indians Become Straight?* 149。

124. Theobald, *Reproduction on the Reservation*, 19.

125. Hoxie, *Parading through History*, 192–94.

126. 引自 Theobald, *Reproduction on the Reservation*, 79–80。

127. Melissa L. Meyer, *The White Earth Tragedy: Ethnicity and Dispossession at a Minnesota Anishinaabe Reservation*（Lincoln: University of Nebraska Press, 1994）, 137–72.

128. 引自 Anton Treuer, *Warrior Nation: A History of the Red Lake Ojibwe*（St. Paul: Minnesota Historical Society Press, 2015）, 83. 有关红湖原住民反对土地分配的外交活动和1888年《尼尔森法案》，参阅第78—103页。

129. Hämäläinen, *Lakota America*, 373.

130. 引自 Howe et al., *He Sapa Woihanble*, 174. 另参阅 Wilkins, *American Indian Sovereignty and the U.S. Supreme Court*, 217–34。"对拉科塔族来说，虽然对索赔法院案件的肯定在某种程度上构成了财务上的胜利……但这种肯定并没有澄清拉科塔与美国政治关系的实质性基础，但这种澄清恰恰是亟需的。大多数法官拒绝对国会占用土地的权力质疑……在拉科塔或其他部落向美国最高法院提出有关条约的权利主张时，这种做法没有带来人们对正义的希望。"（第228—229页）

131. "Treaty with the Sioux, 1868," 2:1002.

132. Wilkins, *American Indian Sovereignty and the U.S. Supreme Court*, 221.

133. 引自 Heather Cox Richardson, *Wounded Knee: Party Politics and the Road to an American Massacre*（New York: Basic Books, 2010）, 105–6.

134. Jeffrey Ostler, *The Plains Sioux and U.S. Colonialism: From Lewis and Clark to Wounded Knee*（New York: Cambridge University Press, 2004）, 203–12.

135. Pratt, *Battlefield and Classroom*, 220.

136. Pratt, *Battlefield and Classroom*, 220.

137. 引自 Jacoby, *Shadows at Dawn*, 229。

138. Sidney L. Harring, *Crow Dog's Case: American Indian Sovereignty, Tribal Law, and the United States Law in the Nineteenth Century*（New York: Cambridge University Press, 1994）.

139. 引自 Wilkins, *American Indian Sovereignty and the U.S. Supreme Court*, 115。

140. "原住民的私生活——他们照顾和抚养子女的方式、他们的住所、他们的性行为、他们的婚姻习俗、他们的性别关系，甚至他们如何打扮和梳头，都遭到了殖民者的审查和谴责。" Jacobs, *White Mother to a Dark Race*, 24。

141. Wilkins, *American Indian Sovereignty and the U.S. Supreme Court*, 64.

142. Blackhawk, "Federal Indian Law as Paradigm," 1829–31.

143. 这些罪行包括谋杀、过失致死、强奸、故意伤害致死、纵火、入室行窃和盗窃。Wilkins, *American Indian Sovereignty and the U.S. Supreme Court*, 68–69。

144. Harring, *Crow Dog's Case*, 141.

145. "*Ex Parte Kan-Gi-Shun-Ca（Otherwise Known as Crow Dog）*," in Robert T. Anderson et al., eds., *American Indian Law: Cases and Commentary*, 4th ed.（St. Paul: West Academic, 2020）, 95.

146. Harring, Crow Dog's Case, 118–41. "全体达成一致……强烈支持传统的（法律）观念，即条约是在不同民族国家之间订立的，它对苏族条约的解释……最大程度地体现了部落的主权。克罗狗一案的裁决是一道法律分水岭，是传统的印第安政策，即承认部落人民的平等地位并尊重部落主权，对美国印第安人事务局同化政策崛起的最后对抗。"（第129–130页）

147. "*Ex Parte Kan-Gi-Shun-Ca（Otherwise Known as Crow Dog）*," 95（原

文着重强调了某些内容）。

148. "*U.S. v. Kagama*," in Keith Richotte Jr., *Federal Indian Law and Policy: An Introduction*（St. Paul: West Academic, 2020）, 138.

149. David E. Wilkins and K. Tsianina Lomawaima, *Uneven Ground: American Indian Sovereignty and Federal Law*（Norman: University of Oklahoma Press, 2001）, 98–116.

150. Waggoner, *Witness*, 222–23.

151. Raymond J. DeMallie, ed., *The Sixth Grandfather: Black Elk's Teachings Given to John G. Neihardt*（Lincoln: University of Nebraska Press, 1984）, 272.

152. Ostler, *The Plains Sioux and U.S. Colonialism*, 326–37.

153. DeMallie, *The Sixth Grandfather*, 271.

154. DeMallie, *The Sixth Grandfather*, 271.

Chapter 11. Indigenous Twilight at the Dawn of the Century Native Activists and the Myth of Indian Disappearance
11 20世纪初的土著黄昏：原住民活动家与印第安人消失的神话

1. 有关沙利文远征的概述，参阅本书第 6 章。另参阅 Rhiannon Koehler, "Hostile Nations: Quantifying the Destruction of the Sullivan-Clinton Genocide of 1779," *American Indian Quarterly*（Fall 2018）: 427–53。

2. Frederick Cook, ed., *Journals of the Military Expedition of Major General John Sullivan against the Six Nations of Indians in 1779 with Records of Centennial Celebrations*（Auburn, N.Y.: Knapp, Peck, & Thompson, 1887），335–36.

3. Cook, *Journals of the Military Expedition of Major General John Sullivan*, xi.

4. Cook, *Journals of the Military Expedition of Major General John Sullivan*, 392–93。（原文着重强调了某些内容）

5. Cook, *Journals of the Military Expedition of Major General John Sullivan*, 336.

6. Alan Taylor, *William Cooper's Town: Power and Persuasion on the Frontier of the Early American Republic*（New York: Knopf, 1995），432.

7. 引自 Taylor, *William Cooper's Town*, 432。

8. 有关原住民纪念活动意义的争议，例如参阅 Lisa Blee and Jean M.

O'Brien, *Monumental Mobility: The Memory Work of Massasoit* （Chapel Hill: University of North Carolina Press, 2019）；以及 Ari Kelman, *A Misplaced Massacre: Struggling over the Memory of Sand Creek* （Cambridge, Mass.: Harvard University Press, 2013）。

9. Cook, *Journals of the Military Expedition of Major General John Sullivan*, 336.

10. Cook, *Journals of the Military Expedition of Major General John Sullivan*, 379.

11. Cook, *Journals of the Military Expedition of Major General John Sullivan*, 380.

12. Cook, *Journals of the Military Expedition of Major General John Sullivan*, 380.

13. Cook, *Journals of the Military Expedition of Major General John Sullivan*, 379.

14. 有关地方作品体现的"重要风格"，Jean M. O'Brien, *Firsting and Lasting: Writing Indians out of Existence in New England* （Minneapolis: University of Minnesota Press, 2010）, xi-xxvi。

15. Mark Peterson, *The City-State of Boston: The Rise and Fall of an Atlantic Power, 1630–1865* （Princeton: Princeton University Press, 2019）, 628.

16. 引自 Peterson, *The City-State of Boston*, 629。

17. David M. Wrobel, *The End of American Exceptionalism: Frontier Anxiety from the Old West to the New Deal* （Lawrence: University of Kansas Press, 1993）, 1–3.

18. Frederick Jackson Turner, *The Character and Influence of the Indian Trade in Wisconsin: A Study of the Trading Post as an Institution*, ed. David Harry Miller and William W. Savage （Norman: University of Oklahoma

Press, 1977), 78.

19. Turner, *The Character and Influence of the Indian Trade in Wisconsin*, 78.

20. Ellen Fitzpatrick, *History's Memory: Writing America's Past, 1880–1980* (Cam-bridge, Mass.: Harvard University Press, 2002), 49.

21. Johannes Fabian, *Time and the Other: How Anthropology Makes Its Object* (New York: Columbia University Press, 1983), 143.

22. Hubert Howe Bancroft, *The Native Races*, 5 vols. (San Francisco: A. L. Ban-croft, 1883), 1:3.

23. Bancroft, *Native Races*, 1:81.

24. David Silverman, *This Land Is Their Land: The Wampanoag Indians, Plymouth Colony, and the Troubled History of Thanksgiving* (New York: Bloomsbury, 2019).

25. 在"无声西部片"这类电影中，制片人"主要将印第安人视为风景元素……实际上将他们藏到了幕后"。参阅 Andrew Brodie Smith, Shooting *Cowboys and Indians: Silent Western Films, American Culture, and the Birth of Hollywood* (Boulder: University of Colorado Press, 2003), 219。

26. Mark David Spence, *Dispossessing the Wilderness: Indian Removal and the Making of the National Parks* (New York: Oxford University Press, 1999).

27. Erika Marie Bsumek, *Indian-Made: Navajo Culture in the Marketplace, 1868–1940* (Lawrence: University of Kansas Press, 2008); Paige Raibmon, *Authentic Indians: Episodes of Encounter from the Late-Nineteenth-Century Northwest Coast* (Durham: Duke University Press, 2005), 74–115.

28. Philip J. Deloria, *Indians in Unexpected Places* (Lawrence: University of Kansas Press, 2004), 12.

29. Kristina Ackely and Cristina Stanciu, eds., *Laura Cornelius Kellogg: Our Democracy and the American Indians and Other Works*（Syracuse: Syracuse University Press, 2015）, 73.

30. Ackely and Stanciu, *Laura Cornelius Kellogg*, 76–77.

31. Renya K. Ramirez, *Standing Up to Colonial Power: The Lives of Henry Roe and Elizabeth Bender Cloud*（Lincoln: University of Nebraska Press, 2018）.

32. Ramirez, *Standing Up to Colonial Power*, 98–120.

33. 例如参阅 David M. Beck, *Unfair Labor? American Indians and the 1893 World's Columbian Exposition in Chicago*（Lincoln: University of Nebraska Press, 2019）; Theda Purdue, *Race and the Atlanta Cotton States Exposition of 1895*（Athens: University of Georgia Press, 2010）; 以及 Akim Reinhardt, "Indigenous Identities in the Imperialist Imagination," in Wendy Jean Katz, ed., *The Trans-Mississippi and International Expositions of 1898–1899*（Lincoln: University of Nebraska Press, 2018）, 262–97。

34. Reinhardt, "Indigenous Identities in the Imperialist Imagination," 263.

35. 引自 Beck, *Unfair Labor?* 198。

36. 引自 Frederick E. Hoxie, *A Final Promise: The Campaign to Assimilate the Indians, 1880–1920*, rev. ed.（New York: Cambridge University Press, 1989）, 86。有关在芝加哥博览会展出原住民的策划信息，参阅第 87—91 页。

37. Purdue, *Race and the Atlanta Cotton States Exposition of 1895*, 79.

38. Deloria, *Indians in Unexpected Places*, 72.

39. 引自 Beck, *Unfair Labor?* 10。

40. 引自 Beck, *Unfair Labor?* 16。

41. Deloria, *Indians in Unexpected Places*, 67.

42. Rufus Blanchard, *Discovery and Conquests of the North-west, with the History of Chicago*（Wheaton, Ill.: R. Blanchard, 1881）, 4.

43. 引自 Beck, *Unfair Labor?* 7。

44. 引自 Beck, *Unfair Labor?* 7。

45. Raibmon, *Authentic Indians*, 23–33.

46. Truth and Reconciliation Commission of Canada, *Canada's Residential Schools: The History, Part 1, Origins to 1939*, 6 vols.（Montreal: McGill-Queen's University Press, 2015）, 1:164.

47. 引自 Truth and Reconciliation Commission, *Canada's Residential Schools*, 1:164。

48. 引自 Truth and Reconciliation Commission, *Canada's Residential Schools*, 1:157。

49. 引自 Christopher Bracken, *The Potlatch Papers: A Colonial Case History*（Chicago: University of Chicago Press, 1997）, 46。

50. 引自 Hoxie, *A Final Promise*, 89。

51. Beck, *Unfair Labor?* 109.

52. Raibmon, *Authentic Indians*, 61.

53. Beck, *Unfair Labor?* 110–12.

54. Beck, *Unfair Labor?* 112.

55. 亨特对博厄斯及"博物馆人类学"发展的影响，参阅 Douglas Cole, *Captured Heritage: The Scramble for Northwest Coast Artifacts*（Norman: University of Oklahoma Press, 1985）, 156–64。有关亨特与柯蒂斯的关系，参阅 Mick Gidley, *Edward S. Curtis and the North American Indian, Incorporated*（New York: Cambridge University Press, 1998）, 88–94。

56. Ned Blackhawk and Isaiah Lorado Wilner, introduction to Blackhawk

and Wilner, eds., *Indigenous Visions: Rediscovering the World of Franz Boas*（New Haven: Yale University Press, 2018）, ix-xxii.

57. Isaiah Lorado Wilner, "Transformation Masks: Recollecting the Indigenous Origins of Global Consciousness," in Blackhawk and Wilner, *Indigenous Visions*, 3–41.

58. J. Kéhaulani Kauanui, *Paradoxes of Hawaiian Sovereignty: Land, Sex, and the Colonial Politics of State Nationalism*（Durham: Duke University Press, 2018）, 14.

59. Daniel Immerwahr, *How to Hide an Empire: A History of the Greater United States*（New York: Farrar, Straus & Giroux, 2019）, 79–87.

60. Alfred W. McCoy, Francisco A. Scarano, and Courtney Johnson, "On the Tropic of Cancer: Transitions and Transformation in the U.S. Imperial State," in McCoy and Scarano, eds., *Colonial Crucible: Empire in the Making of the Modern American State*（Madison: University of Wisconsin Press, 2009）, 3.

61. Lee D. Baker, *Anthropology and the Racial Politics of Culture*（Durham: Duke University Press, 2010）, 35–38.

62. Baker, *Anthropology and the Racial Politics of Culture*, 35.

63. Baker, *Anthropology and the Racial Politics of Culture*, 39–42.

64. Hoxie, *A Final Promise*, 56.

65. 有关美国在菲律宾推进国家建设所面临的挑战，参阅 Immerwahr, *How to Hide an Empire*, 88–107。

66. 引自 Hoxie, *A Final Promise*, 274n45。

67. 引自 Hoxie, *A Final Promise*, 106–7。

68. Nick Estes, *Our History Is the Future: Standing Rock versus the Dakota Access Pipeline, and the Long Tradition of Indigenous Resistance*（New

York: Verso, 2019）, 91-92.

69. Brian McAllister Linn, "The Impact of the Philippine Wars（1898-1913）on the U.S. Army," in McCoy and Scarano, *Colonial Crucible*, 463.

70. Alfred W. McCoy, *Policing America's Empire: The United States, the Philippines, and the Rise of the Surveillance State*（Madison: University of Wisconsin Press, 2009）, 35.

71. 引自 Willam T. Hagan, *Indian Police and Judges: Experiments in Acculturation and Control*（New Haven: Yale University Press, 1966）, 84。

72. Hagan, *Indian Police and Judges*, 85.

73. Robert M. Kvasnicka and Herman J. Viola, eds., *The Commissioners of Indian Affairs, 1824-1977*（Lincoln: University of Nebraska Press, 1979）.

74. Ackely and Stanciu, *Laura Cornelius Kellogg*, 77.

75. Arlinda Locklear, "The Allotment of the Oneida Reservation and Its Legal Ramifications," in Jack Campisi and Laurence M. Hauptman, eds., *The Oneida Indian Experience: Two Perspectives*（Syracuse: Syracuse University Press, 1988）, 85.

76. Ackely and Stanciu, *Laura Cornelius Kellogg*, 76.

77. "Congressional Appropriations for Indian Schools, 1877-1920," in Hoxie, *A Final Promise*, 253-54.

78. "Congressional Appropriations for Indian Schools, 1877-1920," 253-54.

79. Kim Cary Warren, *The Quest for Citizenship: African American and Native American Education in Kansas, 1880-1935*（Chapel Hill: University of North Carolina Press, 2010）, 21, 145-54.

80. 引自 Ackely and Stanciu, *Laura Cornelius Kellogg*, 8。

81. Ackely and Stanciu, *Laura Cornelius Kellogg*, 114.

82. Robert Dale Parker, ed., *Changing Is Not Vanishing: A Collection of American Indian Poetry to 1930*（Philadelphia: University of Pennsylvania Press, 2011）, 256–57.

83. Laura M. Cornelius, "A Tribute to the Future of My Race," in Parker, *Changing Is Not Vanishing*, 256.

84. 引自 Ackely and Stanciu, *Laura Cornelius Kellogg*, 16。

85. Cathleen D. Cahill, *Recasting the Vote: How Women of Color Transformed the Suffrage Movement*（Chapel Hill: University of North Carolina Press, 2020）, 266.

86. Hazel W. Hertzberg, *The Search for an American Indian Identity: Modern Pan-Indian Movements*（Syracuse: Syracuse University Press, 1971）, 36–38.

87. 例如参阅 Francis Paul Prucha, *American Indian Policy in Crisis: Christian Reformers and the Indian, 1865–1900*（Norman: University of Oklahoma Press, 1976）; 以及 William T. Hagan, *The Indian Rights Association: The Herbert Welsh Years, 1882–1904*（Tucson: University of Arizona Press, 1985）。

88. 引自 Cahill, *Recasting the Vote*, 92。

89. Beth H. Piatote, *Domestic Subjects: Gender, Citizenship, and Law in Native American Literature*（New Haven: Yale University Press, 2013）, 144.

90. 引自 Cahill, *Recasting the Vote*, 92。

91. Susan M. Hill, *The Clay We Are Made Of: Haudenosaunee Land Tenure on the Grand River*（Winnipeg: University of Manitoba Press, 2017）, 15–76.

92. Hertzberg, *The Search for an American Indian Identity*, 31–36.

93. 引自 Ackely and Stanciu, *Laura Cornelius Kellogg*, 9。

94. Cahill, *Recasting the Vote*, 89–90.

95. 引自 Cahill, *Recasting the Vote*, 92。

96. 引自 Hertzberg, *The Search for an American Indian Identity*, 138。

97. Hertzberg, *The Search for an American Indian Identity, 128–29.*（未指出部落身份）

98. 引自 Cahill, *Recasting the Vote*, 92n40, 297。

99. 有关美国印第安人协会内部的派系主义，参阅 Hertzberg, *The Search for an American Indian Identity*, 55–58, 135–54。

100. Hertzberg, *The Search for an American Indian Identity*, 239.

101. *New York Evening Sun,* February 22, 1913，引自 *The National American Indian Memorial-Harbor of New York*（New York: n.p., 1913）, 3。

102. 引自 Cahill, *Recasting the Vote*, 22。

103. Hertzberg, *The Search for an American Indian Identity*, 184.

104. 引自 Hoxie, *A Final Promise*, 233。

105. Keith Richotte Jr., *Federal Indian Law and Policy: An Introduction*（St. Paul: West Academic, 2020）, 258–63.

106. Cahill, *Recasting the Vote*, 100–102.

107. 引自 Thomas A. Britten, *American Indians in World War I: At Home and at War*（Albuquerque: University of New Mexico Press, 1997）, 81。

108. 引自 Cahill, *Recasting the Vote*, 189。

109. 引自 Cahill, *Recasting the Vote*, 256。

110. 引自 Cahill, *Recasting the Vote*, 257。

111.　Hoxie, *A Final Promise*, 108.

112.　Cahill, *Recasting the Vote*, 259, 251.

113.　引自 Cahill, *Recasting the Vote*, 258–59。

114.　引自 Cahill, *Recasting the Vote*, 247。

115.　Zitkala-Sa, *American Indian Stories*（Washington, D.C.: Hayworth, 1921）, 187.

116.　Zitkala-Sa, *American Indian Stories*, 192–93.

117.　Zitkala-Sa, *American Indian Stories*, 187.

118.　引自 Alexandra Harmon, *Rich Indians: Native People and the Problem of Wealth in American History*（Chapel Hill: University of North Carolina Press, 2010）, 211–12。

119.　引自 Sally Jenkins, *The Real All Americans: The Team That Changed a Game, a People, a Nation*（New York: Doubleday, 2007）, 312。

120.　Britten, *American Indians in World War I*, 165–66.

121.　Manu Karuka, *Empire's Traces: Indigenous Nations, Chinese Workers, and the Transcontinental Railroad*（Berkeley: University of California Press, 2019）, 56.

122.　引自 Cahill, *Recasting the Vote*, 191。

123.　引自 Ackely and Stanciu, *Laura Cornelius Kellogg*, 264n1。

124.　Laurence M. Hauptman, *The Iroquois and the New Deal*（Syracuse: Syracuse University Press, 1981）, 16.

125.　引自 Ackely and Stanciu, *Laura Cornelius Kellogg*, 71, 73。

126.　Jack Campisi, "The Oneida Treaty Period, 1783–1838," in Campisi and Hauptman, *The Oneida Indian Experience*, 48–64.

127. 引自 Ackely and Stanciu, *Laura Cornelius Kellogg*, 74。

128. Arlinda F. Locklear, "The Oneida Land Claims: A Legal Overview," in Christopher Vecsey and William A. Starna, eds., *Iroquois Land Claims*（Syracuse: Syracuse University Press, 1988）, 147.

129. Ackely and Stanciu, *Laura Cornelius Kellogg*, 47.

130. 引自 Ackely and Stanciu, *Laura Cornelius Kellogg*, 81。

131. 引自 Hoxie, *A Final Promise*, 240。

132. 引自 Hoxie, *A Final Promise*, 240。

133. Locklear, "The Oneida Land Claims," 141–53.

134. 有关梅诺米尼土地保有权以及伐木业，参阅本书第12章。

135. 引自 Ackely and Stanciu, *Laura Cornelius Kellogg*, 48n110, 263。

136. Ackely and Stanciu, *Laura Cornelius Kellogg*, 48.

137. Locklear, "The Oneida Land Claims," 151.

138. Hauptman, *The Iroquois and the New Deal*, 16–17.

139. Ackely and Stanciu, *Laura Cornelius Kellogg*, xxvii. 另参阅 Hauptman, *The Iroquois and the New Deal*, 76–77。

140. 有关奥内达族对凯洛格的不同反应，参阅 Doug Kiel, "Competing Visions of Empowerment: Oneida Progressive-Era Politics and Writing Tribal Histories," *Ethnohistory*（2014）: 419–44。

141. 引自 Ackely and Stanciu, *Laura Cornelius Kellogg*, 212。

142. Zitkala-Sa, American Indian Stories, 185–95.

143. 引自 Hertzberg, *The Search for an American Indian Identity*, 205。

144. 参阅 Brenda J. Child, *Boarding School Seasons: American Indian*

Families, 1900– 1940（Lincoln: University of Nebraska Press, 1998）。

145. Rosalyn R. LaPier, *Invisible Reality: Storytellers, Storytakers, and the Supernatural World of the Blackfeet*（Lincoln: University of Nebraska Press, 2017）, 120.

146. Zitkala-Sa, *American Indian Stories*, 55–56.

147. Zitkala-Sa, *American Indian Stories*, 55–56.

148. Zitkala-Sa, *American Indian Stories*, 73.

149. 引自 Hoxie, *A Final Promise*, 240。

150. Hoxie, *A Final Promise*, 187.

151. Graham D. Taylor, *The New Deal and American Indian Tribalism: The Administration of the Indian Reorganization Act, 1934–1945*（Lincoln: University of Nebraska Press, 1980）, 6.

152. Frederick E. Hoxie, *Parading through History: The Making of the Crow Nation in America, 1805–1935*（New York: Cambridge University Press, 1995）, 144.

153. Harmon, *Rich Indians*, 212.

154. Taylor, *The New Deal and American Indian Tribalism*, 14.

155. Institute for Government Research, *The Problem of Indian Administration: Report of a Survey Made at the Request of Honorable Hubert Work, Secretary of the Interior*（Baltimore: Johns Hopkins University Press, 1928）, 3.

156. Institute for Government Research, *The Problem of Indian Administration*, 14.

157. 引自 Taylor, *The New Deal and American Indian Tribalism*, 6。

158. 引自 LaPier, *Invisible Reality*, 125。

159. 引自 Child, *Boarding School Seasons*, 53。

160. 引自 Child, *Boarding School Seasons*, 54。

161. 引自 Katharine C. Turner, *Red Men Calling on the Great White Father*（Norman: University of Oklahoma Press, 1951）, 121。另参阅 LaPier, *Invisible Reality*, 120。

162. Melissa L. Meyer, *The White Earth Tragedy: Ethnicity and Dispossession at a Minnesota Anishinaabe Reservation*（Lincoln: University of Nebraska Press, 1994）, 170. 这类血统名单"建立在优生学科前沿专家所设计的方法论基础上"。

163. 参阅 Joanne Barker, *Native Acts: Law, Recognition, and Cultural Authenticity*（Durham: Duke University Press, 2011）, esp. 3–24, 81–97."土地分配管理要求获得部落政府承认的个体成员必须在官方的人口普查表上正式登记,将其血统比例记录在册。"（第 88 页）

164. 关于内布拉斯加州温尼贝戈印第安部落和威斯康星州圣语族之间的联系,参阅 Ramirez, *Standing Up to Colonial Power*, 23–25。

165. 引自 Ramirez, *Standing Up to Colonial Power*, 140。

166. 有关美国印第安学院,参阅 Ramirez, *Standing Up to Colonial Power*, 98–120。以下段落参考了这一部分的内容,并延伸了其论点,即克劳德鼓励"学生将基督教、个人化、男性化的身份转化为受过教育的战士身份,鼓励他们为部落的福祉而战,为美国原住民提供服务,并纠正联邦政府的错误。"（第 102 页）

167. Institute for Government Research, *The Problem of Indian Administration*, 380n.

168. 引自 Warren, *The Quest for Citizenship*, 169。

169. Henry Roe Cloud, "Education of the American Indian," in Frederick E. Hoxie, ed., *Talking Back to Civilization: Indian Voices from the Progressive*

Era（New York: Bedford/St. Martin's, 2001）, 60.

170. Ramirez, *Standing Up to Colonial Power*, 36–37.

171. 引自 Ramirez, *Standing Up to Colonial Power*, 32。

172. Roe Cloud, "Education of the American Indian," 61.

173. Roe Cloud, "Education of the American Indian," 60.

174. 引自 Ramirez, *Standing Up to Colonial Power*, 83。

175. 有关将"该中心的灵活与流动性理念"视作理论上的"散居概念"，用来评估"挑战美国和定居者殖民主义的、以原住民为导向的策略"，参阅 Ramirez, *Standing Up to Colonial Power*, 4–5。

176. Ramirez, *Standing Up to Colonial Power*, 91–92.

177. 引自 Ramirez, *Standing Up to Colonial Power*, 109。

178. Warren, *The Quest for Citizenship*, 166.

179. 引自 Ramirez, *Standing Up to Colonial Power*, 50。

180. Matthew Sakiestewa Gilbert, *Hopi Runners: Crossing the Terrain between Indian and American*（Lawrence: University of Kansas Press, 2018）, 51–66.

181. 引自 Turner, *Red Men Calling on the Great White Father*, 202。

182. Gilbert, *Hopi Runners*, 61–87.

183. 引自 Ramirez, *Standing Up to Colonial Power*, 122。

184. Ramirez, *Standing Up to Colonial Power*, 131.

185. Ramirez, *Standing Up to Colonial Power*, 249n14.

186. 引自 Ramirez, *Standing Up to Colonial Power*, 126–27。

187. Edward Everett Dale, "Memories with Frederick Jackson Turner," in

Arrell M. Gibson, ed., *Frontier Historian: The Life and Work of Edward Everett Dale*（Norman: University of Oklahoma Press, 1975）, 336–59.

188. 引自 Ramirez, *Standing Up to Colonial Power*, 127。

189. Ramirez, *Standing Up to Colonial Power*, 132.

190. 引自 Ramirez, *Standing Up to Colonial Power*, 104。

191. 引自 Ramirez, *Standing Up to Colonial Power*, 124。

192. 有关罗伊·克劳德在哈斯克尔印第安学院的工作，参阅 Ramirez, *Standing Up to Colonial Power*, 134–39。

193. Kenneth William Townsend, *World War II and the American Indian*（Albuquerque: University of New Mexico Press, 2000）, 21–22.

194. Warren, *The Quest for Citizenship*, 171.

195. Truth and Reconciliation Commission, *Canada's Residential Schools*, 1:502–9.

196. 引自 Truth and Reconciliation Commission, *Canada's Residential Schools*, 1:502。

197. Truth and Reconciliation Commission, *Canada's Residential Schools*, 1:509.

198. 有关大萧条以及针对"企业资本主义危机"进行改革的努力，参阅 Alan Dawley, *Struggles for Justice: Social Responsibility and the Liberal State*（Cambridge, Mass.: Harvard University Press, 1991）, esp. 297–417。"大萧条期间，社会等级制度仍然保持完整，实在令人惊讶……公司权力、男性主导地位和白人至上的结构几乎没有受到干扰。"（第295页）

199. 引自 Lawrence C. Kelly, "Charles James Rhoads," in Kvasnicka and Viola, *The Commissioners of Indian Affairs*, 270。有关第二次世界大战之后同化政策的卷土重来，参阅第12章。

200. 引自 Joshua L. Reid, *The Sea Is My Country: The Maritime World of the Makahs*（New Haven: Yale University Press, 2015）, 254。

201. 引自 Lawrence C. Kelly, *The Navajo Indians and Federal Indian Policy*（Tucson: University of Arizona Press, 1968）, 172.

202. 引自 Tisa Wenger, *We Have a Religion: The 1920s Pueblo Indian Dance Controversy and American Religious Freedom*（Chapel Hill: University of North Carolina Press, 2009）, 189。"1920年，国会指示所有受联邦管辖的印第安儿童都必须接受义务教育。其义务教育计划于1921年秋季启动，口号是'每个符合资格的学生都必须上学'……如果哪位家长拒绝，其孩子将被强行送到印第安事务专员指定的任何政府寄宿学校就读。"参阅 Lawrence C. Kelly, "Charles Henry Burke, 1921–1929," in Kvasnicka and Viola, *The Commissioners of Indian Affairs*, 254。

203. 引自 Wenger, *We Have a Religion*, 191。

204. Lawrence C. Kelly, *The Assault on Assimilation: John Collier and the Origins of Indian Policy Reform*（Albuquerque: University of New Mexico Press, 1983）, 103–377.

205. Christian W. McMillen, *Making Indian Law: The Hualapai Land Case and the Birth of Ethnohistory*（New Haven: Yale University Press, 2007）, 128, 152.

206. 引自 Jennifer Nez Denetdale, *Reclaiming Diné History: The Legacies of Navajo Chief Manuelito and Juanita*（Tucson: University of Arizona Press, 2007）, 78, 80。

207. 引自 Denetdale, *Reclaiming Diné History*, 80。

208. Kelly, *The Navajo Indians and Federal Indian Policy*, 172.

209. K. Tsianina Lomawaima, *They Called It Prairie Light: The Story of Chilocco Indian School*（Lincoln: University of Nebraska Press, 1994）, 18–19.

210. Cathleen D. Cahill, *Federal Fathers and Mothers: A Social History of the United States Indian Service*（Chapel Hill: University of North Carolina Press, 2011）, 110.

211. Lomawaima, *They Called It Prairie Light*, 19.

212. 参阅 Brianna Theobald, *Reproduction on the Reservation: Pregnancy, Childbirth, and Colonialism in the Long Twentieth Century*（Chapel Hill: University of North Carolina Press, 2019）, 79–80; Hoxie, *Parading through History*, 325–35。

213. 引自 Hoxie, *Parading through History*, 326。

214. 1921年，普伦蒂·库普斯在无名战士纪念碑的奠基仪式上向10万人发表了演讲，此前于1913年出席了全美印第安人纪念馆在纽约港的落成仪式。参阅 Hoxie, *Parading through History*, 344–48; 以及 *The National American Indian Memorial-Harbor of New York*（New York: n.p., 1913）, 6。

215. 引自 Hoxie, *Parading through History*, 327。

216. McMillen, *Making Indian Law*, 17–35.

217. 引自 McMillen, *Making Indian Law*, 17。

218. McMillen, *Making Indian Law*, 12.

219. Gilbert, *Hopi Runners*, 59.

220. 引自 McMillen, *Making Indian Law*, 33。

221. McMillen, *Making Indian Law*, 71.

222. 引自 McMillen, *Making Indian Law*, 161。

223. McMillen, *Making Indian Law*, 139.

224. 引自 McMillen, *Making Indian Law*, 177–78. 另参阅 Glen Sean Coulthard, "A Fourth World Resurgent," in George Manuel and Michael Posluns, *The Fourth World: An Indian Reality*, rev. ed.（Minneapolis: Uni-

versity of Minnesota Press, 2019），xxvii。

225. 有关信托关系与信托责任的概述，参阅 David E. Wilkins and K. Tsianina Lomawaima, *Uneven Ground: American Indian Sovereignty and Federal Law*（Norman: University of Oklahoma Press, 2001）, 64–97。

Chapter 12. From Termination to Self- Determination Native American Sovereignty in the Cold War Era
12 从终止到自决：
冷战时期美国原住民的主权

1. Christian W. McMillen, *Making Indian Law: The Hualapai Land Case and the Birth of Ethnohistory*（New Haven: Yale University Press, 2007）, 172–73. 另参阅 David E. Wilkins, Hollow Justice: *A History of Indigenous Claims in the United States*（New Haven: Yale University Press, 2013）, 49–70。

2. Vijay Prashad, *The Darker Nations: A People's History of the Third World*（New York: New Press, 2007）, 3–15.

3. https://www.un.org/en/about-us/un-charter.

4. Joshua B. Freeman, *American Empire: The Rise of a Global Power, the Democratic Revolution at Home, 1945–2000*（New York: Viking Penguin, 2012）, xi.

5. 引自 Walter LaFeber, *The American Age: United States Foreign Policy at Home and Abroad since 1750*（New York: Norton, 1989）, 380。

6. Andrew Needham, *Power Lines: Phoenix and the Making of the Modern Southwest*（Princeton: Princeton University Press, 2014）, 13–14.

7. Kristen Simmons, "Settler Atmospherics," *Fieldsights*（2017）, https://culanth.org/fieldsights/settler-atmospherics.

8. 引自 Richard White, *The Organic Machine: The Remaking of the Columbia River* （New York: Hill & Wang, 1996）, 81。

9. 引自 Needham, *Power Lines*, 248。

10. Nick Estes, *Our History Is the Future: Standing Rock versus the Dakota Access Pipeline, and the Long Tradition of Indigenous Resistance* （New York: Verso, 2019）, 134–67. 有关联邦机构在第二次世界大战后不断扩张的西部地区扮演的角色，另参阅 Richard White, *"It's Your Misfortune and None of My Own": A New History of the American West* （Norman: University of Oklahoma Press, 1991）, 553–61。

11. 引自 Estes, *Our History Is the Future*, 139。

12. James C. Scott, *Seeing Like a State: How Certain Schemes to Improve the Human Condition Have Failed* （New Haven: Yale University Press, 1998）, 270–71.

13. Needham, *Power Lines*, 247–48, 155. 另参阅 Dana E. Powell, *Landscapes of Power: Politics of Energy in the Navajo Nation* （Durham: Duke University Press, 2018）, 7–57。

14. 引自 Joy L. Gritton, *The Institute of American Indian Arts: Modernism and U.S. Policy* （Albuquerque: University of New Mexico Press, 2000）, 69–70（emphasis added）。

15. 引自 Richard Drinnon, *Keeper of Concentration Camps: Dillon S. Meyer and American Racism* （Berkeley: University of California Press, 1987）, 166。

16. 引自 Charles Wilkinson, *Blood Struggle: The Rise of Modern Indian Nations* （New York: Norton, 2005）, XIII。

17. Vine Deloria Jr., *Custer Died for Your Sins: An Indian Manifesto* （New York: Macmillan, 1969）.

18. Glen Sean Coulthard, "A Fourth World Resurgent," in George Manuel and Michael Posluns, *The Fourth World: An Indian Reality*, rev. ed. (Minneapolis: University of Minnesota Press, 2019), ix-xxxiv. 另参阅 Daniel M. Cobb, *Native Activism in Cold War America: The Struggle for Sovereignty* (Chapel Hill: University of North Carolina Press, 2008)。"部落主权和自决的政治体系不能脱离现代化和去殖民化这一全球政治背景来理解。"（第4页）。

19. 引自 Manuel and Posluns, *The Fourth World*, xxxix。正如艾琳·莫尔顿-鲁滨逊（Aileen Moreton-Robinson）所述，"政府提供给原住民的……是白人构建的'土著'所有权形式，从认识论和本体论而言，这些形式并没有以原住民对主权的理解为依据。在这种立法制度下，原住民的土地所有权实际上是一种土地保有权，其自治和管理模式均受到限制。原住民对地面或地下资源的控制和所有权微乎其微，对国家的经济依赖进一步加深。"Aileen Moreton-Robinson, ed., *Sovereign Subjects: Indigenous Sovereignty Matters* (Crows Nest, Australia: Allen & Unwin, 2007), 4.

20. Eiichiro Azuma, *In Search of Our Frontier: Japanese America and Settler Colonialism in the Construction of Japan's Borderless Empire* (Berkeley: University of California Press, 2019), 70–72.

21. 引自 Azuma, *In Search of Our Frontier*, 73。

22. 引自 Azuma, *In Search of Our Frontier*, 74。

23. Jun Uchida, *Brokers of Empire: Japanese Settler Colonialism in Korea, 1876–1945* (Cambridge, Mass.: Harvard University Asia Center, 2011), 166–67, 408.

24. Uchida, *Brokers of Empire*, 401.

25. Timothy Snyder, *Black Earth: The Holocaust as History and Warning* (New York: Tim Duggan Books, 2015), 12.

26. 引自 Snyder, *Black Earth*, 15。

27. 引自 James Q. Whitman, *Hitler's American Model: The United States and the Making of Nazi Race Law*（Princeton: Princeton University Press, 2017）, 9。

28. 引自 Snyder, *Black Earth*, 15。

29. Norman M. Naimark, *Genocide: A World History*（New York: Oxford University Press, 2017）, 66.

30. 引自 Snyder, *Black Earth*, 15。

31. 引自 Snyder, *Black Earth*, 16。

32. 引自 Snyder, *Black Earth*, 20。

33. Whitman, *Hitler's American Model*, 115.

34. Whitman, *Hitler's American Model*, 115.

35. Whitman, *Hitler's American Model*, 135.

36. Office of Indian Affairs, *Indians in the War*（Chicago: U.S. Department of the Interior, 1945）, 1, 49.

37. Office of Indian Affairs, *Indians in the War*, 1.

38. Office of Indian Affairs, *Indians in the War*, 1.

39. Peter Calvocoressi et al., *Total War: The Causes and Courses of the Second World War*, rev. ed., vol. 2（New York: Pantheon Books, 1989）, 1162–63.

40. Calvocoressi et al., *Total War*, 1161.

41. 引自 Office of Indian Affairs, *Indians in the War*, 29。

42. Office of Indian Affairs, *Indians in the War*, 23–24, 37–40.

43. 参阅 David Treuer, *The Heartbeat of Wounded Knee: Native America from 1890 to the Present*（New York: Riverhead Books, 2019）, 221–22。

44. Office of Indian Affairs, *Indians in the War*, 47.

45. Meg Jacobs, *Pocketbook Politics: Economic Citizenship in Twentieth-Century America*（Princeton: Princeton University Press, 2005）, 249.

46. Lizabeth Cohen, *A Consumers' Republic: The Politics of Mass Consumption in Postwar America*（New York: Vintage, 2003）, 119.

47. 引自 Jacobs, *Pocketbook Politics*, 252。

48. 引自 Jacobs, *Pocketbook Politics*, 254。

49. Jacobs, *Pocketbook Politics*, 254.

50. Liza Black, *Picturing Indians: Native Americans in Film, 1941–1960*（Lincoln: University of Nebraska Press, 2020）, 310–11.

51. Black, *Picturing Indians*, 204–5.

52. Black, *Picturing Indians*, 204.

53. John W. Troutman, *Indian Blues: American Indians and the Politics of Music, 1879–1934*（Norman: University of Oklahoma Press, 2009）, 117.

54. White, *"It's Your Misfortune and None of My Own,"* 613.

55. White, *"It's Your Misfortune and None of My Own,"* 613.

56. 引自 Kenneth William Townsend, *World War II and the American Indian*（Albuquerque: University of New Mexico Press, 2000）, 223. 另参阅 Edward Charles Valandra, *Not without Our Consent: Lakota Resistance to Termination, 1950–59*（Urbana: University of Illinois Press, 2006）, 71–136。

57. 引自 Laurie Arnold, *Bartering with the Bones of Their Dead: The Colville Confederated Tribes and Termination*（Seattle: University of Washington Press, 2012）, 47。

58. 引自 Gritton, *The Institute of American Indian Arts*, 70。

59. Institute for Government Research, *The Problem of Indian Administration: Report of a Survey Made at the Request of Honorable Hubert Work, Secretary of the Interior*（Baltimore: Johns Hopkins University Press, 1928）, 198–99.

60. Wilkinson, *Blood Struggle*, 21.

61. Arnold, *Bartering with the Bones of Their Dead*, 3.

62. 引自 Arnold, *Bartering with the Bones of Their Dead*, 12。

63. 引自 Valandra, *Not without Our Consent*, 17。

64. 引自 Arnold, *Bartering with the Bones of Their Dead*, 98。

65. Kent Blansett, *A Journey to Freedom: Richard Oakes, Alcatraz and the Red Power Movement*（New Haven: Yale University Press, 2018）, 81–82.

66. Ned Blackhawk, "'I Can Carry on From Here': The Relocation of American Indians to Los Angeles," *Wicazo Sa Review*（1995）: 16–17.

67. 引自 Blansett, *A Journey to Freedom*, 82。

68. 引自 Blansett, *A Journey to Freedom*, 82。

69. 引自 Brian C. Hosmer, *American Indians in the Marketplace: Persistence and Innovation among the Menominees and Metlakatlans, 1870–1920*（Lawrence: University of Kansas Press, 1999）, 74。

70. Hosmer, *American Indians in the Marketplace*, 86–88. 另参阅 Ada Deer, *Making a Difference: My Fight for Native Rights and Social Justice*（Norman: University of Oklahoma Press, 2019）, 7, 44–45。

71. Hazel W. Hertzberg, *The Search for an American Indian Identity: Modern Pan-Indian Movements*（Syracuse: Syracuse University Press, 1971）, 136.

72. Deer, *Making a Difference*, 47.

73. Deer, *Making a Difference*, 47.

74. David R. M. Beck, *The Struggle for Self-Determination: History of the Menominee Indians since 1854*（Lincoln: University of Nebraska Press, 2005）, 59–62.

75. 例如参阅 Grant Arndt, *Ho-Chunk Powwows and the Politics of Tradition*（Lincoln: University of Nebraska Press, 2016）, 98–108；以及 Nancy Oestreich Lurie, *Wisconsin Indians*, rev. ed.（Madison: Wisconsin State Historical Society Press, 2002）, 36–37。

76. Wilkinson, *Blood Struggle*, 71–72.

77. Deer, *Making a Difference*, 46.

78. 引自 Deer, *Making a Difference*, 48。

79. 引自 Wilkinson, *Blood Struggle*, 74。

80. 引自 Wilkinson, *Blood Struggle*, 73（原文着重强调了某些内容）。

81. 引自 Wilkinson, *Blood Struggle*, 81–82。

82. Beck, *The Struggle for Self-Determination*, 143–56.

83. Deer, *Making a Difference*, 64, 52.

84. Paul Thomas Chamberlin, *The Cold War's Killing Fields: Rethinking the Long Peace*（New York: HarperCollins, 2018）, 1–19.

85. Odd Arne Westad, *The Global Cold War: Third World Interventions and the Making of Our Times*（New York: Cambridge University Press, 2005）, 159.

86. Robert J. C. Young, *Postcolonialism: An Historical Introduction*（Malden, Mass.: Blackwell, 2001）, 191–92.

87. Thomas Borstelmann, *The Cold War and the Color Line: American Race Relations in the Global Arena*（Cambridge, Mass.: Harvard University Press,

2001）, 93.

88. Westad, *The Global Cold War*, 31.

89. 引自 Valandra, *Not without Our Consent*, 24–25。

90. 引自 Valandra, *Not without Our Consent*, 79。

91. 引自 Valandra, *Not without Our Consent*, 79。

92. 引自 Valandra, *Not without Our Consent*, 78。

93. Cobb, *Native Activism in Cold War America*, 16–22.

94. Cobb, *Native Activism in Cold War America*, 30.

95. 引自 Cobb, *Native Activism in Cold War America*, 51。

96. 引自 Cobb, *Native Activism in Cold War America*, 52–54。

97. 有关卢姆比族争取联邦承认的斗争，参阅 Malinda Maynor Lowery, *The Lumbee Indians: An American Struggle*（Chapel Hill: University of North Carolina Press, 2018）, esp. 117–36。

98. Margaret D. Jacobs, *A Generation Removed: The Fostering and Adoption of Indigenous Children in the Postwar World*（Lincoln: University of Nebraska Press, 2014）, 7.

99. Jacobs, *A Generation Removed*, 19.

100. Laura Briggs, *Taking Children: A History of American Terror*（Berkeley: University of California Press, 2020）, 63.

101. Jacobs, A Generation Removed, 6.

102. 引自 Jacobs, *A Generation Removed*, 24。

103. 引自 Jacobs, *A Generation Removed*, 26。

104. Briggs, *Taking Children*, 63.

105. 引自 Jacobs, *A Generation Removed*, 26。

106. Patricia Busbee and Trace A. Demeyer, eds., *Two Worlds: Lost Children of the Indian Adoption Projects*（Greenfield, Mass.: Blue Hand Books, 2012）, 16.

107. 引自 Jacobs, *A Generation Removed*, 27–28。

108. Blackhawk, "'I Can Carry on From Here,'" 16–22.

109. Briggs, *Taking Children*, 69.

110. 引自 Jacobs, *A Generation Removed*, 269。

111. 引自 Matthew L. M. Fletcher, "ICWA and the Commerce Clause," in Matthew L. M. Fletcher, ed., *Facing the Future: The Indian Child Welfare Act at 30*（East Lansing: Michigan State University Press, 2009）, 34。

112. 参阅本书第 11 章。

113. Joan Kauppi, "Red Lake Anishinaabe Split Feather," in Busbee and Demeyer, *Two Worlds*, 29–31.

114. Jacobs, *A Generation Removed*, 261.

115. Evelyn Red Lodge, "I Will Die with All the Damage Done to Me as My Legacy," in Busbee and Demeyer, *Two Worlds*, 20–21.

116. 引自 Jacobs, *A Generation Removed*, 91。

117. 引自 Briggs, *Taking Children*, 66。

118. 引自 Fletcher, "ICWA and the Commerce Clause," 35。

119. 引自 Paul Chaat Smith and Robert Allen Warrior, *Like a Hurricane: The Indian Movement from Alcatraz to Wounded Knee*（New York: New Press, 1996）, 42。

120. 引自 Troy Johnson et al., "American Indian Activism and Transforma-

tion: Lessons from Alcatraz," in Troy Johnson et al., eds., *American Indian Activism: Alcatraz to the Long Walk*（Urbana: University of Illinois Press, 1997）, 14。

121. Deloria, *Custer Died for Your Sins*, 17–18.

122. 引自 David Martínez, *Life of the Indigenous Mind: Vine Deloria Jr. and the Birth of the Red Power Movement*（Lincoln: University of Nebraska Press, 2019）, 20。

123. 引自 Smith and Warrior, *Like a Hurricane*, 55。

124. David E. Wilkins, ed., *The Hank Adams Reader: An Exemplary Native Activist and the Unleashing of Indigenous Sovereignty*（Golden, Colo.: Fulcrum, 2011）, 7.

125. Gritton, *The Institute of American Indian Arts*, 103.

126. Colette Lemmon and Ryan Rice, *Under the Influence: Iroquois Artists at IAIA*（*1962–2012*）（Santa Fe: Museum of Contemporary Native Arts, 2012）, 11.

127. Gritton, *The Institute of American Indian Arts*, 103–49.

128. Richard W. Hill, "The Institute of American Indian Arts and Contemporary Native Art," in Lowery Stokes Sims, ed., *Fritz Scholder: Indian/Not Indian*（New York: Prestel, 2008）, 123.

129. 引自 Hill, "The Institute of American Indian Arts and Contemporary Native Art," 121.

130. Della C. Warrior, "Education, Art, and Activism," in Daniel M. Cobb and Loretta Fowler, eds., *Beyond Red Power: American Indian Politics and Activism since 1900*（Santa Fe: School of Advanced Research, 2007）, 298.

131. Karen Kramer, "A Declaration of Love and Guts: T. C. Cannon's Visual Language and the Art of Survivance," in Karen Kramer, ed., *T. C. Cannon: At*

the Edge of America（Salem, Mass.: Peabody Essex Museum, 2018）, 37.

132. *Native American Art at Dartmouth: Highlights from the Hood Museum of Art*（Lebanon: University Press of New England, 2011）, 13–17.

133. 引自 *Native American Art at Dartmouth*, 14。

134. Paul Chaat Smith, "Monster Love," in Sims, *Fritz Scholder*, 30.

135. "Treaty with the Nisqualli, Puyallup, etc., 1854," in Charles J. Kappler, ed., *Indian Affairs: Law and Treaties*, 2 vols.（Washington, D.C.: Government Printing Office, 1904）, 2:662.

136. Wilkinson, *Blood Struggle*, 166–73. 另参阅 Wilkins, *The Hank Adams Reader*, 8–9。

137. 引自 Wilkinson, *Blood Struggle*, 169。

138. Blansett, *A Journey to Freedom*, 106–7.

139. "Treaty with the Sioux . . . and Arapaho, 1868" in Kappler, *Indian Affairs* 2:1000.

140. 引自 Blansett, *A Journey to Freedom*, 144。

141. 引自 Blansett, *A Journey to Freedom*, 144。

142. Blansett, *A Journey to Freedom*, 136–65.

143. 引自 Alvin M. Josephy Jr., ed., *Red Power: The American Indians' Fight for Freedom*（New York: McGraw-Hill, 1971）, 214, 216。

144. Peter Iverson, *Diné: A History of the Navajos*（Albuquerque: University of New Mexico Press, 2002）, 233.

145. Philip S. Deloria, "The Era of Indian Self-Determination: An Overview," in Kenneth R. Philp, ed., *Indian Self-Rule: First-hand Accounts of Indian-White Relations from Roosevelt to Reagan*（Salt Lake City: Howe Brothers, 1986）, 199–200.

146. Vine Deloria Jr. and Clifford Lytle, *The Nations Within: The Past and Future of American Indian Sovereignty*（New York: Pantheon Books, 1984）, 216–23.

147. 引自 Walter R. Echo-Hawk, *In the Courts of the Conqueror: The 10 Worst Indian Law Cases Ever Decided*（Golden, Colo.: Fulcrum, 2010）, 363。

148. Wilkinson, *Blood Struggle*, 199–202.

149. Wilkins, *The Hank Adams Reader*, 9.

150. 引自 Wilkinson, *Blood Struggle*, 202。

151. Edmund J. Danziger Jr., "A New Beginning or the Last Hurrah: American Indian Response to Reform Legislation of the 1970s," *American Indian Culture and Research Journal*（1983）: 73.

152. Wilkinson, *Blood Struggle*, 13–21, 318–320.

153. 引自 Wilkinson, *Blood Struggle*, 320–21。

154. Deloria, *Custer Died for Your Sins*, 27.

155. 引自 N. Bruce Duthu, *American Indians and the Law*（New York: Viking Penguin, 2008）, 12。

156. Manuel and Posluns, *The Fourth World*, 124–25.

157. Duthu, *American Indians and the Law*, 124–25.

158. 引自 Duthu, *American Indians and the Law*, 21。

159. 引自 Duthu, *American Indians and the Law*, 24。

160. Keith Richotte Jr., *Federal Indian Law and Policy: An Introduction*（St. Paul: West Academic, 2020）, 374–86.

161. Ronald L. Trosper, "American Indian Poverty on Reservations, 1969–1989," in Gary D. Sandefur et al., *Changing Numbers, Changing Needs:*

American Indian Demography and Public Health（Washington, D.C.: National Academy Press, 1996）, 188.

162. Randall K. Q. Akee et al., "The Indian Gaming Regulatory Act and Its Effects on American Indian Economic Development," *Journal of Economic Perspectives*（2015）: 189.

163. Akee et al., "The Indian Gaming Regulatory Act," 189.

164. Jessica R. Cattelino, *High Stakes: Florida Seminole Gaming and Sovereignty*（Durham: Duke University Press, 2008）, 53–58.

165. Richotte, *Federal Indian Law and Policy*, 507–18.

166. Deer, *Making a Difference*, 109.

167. Deer, *Making A Difference*, 151–55.

168. 引自 Deer, *Making a Difference*, 160。

169. 引自 Deer, *Making a Difference*, 160。

致 谢

　　从本质上而言，学术领域的综述依赖于他人的研究成果。为此，我衷心感谢诸多学者、档案管理员、图书管理员和社区成员，正是他们的工作，让美国印第安历史的关键内容得以展现在世人面前。这些工作通常在各大学术机构中心之外完成，能见证学术界近期的重大调整，推动美国印第安历史研究朝着充满活力和引人入胜的方向发展，是莫大的荣幸。对那些开启这段重新发现美国之旅的朋友、机构、专业协会和部落中心，还有那些支持我、邀请我分享研究成果的朋友，我想表示最诚挚的感谢和赞赏。众人集体参与，是学术研究最理想的境界，能与一代人一起重塑传统的研究方法，是一件非常美妙的事情。

　　这本书的写作经历了很多个阶段。我来到耶鲁大学之后，便一直在构思其内容。我很幸运，因为我的许多同事、学生以及学校的行政管理人员都十分支持对美国原住民历史的研究。耶鲁大学美国原住民研究小组的发起人为美国原住民和土著的研究工作建立了专门的机构，在成立之后的数年里，该小组的许多成员持续开展卓越的研究，并取得了令人印象深刻的成果，包括克里斯汀·德卢西亚、哈利勒·约翰逊（Khalil Johnson）、霍莉·米奥瓦克·吉思（Holly Miowak Guise）、瑞安·霍尔（Ryan Hall）、以赛亚·威尔纳（Isaiah Wilner）、阿尼娅·蒙蒂尔（Anya Montiel）、蒂法妮·黑尔（Tiffany Hale）、萨默·萨顿·阿德帕尔瓦（Summer Sutton Adparvar）、娜奥米·萨斯曼（Naomi Sussman）、特丝·兰扎罗塔（Tess Lanzarotta）、汉娜·格林沃尔德（Hannah Greenwald）、伊莎贝拉·罗宾斯（Isabella Robbins）、泰勒·罗斯（Taylor Rose）、麦克斯·克莱顿（Max Clayton）、桑德拉·桑切斯（Sandra Sánchez）以及大卫·克里（David Kerry）。耶鲁大学民族、种族和移民项目（Ethnicity, Race, and Migration Program）的教职人员对有关项目提供了支持，并且与美国印第安法学生协会（The Native American Law Student Association）的成员一起，为了与本写作项目相关的校园活动而不懈努力。

2017—2018 年，麦克尼尔早期美国研究中心（The McNeil Center for Early American Studies）和宾夕法尼亚大学法学院为本书的写作提供了莫大的帮助，此外还有耶鲁大学出版社的克里斯·罗杰斯（Chris Rogers）和阿迪娜·伯克（Adina Berk），两人为本书以及亨利·罗伊·克劳德系列其他书籍的写作提供了极大的支持。在最初的几次交谈当中，克里斯为本书以及该系列其他书籍的写作提供了初步建议，阿迪娜则一直致力于这两个项目的监督和完善，并为这个庞大写作项目的精简提供了非常宝贵的编辑意见。

乔舒亚·雷（Joshua Rei）是亨利·罗伊·克劳德系列丛书的作者之一，也是我非常珍视的合作伙伴，他的耐心和洞察力尤其令我折服。他与艾伦·格里尔（Allan Greer）和南希·范·杜森（Nancy Van Deusen）对最初几章提供了宝贵的、极富建设性且毫不吝啬的评论与反馈。本杰明·马德莱（Benjamin Madley）与一位匿名的出版社审稿人为本书提供了非常宝贵的建议与修改意见。本书如有任何不一致或错误，均是本人疏漏所致。

几位以前的学生——海迪·卡特（Heidi Katter）、梅加汉·格普塔（Meghan Gupta）、马德琳·弗里曼（Madeleine Freeman）和利娅·谢里斯廷尼安（Leah Shrestinian），他们对本书的研究工作也提供了极大的支持，而且他们往往能在极短的时间内响应项目的研究需求，实在令人叹服。利娅协助完成了本书的插图，让本项目得以圆满完成。

我由衷感谢美国原住民文化中心（The Native American Cultural Center）社区提供的合作。2013 年，耶鲁大学校长及教务长彼得·沙洛维（Peter Salovey）为该社区分配了一处永久场址划，促进了该社区的蓬勃发展。自开放以来，该文化中心为本书的写作提供了诸多灵感，如尼科塔·史蒂文森（Nicota Stevenson）曾在研讨室对原始资料进行了课堂讨论，为本书第 1 章节的构思提供了帮助，虽然他本人可能不记得了。我想对该社区的成员表示最诚挚的谢意，正是他们促进了美国原住民文化中心的发展，让该中心成为一个激励他人、充满活力的空间。

最后，我衷心感谢我的家人。我的妻子玛吉（Maggie）给了我莫大的支持和宝贵的建议。她的正直和智慧，她的才华和奉献，是对我的极大鼓舞。新冠肺炎疫情期间，我的孩子托比亚斯（Tobias）和伊娃·布莱克霍克（Eva Blackhawk）为一家人的生活带来了欢乐；还有小宝宝埃文·阿伦（Evan Aaron）的到来，让我意识到家人和健康在生命中是何等珍贵。

原文索引

AAIA (Association on American Indian Affairs), 432
ABCFM (American Board of Commissioners for Foreign Missions), 375
Abenaki, 55, 57, 92, 103, 110, 465n60
abolition of slavery. *See* slavery of African Americans
Acadians, 132, 148
Acoma Pueblo: Coronado and, 20; massacre at, 34–37; mission church at, 40
activism, 10–11, 365–407; American Indian Movement (AIM), 11, 412, 436; growing movements of indigenous resistance to American imperialism, 374–77; injustices fueling, 399, 404; on local and national levels, 402–6; politics of representation and, 370–74; Puget Sound protests (1964), 435; reservation activism, 436–45; treaty law driving, 435–36. *See also* Kellogg, Laura Cornelius; Roe Cloud, Henry; Society of American Indians
Adams, Hank, 433, 435, 438, 440
Adams, John, 200, 232
Adams, John Quincy, 281, 284, 285
Adams-Onís Treaty (1819), 254, 264, 284, 286
adoption of Native children, 429–32

Adoption Resource Exchange of North America (ARENA), 430
Aenon (Wendat chief), 89–91
African Americans: Civil War military service by, 293; empowerment of, 389; property ownership restrictions, 239. *See also* free blacks; slavery of African Americans
agencies. *See* Indian agencies
agency of Native peoples, 5–6, 8, 11, 19
agriculture and livestock: in British colonies, 48, 51, 61, 63, 128, 133, 139; cattle, 18, 21–22, 37, 42, 237, 251, 259, 264–65, 300, 318, 344–46, 464n41; Chicago as processing center, 292; Crèvecoeur on American farmer, 223; Dakota and, 294; Diné and, 322; in early Republic, 216; in Great Lakes region, 292; Ho-Chunk and, 423; in Indian Territory, 312; interior settlers and, 136, 158, 162, 214, 216, 219; in Kansas, 344–45; Lakota vs. farmers, 346, 350, 358; native women's role, 55, 106; Ojibwe and, 423; in Pacific Northwest, 269; pigs, 214, 292, 464n41; Plains Native peoples and, 410; in Spanish territories, 32, 251, 259–60, 265, 304; Texas

agriculture and livestock (continued) longhorns, 344–45; Tocqueville on American farmer, 221; Virginian farmers, 154, 179, 195, 497n96; Wendat and, 96, 476n122; Western development and, 300–301, 303, 317, 329, 345. See also horses and equestrian power; invasive species

Agriculture Society (Philadelphia), 195

Aguinaldo, Emilio, 375–76

AIM (American Indian Movement), 11, 412, 436

Aix-la-Chapelle, Treaty of (1748), 124, 127

Alaska, 262–63

Albany, New York, 110–11, 181, 328

Albany Congress and Plan (1754), 136

Albuquerque, 324

Alcatraz prison, 11, 397, 399, 404, 435–36, 438

alcohol: abstinence, 363; as destructive influence, 154–55; European trade with Native peoples, 114, 125, 303–4

Aleut, 262, 272

Algonquian diaspora, 51, 86, 96, 151, 465n60

Algonquian-speaking peoples: displacement and migration of, 86, 96, 151; early Republic battles with, 228–29; French relations with, 75, 109, 111, 121–24, 127, 146–47, 157, 471n28; in Great Lakes region, 96, 109, 146–48, 212; Great Peace of 1701 and, 103; in Kentucky, 184, 187; Kentucky militia targeting villages of, 187; in London, 57; in Northeast region, 49, 461n3; trade with British, 125

Algonquin: Champlain and, 73, 77, 82; enslavement of, 51; Puritans and, 50–51

Alioto, Joseph, 436

Aliyivit (Tongva leader), 257

Allotment Act (1887). See Dawes Act

Allotment Era, 378, 409, 419–20. See also reservations

Allyn, Joseph Pratt, 332–33

Alta California, 250, 255, 260

Altvater, Denise, 431

Alutiiq, 262, 368

Amelia Island, 280–81

American Board of Commissioners for Foreign Missions (ABCFM), 375

American Duties Act (1764), 162

American Fur Company, 217

American Historical Association, 449n4

American history: American Revolution history, 144, 173–74, 493n183; centrality of Native peoples to, 2–3, 6, 8–9, 144, 173–74, 451n24; Civil War history, 295, 297; creating a new American history, 5, 8, 221, 388, 461n2; European discovery and settlement as key events, 2, 74, 221; exclusion of Native American history, 3, 8, 253, 276, 295, 409, 449n2, 449n4; modern American history and Native peoples, 409; new source materials, effect of, 7; violence erased in writing of, 222–23. See also mythologies of American history

American imperialism, 374–77, 414

American Indian Chicago Conference (1961), 428, 432–33

American Indian Citizenship Act (1924), 383

American Indian Day, 381

American Indian Defense Association, 400

American Indian Gaming and Regulatory Act (1988), 443
American Indian Institute, 370, 395, 395, 397
American Indian Magazine, 381
"American Indian Pledge" of loyalty to United States, 428
Americanization. *See* assimilation
American Revolution, 172–75, 486n27; casualties in, 176–77, 179; centennial commemoration events, 351, 365–66; Fort Loudon raid as initial act of (March 5, 1765), 172, 493n183; indigenous origins of, 169–72; migrations after British loss, 178; national debt and recession following, 145, 185, 187; Native peoples, effect on, 83, 179–82; Native peoples siding with British, 179; payment of troops in, 176, 185; slaves aiding British in, 178; uncertainty and confusion following conclusion of, 184. *See also* Paris, Treaty of (1783)
Ames, Nathaniel, 139, 144
Amherst, Jeffrey, 145, 147–49, 155, 158–60, 162, 167–68, 170
Anishinaabe, 96, 103–4, 117, 122, 138, 150, 152, 358, 479n16
Anishinaabeg, 109, 140, 292. *See also* Ojibwe
Anishinaabewaki, 109, 138, 292
antebellum Republic: expansion of country, tensions exacerbated by, 286; failed attempts to remain united, 290, 308–9; Fugitive Slave Law (1850), 290; Missouri Compromise, 277–78, 284, 290; Native genocide in, 293–99; resistance to foreign interference, 250–53; settler boom in, 293; in Southwest, 304–5

anthropology of Native peoples, 373–74, 536n55
anti-Indian sentiments. *See* Indian hating
Anza, Juan Bautista de, 265
Apache: in Colorado and Plains, 301–2, 324; Medicine Lodge, Treaty of (1867), 343; Mescalero, 304; movie depiction of, 418; relocation to Indian Territory, 342–43; in Southwest, 304, 321; in Spanish colonial era, 19, 39–40; war of extermination against, 332; Woolsey as leader of campaigns against, 330; Yaqui wars with, 330–31
Arapaho: age-based political systems of, 353; in Colorado and Plains, 301–2, 306–7, 319, 324; Evans seeking to eliminate, 324–26; Fort Laramie treaty (1868), 340; Medicine Lodge, Treaty of (1867), 343; relocation to Indian Territory, 342, 347, 353; Sand Creek massacre (1864), 295; in Southwest, 304
ARENA (Adoption Resource Exchange of North America), 430
Arendt, Hannah, 471n30
Arikara, 306, 410
Arizona: anti-Indian campaigns in, 338–39; Howell Code (1864), 331–32, 360; mining operations in, 316; Native peoples in, 383; racial composition (1860s), 332, 339; railroad development in, 329, 404; as Union territory in Civil War, 314
Armstrong, Henry, 392
Armstrong, Richard, 375
Armstrong, Samuel Chapman, 375
Arthur, Chester A., 405

Articles of Confederation, 9, 82, 179, 181, 191, 193; failures of, 200–204, 224; Northwest Ordinance and, 231
Asian laborers and immigrants, 315, 413–14
assimilation: benefiting whites over Native peoples, 392; Christian missionaries' efforts, 225–26; debate over (1924), 391; eradication of Native cultures, 335–36, 353–56, 533n140; expansion of campaign (1880s–1920s), 356–59, 377; Great Depression's effect on, 399–400; of immigrants to America, 356, 525–26n5; Indian Adoption Project, 429–30; injustices from, 399; paternalism of, 391–92; post-World War II return to policy of, 399, 409; Protestant-led groups advocating, 379; Society of American Indians' opposition to, 370; Spanish colonization's efforts, 257; in termination era, 411–13, 427; violence in conjunction with, 401; "white" behavior rewarded, 393–94. *See also* boarding school program; Termination Era
Assimilation Era, 356, 359, 394, 403, 421. *See also* Carlisle Indian Industrial School
Assiniboine, 122, 306
Association on American Indian Affairs (AAIA), 432
Astor, John Jacob, 182, 217–18, 267, 269
Astoria, 217–18, 267, 269, 303
Atchison, Topeka and Santa Fe Railroad, 404
Atchison Railway, 344
Australia, 5, 300, 413–14
Aztec. *See* Nahua

Bacon's Rebellion (1676–77), 51
Bacqueville de la Potherie: *Histoire de l'Amérique septentrionale*, 93, 115
Bailyn, Bernard, 173
Baja California, 255, 260, 264, 265
Baldwin, Henry, 281
Bamewawagezhikaquay (Ojibwe woman, later named Jane Johnston Schoolcraft), 137–38
Bancroft, Hubert Howe, 371; *The Native Races*, 367–68
Bandini, José, 256
Bannock, 275
Barbados, 61
Basque whalers, 81
Beale, Edward, 318
Bear Hunter (Shoshone leader), 321
Bear Ribs (Lakota leader), 307–8
Bear River (Idaho), 295, 319–20, 324, 327
Beaubien, Charles, 305
Bell, Alexander Graham, 351
Benavente, Toribio de, 25
Bender Cloud, Elizabeth, 10–11, 370, 379, 394–98, 408, 431
Bermuda, captured Indians from Northeast sent to, 57, 71
Berry, E. Y., 426–27
BIA. *See* Bureau of Indian Affairs (federal)
Big Foot (Lakota), 363
Big Robber (Crow chief), 307
Bill of Rights, 204, 338
Black, Liza, 418
Black Boys (settler militia), 9, 142, 165, 169–71
Black Coal (Arapahoe leader), 339
Black Elk, Nicholas, 364
Blackfeet, 391, 393–94, 396
Blackfoot Confederacy, 275
Black Hills, 340, 346, 349–50, 528n49

Black Kettle (Cheyenne leader), 295, 326–27
Blázquez de Cabanillas, Juan, 35
Block, Adrian, 64
Block Island, 48, 50, 52, 64, 66, 68–69, 71–72
boarding school program, 3, 10, 328, 342, 353–56; federal funding of, 377; graduates working in Indian Service's programs, 377; Hopi refusal to participate, 397; long-term consequences of, 402; mandatory attendance under 1920 law, 400–401, 542n202; map of, 352; Native peoples' employment in, 402–3; on reservation, 389; runaways, 398. *See also* Carlisle Indian Industrial School; Haskell Indian Institute
Boas, Franz, 373–74, 536n55
Bobtail Horse (Apache leader), 302
Bodega Bay, 263
bodily dismemberment, 35–36, 70–71, 295, 454n37
Bohr, Niels, 410
Boldt, George, 438, 441
Bolívar, Simón, 281–82, 284
Bolton, Herbert Eugene, 405
Bonnin, Gertrude Simmons, 379
Boone, Daniel, 183, 185
Bosque Redondo (Fort Sumner), 322
Boston, 56, 72, 107, 172–73
Boston Massacre, 173
Boston (U.S. vessel), 271
Bottineau Baldwin, Marie Louise, 379–81, 383
Boucher, Pierre, 100
Boudinot, Elias, 243–44, 246, 508n175
Bougainville, Colonel, 140
Bouquet, Henry, 153, 156, 158–60, 162
Bourdieu, Pierre, 467n112

Bourgmont, Etienne de Véniard de, 119, 124
Boylan case (1920). *See United States v. Boylan*
Bozeman Trail (Montana), 340, 345
Braddock, Edward, 152, 196
Bradford, William, 58, 61
Brandon, Howard, 417
Brant, Joseph, 137, 193
Brant, Molly (wife of William Johnson), 137
Brehm, Dietrich, 147
Britain: abolition of slavery in, 277; enslaved Native peoples in, 57–58; forts in early Republic era, 229; Indian alliances in early Republic era, 231, 297; Jay Treaty and, 234–35; Monroe Doctrine and, 253; Pacific Coast conflicts with U.S., 266–67, 513n105; Seminole War and, 280, 283; Spanish territories of interest to, 285; steam power and cotton mill revolutionizing, 215. *See also* British colonialism
British colonialism: Albany Plan, 136–37; British forces in colonies (1766), 173, 487n30; British policies on Native peoples fueling colonial resentment, 142, 159; centralized dealings with Native peoples, 137; collapse due to inability to govern interior lands, 181–82; commercial or subsistence farming, 467n101; costs of Seven Years' War, 144–46; disease and, 60–64; expansion after Treaty of Paris (1763), 133–37, 134–35, 145; fortifications before 1787 in America, 46–47; French conflicts over territory and French and Indian War, 121, 124–33; gift giving to Native peoples, 154, 488n64; hypocrisy of Brit-

British colonialism (continued) ish leaders, 151, 153–54; Iroquois and, 104, 110–11, 133–36, 151, 180, 192; migrations after loss of Revolutionary War, 178; multiple languages used in, 60, 461n3; naval supremacy of, 140, 157, 266; New England's centrality to, 49; New Holland acquired by (1664), 102, 111; post-Revolution British forces remaining in North America, 184; religious motivations of settlers, 50; slavery of Native Americans, 51–53, 56–60, 462n17, 463n23, 464n55, 465n64; Spanish territories and, 44, 145, 266; symbiotic relationship of colonies to one another, 51; theft of Native lands, 51; trade in American interior, 129–30; trade in American north, 98; violent origins of, 50–53, 60–64
British East India Company, 262
Brooks, Lisa, 461n2
Brownlee, Aleta, 430
Brown v. Board of Education (1954), 417
Bucareli, Antonio María de, 251
Buffalo, New York, 328
"Buffalo Bill" (William Cody), 370
buffalo slaughter, 344, 529n68
Bull Run, First Battle of (1861), 313
Bunker Hill, battle of, 168
Bureau of Indian Affairs (Confederate), 311
Bureau of Indian Affairs (federal BIA), 354, 359, 376, 412, 419, 421, 423, 429–30, 433, 436, 437, 442
Burke, Charles, 399–401, 405
Burke, John Masterson, 217
Butler, Richard, 202

Cabazon v. California (1987), 443
Cabazon Band of Mission Indians, 442–43

Cabrillo, Juan Rodriquez, 256, 260, 267
Cadillac, Antoine Laumet dit de Lamothe, 105
Cahokia, 107, 182, 478n8
Calhoun, James, 304–5, 321
Calhoun, John, 242, 281–83, 285
California: in Civil War, 296, 300, 309, 318–21, 324; gold rush, 10, 252–53, 291, 302–3, 316; immigration of settlers to, 306; Mexico's independence movement (1810–21) and, 277; Native genocide during Civil War in, 324, 327; natural resources rights of Native peoples in, 334; racial composition of, 315–16; treaties with Native peoples in, 298; U.S. acquisition of, 252, 285
California (Spanish colony to 1861): in Age of Revolutions, 264–67; agricultural explosion of Spanish missions in, 251, 259–60, 265; British and U.S. claiming sovereignty in, 267–68; caste system of, 264; Chumash working at missions in, 259–60; colonization of, 4, 10, 259, 265; French interactions in, 260–61; invasive species introduced into, 261–62; maritime economy, changes in, 259–62; Native peoples in, 17, 252–53, 255, 258, 264–65, 510n25; Native uprisings at missions in, 254–59, 265; north and coast as power centers in, 260; Russian presence in, 262–63, 266; sacred dances of Native peoples in, 256; Spanish missions in, 17, 20–21, 32, 34, 43, 44, 251–53, 259, 264, 273–74; U.S. interactions in, 263–64, 277
California Volunteers, 299, 317–21, 323, 326
Callicum (Mowachaht chief), 268

Callières, Louis Hector de, 103, 110, 115
Calloway, Colin, 495n35
Camp, Walter, 388
Campbell, George, 172
Camp Douglas (Utah), 320, 324
Canada: assimilation policies in, 399; *Calder* precedent overturned in (1973), 405–6; First Nations, 356, 440; Lakota in, 346–47, 350; national exhibits showing religious persecution of Natives in, 373; Native travel freely to and from, 236; potlatch laws, 372–73; removal of Native children to industrial schools in, 372–73; settler colonialism at Native expense in, 300; Truth and Reconciliation Commission, 5, 399
canal building and funding, 201, 501n21
Cannon, T. C., 434
Canyon de Chelly, 322
Caolp (Clatsop chief), 276
Cape Cod, 55, 56
Cape Flattery, 267–68, 270
captivity practices of Native peoples, 76, 92–95, 99, 122, 148–49, 156. *See also* slavery of Native Americans
Cárdenas, García López de, 26
Caribbean: English colonial era, 61, 63; French colonial era, 237; slavery in, 308; Spanish colonial era, 20, 22, 24–25, 29–30, 44
Carignan-Salières Regiment, 100
Carleton, James, 316, 321–22, 324, 326
Carlisle Indian Industrial School, 10, 336, *336*, 342, 356, 359, 375, 377, 389, 397
Carolinas: land tenants in, 218; in Spanish colonial era, 26, 28. *See also* North Carolina's failure to ratify U.S. Constitution; South Carolina
Carson, Christopher, 302, 322, 324, 326

Carson City, Nevada, 316, 319
Cartier, Jacques, 75
casinos and gaming initiatives, 442–43
Castillo de San Marcos (St. Augustine), 279
Catholicism: anti-Catholicism of early Republic, 280; assimilation efforts, 257; French missionaries, 88, 98, 117, 119; Michigan Indians and, 488n68; Native renunciation of, 304; Pueblo Revolt of 1680 and, 39; Spanish missions and missionaries, 20–21, 32, 34, 43, 44, 251–53, 259, 264, 273–74; Western Native peoples converting to, 254. *See also* Franciscans; Jesuits
Caxcanes, 30
Cayuga, 75, 102
Céloron de Blainville, Pierre-Joseph, 126–27, 130, 132
census taking, 305, 380–81, 394, 541n63
Cérutti, Joseph, 174
Challons, Henry, 57
Champlain, Samuel de, *14–15*, 55, 73, 75–84, 87, 95, 104, 112, 180, 472n36
Charles V (Spanish emperor), 29
Charlo, Louis, 416
Chebahtah, Clifford, 416
Cherokee: alienation of, 178–79, 183; alliance with British, 180; in Civil War, 310, 312–14, 316; constitution redrafted (1839), 312; Continental army invasions of lands, 180; in Five Civilized Tribes, 244; Georgia's harassment and removal of, 242–44, 279; in Kentucky, 184; lobbying Congress during Jackson administration, 244; post-Civil War treaty to reestablish federal authority over, 341–42; Removal Era and, 211; slave plantations owned by, 312; in Southern lands,

Cherokee (*continued*)
240–41; treaties with (1800–08), 230, 233, 237
Cherokee Mounted Rifles, 311
Cherokee Nation v. Georgia (1831), 243, 286
Cherokee Phoenix (newspaper), 240, 243
Cherokee Treaty (1785). *See* Hopewell, Treaty of
Chesapeake: British migration to, 63; colonization of, 146; indentured servants in, 218
Cheyenne: in Colorado and Plains, 301–2, 319, 347, 350; Evans seeking to eliminate, 324–26; Fort Laramie treaty (1851), 306–7; Fort Laramie treaty (1868), 340; Medicine Lodge, Treaty of (1867), 343, 360; relocation to Indian Territory, 342; Sand Creek massacre (1864), 295; in Southwest, 304; trade with New Mexicans, 325
Chicago, 292, 328
Chicago Treaty (1833), 211–13, 372, 387
Chichimecas, 24, 30–32
Chickasaw: in Civil War, 310–11; enslaved persons brought to Indian Territory by, 312; in Five Civilized Tribes, 244; French relations with, 116; post-Civil War treaty to reestablish federal authority over, 341–42; in Southeast, 216; Spanish relations with, 279, 284; treaties with (1800–08), 230, 507n149; as U.S. ally at time of Louisiana Purchase, 507n149
Chickasaw Mounted Rifles, 311
Chief Joseph (Nez Percé leader), 342
child removal programs. *See* boarding school program; Native children

Child Welfare League of America (CWLA), 430
Chile, 252, 261, 264
Chinese Exclusion Act (1882), 315
Chippewa, 212; treaties with (1800–08), 230
Chiricahua band, 342
Chivington, John, 295, 324–27
Choctaw: in Civil War, 310–11; Dancing Rabbit Creek, Treaty of (1830), 212; enslaved persons brought to Indian Territory by, 312; First Regiment of Choctaw, 311; in Five Civilized Tribes, 244; post-Civil War treaty to reestablish federal authority over, 341–42; in Southern lands, 122, 216, 240; treaties with (1800–08), 230; World War I soldiers from, 383
Christianity, 150, 356, 363
Chumash, 259, 264
citizenship restrictions: American Indian Citizenship Act (1924), 383; birthright citizenship, 527n45; Native Americans and, 2, 220, 338–39, 411, 413, 528n45; Native Americans lobbying for citizenship, 382–86; racial and Native restrictions in early Republic, 220, 239; racial eligibility challenges (1878–1944), 525–26n5; wardship vs. citizenship, 384–85
civilization program, 226, 228, 504n90
Civil Rights Act (1866), 338, 527n45
civil rights and civil rights movement: Native peoples without, 338–39; Red Power and, 412, 433. *See also* citizenship restrictions
Civil War, 290–328; administrative and military infrastructure resulting from, 300; Bull Run, First Battle of (1861), 313; California Volunteers

原文索引 / 965

in Native annihilation campaigns, 317–21; Comanche and Lakota fighting U.S. Army (1865), 360; consequences continuing into present day, 291; executive power, rise of, 309, 328; Indian Territory in, 310–14; Lincoln's election for second term during, 308; military size in, 293; Mormons in, 319–20; Native affairs ignored by government during, 299–300; Native genocide during, 3, 300–303, 318, 323–24, 327; Native peoples siding with Confederacy in, 310–11; origins of, 246–47; Pea Ridge, battle of (1862), 313, *313*; settler booms in, 291–93, 300–303; Southwest trade routes in, 303–5; unconditional surrender to end (total war), 291, 322, 323; Union's ineffective Indian Office, 299–300; victory over Confederacy, 327; Western mining during, 314–17; Western territories, claims on, 254, 309
Clapham, William, 136
Clapp Riders (1904 & 1906), 357
Clark, William. *See* Lewis and Clark Corps of Discovery
class struggle over political rights, 218–19
Clatsop, 276
Clay, Henry, 282
Clayton, Augustine, 246
Clemens, Orion, 316
Clemens, Samuel. *See* Twain, Mark
Cleveland, Ohio, 328
Clinton, Bill, 445
Clinton, George, 192–93
Clouds. *See* Bender Cloud, Elizabeth; Roe Cloud, Henry
Cody, William ("Buffalo Bill"), 370–71
Cohen, Felix, 401, 405–6

Colden, Cadwallader, 166
Cold War era, 10, 409–10; anti-communism as main focus of, 426, 428; Asian foreign affairs, dominance of, 426; early years, 417–18. *See also* Termination Era
Collier, John, 400–401, 405–6, 411, 420
colonial era. *See* British colonialism; disease and epidemics; Dutch trade and colonialism; French colonialism; interior, colonial America; Spanish territories; *specific locations in American colonies*
Colorado: as cattle country, 345; in Civil War, 300, 309, 319, 324; gold rush in, 289–90, 291, 303, 316, 325; Native peoples in, 301, 324–25; superintendent of Indian Affairs in, 304; as Union territory in Civil War, 314; volunteer militia in, 299
Colorado River, 18, 329
Columbian Exhibition (Chicago), 366–67, 387
Columbia River, 217, 267, 277, 303, 410
Columbus, Christopher, 22, 23
Columbus, Ohio, 328
Columbus Day, 368, 372, 381
Colville Reservation (Washington), 419–22
Comanche: in Colorado and Plains, 301–2, 304, 324; *Lone Wolf v. Hitchcock* (1903), 360–61; Medicine Lodge, Treaty of (1867), 343; in Spanish colonial era, 19, 28; treaty (1867), 360
comancheros (*Hispaño* traders), 301
Compagnie des cent-associés, 100–101
Compromise of 1850, 290
Compromise of 1877, 349, 351
Comstock Lode (Nevada), 316

Conestoga Indians, 142, 150, 163, 166–67, 491n136; Conestoga Massacre (1763), 161–64, 165, 167, 491n137
Confederate States of America, 290; Bureau of Indian Affairs, 311. *See also* Civil War
Connecticut River Valley, 92
Connor, Patrick Edward, 295, 319–21, 323, 324, 326–27
Constitution, U.S., 204–6; citizenship restrictions in, 220; Civil War Amendments, 337–39; congressional power in contradiction to, 361; in context of Native history, 9, 205; federal authority and sovereignty over Native peoples in, 178–79, 186, 204–5, 243, 444, 528n45; land acquisition methods in, 286; Native sovereignty recognized by, 186, 224, 243, 339, 349, 353; ratification process, 232; on treaties, 180, 183, 230–32. *See also specific Amendments*
Constitutional Convention, 174–75, 186, 204–5, 239, 338, 493n188
contemporary state and federally recognized Native nations and lands, 446–47
Continental Army, 176–77, 179–81. *See also* American Revolution
Continental Divide, 267, 277
Cook, James, 261, 263, 266
Cooper, James Fenimore: *The Last of the Mohicans*, 138; *The Pathfinder*, 138; *The Pioneers*, 366
Cornplanter (Seneca leader), 192
Corn Tassel (Cherokee leader), 244, 246, 286
Cornwall Mission School (Connecticut), 226, 508n175
Coronado, Francisco Vázquez de, 20, 26, 27–28, 32

Cortés, Hernán, 24–25, 29, 29, 33
Cothran, Boyd, 450n16
Cottier, Belva, 435
Cotton, John, 53–54
cotton industry and trade, 216–17, 227–28, 309, 310
Cotton States Exposition (Atlanta 1895), 371
Coulon de Villiers, Louis (brother of de Jumonville), 130–31
Council Grove (Kansas), 300
Coyoacán, 29, 29, 33
Craft, David, 365–67, 371, 388
Cree, 122, 275
Creek: American settlers moving into lands of, 179; British relations with, 180; Cherokee in federal alliance against, 242; in Civil War, 310–11; in Five Civilized Tribes, 244; Jackson leading Creek War (1813–14), 241, 283–84; post–Civil War treaty to reestablish federal authority over, 341–42; in Southern lands, 216, 240, 278–79; Spanish relations with, 279, 284; trade networks and, 215; treaties with (1800–08), 230, 233
Crespí, Juan, 259
Crèvecoeur, J. Hector St. John de: *Letters from an American Farmer*, 221–23
criminal jurisdiction: Major Crimes Act (1885), 360–62, 533n143; Violence against Women Act (2013), 441
Crittenden, John, 308
Croghan, George, 125, 128, 130, 148, 151, 168–70
Cromwell, Oliver, 72
Crook, George, 350, 358
Crow, 306–7, 340, 353, 357, 403
Crow Agency, 392, 403
Crow Dog (Lakota leader), 360–63
Cruikshank, Robert, 189

Cruzado, Antonio, 250
Cuba: annexation calls for, 285, 308, 521n103; in Spanish colonial era, 22
cultural relativism, 374
Curtis, Charles, 384
Curtis, Edward, 374
Curtis, Peter, 280
Custer, George Armstrong, 350–51
CWLA (Child Welfare League of America), 430

Dágháá Chíí Bik'is (Diné in Long Walk), 323
Dakota, 96, 103, 110, 112, 122, 292; terminology of Sioux and, 482–83n76
Dakota Access Pipeline, 100
Dakota War (1861–62), 294–95, 297, 325, 346
Dale, Edward, 398
Daley, Richard, 428
dam construction, 410
Dancing Rabbit Creek, Treaty of (1830), 212
Dane, Nathan, 186
d'Aranda, Count, 191
Dartmouth College, 222
Davin, Nicholas Flood, 372–73
Davis, Jefferson, 309–11
Dawes, Henry, 334, 353, 356, 361
Dawes Act (General Allotment Act, 1887), 334, 358, 362
de Alvarado, Pedro, 25
Declaration of Independence, 6, 141, 174, 221, 227
Declarations on the Rights of Man (France), 226
Deer, Ada, 11, 423, 425, 440, 443–45, 444
de Espejo, Antonio, 33
de Jumonville, Joseph Coulon de Villiers, 128–31

DeLaCruz, Joe, 439–40
Delaware (Lenape): Amherst and, 160; British relations with, 153–54; Conestoga Massacre (1763) and, 163; in French and Indian War, 130, 132; in Kentucky, 184; migration to interior by, 150–52; Mohawk and, 84; in Pontiac's War, 157; railway land cessions (Delaware Treaty of 1861), 344; relocation to Indian Territory, 342, 344, 347; treaties with (1800–08), 230
Delaware (state), 191
De León, Juan Ponce, 22–23, 27
Deloria, Philip S., 437
Deloria, Vine, Jr., 410, 412–13, 433, 528n48; *Custer Died for Your Sins: An Indian Manifesto*, 412, 432, 440
DeLucia, Christine, 462n8, 469n149
DeMallie, Raymond J., 528n48
democracy: colonization of interior lands as basis for forming, 367; dispossession of American Indians and, 1. *See also* white male democracy
Denetdale, Jennifer Nez, 323
Denig, Edwin Thompson, 307
Denver, 289–90, 292, 300, 324–26
de Portolá, Gaspar, 260
Dermer, Thomas, 59–60, 465n73
Desjarlais, Larry, 434
de Smet, Pierre-Jean, 308
de Soto, Hernando, 26–28, 456n70
Detroit: in colonial period, 104, 108, 111, 124, 140, 144, 147–48; in Pontiac's War, 157, 168; racial and labor conflicts in, 409; silver production and trade in, 189
De Villasur, Pedro, 121
Diné. *See* Navajo
Dinétah (Navajo homeland), 321–22, 326, 340, 529n55

Dinwiddie, Robert, 128, 154
diplomacy vs. war: Amherst and, 160; Black Boys and, 170–71; federal government's preference for diplomacy, 192; Franklin's preference for diplomacy, 163–64, 165; gift giving customs, 96, 114, 122, 126, 137, 154, 160, 271, 306; Iroquois's preference for diplomacy, 78; Knox's preference for diplomacy, 225; Lenape's preference for diplomacy, 153–54; Monroe Doctrine and, 267; Northern Plains and, 305–6; in Pontiac's War, 168–71; U.S. foreign affairs' uncertainty and, 281; George Washington's preference for diplomacy, 6, 192. *See also* treaties and treaty making
discovery: as encounter of Native Americans and Europeans, 3, 19, 25, 457n71; explorers' role in, 2; Spanish-Indian relations as creation of Americas instead of, 19. *See also* European disruption to Native peoples
disease and epidemics: boarding schools for Native children and, 354, 391, 532n117; in colonial California, 252, 255, 273–74; in colonial Northeast, 48, 51, 52, 54–55; in colonial Virginia, 51; disruption to political and social networks of Native peoples, 62, 73–74, 88; epidemic of 1634, 67; epidemic of 1636, 89–90; epidemic of 1782, 275–76; European immunities after Middle Ages, 88; European settlement and expansion benefiting from, 55, 56, 66, 69, 468n119; in French colonies, 73–74, 88; Great Pandemic (1616–19), 55–56, 58, 60, 61, 64; Haitian revolution refugees bringing to Philadelphia, 227–28; in heartland and Plains, 107, 275; infant mortality, 419, 429; intersecting with other social forces of colonization, 89–90; migration of Natives in response to, 76; Mohawks and, 84; in Pacific Northwest, 274–76; Puritan settlers and, 61, 66; removal conditions in early Republic, 240, 507n163; smallpox, 28, 66–68, 88–89, 107, 159, 273–75; in Spanish territories, 4, 24, 28, 37, 38, 44, 273–74, 459n130; trachoma, 396; trade routes as carriers of, 55, 275; venereal diseases, 272–74, 276; Wendats and, 89

Disneyland and Disney movies, Indian depictions in, 418
Doctrine of Discovery, 287
Dodge, Chee (Navajo leader), 402
Dole, William, 296, 299, 313, 316
domestic dependent nation, 245
Domínguez, Francisco Atanasio, 17–20, 28, 42–44
Dōminkai (Japanese settler political association), 414
Donohue, Betty Booth, 465n69
Doty, James, 323
Douglass, Frederick, 290–91
Downey, John, 296
Dred Scott (1857), 290
Du Bois, W. E. B., 277
due process, 338
Duflot de Mofras, Eugène, 260
Dutch trade and colonialism: British acquisition of New Holland (1664), 102, 111; fur trade networks, 64–65, 85–87, 217; Great Pandemic (1616–19), 56; Iroquois alliance with, 84–87, 99; as leading European merchants, 84; on Long Island Sound, 64–66, 72, 468n115; Mohawks and,

93, 97–98; trade rivalries with English colonies, 63, 64–66; wampum trade, 64–67, 67, 468n115

Eads, Lucy Tayiah (Kaw chief), 384
early Republic (c. 1780-1830): agricultural commerce in, 216; British treaties with Native peoples, 231; civilization program, 226, 228, 504n90; domesticity's rise in, 219; economic and epidemiological roots of dependency in, 272–74; expulsion of Native peoples from interior homelands, 214–16; federal-Indian diplomacy, 224–27; foreign relations' evolution in, 234–36; Greenville, Treaty of (1795), 234–35; interior settlers at odds with government policies, 226; Jay's Treaty (1794), 10, 184, 229, 234–37; Louisiana Purchase's origins, 236–39; Marshall Court on Indian removal, 242–46; peace medals conferred on interior Native leaders, 225–26; racial restrictions on citizenship in, 220; settler deluge in, 211–47; slave revolts and interior Indian campaigns (1791–1800), 227–29; Spanish territories and, 277–82; states' rights, 239–42; treaty making and practices of federal power, 229–34. *See also* interior, U.S.; Louisiana Purchase; settler colonialism; violence in early Republic and antebellum Republic
Easton, Treaty of (1758), 161
Echo-Hawk, Walter, 8
economic determinism, 65, 467n112
education: American Indian Institute (school for Native students), 370, 395, 395, 397; of Cherokee leaders, 244; colleges and universities, 222; industrial education for Native students, 372–73, 375; Navajo stressing importance of, 402; New England seminaries with Native students, 226, 244; tribally administered schools of Navajo Nation, 437. *See also* boarding school program; Carlisle Indian Industrial School; Haskell Indian Institute
Eisenhower, Dwight D., 417, 427
Elk v. Wilkins (1884), 382–83
Elliot, J. H., 453n33
Ellis, Welbore, 145
Elmira (New York), 365–66
Emancipation Proclamation (1863), 290–91, 293, 337
Endicott, John, 68–70
England. *See* Britain; British colonialism
Enlightenment, 173, 222, 282, 503n61
Enouf, Ray, 417
Epenow (Wampanoag), 59–60, 64
Epidemic of 1634, 67
epidemics. *See* disease and epidemics
Erie (Native people), 95–96
Erie Canal, 213, 216, 217
Escalante, Silvestre Vélez de, 17–20, 28, 42–44
European disruption to Native peoples, 4, 44, 54, 73, 122, 252, 259, 272–73. *See also* disease and epidemics; *specific colonial countries*
European powers: development of, 454n43; end of period of Native ability to gain support from, 287–88; Monroe Doctrine and, 253, 285–86; superiority to Native world, 49. *See also* Britain; British colonialism; Dutch trade and colonialism; France; French colonialism; Spain; Spanish territories

Evans, George, 318
Evans, John, 293, 295, 324–26
Everett, Edward A., 390
exceptionalism, 223, 367
Ex Parte Crow Dog (1883), 360–63, 533n146
Expedicíon de Límites (Spanish), 266

Fages, Pedro, 257, 261
family and kinship structure: assimilation campaigns and, 337, 357; Carlisle Indian School and, 337; foster care of Indian children, 429–31; French colonialism and, 112, 117–19, 148; Indian Adoption Project and, 429–30; intermarriage and, 82, 119, 137, 148, 215, 227, 240, 272, 277, 303–4, 325, 332, 346; reservation economics and, 393; unwed mothers and, 430
federalism, 9, 186–87; Civil War and Reconstruction's impact on, 293; states competing for control of Indian lands, 191–93, 198–201; George Washington favoring, 202–3
Federalists, 227, 230, 335
Fenn, Elizabeth, 478n6
Fetterman, William, 345
Field Museum (Chicago), 374
Fifteenth Amendment, 337
Findley, William, 202
First Nations (Canada), 356, 440
First Seminole War (1817), 280–81, 282, 283
fishing and maritime industry: in California, 259; Ho-Chunk and Ojibwe engaged in, 423; in interior of colonial era, 106, 108–9, 124; in interior of early Republic, 211; Native rights to fishing grounds, 334; in New England, 48, 55, 58, 61, 72; in Pacific Northwest, 268–70, 393; Puget Sound protests (1964), 435; Quinault Reservation and, 439; *United States v. Washington* (1974) affirming treaty rights, 438, 441; whaling, 81, 263, 270
Five Civilized Tribes, 244, 310–12. *See also* Cherokee; Chickasaw; Choctaw; Creek; Seminole
Five Nations. *See* Iroquois and Iroquois Confederacy
Florida: British acquisition after Seven Years' War, 145–46; First Seminole War (1817), 280–81, 282, 283; Jefferson's expansionism and, 238–39; in Spanish colonial era, 26, 238; statelessness of, 269; U.S. incorporation of, 253, 264, 278–81, 284–85
Fond du Lac, 147
Foner, Eric, 527n45
Font, Pedro, 250, 265
Forbes, John, 153
formation of United States, 182–86; challenges facing nation, 185–86; population and national power, 182
Fort Astoria, 269
Fort Augusta, 133, 136
Fort Churchill, 319
Fort de Chartres, 115, 118, 119, 157
Fort Detroit, 146–47, 157, 184, 229
Fort Duchesne, 381–82
Fort Duquesne, 126, 130–32, 152, 154
Fort Edward Augustus, 156
Fort Fidius, 240
Fort Finney, 240
Fort George (Astoria), 269, 276
Fort Hamar treaties, 232
Fort Kearney, 302–3, 345
Fort Laramie, 303

原文索引 / 971

Fort Laramie treaties (1868), 340, 347–48, 358, 387. *See also specific Native peoples*
Fort Laramie Treaty (1851), 305–7, 324
Fort Lawton, 436
Fort Leavenworth, 303
Fort Loudon, 171–72
Fort Lyon, 292, 295, 327
Fort Mackinac, 240
Fort Miami, 229
Fort Michilimackinac, 114, 117, 124, 152, 157, 184
Fort Montreal, 184
Fort Mose, 280
Fort Nassau, 85
Fort Necessity, 128, 130–32, 136
Fort Niagara, 148, 157, 160, 184, 229
Fort Ontario, 240
Fort Orange, 85–86, 93
Fort Pierre, 308
Fort Pitt, 132, 148, 153, 157, 169–70, 197
Fort Pontchartrain, 111, 148, 157
Fort Ross, 263
Fort Ruby, 319–20
Fort Rupert, 267
Fort St. Joseph, 184
Fort St. Louis, 119
Fort Saybrook, 70–71
Fort Sill, 342
Fort Sitka, 272
Fort Snelling, 294
Fort Stanwix, 192–94, 198, 202
Fort Stanwix, Treaty of (1768), 183
Fort Sumner, 322–24, 340
Fort Tejón, 318
Fort Union, 307, 309
Fort Vancouver, 269
Fort Wise, 325
foster care of Indian children, 429–31
Founding Fathers, 185, 186. *See also specific individuals*

Four Bears (Mandan chief), 306
Four Corners Power Plant (San Juan River), 411
Fourteenth Amendment, 337–39, 349, 382
Fox (Native people): in Colorado and Plains, 302; French colonialism and, 116, 121–23, 482n71; treaties with (1800–08), 230
France: abolition of slavery in, 277; Algerian war for liberation from, 426; Declarations on the Rights of Man, 226; effect of French Revolution on Americans, 223, 226, 232; Jefferson in, 226–27; La Pérouse and, 261, 266; Revolution (1789), 266; Spanish territories of interest to, 285; Vietnam loss, 426. *See also* Louisiana Purchase
Franciscans, 32–33, 35, 255–56, 274. *See also* Catholicism
Franklin, Benjamin: British leanings of, 166; on dealings with Native peoples, 137; elected as president of independent Pennsylvania (1776), 174; favoring diplomacy with Native peoples, 163–64, 165, 167; *A Narrative of the Late Massacres, in Lancaster Country, of a Number of Indians, Friends of this Province, by Persons Unknown*, 165, 167; Paxton Boys and, 167; Pontiac's War and, 158; Seven Years' War and, 136–37, 145; "Short Hints toward a Scheme for Uniting the Northern Colonies," 136; on U.S. independence (1776), 175
Franks, Billy, Jr., 435, 438
free blacks, 220, 239, 277, 280–82, 389
Freedman's Bureau, 338
Freeman, Thomas, 280

Frémont, John C., 277
French and Indian War (1754–63), 128–33, 194–95. *See also* Paris, Treaty of (1763); Seven Years' War
French colonialism, 4, 73–105; Algonquian-speaking peoples and, 75, 109, 111, 121–24, 127, 146–47, 157, 471n28; Bourgmont taking Native leaders to Paris, 119, 124; ceding New France to Britain in Treaty of Paris (1763), 132; collapse due to inability to govern interior lands, 181–82; Compagnie des cent-associés in, 100–101; cultural influence on Native peoples, 145–47; Dakota and, 112; Dutch-Iroquois alliance and, 84, 85; end of, 132, 140–41, 181–82; enslavement of Native peoples, 94; extent of territory and population, 73, 80–81, 97, 104, 126, 477n133; fighting Native peoples to gain territory, 77–78, 80; fortifications before 1787 in America, 46–47; French women as settlers, 119; fur trade and, 55, 73, 76, 126; governance, 76, 101, 103; guns provided to Native allies, 87, 103; interior's Native peoples and, 112–18; intermarriage and kinship with Native peoples, 119; Jesuit missionaries and, 88–89; military population of New France, 100; Native allies armed with guns by, 103; Native diaspora and, 96–97; paternalistic rhetoric of the French, 103–4; peace with Iroquois (1701), 101, 103–4; post-Revolution claims on American land, 184; rebuilding New France after Iroquois wars, 100–103; regional balance of power, 108, 110, 126; reliance on Native guides, translators, and villagers, 76; San Francisco coveted in, 260–61; security for displaced Native peoples in, 96–97; Seven Years' War and, 128–36; silver trade with Native peoples, 189; smallpox outbreaks and, 88; Spanish territories and, 43–44, 121; Villasur Massacre (1720) using French-Pawnee force, 43. *See also* interior, colonial America; Iroquois and Iroquois Confederacy

Friendly Association for Regaining and Preserving Peace with the Indians by Pacific Measures, 161
Friendly Cove, 266, 268
Frontenac, Louis de Buade de, 112–13, 115
Fugitive Slave Act (1793), 227
Fugitive Slave Law (1850), 290
fur trade: alcohol linked to, 114, 303–4; American, 182–83, 263, 266; British, 67, 126, 266; buffalo hides, 344, 529n68; in California, 253; Dutch, 64–65, 85–87, 217; French, 55, 73, 76, 126; Iroquois and, 87, 93, 111; Lakota and, 347; Mohawk and, 65, 85; in Pacific Northwest, 268–69, 272, 303; Russian, 262–63; Spanish lack of interest in, 264; wampum linked to, 65; wealth accumulated by traders, 182, 217–18

Gabrielino. *See* Tongva
Gabriel's Rebellion (1800), 227, 282
Gadsden Purchase (1853), 309
Gage, Thomas, 159, 167–68, 173
Gaiashkibos (Lac Court Oreilles chairman), 445
Galveston, 280, 284
Gálvez, Bernardo de, 279
Garvey, Marcus, 389

gender issues: assimilation and, 357; clan mothers' role, 78–79, 103, 380; Crow traditions and, 357; domesticity and moral authority of women, 219; in Illinois communities, 119–21; Iroquois roles, 11, 78–80; marriage laws and, 332; Nineteenth Amendment, 383; in Ojibwe communities, 120–21; Oneida matrilineal lineages, 390; patriarchy and, 219, 240, 257; property ownership restrictions, 144, 239; same-sex relationships of Native peoples, 119; in Spanish territories, 44, 460n147; territorial vs. federal laws and, 331; Violence against Women Act (2013), 441, 443. *See also* Native women
General, Levi (Deskaheh), 387
General Allotment Act (1887). *See* Dawes Act
genízaros (detribalized Indians), 43
genocide: Germans using in Africa, 415. *See also* Native genocide
George III (English king), 139, 154
Georgia: disputing federal authority as overly broad, 242–47; disputing land claims with South Carolina, 203; military troops in, 240; Seminole raids on plantations in, 281, 284; sovereignty over Native lands in, 242, 244, 253; in Spanish colonial era, 26, 146; treaty making as abhorrent to, 237, 242; *Worcester v. Georgia* (1832), 244–47, 286, 287, 338, 417
Germany: African imperialism of, 415; Nazi period, 414–15
Geronimo, 342, 371
Ghent, Treaty of (1814), 267
Ghost Dance, 363
Gibson, George, 212
Gibson, John Arthur, *100*

Gila Valley (Arizona), 309, 330
Gilpin, William, 326
Glorieta Pass (New Mexico), 309, 321, 324
Gnadenhutten: Massacre (1782), 181; as Protestant location for Indian converts, 150
gold rush. *See specific states*
Goodwin, John, 332, 333, 339
Gorges, Ferdinando, 57, 59
Gorton, Slade, 441
Gran Chichimeca Confederacy, 30
Grand Banks, 124
Grand Canyon, 18
Grand Settlement (Great Peace) of 1701, 101, 103–4, 110–12, 125, 133
Granger, Gideon, 278
Grant, Charles, 171
Grant, Ulysses S., 327, 343, 347
Gray Prairie Eagle (Mandan chief), 306
Great Depression, 385, 392, 395, 398–402, 542n198
Great Lakes region: British abandoning (1794), 235; disease outbreaks in, 89–90; Erie Canal and, 213–14; French entry into, 73–77, 84, 95; fur trading in, 93; Iroquois incursion into, 92, 95, 102; missionaries in, 89; Native homelands in, 9, 96, 109; trade silver held by Native peoples in, *188, 189, 190*; treaty cessions in (1850s), 292
Great League of Peace (pre-contact era), 75, 78
Great Migration (1630–42), 62, 66, 68, 72
Great Pandemic (1616–19), 55–56, 58, 60, 61, 64
Great Peace of 1701. *See* Grand Settlement

Great Sioux Reservation, 340; gold rush in Black Hills (1875) and, 349; origins of, 345–48; subdivision into smaller reservations, 359, 364
Great Sioux War (1876–77), 348–53, 358
Great Society program, 437
Green Bay, 97, 114
Greenville, Treaty of (1795), 234–35
Greer, Allan, 484n102
Greiner, John, 305
Guadalupe Hidalgo, Treaty of (1848), 252, 296, 528n46
guerrilla warfare tactics, 169, 298, 321
guns. *See headings starting with* "violence"
Guzmán, Nuño Beltrán de, 31, 458n89

Habeas Corpus Act (1867), 331
Haitian Revolution, 223, 227–28, 237, 239, 281–82, 505n105
Halleck, Henry, 321
Hamar, Josiah, 192, 228
Hamilton, Alexander, 181
Hamlin, LeRoy, 416
Hampton Institute (Virginia), 375, 396
Hanson, George, 298
Harlow, Edward, 57, 59
Harrison, Carter, 372
Haskell Indian Institute (Kansas), 377–78, 398–400, 431
Hatathli, Ned, 437
Haudenosaunee. *See* Iroquois and Iroquois Confederacy
Hayden, Carl, 405
Hayes, Ira, 416–17
Hayes, Rutherford B., 349
Hayne, Robert, 281–82
Hayt, Ezra, 359
Hemmings, Sally, 226, 504n100

Henderson, Richard, 183, 195
Henry, Patrick, 484n102
Hernández, Fortunato, 331
Herndon, William, 290
Hidatsa, 410
Hill, J. W.: watercolor of Erie Canal, 217
Hill, Richard, 434
Hispaniola, 22–24, 454–55n47
Hitler, Adolf, 414–15
Hobbes, Thomas, 471n31
Hobson, Nicholas, 57
Ho-Chunk, 96, 103, 122, 397, 423
Hoffy, Alfred M.: portrait of Tshusick, 190
Hollywood depictions of westerns with Indian characters, 417–18
Homestead Act (1862), 293, 317
Hoopa Valley Reservation (California), 362
Hoover, Herbert, 400
Hopewell, Treaty of (1785), 180, 199, 237
Hopi: boarding school programs and, 397; coal on land of, 410–11; in Spanish colonial era, 18–19, 21, 28, 36–37, 42–43; suppression of dissent from, 403. *See also* Pueblos
horses and equestrian power: Lakota and, 347; Mandans surrounded by, 107; Native seizure and use of Spanish horses, 42; outside of Spanish New Mexico (1700s), 44; settler expansion westward and, 300–302; Southwest horse trade, 303–4
House Concurrent Resolution 108 (1953), 412, 420, 425, 427
Houser, Allan, 434
Howe, Timothy O., 289
Hualapai Nation, 404–6, 408
Hudson's Bay Company, 98, 262, 275, 303, 347

Humboldt Bay, 296
Humboldt Home Guards, 298
Humboldt River, 319–20
Hunt, George, 372–74, 536n55
Hunt, John, 57, 64, 464n55
Huron. *See* Wendat
Huronia. *See* Wendake
Hutchinson, Thomas, 136

IAIA (Institute of American Indian Arts), 433–35
ICC (Indian Claims Commission), 419
Idaho: Cheyenne's return to, 343; Indian campaigns by California Volunteers in, 319–20; Native peoples in, 316; as Union territory in Civil War, 314
Illinois (Native people), 114, 116, 119, 120, 124
Illinois (state): land conveyance from (*Johnson v. M'Intosh*), 286–87; migration of settlers from Kentucky to, 214; Neolin in, 155
immigrants to America: citizenship as reserve of white people, 220; diversity of (1865–1924), 329; European immigrants post-1812, 216; European immigrants pre-1812, 218; German immigrants in Pennsylvania, 164; Japanese immigrants, 413–14; Mexicans to California, 329; Minnesota's settler boom, 292; Naturalization Act (1790), 220; in Progressive Era, 356
indentured servitude, 51, 218
Indiana, 211, 214
Indian Adoption Project, 429–30
Indian agencies, 10, 342, 346, 350–51, 358, 376, 392
Indian Appropriations Act (1871), 348, 362

Indian Arts and Crafts Board, 433–34
Indian Claims Commission (ICC), 419
Indian Claims Commission Act (1946), 408, 419–20
Indian Family Defense (AAIA newsletter), 432
Indian hating: Black Hills prospectors and, 350; in colonial era, 164–67, 169, 492n166; in early Republic era, 198; Indian problem of second half of nineteenth century, 335, 345; racial animus toward Native peoples, 282; Theodore Roosevelt's sentiments, 353; Seminole War and, 282–85; in western territories, 332
Indian New Deal, 10, 370, 398–402, 408
Indian Removal Act (1830), 213, 242–44. *See also* Removal Era
Indian Reorganization Act (IRA, 1934), 401, 406–7, 415, 420, 426
Indian Rights Association, 422
Indian Self-Determination and Education Assistance Act (ISDEAA, 1975), 439
Indian Service, 380, 385–86, 392, 398, 400. *See also* Bureau of Indian Affairs; Office of Indian Affairs
Indians in the War (government publication), 415–16
Indian Territory, 310–14, 341–43, 522n112
Indian Vocational Training Act (1956), 421
Indigenous peoples. *See headings starting with "Native" or "Indian"*
individualism, 220, 292, 356, 373, 379, 388, 426, 429
Institute of American Indian Arts (IAIA), 433–35

interior, colonial America, 106–38; British losing control to rebel settlers, 171–72; British taking over French forts in, 131–32, 140–41; British traders replacing French in, 125, 129–30; British treatment of Natives in, 133–36, 149–50, 152–53; colonial settlers' demands and differences with easterners, 164, 168–69, 492n166; Cooper's novels on, 138; European knowledge of geography of, 123–24, 128, 483n81; expansion of British territory after Treaty of Paris (1763), 133–37, 134–35, 148–49; French and Indian War, 128–33, 140–41; French ties across, 112–18, *113*, 121; French women as settlers in, 119; gender and sexuality of Native peoples in, 119–21; "Indians" vs. "whites" for control of the frontier (second half of 1700s), 156; intermarriage and kinship in, 118–21; inter-tribal warfare and captivity in, 121–24; land speculation in, 128, 484n102; lingua franca of, 147; mediation to settle conflicts in, 115; migratory Native peoples from East settling in, 125; moccasins devised as footwear in, 147; Native dominance in, 140, 146–49; "Native Inland Sea" coined by Bamewawagezhikaquay for, 138; Native nations in, 108–9, 114, 122–24, 137, *143*, 478n6; Neolin's message spread through, 155; origins of Seven Years' War in, 124–27; religious diversity in, 149–52; trade of French goods in, 113–14, *120*
interior, U.S.: agriculture in, 219; Erie Canal construction, 213–14; expulsion of Native peoples from (1780–1830), 214–16; federalism's origins and, 182–87; federal vs. state governments to obtain lands of, 191–92; land claims, management of, 185; post-Revolution era, 178–79, 184, 202; search for order in, 187–91; settler rush after Revolutionary War, 178, 187; settlers at odds with government policies, 226; silver holdings by Native peoples, settler raids to obtain, 187–90, *188*, *190*; squatters in, 196–98; George Washington's land speculation and, 128, 194–96; George Washington's proposal to prevent lawlessness in, 197–98; white families settling in, 219

intermarriage: anti-miscegenation laws, 332; of Cheyenne with traders, 325; colonial diplomacy aided by, 137; of fur trappers, 303–4, 346; Haitian practice of, 227; Missouri prohibition on, 277; in Pacific Northwest, 272; protection for both sides offered by, 82; with Southern Native peoples, 240; trade networks aided by, 119, 148, 215; in Western territories, 277, 332

International Congress of Anthropology, 373

inter-tribal rivalries and relationships: Crow's hostility with Cheyenne, Arapaho, and Lakota, 307; French colonization stimulating, 75; French leaders seeking to stay out of, 92–93, 98; Iroquois assaults on Wendats (1630s–47), 90–93; Iroquois wars on Wendats (1648–53), 95, 99; Mahicans vs. Mohawks, 85–86; in Native Inland Sea, 121–24; Native peoples fighting each other with guns, 73; in Plains, 302–3; pre-contact with Euro-

peans, 75; seasonal trade gatherings, 107; treaties' effect on, 215, 307
invasive species, 63, 69, 88, 251, 261–62, 344–45
IRA (1934). *See* Indian Reorganization Act
Iroquois and Iroquois Confederacy, 73–105; balancing French and British interests in early 1700s, 110–11, 136; the British and, 104, 129, 133–36, 151, 180, 192; captivity practices of, 76, 92–95, 99; Champlain's military loss to, 82–83; Christian missionaries and, 88, 99; claims for lost lands, 390; commemoration of conquest of (1870s), 365–66; Continental army's invasions of Iroquoia, 83, 179–81; creation story, *100*; détente with the French and "Northern Alliance" of Native peoples, 84, 98; disease outbreaks among, 93; Dutch alliance with, 84–87; eighteenth-century reconfiguration of, 109–12; expansion of territory of, 76, 78, 85, 90–96, 102, 472n49; in French and Indian War, 136; French expansion and remaking of New France, 100–103, 111; French invasions of Iroquoia (1687–96), 102, 127; French settlements and allies impacted by Iroquois wars, 82–84, 91–93, 98, 99, 477n123; Grand Settlement of 1701 and, 101, 103–4, 110, 125; Great League of Peace (pre-contact era), 75; initial encounters with Europeans, 74–80; interior tribes controlled by, 125; international recognition of diplomatic skills of, 78; inter-tribal rivalries of, 84–86, 90–93, 95; Kellogg and, 387; Lafayette and, 194; New York's illegal seizure of Iroquoia lands, 191–93, 387–88, 390; Northern Alliance of Native peoples as rivals to, 84–86; Onondaga's role in, 82; peace with the French and their Native allies (1701), 101, 103–4; in Pontiac's War, 157; survival of first century of contact, 74, 99, 104; suzerainty recognized over lands west of Allegheny Mountains, 161; Tanaghrisson's relations with Confederacy, 129; Tuscarora as Sixth Nation in, 111; violence and warfare after colonization, 62, 92–93; wampum and, 64–65, 67, 75; Wendats and, 90–91, 93, 104; women's role in, 11, 78–80

Isaac, Calvin, 432
ISDEAA (Indian Self-Determination and Education Assistance Act of 1975), 439
Iwo Jima, 416–17

Jackson, Andrew: Creek War (1813–14) and, 283–84; First Seminole War (1817) and, 280–81, 283; Indian Removal Act and, 213, 243; Indian removal policies of, 224, 239–40, 310; on laws of war, 283; as militia leader in Tennessee, 241; popularity of, 285; presidency of, 241; scorning Marshall's Court, 246; on settler colonialism, 211; on treaty-making powers, 241
Jamaica: in English colonial era, 61; slave revolt in (1760), 146; in Spanish colonial era, 22
Japchivit (Tongva village), 254–56
Jay, John, 238
Jay's Treaty (1794), 10, 184, 229, 234–37
Jefferson, Thomas: on admission of new states, 219; on America as "empire of liberty," 206; on British

Jefferson, Thomas (*continued*) crown's dealing with Native peoples, 141; compared to George Washington, 6, 200; on congressional disfunction, 177; debts owed by, 187; in France, 226–27; on governmental ideologies, 223; on interior lands and trade as opportunities for Virginians, 182; as leader of newly formed United States, 179; Louisiana Purchase and, 107, 237–39; on Native peoples, 224, 239–40; *Notes on the State of Virginia*, 223, 226, 227; personal wealth of, 194–95; presidency of, 229; Second Inaugural Address, 223; on slavery's challenges, 224, 228; on treaty-making powers, 236–39, 241; on U.S. independence (1776), 175; on yeoman farmers, 223, 227

Jemison, G. Peter: *Iroquois Creation Story II* (painting), *100*

Jennings, Francis, 56

Jesuits, 32, 76, 88–89, 92, 97, 99, 114, 117–18, 149–50

Jewitt, John, 268–71

Jicarilla Apache, 304

Johnson, Andrew, 327

Johnson, Emma, 379

Johnson, Lyndon, 437, 439

Johnson, William, 136, 160, 168

Johnson v. M'Intosh (1823), 183, 235, 245, 286–87

José, Nicolás, 251, 254–57, 259–60, 265

Josepha, Regina. *See* Toypurina

Journal of American History, 367

Jumel, Louis Alexis, 217

Kagama case (1886). *See United States v. Kagama*

Kahkewaquonaby (Peter Jones), 329

Kalulaa', 275–76

Kamehameha III (Hawaiian king), 375

Kaneenda (Iroquois village), 82–83

Kansas: buffalo slaughter in, 344; cattle depots in, 345; Cherokee in Civil War in, 314; Removal Era in, 211; settler growth in, 300, 303, 344

Kaskaskia, 116–18

Kauppi, Joan, 431

Kellogg, Laura Cornelius, 10–11, 365, 369, 369, 377–79, 384; internationalism and land claims of, 386–90; *Our Democracy and the American Indian*, 369; Senate testimony by, 392; "A Tribute to the Future of My Race" (poem), 378; Yellowtail and, 403

Kennedy, John F., 428

Kent, James, 218

Kentucky: bounties for Indian scalps and body parts offered in, 191; challenges in governance of, 198; land ceded by Native peoples in, 183; land speculation in, 183; migration of settlers to Illinois from, 214; military troops in, 240; settlers' effect on Native peoples in, 184; settlers flocking to, 178, 187, 214; silver trade in, 189

Kershaw, William, 423

Kiala (Fox chief), 122

Kiernan, Ben, 468n142

King George's War (1740–48), 124–26, 128

King Philip's War (1675–76), 52, 469n149

kinship. *See* family and kinship structure

Kiowa, 301–2, 304, 324, 343

Klamath, 276, 417, 424–25

Knox, Henry, 197–98, 201, 204, 225–28, 232

Koia'um, 275

Krieger, Heinrich: *Race Law in the United States*, 415
Kriekenbeeck, Daniel van, 86
Kumeyaay destruction of Mission San Diego, 255
Kumivit. *See* Tongva
Kwakwaka'wakw, 372, 374
Kyakhta, 262–63

Labelle, Kathryn Magee, 474n73
Lac du Flambeau, 147
Laet, Johannes de, 61–62
Lafayette, marquis de, 185, 194
La Follette, Robert, 423
La Galissonière, marquis de (Roland-Michel Barrin), 126
Lakota: abrogation of treaty commitments to, 357–61, 387–88; activism of tribal members (1960s), 435–36; in Colorado and Plains, 301–2, 326; in Dakota Territory, 294; as fair performers, 371; Fort Laramie Treaty (1851), 306–7; fur trade with Canada, 347; in Great Peace of 1701, 103; Great Sioux War (1876–77) and, 349–51; gun trade from Canada, 347; inter-tribal warfare and captivity, 122; Iroquois-driven diaspora and, 96; Mandans and, 107; migratory cycle of, 346; police units of, 376; reservation, 340, 345–47, 351; "starve or sell" rider to punish uprising (1875/6), 351; stellar theology of, 118; terminology of Sioux and, 482–83n76; treaty (1868), 340, 345–49, 358, 364, 435; "winter of the Hundred Slain," 345; in World War II 416
Lakota Act (1877), 351, 357–58, 362
Lame Deer (child from Rosebud Reservation), 354

land ownership: aboriginal title held by Native nations, 406; claims for lost lands, 386–90, 401, 419–25; collective rights of Native peoples and, 339, 357; colonial limits on new territories taken from the French, 162; in eastern towns and seaports, 220; frontier, declaration of closure (1890), 363; fueling growth of early Republic, 215; Georgia voiding Cherokee land claims, 242, 244, 253; Indian Claims Commission Act (1946), 408, 419–20; Kellogg's fight to regain lost lands, 386–90; land speculation, 128, 154, 183, 185–86, 194–96, 484n102; Madison and, 194; Menominee's claims for lost lands, 422–25; "Native title" transferable only to federal government, 286–87; political rights linked to, 218–19; race and gender restrictions, 144, 239; squatters, 196–98, 202, 214; Supreme Court granting compensation for taking of Sioux lands (1980), 358–59, 387–88; type of tenure held by Native peoples, 545n19; George Washington and, 194–97. *See also* reservations; treaty lands
La Pérouse, Jean-François de Galaup de, 260–61, 263–64, 266
Las Casas, Bartolomé de, 21–22, 454n37
Latham, Milton, 297
Latin America: independence movements (1810–21), 252–53, 279, 284, 287; U.S. racial animus toward, 282
La Vérendrye, Pierre Gaultier de Varennes de, 106–10, 112, 119, 123
League of Nations, 386–87, 389
Lean Bear (Cheyenne leader), 326
Lear, Tobias, 195

Leavenworth, 289–90, 303
Le Clercq, Christian, 82, 83, 472n36
Ledyard, John, 263
Lee, Arthur, 193
legal regimes: collective rights of Native peoples vs. individual rights of U.S. citizens, 339, 357, 385, 388; congressional remaking of structure post-Civil War, 339–63, 386, 530–31n90; due process and, 338; equal protection and, 338; family reunification attempts and, 431–32; Fourteenth Amendment and Civil War Amendments, 337–39; inherent doctrines power, 361; marriage laws, 332; post-Civil War, 333, 338; self-determination and, 437; territorial vs. federal laws, 331; treaty-protected land conflicts continuing into present day, 353; of the West, 331–33. *See also* Constitution, U.S.; plenary power; treaties and treaty making
Le Jeune, Paul, 89–91
Lenape. *See* Delaware
Le Sueur, Madame, 119
Lewis, Meriwether. *See* Lewis and Clark Corps of Discovery
Lewis and Clark Centennial and American Pacific Exposition, 382
Lewis and Clark Corps of Discovery, 18, 107, 253, 267, 275–77
Lexington, battle of (1775), 168
Liebmann, Matthew, 457n71
Liliʻuokalani (Hawaiian queen), 374
Lincoln, Abraham: assassination and funeral of, 327–28; Colorado territory and, 324; Dakota War (1861–62) and, 294; family moves to Illinois, 214; Native peoples and, 299, 311, 314, 344; presidential election of, 290; travel to Cooper Institute (New York), 301; as Union president, 291, 308
Lipman, Andrew, 467n104
Little Big Horn River, battle of (1876), 351
Little Turtle (Miami chief), 505n115
livestock. *See* agriculture and livestock
lobbying by Indian delegations to Congress, 244, 382–86, 403, 439
Lone Wolf v. Hitchcock (1903), 336–37, 360–61, 386
Longfellow, Henry Wadsworth: *The Song of Hiawatha*, 378
Long Island Sound, 55, 63–64; Anglo-Dutch rivalry on, 64–69; Pequot War (1636–37), 50, 69–72
Long Walk (Diné, 1864), 323
Los Alamos, 410
Los Angeles, 255, 329, 410, 421
Louis XIV (French king), 99–101, 104
Louis XV (French king), 119, 123, 132
Louis XVI (French king), 261
Louisbourg, Fortress of, 124, 126, 132, 184
Louisiana (French colony), 76, 104, 119, 124
Louisiana (territory and state), 107, 187, 227, 253, 279
Louisiana Purchase, 10, 107, 229, 236–39, 282, 284
Louisiana Purchase Treaty (1803), 279, 286
Lowell, Charles, 297
Luce, Henry, 409
Lumbee, 429
Lyslo, Arnold, 430

Macdonald, John, 372
Mackenzie, Alexander, 266–67
Madison, James, 179, 185, 193–95, 200, 201, 224, 229; *Federalist 42*, 224

原文索引 / 981

Mahican, 84–86, 92, 93
Mahone, Fred, 404–6
Major Crimes Act (1885), 360–62, 533n143
Makah, 270, 400
Makah Cultural and Research Center, 7
Malaspina, Alejandro, 266
Malone, George, 419
Mandan, 106, 109, 114, 137, 267, 275, 303, 410, 478n6
Mandan-Hidatsa, 306
Mandeddo (Abenaki slave), 57
Manifest Destiny, 414
Manila, 263–64
Mankato, 294–95
Mankiller, Wilma, 445
Manuel, George: *The Fourth World*, 440
Manuelito (Navajo chief), 322, 402
Maquinna (Mowachaht chief), 268, 271–72
Marie de l'Incarnation, 98, 101–2
Marine Corps Memorial (Washington, D.C.), 416–17, 426
Marquette, Jacques, 117
Marshall, John, 218, 244, 287
Marshall, Thurgood, 440, 441
Marshall Court: Doctrine of Discovery, 287; on Indian land transfers, 183, 235, 245, 286–87; on Indian removal, 242–46; on Native sovereignty, 362; on tribal authority on reservation lands, 335
Marshall Plan, 409
Martin, James, 295, 297
Martinez, Alonso, 33
Martinez, Estéban José, 262
Martínez, Lucía, 330–33
Mashantucket Pequot Museum and Research Center, 7

Mashantucket Pequot Tribe, 443
Massachusetts: as British colony, 49, 62; compared to Virginia colonization, 51; costs of Seven Years' War in, 144–45. *See also* Puritans
Massachusetts Bay Company, 54
Massasoit, 61
May, John, 183, 195
May, Karl: *Winnetou* tales, 414, 418
Mayans, 25
Mayflower, 54, 56, 61
McCoy, Isaac, 226
McFarlane, James, 202
McGillivray, Alexander, 279
McGillycuddy, Valentine, 359
McGovern, George, 427
McLaughlin, Moses, 318
Means, LaNada, 421
Mears, John, 268
Medicine Crow (Crow leader), 353
Medicine Horse (Lakota performer), 371–72, 374
Medicine Lodge, Treaty of (1867), 343, 360
Medwe-ganoonind (Anishinaabe leader), 358
Melcher, Herschel, 427
Membertou (Mi'kmaq leader), 55
Membré, Zenobius, 119, 121
Mendoza, Antonio de, 30
Mennonites, 150
Menominee, 96, 122, 389, 422–25, 429
Menominee Restoration Act (1973), 443, 444
Meriam, Lewis, 392, 397–98, 400
Meriam Report (1928), 392, 395, 400
Métis (mixed-blood), 104, 119, 123, 267, 292, 346–47
Mexican-American War (1846–48), 252, 278, 302, 304

Mexico: abolition of slavery in, 277; independence movement (1810–21), 277; migration to California, 329; Navajo relations with, 321; smallpox from, 275; in Spanish colonial era, 24–26, 31, 455n58; trade networks, 304; Yaqui lands and, 337
Miami (Native people), 114, 125, 184
Miantonomo, 56, 69, 72
Michigan, 109, 211
Mico, Hoboithle, 214
"Middle Ground." *See* interior, colonial America; interior, U.S.
Midwest, rise of, 328
Mi'kmaq, 55, 110, 461n4
Miles, Nelson A., 358
military: antebellum, 292; in Civil War, 293, 296, 299, 309, 311, 327; enforcement of federal laws governing Native peoples, 352, 358; integration of, 417; post-World War II, 409; in Southern states in early Republic, 240; U.S. standing army established by Constitution, 204. *See also specific forts, wars, and battles*
Militia Act (1792), 220
militias: after Conestoga Massacre, 168–69; California's anti-Indian state militias, 253, 295–99, 326; Civil War military absorbing, 299; Kentucky male settlers forming, 187; Pontiac's War (1763–65), volunteer militias in, 159, 168–69; South's increase in, 283. *See also* Black Boys; Paxton Boys
Miller, Samuel, 362
Mingo, 125, 130, 132, 184
mining: coal, 410; Western mining during Civil War, 314–17. *See also* silver mining; *specific states for gold rush*

Minnesota, 109, 292, 294, 300, 357–58, 429
Mission ___. *See specific name of mission*
missionaries. *See* Catholicism; religion and spiritual beliefs; Spanish territories
Mission Indian Federation of California, 405
Mississippi River: boat travel on, 301; Erie Canal superseding as key waterway, 213–14; in French and Indian War, 132; in French colonial era, 76; growth after U.S. acquisition, 278–79; Iroquois's expansion to, 85; Jefferson's interest in, 229, 237; in Spanish colonial era, 26–27
Mississippi Valley Historical Association, 367
Missouri, 276–78, 302, 316
Missouri (Native people), 119, 124
Missouri Compromise, 277–78, 284, 286, 290
Missouri River, 76, 106, 267, 301, 410
Mixtón War (1540–41), 28–32
Modoc, 342
Mohawk: claims for lost lands, 390; disease outbreaks among, 88, 93; Dutch traders and, 85–88, 97–98; French colonialism and, 75, 77–78, 80, 82–88, 102; fur trade and, 65, 85; in Great League of Peace, 75; Mahicans as rivals to, 85–86, 93; state leaders competing to obtain lands of, 193–97; Wendats attacked by, 98. *See also* Iroquois and Iroquois Confederacy
Mohawk-Mahican War (1628), 86
Mohegan, 66, 110, 429, 443

原文索引 / 983

Monroe, James, 179, 193, 195, 200, 228, 280–82, 285, 516n185
Monroe Doctrine (1823), 253, 267, 278, 282, 285–87, 414, 516n182
Montagnais, 75, 77, 80, 82
Montana: gold rush in, 316; Native peoples in, 307, 342, 353, 357; as Union territory in Civil War, 314
Monterey, 260, 262
Montero, Manuel, 259
Montezuma, 24–25
Montezuma, Carlos, 379
Montmagny, Charles-Jacques Hualt de, 91–93
Montreal, 73, 103, 110, 122, 132, 144, 189, 266
Moore, John, 174–75
Moor's Charity School (New Hampshire), 226
Moravians, 150
Morgan, George, 189
Morgan, Thomas, 356
Mormons in Utah, 319, 321
Morrill Act (1862), 293, 317
Morris, Gouverneur, 205
Morteton-Robinson, Aileen, 545n19
Morton, Rogers, 444
Morton, Thomas, 56
Mount Vernon, economic loss from American Revolution, 195–96
Mowachaht, 268, 270–71
Mühlenberg, Heinrich Melchior, 164
Munsee, 84
Museum of Contemporary Native Arts (Santa Fe), 434
Museum of Natural History (New York), 374
Myer, Dillon, 11, 412, 427
Mystic Massacre (1637), 70–71
mythologies of American history, 5, 6, 221–23; activists challenging, 10–11,

368–69; civilized man, Native differences from, 368; during Cold War era, 417; exceptionalism and, 223, 367; freedom in, 221–23; fulfillment of American destiny, 365–67; letter writing as primary means of communication in early Republic, 222; national imagination and, 222–23; Native peoples as fair performers and, 371; New England's history as synonymous with colonial America, 49; preserving nostalgia and authenticity of Native past, 368; racial solidarity and, 221–22; "savages" image, 368, 388; silent westerns and, 535n25; Thanksgiving, 61, 368, 466n83; vanishing race of Native peoples, 368, 371–72, 382, 386, 402, 405; western movies and television using white actors as Indians, 417–18

Nadowekian (Iroquoian dialect), 89
Nahua, 24–26, 29, 29–30, 455n48
Nambé Pueblo, 304
Nantucket, 222
Napoleon Bonaparte, 227, 237, 266
Narragansett, 61, 64, 66, 69–70, 461n3
Natchez, 115, 117
Natchitoches, 280
National American Indian Memorial, proposal for, 382
National Congress of American Indians (NCAI), 11, 427–29
National Indian Youth Council (NIYC), 433, 435
national parks, 368, 437
Native activism. *See* activism
Native American and Indigenous Studies Association (NAISA), 5–6, 451n25

Native American Church, 381–82
Native American history: different vision of federal Indian law on, 388; exclusion from U.S. history, 3, 8, 253, 276, 295, 409, 449n2, 449n4; flourishing field of, 8; need to include in U.S. history, 2–3, 6, 8–9, 144, 173–74, 451n24. *See also* mythologies of American history
Native autonomy, 62, 183, 189, 228, 252, 259, 312, 321, 361, 420, 433
Native children: abuse of adopted and foster home children, 431; enslavement of captured Native children, 122, 330; Martínez's successful court fight for, 330–33; reintegration after removal, 391; removal from families and sent to boarding schools, 3, 10, 328, 342, 353–56, 376; removal from families and sent to foster homes or adoption, 428–32; Termination Era, child welfare in, 428–32; wampum production, role in, 64
Native genocide: California's anti-Indian state militias and, 295–99; during Civil War years, 3, 300–303, 318, 323–24, 327; Crèvecoeur on expectation of, 222; cultural revitalization and, 488n69; Dakota War and, 293–95; eradication of Native cultures, 5–6, 335–36, 353–56, 367, 431, 533n140; French colonialism and, 482n71; Grant's opposition to, 343; historical research on, 5–6; military exterminations, 293–95; in Oregon, 269; of Paiute (Owens Valley War of 1861–62), 318; settler booms linked to, 291, 293; Spanish colonialism and, 24, 454n37, 454–55n47; wampum trade and, 468n115, 468n142; wars of annihilation, 69–70

Native Inland Sea. *See* interior, colonial America; interior, U.S.
Native religious and spiritual practices, 118, 149–51, 488–89n69
Native sovereignty, 5, 7, 100; across interior lands, 200; American history's failure to recognize, 223, 528n45; of Cherokee in Georgia, 245–46; in Civil War, 310; constitutional recognition of, 186, 224, 243, 339, 349, 353; domestic dependent nation and, 245; early Republic battles and, 228; Indian Self-Determination and Education Assistance Act (1975) and, 439; of Iroquois (1701), 104, 110; Kellogg on, 380; of Lakota after 1868, 348; of Lenape (1762), 153; Marshall Court's cases on, 223, 245, 287, 362; modern movement (post-1970s), 413; *Oliphant v. Suquamish Indian Tribe* (1978) and, 441; in Pacific Northwest, 269–70; peace medals as confirmation of, 226; plenary power's effect on, 361; Removal Era, effect of, 215; on reservations, 333–34; reversal of fortune at start of twenty-first century again threatened, 445; in Termination Era, 11, 413, 424, 429; George Washington and states recognizing, 198–201. *See also* sovereignty of U.S. government over Native peoples
Native women: agricultural role of, 55, 106; Cherokee, 241; enslavement when captured, 122; Iroquoia's role, 78–80, 94; menial jobs for women relocating to urban areas, 421; punishments in Spanish territories, 257; wampum production, role in, 64; World War II role of, 415–16

原文索引 / 985

Naturalization Act (1790), 220
Nauset, 57
Navajo Community College, 437
Navajo (Diné): in Arizona, 319; coal on land of, 410–11; in Colorado, 301; grants from Office of Economic Opportunity, 437; Long Walk (1864), 323; Pueblo Revolt (1680) and, 39; removal of children from, 354; reservation, 323, 345; sheep raiding by, 304; subjugation and relocation of, 321–24; trade networks, 322, 325; treaty (1868), 323, 340, 345, 525n188; tribal governance, 7
Navajo Nation, 402, 410
Navarre, Robert, 155, 157
NCAI (National Congress of American Indians), 11, 427–29
Nebraska: agricultural productivity in, 317; Native sovereignty in, 324; settler growth in, 302–3, 344–45
Neolin ("Delaware Prophet"), 139, 152–56, 158–59, 163, 169, 363
Nequatewa, Edmund, 39
Neutral, 95–96
Nevada: Comstock Lode, 316; Indian campaigns by California Volunteers in, 319–21, 324, 327; statehood of, 316; as Union state in Civil War, 314
New, Lloyd Kiva, 434
New Amsterdam. See Dutch trade and colonialism
New Deal, 11, 406, 408–9, 417, 419, 434. See also Indian New Deal
Newell, Margaret Ellen, 462n17, 465n64
New England: apprenticeships in, 218; centrality to history of British North America, 49; colonial society in, 50, 72; demographic change in Native vs. settler population, 52; Dutch traders challenged by, 98; Iroquois raids in, 92; missionaries from, in Pacific in 1800s, 375; Native life prior to European disruption, 54–56; population of, 114; sites of refuge for Native peoples in, 71, 469n149. See also Puritans
New France. See French colonialism
New Galicia, 31
New Holland. See Dutch trade and colonialism
New Indian Art movement, 434
New Mexico (Spanish territory): attempts to link with California, 17–18; caste system of, 264; growing heterogeneity and diversity (1700s), 42–45, 460n145; livestock in, 304; Native migration to, 265; Oñate's expansion into, 32–36; as part of Spanish borderlands, 20; Pueblo struggle and survival (1600s), 36–38; trade fairs in, 107
New Mexico (territory and state): California Volunteers stationed in, 321–23, 326, 327; in Civil War, 309, 326; heterogeneity of, 305; Mexico's independence movement (1810–21) and, 277; Native peoples in, 383; Navajo in, 321; Polk on, 252; settler colonialism in, 302–9, 332; slavery and, 308; statehood of, 305; trade networks in, 325; volunteer militia in, 299; white population as minority in, 332
New Orleans: battle of (1815), 280; the French in, 184; importance to Southern economy, 278–79; Seminole War and, 283–84. See also Louisiana Purchase
New Spain. See Spanish territories
New Sweden, 98

New York: Erie Canal and, 214; illegal seizure of Iroquoia lands by, 191–93, 387–88; New Englanders' expansion into, 365–66; population of, 107, 182
New York City, rise of, 216
Neyon de Villiers, Pierre-Joseph, 157
Nez Percé, 267, 275, 340, 342, 529n60
NIFC (Northwest Indian Fisheries Commission), 438
Nimiipuu. *See* Nez Percé
Nineteenth Amendment, 383
Nipissing, 96
Nisga'a, 406
Nisqually Treaty (1854), 435
Nixon, Richard, 436, 439
NIYC (National Indian Youth Council), 433, 435
Nootka Sound Controversy (1789), 266
North Carolina's failure to ratify U.S. Constitution, 232
North Dakota, 380, 410, 429, 432
Northeast. *See* New England
Northern Alliance, 84–86, 89
Northern economy in early Republic, 201, 501n21
Northwest, 265–74; disease and epidemics in, 274–76; economic and epidemiological roots of dependency in, 272–74; European settlements and forts in, 268; fishing and maritime industry in, 268–70, 393; land acquisition in, 214; Native peoples in, 214, 268, 272; natural resources rights of Native peoples in, 334; potlatch practices in, 271–72, 372–73; statelessness of, 269; studies of Native peoples in, 374; trade networks in, 216; violence between settlers and Native peoples in, 269
North West Company (Canada), 266, 269

Northwest Indian Fisheries Commission (NIFC), 438
Northwest Ordinance (1787), 203, 205, 206, 214, 219–20, 231, 331
Nova Scotia, 178
Novo Arkhangelsk (New Archangel), 263
nuclear testing sites, 410
Nuu-chah-nulth, 270

Oakes, Richard, 435
Obwandiyag. *See* Pontiac
Occom, Samson, 222
Odawa, 146, 148, 155
Office of Economic Opportunity, 437, 439
Office of Indian Affairs, 242, 376, 385, 418, 423. *See also* Bureau of Indian Affairs (federal)
Ogilvie, Francis, 146
O'Hara, Warren L., 403
Ohio Company, 154, 484n102
Ohio River: as boundary between Indian country and American settlers, 180–81, 212, 229, 235; British-French contention for control of, 126–28; in French colonial era, 76, 104; Grand Settlement of 1701 and, 125; Iroquois's expansion to, 85
Ohio River Valley: autonomy of Native peoples in, 147, 151; British traders replacing French in, 125–26; development of, 111; dispersed Native peoples settling in, 97, 147; early Republic battles with Native peoples in, 228–29; French attempts to block British access to, 126, 131; Indian-settler conflicts in, 9, 140, 147; "Indians" vs. "whites" for control of the frontier (second half of 1700s), 156; Iroquois cessations to British, 133–

36, 192; Iroquois dominion over, 110–11, 140, 192; settlers after Revolutionary War flocking to, 187; Seven Years' War after-effects on, 151–52; silver trade in, 189; state seizures of Indian lands in, 191–92; George Washington's landholdings in, 195–97; Wyandot Treaty (1795) and, 234
Ohlone (Costanoan), 264
Ojibwe, 108–10, 112, 114, 117–18, 120–21, 122, 157, 422–23, 487–88n50
Oklahoma: Civil War campaigns in, 312; Native peoples in, 308–14, 383; state seizure of trival lands, 360; treaties after Civil War, 341–42. *See also* Indian Territory
Oklahombi, Joseph, 383, 385–86
Olbés, Ramón, 274
Oldham, John, 68, 72
Old Northwest, 180–81, 228, 234, 328
Oliphant, Mark David, 441
Oliphant v. Suquamish Indian Tribe (1978), 441
Omaha's "Indian Congress," 370
Oñate, Cristóbal de, 31–32, 458n90
Oñate, Juan de, 17, 32–36, 40, 43, 459n107
Oneida: allotment's effect on, 389; claims for lost lands, 387–90; Dutch colonialism and, 87; gaming industry and, 443; in Great League of Peace, 75; Kellogg and, 377–78; Lafayette and, 194; in Wisconsin, 423. *See also* Iroquois and Iroquois Confederacy
Oneida Boarding School, 389
Onís, Luis de, 279, 280, 284. *See also* Adams-Onís Treaty
Onondaga, 75, 82–83, 99, 102, 180
Oregon: agricultural productivity in, 317; in Civil War, 296, 309; settler migration to, 269, 300, 303, 306; trade networks in, 276, 285
Organic Act (1850), 305
Organization of American Historians, 367
Osage, 119, 124, 230, 302, 311
Ossossane, 89–90
Otermín, Antonio de, 39–41
Otomí, 30–31
Ottawa (Native people), 109, 157, 212, 230
Ottawa River, 80, 90
Otter Sea, 262–63
Oumahouha (Illinois chief), 114
Outoutagan (Odawa leader), 110, 114–15
Overland Trail, 296
Owens Valley War (1861–62), 318–20
Ozette (Makah village), 270

Pacheco, José (Tubatulabal leader), 318
Pacheco de Herédia, Alonso, 37
Pacific coast. *See* California
Pacific Northwest. *See* Northwest
Pacific Railway Act (1862), 317
Paine, Thomas: *Common Sense*, 178; *Public Good*, 200
Paiute, 17, 316, 318, 320
Pan-American Congress, 281
Panic of 1873, 315, 350
Pardo, Juan, 28
Paris, Treaty of (1763), 112, 132, 139–41, 144, 156, 161–62
Paris, Treaty of (1783), 176, 181, 229, 235, 279, 286
Parkman, Francis, 117, 367; "France in the New World," 367; *The Jesuits in North America in the Seventeenth Century*, 117
Parmenter, Jon, 477n138
patriarchy, 219, 240, 257, 305, 332, 379, 430

Patuxet, 58, 60
Paul (apostle), 53–54
Pawnee, 121, 301–3
Pawtuxet, 57
Paxton Boys, 142, 163–70, 165, 491n137
Pea Ridge, battle of (1862), 313, 313
Pecos Pueblo, 20, 40
Pemberton, Israel, 161, 163
Penn, John, 142, 159–60, 163–64, 166–67, 171
Penn, William, 164, 165, 172
Pennsylvania: bounties for Indian scalps offered in, 191; first state constitution (1776), 174; instability of Western Pennsylvania, 158–61; origins of American Revolution in, 169–72; in Pontiac's War, 158–68; population of, 187; settler boom after Revolutionary War, 187; settler rebellions (1763–65), 142; George Washington's landholdings in, 196–99
Pequot, 50, 61, 64–70
Pequot War (1636–37), 50, 69–72
Perrot, Nicolas, 95
Petun, 96
peyote used in religious practices, 382
Philadelphia, 107, 142, 164, 166, 174, 177, 182
Philadelphia Centennial Exposition (1876), 351, 365
Philippine Commission, 376
Philippines, 44, 375–76
Phizí (Lakota leader), 359
Piankeshaw, land conveyance from (*Johnson v. M'Intosh*), 286–87
Pick-Sloan Plan and Flood Control Act (1944), 410
Pike, Albert, 311
Pinckney, Charles, 206
Pine Ridge, 359, 363–64
Pipestone Industrial School, 396

Pitt, William, 132–33
Pittsburgh, 133
Pizarro, José García de León y Pizarro, 280–81, 284
Plains: colonial migration crossing, 301, 303; gold rush in Black Hills (1875), 349; Lakota's return to, 346; Native genocide during Civil War in, 324; Native peoples in, 299, 302, 360, 410; railway development in, 345, 529n69; relocation of Native peoples from, 345; settler migration to, 289, 291, 314; smallpox pandemics in, 275; treaty making in Northern Plains, 305–8
Platt, Orville, 337, 339
plenary power, 10, 328, 335, 352–53, 359–63, 382, 386, 437, 532–33n130
Plenty Coups (Crow leader), 353, 403, 543n214
Plymouth colony, 54, 56–61, 66
Pojoaque Pueblo, 304
Pokagon, Leopold, 211–13, 372
Pokagon, Simon: *The Red Man's Rebuke*, 372–74
policing and surveillance of Native peoples, 376
Polk, James, 252
Ponce de León, Juan, 22–23
Pontiac (Odawa leader), 152–54, 155, 156
Pontiac's War (1763–65), 9, 141, 152, 156–70; Amherst replaced as British general in, 167–68; attacks on settlers and soldiers and taking captives, 156–57; British misreading of Native opposition, 160–62; Gage's campaigns, 167–68; settlers' fears during, 162; truce negotiations, 168–70; violence against Native peoples accepted as norm after, 168; volunteer militias of settlers in, 159

Popé (Pueblo Revolt leader), 40, *41*
Pope, John, 294
popular constitutionalism, 172
popular sovereignty, 221
Potawatomi: claims for lost lands of, 387; in Colorado and Plains, 302; dispossession and removal (1830s), 372; French relations with, 146–47; in Great Lakes region, 97, 109; Neolin and, 155; settler colonialism and, 211–14; treaties with, 230, 500n5
potlatches, 271–72, 372–73
Potomac river, 195–96
Potosí (Peru), 31
poverty of Native peoples, 385, 388, 392, 412, 423, 445
Powhatan, 63
Pratt, Richard Henry, 10, 335–37, 353–56, 359, 370, 375, 377–78, 386, 398
pre-contact era: Great League of Peace, 75, 78; locations of Native peoples, *x–xi*, 62; wampum in, 66
Prevost, John B., 252
Proclamation Line of 1763, 141, 168
Progressive Era, 356, 380
Providence (Rhode Island), 56
Public Law 219 (1912), 10
Pueblo Relief Bill (1933), 401
Pueblos: claims for lost lands, 401; in Colorado, 301; demography in sixteenth century, 453n21; dispersal of, 37–38; loss of Spanish protection in, 41–42; new technologies introduced in, 38; Pueblo Revolt (1680), 38–39, 304; religious and political life, 34, 44, 459n113; in Spanish colonial era, 7, 19, 20, 26, 32–38; Spanish protection (1700s) against equestrian raids, 43; subsistence economies of, 37; textile trade and, 322; U.S. superintendent's management of, 304–5

Puerto Rico: American annexation of, 285, 375; in Spanish colonial era, 22–23
Puget Sound, 268, 435
Purdue, Theda, 371
Puritans, 1, 49–52; "city upon a hill" and, 53–54; compared to resource-based colonial systems, 63; divine intervention and, 53–54, 58, 62, 71, 72; ideologies of difference, 53–54; Indian conversion as goal of, 54, 62, 463n27; labor provided by families, 63; La Vérendrye's campaigns against, 108; Narragansett alliance with, 69; Pequot War (1636–37) and control of Block Island, 50, 69–72; religious ideology fueling expropriation of Native lands, 63; settlement beset by disease and violence, 60–64; southern lands for expansion of, 64; Tisquantum (Squanto) and, 58, 60–61; Wampanoag alliance with, 62; wampum exchange system and, 66

Quakers, 150, 161, 166
Quapaw, 311
Quebec, 73, 76, 86, 88–89, 98, 101, 132, 144
Quinault Reservation, 439–40
Quiwhatanava (Hopi leader), 404

race: American imperialism and, 375; anti-miscegenation laws, 332; census count of "Indian blood," 394, 541n163; Cherokee constitution recognizing as basis for discrimination, 312; Chinese Exclusion Act (1882), 315; codification of language of race, 220; depressions and unemployment spurring racial violence,

race (continued)
315; early Republic's racial identity, 214–16, 221–22; exclusion of blacks from citizenship in early Republic, 220, 239; founding fathers favoring racial purity in early Republic, 223; free people of color, 220, 239, 277, 280–82, 389; Haitian Revolution reshaping U.S. race relations, 227; as imperialist concept, 374; Japanese immigrants to U.S., 413–14; Jefferson's visions of expansion and, 239; Krieger on American racial hierarchy, 415; marginalization of nonwhites, 2; mixed race peoples in Spanish territories acquired by U.S., 280–81; termination and relocation of Native peoples fueled by, 427; vanishing race of Native peoples, 368, 371–72, 382, 386, 405; West's racial hierarchy after Civil War, 333; "white" behavior rewarded vs. Native traditions, 393–94; white supremacy, 351, 368, 371. *See also* Indian hating; white male democracy

Radisson, Pierre-Esprit, 93–94

railway development, 301, 309, 317, 329, 342, 343–45, 404–5

Raven Chief (Mandan chief), 306

Read, Jacob, 202

Reagan, Ronald, 442

Reconstruction, 10; campaigns against Native peoples during, 295; end of, 349; federalism and, 293; treaties' loss of binding status in, 335, 337, 339, 385; treaty making during, 339–43, 385; unfinished aspects of, 291

Red Cloud (Lakota leader), 347–48, 359, 394

Red Cloud's War (1866), 340, 345, 348

Red Fox James (Blackfoot leader), 381

Red Jacket (Seneca leader), 184

Red Lodge, Evelyn, 431

Red Power, 412, 432–36

Reed, Joseph, 191

Reed, Stanley, 437–38

Reel, Estelle, 354

Rehnquist, William, 441

religion and spiritual beliefs: assimilation efforts of Christian missionaries, 225–26; diversity across the interior, 63, 149–52; Ghost Dance ceremonies, 363; government prosecution of Native peoples for, 337, 356; Native American Church, 381–82; Native rejection of conversion, 391; Native religious and spiritual practices, 118, 149–51, 256, 270, 373, 400, 488–89n69; New England missionaries in Pacific (1800s), 375; Northeastern settlers motivated by, 50; Protestant-led groups advocating assimilation, 379; Protestant Reformation, 50; Russian Orthodox missionaries, 272; Southern Native peoples joining Christian churches, 240, 244; of Yaqui, 331. *See also* Catholicism; Puritans; Quakers

Removal Era, 211–13, 215–16; Cherokee in, 242; criminal law in, 441; Native responses to, 240; Southern states favoring removal, 239–40, 338

Renan, Ernest, 503n65

Republican Party: Indian concerns and, 384; post-Reconstruction rule of, 349; rise of, 290

Reservation Era (1879–1934), 10, 334, 361

reservations, 333–37, 345; alienation of lands, 10, 409; allotment programs and, 335, 339, 342, 346, 358, 377–79, 389–94, 423; federal jurisdiction

over major crimes committed on, 361, 533n143; Indian Reorganization Act (1934) ending allotment system, 401; map of, *341, 352*; mismanagement and institutional incompetence in, 392, 400; non-Indians residing on, 425, 441; patronage appointments of officials to oversee, 334; in Termination Era, 412; timber reserves and industry on, 422–25, 439. *See also* Dawes Act; Indian agencies; *specific Native peoples*
Restall, Matthew, 455n58
Revolutionary War, American. *See* American Revolution
Rezanov, Nikolai Petrovich, 263, 266
Rhoads, Charles, 399
Rhode Island, 61, 63–64, 66, 191, 232. *See also* New England
Rice, David, 183
Richelieu River (Iroquois River), 80, 101
Ringmann, Matthias, 2
Rio Grande region: Navajo in, 321–22; in Spanish colonial era, 26, 28, 32–33, 37, 40, 43–44
Roe Cloud, Henry, 10–11, 370, 386–90, 394–400, 405–6, 541n166
Roosevelt, Franklin Delano, 408, 420
Roosevelt, Theodore, 353, 375, 396
Rosebud Boarding School (South Dakota), 398
Rosenthal, Joe, 416
Rosier, James, 57
Ross, John, 244, 312–14
Rough Rock Demonstration School, 437
Round Valley Reservation, 298
Rousseau, Jean-Jacques, 222
Royal Proclamation of 1763, 161, *173*
Royal Scientific Expedition, 265

Rush, Benjamin, 204
Rushforth, Brett, 482n76
Russian-American Company, 262–64
Russian traders and settlers, 252, 262–63, 266, 272–73, 297

Sacagawea, 382
Sagugusuniunt (Oneida leader), 133, 136
Sagwitch (Shoshoni leader), 321
SAI. *See* Society of American Indians
St. Augustine (Florida), 20, 44, 280, 283
St. Clair, Arthur, 228–29
St. Ignace mission and fort, 114, 117
St. Lawrence River and Seaway, 73–75, 80, 90–91, 124, 132, 213
St. Louis (Missouri), 102, 104, 184; Louisiana Purchase Fair (1904), 371
St. Paul (Minnesota), 292
Saint-Domingue. *See* Haitian Revolution
Salisbury, Neal, 461–62n8
Salish Sea, 266, 267, 269, 275
Salter, John, 271
Salt Lake City, 319–20
San Carlos del Carmelo Mission, 257, 274
Sánchez, Miguel, 250
Sand Creek massacre (1864), 295, 327
San Diego Mission, 255–57
San Francisco, 252, 260, 262–63, 296, 315, 329
San Gabriel (New Mexico capital), 34
San Gabriel Mission (California), 250–51, 254–57, 265
San Ildefonso Pueblo, 304
San Juan Bautista, 36, 259
San Lorenzo, Treaty of (1795), 229, 507n149
San Miguel Mission, 274
Santa Barbara Mission, 259–60, 274

Santa Fe, 37–39, 302, 309
Santo Domingo Pueblo, 33–36
Sassacomoit (Abenaki slave), 57–58, 59
Sat-sat-sok-sis (Mowachaht), 271
Sauk, 123; treaties with (1800–08), 230
Sault St. Marie, 114, 137
scalps of Native peoples, rewards offered for, 162, 164, 191
Scarouyady (Oneida chief), 136
Scholder, Fritz, 434
Schonchin, Lynn, 424–25
Schoolcraft, Henry Rowe, 138
Schoolcraft, Jane Johnston (formerly Bamewawagezhikaquay), 137–38
Schurz, Carl, 337
Schuyler, Philip, 193
Schwan, Theodore, 376–77
Scott, Winfield, 211
self-determination: Cold War era withdrawing commitments to, 411; expansion and backlash (late twentieth century), 440; federal support for, 402; Kellogg's advocacy for, 369, 386; Menominee as example of, 422–23; NCAI's position on, 428; reservation leaders in struggle for, 412, 437; road to (1969–78), 436–40; Self-Determination Era (1975–present), 11, 436; UN Charter on, 408
Sells, Cato, 404–5
Seminole: in Civil War, 310; First Seminole War (1817), 280–81, 282, 283; in Five Civilized Tribes, 244; Florida dominated by, 216; gaming industry and, 443; military campaigns against, 254; post-Civil War treaty to reestablish federal authority over, 341–42; Spanish relations with, 279, 284; treaty (1866), 342; tribal casinos of, 442
Señán, José, 255

Senate Committee on Indian Affairs, 392
Senate Concurrent Resolution 3 (1957), 427
Seneca: in Civil War, 311; in Great League of Peace, 75; Iroquois Confederacy and, 97, 102, 160; Neolin and, 155; New York lacking jurisdiction over lands of, 390; in Ohio River Valley, 125; settler migration and, 133; treaties with (1800–08), 230. *See also* Iroquois and Iroquois Confederacy
Sequoyah, 243, 508n175
Serra, Junípero, 251, 265
settler colonialism, 4–5, 211–47, 458n99; ambiguous Indian policy of, 223–24; civilization program, 226, 228, 504n90; during Civil War, 300–303; disease and violence-ravaged lands as target for settlement, 276; economic and epidemiological roots of dependency in, 272–74; federal-Indian diplomacy, 224–27; foreign relations' evolution from domestic Indian treaty making, 234–36; in former Spanish territories, 279; interior settlers at odds with government policies, 226; Louisiana Purchase's origins, 236–39; Marshall Court on Indian removal, 242–46; myth making in American imagination, 221–23; opportunities of, 216–18; in Oregon and Pacific Northwest, 269, 272; racial formations, 213–15; states' rights and, 239–42; treaty making and practices of federal power, 229–34; whiteness, gender, and citizenship, 218–21
Seven Years' War: aftermath of "Indians" vs. "whites" for control of the

frontier, 9, 152, 156; captives taken in, 148–49, 153; global change due to, 140; mercenaries fighting for Britain in, 145; origins of, 124–27, 170; payment of troops in, 176; unexpected costs of, 144–46; volunteers on British side, 159; George Washington's land speculation and, 128, 194–96, 225. *See also* French and Indian War; Paris, Treaty of (1763); Washington, George
Seville, 24, 455n51
Shaw, Anna Howard, 382
Shawnee: Amherst and, 160; Céleron's diplomacy with, 127; in Civil War, 311; in French and Indian War, 130, 132, 152; in Great Lakes region, 114; in Kentucky, 184; in Pontiac's War, 157; settlers moving to lands of, 178; trade networks, 125; in War of 1812, 212
Shepoconah (Deaf Man), 67
Sherman, William Tecumseh, 323, 340
Sherman Indian Institute (California), 378, 397
Shippen, Edward, 162–63
Shoshone, 267, 275, 295, 306, 319–21, 323, 340, 410
Shoshoni, 320–21, 340
Sibley, Henry Hopkins, 294, 309, 321, 324–25
Sierra Leone, 178, 228, 505n112
Sierra Nevada Mountains, 18, 252, 260, 297, 319
Sigal, Pete, 455n48
silver mining: in Colorado, 315; in Spanish territories, 31, 32, 44, 458n92, 458n98. *See also* trade silver holdings by Native peoples
Sioux: foster homes and adoption of children of, 430, 432; Great Sioux War (1876–77), 348–53, 358; terminology of tribe affiliations and, 482–83n76; *United States v. Sioux Nation of Indians* (1980), 358–59, 387–88. *See also* Dakota; Lakota
Sitting Bull, 375
Six Nations, 111, 136, 193, 233, 380, 387, 389. *See also* Iroquois and Iroquois Confederacy
Skicowares (Abenaki slave), 57
slavery of African Americans: abolition of, 290–91, 337–38; American Revolution, slaves aiding British in, 178; challenges to expansion of, 242; Cherokee Nation reinforcing institution of, 312; colonists' independence and, 52, 463n22; expansion after Adams-Onís Treaty (1819), 216, 284; expansion after Louisiana Purchase, 239–40, 278, 284; expansion in late 1600s, 51; Fugitive Slave Act (1793), 227; Fugitive Slave Law (1850), 290; Gabriel's Rebellion (1800), 227; hostility between slave and non-slave states, 253, 286; in making of America, 3; Missouri Compromise and, 277–78, 284, 286, 290; Native dispossession fueling, 52, 215, 501n21; Native-owned plantations and, 240, 310, 312, 522n112; personhood and citizenship notions shaped by, 220–21; runaways, 178, 280–81, 283, 327; slave revolts, 146, 227–29, 282; Virginian plantations and, 126, 195, 462n9
slavery of Native Americans: the British and, 51–53, 56–60, 462n17, 463n23, 464n55, 465n64; disappearance from colonial scholarship, 57–58, 465n64; the Dutch and, 64; the French and, 94, 122; influence of

slavery of Native Americans (*continued*) enslaved peoples on colonization, 53, 56; inter-tribal fighting captives sold into, 76, 82, 92–95, 99, 122, 148–49, 156; Pequot War captives enslaved, 71; in Spanish colonial era, 22, 25, 27, 33, 35–36, 459n124; Tisquantum (Squanto) as example, 57–60

small pox. *See* disease and epidemics

Smith, J. F. D., 176

Smith, James, 142, 169–71, 174–75

Smith, John, 57, 59

Society of American Indians (SAI), 10–11, 370, 377–86, 390, 394, 402–4, 408, 412, 538n99

Society of Strong Hearts, 308

South Carolina, 110, 191, 203, 282

South Dakota, 359, 361, 363, 410, 427

Southern Pacific Railway, 329

Southern states: constitutions on freemen, 221; Democrats in, 309; federal troops' withdrawal at end of Reconstruction, 349; forts established in (early Republic), 240; King Cotton, rise of, 501n21; Native peoples in, 240, 243; racial hierarchies instituted in, 281; states' rights and, 239–42. *See also* Confederate States of America

South Platte River, 303, 325

Southwest, hybridity of, 303–5

sovereignty: of Hawaiian monarchy, 374; Hobbes on, 471n31; popular sovereignty, 221; Southwest's limited U.S. sovereignty, 305; states assuming jurisdiction over Native peoples, 429, 441. *See also* Native sovereignty; plenary power; sovereignty of U.S. government over Native peoples

sovereignty of U.S. government over Native peoples: Civil War extending across the West, 320, 323; congressional power in contradiction to Constitution, 339–63, 386, 530–31n90; Reconstruction growth of federal power of, 337; Treaty of Hopewell (1785) acknowledging for Cherokees, 180; in U.S. Constitution, 178–79, 186, 204–5, 243, 444, 528n45. *See also* plenary power

Spain: Adams-Onís Treaty and, 264; California territory and, 252, 264–65, 297; diplomacy with France, 261; Mexico's independence and, 277; Monroe Doctrine and, 285; New Mexico and, 321; treaty negotiations with, 234. *See also* Spanish territories

Spanish-American War (1898), 370, 374

Spanish-Aztec War (1519–21), 25

Spanish-Mesoamerican War (1517–50), 25

Spanish territories, 18–32; agency and power of Indians in, 19; boundaries with American Republic, 284; "bourbon reforms" in, 265; British challenges to, 266; chaos and failure in, 27–28, 33; collapse of, 44, 277, 278–82, 284; commercial underdevelopment of, 458n98; de Soto and Coronado expeditions, 26–28; divide between secular and religious power, 33, 34; earliest American conquests, 3, 22–24; enslavement of Native peoples in, 122; expansion into Mexico, 24–26; extent of borderlands, 20, 265; fortifications before 1787 in America, 46–47; gender roles in, 44, 460n147; *genízaros* (detribalized Indians) produced by,

43; growing heterogeneity and diversity (1700s), 42–45, 460n145; *indios amigos* in, 30; legal claims over territories, 81, 279, 453n29; missions in, 251–53; Mixtón War (1540–41) and after, 28–32; Monroe Doctrine and, 278; negotiated power after Pueblo Revolt (1680), 44; New Laws of 1542, 21–22, 32; Oñate's conquest of New Mexico, 32–36; Philippines and, 44; political economy of, 21–22; population decline due to disease by 1830, 276; post-Revolution claims on American land, 184; Pueblo struggle and survival (1600s), 36–38; in Reconquista, 23; silver mining in, 31, 32, 44, 458n92, 458n98; smallpox in, 275; U.S. early Republic incorporation of, 277–82. *See also* California (Spanish colony); Florida; *specific conquistadors*

spiritual beliefs. *See* religion and spiritual beliefs

Spotted Tail (Lakota leader), 347

Squanto. *See* Tisquantum

Standing Bear, Henry, 371–72, 374

Standing Rock Reservation, 100

states' rights, 239–42

steam power, 215, 301

stock market, 216

Stone, John, 68, 70

Stuart, Jeb, 325

Sullivan, John, 180–81, 365–66, 387, 388

Supreme Court, U.S.: on Native American land rights, 358, 405–6; on Native sovereignty, 243–46; on plenary power, 335, 360–63, 382–83, 386, 437, 532–33n130. *See also specific court cases*

Suquamish, 441

survivance, 6, 74, 99, 104, 432

Susquehanna River, 133, 150, 365

Tac, Pablo, 256

Taft, Howard, 400

Taft, Robert, 397–98, 417

Tahanedo (Abenaki slave), 57

Taino, 22–25

Talcahuano (Chile), 261, 264

Tallmadge, James, 277

Tall Woman (Rose Mitchell), 354

Tamaqua (Lenape chief), 153–54

Tanaghrisson, 125, 128–30, 136

Taney Court, 361

Taos, 20, 301–3, 305

Taos Pueblo, 400

Tappen, Benjamin, 177

Tarascan, 30–31

Taretande (Wendat chief), 89

Tawaquaptewa (Hopi leader), 397

taxation, 162, 173, 185, 243, 293, 338, 349, 528n45, 530n89

Taylor, Mary H., 330–31

Taylor, Waller, 277

Tecumseh (Shawnee leader), 212

Tee-Hit-Ton v. United States (1955), 437

Tejonihokarawa, Hendrick (Tee Yee Neen Ho Ga Row), 79

Temejasaquichí (Tongva leader), 257

Tennessee, 219, 240

Tenochtitlan (Aztec city), 24–25, 29

Termination Era (1953–70s), 11, 411–13; claims for lost lands contingent on accepting termination, 420–21; court rulings, effect of, 437; Indian child removal programs in, 428–32; Menominee in, 422–25; popularity of termination associated with individualism, 426; racism as part of, 427; removal of tribes from federal supervision and funding, 418; rever-

Termination Era (*continued*)
sal at start of twenty-first century threatened again, 445; twisted implementation of, 419–22
terminology for Native Americans, 449n1; *indios* term used by Spaniards, 455–56n59; Sioux terminology of tribe affiliations, 482–83n76
Tesuque Pueblo, 304
Tewanima, Louis, 397
Texas: African American slavery in, 216; Civil War in, 296, 309–10, 324; independence of (1836), 278; Mexico's independence movement (1810–21) and, 277; Monroe Doctrine and, 285; Spanish settlements in, 265, 280; trade networks in, 303
Thanksgiving, 61, 368, 466n83
Thirteenth Amendment, 337
Thom, Mel, 433
Thompson, David, 275
Thompson, John, 271
Thorpe, Jim, 385
Three Affiliated Tribes of North Dakota, 410
Tisquantum (Squanto), 52, 57–61, 465n69, 465nn73–74
Tiwa Pueblos, 37
Tk'emlúps te Secwépemc Nation (Canada), 355
Tlaxcalan, 25, 31
Tlingit, 263, 272–73, 437–38
Tocqueville, Alexis de: *Democracy in America*, 221–22
Tome-ya-nem (Wailaki massacre witness), 298
Tongass National Forest, 438
Tongva, 251, 254–57, 508n4
Torajiô, Satô, 413–14
Tovaangar, 250, 257, 259

Toypurina (Tongva leader), *208–9*, 250–51, 254, 255–59, 265, 274, 509n17
Tracy, marquis de, 100–102
trade silver holdings by Native peoples, 187–89, *188*, *190*
Trail of Tears, 311–12
Transcontinental Treaty (1819). *See* Adams-Onís Treaty
Trans-Mississippi West, 261, 284
Traverse des Sioux, Treaty of (1851), 292
treaties and treaty making, 4, 10; abrogation of treaty commitments to tribes, 335, 337, 339, 351, 357–61, 387–88, 406; activism driven by, 435–36; American Revolution and, 180; annuity payments promised in, 307, 325, 340, 359, 377; Civil War and, 312–14, 339–41; Constitution on, 180, 183, 230–32; definition of, 184; early Republic and practices of federal power, 229–34, 243, 500n5, 506n128; exchange of lands for Native homelands, 213; federal preference for diplomacy, 192; foreign relations' evolution from domestic Indian treaty making, 234–36; Indian Appropriations Act (1871), effect of, 348, 362; inter-tribal effects of, 215; Jefferson's presidency and, 229, 236–39; jurisdictional divides established by, 199; lands ceded to U.S. through, 183, 212, 214; listing of valid treaties, 528n48; Louisiana Purchase origins and, 236–39; map of, since 1787, *248–49*; Northern Plains, treaty making in, 305–8; renegotiation of, 213; settlers rejecting, 202, 226, 229–34, 237, 242; states' rights proponents opposed to making, 241, 242; in Termination Era, 411–13;

U.S. treaty commissioners making, 186; George Washington on treaty-making power, 232–33, 236. *See also* specific Native group or name of treaty treaty lands: conflicts over, continuing into present day, 353; railroad rights-of-way and, 343–45, 404; Supreme Court awarding just compensation to Sioux for taking (1980), 358–59, 387–88. *See also* reservations
Trenton, 166
tribal casinos and gaming initiatives, 442–43
tribal museums and cultural centers, 7
tribal sovereignty. *See* Native sovereignty
Trigger, Bruce G., 472n42
El Triunfo de la Cruz (Spanish ship), 260
Trois-Rivières, 73, 90–91, 94, 112
Truman, Harry, 417
Tshusick (Ojibwe woman), 190
Turner, Frederick Jackson, 106, 219–20, 367, 371, 398, 467n101
Tuscarawas, 153
Tuscarora, 104, 111
Twain, Mark, 316–17; *Autobiography*, 316; *The Gilded Age*, 317; *Huckleberry Finn*, 317
Tyler, John (Kentucky congressman), 286
Tyler, John (president), 374

UN Convention on the Prevention and Punishment of the Crime of Genocide (1948), 5
Underhill, John, 69–70
Union. *See* Civil War
Union Pacific Railroad, 293, 324
United Indian Nations, 181; British alliances with, 235; in early Republic, 228–29; Wyandot Treaty (1795) and, 234
United Nations, 408, 409
United States Indian Peace Commission, 529n53
United States v. Boylan (1920), 389–90
United States v. Kagama (1886), 361, 362, 386
United States v. Santa Fe Pacific Railroad Co. (1941), 405–6, 408
United States v. Sioux Nation of Indians (1980), 358–59, 387–88
United States v. Washington (1974), 438, 441
Universal Negro Improvement Association, 389
urbanization programs, 411–13, 421–22, 430
U.S. Army Corps of Engineers, 410
U.S. war with Mexico (1846-48). *See* Mexican-American War
Utah: Indian campaigns by California Volunteers in, 319–21, 327; Native peoples in, 316; settler colonialism and migration to, 304; volunteer militia in, 299
Ute: in alliance with U.S. agents, 302, 322; in Colorado and Plains, 301–2, 324; reservation, 345, 381; in Southwest, 304–5; in Spanish colonial era, 17, 19, 21, 39, 42; treaty (1868), 340

Valaparíso, Chile, 264
Van Buren, Martin, 243, 281
Vancouver Island, 266–67, 275
van den Bogaert, Harmen Meyndertsz, 79–80, 87–88, 93, 472n35
vanishing race of Native peoples, 368, 371–72, 382, 386, 405
Vaughan, Alden, 465n74
Velasco, Catalina de, 21–22

Verrazzano, Giovanni da, 48–50, 55
Vesey, Denmark, 282
Vespucci (Vesputius), Americus, 2
Vietnam, 426
Villasur, Pedro de, 43, 121
Villasur Massacre (1720), 43
violence, Arendt on unpredictability of, 471n30
violence after Reconstruction: depressions and unemployment spurring racial violence, 315; Lakota treaty violations triggering, 350; Wounded Knee Massacre (1890), 363–64
Violence against Women Act (2013), 441, 443
violence in colonial era: attempts to keep guns and ammunition from Native peoples, 82, 171; Black Boys' violence, 9, 169, 170–71; the British and, 50–53, 60–64, 68; California, Native uprisings at missions in, 254–59; change in nature of warfare due to introduction of guns, 73, 77–78, 87, 95, 97; colonists using against British for provisioning Native peoples, 169; colonists using against Native peoples without British approval, 163; Continental army's invasion of Iroquoia, 179–81; cross-cultural murders, 115; distant populations affected by, 97; the French and, 76, 80–84, 103; gun and weapon types available pre-Revolutionary era, 81–82, 87, 114, 122–23; gunfire's institutionalization in culture, 81; Indian hating and, 164–67, 169, 198, 282–85, 492n166; of Iroquois against their neighbors, 92, 93, 95; Native acquisition of guns from Dutch traders, 86–87; against Native peoples accepted as norm after Pontiac's War, 168–69; Native women's punishments in Spanish territories, 257; in Pacific Northwest, 269–72; Puritan dealings with Native peoples and, 68–70, 468n121, 468n138; in Russian Alaska, 262; scalps of Native peoples, rewards offered for, 162, 164; settler booms (1850s), 291–93; social changes due to, 115; the Spanish and, 19, 22–24, 42, 44, 251, 273–74. *See also* bodily dismemberment; diplomacy vs. war; inter-tribal rivalries and relationships; *specific wars and battles*
violence in early Republic and antebellum Republic: California's incorporation into U.S. and, 252–53; participatory democracy and, 222; settlers committed to continuing, 202; traders as source of, 272; writing of American history erasing, 222–23. *See also* diplomacy vs. war; *specific Indian wars*
violence of Civil War. *See* Civil War
Virginia: as colony, 51–52, 63, 125, 462n9; in Confederacy, 290; Fort Stanwix negotiations and, 193–95; Gabriel's Rebellion (1800), 227, 282; as largest state at time of Constitutional Convention, 179; ports in, 201; settlement of interior and, 183, 195, 198–99; tobacco economy in, 154, 195, 497n96
Virginia Company, 50
Vizcaíno, Sebastián, 256
Vizenor, Gerald, 6
von Langsdorff, Georg Heinrich, 274
Von Trotha, Lothar, 415
voting rights: Civil War Amendments and, 338; Minnesota Supreme Court

limiting for Native peoples (1917), 382; Nineteenth Amendment, 383; white men's control of suffrage, 216, 305; Zitkála-Šá's efforts to organize Indian voters, 383

Wabanaki Confederacy, 49, 461n4
Waggoner, Josephine, 308, 363, 364
Wailaki, 298
Waldseemüller, Martin, 2
Walking Purchase (1737), 151
Walpole, Horace, 139
Wampanoag Confederacy, 56, 60–62
wampum, 64–67, 67, 75, 79, 103, 467nn103–4, 468n115
Wanblíota (Oóhenunpa chief), 308
War of 1812, 191, 212, 241, 242, 267, 276, 279, 280
War of the Austrian Succession. *See* King George's War
War on Poverty, 437
war powers doctrine, 283, 516n192
Warren, Earl, 417
Warrior, Clyde, 428, 433, 440
Warrior, Della, 434
Warsaw Pact, 426
Washakie, 306
Washington, Booker T., 375
Washington, George: on America as nation-state and idea, 1, 232; on diplomacy as preferable to violence, 6, 192; endangered financial standing of, 195; on federalism and jurisdiction over Indian lands, 137, 198–201, 202–3; Fifth Annual Message, 225; in French and Indian War, 128–32, 136, 160, 194, 224–25; Indian world of, 489n92; on inland navigation of rivers, 201; Iroquois Confederacy and, 387; Jefferson and, 227; as land speculator in interior lands, 128, 154, 161, 183, 194, 195, 484n102; as leader in newly formed United States, 179; Madison and, 194; Pontiac and, 152; resignation of command of Continental army and retirement, 176–77; on settlers moving to interior lands, 187; on ties of interest with interior tribes, 225; traveling to his interior lands, 196–97; on treaty-making power, 232–33, 236
Washington, Harry (enslaved person), 178
Wasson, Warren, 318
Wathákpe, Mathó (Charging Bear), 346, 348
Watie, Stand (Cherokee secessionist), 311, 314
Watkins, Arthur, 411, 419, 420, 422, 424
Wayne, Anthony, 228, 234–35
Wendake (Huronia), 89–93, 98, 99, 103–4, 474n70
Wendat (Huron) Confederacy: alliance with the French, 89, 472n36; Champlain and, 82; Christian conversion of, 90; diaspora of, 92, 95–97; disease outbreaks among, 89–91; famine and agriculture of, 96, 476n122; in Great Peace of 1701, 103; Iroquois assaults on (1630s–47), 90–93; Iroquois assaults on (1648–53), 95–100, 99; Jesuit accounts of daily life of, 89; Ojibwe and, 109; reaction to disorder created by disease outbreaks, 90; rebellion against British policies, 146–47; similarities to Iroquois, 89
Werk, G. W., 298
West India Company (Dutch), 85–86, 473n55
West Indies, 61, 63

Wheeler, Burton, 385
Wheeler-Howard Act (1934). *See* Indian Reorganization Act
Wheelock, Eleazar, 222
Whiskey Rebellion (1794), 202
White Earth Anishinaabe treaty (1867), 357–58
white male democracy: antimiscegenation laws and, 332; Arizona's Howell Code and, 331–32, 360; Astor as example of remade white America, 218; Civil War's legacy of, 315; expansion of, 215; Jefferson's visions of expansion and, 239; Lincoln's election for second term and, 308; mining communities and, 315; suffrage for all white men, 216, 305; whiteness as social construct, 219–21, 223
Whitney, Eli, 227–28
Wichita, 304
Wild West shows, 370
Wilkins, David, 530n89
Williams, Roger, 55, 63–64
Wilson, Woodrow, 381, 386–87
Wind River Reservation (Wyoming), 353
Winthrop, John, 51, 53, 62, 68–71
Wirt, William, 244
Wisconsin, 109, 122, 389
women. *See* gender issues
Wood, Gordon S., 486n27
Woolsey, King S., 330–32, 343, 360
Worcester, Samuel, 245–47, 286
Worcester v. Georgia (1832), 244–47, 286, 287, 338, 417

Work, Hubert, 400–401
world's and state fairs, 370–71
World War I, Indian service in, 383
World War II, 413–17; Indian service in, 407, 415–16
Wounded Knee Massacre (1890), 363–64
Wounded Knee protest (1973), 436
Wraxall, Peter, 110
Wyandanch, 71
Wyandot, 97, 155; treaties with (1789–1808), 230, 232–34, 236
Wyoming: Arapaho in, 353; as cattle country, 345; gold rush in, 316; Native prophets in, 150; settler migration to, 303; treaty making in, 305

Yaqui, 330–31, 337, 526n9
Yellowstone, 307
Yellowtail, Robert, 403, 406
Yellowtail, Susie, 357, 403
Yorktown, surrender at (1781), 177, 178
Young, Arthur, 195
Young, Brigham, 319
Young Man (Blackfoot leader), 275
Yukeoma (Hopi chief), 397
Yuma, 329–30, 331

Zaldívar, Juan de, 34–35
Zaldívar, Vicente de, 35–36
Zimmerman, William, 418
Zitkála-Šá, 10, 379, 381–85, 387, 390–92, 431; *American Indian Stories*, 384, 391
Zumárraga, Juan de, 32
Zuni, 37